聖書註解
Ichibaku's Bible Commentary

ペトロの手紙一
THE FIRST EPISTLE OF PETER

吉田　新
Shin Yoshida

一麦出版社

Für Madeline

Soli Deo Gloria

凡　例

Ⅰ　新約の引用は原則として私訳，旧約，旧約続編は『聖書協会共同訳』（日本聖書協会），旧・新約聖書外典偽典は『聖書外典偽典』（教文館），使徒教父文書は『使徒教父文書』（講談社）を主として用いた．

Ⅱ　聖書他の略語は以下の通り．

1　旧約聖書

創世	創世記
出エジプト	出エジプト記
レビ	レビ記
民数	民数記
申命	申命記
ヨシュア	ヨシュア記
士師	士師記
ルツ	ルツ記
サムエル上	サムエル記上
サムエル下	サムエル記下
列王上	列王記上
列王下	列王記下
歴代上	歴代誌上
歴代下	歴代誌下
エズラ	エズラ記
ネヘミヤ	ネヘミヤ記
エステル	エステル記
ヨブ	ヨブ記
詩	詩編
箴	箴言
コヘレト	コヘレトの言葉
雅	雅歌
イザヤ	イザヤ書
エレミヤ	エレミヤ書
哀	哀歌
エゼキエル	エゼキエル書
ダニエル	ダニエル書
ホセア	ホセア書
ヨエル	ヨエル書
アモス	アモス書
オバデヤ	オバデヤ書
ヨナ	ヨナ書

ミカ	ミカ書
ナホム	ナホム書
ハバクク	ハバクク書
ゼファニヤ	ゼファニヤ書
ハガイ	ハガイ書
ゼカリヤ	ゼカリヤ書
マラキ	マラキ書

2　旧約聖書続編

トビト	トビト書
ユディト	ユディト書
Ⅰマカバイ	マカバイ記一
Ⅱマカバイ	マカバイ記二
知恵	知恵の書
シラ	シラ書〔集会の書〕
エズラ（ギ）	エズラ記（ギリシア語）
エズラ（ラ）	エズラ記（ラテン語）

3　新約聖書

マタイ	マタイ福音書	マタイによる福音書
マルコ	マルコ福音書	マルコによる福音書
ルカ	ルカ福音書	ルカによる福音書
ヨハネ	ヨハネ福音書	ヨハネによる福音書
使徒		使徒言行録
ローマ	ローマ書	ローマの信徒への手紙
Ⅰコリント	Ⅰコリント書	コリントの信徒への手紙一
Ⅱコリント	Ⅱコリント書	コリントの信徒への手紙二
ガラテヤ	ガラテヤ書	ガラテヤの信徒への手紙
エフェソ	エフェソ書	エフェソの信徒への手紙
フィリピ	フィリピ書	フィリピの信徒への手紙
コロサイ	コロサイ書	コロサイの信徒への手紙
Ⅰテサロニケ	Ⅰテサロニケ書	テサロニケの信徒への手紙一
Ⅱテサロニケ	Ⅱテサロニケ書	テサロニケの信徒への手紙二
Ⅰテモテ	Ⅰテモテ書	テモテへの手紙一
Ⅱテモテ	Ⅱテモテ書	テモテへの手紙二
テトス	テトス書	テトスへの手紙
フィレモン	フィレモン書	フィレモンへの手紙
ヘブライ	ヘブライ書	ヘブライ人への手紙
ヤコブ	ヤコブ書	ヤコブの手紙
Ⅰペトロ	Ⅰペトロ書	ペトロの手紙一
Ⅱペトロ	Ⅱペトロ書	ペトロの手紙二
Ⅰヨハネ	Ⅰヨハネ書	ヨハネの手紙一
Ⅱヨハネ	Ⅱヨハネ書	ヨハネの手紙二
Ⅲヨハネ	Ⅲヨハネ書	ヨハネの手紙三
ユダ	ユダ書	ユダの手紙

凡例　5

黙示　ヨハネ黙示録　　　　　　　　　　　　　　ヨハネの黙示録

4　外典・偽典
　アリステアス　　　　　　　　　　　　　　　アリステアスの手紙
　イザ昇　　　　　　　　　　　　　　　　　　　イザヤの昇天
　遺ベニ　　　　　　　　　　　　　　　　　　ベニヤミンの遺訓
　遺ヨセ　　　　　　　　　　　　　　　　　　　ヨセフの遺訓
　遺ユダ　　　　　　　　　　　　　　　　　　　ユダの遺訓
　遺レビ　　　　　　　　　　　　　　　　　　　レビの遺訓
　エチ・エノク　　　　　　　　　エチオピア語エノク〔第一エノク書〕
　ジュビラ　　　　　　　　　　　　　　　　　　ジュビラの託宣
　シリ・バル　　　　　　　　　　　　　シリア語バルク黙示録
　ソロ詩　　　　　　　　　　　　　　　　　　　ソロモンの詩編
　ソロ頌　　　　　　　　　　　　　　　　　　　ソロモンの頌歌
　トマ福　　　　　　　　　　　　　　　　トマスによる福音書
　ニコ福　　　　　　　　　　　　　　　　　　　ニコデモ福音書
　ペテ宣　　　　　　　　　　　　　　　　　　　ペテロの宣教
　ペト行　　　　　　　　　　　　　　　　　　　ペトロ行伝
　ペト福　　　　　　　　　　　　　　　　　　　ペトロ福音書
　ヨセ・アセ　　　　　　　　　　　　　　　ヨセフとアセナテ
　ヨブ遺　　　　　　　　　　　　　　　　　　　ヨブの遺訓
　ヨベル　　　　　　　　　　　　　　　　　　　ヨベル書
　Ⅳマカバイ　　　　　　　　　　　　　　　　　マカバイ記四
　モーセ遺　　　　　　　　　　　　　　　　　　モーセの遺訓

5　使徒教父文書
　イグ・エフェソ　　　　　エフェソのキリスト者へのイグナティオスの手紙
　イグ・スミ　　　　　　　スミルナのキリスト者へのイグナティオスの手紙
　イグ・トラ　　　　　　　トラレスのキリスト者へのイグナティオスの手紙
　イグ・フィラ　　　　フィラデルフィアのキリスト者へのイグナティオスの手紙
　イグ・ポリ　　　　　　　　イグナティオスの手紙　ポリュカルポスへ
　イグ・マグ　　　　　　マグネシアのキリスト者へのイグナティオスの手紙
　イグ・ローマ　　　　　　ローマのキリスト者へのイグナティオスの手紙
　Ⅰクレ　Ⅰクレメンス　　　　　　　　　　　クレメンスの第一の手紙
　Ⅱクレ　Ⅱクレメンス　　　　　　　　　　　クレメンスの第二の手紙
　ディオ手紙　　　　　　　　　　　　　ディオグネートスへの手紙
　ディダケー　　　　　　　　　　　　　　　十二使徒の教訓
　バルナバ　　　　　　　　　　　　　　　　バルナバの手紙
　ヘル牧　　　　　　　　　　　　　　　　　ヘルマスの牧者
　ポリ殉　　　　　　　　　　　　　　　ポリュカルポスの殉教
　ポリ手紙　　　　　　　　　　　　　　ポリュカルポスの手紙

6　フィロン著作
　アベルとカイン　　　　　　　　　　　　アベルとカインの供物
　ガイウス　　　　　　　　　　　　　　　　ガイウスへの使節

　　　　観想　　　　　　　　　　　　　　　　　　　　　観想的生活

7　ヨセフス著作
　　戦記　　　　　　　　　　　　　　　　　　　　　ユダヤ戦記
　　古代誌　　　　　　　　　　　　　　　　　　　ユダヤ古代誌

8　クムラン文書
　　1QS　　　　　　　　　　　　　　　　　　　　　共同体の規則
　　1QM　　　　　　　　　　　　　　　　　　　　　戦いの巻物
　　1QH　　　　　　　　　　　　　　　　　　　　　感謝の詩編
　　1QpHab　　　　　　　　　　　　　　　　　ハバクク書ペシェル
　　CD　　　　　　　　　　　　　　　　　　　　　ダマスコ文書

9　ラビ文献
　　ミシュ・アヴォ　　　　　　　　　　　　　　ミシュナ・アヴォート
　　BT メギラ　　　　　　　　　　　　バビロニア・タルムード　メギラー
　　BT ケトゥ　　　　　　　　　　　　　　　　　同　ケトゥボート

10　聖書テキスト
　　MT　　　　　　　　　　　　　　　　　ヘブライ語聖書マソラ本文
　　LXX　　　　　　　　　　　　　　　　　七十人訳ギリシア語聖書
　　NA　　　　　　　　　　　　　　　　　ネストレ＝アーラント校訂本
　　Vulg　　　　　　　　　　　　　　　　　　　　　　　ウルガタ

11　欧文文献略語表
　　AJBI　　　　　　　　　　　Annual of the Japanese Biblical Institute
　　ANRW　　　　　　　　Aufstieg und Niedergang der römischen Welt
　　BBR　　　　　　　　　　　　　　Bulletin for Biblical Research
　　Bib　　　　　　　　　　　　　　　　　　　　　　　　Biblica
　　BibSac　　　　　　　　　　　　　　　　　　　　Bibliotheca Sacra
　　BZ　　　　　　　　　　　　　　　　　　　　Biblische Zeitschrift
　　CBQ　　　　　　　　　　　　　　The Catholic Biblical Quarterly
　　CIL　　　　　　　　　　　　　　Corpus Inscriptionum Latinarum
　　Dig　　　　　　　　　　　　　　　　　　　　　　　　Digesta
　　EKK　　　　　Evangelisch-Katholischer Kommentar zum Neuen Testament
　　ExpTim　　　　　　　　　　　　　　　　　　　The Expository Times
　　HNT　　　　　　　　　　　　　　　Handbuch zum Neuen Testament
　　ILLRP　　　　　　　　　　Inscriptiones Latinae liberae rei publicae
　　ILS　　　　　　　　　　　　　　　　Inscriptiones Latinae Selectae
　　JBL　　　　　　　　　　　　　　　Journal of Biblical Literature
　　JETS　　　　　　　　Journal of the Evangelical Theological Society
　　KEK　　　　　Kritisch-exegetischer Kommentar über das Neue Testament
　　LU　　　　　　　　　　　　　　　　　　　　　　　　Lutherbibel
　　NAC　　　　　　　　　　　　　　　The new American Commentary
　　Neot　　　　　　　　　　　　　　　　　　　　　　Neotestamentica

NIV	New International Version
NTD	Das Neue Testament Deutsch
NTS	New Testament Studies
OGIS	Orientis Graeci Inscriptiones Selectae
SNTU	Studien zum Neuen Testament und seiner Umwelt
TEV	Today's English Version
ThHK	Theologischer Handkommentar zum Neuen Testament
WA	Weimarer Ausgabe
WBC	Word Biblical Commentary
WTJ	The Westminster Theological Journal
ZNW	Zeitschrift für die neutestamentliche Wissenschaft

12　その他

前	紀元前
後	紀元後
SL	Source Language
ST	Source Text
TL	Target Language
TT	Target Text

目次

凡例　*3*

第1部　序説　*11*

第1章　Iペトロ書の構造と成立状況　*12*

1　アウトライン，主題と内容　*12*
  1.1　アウトライン　*13*
  1.2　主題　*16*
  1.3　内容　*20*
2　Iペトロ書の著者，成立場所・年代，受け取り手について　*24*
  2.1　著者　*24*
  2.2　成立場所　*30*
  2.3　成立年代　*34*
  2.4　受け取り手　*42*
    2.4.1　宛先の地域について　*42*
    2.4.2　受け取り手について　*48*

第2章　Iペトロ書の文学的，神学的特性について　*52*

1　伝承と文学的特性　*52*
  1.1　伝承について　*52*
  1.2　文学的特性について　*52*
  1.3　Iペトロ書はディアスポラ書簡か　*56*
2　神学的特性について　*59*
3　Iペトロ書と旧約聖書の引用　*62*
4　Iペトロ書とパウロ書簡の関係　*64*

第3章　Ⅰペトロ書の社会訓，家庭訓について　　71

  1　新約文書の社会訓，家庭訓の起源　　72
  2　Ⅰペトロ書の社会訓，家庭訓の機能と特性　　78
  3　新約文書の社会訓，家庭訓の内容　　86
    3.1　コロサイ書　　86
    3.2　エフェソ書　　88
    3.3　牧会書簡　　89
  4　Ⅰペトロ書の社会訓，家庭訓の構造　　91
  5　Ⅰペトロ書の社会訓，家庭訓と終末論　　95

第2部　註解　103

  第1章　104
  第2章　162
  第3章　239
  第4章　302
  第5章　339

  補論：皇帝崇拝について　　199
  補論：Ⅰペトロ2：17の影響史について　　204
  補論：報復の放棄について　　263
  補論：「意識（συνείδησις）」について　　281
  補論：Ⅰペトロ書における「キリスト者（Χριστιανός）」について　　331
  補論：新約文書における長老の役割について　　353

参考文献　　374
あとがき　　404
「ペトロの手紙一」（吉田新訳）　　420（1）

第1部 序説

第1章　Ⅰペトロ書の構造と成立状況

　本章ではⅠペトロ書のアウトラインを示し，主題，内容，および著者，成立場所・年代，受け取り手について考察する．

1　アウトライン，主題と内容

　Ⅰペトロ書のアウトライン，主題，内容に関する検討から始めたい．
　この書簡はヤコブ書などと同じく，いわゆる「公同書簡」の一つに分類されている[1]．「公同」が何を意味するのかについて意見は分かれているが，一般にキリスト者全般に宛てられた手紙をさすと理解されている．Ⅰペトロ書は小アジアの広範囲に分布する不特定多数の読者に向けられており（1：1），この地域に在する信者に向けて記された「回状」と考えられるが[2]，その内容はキリスト者全般に当てはまるものである[3]．送り手が多くの人々に回覧されることを望むのは，

---

〔1〕 ヤコブ書，Ⅰ，Ⅱペトロ書，ユダ書，Ⅰ，Ⅱ，Ⅲヨハネ書の七つの書簡は，「公同書簡」と総称されている．このような括りは，後4世紀のエウセビオス『教会史』においてすでにみられる（Ⅱ：23：25，Ⅲ：25：2−4，Ⅴ：18：5）．公同書簡という名称に関しては，他にも後2世紀のアレクサンドリアのクレメンス『ストロマテイス』Ⅳ：97：3，オリゲネス『ヨハネ福音書註解』6：35：175を参照．
〔2〕 エフェソ書も1：1の「エフェソにいる」が二次的付加の可能性が高いゆえ（NA28版では括弧に入れている），明確な宛先がないものと判断できるため回状と受け取れる．
〔3〕 「この手紙では，戒告，教示，慰めが向けられている教会の情勢は極めて漠然と，かつ『どこにでも通用可能な（allgemeingültig）』描き方になっているので，たとえ手紙としての特質が多々あったとしても，手紙を受け取ることができる範囲内にあるすべてのキリスト信徒のために，否さらにそれをも超えた人々のために書かれていると考えることができる」．ブロックス，21頁（訳文を一部変更）．「どこでも通用可能」かどうかは議論があるが，ここでブロックスが正しく指摘するように，この書簡は個別の問題に対処する内容ではない．岩隈，54頁，川村（1981），416頁，Goppelt, 44f.; Schnelle (2002), 453; Strecker, 71参照．

第1章　Ⅰペトロ書の構造と成立状況　13

たとえばガラテヤ書やコロサイ書などにもみられる（ガラテヤ 1:2, コロサイ 4:16 参照）．事実，Ⅰペトロ書は初期キリスト教[4]において比較的広く読まれていたことが使徒教父文書などからも確認できる．

　使徒教父文書他におけるⅠペトロ書の引用：後 2 世紀前半に活躍し，後に殉教した小アジアのスミルナの司教ポリュカルポス（後 69－155 年）の手紙では，Ⅰペトロ書の引用が数多くみられる．以下，引用箇所を列挙する．1:3 ＝ Ⅰペトロ 1:8，2:1 ＝ Ⅰペトロ 1:13, 21, 2:2 ＝ Ⅰペトロ 3:9, 5:3 ＝ Ⅰペトロ 2:11, 7:2 ＝ Ⅰペトロ 4:7, 8:1 ＝ Ⅰペトロ 2:22, 24, 10:2 ＝ Ⅰペトロ 2:12[5]．ここから，Ⅰペトロ書が後 2 世紀前半にはスミルナ周辺では読まれていたことがわかる．他にもⅠペトロ書を参考にしていると考えられる文書として，後 2 世紀後半のエイレナイオス『異端反駁』Ⅳ:9:2，タティアノス『ギリシア人への言葉』4:1－2，テルトゥリアヌス『偶像礼拝について』15:8，『スカペラへ』2:6 などが挙げられる．ただし，ムラトリ正典目録にはⅠペトロ書は含まれておらず，この書簡が正典として地位を確保したのは遅いと考えられる[6]．

1.1　アウトライン

Ⅰ　挨拶（1:1－2）

－ペトロから選ばれた人々へ（1:1－2）

---

〔4〕「初期キリスト教」の範囲をどの時代（時期）まで定めるかについて，研究者間で意見が分かれており，統一した見解はない．『聖書学用語辞典』175 頁（項目「初期キリスト教」）参照．キリスト教がユダヤ教からいつ，どの段階で袂を分かったのかという研究史上の難題があり，厳密に言えば，最初期のキリスト教はいわゆる「キリスト教」ではなく，「ユダヤ教」の一派とよぶべきであろう．しかし，ここでは最初期のキリスト教も便宜的にキリスト教とよぶ．本註解ではやや大雑把ではあるが，後 1 世紀から 3 世紀頃までのキリスト教を「初期キリスト教」，またはその組織をさして「初代教会」「初代（初期）キリスト教会」と記す．なお，イエスやパウロを含む最初期のキリスト教（主に後 1 世紀から 2 世紀前半頃までの時代）をさしていわゆる「原始キリスト教（Urchristentum）」とよばれているが，本註解ではこの術語を用いない．

〔5〕エウセビオス『教会史』Ⅳ:14:9 も参照．その他，内容的にも二つの手紙は似ている部分がみられる．たとえば，冒頭：寄留する（1:1 ＝ Ⅰペトロ 1:1, 2:11），家庭訓（4:2 ＝ Ⅰペトロ 3:1 以下），長老への訓戒（6:1 ＝ Ⅰペトロ 5:1 以下）．

〔6〕なお，Ⅰペトロ書の最も古い写本は後 3－4 世紀に成立したとされる $\mathfrak{P}^{72}$ である．Ⅰペトロ書の写本についての詳細な考察は Williams/ Horrell (vol.1), 2-20 を参照．

- 恵みと平和が与えられるように　⇔　5：14 と対応

II 第1部（1：3-4：11）「教義」と「勧告」

A

a 教義① 救済の意義（1：3-12）
- 希望へと新たに生まれたことの意義（1：3-5）　⇔　3：21 と対応
- 試練の中での喜び（1：6-9）
- 救いとは何か（1：10-12）

1：13「それゆえ（Διὸ）」……

b 勧告①（1：13-2：10）キリスト者への一般的な勧告
- 希望を置き（1：13），聖なる者となれ（1：14-16）
- 贖いの業の意味を知り，畏れのうちに生活せよ（1：17-21）
- 互いに愛し合いなさい（1：22-25）
- 理に適った乳を求めよ（2：1-3）
- 生きた石として霊の家を造れ（2：4-10）

B

c 勧告②（2：11-20）具体的な勧告　社会訓
「私は勧める（παρακαλῶ）」（2：11）　⇔　5：1 対応
「愛する人たちよ（Ἀγαπητοί）」　⇔　4：12 対応
- 異教徒の模範となれ（2：11-12）
- あらゆる人間的な被造物に従え（2：13-17）
- 奴隷への勧告（2：18-20）

d 教義② 模範としてのキリストの受難の意味（2：21-25）
「キリストもまた……（ὅτι καὶ Χριστὸς）」（2：21）
「あなたがたが召されたのはこのため」（2：21）

e 勧告 ③（3：1－17）家庭訓，一般的な勧告
- 「妻たちよ」（3：1－6）
- 「夫たちよ」（3：7）
- みな，謙遜な者であれ（3：8－12）
- 迫害下での勧告（3：13－17）　⇔　5：5b－10 と対応

f 教義 ③ 模範としてのキリストの受難の意味（3：18－22）
「キリストもまた……（ὅτι καὶ Χριστὸς）」（3：18）
救いの意義（3：21）　⇔　1：3 と対応

g 勧告 ④（4：1－11）迫害下での勧告
- 武装し，慎みをもって生活する（4：1－6）
- 終わりの時のために（4：7－11）
頌栄（4：11）　⇔　5：11 と対応

Ⅲ 第2部（4：12－5：11）

a 勧告 ⑤（4：12－5：11）迫害下での励ましと慰め
- 「愛する人たちよ（Ἀγαπητοί）」 試練の時こそ喜べ（4：12－19）
　　⇔　2：11 対応
- 「私は勧める（παρακαλῶ）」（5：1）　長老と若者，すべての人へ（5：1－5）
　　⇔　2：11 対応
- 謙遜でありなさい，悪魔に備えよ（5：5b－10）　⇔　3：8－17 と対応
頌栄（5：11）　⇔　4：11 と対応

Ⅳ 結びの言葉（5：12－14）

- バビロンから挨拶を送る（5：13）
- 平和があるように（5：14）　⇔　1：2 と対応

1.2 主題

主題として次の三つが主に挙げられる．

① 苦難のキリストを模範とする

Ⅰペトロ書の主題の一つは受難のキリストを模範とし（2：21，3：18），苦難に面してもキリスト者としてふさわしい振る舞いを示すことである（4：16）[7]。苦しみを受けつつも，読者たちの眼前にはそれに耐えるキリストの姿が絶えず映し出されている．

「あなたがたの間にある燃焼」（4：12）と形容されるように，受忍すべき艱難について書簡を通して何度も言及されている．「試練（πειρασμός）」（1：6，4：12），「苦しみ（λύπη）」（2：19），「苦難，苦しみ（πάθημα）」（1：11，4：13，5：1，9）に直面した際の「振る舞い（ἀναστροφή）」（1：15，2：12，3：1，2，16）について多くの箇所で語られている．受け取り手にはバプテスマを通して希望へと生まれ変わったことが冒頭から明示され，苦難の只中にあっても積極的な心構えで生きることが説かれている（1：3，15，21）．

② 新たな自己理解と帰属意識の深化

読み手の自己理解を深めさせ，彼，彼女たちが本来属する共同体とは何かを教示することも重要な主題の一つである[8]．前述の通り，書簡の最初からバプテスマを示唆する言辞も見出せるが[9]，ここではバプテスマそのものの意義を説くというよりは，バプテスマを通した救済の意義について説明している．つまり，救いは過去の出来事ではなく，読者たちの現在に関わる事柄であり，まさに「救いの現在性（Gegenwärtigkeit des Heils）」（ブルトマン）がここでは語られている[10]．

---

[7] もともと「キリスト者」という名称は，ユダヤ人と区別するために生み出されたものだが（元来は他称語と考えられる），Ⅰペトロ書では対異邦人との関係で自称として用いられている（本註解補論「Ⅰペトロ書における『キリスト者（Χριστιανός）』について」参照）．このような対異邦人として自称「キリスト者」は，後1世紀後半以降，利用されたと考えられる．保坂，196頁参照．

[8] ミューラーは（読者の）アイデンティティーを明確にし，それを形成することがⅠペトロ書の大きなテーマとして特徴づけられると述べている．Müller (2022), 399.

[9] Ⅰペトロ1：3，23，2：2，3：21参照．ただし，バプテスマという語句が登場するのは3：21のみである．

[10] ブルトマン神学Ⅲ（1953），116頁．

第1章　Ⅰペトロ書の構造と成立状況　17

　また，他の新約文書同様，この書簡も終末論的背景を有している（1：17, 4：5, 7 他）．この点では，同時代に成立したとされるコロサイ書，エフェソ書，牧会書簡などにおいて，終末論的志向が減退されつつあるのとは対照的である（本註解第1部第3章5参照）．終わりの時に向けた緊張感を緩めないように訴えている（1：13, 5：8）．

　書簡では読者はこの世において「仮住まいの者」と規定されている（1：1, 2：11）．つまり，彼，彼女たちは地上に属する身ではなく，この世は単なる寓居にすぎない．やがて受ける栄光を待ち望む身であるとたびたび強調される（1：4, 11, 17, 2：11）．受け取り手はバプテスマを受け，これまでの虚しい生活から解き放たれた（1：18, 2：10, 4：3）．以前とは異なる生活態度ゆえに，かつての生活を知っている周囲の者たちからは白眼視され，厭われる（3：14-15, 4：4, 14）[11]．しかし，読者が何者であるかをくり返し解き明かしつつ（1：1, 17, 2：11），彼，彼女たちが属するのは地上ではなく，天上であるという帰属意識を鮮明にさせる[12]．「霊の家」（2：5），「神の民」（2：10, ホセア 2：25），「神の家」（4：17），または大牧者が牧する群れに属する羊であるとも教えている（2：25, 5：4）．

　このように，共同体を語る際に「家」のメタファーなどを用いることに注目しなければならない（2：5-8）[13]．この世では仮住まいの身であるが，読者たちには帰るべき真なる「家」が与えられている．

　さらに送り手は，「神の民」とよびかけることによって，身を託すべき真の拠り所が何かを伝え，迫害という厳しい現実の中で生きるための確かな根拠を読者に与えている[14]．重ねてこの共同体に属する成員らはみな，愛し合うことが勧め

---

〔11〕　読者たちが「異様な存在」であるということは，決して否定的なことではない．新たな神の共同体に属するという事態から導き出される必然であることをⅠペトロ書は強調している．Feldmeier (2003), 170f. 参照．
〔12〕　ガラテヤ 4：26, フィリピ 3：20, エフェソ 2：12, 19, ヘブライ 12：22 も参照．
〔13〕　この点では，パウロ書簡との類似点が確認できるが（Ⅰコリント 3：9-11 参照），新約文書では「家」という概念は，共同体を示唆する際，度々用いられる（Ⅰテモテ 3：15 他参照）．山田，234頁参照．なお本註解でパウロ書簡は，真正の書簡と推定されるローマ書，Ⅰ，Ⅱコリント書，ガラテヤ書，フィリピ書，Ⅰテサロニケ書，フィレモン書の七つをさす．いわゆるパウロの名による手紙と想定できるエフェソ書，コロサイ書，Ⅱテサロニケ書，Ⅰ，Ⅱテモテ書，テトス書を第二パウロ書簡とよぶ．
〔14〕　「神の民」という「選び」の中に読者たちが本来的に置かれていることを送り手がたびたび伝えるのは，それによって迫害の現在の中にある彼，彼女たち

られ（1：22, 4：8），謙遜を身につける生き方が奨励される（4：9, 5：5）．さまざまな地域に離散するキリスト者たちはみな同じ家に在し，労り，愛し合う家族であることを訴える．

③この世での正しい振る舞いについて

キリストの来臨の際に与えられる天上の栄誉が約束されている（1：4）．現在の苦しみに対して，将来の栄光が対峙され（4：13, 5：1, 5：10），読み手を励ましている．同時に読者たちに要求されるのは地上での正しい振る舞い，生き方である（2：12）．それゆえ，善行が奨励され，書簡の大半はそのための勧告で占められている（「（私は）勧める」2：11, 5：1, 12参照）[15]．終わりが定められた読者たちに，この地上でどのように振る舞うべきなのかを教える．

これらの勧告は，迫害の中で胆力を練るための指針となる言葉でもある．「聴き従うこと（従順）」（1：2, 14, 22, 2：14）は「選び」に繋がると主張する（1：2）．送り手は読者たちを「聖なる者」（1：16）「聖なる祭司団」（2：5）「選ばれた一族」「聖なる民族」（2：9）などと形容し，選ばれた存在であることを強く印象づけている．

このように旧約聖書からの概念を用いて[16]，イメージ豊かに彼，彼女たちが特別な存在であることを伝えている（前述参照）．

2：13以降の書簡の中心部分には統治者や主人，夫などに従うことを告げる社

を鼓舞することにほかならない．同様の見解はタイセン．「『神の民』のイメージはしばしば，キリスト教徒たちが敵対的な世界のただ中で自分を堅持しなければならないという『過酷な現実』を明瞭に指し示すことがある」．タイセン（2007），495頁．

〔15〕パウロ書簡にみられるように，読者の置かれた状況に則して，手紙を通して勧告を伝えるのは初代教会における一つの慣習であったと考えられる（使徒15：30−32，ローマ12：1，Ⅰコリント1：10，ヘブライ13：22他参照）．

〔16〕近時，従来の「旧約」という名称を用いず，「ヘブライ語聖書」「ユダヤ教聖典」などと言い換える傾向にある．旧約という名称はキリスト教信仰を前提にして使用されるため（そこにはユダヤ教への差別的な意味合いも多分に含まれている），より中立的な先のような名称を用いるべきであろう．しかし，本註解で扱うⅠペトロ書の送り手（および受け取り手）にとって，あくまで聖書はギリシア語に訳されたLXXであり，旧約を「ヘブライ語聖書」と言い換えた場合，送り手らは「ヘブライ語聖書」に親しんでいたと誤解を与えかねない（無論，その可能性は完全には排除できないが）．同じような問題はヨハネ書簡にも当てはまり，それゆえ，三浦は旧約という名称をあえてそのまま使用している（三浦，23頁）．上記の理由から，本註解でも旧約という名称を使用する．

会訓，家庭訓が見出せる．終結部分には長老と若者への訓戒がまとめられている（5：1－5a）．これらはすべて，地上での適切な振る舞いを指示する訓告である．従順であることを執拗に説く言辞の背景には，キリスト教が拡大する途上で統治者や周辺社会，または家庭生活において摩擦を起こさず，それを可能な限り回避し，キリスト教信仰への不信感を払拭する目的が存在していると思われる．

周辺世界へのキリスト教の弁明と批判的言説：周辺世界に対するキリスト教側からの弁明や護教的発言は，すでにパウロ書簡にその萌芽がみられるが（ローマ13：1－7他），後1世紀後半からよりいっそう強くなり（Ⅰテモテ2：1－3，テトス3：1，Ⅰクレ60：2－61：3，ポリ手紙12：3他），後2世紀以降，テルトゥリアヌスなどのいわゆる護教家へと受け継がれる（『護教論』39：2「（略）われわれは皇帝や役人や権力の座にある者のために祈り，この世の安寧，地上の平和，世の終わりの延期されることを神に祈るのである」参照）．ルカ文書のようにローマ帝国において福音宣教は無害であると弁論する文書や，Ⅰペトロ書のように世俗権力への随順を明確に説く文書が存在する一方，支配者に対して抵抗の姿勢を明瞭に示すマルコ福音書（皇帝からの「福音（εὐαγγέλιον）」ではなく，1：1「イエス・キリストの福音」）や，ローマ帝国を激しく攻撃するヨハネ黙示録も存在していることを忘れてはならない（黙示13：1以下「獣」としてのローマ他参照）．しかし，前掲の文書が成立した後1世紀からの2世紀のローマ帝国で生きるキリスト教徒にとっては，マルコ福音書やヨハネ黙示録のように為政者に対してあからさまに敵意を向けるのはむしろ例外的である．ルカ文書やⅠペトロ書が指示するように，敵愾心を燃やすよりも穏便な社会生活を営むことを大半が求めていたと考えられる．そうでなければ，キリスト教は反社会的レッテルを張られた小規模団体として，周辺から起こる排斥・排撃の突風から身を守ることはできなかったであろう．それゆえ，前者の文書を担うグループがその後，初期キリスト教の中核的組織へと成長していったのはある意味，自然な流れである．この点につい

〔17〕 他にも『護教論』30：1, 4, 31：3（Ⅰテモテ2：1－2の引用），32：1, ユスティノス『第一弁明』17：3, テオフィロス『アウトリュコスに送る』第1巻11, 第3巻14, アテナゴラス『キリスト教徒のための請願書』37：2－3他．木寺，24－27頁，および同129頁，註4に初代教会におけるこの種の祈りに一覧がまとめられている．

〔18〕 現代の視点からすると受け入れがたい，世俗の権威への服従を教示するローマ13：1以下にあるパウロの言説は，古代世界に生きる多くのキリスト教徒の心性を鑑みた際，彼，彼女たちにとっては特段，不自然な内容ではなかっただろう．「ローマ帝国に生きていたキリスト教徒の大半は，社会の秩序や，都市を超えて君臨する皇帝には従順であり，尊敬の念を抱いていた，とすべきである」という松本（2006），214－215頁の所論の大筋は同意できるものの，皇帝への態度は支配地域の属州民の性質，また都市と地方などの地域性によって相違があったことも顧慮すべきであろう（本註解補論「皇帝崇拝について」参照）．

て，木寺は次のようにまとめている．「新約聖書時代において，たしかにヨハネ黙示録におけるように，ローマ帝国に対して激しく敵対する姿勢もみられるが，全体的に見ると，『ローマの平和』を享受していた教会は，国家が『悪魔』化しない限り，その存在の意義を認め，支配者への服従を信徒に説いている，と言えよう．国家の存在を条件つきで是認し，帝国の繁栄や皇帝の安寧を祈願するこの態度は，新約時代はもちろん，使徒教父時代以降も古代キリスト教をとおして基本的に一貫した伝統」[19]である．当時の社会，政治体制と鋭く対決し，「神の国」の宣教に挺身した末，ローマ帝国の「反逆者」として殺害されたイエスの運動が，やがて支配体制に従属し，組み込まれていく「伝統」の歴史的経緯を批判的に検討しなければならないだろう．

1.3 内容

Iペトロ書の内容は大別して二つに区分できる．

第1部（1：3－4：11）の主たる内容は，**救いを基盤とした教義と生活上の勧告**である．これらを交互にくり返す形で書簡は展開されていく[20]．後半の第2部（4：12－5：11）では，**迫害下への励ましと慰籍**について語られる．

このように一見，異なる内容に思える第1部と第2部は，もともと別々の文書として成立していたと一部の研究者の間で推測されている．さらには，後半部分が後世の付加である可能性も指摘されている[21]．その理由は次のようなものである．

4：11は頌栄で終わっており，4：12以降は迫害への具体的な勧告が続くため，4：11までは迫害を知っているが，それはまだ現実に起こっておらず，4：12以降，実際に起こった迫害に対処する言葉が付加されたと考えられるからである[22]．しかし，書簡の途中で頌栄が挿入されても何ら不自然ではなく[23]，4：11前後で書簡の主題が明瞭に変化しているわけでもない．艱難の神学的意味づけや迫害下へ

---

〔19〕 木寺，18頁．
〔20〕 土戸，153頁参照．教義と勧告を交互にくり返す構成上の特性はヘブライ書にもみられる．川村（2004），29－30頁参照．
〔21〕 川村（1981），416頁，Beare, 6, 162; Perdelwitz, 26-28; Windisch, 76f. 参照．
〔22〕 4：11と12以降の連続性に関する考察は，ブロックス，21－36頁に詳しい．
〔23〕 ローマ11：36（テーマの展開時），ガラテヤ1：5（冒頭挨拶句の最後），エフェソ3：21，フィリピ4：20（書簡の主部の最後），Iテモテ1：17，黙示1：6，Iクレ20：12，32：4，43：6他参照．ブロックス，277－278頁，Berger, 296参照．

第1章　Ⅰペトロ書の構造と成立状況　21

の勧告という主題は，書状を通して一貫している（1：6-7，2：18-25，3：13-22，4：12-14参照）[24]．それゆえ，元来，4：11以降も前半部分と連続していたと受け取る方が至当である[25]．主題もさることながら，1：3-4：11と4：12以下の言語的特徴の一貫性を説得的に論証した島田の研究も，書簡の連続性を考える上で参考になる[26]．上記のアウトラインでも示したように，同種のモチーフや言い回し，または対応関係も散見できるので，Ⅰペトロ書は一つの書簡としてのまとまりを感じさせる．よって，第1部と第2部は元来，連続していたものと受け取るべきである．

挨拶の言葉で始まり，終結部分も結びの挨拶で閉じられており，古代の書簡の形式に沿って記されていることがわかる[27]．挨拶の後，すぐさま本文に入り，救いの意味に関する教義的内容がやや長く語られる（教義①）．

挨拶に続く書簡の第1部は二つのパートに分けることができるだろう．教義①と勧告①を含む1：3-2：10をAパート，「愛する人たちよ」で始まり，勧告④と頌栄で閉じられる2：11-4：11をBパートに分けられる．

教義①では，読者たちは新たに生まれたことが告知される（1：3-5）．これはおそらくバプテスマを意味しており，3：21のバプテスマに関する見解と対応している．後述するように，バプテスマを受けて日が浅い信者が書簡の主たる読者だと考えられるからである．また，先に述べたように，本書簡は読者に対して新しい自己理解を与え，これまでとは異なる共同体への帰属意識を強める．そのため，冒頭部分で希望へと新生したことを高らかに宣揚する．その後，「試練」（1：6，4：12対応）の中での喜びが語られるが，これは後半に展開される迫害下への勧告を予告している（4：1-11）．このように，最初から迫害の現実が語られることが本書簡の特徴の一つである．

---

[24] 1：6-7と4：12-13（苦難と喜悦），1：5，11と4：17，5：6（終わりの時），2：4-4：17（神の家）などの語句，および内容上の対応関係にみられるように，4：12以下は明らかにそれまでの記述の延長線上にある．Feldmeier, 149 Anm. 551; Heckel, 122 参照．
[25] マーティン，129-130頁，Conzelmann/ Lindemann, 417; Feldmeier (2005), 20f.; Vielhauer, 584 参照．
[26] Shimada, 33-56 参照．
[27] Ⅰペトロ書の書簡の全体形式は，古代書簡のそれに準じている（挨拶句1：1-2，本文1：3-5：11，終結句5：12-14）．古代書簡の形式に関しては，三浦，29-31頁参照．

そして，救済の意義に関する教説を述べた後（1：10-12），「それゆえに」（1：13）と生き方の指針を示す勧告文が続く．以後，命令形を用いた勧奨の言葉がくり返される[28]．1：13から，1：3-12の教義的内容を踏まえてキリスト者への一般的な勧告が告げられる（勧告①）．

勧告を告げる際，「それゆえ」（1：13），または「なぜならば」（2：21，3：18）とその理由を添えて語るのが本書簡においてたびたびみられる．また，送り手は社会訓，および家庭訓，そして長老らへの訓告の言葉の前に「（読者に）勧める」（2：11，5：1）と記して，その内容を印象づけている．書簡の最後に再びこの勧告の導入句がくり返され，念を押している（5：12）．このように，手紙の内容の大半は，キリスト者の訓育を意図する勧告の言葉で占められていることがわかる．

最初の勧告部分である1：13は，キリストの来臨に望みを置き，そのために地上での準備を整えよという言葉から開始されている．本書簡はパウロがローマ教会の構成員に向けて記したローマ書のように神学的持論を雄弁に語ることはなく，またⅠ，Ⅱコリント書などのように受け取り手である共同体で起きた具体的な問題に対応するため，詳細に議論する性質のものでもない．共同体に潜む敵対者との教義上の討論も読み取れない．Ⅰペトロ書と成立年代も近く，また身分訓や家庭訓を含んでいる牧会書簡と内容からみて類似する部分が多くある．

しかしながら，これらの書簡のように教会内に入り込んだ異端者を排除し，異なる教えには毅然と対抗するため，「健全な教え」を教示することはない（Ⅰテモテ1：3-11，4：1-5，5：1-12，6：3-10，テトス1：10-16，3：8-11参照）．読者に迫害を加える何らかの存在が想定されているが（Ⅰペトロ3：15，5：8），具体的な敵対者が示唆されているわけでもない．

どの地域においても起こりえる一般的な問題に関する教説と勧告が書簡の大半を占めている[29]．そのため，共同体の状況に即した論点について一気呵成に書き上げられた（と読める）ガラテヤ書のような劇的な筆致ではない．高度な修辞学的テクニックを散りばめ，緻密に練られている文体である一方，いささか単調な書きぶりで，反復する内容も多く，冗長な文章という印象も与える．読み手の感情を揺さぶるような煽情的文言（たとえばガラテヤ3：1他）も皆無で，淡々と

---

[28] 書簡全体を通して現在命令形（6回）より，アオリスト命令形（22回）の方が多く記されている．
[29] Feldmeier (2005), 22参照．

内容が伝えられる．Ⅰコリント1：19以下のように発信者と受信者の個人的な繋がりを示唆するような記述もなく，顔の見えない読者に向けて書かれていることがわかる．それゆえ，著者の個性が垣間見れる雄渾な筆致というよりは，むしろ漠然とした読後感を覚える類の文書とも言えなくもない．だが，回状という性質から，著者は意図してこのような書き方を選んでいるとも考えられる．

　内容から読み取れる受け取り手の一部は，先に述べたように，バプテスマを受けて間もない信者であると思われる（2：14 参照）．それゆえ，読者に「従順の子」として「聖なる者」になることが勧められる（1：14-15）．読者たちは神から召し出された存在であることが強調される（1：15, 2：21）．旧約聖書の引用句（1：16, 24-25）を巧みに織り込み，勧めの言葉が畳みかけられる．

　その後，キリスト者への一般的な勧告（1：13-2：10）に移り，「愛する人たちよ」（2：11）と読者へのよびかけに続き，当時の社会制度下の振る舞いを説く具体的な勧告である社会訓（2：11-20），そして家庭訓（3：1-17）が開始される（勧告②，勧告③）．2：11 の「愛する人たちよ」のよびかけは，4：12 でもくり返される．パウロ書簡と同様，著者は読者への語りかけを忘れない（ローマ 12：19，Ⅰコリント 10：14，Ⅱコリント 7：1 他参照）．すでに確認したように，このよびかけを境にして 2：11-4：11 をひとつのまとまりと捉えることは許されるであろう．

　2：18-3：7 までは，奴隷，妻，夫など訓告の対象をグループごとに絞っている．勧告の間に模範としてのキリストの受難の意味（2：21-25）の教説を挟む（教義②）．さらに「みな」とよび，すべての読者を対象として，終末を意識したまとめの勧告を告げる（3：8-17）．これは 5：5b-10 と対応している．そして，キリストが模範を示しているゆえ，勧告に従うことを促す（教義③）．ここで「万物の終わりが迫っている」と終末論的展望のもと切迫感に満ちた言葉を用いて読者に警告する（4：7）．4：1-11 にある第 1 部の終わりは，迫害を前にし，共同体内で求められる生き方をめぐる勧奨の言葉で締めくくられる（勧告④）．

　「愛する人たちよ」と再度のよびかけで開始される第 2 部（4：12-5：11）は，迫害下での励ましと慰めを主とする．ここでは各共同体の指導者である長老と，その成員と思われる若者たちへの勧告を挿入している（勧告⑤）．書簡の最終部分で長老への訓戒を配置したのは，共同体論（教会論）に重きを置いているゆえにほかならない．そして，5：5b で再び「みな」に対象を切り替え，読者全般に

再びよびかける．第2部の終わりの5：11でも4：11と同じように頌栄によって結ばれる．書簡の最後は古代書簡の形式に準じて，結びの言葉によって閉じられる（5：12－14）．

次に，Iペトロ書の著者についての考察に進みたい．

2　Iペトロ書の著者，成立場所・年代，受け取り手について

2.1　著者

送り手はペトロとある(1：1)[30]．はたして使徒ペトロによって執筆されたのか（エウセビオス『教会史』Ⅲ：3：4，4：2参照）．ペトロの名前は単なる文学的擬制なのか．ペトロではなければ，いかなる人物の手によって記されたか．

書き出しの「イエス・キリストの使徒ペトロ」(1：1)を字句通り受け取るならば，イエスの直弟子のペトロであるが（マルコ1：16－17，3：16参照），この可能性はきわめて低いだろう[31]．その理由として以下の5点が挙げられる．

① 本文のギリシア語：Iペトロ書のギリシア語の語彙は豊富で[32]，文章構造も複雑であり，修辞的な用法も多用されている．また，類語や同音語を並列させるなど[33]，ギリシア語の母語話者によって記されたと受け取るのが自然

---

〔30〕　かつて「ペテロ」という固有名詞表記が一般的であったが，新共同訳から「ペトロ」という表記（共同訳はペトロス，協会共同訳もペトロ）が用いられるようになった（フランシスコ会，岩波訳も参照）．「日本語として『ペテロ』の方がはるかに発音しやすい．（略）重要なことは，固有名詞については伝統的に定着した表記は変えずに使い続ける，という姿勢である」という田川の意見ももっともだが，原語から判断すると「ペトロ」の方がふさわしいと思われるゆえ，本註解では「ペトロ」と表記する．田川（2008），189頁，註16．

〔31〕　Ⅱペトロ書には送り手が使徒ペトロであることを強調する箇所を見出されるが（同1：1，1：16－18），Iペトロ書にはそれがない．研究者の間ではペトロの著者性を支持する（ないしはその可能性を示唆する）者も少なからずいる．たとえばグルーデムは偽名性への反論を展開している．グルーデム，22－31頁，黒崎（1931），1頁，田中（1938），20頁，最近では Jobes (2005), 5-19 や内田，6頁参照．

〔32〕　新約文書でIペトロ書のみに出現する語句（ハパックス・レゴメノン）は55単語．Müller (2022), 90f. 参照．

〔33〕　たとえば頭韻法1：19（1：4，10他も参照），対照法1：18以下他参照．Müller (2022), 91 を参照．Iペトロ書の修辞的な用法の分析は Schelkle, 13 に詳しい．

である[34]．アラム語を母語とし，「無学な普通の人」（使徒4：13）と言われているガリラヤ出身の漁師ペトロが記したとは考えにくい[35]．

② LXXからの引用：同書簡の聖書引用はほぼすべてLXXからの引用である[36]．

③ 生前のイエス伝承との関係：生前のイエスと関係づけるイエスの言葉の引用はない[37]．また，殉教を暗示する（とも解釈できる）箇所（4：12以下），司牧者（教会の指導者）としての振る舞いを記す箇所（5：1以下，ヨハネ21：15以下参照）以外に，生前のペトロと直接的，および間接的に結びつく箇所はない．上記の箇所も初期キリスト教内で一般的に共有されていたと考えられるペトロ像を反映させているだけである[38]．パウロ書簡には，パウロの個人史や個性を反映させるような記述がしばしば見られ（フィリピ3：5−6，ガラテヤ1：13−14），かつパウロと読者の個人的繋がりも書簡から多々確認できる（たとえばIコリント1：10以下他）．しかし，Iペトロ書には

---

[34] Goppelt, 45-47; Schnelle (2002), 446; 小林（2003），380−381頁参照．もっとも，ヘレニズム化が浸透していた後1世紀のガリラヤに生きたペトロが，まったくギリシア語を介さなかったとは言えないだろう．ヘンゲルなどの研究からパレスティナの言語使用状況について知見も提出されている．ヘンゲル（1973），104−109頁．しかし，彼に高度なギリシア語の作文能力があったとなると，やはり難しいと思われる．この点はヤコブ書の著者問題と同様である．辻（2002），16頁参照．当時のギリシア語の使用状況については土岐（2016），18−45頁に詳しい．

[35] ギリシア語が堪能ではないペトロの代わりに，（ギリシア語に通じていたであろう）シルワノ（5：12）が筆をとったという想定も一応は成り立つ．だが，「忠実な兄弟」という言葉は自分で自分を讃えることになってしまうので，やはり不自然である（本註解5：12参照）．ブロックス，332−334頁，小林（2003），381頁参照．

[36] Iペトロ4：8の箴10：12の引用は，LXXよりMTに近い（本註解4：8参照）．また，5：5に残された箴3：34から引用もLXXとは異なる部分があり，Iペトロ書の著者は部分的に改変されたLXXのテキストを用いた可能性も考えられる（本註解5：5参照）．なお，本註解のLXXのテキストはラールフス（Rahlfs）版を主に用いたが，ゲッティンゲン版（Göttingen Septuagint）も随時参考にした．

[37] Iペトロ3：14，4：14はマタイ5：10−12の幸い章句と似ている．マタイが用いた伝承をIペトロ書の著者も受けたと考えられるが（本註解3：14参照），これらの伝承にあるイエスの言葉は初代教会の状況を反映したものであり，イエスに遡らず二次的創作の可能性が高い．

[38] IIペトロ1：16−18にはペトロがイエスの変容を目撃し，天からの声を聴いたと記され，この書簡の著者がペトロであると示唆している．しかし，この箇所はイエスの変容に関する伝承（マタイ3：17，17：1−8，マルコ9：2−8，ルカ9：28−36）との並行関係が明らかであり，著者が生前のペトロであると演出するための文学的技巧にすぎない．

ペトロの個性などを示唆するような記述はまったく見られないのも大きな疑問として残る。[39]

④ パウロ書簡との関係：Ⅰペトロ書はパウロ書簡との内容上，または語句上の類似点がみられる（本註解第1部第2章4参照）．緊張関係にあったと見受けられるパウロの書簡を参考にして，生前のペトロがこの手紙を記したとは考えにくい。[40]

⑤ 書簡の内容とペトロ本人の関係：書簡の中心的なテーマの一つである当時の社会制度にまつわる具体的な勧告（2：13以下）もペトロとは馴染まない．そもそも，（おそらく入信したばかりの）異邦人（割礼を受けていない者）を主たる読者と想定しているこの書簡を（Ⅰペトロ1：14, 2：2他参照），「割礼を受けている者の使徒」（ガラテヤ2：7－8）と称されるペトロが執筆する動機が不明である．ペトロが後に方針を転換し，パウロのように異邦人の使徒になったならば考えられるが，おそらくそれはないだろう．とりわけ，書簡の成立背景として考えられる迫害の状況も（4：12以下），生前のペトロと関係づけるのは難しい。[41] また，後述するように，成立年代を後80－90年代に想定するならば，64年に殉教したとされるペトロと20から30年近くのずれが生じる．ペトロが後1世紀後半まで生存していたとは到底考えられない．

したがって，同書簡はペトロの名を借りた書簡と考えるのが至当である。[42] パ

---

[39] Gäckle, 393 参照．

[40] アンティオキアでの両者の対立については，ガラテヤ2：11以下参照．ヘンゲルはペトロとパウロが緊張関係にあったが，その後「和解（Versöhnung）」したと「推察する（vermuten）」が，確証は得られない．ヘンゲル（2007），102－105頁．Ⅱペトロ3：15にはペトロがパウロの書簡を読んでいたとあるが，生前のペトロがパウロの書簡をいつ，どこで読んでいたのかという問題が残り，Ⅱペトロの記述も事実とは言い難い．

[41] 川島はペトロがローマに滞在した期間について，以下のように推測している．「ペトロがローマに来たのはローマからユダヤ人の追放を命じたクラウディウス帝が死んだ（54年10月13日）後であろう．するとペトロのローマ滞在期間は長くてもその時からネロのキリスト教迫害の中での殉教（64年）にいたるほぼ10年ということになろう」．川島（2009），191頁．

[42] 使徒ペトロの名を借りた文書はⅡペトロ書の他にも後3世紀頃に成立したと考えられる『ペトロの宣教集』に収められている「ヤコブへのペトロの手紙」，ナグ・ハマディ文書に含まれる「フィリポに送ったペトロの手紙」が挙げられる．初期キリスト教文書におけるペトロの名を冠した偽名文書に関する詳細な研究

ウロ書簡が初代キリスト教会内で一定程度膾炙した後,権威的な人物であるパウロの名を冠して記された第二パウロ書簡,またヤコブ書やユダ書と同様にⅠペトロ書も偽名書簡の類に属する.

さて,著者に関して,研究者の間でいくつかの提案が出されているのでここで検討する.ローマにおいてペトロ派(Petrine Circle/ Petrus-Schule)とよばれるペトロを崇めるグループが存在し,この一群がⅠペトロ書(およびⅡペトロ書とユダ書も)を生み出したと考える研究者たちがいる[43].シルワノや彼の子(忠実な弟子の意味)マルコ(5:13)が中心となったグループと考えられている.確かにⅠクレ5:4,イグ・ローマ4:3では,ローマ教会においてペトロは模範とすべき存在として印象づけられている.

しかし,このようなペトロ派の存在を裏づける決定的な歴史的証拠はない.ただし,Ⅰコリント1:12には生前のペトロを頭にする一群が存在していたようであり,その死後,後1世紀末頃におそらくローマを中心にペトロを範と仰ぐ集団が存在していたと推定することは許されるだろう[44].この仮説に立つならば,ペトロ派(とよべるグループ)がⅠペトロ書を生み出したのだろうか.

ローマで成立した文書であるⅠクレメンスにおいて,「柱」(ガラテヤ2:9)の一人であるペトロの名が,後1-2世紀の初代教会における殉教者の一人として言及されている.Ⅰクレメンスには,ペトロとパウロは「私たちの間で最も美

　　　は F. P. Lapham, The Myth, the Man and the Writings, 2003,および古代の偽名書簡に関して他の追随を許さないほどの網羅的研究は Schmidt (2003), 9-156,また新約聖書の偽名文書に関する説明は辻(2013),31-63頁,Theißen (2011), 147-163に詳しい.

[43] Elliott (1990), 270-280; ders. (2000), 127-130; Knoch (1990), 143-146参照.なお,ローマのペトロ派に関する詳細な研究史は Horn (2013), 3-20.ペトロ派を前提としてはいないが,山谷はⅠペトロ書がヘレニストを前にしてなされたペトロ的説教(使徒10:35-43)の系譜に属すると推測している.山谷(1963),94頁.Ⅰペトロ1:3-11, 19, 23, 2:6-7に記されたイエスの復活と希望,再臨と報い,預言,十字架の血と贖い,新生,躓きなどのモチーフが説教の内容と類似しているからだとする.「その基調にはペトロ的ケリュグマが響いている」とする.しかし,書簡の一部分が似通ったとしても,手紙全体の内容,神学的傾向はペトロ的説教とは言い難い.なおかつ,ペトロの説教もルカによる創作の可能性がきわめて高いので,この仮説の蓋然性は乏しい.荒井(2014),157頁参照.

[44] 一方,ホレルはペトロ派の存在に懐疑的な見解を示す.Ⅰペトロ書はローマのキリスト教集団が,使徒的権威を有するペトロの名を用いて執筆したと彼は考える.Horrell (2013), 29-44.

しい範をたれた」(6：1)とあるので，ペトロはおそらくローマで殉教したと思われる[45]．Ⅰペトロ書がローマで成立したと仮定すれば，「多くの苦難を耐え」「栄光の場」(Ⅰクレ5：4)へと向かったペトロの姿は，迫害下でのキリスト者のあるべき姿勢を説く同書簡の内容と合致する．もしそうであれば，この書簡の送り手として使徒ペトロはふさわしい存在であると著者は考えたと思われる．

しかし，後述するように，書簡の成立場所として文頭で言及されている小アジア地域(1：1)の可能性も考えられるので，著者はローマ在住のペトロのシンパと断定することはやはりできない．小アジアに住む著者が，あたかもローマからペトロが書き送ったと装って書状を記した可能性も十分に考えられるだろう．パウロの偽名書簡と推定されるコロサイ書が，パウロが獄中から書き送ったように装っているように(コロサイ4：10, 18)，偽名書簡は真筆性を疑われないように諸種の工夫が施されている．いかに装って書くことができるかが，偽名書簡の使命であろう[46]．

これまでの考察から，送り手の場所としてローマ，または小アジア地域という二つの可能性を考慮すべきであり，Ⅰペトロ書はローマのペトロ派が生み出したものと言い切ることには躊躇いが生じる．後述するように，本註解は成立場所としてローマを完全に排斥しないものの，小アジア(1：1に列挙されている地域)の可能性を第一に想定するので(後述参照)，当地に居を構え，**ペトロ(の生き方)に対して何らかのシンパシーを抱く人物の一人**と推測するに留めたい．ギリシア語を母語とし，高度な教育を受けた，おそらく異邦人キリスト者であると考えられる[47]．この著者がLXXやパウロ書簡にも通暁していることは書簡からわかるこ

〔45〕ペトロの殉教を示唆するのはヨハネ21：18-19など．川島(2009), 194-212頁参照．ペト行31以下には，ローマでの殉教について委細に語られているが，そのまま史実とは到底受け取れないものの，何らかの歴史的な事実を核にして創作された可能性は十分に考えられる．なお，エウセビオス『教会史』Ⅱ：14：5以下では，ティベリウス帝統治時代，ローマで活躍する偉大なる使徒ペトロについて語っている．その後，ペトロは当地で殺されたと記す(同Ⅱ：25：5, 同Ⅲ：1：2, 2：1)．また，エイレナイオス『異端反駁』Ⅲ：1：1, 3：2には，ペトロとパウロによってローマで教会が創設されたと報告されている．

〔46〕たとえばⅡテサロニケ3：17では，偽作でないことを訴えるために，パウロの手によって書き，(真筆書簡にはないにも拘らず)どの手紙にもある印であるとわざわざ述べている．

〔47〕近年の研究でたとえばSteetskamp, 273-276は，著者はユダヤ人奴隷で奴隷たちに向けてこの書簡を書き記した(1：3, 2：24, 4：17-19の「私たち」に

とである（本註解第 1 部第 2 章 3，4 参照）．

　ここで，一つの疑問が生まれる．ローマのペトロ派に起源を求めず，小アジアの異邦人キリスト者を著者と仮定するならば，なぜ，著者はその書状の内容をよく知るパウロではなく，あえてペトロの名を選んだのか．後に詳述するように，神学思想や語句がパウロのそれと類似しているからである．

　ペトロの名を選んだ理由については，次のようなことが考えられる．まず，辻が論じるように，1：1 で挙げられている地域名はパウロにとって親しみのない場所であったという点である．[48] 詳細は不明であるが，著者はこの地域に宛てる何らかの所以があり，（当該地域に馴染みの薄い）パウロの名では不自然だと判断したのだろう．さらに，この書簡はキリストとの共苦に照射しており（2：21－24，3：18 他），イエスの直弟子であり（マルコ 1：16－18 他），イエスに倣い，同じように苦難を担った（とされた）ペトロ（Ⅰクレ 5：4，およびペト行 37）が著者として最もふさわしいと考えたのではなかろうか．[49] この二つめの理由が最も大きいものと考える．さらには，書簡の大部を占める勧告句は，（使徒の中でおそらく最大の）使徒的権威を誇るペトロから発せられるのが最も適切だと捉えたとも考えられる．[50] つまり，ペトロという名前が有する影響力（とその権威）を利用したのである．

　最後にシルワノについて言及したい．書簡の最後に記されている「忠実な兄弟シルワノ」（5：12）は，パウロの協力者シルワノを示唆している可能性が考えられる．[51] この偽名書簡の著者は，初期キリスト教会の「柱」の一人である殉教者

　　注目する），という創見に富んだ（またはいささか奇抜な）結論を導き出しているが，大半の研究者は異邦人キリスト者を著者と想定する．
[48]　Tsuji (2019), 219-220, 227.
[49]　苦難を強いられた人物ではパウロも同じであるが（Ⅱコリント 11：23－29，Ⅰクレ 5：5－7 参照），生前のイエス（の受難）を実際には目撃していない．ただし，Ⅰペトロ 1：8 は地上のキリストを見たペトロのことを示唆するのではなく，再臨のキリスト（を見ること）に関する言及である．本註解 1：8 参照．
[50]　イグ・ローマ 4：3「私はペトロやパウロのようにあなた方に命じているのではありません．彼らは使徒，私は断罪された者です」とあるように，使徒の名による命令とそうでないものとの隔たりは著しい．
[51]　エルサレム教会からパウロとバルナバとともにアンティオキア教会に派遣されるシルワノ（シラス）は，ペトロとパウロの両方から知遇を得たとされる人物である（本註解 5：12 参照）．使徒 15：22「シラス」（アラム語），同 16：19 以下，Ⅱコリント 1：19，Ⅰテサロニケ 1：1，Ⅱテサロニケ 1：1．

ペトロの名を示しつつ，ペトロとパウロの両者を知るシルワノの手によって手紙が書かれたことを主張するのはなぜだろうか．推測の領域を出ない考えだが，Ⅰペトロ書の送り手はペトロとパウロの両方の伝統を正当に受け継ぐことを読者に示したかったからと考える．ペトロとパウロの両者を知るシルワノという存在を言及することによって，広い読者を獲得しようと考えたのであろう．ペトロとパウロという初代教会の巨星を結合させる傾向は，後1世紀後半の文書から顕著にみられる（Ⅱペトロ3：15，Ⅰクレ5：4-5，イグ・ローマ4：3参照）．この時代になると，かつてあったパウロとペトロの教会内政治の軋轢の痕跡はほとんど消え（ガラテヤ2：11以下），両者は初代教会の統一的なシンボルとして役割が与えられたと考えられる．キリスト者たちはその教えを聴き，彼，彼女たちにとっては模範とすべき師である．それゆえ，パウロ的内容を部分的に有するペトロの名の書簡であっても，不自然でなかったのだろう．いずれにせよ，シルワノに関しては，実際に彼が記したとは考えられず，彼の名を挙げているのは偽名書簡の真筆性を装うための工夫である．

さて，先に論述したように，著者問題はこの手紙がどこで書かれたのかという問いと深く関係してくるため，次に成立場所についての考察へと歩を進めたい．

2.2 成立場所

書簡の結尾（5：13）には，送り手からの言葉として書簡の成立場所が示唆されている．「共に選ばれた，バビロンにいる者たちと私の子マルコがあなたがたに挨拶を送る」．これを字句通りに受け取り，執筆場所をメソポタミアのバビロン（またはエジプトのバビロン）と考える研究者は現在ではいない．成立場所に

---

〔52〕 シルワノがペトロの口述筆記をしたとも想定できるが（ローマ16：22参照），この手紙がシルワノの手によって受け取り手のもとに運ばれたことを意味するという見解もある．辻（2000），696頁．その可能性も完全には否定できないが（本註解5：12参照），Ⅰクレ65：1のようにその示唆が確かめられるわけではないので，確証はできない．

〔53〕 同じような見解はTheißen (2011), 177. パウロの協力者として知られるマルコとシルワノを，ペトロの協力者として示すことで，ペトロとパウロの和解という願望をここでは表していると小林は推測している．小林（2005），115頁．和解を願望しているかどうかは書簡の内容からは判断できないが，ペトロとパウロの両者と何らかの関係があることを暗に示していると考えられる．

〔54〕 Ⅱペトロ書の場合，とりわけその傾向が目立つ．Schnelle (2022), 515, 531参照．

関しては，次の二つの可能性が考えられる．

①　文頭に挙げられた小アジア地域のどこか（1：1）．
②　「バビロン」（5：13）は「ローマ」を示す（否定的な）暗号（「大バビロン」黙示 14：8, 16：19, 17：5, 18：, 18：2）[55]と考えるならばローマ[56]．

シュネレが指摘するように，Ⅰペトロ書は小アジアにおけるキリスト者の迫害の状況をよく知っているゆえに，①の可能性がまず挙げられるだろう[57]．だが，先述したように，ローマはペトロの殉死の場所でもあり，先のペトロ派の存在を想定するならば，本書簡を記す歴史的背景としては②の可能性が説得的である．同時代に記されたユダヤ教黙示文学においても，ローマをバビロンと関連づけて批判的に記述していることも②の可能性を裏づける根拠となる．さらに，ローマで成立したと考えられるⅠクレメンス（後90年代に成立）とⅠペトロ書の内容との共通性も見過ごすことができない．

Ⅰペトロ書とⅠクレメンス[58]：ローマの司教クレメンス（？―後101年）がコリント教会に宛てた手紙の導入部分においても，Ⅰペトロ書の冒頭との共通点が読み取れる．「私たちに突然，次々と降り懸かってきた不運や災難」（Ⅰクレ1：1）とあるように，おそらく何らかの迫害（ドミティアヌス帝による迫害？）を示唆

---

[55] 他にもユダヤ教黙示文学において例が見出せる．Ⅰペトロ書とおおよそ同時代である後1世紀末頃に成立したエズラ（ラ）では（11：35, 12：2 参照），その3：1以下でローマをバビロンと重ね，「バビロンに住む人々は豊かであるのを見た」と述べている．ここではおそらくローマの繁栄を示唆している．シリ・バル 67：7，シュビラ 5：143, 159-160「深い海とほかならぬバビロンとイタリアの国々」参照．Durst, 422-443 参照．また，エウセビオス『教会史』Ⅱ：15：2 ではⅠペトロ 1：1 を引きつつ，ペトロがローマでこの書簡を著したことを報告している．

[56] 研究者の間ではこの意見が多数である．クルマン，97, 101 頁，ブロック ス，44-46 頁，Bechtler, 105; Goppelt, 351f.; Knoch (1990), 142f.; Lapham, 145-147; Schröger, 212 参照．他にも冒頭の「散在した〔人々〕」（1：1）と関係づけ，「バビロン」を捕囚の身にあるキリスト者のメタファーとして捉える研究者もいる．マーティン，119 頁，Feldmeier (2005), 27f. 170; Zwierlein, 7-12 参照．

[57] Schnelle (2002), 447. その理由として，書簡に記された勧告や慰籍の言葉は，送り手が小アジアの近状を熟知していることを前提としているとシュネレは説明する．偽名書簡の特性を考慮する辻の見解も同様である．「偽名文書は多くの場合，宛先地に挙げられている地名のいずれかで成立していることからも，本書は1・1で挙げられている地域で成立した可能性が高い」．辻 (2000), 687 頁．小林 (2003), 381 頁も参照．

[58] ⅠペトロとⅠクレの比較検討は，Elliott (2000), 138-140; Knoch (1990), 22 に詳しい．

する言葉から始められている（Ⅰクレ7：1も参照）．これに続き，指導者に服従すること，長老を重んじること，若者への提言，女性への勧告，尊き純粋な意識（συνείδησις）をもつことなど（1：3），Ⅰペトロ書における一連の勧告句と通じている．先の冒頭句からもわかるように，Ⅰペトロ書とⅠクレメンスの間には，語彙や内容の上で共通している部分がある．たとえば，「ἀπροσωπολήμπτως」：Ⅰペトロ1：17（Ⅰクレ1：3），長老への従属：Ⅰペトロ5：5（Ⅰクレ57：1），迫害の示唆：Ⅰペトロ4：12以下（Ⅰクレ5：1－6：4），キリストは苦難の模範（ὑπογραμμός）：Ⅰペトロ2：21（Ⅰクレ5：7，16：17）．キリストの受難とイザヤ書の預言を関係づける：Ⅰペトロ2：21－25（Ⅰクレ16：3以下），頌栄（δι' Ἰησοῦ Χριστοῦ）：Ⅰペトロ4：11（Ⅰクレ58：2，61：3，64：1，65：2），教会の指導者の役割：Ⅰペトロ5：1－5（Ⅰクレ40－44）．服従を旨とする家庭訓や社会訓（Ⅰクレ1：2－2：8）といったような複数の伝承を巧みに取り込み，時に旧約聖書引用も織り交ぜながら筆を進めるスタイルも二つの書簡に共通している．最もⅠクレメンスは修辞学的に巧妙に構成された文体がめだち，ストア哲学に近い理解を示しつつ，Ⅰペトロ書と比べるとキリスト論よりも神論に重心を置いている．そのため，両書の神学的志向は懸隔している．Ⅰペトロ書とⅠクレメンスの二つの手紙がローマで同時期に成立したと想定するならば，互いに書簡の存在を知っていた可能性は完全には否定できない．なお，Ⅰペトロ書とヤコブ書との共通性も指摘されている．Ⅰペトロ1：1（ヤコブ1：1），Ⅰペトロ1：7（ヤコブ1：3），Ⅰペトロ1：24（ヤコブ1：10－11）[59]他．しかし，Ⅰペトロ書とヤコブ書の両書が互いの内容を知っていた可能性は低いだろう．二つの書簡が同じような伝承を用いた可能性は考えられる．[60]

　また，同書簡はパウロ書簡（とりわけローマ書）からの何らかの影響が考えられるゆえ，収集された真筆のパウロ書簡集（Corpus Paulinum）は，エルサレムやアンティオキアに並び初代教会の中心地の一つであり，晩年のパウロが過ごしたとされるローマであれば接することができたと想定される．さらに言えば，著者

[59] Konradt, 207は共通性に関してヤコブ1：2以下（Ⅰペトロ1：6以下），ヤコブ4：6－10（Ⅰペトロ5：5c－9），ヤコブ1：18, 21（Ⅰペトロ1：22－2：2）を列挙している．Williams/ Horrell (vol.1), 75-81では，ヤコブ1：1（Ⅰペトロ1：1），ヤコブ1：2（Ⅰペトロ1：6），ヤコブ1：3－4（Ⅰペトロ1：7, 9），ヤコブ1：18（Ⅰペトロ1：23），ヤコブ1：10－11（Ⅰペトロ1：24〔LXXイザヤ40：6－8〕），ヤコブ1：21（Ⅰペトロ2：1），ヤコブ4：1－2（Ⅰペトロ2：11），ヤコブ3：13（Ⅰペトロ2：12），ヤコブ5：20（Ⅰペトロ2：12〔箴10：12〕），ヤコブ4：6（Ⅰペトロ5：5〔LXX箴3：34〕），ヤコブ4：10（Ⅰペトロ5：6），ヤコブ4：7（Ⅰペトロ5：8－9）の間の共通性に注目している．

[60] 辻（2002），43頁参照．Ⅰペトロ5：5－7のLXX箴3：34の引用を交えた勧告句は，ヤコブ4：6－10と類似しており，初代教会で共有されていた伝承を用いた可能性が考えられる（本註解5：5－7参照）．

は書簡に信条定式文や家庭訓，社会訓などの幅広い伝承を利用しており（本註解第 1 部第 2 章 1.1 参照），これらの伝承と接する場所としてローマを挙げるのは不自然ではない．

　先に述べたように，Ｉペトロ書の著者がローマで殉教したペトロを踏まえて，ローマ（バビロン）から書簡が送られているように装って（小アジアなどで）記したと推測することもできる．その場合，先の①の可能性がより現実的である．ただし，書簡が成立した小アジア地域の具体的な地名を突き止めるのは困難であるが，迫害の事態を前提にすれば，この地域のどこかの都市部を想定すべきであろう．では，ポントス，ガラテヤ，カッパドキア，アシア，ビティニアのどこかであろうか．小アジアであればパウロ書簡と接する機会も考えられるが，ただし，ここで列挙された地域でパウロ書簡と接点のある場，つまりパウロの伝道圏（およびその影響圏）を鑑みるならば，かなり限定される．可能性として一番高いのはアシアのどこかの都市（エフェソ？）であろう．

　成立場所に関して，本註解は①の可能性を第一に考えるが，テキストから明確な確証を得られる根拠がないため，どちらかに断定はできない．

　　ローマとパウロ書簡：後 1 世紀末にローマで成立したＩクレメンスは，パウロ書簡を知っている．Ｉクレ 47：1－3 はＩコリント書を示唆し，またＩクレ 32：1 以下はローマ 9：5，Ｉクレ 30：6 はローマ 2：29，Ｉクレ 61：1 以下はローマ 13：1－7 との関係が考えられる．タイセンはパウロ書簡集（Corpus Paulinum）の

---

〔61〕 ホルンは書簡の成立時期を小プリニウスとトラヤヌスとの書簡（第 10 巻，96－97）で言及されていた迫害の時期（プリニウスが派遣されていた後 111－113 年の間）と想定するならば，冒頭の地名の領域であると推測し，著者もこの地域の長老（Ｉペトロ 5：1）であるとも考える．Horn (2020), 215. グッテンベルガーはさらに踏み込んで，成立地域をアシアとビティニアに限定する．Guttenberger (2010), 92.

〔62〕 Williams, 69-75, 89; Müller (2022), 97 参照．

〔63〕 パウロ（書簡）との関係からここに列挙された地域を選ぶならば，アシアがその可能性として残るという消去法的な選択である．Tsuji (2019), 220 を参照．上記のように，パウロ書簡との接点という観点からは，ローマの方が蓋然性は高い．

〔64〕 他にも，リンデマンによれば，次のようなパウロ書簡との影響関係が推定できる．Ｉクレ 37：5，38：1 の「体」はＩコリント 12，Ｉクレ 49：5 はＩコリント 13 の愛の教え，Ｉクレ 35：5 以下はローマ 1：29－32，さらにＩクレ 32：4－33：1 の義に関してもパウロ書簡からの影響が考えられる．Lindemann, 70. しかし，リンデマンも言及していることであるが，奇妙なことにローマ書とＩコ

収集の場所としてコリントとエフェソを挙げている．また，(65) コリントで収集された書簡集が後にローマに行き着いた可能性が推測されている．当時のローマの教会がどれくらいの規模で，いかほどの信者を擁していたか定かではないが，ローマ 16：1 以下の名前の列挙から推察するに，パウロの時代には数十人またはそれ以上のまとまった構成員を有する共同体であったと思われる．松本はタキトゥス（『年代記』XV：44）が伝える，後 64 年のローマの大火の際，キリスト教徒が殺害された段階で，おおよそ 500～600 人のキリスト教徒がいたと推測している．さらに，Ⅰクレ 6：1 は「非常に多く」の信者がいたことが示唆されている．また，いささかの誇張を含んでいると思われるが，後 3 世紀のエウセビオスはローマ教会には 1500 人以上の信者がいたと推算している（『教会史』Ⅵ：43：11）．

2.3 成立年代

成立年代として想定できるのは，後 80 年代，または 90 年代である．[67] 以下，その理由を列挙する．

① Ⅱペトロ書他との関係：Ⅱペトロ書はⅠペトロ書を前提としている（Ⅱペトロ 3：1 参照）．[68] また，後 2 世紀初頭の教父文書（ポリ手紙など）も本書簡の存在を知っているので，それ以前であることは確実である．また，パウロ書簡からの影響も十分に考えられるゆえ（本註解第 1 部第 2 章 4 参照），パウロ書簡の成立（およびその集積）以後である．つまり，下限は後 2 世紀初頭，上限は 50

リント書以外のパウロ書簡との間テキスト性は見出せない．Ⅰクレメンス書は上掲の二つの書簡しか知らなかったのだろうか．

〔65〕 Theißen (2011), 141-145.
〔66〕 松本（2022），216 頁参照．
〔67〕 成立年代の想定に関しては研究者によって 30 年近くの開きがある．たとえばブロックスは後 70－100 年，エリオットは 73－92 年，クノッホは 70－80 年頃，コッホは少し遅く 112－115 年，ゴッペルトは 60－80 年，シュネレは 90 年頃，シュレーガーは 64 年のネロ帝迫害後すぐ，ヘルツァーは 90 年前後，ウィリアムスとホレルは 70－95 年を想定している．ブロックス，44 頁，Elliott (1990), 87; ders. (2000), 136-138; Goppelt, 64-65; Knoch (1990), 19-24; Koch (2010b), 188; Herzer, 267f.; Schnelle (2002), 448; Schröger, 208; Williams/ Horrell (vol.1), 115.
〔68〕 Ⅰペトロ書とⅡペトロ書の語句の対応関係は以下．Ⅰペトロ 1：2（χάρις ὑμῖν καὶ εἰρήνη πληθυνθείη）：Ⅱペトロ 1：2，Ⅰペトロ 1：15，18，2：12，3：1，2，16（ἀναστροφή）：Ⅱペトロ 2：7，3：11，Ⅰペトロ 2：9（ἀρετή）：Ⅱペトロ 1：3，5，Ⅰペトロ 2：11，4：12（ἀγαπητός）：Ⅱペトロ 3：1，8，14，15，17，Ⅰペトロ 3：20（μακροθυμία）：Ⅱペトロ 3：15，Ⅰペトロ 4：3（ἀσέλγεια）：Ⅱペトロ 2：2，7，18，Ⅰペトロ 1：14，2：11，4：2，3（ἐπιθυμία）：Ⅱペトロ 1：4，2：10，18，3：3．

②迫害の状況：書簡に記された迫害の状況説明（2：12, 3：13-14, 4：4, 12-16）を証憑として，成立年代をネロ帝またはドミティアヌス帝の時代に設定する意見が出されているが，これに関しては次のような疑問が生じる。まず，ネロ帝による個人的な動機から起こったとされるキリスト教徒への弾圧（後64年）が，本書簡の宛先である小アジアに及んだと考えるのはいささか無理がある[69]。そのため，先の状況説明はネロ帝による弾圧ではないだろう[70]。では，ドミティアヌス帝治世末期（後96年頃）の迫害，弾圧はどうであろうか[71]。この可能性は全面的に否定できないものの，ドミティアヌス帝が「キリスト教徒」を「組織的に」迫害したという歴史証言をはっきりと残す資料は見当たらない[72]。ドミティアヌス帝の迫害は，総じてユダヤ人へのそれである[73]。なおかつ，その治世期に，属州において皇帝が直接指示したという資料はない（総督への指令書交付やその総督への返書など）[74]。それゆえ，Ⅰペトロ書の記述とドミティアヌス帝（の主導）によるそれとを積極的に結びつけるのは困難であり，同皇帝による（ユダヤ人へ

---

[69] タキトゥス『年代記』ⅩⅤ：44，スエトニウス『ローマ皇帝伝』Ⅵ：ⅩⅥ節，他にもエウセビオス『教会史』Ⅲ：25：1以下参照。ただし，ローマの大火とキリスト教徒への迫害を結合させるタキトゥスの歴史記述は，かなり信憑性に欠けるものがある。この点に関する詳しい考察は保坂，278-281頁参照。

[70] 小林（2003），379頁参照。

[71] Schnelle (2019), 445 参照。

[72] エウセビオス『教会史』Ⅳ：26：9には，メリト（サルディスの教会の監督）が皇帝マルクス・アウレリウスに宛てた書簡において，ネロとドミティアヌス帝がキリスト教徒に害を加えたと記述している（同Ⅲ：17, 1, 20：7も参照）。ラクタンティウス『迫害者達の死』（De Mortibus Persecutorum）3も参照。また，テルトゥリアヌス『護教論』5：3でもドミティアヌス帝は残忍さにおいてはネロと類似するが，彼は人間的側面をもっていて，迫害をすぐに中止したと記している。しかし，これらの証言はキリスト教側のものであり，かつ，テルトゥリアヌスの書き方はドミティアヌス帝の迫害は抑制的であり，組織的なそれを示唆するものではない。ドミティアヌス帝の迫害について佐竹（2007），89-94も論究しているが，その結論として，「キリスト者は皇帝礼拝の引き起こす圧力に間接的に絶えず曝されてはいたが，ドミティアヌスによって組織的迫害を受けていたとは言えない，と言わざるを得ない」とする。松本も「（ドミティアヌス）皇帝に迫害の姿勢はなく，迫害自体はあったとしても限定的であったと思われる」とする。松本（2023），219頁。

[73] 無論，迫害されるユダヤ人のなかに「キリスト教徒」がいたと推測できるだろうが，「その殆どがキリスト教徒であったのではないかと思わざるを得ない」と井上は述べるが，これは憶説にすぎないだろう。井上，102頁。

[74] 保坂，301頁参照。

の）迫害から書簡の成立時期を確定することもいささか無理があるように思われる．このように，皇帝による迫害と書簡の状況を結合させて考えるのはやはり慎むべきであろう．

　しかし，「悪魔が吠えるたける獅子のように誰かを食い尽くそうとうろつき回っている」（5：8）といったような書簡の重苦しい筆致から，不穏な暗雲が垂れ込める場に読者たちが立たされていたことがわかり，何らかの単発的（あるいは間欠的な）迫害，弾圧を受けていることは疑いようもない．その場合，信者の周囲にいる者からの局所的なものと思われる．

　このような誹謗中傷，嫌がらせの類は，常日頃から帝国内のどのような地域（とりわけ都市部）でも起こりえたはずである[75]．キリスト教徒として生きることは，自ずと排他的にならざるをえない．キリスト教徒になること，換言すれば，キリスト教の共同体に属するということは，「排他性の意識と世界からの断絶の意識」をもつことになる．それゆえ神によって「選ばれた者」「召された者」（Ⅰペトロ 1：1-2, 15）といった表白はその意識の自己表明でもある．さらに，この排他性は，「道徳的汚れと罪の領域としての世界からの断絶[76]」を意味する．このようなキリスト教徒（およびユダヤ教徒）の「異質な」生活様式は，ローマ帝国内で生きる人々の関心を惹きつけたに違いない．帝国内の多神教的信仰を否定して既成の宗教祭儀から距離を取り[77]，かつ独自の閉鎖的な祭儀を執行している（と周囲に見られる）彼，彼女たちの「奇怪な」行動は嫌悪や憎悪を惹き起こしただろう．迫害の理由

---

〔75〕 Achtemeier, 34-36 参照．ケリーは，この種の迫害の原因は「周辺に住む人々の敵意に発するもの」であるとする．Kelly, 10. 松本によれば，キリスト教徒への初期の迫害（松本は時期を明らかにしていないが，おそらく後 3 世紀頃まで）の広がりは都市に限定されているとする．「いわゆる初期迫害は，とりも直さずローマ帝国の住民であったキリスト教徒が日常的に接していた一般の都市異教徒，それも中下層民衆が火付け役となり，これを都市の役人，祭司たちが指導することもあって生じ，迫害の広がりもそれが生じた都市共同体に限定されるものであった」．松本（2006），70 頁．

〔76〕 ブルトマン神学 I, 126 頁．

〔77〕 ルカによる脚色が施されているのは分明だが，たとえばアテネのアレオパゴスでのパウロの説教に対する人々の嘲弄（使徒 17：22），エフェソのアルテミス神殿を否定するパウロに対するデメトリオらの騒動の場面（同 19：23 以下）で描かれているキリスト教徒への人々の態度は，ある程度の歴史的核を有していると思われる．Ⅰペトロ書と同時代に執筆されたと考えられるヘブライ書でも，かつて起こった，そしてこれから起こるであろう迫害に関する言及が目立つ（10：32-34, 12：4）．

を探る際，当時の人々がキリスト教徒（ユダヤ教徒）をどのように見て，捉えていたのかという人々の心性に注目しなければならない．

さらに，迫害の状況説明と関連させ，成立年代を決定する際の材料として提供されているもう一つの資料がある．小プリニウスの書簡である．ビティニア，ポントスに派遣された総督である小プリニウスが後112年，ポントスにあり黒海を臨む町アミススでおこなった裁判の記録が[78]，トラヤヌス帝に宛てた書状集に収められている（第10巻96）．そこには，当時のキリスト教徒を取り調べた記録が残されており，Ⅰペトロ書の執筆背景と当地での迫害を重ね，成立年代をこの書簡の時期（つまりは後2世紀初頭）と推定する研究者もいる[79]．

しかし，この学説に関して，保坂は注意深く次のように指摘している．Ⅰペトロ4：15-16では「『殺人犯，盗人』などの非難が『キリスト教徒』の非難と区別され，信徒に対する異教徒からのトポス化した非難が存在していなかった1世紀の状況を反映している」[80]．

当時の迫害（保坂の言葉では「非難」）は，「いまだトポス化したものではなく，『キリスト教徒』としての生活に対するもの，すなわち現地共同社会に背を向けて神々を拝まず，（ユダヤ人の場合は）安息日に法廷出廷を拒否し，（ローマ市民権者の場合は）軍役を拒否し，あるいは異教徒には意味不明でいかがわしく映った安息日礼拝ないしは日曜礼拝にいくことなど」[81]が考えられる．キリスト教徒への迫害（非難）に関して，帝国内で差異があったとしても（ローマと他の属州との差），帝都ローマ以外の場所，つまりⅠペトロ書が届けられた属州においては，「トポス化していなかったからこそ著者は『殺人犯，盗人，悪人』としての非難は避けるよう勧告できたのである（トポス化した非難だったなら，非難を避けるためには信仰を捨て教会から去る他ない）．ゆえにペトロ書が証言する非難は初期の段階に属する」[82]．

〔78〕 裁判の場所はアミススなのか次に向かったアマストリスか（書簡第10巻，98），それともどこか別の町なのかはっきりとはしない．ウィルケン，41頁，弓削（1984），38頁（弓削はどちらかといえばアマストリスと推測する）参照．いずれにせよ，後1世紀前半に黒海沿岸地域の町にキリスト教徒が多数存在していた証言である．
〔79〕 たとえば弓削（1984），142頁以下．
〔80〕 保坂，98頁．
〔81〕 同書．
〔82〕 同書．

確かに4：15の「人殺し，盗人，悪人」は当時の一般的な悪徳表から抜き出したリストの一部と考えられ（本註解4：15参照），犯罪行為を避け，模範的に生活するようにというⅠペトロ書にたびたびくり返される訓戒の一つと受け取るべきである（Ⅰペトロ2：20, 3：17参照）。4：16の「キリスト者」という名称，および「キリスト者という名のゆえに」という記述を，小プリニウスが言及するような迫害とすぐさま結びつけることは控えるべきである。この箇所はⅠペトロ書で頻出する受忍勧告の視点から解読する必要がある（本註解補論「Ⅰペトロ書における『キリスト者（Χριστιανός）』について」参照）。なおかつ，3：15の「弁明する」は，キリスト者に嫌疑がかけられ，引き出された法廷ではなく日常生活での弁明をさしていると考えられる（本註解3：15参照）。公的な尋問や拷問を示唆するものではない。以上の行論から，Ⅰペトロ書の状況説明はいまだ本格的な迫害が始まる以前のそれであり，後1世紀末頃のものと想定するのが妥当である。

　　皇帝によるキリスト教徒への弾圧について：キリスト教徒を弾圧した皇帝として歴史に名が刻まれているドミティアヌス帝（写真①参照）について，その内実を保坂は細かく分析している。保坂は歴史家ディオの記述を基にして，ドミティアヌス帝による迫害はキリスト教に特化したそれではないと推定する。「ドミティアヌスの迫害は総じて（キリスト教ユダヤ人を含む）ユダヤ人迫害であり，特殊キリスト教迫害ではない」。なお，保坂はネロやドミティアヌス帝による迫害が皇帝主導のものであったが，「それらは共通する一つの政策的観点に基づいた，キリスト教政策，あるいは時には──これが一番多かったと思われる──治安政策以上のものではなかった」とみる。さらに，後1世紀のキリスト教徒への迫害（弾圧）は，民衆レベルではカルムニア（誣言，中傷告発・訴追）という形態をとっていた。「キリスト教迫害は，信徒の性質・性格あるいは具体的行為が有罪に該当すると政府当局が判断して，これを断罪するという形はとらず，1世紀ならば告発者がユダヤ人およびキリスト教徒を狙い打ちしてカルムニア裁判に持ち込み，断罪理由は何であれ被告を有罪に追い込むために審理中に（殺人，放火，脱税など）謂われなき種々の非難を浴びせるという形をとった」。この種の紛争や裁判がいつから，どこで起き始めたのか正確に突き止めることはできない。小プリニウスの書簡（第10巻，96）においては，プリニウスはその冒頭で皇帝トラヤヌスに次のように伝えており，彼がこの書簡を認めた時点で，（おそらくポントスで）すでにキ

---

〔83〕　マーティン，157-158頁，Kelly, 27-30も参照。
〔84〕　保坂，300頁。
〔85〕　同書，23頁。
〔86〕　同書，313頁以下。

リスト教徒をめぐる訴訟が起きていたことがわかる．「私はキリスト教徒に関する訴訟審理に一度も参与したことがありません．ですから，従来の訴訟審理では何がどの程度まで審問および処罰の対象となっていたのか分からずの状態にあるのです」．[87]

写真①　月桂樹を冠されたドミティアヌス帝（後88年）ローマ出土

③　小アジア伝道：書簡の送り先である小アジア地域の伝道や同地域での共同体の形成も後80年代以降であれば確実である．書簡の文頭で記された小アジア地域への伝道は，後60年代中盤，80年代ならば確実であるとゴッペルトは指摘する[88]．いずれも後64年に死んだペトロの没後の年代である．小プリニウスの書簡（第10巻96）において，書簡執筆当時（後112年）以前に当地にキリスト教徒が存在していたと言及されている．法廷で棄教した者とそれ以前に棄教した者について語る件である．「確かに一度はキリスト教徒であったのですが，棄教したのです．ある者は三年前に，ある者はそれ以上前に，また別の何人かは実に二十年も前にです」[89]．この証言を真実と捉えるならば，後90年代には小アジアの当該地域に信者が存在していたことになる．

④　バビロンとしてのローマ：既述のように，ローマをバビロンと表すこと（5：13）も，後1世紀後半（エルサレム神殿崩壊以降，つまりは後70年代以降）の文書から確認できる．

⑤　教会組織：本書簡には教会の職位のひとつとして「長老」（5：1）について言及されているが，後2世紀以降に確立していった明確な教会組織を前提としていない[90]．本書簡の長老は，教会の職務としてのそれを意図しているが，制度と

---

〔87〕　訳文は同書，369頁より．
〔88〕　Goppelt, 29.
〔89〕　訳文は保坂，365頁より．
〔90〕　速水，411頁参照．後2世紀以降に記された使徒教父文書に属する文書には，制度化された教会のヒエラルキーが確認できる（Ⅰクレ42：1-5, 44：1-6, イグ・マグ3：1-2, 7：1, 13：1-2, イグ・トラ2：1-3, 7：1-2, 13：2参照）．キリスト教会が組織化へと急速に進んでいくのは，終末の遅滞という事実が重要な前提となる．終末への緊張感が張り詰める最初期のキリスト教共同体にとっては，組織形成や職制の制度化は喫緊の課題とはならない．組織形成は終末が

してまだはっきりとは確立はしていない（本註解5：1参照）。

　以上の理由から，成立年代を後80，または90年代と想定するのが妥当だと考える．後70年代のエルサレム神殿崩壊を境にして，ユダヤ教の一分派であった「ユダヤ教イエス派」（佐藤研）が次第にユダヤ教から離れ，いわゆる「キリスト教」として徐々に自己を確立し始める．「キリスト者」（Ⅰペトロ4：16）を自己理解の証として明確に用いるようになったのは，「ユダヤ人共同体からの独立分離を現実の事態として肯定的に自覚している」異邦人信徒であり，後1世紀末，つまりは後80，または90年代頃であろう．キリスト教が次第に共同体としての本格的な体制作りに向かう時期でもあり，この手紙はそのような途上で書き記された．

　後90年代はイエスから始まる運動がペトロなどの直弟子，そしてパウロらによって継承された後の時代である．つまり，一世代を30年とすれば，後80年代頃を境にして第三世代に入る．ペトロやパウロなどの使徒が完全に消え去った時代である（ヘブライ2：3参照）．そのため，キリスト教伝承の継承というのが重要な使命となる．それゆえ，この時代に第二パウロ書簡，Ⅰペトロ書やヤコブ書などの偽名書簡が「隆盛を極める」のは合点がいく．前世代の記憶を消えつつあるとき，世代間のギャップを埋めるために，第一，二世代の代弁者である使徒の名前によって書かれた書簡によって，キリスト教伝承の再定着化を試みようとするからである．それまで伝えられた教えが弱体化する事態（ヘブライ2：1，5：11，12：12参照）を回避することに腐心する．

　ユダヤ教とキリスト教の分離について：後2世紀初頭，アンティオキアのイグ

遅滞しているという事態に対応する形で進められる．終わりが（まだ）来ない以上，地上での集団の存続を図るために，組織形成は必須である．
〔91〕牧会書簡には記されている監督や執事に関する記述は（Ⅰテモテ3：1-13，テトス1：7），Ⅰペトロ書にはない．
〔92〕佐藤（2003），144頁．
〔93〕Ⅰペトロ書においてこの自称は「対ユダヤ人」ではなく，読者がかつてそうであった異教徒であり，かつ現在迫害を加えている異教徒（Ⅰペトロ2：13，4：3），「対異教徒」である．保坂，196頁も同様に指摘する．
〔94〕保坂，222頁．
〔95〕この点に関して，近年の集合的記憶研究から新約文書の伝承史を考究し直したS. Huebenthal, Gedächtnistheorie und Neues Testament, 2022の成果は実に参考になる．

ナティオスがマグネシアの教会に書き送った書簡では、「古く酸っぱくなった悪しきパン」と「新しいパン」を明確に分け、後者の優位性を断言している（イグ・マグ10：1－3）。ここでは、「古く酸っぱくなった悪しきパン」とは「ユダヤ教、ないしはユダヤ教の教えに従って生きる人々（'Ιουδαϊσμός）」（ガラテヤ1：13－14も参照）[96]であり、「新しいパン」とは「キリスト教、ないしはキリストに従って生き方を送る人々（Χριστιανισμός）」（この語句の使用はイグナティオスの書簡のみ）をさしている（イグ・ローマ3：3、イグ・フィラ6：1、およびポリ殉10：1も参照）。イグナティオスが言及する「ユダヤ教」とは、おそらく宗教共同体としてではなく、マグネシアの教会内でのユダヤ主義者のグループをさしていると考えられる（イグ・マグ8：1参照）[97]。それゆえ、この箇所をキリスト教がユダヤ教から独立した痕跡と受け取ることはできないだろう。では、いったい、いつからキリスト教はユダヤ教と袂を分かったのであろうか[98]。この問いは複雑な事情を孕んでおり、容易に答えを導き出すことはできない。保坂はローマ帝政初期のユダヤ、キリスト教迫害に関する、まさに微に入り細を穿つ浩瀚な研究書において、ユダヤ教とキリスト教の分離過程とその時期を詳述している。「ユダヤ人社会内に独立した所謂キリスト教徒の"教団"を、あるいはユダヤ教とは異なる一つの『新しい宗教』を想定することは少なくとも（略）80/90年代異端追放の動きが始まる時点までは避けるべきである。『新しい宗教』とそれに見合う、ユダヤ教から独立した教団の成立には成立母胎に固有の同一性意識の放棄と、それに代わる新しい『キリスト教』としての自己理解が必要と思われる」[99]。この保坂（や佐藤）の仮説に対して、田川は「キリスト信者の多くはごく初期の段階から自分たちをユダヤ教から分離した独自の集団として意識しはじめていた」と批判している[100]。確かに、後1世紀の地中海世界に広く展開されたユダヤ教（およびキリスト教）という宗教運動は、時代、地域、構成員などによって相当の多様性を有していたわけだから、どの段階で明確に「ユダヤ教」ではなく「キリスト教」になったと線引きをするのは、そもそも不可能であろう。ただし、ユダヤ教の言葉遣いを用いて、ユダヤ教の会堂に足を運び、ユダヤ教のネットワークの中で生きていたパウロをはじめとするいわゆる初期キリスト教の構成員らは、もはやユダヤ教に帰属していないと自己を規定していたかは疑問である。もっとも、ガラテヤ1：13「かつてユダヤ教にあった時の生き方（ἀναστροφήν ποτε ἐν τῷ 'Ιουδαϊσμῷ）」というパウ

---

[96]　さらにⅡマカバイ2：21、14：38、Ⅳマカバイ4：26も参照。
[97]　保坂、197頁参照。
[98]　両者の分離時期を後2世紀に設定するか、または後4世紀まで待つか研究者の間で見解が分かれる。三浦、54－55頁参照。
[99]　保坂、168頁．キリスト者として新しい自己理解（グループ・アイデンティティー）を確立させるために、バプテスマや聖餐式、日曜日の礼拝などの儀礼が重要な役割を果たしたのではなかろうか．Horrell (2020), 161-173 参照．浅野（2023）、21頁、および423－455頁はユダヤ教からのキリスト共同体の分離の端緒は後70年頃とし、第二次ユダヤ戦争を経た後135年頃から個別の宗教（キリスト教）として歩み始めたとする。
[100]　田川（2011）、305頁．

ロの吐露から，彼が異教徒ではない（割礼者としての）ユダヤ人の民族意識を中核に据えるユダヤ教（という宗教体制）から距離をもっていたと受け取ることもできるだろう．しかし，この箇所からパウロの時代にユダヤ教とキリスト教が「別々のものとしてうけとられていたことを暗示している，と見ることができよう」[101]と述べるのは早計ではなかろうか．パウロの発言は二つを別々のものとして捉えようとする論述ではなく，自身の過去の出来事（生き方）を語っているにすぎない．上記の箇所は，「ユダヤ教の教えに従っていたかつての生き方」，つまりは過去の自分という意味内容であろう．それゆえ，かつての（迫害していた召命以前の）自分＝ユダヤ教（徒），現在の（召命後の）自分＝キリスト教（徒）という単純な構図で捉えることはできない．この箇所は，パウロがユダヤ教から決別した宣言ではなく，単に過去の自分を否定的に捉えているだけにすぎないのではないか．いずれにせよ，Ⅰペトロ書の成立時になり，異邦人キリスト者の間で，「キリスト者」という呼称を自覚的に自称として用い始めた（本註解補論「Ⅰペトロ書における『キリスト者（Χριστιανός）』について」参照）．この時期以降に，キリスト教がユダヤ教から徐々に分離し始めたと認識することは許されるのではなかろうか．

2.4 受け取り手
2.4.1 宛先の地域について

最初の挨拶句には差出人の名前に続いて宛名が記される．「……散り，仮住まいをしている選ばれた〔人々〕（ἐκλεκτοῖς παρεπιδήμοις διασπορᾶς）」という受取人のアイデンティティーを規定する三つの単語が記されているが，これは本註解1：1で詳しく検討する．ここではまず，宛先について考えてみたい．

書簡の送り先の場所として，「ポントス，ガラテヤ，カッパドキア，アシア，ビティニア」が列挙される．これらの地名はローマの「属州名」として記しているのか，それとも単に「地方名」として列挙しているのか議論されている．帝国の属州における具体的な生活文化を反映させる言説が書簡内に読み取れることから（2：13以下参照），これらの地名は属州名として記していると考えられる．[102]

---

〔101〕 佐竹（1974），80頁．同様の趣旨で浅野（2017），129頁も「パウロが『ユダヤ教』なる宗教体制の外に自らを置くような表現」と捉える．
〔102〕 最近の研究者の多くは，これらの地名をローマの「属州名」と受け取っている．Ⅰペトロ書の著者は，「ここではもはやどちらかと言えば時代遅れになった地方名や国名ではなく，実際用いられている行政上の地域名を取り上げていること，つまり，ローマ帝国の当該州名がここで考えられているということを前提とすべきである」．ブロックス，23頁．他にも Goppelt, 27; Schelkle, 1;

第 1 章　Ⅰペトロ書の構造と成立状況　*43*

　くり返すが，この地域は実際，ペトロが伝道した地域か定かではない．使徒 9：32 によれば，ペトロは「方々を巡回して」教えを宣べ伝え，移動した伝道者であった．[103] パウロ書簡によれば，ペトロはアンティオキアを訪問し（ガラテヤ 2：11），またコリントにも出向いた可能性が高い（Ⅰコリント 1：12, 9：5）[104]．だが，Ⅰペトロ書の送り先に挙げられるような地域に，ペトロが赴いた痕跡を初期キリスト教文書から確認することはできない．

　また，この手紙がアナトリア半島の大部を占める広大な地域に，実際，行き渡ったどうかも確かめることはできない．大部分のキリスト教徒はおそらく都市部に生活していたと思われるが[105]，後 2 世紀初頭の小プリニウスの書簡（第 10 巻，96）では，「この迷信の感染は都市のみならず，農村の集落にまで広がってしまっています」とある．小プリニウスのこの報告が精確であるならば，ポントスでは地方まで信者が拡大していたことがわかる[106]．ただし，小プリニウスの書簡とⅠ

　　　Schnelle (2002), 449; Prostmeier, 46f,; von Harnack, 732-747 参照．ただし，後述するように，なぜ，ビティニアとポントスが別に記されているのかという疑問が残るので，完全にこの推測が正しいとは言い切れないだろう．Müller (2020), 16f. 参照．
[103]　使徒 8：14 以下の「サマリア」，10：9 以下の「ヤッファ」「カイサリア」など．
[104]　このⅠコリント書からペトロがコリントを訪問し，そこに滞在したと断定はできないが，コリント教会で彼の名は周知されており，一定程度の影響力があったことは確かだろう．彼のシンパであるペトロ派とよばれるようなグループが存在していた可能性も考えられる．川島（2009），186 頁以下参照．
[105]　パウロが都市部に伝道拠点を置いたことに明らかなように，初代教会は各地域の都市を中心に広がっていったと考えられる．ミークス，33－143 頁参照．多様な背景をもつ人々が集まり，人口密度が高く，物と情報の交換が盛んな都市部において，まず新しい教えであるキリスト教が受容され，浸透していったのは理解できる．古代地中海世界において，文化，政治，経済の中心は都市部であったことを考えれば当然である．このように，都市での共同体形成を主としたので，パウロの教会の構成員は中間層，とりわけ書簡の中で呈示されるのは自由人の職人，小商人であるとミークスは指摘する．ミークス，189 頁．松本も後 3 世紀半ばまではキリスト教徒の数はそれほど多くはなく，都市移住の中下層民が主だとする．松本（2006），30－31，40－41 頁参照．紀元後 14 年頃，ローマ帝国の総人口のうち，15％（500 万〜 700 万人）ほどが都市部に住んでいたという人口比率を鑑みても，キリスト教徒は都市に集中していたことは十分に考えられる．樋脇（2015），14 頁参照．
[106]　後 2 世紀以降であるが，スミルナのポリュカルポスは迫害を逃れて，一時，農村に赴き，そこに身を潜めたとあり（ポリ殉 5：1），地方にも信者がいたことを示唆する記述である．浸透度がどれほど深かったかは定かではないものの，都市部だけではなく周辺の農村部にもキリスト教が伝播していたと想定できる．後 2 世紀後半のカルタゴに生きたテルトゥリアヌスは「地方にも町々にも島と

ペトロ書の成立年には，おそらく 20 年近くの開きがあるので，Ｉペトロ書の時期に地方でどれほど信者が存在していたのか明確な答えを導き出すのは難しい．

しかし，この書状が「回状」という性格を有するのであれば，ここで言及されている地域の隅々まで届かなかったとしても[107]，それが多くの読者に読まれることを送り手が望んでいたことは明らかである．このような広範囲の地域にキリスト者が点在しているということを読者にアピールし，連帯意識を高揚させる狙いがあったと思われる．いずれにせよ，（1：1のすべての地域に伝播されたと仮定して）この回状が一人の運び手（5：12のシルワノ？）によって伝えられたと考えるのは物理的に不可能である．それゆえ，セランドは小アジアの港（おそらくポントス）に到着した際，複写され，複数の運び手によって各地に拡散したと推測する[109]．ポントスなどの小アジアの港から波及したかどうか定かではないが，先の地域にキリスト教徒が多数点在しており，書状が各地で書き写され広がったと想定することはできる．複写された回状は各地域の共同体，いわゆる「家の教会」に行き渡った[110]．当時のローマ帝国内に網の目のごとく張りめぐらされた陸

いう島にキリスト教徒がいる」と述べている（『護教論』1：7，および37：4も参照）．また，エウセビオス『教会史』Ｉ：3：1－2ではキリスト教が世界のあらゆる地域に伝播し，「町や村」にも教会が造られたと記している．両者ともにキリスト教側の報告であり，後者に至っては針小棒大な表現がしばしば問題視されているが，ある程度の事実を含んでいると言っても差し支えない．キリスト教は初期段階では都市部を中心に信者を増加させていっただろうが，やがて都市から地方へと普及していたと考えられる．なお，後3世紀頃までのローマのキリスト教徒に関して，松本は「一貫してローマ市に集中していたことは確かだがローマ市から迫害時に流出した教徒によって，田園地域や他の都市に徐々に広がっていったことは想像できるであろう」と述べている．松本（2023），231頁．

〔107〕 ミッチェルによれば，後1世紀にはビティニア，パフラゴニア，ポントス，ガラテヤ，リュカニア，アシア，フリュギア，ミュシア，リュディアの主要地域には 130 の町があった．Mitchell, 243.

〔108〕 パウロ書簡の多くが具体的な場所や状況に関する記述であるのに対し，Ｉペトロ書は「特定の場所や状況にしばりつけないこと」（ブロックス）を意図している．ブロックス，66頁．パウロ書簡の一つであるガラテヤ書の冒頭に「ガラテヤ地方の諸教会」（1：2）とある．それゆえ，この手紙はガラテヤ地方に点在する複数の読者に宛てたものと思われる．ガラテヤ書はＩペトロ書と同様に回状の性格をもっていたと受け取れる．佐竹（1974），31頁参照．

〔109〕 Seland, 36f. 小アジアに張りめぐらされた陸路に関してはミークス，49－50頁を参照．新約聖書の書簡は，当然ながら公共の郵便制度に運ばれたものではないので，各共同体間を行き来する信徒たちの手に託されたのだろう．

〔110〕 パウロの書簡からは，各キリスト教徒の家で集会が守られていたことが想定できる（「ステファナ」Ｉコリント1：16，16：15，「アキラとプリスカ」16：

路や海路の交易路を用いた高い移動性が，キリスト教徒においても見られ，ローマ帝国各地に散在する「家の教会」を渡り歩く宣教師たちが，これらの教会同士の超域的ネットワークの形成に寄与したとランペは想定している[111]。

　個々の共同体がこのようなネットワークを通して人的に交流し，または書簡を媒介として有機的に連帯することで，各地に散在しているキリスト者は共通の帰属意識を抱くことができた（Ⅰペトロ2：9）[112]。Ⅰペトロ書の宛先である小アジア地域内においても，このようなネットワークを媒介として，この書状が各「家の教会」に回覧され，そこで人々の前で読まれた。読者（聴衆）は老若男女問わず，さまざまな社会階層，とりわけ中下層に属していたと思われるため（彼，彼女たちの識字率は高くないため），朗読されていたと想定すべきである（Ⅰテサロニケ5：27，コロサイ4：16，黙示1：3参照）[113]。多様な背景を有する複数の読者（聴衆）を対象としているため，既述の通り，本書簡の内容は各共同体の個別案件や議論すべき具体的な問題を論じるものではなく，より一般的な教説と生活上の勧奨を主とする内容に終始している。

　　19，ローマ16：3，「ヒィレモン」フィレモン2他）。Ⅰペトロ書には「家の教会」を示唆する言及はないが，（複写された）書簡の届け先として各地の家の教会が想定できる。もしかしたら，回状は主日の礼拝で朗読されたのかもしれない（ユスティノス『第一弁明』67：4参照）。聖書の朗読についてはⅠテモテ4：13，Ⅱクレ19：1参照。
〔111〕　ランペ（2016/17），114－117頁。ローマ帝政期の移動可能性についてはミークス，46－59頁参照。また，主に後2世紀以降のキリスト教徒の教会間交流の実態に関しては，松本（2022）125－131頁を参照。
〔112〕　この点に関してミークスはⅠコリント1：2を引用しつつ，次のように述べる。「地域的なキリスト者の集団は，高い水準の連帯感と集団的同一性を享受していただけではなく，自分たちが，『主イエス・キリストの御名を至る所でよび求めているすべての人々と共なる』，より大きな運動体に帰属しているという自覚を持っていたのである」。ミークス，273頁。
〔113〕　ヨハネ書簡を分析した三浦が論じるように，Ⅰペトロ書で多用される修辞学的技巧や同一テーマの反復なども朗読を前提にして練られた文体であると想定できる。「（略）新約聖書の手紙は，書き残され伝えられている『文書（テキスト）』であるが，そこで用いられているレトリックや表現方法は，口承性を前提とするものを多く含む」。三浦，33頁。古代の識字率に関して，W. V. Harris, Ancient literacy, 1989に詳しいが，おそらく初代キリスト教内でも識字率は5－10％程度であったであろう。そのため，新約文書の手紙は，識字率の高い特権的知識階層の間で交わされた個人的な書簡ではなく，（字の読めない者を含む）読者（聴衆）に朗読されることを第一に考えている。

宛先の地域について：ポントス（またはポントゥス）は小アジアの北部，黒海沿岸地帯に位置する（使徒2：9，18：2）．パウロの協力者アキラ（とおそらくプリキラ）の出身地である．フィロン『ガイウス』281には，この小アジア地域にユダヤ人が住んでいたことが記されている．また，上に示したように，同州の総督であった小プリニウスの書簡（『書簡集』第10巻96）には後1世紀後半から2世紀初頭にこの地域にキリスト教徒が多数存在していたことが記されている．後2世紀の風刺作家ルキアノスの『偽預言者アレクサンドロス』25には，この町で預言者アレクサンドロスと対立した「無神論とキリスト教徒」が多くいたと書かれている．アクィラ訳と称されるギリシア語訳聖書を生み出したアクィラ，また，新約聖書の正典化を開始したマルキオンもポントスの港町であるシノペ出身である．同じくポントス出身であるストラボンの『世界地誌』によれば（C546），この町は城壁に囲まれ，ギュムナシオン（体育館），アゴラや柱廊を備えた華やか町であったという．ガラテヤは小アジアの中央部に位置する内陸地域である．前25年にオクタウィアヌスによりローマの属州となる．この地域は，パウロの伝道範囲とされている（Ⅰコリント16：1，ガラテヤ1：2，Ⅱテモテ4：10）．パウロはこの地域に教会を造り，その構成員はⅠペトロ書の読者と同様に主に異邦人であったと思われる（ガラテヤ4：8以下）．ただし，後1世紀末にこの地域にどれほどの信者が存在していたかを裏づける証拠はない．カッパドキア（ないしはカパドキア）は小アジア東部の高原地帯（使徒2：9）．後17年以降，ローマの属州になる．後年，この場所から多くのキリスト教の教父を生み出しており，初代キリスト教会にとってきわめて重要な地域である．後1世紀末の信者の数は定かではないが，ある程度の数は存在していたと思われる．アシアは小アジア西部，前133年にローマ領になり，パウロ書簡などで多く言及されている地域である（使徒2：9，6：9，ローマ16：5「アシア出身のエパイネト」，Ⅰコリント16：19，Ⅱコリント1：8他参照）．Ⅱテモテ1：15によれば，この州の信者はパウロから離れていったとある．先のルキアノスの『ペレグリノスの最期』13には，主人公ペレグリノスがパ

〔114〕 サフライ／シュテルン上，163－164頁参照．
〔115〕 なお，エウセビオス『教会史』Ⅳ：23：6には，コリント教会の監督ディオニュシオスがアマストリスの教会に手紙を宛てたと記されている．
〔116〕 エウセビオス『教会史』によれば，後2世以降にアンキュラにモンタノス派が伝道していた（Ⅴ・16）．
〔117〕 Ⅰマカバイ15：22にカッパドキアの王にあたる「アリアラテスの王」の言及がある．
〔118〕 カッパドキアの三大教父としてニュッサのグレゴリオス（330頃－394），ナジアンゾスのグレゴリオス（329/30－389/90），カッパドキアのバシレイオス（330頃－379）の名が挙げられる．
〔119〕 偽名書簡である同書の当該箇所が，どの程度，歴史的状況を反映しているのか議論されている．土屋は二つの可能性を考える．同書4：10－11，16と関連づけ，ローマにいるアシアの信者たちがパウロの裁判の際に援助しなかったこと，またはパウロの逮捕時に助けなかったことである．土屋，198頁，註50参照．パウロの死後からかなり経過し，同書が成立した時期（おそらく後2世

レスティナで囚われている際、アシアの町からキリスト教徒が献金を携えて訪問したとある。ビティニア（またはビトゥニア）は小アジア北西部の地域。パウロはこの地域に入ろうとしたが、「イエスの霊」がそれを許さなかったと記されている（使徒 16：7）。ビティニアには後 3 世紀中頃のユダヤ人の墓碑銘の存在が確認されており、ポントス同様に黒海沿岸地域には早くからユダヤ人が存在していたと思われる。「ビティニア（καὶ Βιθυνίας）」を削除する写本（B*）も存在する。「ビティニア・ポントス（Provincia Bithynia et Pontus）」は、一つの属州と捉えられているので（前 64 年以降)、こちらの方が正確である。この箇所では他の地名はローマの属州名で記しているにも拘らず、なぜ、ビティニアとポントスが別に記されているのかは不明である。

「ポントス、ガラテヤ、カッパドキア、アシア、ビティニア」という順序に、何らかの意図が隠されているのか研究者の間で意見が交わされている。当時、ローマから海路を使えば黒海を通り抜けてポントス内に位置するアミソスに着く。この地は海路と小アジア奥地を結ぶ交易の要衝である。そのため、ポントスが最初に挙げられているとも考えられる。この名称の順序は、回状が運ばれる順を示しているとセルウィンやエリオットらは推測する。また、これらの地域名は、書簡がこの順番で回覧されなければならない何らかの緊急性を意味していると考える研究者もいるが、実際のところ確言は難しい。ポントスからビティニアは地図上で時計回りに円で囲める並びであり、この順番で「回状」が回されたとも推測できる。だが、ここでは他の小アジア地域にある属州キリキア、ルキヤ、パンフィリアが挙げられておらず、小アジアのローマの属州全域を宛て先に据えた回状ではないことに注意を向けたい。これら一部の属州を外した意図はあるのだろうか。また、ガラテヤやアシアなど、パウロの伝道領域と重なる部分はあるもの

紀前後）に、アシアで反パウロの勢力がどの程度台頭していたのか、またそれがⅠペトロ書の当該箇所にいかなる影響を与えたのか定かではない。

〔120〕 シューラー、58－59 頁参照。
〔121〕 Achtemeier 85f.; Elliott (1990), 60; ders. (2000), 91; Goppelt, 28f.; Michaels (1988), 9f.; Selwyn, 119. Feldmeier (2005), 33 参照。また、当時の郵便配送の順序に従っているという見解も唱道されている。マーティン、111 頁、Hemer, 239-243 参照。郵便とはまったく関係がないが、ヨセフス『古代誌』XVI：21－23 によれば、アグリッパを船で追ったヘロデはポントスのシノペ付近で彼と会い、その後、陸路でパフラゴニア、カッパドキアを経由し、大フリギアを横断し、エフェソスに達したと記されている。
〔122〕 Lampe/ Luz, 198 参照。

の，パウロの伝道圏にあり，おそらく多くのキリスト教徒が存在していたと考えられるキリキアなどは，なぜ言及されていないのだろうか（使徒13：14，14：1，6，15：41参照）．地理に着目すれば，書簡で言及されている地域は，トルコ南西部に位置し，地中海岸に並行して走っているタロス山脈の北側のみということになる．

「ポントス，ガラテヤ，カッパドキア，アシア，ビティニア」を選んだのは，Ⅰペトロ書の送り手が念頭に置いているキリスト教徒への迫害，上記のようにローマ帝国による組織的なものではなく，民衆らによる限定的な迫害，衝突が，この地域においてとりわけ問題化されていたとも考えられる．または，受け取り手と考えられる，当時の社会階層の中では低い地位に置かれた人々が（2：18以下参照），この地域に多く居住していたからかもしれない．いずれにせよ，小アジア地域のなかでこれらの属州名を選んだ理由，またその順序にいかなる意図が隠されているのかについて，明確な回答を得ることはできない．

2.4.2 受け取り手について

では，本章の最後に受け取り手について考えたい．

冒頭句に小アジア地域にあるローマ帝国の属州名称が列挙され，広範囲な読者を想定していることは先の論述で明らかにした．受信者は「散在している〔人々〕」（ヤコブ1：1参照）と位置づけられ，地上では「仮住まいの者」（Ⅰペトロ1：1，17，2：11）である．書簡の全体から読み取れるのは，彼，彼女たちは異邦人

---

〔123〕 小アジア北西部の人口の圧倒的大多数は，農業人口であることを笠原は論じている．笠原（1996），5頁，および笠原（2002），59頁．ただし，その根拠は示していない．また，笠原は「パロイコス」（Ⅰペトロ2：11）に語句に注目し，この書状の受取人は「小アジア内陸部の，さまざまな軋轢の多いの農村地域で，社会的に疎外され，いわれなき差別を受け，地元民ともうまく折り合って生きていけない『寄留外国人』」とする．笠原（2002），56頁．しかし，農村地域にもある程度の信者がいたことは想定できるとしても（前述参照），当時の書簡の配達能力を鑑みれば，この書状が農村部まで十分に行き渡ったかどうかは定かではない．1：1で列挙されている地域の都市部に位置する共同体に宛てていると考える方が現実的であり，そこから受取人は主に都市部の住人と考えるのがより自然である．また，「パロイコス」も比喩的な意味として用いられており，寄留外国人をさしてはいない（本註解1：1参照）．

第1章　Iペトロ書の構造と成立状況　49

キリスト教徒であり[124]、受洗後まもない人々とも考えられる[125]。初代キリスト教会の状況から、Iペトロ書の読者は上層階級を含むさまざまな社会的階層の人々[126]、とりわけ下層の自由人、および奴隷などの下層階級も属していたとも考えられる[127]。また、5：1からの長老へのよびかけでもわかるように、共同体の指導的存在もまた読者に含まれている。

かつて「羊のようにさまよった」(2:25)読者は、異邦人が好むことをおこなっていた者と規定されている(4:3)。また、社会的身分の低い人たち、すなわち奴隷(2:18-25)や非キリスト教徒の夫をもつ者(3:1-7)への勧告の言葉から、受信者が置かれている社会的状況も理解できるだろう。彼、彼女たちはこれまでの習慣から離れ(1:14, 18, 4:4)、新しく生まれた(1:3)存在となるために、従前の社会的帰属性から離脱することになる。それゆえ、周囲との軋轢が絶えることがない(3:16他)。マーティンが述べるように、送り手は受け取り手に旧約聖書に裏づけられた「選ばれた一族、王の祭司団、聖なる民族、神が所有する民」(2:9)という新しい自己理解を植えつけ[128]、彼、彼女らを勇気づけている[129]。

Iペトロ書の読者は、ユダヤ教徒でもなく、かつこれまでの宗教への帰属性も失われている(Iテサロニケ2：14参照)、外部から見るときわめて曖昧な存

---

〔124〕 異邦人キリスト教徒を示唆する箇所は、たとえば以下、Iペトロ 1:14「無知であった」、18、2:9「闇から光」、10「かつては神の民ではない」、4:3「異邦人の企て」。Gäckle, 386, Anm. 7 参照。エウセビオス『教会史』Ⅲ：4：2には、ペトロがヘブライ人に宛てて書いたと説明されているが、これはガラテヤ2：9などに影響されたものだろう。

〔125〕 Iペトロ 1：3-4、18-19、23、2：2、10 他参照。

〔126〕 Iペトロ 3：7には装飾品で着飾る女性たちへの勧告句があるが、当時、このような装飾品を身に着けられるのは、やはり社会的階層の上の女性たちであろう(本註解3：7参照)。

〔127〕 Iコリント 1：20-28 参照。ヤコブ書には、貧富の差をはじめとする多様な社会的状況の人々の実情を映し出した記述が見出せる(ヤコブ 1：9-11、27、2：5、4：4、13-17)。Lampe/ Luz, 189 参照。後2世紀以降の文書であるが、ユスティノス『第二弁明』10：8には、知識階層だけではなく、無教養の者もキリストを信じているとある。その中には上層階級に属するキケロが、卑しい職種として蔑む生業に従事する者たちもいたであろう。同『義務について』1：42(150-151) 参照。オリゲネス『ケルソス駁論』3：44、50、55でも非キリスト教徒であるケルソスはそのことを嘲笑しているので、キリスト教の宣教が下層まで拡大していたことは歴史的蓋然性が高いだろう。

〔128〕 Gäckle, 388f. 参照。

〔129〕 マーティン、114頁参照。

在である.自らが何者であるかという問いを突きつけられている読者たちに対して,「神が所有する民」といった高貴な呼称をあえて付与することは,その自己意識を高めることに寄与したと考えられる.さらに,互いに「愛する者たち」とよび合い(2:11, 4:12),「兄弟〔姉妹〕愛」を何よりも重んじているように(1:22, 2:17, 3:8),帰属意識と連帯感,そして相互扶助の意識を高めている(5:9).

　無論,小アジア地域の相当に広い範囲に亘る読者を想定していることから,専ら異邦人キリスト者のみを対象にしているわけではないだろう.ユダヤ人キリスト者をまったく読者に含まないということはない.また,小林が指摘するように,ユダヤ教に同調しつつも改宗するには至らない「神を畏れる人々」(使徒10:2)の中からキリスト教へと傾いた人々も想定できる.ただし,ユダヤ人と異邦人を統一させようとしたパウロの志向,またはユダヤ教から分離する過程での確執の痕跡(マタイ12:9,黙示3:9など)は,Iペトロ書には見出せない.

　以上,主たる読者としてはまず,(おそらく入信して間もない)異邦人キリスト者であるが,ユダヤ人キリスト者,かつての神を畏れる人々も読者に含んでいた可能性は完全に排斥できない.いずれにせよ,広範囲に亘る宛先地への回状という文書の性格から,多様な背景をもつ読者を対象とする書簡であると考えるのが自然である.

　さらに,何度も用いられる「苦しみを受ける」という言葉から,**読者は何らか**

---

〔130〕　後2世紀以降の護教家らが「今生起したこの新しい民族ないしは生活様式」(ディオ手紙1:1),「新しくティベリウス帝の時に生まれた宗教」(テルトゥリアヌス『護教論』21:1),「新しい種族」(アリスティデス『弁証論』16:4)といったように外部に向かって自らの存在を説明することに腐心しているのは,その曖昧さゆえであろう.
〔131〕　Gäckle, 463-466; Meeks, 47f. 参照.
〔132〕　Horrell (2008), 61-75 参照.勧告句とともに書簡に度々,引用される旧約聖書(LXX)からもそのことが裏づけられるかもしれないが(1:24-25, 2:6, 22-25, 3:10, 4:18, 5 他),ユダヤ人読者を想定した場合,1:17「先祖伝来のむなしい生活」,2:10の「かつては神の民ではない」といった表現が大きな問題になるだろう.
〔133〕　小林 (2003), 382 頁参照.
〔134〕　エウセビオス『教会史』III:1:2, 4:2にはペトロがIペトロ1:1の地域のユダヤ人に伝道し,彼,彼女たちに宛てた手紙を書いたとあるが,これをこのまま史実と受け取るのは難しい.

の迫害下に置かれているのは確かである[135]．書簡を通して，苦難のキリストに倣う生き方が勧められる（2：21 他）．「キリスト者として」（4：16），この苦しみを受けることを促している．たとえば I コリント書のように，書簡の送り手と受け取り手とがすでに緊密な関係にあったことを示唆する記述は見当たらない．おそらく，面識のない読者を想定にして記したものだと思われる[136]．

―――――――――――――
〔135〕 現在，受けている苦難に関する言及は I ペトロ 1：6，2：19－20，3：14，4：12 以下参照．
〔136〕 マーティン，113 頁参照．

第2章　Ⅰペトロ書の文学的, 神学的特性について

本章ではⅠペトロ書の文学的, 神学的特性について考察する.

1　伝承と文学的特性

1.1　伝承について

　最初に本書簡が使用したと考えられる伝承について考えたい.
　挨拶（1:1-2）と結びの言葉（5:12-14）からみると, 書簡の形式を的確に採用していることがわかり, 広範囲の地域の教会に向けた「回状」という性格から, この書状は一個人に宛てた手紙ではないことはすでに確かめた. 上述したように, Ⅰペトロ書は小アジアに点在する各共同体に伝えられ, （おそらく下層階層を核とする）さまざまな社会階層, 社会的背景をもつ読者（聴衆）を前にして読まれていたものと思われる.
　書簡の内容から, 元来はバプテスマの典礼文やカテキズムのためのテキストであったと研究者の間で推測されている. 特に前半部分（1:3-4:11）は, 初代教会のバプテスマの際に読み上げられていた訓戒であったという仮説が立てられた[137]. この仮説の根拠として, この部分にバプテスマや入信して間もない信者を示唆する文言が多く記されていること（1:3, 23, 2:2, 25, 3:20, 21）[138], また, キリストを讃美する詩文が含まれていることが挙げられている（1:18-21, 2:

---

[137] この仮説を最初に立てたのはペデルヴィッツである. Perdelwitz, Die Mysterienreligion und das Problem des 1. Petrusbriefes, 1911. Selwyn 305-311; Windisch, 82 も参照. 他にも川村（1981）, 416頁.

[138] 川村はこのような点から「これらの箇所全体が洗礼時の勧告であると言える」と確言する. 川村（1981）, 416頁.

第2章　Ⅰペトロ書の文学的，神学的特性について　53

21−25，3：10−12，18−19）[139]．この箇所がフィリピ2：6−11，Ⅰテモテ3：16，コロサイ1：15−20などと並び，初期キリスト教内で共有されていた，いわゆる「キリスト讃歌（Christushymnus）」の一つであるという意見が多数の研究者から提出されている[140]．ヴィンディッシュの註解書の補遺を担当したプライスカーは，さらに大胆な仮説を立てている．1：3−4：11は，バプテスマ共同体の初期キリスト教の礼拝（式文）であったとする．それゆえ，この箇所が初代キリスト教の礼拝に関する最も古い文書であると論断している[141]．

しかしながら，この仮説に対していくつかの疑問が生じる．まず，最も大きな疑問は，① 当該箇所にはバプテスマという言葉そのものは，一箇所にしか使用されていない点である（3：21のみ）[142]．② 初代教会においてバプテスマのあり方を命じた文書で述べられている内容と，当該箇所は類似する点がほとんど見られない（ディダケー7：1，ユスティノス『第一弁明』65：1以下参照）．さらに，③ 1：3−12はバプテスマそのものというより，むしろ救いに関する教説に重きが置かれている（1：5，10）．確かに「救い」＝「バプテスマの業」と受け取ることもできなくはないが，1：3−4：11がバプテスマ典礼文と断定するには根拠が薄い．

Ⅰペトロ書はさまざまな伝承を用いて構成された書簡と考えられる．王への服従（2：13−17），奴隷への服従に関する社会訓（2：18−20），家庭訓（3：1−9），長老への勧告（5：1−4），若者への勧告（5：5a）も，他の新約文書でも採用されている内容であり，元来は独自に伝承されていたものと推測できる．

さらに，先のキリスト讃歌（1：18−21，2：22−25，3：18−22）も，信条定

---

［139］NA（第26版以降）でも，これらの部分は詩文のように整えられ，改行し，段落を下げ，前後の文章と区別している．ただし，3：10−12は詩34：13−17の引用．

［140］ブルトマン（1967），130−132頁．Deichgräber, 140-143; Lohse (1954), 87-89; Wengst, 83-86; Windisch, 65.

［141］Windisch, 157-162．この礼拝は祈りの詩編から開始され（1：3−12），教え（1：2−21），バプテスマの業（1：21−22），バプテスマの誓約（1：22−25），祝祭の歌（2：1−11），パラネーゼ（2：11−3：12），啓示の言葉（3：13−4：7），終わりの祈禱（4：7−11）という流れであったとする．さらにプライスカーは，4：12からは共同体全体の終結の礼拝の典礼と考える．5：1−9は警告の言葉，5：10からは祝福，5：11は終わりの頌栄とする．

［142］同様の指摘はグルーデム，マーティン．グルーデム，40，マーティン，122頁．Moule (1956), 4-7参照．

式文として単独で伝承されていた可能性も考えられる．いずれの伝承もキリストの受難，死，復活，昇天，栄光といった内容を簡潔に要約した内容である．とりわけ注目に値するのは，2：22以下のキリスト受難の伝承である．この伝承はマルコ14：43以下の受難物語伝承とも共通しており，かなり古い伝承に遡るのではないかと思われる．

さらに，「終わりの日」に向けた警告の言葉（4：7－11，12－19，5：8－11）も伝承としてのまとまりを感じさせる．それ以外にも個々の箇所で伝承を取り込んでいる．この書状は，初期キリスト教に流布していた数多くの伝承を基にして構成されており[143]，その中に先のようにバプテスマ典礼伝承も含まれていた可能性は否定できない[144]．このように複数の伝承にふれ，収集できる環境に著者が身を置いていたことがわかる．しかし，これらの伝承は著者の手によって書簡に至妙に統合されているので，個々の伝承を抽出するのはきわめて困難である．

伝承と伝承をパッチワークのように繋ぎ合わせているような印象を受けなくもない．Ⅰペトロ書の内容は多岐にわたり，各箇所の内容的な隔たりは目立つ．だが，書簡全体を俯瞰すると，迫害下への勧告という一貫した脈絡もあり，書簡（回状）としての統一性を失うまでには至っていない．

いずれにせよ，前述したように1：3－4：11は初期キリスト教会のバプテスマ典礼伝承と判断するのは難しい．むしろ，入信間もない信徒に向けて，勧告と教説を織り交ぜつつ，苦難の意義を解き明かすⅠペトロ書は，書簡全体から見てカテキズム的性格を有していると考えられる．それは，Ⅰペトロ書がすなわちカテキズムということを意味しているのではなく，カテキズム的内容，つまり信徒教育に重きが置かれていると述べるに留めるべきである．伝承の考察に続き，次にⅠペトロ書の文学的特徴に目を向けたい．

1.2　文学的特性について

---

[143]　書簡前半部分の文体（1：3－4：11）に相違が見出せるのは，用いた伝承が異なっていたからではなかろうか．ホレルは，Ⅰペトロ書はパウロ書簡を含んだ複数の初期キリスト教の伝承に由来していると論じている．Horrell (2013), 29-42; ders. (2008), 31-42.

[144]　ブロックス，20頁，Schelke, 4-7 参照．

第 2 章　Ⅰペトロ書の文学的，神学的特性について

　古代ローマ・ギリシア文学の枠内から新約文書の文学的性格を洗い出すオーニーは，新約聖書の書簡を「状況的手紙（Occasional Letters）」と「釈義的説教（Homilies）」の二つに分類する．Ⅰペトロ書はローマ書と並び「釈義的説教」に分類され，「勧告的回状（Paraenetic Encyclical）」とした[145]．Ⅰペトロ書は迫害の状況を踏まえて記していることは確実であり，状況的手紙と言えなくもない．しかし，それはキリスト教信者が周囲の人々との軋轢，不理解から生じる日々の迫害と思われるゆえ，この書簡は，どのような場所でも生じうる散発的な迫害を含めたさまざまな問題を対処するための勧告が書簡の中心を占めている．そのため，オーニーが指摘する勧告的回状という分類は正しく，ここにⅠペトロ書の文学的特徴を見出すことができる．

　くり返しになるが，この書状は入信して間もない信者に対して，キリスト者としてこの地上でどのように生きるべきかについて指示する勧告がその中心的内容である．受難のキリストに倣いつつ（2：21，3：18，4：13，5：1），やがて受ける天上の栄光を仰ぎ見ながら（1：4，21，4：11，13），苦難に耐え，キリスト者として正しい振る舞いをするという主題に即し，書簡では読者のもつべきアイデンティティーがくり返し語られる（1：1，17，2：11）．著者は多様な伝承を用いながら，勧告的回状とよべる書簡にまとめ上げた．それは，個々の教会の具体的な状況に応えるものではなく，どのような共同体でも起こり得る内容に即したものであり，汎用性を有した回状であった．

　書簡の文学的特徴に関してまったく異なる見解を唱道する研究者も存在する．たとえばシュッターはⅠペトロ書の旧約聖書引用を取り上げ，その文学的特性を論じる．彼はⅠペトロ書が旧約の説明的註解であり，上記の引用以外にも旧約の引用を示唆する箇所があることを推測する．しかし，その蓋然性は低いと思われる．多様な引用箇所から著者はLXXに相当通じていたことは推定できるが，それでも旧約全体を網羅する該博な知識があるとは思えず，また書簡の読者はユダヤ人キリスト者を含んでいると思われるものの，その主たる読者は異邦人キリスト者であろう（1：14，2：2他参照）．彼，彼女たちに向けて旧約の説明的註解（interpretative commentary）を記す積極的な必然性は感じられない[146]．

---

[145]　Aune, 221-222.
[146]　Schutter, 35-43. およびマーティン，111 頁参照．

56　第1部　序説

1.3　Ⅰペトロ書はディアスポラ書簡か

　文学的特性に関連し，もう一つ議論をよぶ仮説が提唱されているので，ここで少し検討したい．受け取り手として「散在し，仮住まいをしている選ばれた〔人々〕」と記されていることから，文学類型を考える際，Ⅰペトロ書をユダヤ教，初期キリスト教文書のいくつかに認められる，いわゆる「ディアスポラ書簡（Diasporabrief/ Diaspora letter）」の一つとして捉える研究者が多数，存在している．この見解ははたして正しいのだろうか．

　いわゆる「ディアスポラ書簡」とは，ユダヤ教でエルサレムの権威的存在である指導者から各地に離散した民に向けて記された公の書簡の総称である．これは母なる地（Mutterland）であるパレスティナとディアスポラのユダヤ人の一体性（Einheit），つまり，一つの神の民である意識を強固にする目的がある．ターツによってディアスポラ書簡に関する先駆的な研究がなされた[147]．辻はターツの分析をヤコブ書にも適用し，ヤコブ書はディアスポラ書簡の伝統を受け継ぎ，その形

---

〔147〕　Taatz, Frühjüdische Briefe. Die paulinischen Briefe im Rahmen der offiziellen religiösen Briefe des Frühjudentums, 1991. その対象資料としてエレミヤ書29章，エレミヤの手紙，シリア語バルク黙示録78－87，マカバイ記二1：1以下，同1：10以下，ラビ文献としてバビロニア・タルムード・サンヘドリン11b，エレファンティネ書簡，バル・コクバの手紙が挙げられている．ターツの研究を辻と原口が紹介している．Tsuji (1997), 18-27; ders. (2019), 223f．，辻（1997a），60－64頁，同（2002），19－23頁，原口（2013a），1－13頁．原口はターツの研究を批判的に展開し，初期キリスト教の文書内には，ユダヤ教の「ディアスポラ書簡のジャンルを意識して採用している」ものがあると分析する．無論，ここではユダヤ教のディアスポラ状況をそのまま初期キリスト教に適用することはできず，ディアスポラ概念の拡張，再定義が必要になる．それゆえ，「初期キリスト教徒のディアスポラ状況は，民族的離散状況とは区別される宗教的離散状況のこと」と定義される．原口（2013a），13頁（なお，原口の二つの論文〔2013a, 2013b〕ではターツの名前のすべてを「Taats」と誤記しているが，正確には「Taatz」である）．クラインはターツの研究を徹底化し，「誘惑（Anfechtung）」を「乗り越えること（Bewältigung）」を教示するディアスポラ書簡の特徴を，ヤコブ書とⅠペトロ書から読み解く研究をおこなう．Klein, 2011. デーリングは同種の研究をさらに大規模に展開し，前5世紀から後3世紀までのユダヤ教（およびキリスト教）文書内の書簡を網羅的に踏査し，ユダヤ教，および初期キリスト教のディアスポラ書簡を説明している．クライン，デーリングは，Ⅰペトロ書（およびヤコブ書）もキリスト教ディアスポラ書簡として扱っている．Doering (2012), 434-452.

式を借りつつ，書簡（キリスト教ディアスポラ書簡）を書いたと推測している[148]．さらに，辻，および原口，デーリングらは，Ⅰペトロ書もユダヤ教ディアスポラ書簡の形式をキリスト教化（Christianisierung）させたキリスト教ディアスポラ書簡の一つに分類する[149]．

　上記の見解に対して，批判的な意見も提出されている．そもそも，公的なディアスポラ書簡なる伝統がユダヤ教文書内に存在していたかどうか，という根本的な疑問である[150]．私見では，辻らが想定するキリスト教ディアスポラ書簡の定義は，ターツによるユダヤ教のディアスポラ書簡の定義をキリスト教的に拡大解釈しすぎているように思える．母なる大地エルサレムからの書簡というユダヤ教ディアスポラ書簡の重要な要素は，キリスト教ディアスポラ書簡には適用されていない．仮にユダヤ教の伝統を継承するキリスト教ディアスポラ書簡という文学ジャンルが存在していたと措定しても，「十二部族」という送り先を明確に記すヤコブ書ならばまだしも（ヤコブ1：1），その要素をⅠペトロ書に見出すのはいささか無理があるように思える．

　ディアスポラ書簡の伝統に繋がることを意識させる箇所は，先の冒頭の一文だけである（1：1）．ディアスポラ書簡の重要な目的として，ターツがたびたび強調するのは「一つの神の民」を確認する点であるが[151]，それを示唆する箇所はⅠペトロ書には見出せない[152]．確かに迫害下での励ましと慰めの言辞（4：12－5：

---

〔148〕Tsuji (1997), 18-27, 辻（1997a），57－78頁，同（2002），19－23頁．

〔149〕Tsuji (1997), 29-32. 原口（2013a），13－18頁，同（2013b），2頁．他にもElliott (2000), 12; Doering (2012), 434-452; ders. (2013), 81-113; Feldmeier (2005), 22; Michels, xlvi-xlix.

〔150〕Ⅰペトロ書とシリ・バル78－87との類似性を指摘しつつ，同書簡を「イスラエル（ユダヤ人共同体）に宛てた黙示的ディアスポラ書簡」と捉えるミヒャエルスに対しては，デーヴィッツはこれらの文書はすべて「書簡」であるという共通点以外見出せないとし，「黙示的ディアスポラ書簡」という類型に対して懐疑的見解を記す．Michels, xlvi-xlix; Davids, 13f. デーヴィッツの批判に対する応答はDoering (2009), 215-236. 同様に，田川はターツが挙げた手紙は偽名書簡も含んでおり，「公的」書簡とは言えない点，各書簡は宛て先も内容も相違していることを理由に挙げている．田川（2015），95－97頁．

〔151〕Taatz, 104参照．

〔152〕確かにⅠペトロ2：10では，ホセア書の言葉（1：6, 9, 2：25）を用いつつ「神の民」が引き合いに出されている．しかし，この箇所はかつて神の民ではなかった異邦人信者がバプテスマを受け，いまや神の民になったことを説いているのであり，ディアスポラの民として一つになることを訴えるものとは受け取れない．

11）は，神の民の結束を促すものと受け取れなくもない．また，キリスト者同士の連帯意識を高めることに努めているとも読める（2：4-10）．しかし，はたして世俗権力への服従（2：13-7）や家庭訓（3：1-17）などの書簡の大半を占めている実践的な勧告句は，ディアスポラの状態に生きる「一つの神の民」を意識することとどのように関係するのだろうか．その明確な答えは得られていない．

また，ディアスポラ書簡では離散した民が再び一つになることが訴えられているが（エレミヤ4：10，14，シリ・バル78：7），Ⅰペトロ書にはそのような記述は見られない．書状の主たる読者は入信間もない異邦人信者だと考えられるが，受け取り手である彼，彼女たちが自分たちはユダヤ人のような「ディアスポラの民」であるという意識をもっていたかどうかについても疑問を抱く．さらに，送り手は「バビロンにいる〔人々〕」（5：1）とある．すでに確認したように，バビロンはローマを意味する暗号であるが，ディアスポラ書簡の形式を採用していながら歴史的なディアスポラの場所からディアスポラの民に送る書簡は不自然ではなかろうか．[153]

では，冒頭句の意味は何か．これは，天上に本来の住まいがあり，地上での生は仮住まいの状態であるという，ユダヤ教から受け継がれたキリスト教徒の自己理解の表現であると考える．この術語は地上ではなく天上に属する（いわば神に属する）という属性をさしている．Ⅰペトロ書だけではなくヘブライ11：13-16などにも確認できる．この点に関して，土岐は「仮住まい」「寄留者」（Ⅰペトロ2：11，LXX創世23：4，LXX詩38：13）などの単語が，LXXを経由してキリスト教文書に定着した経緯を説明し，次のように的確にまとめている．

「ユダヤ民族の本質的・本来的なあり方をディアスポラ（とそれに伴う寄留）ととらえ，地上の生はディアスポラすなわち荒野放浪にほかならないとみなし，キリスト教徒は地上の寄留者としてそのような生き方考え方を受け継ぎ，我が

---

〔153〕 この点，デーリングや辻は不自然とは考えていない．だが，ディアスポラの地から他のディアスポラの地に送る「ディアスポラ書簡」の「意図」とは何かを説明してはいない．Doering (2009), 233; Tsuji (1997), 29. そもそも，ディアスポラ書簡であるならば，差出場所はエルサレムであるべきだろう．この点，デーリングはディアスポラ書簡にとって重要な関心は場所としてのエルサレムではなく，一つの神の民の強調であるとする．だが，かつて神の民の都であったエルサレムから送ることによってこそ，そのことを強調できるのではなかろうか（エレミヤ29：4，Ⅱマカバイ1：1，10参照）．Doering (2009), 225.

身に引き受ける」[154]ことである．このように，ユダヤ教から受容した「散在している」「仮住まい」「寄留者」という術語は，受け取り手であるキリスト者の自己理解，換言すれば己の帰属性をさす言葉であるのと理解できる．1：1の「散在する」の意味内容は，ディアスポラ的状況をさすのではなく，転義的に用いられており，次の「仮住まいしている」と合わせて理解する必要がある（詳しくは本註解1：1参照）．キリスト者は地上ではそれぞれ別な場所に散在しているが，本来の住まいは天上にあり，地上では仮住まいの身として生きていることをここでは教えているにすぎない．したがって，冒頭句，および書簡全体の傾向からⅠペトロ書を（キリスト教）ディアスポラ書簡の伝統に分類することは困難であると考える[155]．

さて，これまでの文学的特性に関する考察を踏まえつつ，次に神学的特性をめぐる検討へと移りたい．

2 神学的特性について

Ⅰペトロ書の神学的特性について，この手紙でとりわけ重要視されていると考えられる神論，キリスト論，教会論，終末論を中心に取り挙げる．

Ⅰペトロ書では一貫して神中心主義（Theozentrismus）が貫かれている[156]．それは，書簡の開始部分（1：3）と終結部分（5：10，および4：11）に神への讃美を唱える文言が記されているという形式的事柄だけではない．読者たちは神の主導的な選びの中に置かれ（1：1），その力により希望へと生まれ変わり（1：3），神によって召し出され，それに倣う者となることが要求される（1：15-16）．地上や天上に在する神々とよばれるものを崇める環境の中で（Ⅰコリント8：5参照），真実の神を知らない生活を送っていた過去とは決別し（2：1-2），神を知った者としてのその生は一変した．創造主としての神に信を置くことが第一に問わ

---

〔154〕 土岐（2015），38頁．
〔155〕 辻は，Ⅰペトロ書に頻出する「παρεπίδημος」（1：1, 2：11），「πάροικος」（2：11）がLXXにおいてバビロン捕囚を示唆する単語として用いられていると記している．Tsuji (1997), 30. しかし，Ⅰペトロ書においてこの二つの単語は，捕囚やディアスポラと直接，結びつくとは思えない．
〔156〕 マーティン，134頁も同様の指摘．

れる（4：19，および1：2）．神の庇護が約束され（1：5），それへの所属が求められている（2：9-10）．人は神によって召し出され（2：21），神はその人に恵みを注ぐ（2：20）．同時に神は「偏り見ることなく」裁きを下す厳格な審判者でもある（1：17）．この方を畏れることを忘れてはならず（2：17），やがて到来する裁きの日を待つ（4：17）．

　このような神への集中は，信仰の問題のみならず，受け取り手の生活態度にも関わってくる．服従を強いる勧告句では，「神の意識」ゆえに（2：15, 18）といった言い回しが用いられている．奴隷が主人に従う際，神の意識（神を意識すること）ゆえに耐えろと説得する．書簡の終結部分である5：7に「あなたがたのすべての思い煩いを神に投げなさい」とあるように，神への全幅の信頼は，揺るぎないものとして読者の生の礎を形成している．

　神中心主義が重んじられているからといって，キリスト（への信仰）が蔑ろにされているわけではまったくない．Ⅰペトロ書のキリスト論を特徴づけるのは，書簡にたびたび用いられているいわゆる「キリスト讃歌」であろう（1：18-21, 2：21-25, 3：18-22）．前述の通り，著者が独自に書き記したのではなく，おそらく流布していた伝承によって構成したと考えられる（本註解第1部第1章1.1参照）．種々の勧告句の間に挿入されている教説部分において，これらの伝承が巧みに用いられ，神学的説明が重ねられつつ，救済の根拠としてキリストの姿が雄弁に語られている．とりわけ，2：21-25に用いられているキリストの受難伝承は，Ⅰペトロ書のキリスト論の中核を担うものと考えられる．

　書簡の前半部分からキリスト来臨の希望に生きることが励まされているが（1：7），読者にとって，キリストは何より希望の根拠であり（1：13），かつ生きる上での模範である（2：21）．この方のもとに来る者のみが救いに与れる（2：3-4）．苦難を受けるキリストの姿に倣うことこそ，置かれている厳しい現実を生き延びるための唯一の方策である．読者にとってキリストは，荒波に揉まれ，海原を漂う船が進むべき針路へと導く灯台のような存在である．

　1：18からはキリストの血によって古い生き方から贖われたと伝えられる．ここでは，読者たちがかつて執心した金や銀などの地上的なもの，永遠不変たるキリストの血が対比され，後者へと目を注ぐように指導される．そして，キリストは世界が創造される前から存在していたことを知らされる（1：20，および1：10）．この先在のキリストが「あなたがたのために顕れた」（1：20）と述べ，キ

リストと読者たちの関係を強く結びつける（1：21）．2：6以降ではイザヤ26：16，8：14，詩118：22の旧約の引用章句を交えて，歴史的視座を通してキリスト（「尊い隅の親石」）の意義を伝える．このキリストを信じる者とそうでない者とがはっきりと分けられる．後者は裁きの対象となるが，前者は神からの憐れみを恵与されることが約言される．

2：21－25のキリスト讃歌の部分では，まず，「あなたがたのために」とキリストの死の贖罪論的な理解が打ち出され，キリストに倣い，その足跡に踏み従うことを求める．2：22からはキリストの受難の姿が活写され，再び「私たちの罪」（2：24）が問題とされ，21節の贖罪理解がくり返される．読者たちの救済（希望への新生）は，キリストの死と復活を通してなされたことが手紙の書き出しで確認されるが（1：3），キリストの死の贖罪論的理解は，この書簡の救済論を決定づけるものである．キリスト論と救済論は当然ながら分かち難く結びついている[157]．キリストは人々を励ます存在でもある．迫害の場に立たされた際，キリストを聖とせよと明示される（3：14）．

Ⅰペトロ書は共同体を強く意識した書簡である．互いに地上で住まう場は違うが（1：1），神により選ばれ（1：1，2：9），聖なる者であり（1：16），霊の家，聖なる祭司団（2：5），王の祭司団，聖なる民族，神が所有する民（2：9）として連帯意識の充実が促され，相愛が求められる（1：22，4：7）．2：1－10では共同体を意識した言葉が集中的に使用されている．ここでは，「乳飲み子」「乳」「石」「家」などのメタファーを効果的に用いて語られている．また，共同体の運営者を意識して，書簡の終結部分に長老への勧告が加えられている（5：1－5a）．

なお，もうひとつ重要な特徴として終末論が挙げられる．くり返すように，同時代に成立したと考えられる他の公同書簡や第二パウロ書簡と比べると，Ⅰペトロ書において終末論的言辞は重要な役割をはたしていると考えられる．読者たちはイエス・キリストの来臨の待望の只中に生きている．確かに，地上での正しい振る舞いを指示する実践的な勧告句が手紙の大半を占めているが，これらの勧告句は天上での栄光を受けるという終末論的待望という裏づけによって機能していると言える[158]．

---

[157] 山谷（1966），130頁参照．
[158] 終末論については，本註解第1部第3章5において，社会，家庭訓との関連で再度取り上げる．

Ⅰペトロ書の冒頭から，読者は「希望」へと生まれ変わることが宣揚され，天上での遺産を受け継ぐことが約束される（1：3－4）．続いて5節には「あなたがたは，終わりの時に顕にされるように備えられている救いを受ける」とある．ここでは終わりの時に救いがまさに顕れようとしている．「最後の時に」（1：20参照）は，「終わりの時」に向かって生きている読者たちの緊張感が伝わる語句である．そして，4：7「万物の終わりが迫っている」と語り，命令形を用いた勧告がそれに続く（4：8－11）[159]．裁きはまず「神の家から始まる」（4：17）ことが宣言される．つまり，書簡の読者たちのことである．しかし，裁きの告知と同時に，読者たちは栄光を受けることも約束されている（4：13, 5：1, 4）．終わりの時に来臨するキリストについては，書簡の開始部分（1：7）と終結部分（5：4）で語られている．来臨時に読者は栄光を受けることが宣言される．この目標に向かって「仮住まいの者」（1：1, 17, 2：11）としての読者は，この世で歩みを進めていかなければならない．

次に神学的特性に関わる事柄として，旧約の引用章句とパウロ書簡との関係性について論じたい．

3　Ⅰペトロ書と旧約聖書の引用

新約における旧約の引用は，基本的には旧約の聖書箇所をイエス・キリストの出現の事実から照らし直すという視座を有している（たとえばルカ24：44, ヨハネ5：39他参照）．Ⅰペトロ書も同じ線上にある．成立年代が重なるⅠクレメンスと比較するとⅠペトロ書の聖書引用は圧倒的に少ないが，同じ公同書簡に属するヤコブ書と比べるとかなり多い．引用された箇所を以下の一覧にまとめる．レビ記，イザヤ書，詩編，箴言の引用句のなかで，とりわけイザヤ書の引用が多

---

[159] ブロックスはⅠペトロ書の終末論的言説は初期キリスト教の慣用句定式に属するものであり，それは単に倫理的な結論を導くための根拠にすぎないとする．つまり，何ら中身のない終末意識と捉えている．ブロックス，275－279頁．しかし，書簡全体は終末論的志向に向かっていることは否定できなく，終末論的言辞が単なる形式的なものにすぎず，著者はそれらの言辞を意識的に用いており，（初代教会の伝統に従って）書簡の至るところに適度に配剤している程度とは思えない．Goppelt, 281f. も参照．

いことに気づく．

1：16（レビ 11：44，19：2，20：7，26）
1：24－25（イザヤ 40：6－8）
2：6（イザヤ 28：16）
2：7（LXX 詩 117：22）
2：8（イザヤ 8：14）
2：9（イザヤ 43：20，出エジプト 19：6，イザヤ 43：21）
3：10－12（LXX 詩 33：13－17）
4：18（箴 11：31）
5：5（箴 3：34）

比較的長い引用のまとまりは，1：24－25，2：6－8，3：10－12 にみられる．上記以外にも本文に織り交ぜられた引用句と思われる箇所がある．
　2：3 は LXX 詩 33：9 が部分的に挿入させていると思われるが，文章にかなり組み込まれており，厳密には引用とは言い難い．なお，3：10 以下でも LXX 詩編 33 を引用している．2：9 以下もイザヤ 43：20，出エジプト 19：6，23：22，ホセア 1：6，9，2：25 に似たような表現が見出され，引用の可能性が指摘されている．なお 2：12 の「審査の日」は，引用とまではいかないが LXX イザヤ 10：3 の語句を用いていると考えられる．2：22 からはイザヤ 53 のいわゆる「主の僕」から部分的に引いて，キリストの受難を語っている．3：6 は LXX 箴 3：25 の引用の可能性が指摘されており，3：14 後半は LXX イザヤ 8：12－13，3：15 前半は LXX イザヤ 8：13 の章句を挿入している．4：8 は箴 10：12，4：14 も LXX イザヤ 11：2 から間接的な引用句とも考えられる．さらに，5：8 の「吠えたける獅子のように」という表現は，LXX 詩 21：14 からの引用が考えられる．[160]
　送り手は明らかに LXX に精通している．自らが命じることの根拠として，旧約の章句を用いることが多い．1：16 の「聖なる者になりなさい」の理由として，

---

[160]　どの箇所を旧約引用と捉えるかは研究者によって相違が生まれている．たとえば Ådna, 299 では 1：16，1：24－25，2：6，7，3：10－12，4：18，5：5，および 2：3，22，3：14－15 とする．Jobes (2006), 314 で考察対象の引用箇所は本註解と同じ．

レビ記を引用するのは，そのわかりやすい例であろう．2：6 以下も 2：5 の勧告句を踏まえた上での引用であり，かつ 3：10 以下も 3：8 以下の勧告を受けている．また，1：24 以下のイザヤ 40：6－8 の引用句は，神の言葉の永遠性に関する前節までの論旨を補っている．1：24 も 1：16，2：6 も同様に「διότι」で引用文を始めている．続く 25 節では自説に戻る．

2：6 はイザヤ 28：16，および 2：8 でもイザヤ 8：14 の自由な引用が記される．それに挟まれる形で 2：7 でも詩 118：22（LXX 詩 117：22）が引かれている．ローマ 9：33 やマルコ 12：10（およびバルナバ 6：2－4）においてもこれらの引用句を見出すので，おそらく，初代教会に広がっていたキリスト論的解釈が加えられた石にまつわる聖書の章句集を用いた可能性が考えられる．3：10－12 では LXX 詩 33：13－17 を見出す．前節までの勧奨句の聖書的根拠を明示するためにこの詩編が引証されている．ただし，LXX のテキストからの改変が散見できる．3：8 以下にある勧告句と接続された引用章句は伝承の段階ですでに付加されていた可能性も考えられる（本註解 3：10 参照）．4：18 は LXX 箴 11：31 のテキストをほぼ引用し，前節と後節に対応させ，主張を補強している．5：5 では LXX 箴 3：34 を用いて，「ὅτι」を伴い勧告を理由づけている．

このような勧告句と旧約引用の組み合わせは，Ⅰペトロ書独自の手法なのだろう．エフェソ 6：1－3，ヘブライ 10：36－39 においても似たような組み合わせは若干確認できるが，Ⅰペトロ書はこの手法を最も効果的に用いていると言える．

4　Ⅰペトロ書とパウロ書簡の関係

Ⅰペトロ書とパウロ書簡について考察する．Ⅰペトロ書の冒頭句からパウロ書簡のそれを彷彿させる（本註解 1：1 参照）．かつ書簡全体を見渡すとパウロ的用語が散見され，神学的概念もパウロのそれと類似している．それゆえ，Ⅰペトロ書は「パウロ神学の影響史の頂点」と形容されるほど，パウロ書簡との共通性に

---

〔161〕　Müller (2020), 93 参照．
〔162〕　他にもⅠクレ 14－15，バルナバ 2：10 他．
〔163〕　Hübner, 387．

ついて多くの研究者から指摘されている[164]．Ⅰペトロ書とパウロ書簡の主たる共通点に関する細かな考察は，本書の註解部分に譲るが，以下，大まかにまとめてみる[165]．

新生：1：3（ローマ6：4）
相愛：1：22（ローマ12：9−10）
悪徳を脱ぎ捨てる：2：1（ローマ1：29，同13：12−14）
つまずきの石：2：4−8（ローマ9：32−33）
権威への従順：2：13以下（ローマ13：1以下）
キリストの苦しみに与る：2：21以下，3：17以下，4：13以下（フィリピ1：29）
悪をもって返さない：3：9（ローマ12：17）
神からの賜物：4：10−11（ローマ12：6−8，Ⅰコリント12：4−11，28−31）
迫害下の倫理：4：12−13（ローマ8：17−18，フィリピ3：10−11）

上記のように，ローマ書の内容との近似性は明白である．まず，書き出し部分に配置されているバプテスマを通した新生は，ローマ6：4と類似しているが，これは（おそらく広く流布していた）パウロも用いた伝承を使ったという可能性も考えられるだろう．1：22の愛の教説はローマ12：9−10，および2：1に列挙された悪徳一覧はローマ1：29と内容的に類似する．ただし，愛の教えや悪徳

---

[164] 近年，刊行された研究書の中では，Ⅰペトロ書とパウロ書簡の関連性についてヘルツァーの著書（J. Herzer, Petrus oder Paulus? Studien über das Verhältnis des Ersten Petrusbriefes zur paulinischen Tradition, 1998）が最も細かに論じている．この問題に関する研究史は，Herzer, 3-11に詳しい．『ペトロかパウロか？』という刺激的なこの書名からわかるように，Ⅰペトロ書とパウロ伝承との関係を考究するものであるが，ヘルツァーはパウロ書簡からの影響に関しては懐疑的な結論を導き出している．Ders., 257-269を参照．小林（2003），383頁も同様に「（略）パウロとは無関係に近いという意味で，非パウロ的というのが事態に即しているように思われる」と論じる．

[165] Goppelt, 48-51を主に参考にした．これ以外にも「愛する人たちよ」（ローマ12：19，Ⅰコリント10：14他参照），「私は勧める」（ローマ12：1，15：30他参照）というよびかけもパウロ書簡と共通する（本註解2：11参照）．最近の研究ではTsuji (2019), 210-211, 214-217を参照．

一覧も初代教会では広く共有されていたと考えられるので，こちらも伝承から採用した可能性を否定できない．むしろ，Ⅰペトロ 2：1－2 は語句，内容的にはローマ 13：12－14 と類似しているので，そこからの影響が想定できる．なお，この関連では，地上的な肉の欲を避け（2：11），霊と肉との対比（4：6）が語られるが，これは，霊と肉とを対峙させ，同じように肉の欲望を遠ざけるように指導するパウロの言葉と通じている（ガラテヤ 5：16－26）．さらに 3：8－9 は語彙の上でローマ 12：10－17（およびⅠコリント 4：12，Ⅰテサロニケ 5：15）と似ている．とりわけ，Ⅰペトロ 3：16，5：10，14 でも用いられている「キリストにおける（ἐν Χριστῷ）」は，パウロ書簡で多用されるきわめてパウロ的用語の一つである．Ⅰペトロ書でもしばしば出合う語句である「συνείδησις」も，パウロ書簡（とりわけⅠコリント 8，10 章）において頻出している（本註解補論「『意識（συνείδησις）』について」参照）．同様に，「神の福音」（4：17）という用語もたびたび用いられている（ローマ 1：1，15：16，Ⅱコリント 11：7，Ⅰテサロニケ 2：2，8，9）．

　以上は主に語句の上での類似性であるが，次にテーマの共通性として特に目立つのは，まず，旧約聖書の引用を含む「つまずきの石」の箇所（2：4 以下）と権威への随順を説く箇所（2：13 以下）である．前者の場合は，ローマ書から影響も十分考えられるが，初代教会に広まっていた石にまつわる証詞集（testimonia）を用いた可能性も否めない（本註解 2：6－8 参照）．その一方，2：13 以下とローマ 13：1 以下の内容的近似性はきわめて顕著である．確かに支配者への祈りや従属を説く箇所は，Ⅰテモテ 2：1－2，テトス 3：1 でもみられるが，Ⅰペトロ書ほど，ローマ書のそれと語句の上での類似性，指示内容の一致，さらには前後の文脈の流れの対応関係を見出すことはできない．この両書ほど，地上の権力への従属とその理由をはっきりと説明する箇所は，新約文書では他に見出せない．ここから，両書の間の何らかの影響（または依存）関係を認めざるをえないのではなかろうか．

　さらに，苦難に関する言及もパウロ書簡と類似している．櫛風沐雨の伝道生活

〔166〕　この表現はパウロ書簡において多様な使われ方をしているが，たとえば，バプテスマを受けて新しく生まれたキリスト者（Ⅰペトロ 3：16，5：10）としての自覚とその振る舞いを意図する意味としてはローマ 6：11，Ⅱコリント 5：21 他，また，Ⅰペトロ 5：12 の挨拶文にあるように，キリスト者同士がキリストへの帰属性を確認する箇所としてはローマ 12：5，ガラテヤ 3：28 他参照．

〔167〕　Goppelt, 50; Schnelle (2002), 456; ders. (2014), 577f. 参照．

第 2 章　I ペトロ書の文学的，神学的特性について　67

を送っていたパウロにとって，苦難を克服することは喫緊の課題であった．彼は苦しみから逃れ，それを回避する道を選ばず，むしろそれと積極的に向き合い，自身の実存的存在の基盤に据えようと試みている．パウロは自らの受苦体験を内省しつつ，それを共同体の構成員と共有しようとする（IIコリント 1：8，7：5 参照）．辛苦を耐え忍び，神の助けを懇願し（ローマ 8：18，IIコリント 1：6−7，9−10 参照），「キリストの苦しみに与る」（フィリピ 3：10）とあるように，キリストの苦難への参与を奨励している．I ペトロ書では，パウロ書簡にみられる「希望−苦難−栄光」という組み合わせが登場し（ローマ 5：3−4，IIコリント 1：4−7，I ペトロ 1：11，4：13，5：1 参照），「苦難の神学」とよぶべきパウロの神学的遺産を継承しているように思える[168]．だが，I ペトロ書においては，先の「キリストの苦しみに与る」というパウロの言説を独自に発展させている．参与するだけではなく，受難のキリストを積極的に模倣するように教え，諭している（I ペトロ 2：21）．刻苦するキリストの姿は，読者たちが生きる上での手本となる．キリストの苦しみについての言説が，勧告句と合わされて語られる（同 2：18 以下）．このような「苦難の神学」に接続された勧告句のパターンは，パウロ書簡には見られない[169]．

　以上のように，I ペトロ書とパウロ書簡とは，その用語，内容においていくつかの共通性を見出すことができる．この種の共通点が確認できるのは，I ペトロ書の著者とパウロが同じ伝承を受け取ったからだとも説明できる．しかし，一部を伝承に依ったのならばわかるが（たとえば悪徳一覧や証詞集など），全体を伝承から採用したと想定するにはあまりにも量が多い．「キリストにおける（ἐν Χριστῷ）」というパウロ特異の用語の対応例や，上記のように I ペトロ 2：13 以

---

[168]　名詞「苦しみ，受難（πάθημα）」は，新約では 16 回のうち I ペトロ書では 4 回，パウロ書簡では 8 回使用されている（キリストの苦難の文脈では IIコリント 1：5，フィリピ 3：10，I ペトロ 1：11，4：13，5：1）．なお，I ペトロ書では動詞「苦しみを受ける（πάσχω）」はキリストのみならず，キリスト教徒の受苦を語る際にも使用されている．しかし，パウロ書簡ではキリストが受ける苦しみの文脈では用いられていない（I コリント 12：26，IIコリント 1：6，ガラテヤ 3：4，フィリピ 1：29，I テサロニケ 2：14）．また，真正パウロ書簡（とりわけ IIコリント書）で 15 回用いられ，LXX や新約文書の他の文書で広く散見される名詞「患難（θλῖψις）」を，I ペトロ書には見出せない．その明確な理由は定かではない．同語句に関しては Weidner, 60-79 に詳しい．

[169]　I ペトロ書の構造と「苦難の神学」については吉田（2020），207−213 頁参照．

下のはっきりとした対応関係も説明できない．したがって，Ⅰペトロ書の著者がパウロ書簡を手元に置き，それを参考にして書簡を記した可能性は十分に考えられるだろう．つまり，著者は複数のパウロ書簡（Corpus Paulinum）を実際に読んでいたと想定できる．[170]

では，Ⅰペトロ書はパウロの伝統を継承する書簡なのだろうか．確かに，前述の通り，Ⅰペトロ書はパウロ書簡からの何らかの影響が想定される．だが，パウロ神学を継承し，またはそれを発展的に展開したとまでは言い難い．[171] ましてやパウロを模して執筆しているものではないだろう．あくまで書簡の一部の内容が共通し，かつ語句上の類似性，ないしは対応関係を確認できるという程度である．Ⅰペトロ書には明らかにパウロ的伝承，非パウロ的伝承が入り混じっている．[172] そのため，辻が論じるように，「いわゆる第二パウロ書簡（"Deutero-Pauline" letters）の一つ」と言い切るのはやや躊躇う．[173]

---

[170] これは，Ⅰペトロ書がパウロ書簡（ローマ書など）にまったく依存して記されたものということではない．著者はおそらくさまざまな伝承を用いて書簡を構成しており（本註解第1部第2章1.1参照），その中にパウロ書簡も含まれていた可能性は否定できないという意味である．島田はⅠペトロ書とローマ書との非依存関係を精細かつ綿密に論じている．Shimada (1998), 100-166. 島田 (1996), 103－147頁．島田の結論は両書の逐語的一致の存在が認められなければ，直接依存関係を証明することはできないということである．しかし，これに対して辻は，逐語的一致を重んじる島田の基準は厳格すぎであり，幅の広い「間テキスト性」を認めるべきであると反論する．Tsuji (2019), 212-214，および辻（2023），163－168頁も参照．辻のこの反対意見は肯首できる．とりわけ，ロマ13：1以下とⅠペトロ2：13以下は，相違点はあるものの（本註解2：13参照），後者は前者を前提に書いたと考える方が自然である．初期キリスト教のテキスト間の近似性，相関関係は，緩やかな結びつきを示唆する「間テキスト性」から説明すべきであろう．

[171] 同様の意見はゴッペルト．パウロ書簡との共通点が見出せる「伝承は確かにパウロからの影響があるが，パウロによって作り出されたものではない」．Goppelt, 50. 他にも Eurell, 131，および Elliott (2000), 40 も参照．

[172] Williams/ Horrell (vol.1), 72-74 を参照．

[173] Tsuji (2019), 218. 辻はダブルクォーテーション付きであえて記しているので，「いわゆる第二パウロ書簡（または擬似パウロ書簡）」と訳すべきであろうか．ちなみに，辻のこの論文の基になっている日本聖書学研究所における日本語での例会発表（2018年9月24日）のレジュメでは，この部分は「パウロ的書簡」と記されているので，こちらを表記すべきかもしれない．しかし，そもそも「パウロ主義（Paulismus）」とは何かという定義が必要になるだろう．『聖書学用語辞典』，275頁（項目「パウロ主義」）では，「パウロの思想を継承しようとした人々の思想を指す」と定義されている．少なくとも真正パウロ書簡との内容的相違があったとしても，著名をパウロとしている第二パウロ書簡は明確なパウ

この点に関して，ブロックスは次のように論じている．Ⅰペトロ書の「筆者が部分的にパウロ的色彩をもった神学をまったく素朴に生きかつ表明し，かなりの程度までその語法と『システム化』に即して一つのテーマ（苦難，希望，栄光）を貫き通しているのは正しい．しかもこのテーマ自体もまた典型的にパウロ的なのである」[174]．ここで正しく指摘されているように「部分的にパウロ的（teils paulinisch）」なのであって全体ではない．ブロックスは続けてこのように論じる．Ⅰペトロ書は「疑いなくパウロ主義の少なからぬ反映があると言えるが，そこではパウロ主義が支配的であるとか，独占的地位を占めているとか言うことはできない」[175]．

Ⅰペトロ書とパウロ書簡の関係に関して，とりわけ疑問に思えるのは，次の点である．キリストの苦難に倣うと記しながらも，いわゆる「十字架の神学（Theologia crucis）」とよばれるパウロの神学的中心課題は，Ⅰペトロ書にはまったく見出せない[176]．十字架の弱さや愚かさが逆説的に強さや栄光として看取するパウロの視座は（Ⅰコリント 1：18，Ⅱコリント 12：9-10），その共同体形成の基盤となっているものの（Ⅰコリント 12：12-26），Ⅰペトロ書では等閑視されている．そもそも，パウロにとって決定的な意味をもつ義認論（ローマ 1：17，4：1-12，9：30-33，ガラテヤ 2：16，21，3：6，11 他），パウロにとって肯定的にも否定的に捉えられる律法の問題[177]，かつパウロが拘った律法と罪の関わりについても（ローマ 7：7-25），Ⅰペトロ書ではふれられていない．

ロ主義（ないしはパウロ的書簡）に属すると受け取れる．一方，ペトロが書き送ったと主張し，部分的な内容や用語の対応関係が見出せるだけのⅠペトロ書を，その範疇に同列に含むことができるのか疑問が湧く．

[174] ブロックス，52 頁．同，54 頁では第一ペトロ書の信仰理解（「πίστις」概念）に関してパウロ的ではないと論じるが，近年，Schmidt (2023), 253 などにみられるようにそれへの批判的意見も提出されている．

[175] ブロックス，56 頁．ハーンⅠ下，57 頁も参照．

[176] イエスの十字架での死を語る箇所において（Ⅰペトロ 2：24），パウロ書簡でしばしば見出す「十字架（σταυρός）」（Ⅰコリント 1：18，ガラテヤ 5：11，フィリピ 2：8，3：18）という語句を用いず，ガラテヤ 3：13 に引用された申命 21：23 を意識させる「木の上（ἐπὶ τὸ ξύλον）」と記している．Ⅰペトロ書の著者は十字架という刑具がもつイメージ（弱さと愚かさの極み）には関心がないが，パウロにとって「十字架での死」そのものに意味がある（ガラテヤ 3：1 他参照）．ブロックス，53 頁以下；Goppelt, 50; Schnelle (2002), 456 参照．

[177] たとえば，肯定的：ローマ 7：12，フィリピ 3：6 他，否定的：ローマ 4：15，5：20，Ⅱコリント 3：6-11，ガラテヤ 3：19 他参照．

このような神学的課題の非連続性（ないし非継承性）は第二パウロ書簡にも見出せるので不自然なことではないだろうが[178]，第二パウロ書簡はパウロの名を用いている限りは，少なくもパウロ主義の継承を（名目上だけも）謳ったものだろう．また，パウロ主義を標榜する書簡であるならば，第二パウロ書簡のようにパウロの伝道地域，ないしはパウロの影響を直接的に受けている地域に書簡を送るのが自然である（エフェソ書やⅡテサロニケ書を参照）．しかしながら，Ⅰペトロ書の宛先にはそれが見られない[179]．さらには，家庭訓や社会訓にみられるように世俗的な倫理道徳を重んじる傾向はパウロ書簡に端を発するものであるものの，その度合いはさらに増している．これは第二パウロ書簡も同様の展開であるが，これらの訓告句と終末論的志向の結合はⅠペトロ書のみである．この点，Ⅰペトロ書はかなり特異と言えよう．Ⅰペトロ書は個別の事案に拘泥せず，より普遍的，一般的に妥当するような教説と勧告のみに留めているスタイルも，パウロ書簡のそれとは異なっている．

---

〔178〕　Tsuji (2019), 217f. を参照．
〔179〕　辻は送り先がパウロからの手紙とするのは不自然なので，第二パウロ書簡（疑似パウロ書簡）とすることはできなかったと考えている．Tsuji (2019), 227.

第3章　Ⅰペトロ書の社会訓，家庭訓について

　この章ではⅠペトロ書の社会訓，家庭訓について，他の新約文書も射程範囲に入れつつ考察する．Ⅰペトロ書は教義と勧告を交互にくり返しながら書状を書き進めており，2：13以下にはまとまった勧告句が残されている．キリスト者への一般的な勧告（1：13－2：10）に続いて，社会訓を含んだ具体的な勧告（2：11－25），そして，家庭訓（Haustafel）[180]とよばれる実践的な勧告（3：1－7）が綴られている．[181]順良な市民の振る舞いや家庭生活における理想的な態度を説き明かすこの種の勧告句は，ヘレニズム世界に多数の類似例を認めることができる．送り手はこの類の命令句を取り込み，小アジアに散在する読者に「良い業」（2：12）として地上におけるキリスト者のふさわしい振る舞いを記している．

　本章において，社会訓，家庭訓の起源，および新約文書に残されている同種の訓戒について，とりわけその機能と特性について理解を深めたい．ただし，新約文書の社会訓，家庭訓にまつわる一連の討究に関しては，すでに相当量の先行研究の蓄積がなされており，それに通暁する必要がある．[182]そのため，そのすべて

---

[180]　新約聖書に記された主人と奴隷，男女，子どもと親への訓戒を総称して「家庭訓（Haustafel）」とよばれている．しかし，この名称はふさわしくなく，むしろ，「社会訓」などが含まれているので「身分訓（Ständetafel）」とよぶ方が適しているという指摘がある．これらの家庭訓が対象とする内容は必ずしも「家」に限定されたものではなく，当時の身分社会全体に妥当する訓戒であるからだ．Goppelt, 166; Klauck (1981), 46f.; 荒井（1988），260－262頁参照．本註解では，社会生活や身分制度などにまつわる訓戒を「社会訓」，家庭生活にまつわる訓戒を「家庭訓」と分けてよぶことにする．

[181]　社会訓や家庭訓は，包括的な文学類型（Gattung）である倫理的勧告（Paränese）に含まれるだろう．この世での正しい振る舞いを教示するこの種の勧告は，新約の各文書に記されており，徳目表（Tugendkataloge）や悪徳表（Lasterkataloge）も同様の趣旨である．この世界で信徒がなすべき（なすべきではない）おこないを列挙している（エフェソ4：31－32，コロサイ3：5－14，Ⅰテモテ6：4－11，ヤコブ3：15－17，Ⅰペトロ2：1，4：3）．

[182]　研究史については以下を参照．とりわけ，小河は最近までの研究状況について簡にして要を得た概観を提供している．Berger, 196-201; Gielen, 24-67; Woy-

を本註解で扱うことはできないため，ここでは素描程度に留めておく．

1　新約文書の社会訓，家庭訓の起源

　まず，初めに社会訓，家庭訓の起源をめぐる考察から始める．
　Ⅰペトロ書に確かめられる訓告は，新約文書のみならず使徒教文書にも広く見出すことができ[183]，初期キリスト教世界で好んで受容された伝承の一つである．いずれも，様式とその構成要素は相互に似通っており，テキスト間の関連が指摘されている[184]．多くの場合，これらのテキストは前後の文から抜き出すことが可能であり，それぞれ独立して伝承されていたものを，各文書の著者たちが取り込み，使用したと容易に想像できる．このように，著者たちが独自に訓戒句を創作したのではなく，流布していた伝承を用いてそれぞれの書簡の主旨や脈絡に沿う形で整形したものである．これはⅠペトロ書にも当てはまる．
　これまで，初期キリスト教世界において，広範囲に受け入れられていた社会訓や家庭訓などの勧告句の起源に関して，諸種の意見が提出されてきた[185]．その起源に関しては，主として次の三つに大別される．
　まず，ディベリウスの研究以降，支配的であったのが，①ストア派の義務表（Pflichtentafel）との類似・並行関係を重んじる見解である．さらに，②ヘレニズム・ユダヤ教的伝統に遡源させる見解，そして，③その由来をヘレニズムの哲学的家政論に求める見解である．
　Ⅰペトロ書に残された社会訓，家庭訓の起源を探るにあたり，上記の三つの見解を念頭に置きつつ，まずはヘレニズム世界における各文献に男女，親子の関係

---

　　ke, 8-26. 小河（2017），243－246頁．
〔183〕　ディダケー4：9－11，Ⅰクレ1：3，21：6－9，イグ・ポリ4：1－6：1，ポリ手紙4：2－6：3，バルナバ19：5－7．
〔184〕　それぞれのテキストの図式的な構成について，小河は次のようにまとめている．①複数主格が定冠詞をもった形で語りかけられ，訓戒内は命令形で記される．②妻対夫といった明確な対を形成する両極の原則をもった図式で語りかける．③その対において，下位優先の原則で交互に相互的勧告がなされる．④服従の動機が目立つ．小河（2017），242頁．
〔185〕　この問題に先駆的に取り組んだのはディベリウスとヴァイディンガーである．Dibelius, 48-50; Weidinger, 23-50. シュヴァイツァー（1976），183－188頁参照．

などをめぐり，どのような発言が残されているかを確かめたい．

　最初にプラトンの『国家』から紐解いてみたい．正義と国家（およびその支配者）のあり方をめぐる深遠な対話が交わされる『国家』第5巻では，男と女をめぐる議論が残されている．そこでは，女性が国を守護することが適切か否かに関して，次のように言明される．

　「国家を守護するという任務に必要な自然的素質そのものは，女のそれも男のそれも同じであるということになる．ただ一方は比較的弱く，他方は比較的強いという違いがあるだけだ」（456A）とし，女性も男性と同様に国の守護に当たらなければならないとする．また，男性と同じように女性も音楽，文芸，体育といった教育を課すのは，自然本来のあり方に反することではない．さらに，女性も戦争に関する事柄を習わせる（同452A）．このことは実現可能であり，そして最善であると断じる（同456C）．ただし，この両性の平等の言説は，いわゆる「妻子の共有」という大きな問題の枠内で語られていることにも注意しなければならない（同457D他参照）．

　プラトンの弟子であるアリストテレスの『政治学』では，国家の発生に関して，自然によって支配する者と支配される者とが一対であることからその考察を始めている（第一巻第2章1252a30）．そして，国家を組成する「家」，家政について明らかにする．この「家」の最小部分は主人と奴隷，夫と妻，そして父と子という関係であるとする（第一巻第3章1253b1-10）．男性と女性の関係について，アリストテレスは自然によって男性の方が勝り，女性は劣り，男性は女性を支配する者と定義する．[186]

　このようなアリストテレスの言を俟つまでもなく，古代地中海世界において，女性の存在が理想的に語られる場合がある反面，一般的に女性は男性よりも劣った存在であると受け取られていた．古代ギリシアにおいて，男性が公的領域において支配的な存在である一方で，女性の活動は私的領域のみに制限されており，参政権は承認されていないばかりか，その他の権利も限定されていた．[187]

---

[186] アリストテレスは支配の形態について，次のようにも説き明かしている．「夫婦の共同関係は『優性者支配的』であるように思われる．というのも，男性は価値によって支配し，男性が支配すべき事柄にかんして支配するのであり，女性にふさわしい事柄は女性に割り当てる」．アリストテレス『ニコマコス倫理学』1161b30．

[187] 桜井（1992），2-8頁参照．

それゆえ、先に加えてアリストテレスは『政治学』において、男性は女性よりも指導的な素質があるとも述べており（第一巻第十二章1259b）、「妻の節制と夫のそれとは、ソクラテスの考えていたように、同じではなく、また勇気も正義もそうではなく、むしろ男の勇気は支配的なものであり、女の勇気は服従的なもの（ὑπηρετικός）であるということは明らかである」と記している（第一巻第13章1260a）。

続いて、アリストテレスの偽書ではあるが『経済学』では、男女にとって、共同生活が最も自然であるゆえに、人間に関する配慮のうち、妻への配慮が第一であるとする（第一巻第3章1343b）。共同生活を前提とする男女だが、その性質は区別されている。たとえば、女性は屋内での仕事には適するが、屋外での仕事に弱く、他方、男性は活動するに十分な体力を有している。また、育児に関して、女性の仕事は養うことであり、男性は教育することであるとする（同1344a）。

古代ギリシア世界において、男性が支配する社会状況を「ファロス（勃起した男性生殖器）の支配」とよんだクルーズは、その労作『ファロスの王国』の中で古代文献の渉猟のみならず、壺絵などの視覚的歴史資料の分析を通して「ファロスの力」の実態を徹底的に暴いている。

「ファロスの支配はアテナイ人の生活のほとんどすべての局面を含んでいた。ファロスの支配の奥深さに一たび目をこらせば、建築にも都市計画にも医術にも法律にも、それが反映しているのが見えてくる[188]」。このファロスの支配は、当然ながらローマ世界にも影響を与えている。また、ギリシア・ローマ世界の女性の位置を概観する三枝は、女性の「位置が如何に高く自由であっても、女性は一貫して、男性との人格的関係から切断された地点に位置づけられていた」と論じている[189]。女性と男性の優劣は歴然としていた。

時代は下って、ストア派哲学者セネカは、男女の平等を説く一方（『マルキアに寄せる慰めの書（Ad Marciam de Consolatione）』16：1）で、男性は命令のため、女性は服従のために生まれてきたと女性（とりわけ上流の女性）に対して否定的な発言をくり返している（『賢者の恒心について（De Constantia Sapientis）』1：1、10：3、14：1、19：2[190]）。

[188] クルーズI, 5頁.
[189] 三枝, 48頁.
[190] キケローは放蕩を重ねる息子（小マルクス）に書き送った『義務について（De

次に親子の従属関係に関する発言を取り上げよう．アリストテレスは父と子の関係も後者が前者に服するものとする．さらに，徳に関してきわめて秀でた者が人々を支配すべきとし，王の役割について詳細に論じている（アリストテレス『政治学』第三巻第14－17章）．夫が妻に対していかに振る舞うか，父が子をどのように教育すべきか，主人が奴隷をいかに扱うかをめぐる議論に関して，セネカも『道徳書簡集』（XCIV, 1, 3－5, 14－15）において論じている．また，プルタルコスはその真贋は議論されているが，『モラリア』に含まれる「子供の教育について」（P2, S1）で，子どもの教育方法に関して詳述している．[191] 同じくプルタルコスは，若い夫婦に向けて夫婦間の戒めを記した書簡「結婚訓」（L115, P34, S12）を残している．

一方，ヘレニズム・ユダヤ教文書にはいかなる記述が見出されるだろうか．旧約聖書において男女の差は顕著である．女性は家父長制の枠内で常に従属的な位置に置かれており，トーラーには女性は汚れた存在として厭われている（レビ 15：19－24 他）．それゆえ，ヘレニズム時代のヨセフスは，『アピオーンへの反論』II・201 で「女性はいかなる点においても，男性より劣っており，男性に従順でなければならない（ὑπακούω）．それは何も，彼女たちを侮辱するためではなく，男性の指図を素直に受けることができるようにするためである．なぜなら，そうする権威を男性は神から与えられたからである」と記している．同様に，フィロン『十戒総論』169－170 では，統治などの政治的仕事は男性が担い，女性は家政を担うべきであり，それ以外の仕事をすべきではないと男女の明確な役割分担について論じている．さらにフィロンは，その著作で女性を男性よりも劣り，受動的な存在であると捉えている（『ガイウス』320，『逃亡と発見』51，『十戒各論』I：200，同 II：124 参照）．

しかしながら，古代地中海世界において宗教活動の際，女性が独自の役割を担っ

Officiis）』で男性のふさわしい振る舞いを教示する．そこで避けるべき姿勢として，「一つには，決して女々しさや柔弱さがあってはならず，二つには，決して生硬さや野暮ったさがあってはならない（ne quid effeminatum aut molle et ne quid durum aut rusticum sit）」とする．『義務について』1：35（129）．女性的な振る舞い（換言すれば女性性）は，すなわち否定的な価値しか与えられていない．このような価値観はパウロも共有している．Ⅰコリント 16：13「男らしくありなさい，力強くありなさい（ἀνδρίζεσθε, κραταιοῦσθε）」参照．樋脇（2015），91 頁も参照．
［191］ 他にもプルタルコス「子どもの情愛について」（P 46, S32）参照．

ていたことを看過してはならないだろう．古代シナゴーグを研究するブルートンによれば，ディアスポラのユダヤ教のシナゴーグにおいて，「シナゴーグの母」とよばれる女性の存在を指摘している．彼女たちは単なる名誉職ではなく，むしろ，シナゴーグの維持，管理などに携わっていたと推測する[192]．このような女性の活動は，古代世界では例外的かもしれないが，女性の活動の幅を理解する上で重要な事例であろう[193]．

さて，プラトンは『国家』の序論部分において(342E)，支配者のあるべき姿を「一般にどのような種類の支配的地位にある者でも，いやしく支配者であるかぎりは，けっして自分のための利益を考えることも命じることもなく，支配される側のもの，自分の仕事がはたらきかける対象であるものの利益になる事柄をこそ，考察し命令するのだ」と論じている．

それでは，ヘレニズム・ユダヤ教の政治倫理観はどのようなものであったのか[194]．たとえば，王の政治的役割，その倫理観を詳細に説いたアリステアス291以下にも，統治者は「悪を嫌悪し，善を愛する」存在として定義づけられている．知恵6：3には，王たちの権力は主から与えられることが記される（歴代上29：12，箴8：15，ダニエル2：21も参照）．ただし，王への戒めの言葉もそれに続いている[195]．シラ書の中にも，権威的存在に恐れを抱き，それへの服従を勧める文言が認められる（4：7，8：1，9：13）．また，フィロン『十戒総論』165では，老人と若者，支配者と被支配者，恩恵を与える者とそれを受ける者，奴隷と主人との関係について言及する．また，フィロンの『ヒュポテティカ』Ⅶ：3では，

---

[192]　Brooten, 57-72. 島，103－129頁参照．
[193]　ラビ文献でも女性への肯定的，否定的発言の両方を見いだせる．たとえばBTメギラ14bでは女性は二つのことを同時にできるという意味で次のように述べている．「ラヴ・ナウマンは言った，これは諺に『女は話をしながら，紡ぐ』と言われている通りである．ある者によると（ラヴ・ナウマンが言った）諺とは『がちょうは動く時に体を屈めるが，目は遠くを見ている』である」．一方，ミシュ・アヴォ2：7では「妻女が増すと魔術も増す．下女が増すと淫らなことも増す」とある．
[194]　これらの倫理観がⅠペトロ書の社会訓に反映されている可能性が指摘されている．Goppelt, 181参照．
[195]　ヘレニズム・ユダヤ教の中で為政者に対する評価が一貫していたわけではない．初期ヘレニズム時代，外国人統治者に対してユダヤ人の評価が肯定的であったのに対し，マカバイ時代になると異邦人支配者に対する対立的態度が顕在化してくる．ヘンゲル(1973)，59－64頁参照．

第3章　Ｉペトロ書の社会訓，家庭訓について　77

夫は妻，父はその子，主人は奴隷に法を教えている．

　以上の概観から，やや大雑把ではあるが，当時の世界において新約文書にみられる家庭訓と同種の訓戒がヘレニズム世界に広く受容されていた事実を理解できる．では，社会訓，家庭訓の起源はどこにあるのだろうか．上述のどの見解に正当性を見出せるのだろうか．

　確かに，ヘレニズム・ユダヤ教の文書を含むヘレニズム世界の各テキストには，上記のように多くの並行箇所を確認できる．しかしながら，はっきりとした起源をそこに見出すための決定的な証拠を提示することはできない．ストア派の義務表との類似点が示される一方，それとの内容上の相違もまた存在する．さらに，ヘレニズム・ユダヤ教的伝統に連なる要素も確認できるが，これにおいても同様に形式上の相違が存在している．新約文書の家庭訓の様式の起源に関して，「もとストアの Pflichtentafel『道徳訓』一般に共通した様式をヘレニズム・ユダヤ教を媒体として改鋳のうえ採用した，という説明が一応可能であろう」という山内の所論は，この意味でこの①と②を折衷するものである．[196]

　だが，このようなストア派の義務表，およびヘレニズム・ユダヤ教的伝統に遡源させる従来の見方とは異なる見解，新たな見解を提示する研究者たちが1970年代以降に登場した．プラトン，アリストテレス以後の中期プラトン主義，新ピュタゴラス派，ストア，エピクロス学派，ヘレニズム・ユダヤ教，新ピタゴラス学派に至るまでのヘレニズム世界で論じられ続けた哲学的家政論に，その由来を見出す上記の③の見解である．

　小河はこれらの家政論テキストの特徴を次のように要約している．形態的特徴として，① 基本構造に3部構造（夫・妻，主人・奴隷，両親・子）ないし2部構造（クセノフィン，偽アリストテレスの場合，最後の対），② 家庭構成員の相互関係が語られる．内容的特徴として，③ 潜在的に政治的主張であったこと，

---

[196] ただし，山内は「この様式の平行パラレルの集録にも拘らず，新約聖書の Haustafel が厳密にそれらのすべてから区別されるべき固有の問題領域を形づくっている」とも述べている．山内（2014），270頁．辻は，コロサイ書の家庭訓を同書簡の著者が成形したものと受け取っている．「ギリシャ・ローマ世界の道徳的見解や慣習，さらにはディアスポラ・ユダヤ教における同様の訓戒を念頭に置きつつ著者が成形した」とするが，コロサイの著者が受け取ったとされる伝承において，すでに成形されたものを同書簡の著者が受容したとも推測できる．辻（2013），120頁．

②と密接に関連し，④上下関係を人道主義化する傾向を示すこと，それゆえ，⑤顕著な「服従」への関心が示され，「粗野」と「下劣」の慎みの勧めが現れる．新約文書の家庭訓はこれらの特徴と重なり合う[197]．リュールマンらの先行研究を踏まえつつ[198]，ヘレニズム世界における家政論にまつわるテキストを網羅的に蒐集し，犀利に分析したバーチは，新約文書内の社会訓，家庭訓を，先の家政論の伝統に連なると結論づけている[199]．起源に関して，現段階で研究者の間では③のヘレニズム的家政論のトポスから説明する見解が説得力のあるものとして受け取られている[200]．

　新約文書の社会訓，家庭訓の様式や形態はヘレニズムの文献に端を発し，そこでしばしば論じられた家政論をキリスト教的視座に立ちながら整形したものである．このように，当時の世界で一般的に受け入れられていた勧告句がヘレニズム・ユダヤ教の中において広く受容されていたのならば，キリスト教の枠組みの中で再展開したそれらも違和感なく受け入れられたことは想像に難くない．Ⅰペトロ書にも収められている勧告句もその一つである．

　次節ではⅠペトロ書の社会訓，家庭訓の機能と特性についての検討に移る．ヘレニズム世界の訓告とⅠペトロ書のそれは何が違うのだろうか．

2　Ⅰペトロ書の社会訓，家庭訓の機能と特性

　最初に，初代教会における社会訓，家庭訓の導入過程について少し振り返りたい．

　社会訓，家庭訓とよばれる勧告句のまとまりは，新約聖書の文書内，とりわけ後期に成立したと推測されるエフェソ書，コロサイ書，Ⅰテモテ書，テトス書，Ⅰペトロ書に含まれている（表1参照）．これらの文書は第二パウロ書簡，またはⅠペトロ書のようにパウロの書簡の影響を受けた書簡である．いずれもパウロ

---

〔197〕　小河（2017），244頁以下参照．
〔198〕　Müller (1983), 263-319; Lührmann, 85-90; Thraede (1977), 107-128; ders. (1980), 359-368.
〔199〕　Balch, 1981. 小河（2017），243－246，257－264頁参照．
〔200〕　小河（2017），246頁参照．

第 3 章　Ⅰペトロ書の社会訓，家庭訓について　79

の教説を継承，発展させた影響圏に属しており，成立場所も彼の伝道圏内に含まれるか，それと近しい場所（主に小アジア）に成立した文書群である．

　これらの訓戒句とパウロとの間には何かしらの関連があるのだろうか．ローマ13：1以下に記されているように，上位の権威への服従を説く箇所は確かに存在しているが，パウロは「神の意識」に従って，「どのように歩むべきか」（Ⅰテサロニケ4：1）と倫理的勧告を語るものの，社会訓，家庭訓という形式の訓戒は語っていない．「時が縮まっている」と述べているように終末接近を強く意識するパウロは，「すぎ去る」この世の事柄に対して積極的な関心をもっていない（Ⅰコリント7：29-32）[201]．しかし，悪徳表や徳目表などによって，この世での避けるべき行為や推奨すべき行為を指導している．ただし，これらは教会内の倫理的要求であって（Ⅰコリント6：9-10，ガラテヤ5：19-24参照），先のローマ13：1以下のように教会外のための指針は少ない[202]．パウロの影響下にある文書で社会訓，家庭訓を導入させた萌芽は，すでにパウロ書簡にあると考えられるが，教会内から教会外の対外的振る舞いの指導目的としてそれらを導入したのはパウロ以降であろう[203]．

　家庭訓の場合を取り挙げよう．パウロは女性に対してどのような勧告をしているのだろうか．初代教会において女性信者が少なからず存在し，彼女たちも積極的に宣教活動に加わり，教会内で一定の地位を確保していたことは蓋然性の高い事実である（ローマ16：1以下参照）．パウロは「男も女もない」（ガラテヤ3：28）と男女の対等な関係を標榜している[204]．しかしながら，彼の書簡には男性優

---

[201]　山谷（1966），177頁参照．
[202]　家族や故郷などを否定するイエス運動の倫理的ラディカリズム（マタイ8：20，9：5-15，マルコ3：31-35他）は，パウロの教会とその影響圏においてはほとんど継承されず，むしろパウロらはキリストを中心とした家父長制の秩序の維持に腐心する．「かつて放浪の霊能者たちが家を捨てることで引き起こした家の『無秩序』に，家の秩序が勝利するのである」．タイセン（2010），393頁．家を解体したイエスの運動が，その後，家の再構築へと向かっていく．家庭訓，社会訓はその再構築の（負の？）産物と言えるだろう．
[203]　たとえばローマ13：1以下の社会訓から派生，ないしはそれに依存していると考えられるⅠペトロ2：13-17，Ⅰテモテ2：1-3，テトス3：1-2は，内容，語句上で共通項が多いため，共通の伝承に由来する可能性が考えられる．辻（2023），163-168頁，469頁もこの共通性に注目している．
[204]　ただし，ガラテヤ3：26-28はパウロ独自の言葉ではなく，初代教会における洗礼式の伝承をパウロが受け取ったとも推測できる．荒井（1988），218-226頁，浅野（2017），307-315頁，シュスラー・フィオレンツァ，304-320頁参照．

位を語り，礼拝での女性らの振る舞いを戒める言葉も残在している．Ⅰコリント 11：2－16，同 14：33－36 に記されているように，「（女性たちは）従え」と恭順を勧めている．女性の立場や役割を制限，ないしは抑止するパウロの言説は，後の教会体制に影響を与えたと考えられる．後 1 世紀後半から初代教会が家庭訓を取り入れていく背景には，やはり，パウロの発言の後押しもあったと推測できる．

初代教会における女性の役割：男性優位が前提とされる古代地中海世界において，歴史の表舞台に女性たちが登場することはきわめて稀である．男性エリート層たちの手によって書かれた文献には，女性たちはほとんど姿を現さない．上級階級は別として，中下層，いわゆる庶民の女性たちであればなおさらである．表舞台に立つ男性たちに対して，彼女たちの存在は常に後景化されている．しかし，完全な男性優位社会の中にあっても幅広く活躍する彼女たちの姿も確認されている．[205] 福音書にはイエスと活動を共にし，その運動に積極的に参与する女性たちの姿が生き生きと描かれている（マルコ 15：40，16：1，ルカ 8：1－3，10：38－41，使徒 1：14 他多数）．イエスはその運動の中核として男性のみを選出していたとしても（マルコ 3：12－19），イエスの伝承に女性たちの名前が部分的にも記録されているのは，瞠目に値すべき事柄といえる．さらに，ローマ 16：1－24 には（7 節をユニアと理解すれば）8 回，女性の名前が挙げられている．フェベ（16：1）のように教会内の要職（διάκονος）を担っていた女性も確認できる．初代のローマ教会で女性らが一定の役割（もしかしたら重要な役割）を担っていたことが，この箇所からもうかがえる．[206] 後の殉教者伝には，後 3 世紀のカルタゴの信者であった社会的身分の高いペルペトゥアと奴隷のフェリシタスのように，悠然と死へと赴く女性の殉教者の顚末も記録されている．松本は初代教会の女性信者が多かった理由について二つの仮説を立てている．一つはケルソスが軽蔑的に語っているように（オリゲネス『ケルソス駁論』3：55，およびミヌキウス・フェリク

---

[205] 古代ローマ社会において見えない（invisible）庶民の女性たちの姿に光をあてたクナップは，次のように結論づけている．「当時の文化の枠内にあって，彼女たちは子を産むだけの徒食者でもなく，単なるお飾りでもなかった．彼女たちの営為は文化という織物の隅々にまで鮮やかに織り込まれていた．（略）所帯をスムーズに切り盛りし続けるには（暮らし向きが良好な場合），そして飢えをしのげるだけの稼ぎを得るためには（より逼迫した状態の場合），あらゆる人手が必要だった．女のあけすけな物言い，夫と暮らす中さまざまなやり方で手に入れた強み，経済上の貢献，次世代の者を社会に送り出すためにあたって果たした役割．こうしたものすべては男性優位の文化の枠内でしか存在を許されなかったとはいえ，その行動と影響力に許された自由はかなり幅広いものだった」．クナップ，139－140 頁．
[206] 荒井（1988），203－217 頁，同（2009），77－93 頁参照．シュスラー・フィオレンツァ，252－259 頁，ミークス，162－163 頁，Lampe (1987), 136－138 参照．

ス『オクタヴィウス』8：4参照），キリスト教徒は意図的に子どもや女性たちに接近していったという説，もう一つはローマ帝政期における女性自体の社会進出である．既述のようにイエスの運動（初代教会）においてすでに女性が重要な働きを担っていたことを鑑みるならば前者の説は容易に肯首できる．

表1

Ⅰペトロ書	コロサイ書	エフェソ書	Ⅰテモテ書	テトス書
2：13-17 人間的な創造物に従え，王（皇帝），長官たちに従え			2：1-3 王たちのために祈れ	3：1-2 支配者たちに従え
2：18-20 奴隷たちよ，主人に従え	3：22-25 奴隷たちよ，主人に従え	6：5-8 奴隷たちよ，主人に従え	6：1-2 奴隷は主人を尊敬せよ	2：9-10 奴隷は主人に従うべき
	4：1 主人たちよ	6：9 主人たちよ		
3：1-6 妻たちよ，夫に従え	3：18 妻たち，夫に従え	5：22-24 妻たちよ，夫に従え	2：9-15 女たちよ	2：3-5 老女たちよ
7 夫たちよ，妻を尊敬せよ	3：19 夫たちよ	5：25-33 夫たちよ，妻を愛せ		
5：5 若者よ	3：20 子どもたちよ	6：1-3 子どもたちよ		
	3：21 父たちよ	6：4 父たちよ		
5：1-4 長老よ				

　初期キリスト教の共同体が社会訓，家庭訓を採用したのは，後1世紀後半から2世紀前半である．なぜ，この時期なのだろうか．

　この時代はユダヤ教から次第に分離し，キリスト教共同体が独自の歩みを始め，ようやくその地歩を固めようとした揺籃期である．ローマ帝国内（主に小アジア）

---

[207]　松本（2017），53頁．

に散在する各共同体は，対外的にはユダヤ教との軋轢，さらには散発的に起こる迫害への対応に腐心する．そのため，社会訓，家庭訓は護教としての機能を果たし，周辺世界への同調を促していく．また，この時期，対内的には共同体としての自己理解の確立とその維持に努め，異端的信仰を排斥し，組織内部を引き締めることに知恵を絞っていたとも考えられる．その中で家庭訓の役割は，キリスト教共同体の構成員としてふさわしい日常生活上の振る舞いを教示することである．一連の家庭訓に共通することは，各書簡の共同体内に向けてキリスト者としての生活規範を示すことである．そこで，長老と称される共同体の指導者や，家庭の主である男性主人への勧告が中心となっているのは自然であろう．なぜなら，古代社会の基礎は家庭であり，その中心は主人であるからだ．共同体，家庭内の秩序づけは，その安定化に大いに資する．それゆえ，キリスト教的家庭訓の伝承の担い手は，主として，キリスト教の家庭の主人たちであったという指摘は理解できる．[208] 当時の帝国内での模範的な生活訓をキリスト教の教説を加味して提示することは，対外的には帝国内で無意味な衝突を回避することに寄与し，対内的にはキリスト者のあるべき姿を共同体内で示し，その自己理解を確立することに貢献したはずである．[209]

このように，社会訓，家庭訓の機能をめぐり，教会の対外的，対内的背景のどちらを重んじるか研究者間で論戦が繰り広げられているが，[210] Ⅰペトロ書はどうであろうか．この書状では教会外部の人々への弁明を勧めているように，対外的背景が明確に受け取れる（3：15）．それとともに，教会内部への引き締めと警告の言辞も同書簡では散見されるため（4：17），社会，家庭訓は共同体内部の組織形成に機能している側面も見逃せない．つまり，Ⅰペトロ書において，対外，対内の両方向の機能をはたしていると言えるだろう．

先述したバーチは，Ⅰペトロ書が成立した後1世紀末の社会・宗教的状況を鑑み，キリスト教が社会秩序を乱さない存在であることを弁面するために（同3：

---

[208]　小河（2017），248 頁参照．
[209]　リュールマンは初期キリスト教における社会史的背景を三つの段階に分類し，家庭訓が採用された背景を論じている．その最終段階である第三段階を次のように説明している．教会組織が拡大にするに従い，共同体において諸種の問題が生じ，また迫害への対応も迫られる．それゆえ，牧会書簡にみられるようなローマ帝国の制度に適用するために家庭訓が展開される．Lührmann, 91-97.
[210]　小河（2017），246－249 頁参照．

15），当時の一般的な訓戒である家庭訓を導入したとし，その護教論的機能に注目している[211]．家庭訓は当時のキリスト教に対する反感，反発を受け，キリスト教側が当時の一般的な倫理観を共有しているというアピールである．

しかし，バーチの推論に対して，島は以下のような疑問点を提示している．まず，社会訓，家庭訓は直接の護教論ではなく，教会内の信徒への戒めが本来的な機能である[212]．それに加え，バーチの推論に対してエリオットも批判的に述べているように，同書の読者はこの世では「寄留者」であり（1：1，17，2：11），世俗社会への完全なる同化を目的とする存在ではないだろう[213]．島はⅠペトロ書のこれらの訓告句は異教との対立という歴史的状況のみを強く主張するのではなく，同種の家庭訓が他の新約文書に収められているように，新約文書の全体的な流れの中に位置づけるべきであると論断する．そして，家庭訓の対外的護教の側面のみを強調することは，当時の倫理，道徳，社会観の共通性のみを際立たせるだけであり，むしろ，キリスト教の家庭訓の独自性に注目すべきとする[214]．島のバーチに対する上に記した疑問点は，的を射た批判である．さらにⅠペトロ書の社会訓，家庭訓の導入については，同書簡の終末論的背景を抜きにして語ることはできず，書状の全体的な神学的志向を踏まえて理解しないといけない．

これまでの行論を踏まえた上で，先に据えた問いに戻りたい．ヘレニズム世界に広まった社会訓，家庭訓とキリスト教のそれは何が異なるのか．その特性はいったいどこにあるのか．Ⅰペトロ書を中心に考えてみたい．

新約文書に収められている社会訓，家庭訓には，その形式において基本的には非キリスト教のそれと一致していることはすでに確認したが，相違している部分もまた見受けられる．とりわけ大きな相違点として挙げられるのは，主人や奴隷，夫や妻との従属関係に神を介在させている点であり，かつ，勧告の根拠としてキリスト論的な理由づけがあることであろう[215]．それのみならず，Ⅰペトロ書の社

---

[211] Balch, 81-116.
[212] この問題に関して，バーチとエリオットの間で見解が相違している．Ⅰペトロ書は周辺社会との「同化と調和（assimilation and conformity）」を求めていると受け取るバーチに対して，エリオットは「独自性と抵抗（distinctiveness and resistance）」であると論断する．Horrell (2013), 213 参照．
[213] Elliott (1986), 72f.
[214] 島（1993），112－113 頁.
[215] 小河は初期キリスト教（小河の言葉では「原始キリスト教」）の社会，家庭訓の評価に関して結論づける際，それへの「キリスト論的な理由付け」に言

会訓，家庭訓の裏側には，終末接近の期待が存在している．キリスト教共同体の構成員は，やがて到来する裁きの日に備えるために，キリスト教の教説に沿う生き方をしなければいけない．

従来，社会訓，家庭訓の導入の経緯について，終末到来の遅滞に伴い，それへの切迫感が薄れ，地上での生き方に重点が置かれていったからだと説明されている．しかし，必ずしもすべての文書にこの見取りが適用されるとは思えない．初期キリスト教内に受容された社会訓，家庭訓と終末論とを完全に切り離すことはできないと考える（本註解第1部第3章5参照）．確かにコロサイ書やエフェソ書は，パウロの書簡で前景に出される終末接近の緊迫感と比べると，その調子は顕著に弱まっている．終末の遅滞という現実に直面している．また，後期に成立した牧会書簡は，それに増して現実の生活に明らかに軸足を置いている．

しかし，地上での振る舞いが天上での約束によって支えられているというIペトロ書の特徴的な部分を鑑みれば，社会訓，家庭訓と終末論とのある一定の接続を疑うことはできない．新約文書の社会訓，家庭訓においてIペトロ書が他と比べて特異であるのはこの点である．

確かに同書簡も「しばらくの間」という語句が示しているように（1：6，5：10），終末の遅滞という現実の中に在しているが，終わりの日に向けた姿勢は維持している．ヘレニズム世界に広く受け入れられてきた生活規範をキリスト教の視点から，つまりは終末論的視点から理解し，展開しようとしている．この世で神の意思に従うキリスト者がいかに歩むべきか，というパウロの勧告をよりいっ

及している．「原始キリスト教を取り巻く世界の家庭的現実の条件から出発して評価すると，家庭道徳訓倫理は反動的な後退部分との同盟を決めつけることはできず，当時の社会で理想化された家庭像を，キリスト論的な理由付けをもって教会共同体のモデルとして意図的に実現しようとした試みであった」．小河（2017），268頁．

〔216〕 終末論との接続は，新約聖書の倫理的勧告（Paränese）全体に当てはまるという意見もある．初期キリスト教には「非倫理的終末論はけっしてなかったが，同時に，非終末論的倫理もなかった．（略）終末接近の期待と倫理的パラネーゼは，したがって，前後関係という時間的関係の中で考えられるべきではない．両者は分離していない．終末論は倫理的に，倫理は終末論的に考えられている．なぜならば，神の意思を行なうこと，現実的な従順，善き業がつねに問題になっているからである」．ヴェントラント，112－113頁．ブルトマンもイエスの神の国宣教にみられる終末論的告知と倫理的告知の一致について論じている．ブルトマン神学I，24頁．

そう形式化し，それを生活の中に定着させるのが，Ⅰペトロ書におけるキリスト教的社会訓，家庭訓と言えるだろう．この世界での順応と同時に，終末意識を再び活性化させようとする．おそらく，その理由は書簡が記された歴史的な状況に由来する．ローマ帝国による組織的，かつ大規模ではないものの，何らかの日常的迫害の中に読者たちは置かれていたからである（1：6）．社会，家庭訓と終末論との関わりについては，やや大きな問題でもあるので後に詳論する．

　　終末到来時の苦難：マルコ13：19, 24, 黙示7：14他では終末到来の前には大いなる苦難が与えられると予告されている．Ⅰペトロ書もこの認識を共有していると考えられる．ただし，テキストから明確には判断できないが，おそらく本格的な苦難（迫害がいっそう激しさを増し，天変地異が起こるなど）はまだ到来してないと理解しているだろう．なぜなら，終わりはまだ，完全な形では来ていないからである（4:7）．なお，終末近接を叫喚するヨハネ黙示録の著者も（黙示1：3, 20：10），迫害がすでに起こっていることを知っているが（1：9, 2：13），終末前，それはさらに激化することを暗示している（12：12）．佐竹は，ヨハネ黙示録の著者が終末期待の緩和の方向に向けた理由をその救済理解に求めている．著者は「最終的救いは将来に期待しているが，他方彼は，救いはキリストの出来事において基本的にはすでに実現したことを確信している．この観点からすれば，終末が明日来るのか明後日になってようやく来るのかは，もはや非常に差し迫った問題ではなくなる」[217]．

　この節の最後に，伝承に関して多少，言及したい．各書に収められている社会，家庭生活にまつわる勧告の内容には相違がある．コロサイ書，エフェソ書では夫，妻，子どもへの勧告があるが，Ⅰペトロ書では子どもはなく，若者と長老への勧告が記されている．Ⅰテモテ書では女たちだけで，テトス書では老女たちへの勧告，コロサイ書，エフェソ書では父への訓戒が記されている．世俗的な権威への恭順を説く文言は，Ⅰペトロ書，Ⅰテモテ書，テトス書において確認できる[218]．その他，奴隷への勧告はそれぞれの文書に存在している．各文書に含まれている社会訓，家庭訓は確かに似通った部分もあり，元来は共通した伝承から発生したと推測することもできるだろう．しかし，その元来の伝承の再構成はほぼ不可能である．おそらく，この種の伝承は複数存在し，各書簡の著者が流布していたそ

---

[217] 佐竹（2007），207頁．
[218] この他，使徒教父文書群に含まれる家庭訓はⅠクレ1：3，および21：6では若者と妻，21：7，ポリ手紙4：2では妻，4：3では寡婦である．

れらの伝承を利用し，独自に作り直したと考えられる．後述するように，エフェソ書はコロサイ書の訓告句に依存しているので，その順序（妻，夫，子ども，父親，奴隷，主人）や内容的な対応関係は分明である．Ⅰペトロ書では，最初に地上での権威，奴隷，その後に妻と夫への訓戒と順番に違いがある．それゆえ，同書簡の社会訓，家庭訓はコロサイ書などが用いた伝承とは異なる伝承を用いた可能性が高い．

次にⅠペトロ書との相違を確認するため，新約文書に記された社会訓，家庭訓，とりわけ夫と妻への勧告を中心に内容を簡単にまとめる．

3　新約文書の社会訓，家庭訓の内容

3.1　コロサイ書

新約文書に収められた訓告句の中で最も古いと考えられるのは，コロサイ3：18－4：1である．くり返しになるが，これらはコロサイ書の著者が記したものではなく，書簡の成立以前に伝承されていた社会訓，家庭訓，おそらく元来はキリスト教以外のそれを採用したと思われる．他の文書と比較すると，コロサイ書のそれはキリスト教的要素が少なく，手つかずの状態とも言えるので，多くの部分を伝承に依存している可能性が高い．

コロサイ書はパウロの名を用いた偽名書簡であり[219]，成立年代は後70年から後80年の間と考えられている[220]．挨拶と感謝の後（1：1－8），教会内で広まった偽りの教えを退けるために，神学的論述が長く続く（1：9－2：23）．そして，3：1－4：6に記された倫理的な勧告において，家庭訓が示される．その後，書簡は挨拶の言葉によって閉じられる．

「上にあるものを求める」（3：1－4）ことを促し，地上的な事柄はことごとく

---

[219]　コロサイ書をパウロの真正書簡に含むか否か議論されているが，書簡の語彙，文体，内容の特徴を勘案すれば，本書簡をパウロに帰すると結論づけるのはきわめて困難である．著者問題に関する詳細は辻（2013），92－106頁参照．

[220]　辻はコロサイ書の著者が真正パウロ書簡をすべて知っていたとすれば，後80年代か90年代，あるいはそれ以降に成立した可能性も示唆している．辻（2013），124頁．

破棄される（3：5以下）．この世界に属していないと読者を規定する送り手は（2：2, 3：2, 5），なぜ，この世での一連の勧告句を綴るのであろうか．それは，キリストが顕れる際，キリストとともに栄光の中に顕されるためである（3：4）．古き人を捨て，新しい人を身につけ，この世でのふさわしい振る舞いが奨励される（3：9-10）．キリストの来臨を待ち望みつつも，送り手が問題とするのはあくまで現実の生であり，日常生活での行いである．だからこそ，この世の秩序からの逃避や否定，またはその崩壊を望むのではなく，その秩序の保持に徹底的に努めることこそが主に命じられた事柄である．このような倫理的訓戒がキリストの来臨（3：4）といった終末論的世界観の中で定められ，動機づけがなされていくのは，下記に示す他の訓告でも同じである．ただし，上に記したように，コロサイ書の終末への緊張感はパウロ書簡と比較するとあまり感じられない．シュヴァイツァーが指摘するように，「善き，冷めたこの世性（gute und nüchterne Weltlichkeit）」がこの箇所にも確認できる．

　妻と夫への勧告の後（3：18-19），子ども（3：20），父親（3：21），奴隷（3：22-25）への勧告が続き，奴隷の所有者への言葉で結ばれている（4：1）．妻と夫への勧告句において，「女」を意味する「γυνή」の複数形が用いられており，妻ではなく女性全般に向けた訓告とも受け取れるが，子どもや父親への勧告が続いていることから，ここでは家庭内の妻を意味していると考える．夫に「従

---

〔221〕「キリストの支配もキリスト者の復活のいのちのあり方が未だ現実化されていないこの世において，どのように信仰の事態を日常生活で現実化していくかという視点こそが，上のものを望み求めるキリスト者の宗教的生を性格づける」．永田, 576頁．このような現実の生活への視点は，後の教父文書や護教家たちに引き継がれ，よりいっそう展開されていく．
〔222〕このような勧告句と終末論的言説との接続は，パウロ書簡においてすでに見出されるだろう．Ⅰテサロニケ4：1以下で，パウロは受け取り手に「どのように歩むべきか」「神を喜ばせるべきか」と問いかける．「神の意思」に従い，この世界での「不品行」から遠ざかり，ふさわしい振る舞いを奨励する．一連の勧告句を綴った後，パウロは4：13以下でキリストの来臨について語り始める．来臨に向けたこの世界での適切な振る舞いと生活が義務づけられている．ローマ13：12-14も参照．
〔223〕大貫は「この手紙には終末論と呼ぶに値するものは，ほとんど見当たらない」と断言している．大貫（2019），282頁．
〔224〕シュヴァイツァー（1976），185頁（訳文を若干変更）．
〔225〕岩波訳，田川訳では「女たち」．
〔226〕同様の見解は入, 3頁．

え」では，「ὑποτάσσω」の中動態が用いられている．先述したように，Ⅰコリント 14：34 でも同語句が用いられており，新約文書の家庭訓で多用される語句である[227]．服従の根拠を「主にある者としてふさわしく（ὡς ἀνῆκεν ἐν κυρίῳ）」としており（3：18），この命令の主体は前節まで語られている主イエス・キリストであることを印象づける（3：20，22-24，4：1 も同様）．「主にあって」は，ヘレニズム世界に流布していた訓戒を教会が取り入れ，それをキリスト教化する際の典型的な付加語と言えよう[228]．20 節にある子どもに対する勧告でも「主に喜ばれること」とあり，服従は神が命じていると主張されている．22 節以降の奴隷への勧告でもこの傾向は続いている．

3.2　エフェソ書

次にエフェソ書の考察に移りたい．5：21-33 では，コロサイ書の勧告が拡大された形が残されている．女，男，子ども，父親，奴隷，主人という順序もコロサイ書を踏襲している．そもそも，エフェソ書それ自体がコロサイ書を基にして書かれており，語句，文体，内容が同書簡に大きく依存している．コロサイ書と同様にパウロの名による偽名書簡であり，成立年代は後 80 年代から後 90 年代が想定できる．エフェソ書は神への讃美と感謝などの教理的内容を主とする前半部（1：3 以下），「私は勧める（Παρακαλῶ）」（4：1）という言葉から始められる実践的な勧告が後半部の中心的な内容である．家庭訓はこの後半部分に含まれている．

5：22 から記された家庭訓では，コロサイ書に残されている女性（妻）と男性（夫）への短い訓戒にかなり長い神学的な理由づけがなされている．その説明の中心には，教会論が存在している（1：22，3：10，21，5：23-25，27，29，32

---

[227] エフェソ5：21-22, 24, コロサイ3：18 他参照．入は新約文書内の「ὑποτάσσω」の用例を詳説している．新約文書では 37 回用いられる同語句は，能動態では「神」や「キリスト」などの神的存在が「従わせる」存在であり，「従わされる」のは「被造物」や「すべてのもの」である．中動態では主に社会や共同体の主従を表す際に用いられている．入，3-5 頁参照．

[228] 同様の見解は山内（1987），77，82 頁．コロサイ書において，「主」は倫理的な命令を発する存在であり，「キリスト」は救済を根拠づける者として使い分けられていることをシュヴァイツァーは指摘している．シュヴァイツァー（1976），341 頁，註606 参照．

参照).21節には22節以降の家庭訓への導入句として,「キリストへの畏れのうちに,互いに従属し合いなさい」とあるように,家庭訓で語られる従属の根拠をキリストと教会に置いている.女性に対する従属の理由を,「教会がキリストに従属する(ὑποτάσσω)ように,女もまたすべてのことに関して夫に〔従属せよ〕」(5:24)としている.そして,男性(夫)への勧告の根拠に際して,旧約聖書(創世2:24)の引用句を挿入しつつ,この奥義が偉大であるとし,「私はキリストに,そして教会に関連づけて述べている」(5:32)とまで言い切る.女(妻)への訓戒よりも男(夫)へのそれが長く,より詳細に語られているのが特徴的である.そして,その訓戒の中心にはキリストの愛に倣う教説が置かれている(エフェソ3:19,5:25,28,33).エフェソ書の場合,妻も夫も両方ともキリスト者であることを前提としてる.この点においては,妻だけ信者であるⅠペトロ書の訓戒とは背景が異なる.

「キリストは教会の頭」「夫は妻の頭」(Ⅰコリント11:3参照),「キリストの体の一部」(Ⅰコリント6:15,12:12−27,ローマ12:4−5)といったように,真正パウロ書簡に残されているパウロの発言を随所に織り込んでいることも特徴として挙げられるだろう.ただし,パウロの発言をエフェソ書の文脈に応じて修正していることも見逃してはならない.パウロは「男性の頭はキリスト,女性の頭は男性,キリストの頭は神」としているが,エフェソ書は「キリストは教会の頭」として教会論に置き換えられている.「(男女の結びつきの)奥義は偉大である」(5:32)と,終末接近ゆえに,パウロが否定的に捉えた結婚に対して肯定的な評価がうかがえる.子どもへの訓戒でも同様に,旧約聖書(出エジプト20:12,申命5:16)をその根拠として示している.全体からみると,愛と従順を媒介とするキリストと教会との関係に照らし合わせて,夫と妻,親と子ども,主人と奴隷とのふさわしい関係が説明されている.家庭訓が全面的に語られるというよりは,エフェソ書の教会論の論述の中に家庭訓が組み込まれていると理解する方が正しいだろう.

「迫り来る世」(2:7)と説くエフェソ書は,パウロ書簡と同様に終末の接近を

---

〔229〕 山田,240頁参照.
〔230〕 この改変はⅠコリント書7章を意識し,「婚姻関係に消極的なパウロの発言を軌道修正し,夫婦生活に積極的な勧告を与えるパウロへと作り替える」意図があると辻は論じている.辻(2013),153頁.

前提にしている．後半部の勧告句においても，「遺産を受け継ぐことができない」（5：5）と地上でふさわしい振る舞いをおこなわない者は，終末論的な目標に達することができないと述べる．ただし，パウロ書簡にあるような終末の切迫感は，やはりここでも相当に薄められている．

3.3 牧会書簡

　コロサイ書やエフェソ書同様，パウロの偽名書簡の可能性が論じられ，後2世紀初頭頃に成立したと想定される牧会書簡はどうであろうか．成立年代からみると，Ⅰペトロ書よりも後である．牧会書簡では「良い業」の実行を徹底的に勧める道徳律がその背骨になっている．Ⅰテモテ書の内容は「健全な教え」とは異なる誤った教説に対する批判で占められているが，社会訓，家庭訓を含む具体的な勧告も要所に記されている．

　2：1-3では王への服従を説く言葉がある．これはローマ13：1-7の言説を展開した内容である（テトス3：1-2も同様）．また2：9-15では，女性の外面的な装飾が否定されている点はⅠペトロ書と共通しており，パウロの女性への沈黙命令を敷衍する形で女性への勧告が記されている（Ⅰコリント14：34-35参照）．12節には女性が教えることを禁止し，男性への指図を許さず，沈黙していなさいという命令がある．このテキストの背景には，教会内で自立的に語る女性たちへの批判がある．女性への命令の聖書的根拠として創世3：1-7の内容が取り挙げられ，旧約聖書を根拠として示すのは，上で取り挙げた他の訓戒と類似している．Ⅰテモテ書と内容的に類似しているテトス2：3-5では，他の書簡に記された訓戒には見られない老女への勧告が綴られている．2：9-10では奴隷への勧告の件があり，3：1-2では支配者への服従が説かれる．

　新約文書内で後期に成立したⅠテモテ書とテトス書は，教会が制度化される過程において記された文書である．監督，長老，執事などの教会の指導的地位を占

---

〔231〕　Ⅰテモテ2：10, 5：10, 25, 6：18, Ⅱテモテ2：21, テトス2：7, 14, 3：8, 14 他多数参照．
〔232〕　Ⅰテモテ2：1-3, テトス3：1-2とローマ13：1-7との間テキスト性については，辻（2023），163-168頁に詳しい．
〔233〕　辻（2003），333頁，同（2013），182-187頁参照．

める人々への実践的な指示を語る箇所から，そのことが理解できる（Ⅰテモテ 3：1−13, 5：17−20, テトス 1：5−9）．それゆえ，この文書から差し迫る終末への緊張感は微塵にも感じられない．社会訓，家庭訓と終末論との接続は，他の書と比較して極端に薄い．教会制度が確立しつつある中で，パウロが主張したような終末待望の後退は明白である．教会内の異端信仰の排斥と，教会組織の市民社会での役割，つまりは共同体の成員に対して市民倫理を説くことに最大の関心が置かれ始める．書簡の受け取り手たちが「常に敬虔と品位を備え平穏かつ静謐な生活」（Ⅰテモテ 2：2），別言すれば，世俗権力との衝突を避けて安定した生活を送るために必要なことが終始説かれる．ヴェントラントの言葉によれば，「牧会書簡において明白になる歴史的課題は，世における教会の固定化である」．迫害を前提としているⅠペトロ書とは異なり，支配者への恭順を勧める社会訓は，牧会書簡において社会保全のための制度への統合を図る意図があると思われる．

以上，各新約文書に含まれる社会訓，家庭訓の内容と背景を瞥見したが，これを踏まえ，再びⅠペトロ書の考察へと戻りたい．

4　Ⅰペトロ書の社会訓，家庭訓の構造

Ⅰペトロ書の社会訓，家庭訓の構造を確かめてみよう．

「愛する人々よ，私は勧める」（2：11）という文言によって始められる勧告句のセンテンスでは，冒頭でも語られた言葉，「あなたがたは寄留し，仮住まいの身である」ことをくり返す（1：1, 17 参照）．なぜ，読者を規定する言葉をここで再度記すのだろうか．

彼，彼女たちは地上ではなく，天に属する身であるが（1：4），この世にいる間は，地上の諸権力，秩序に従うことを強調するためである（2：13−3：7）．送り手は，この世に住まう読者たちに，周囲との不必要な衝突を避け，いかに模範的に振る

---

〔234〕　Ⅰテモテ 4：1, Ⅱテモテ 3：1, 4：1−2 に僅かな言及があるのみ．
〔235〕　土屋，40 頁参照．
〔236〕　ヴェントラント，223 頁．
〔237〕　本註解 2：11 参照．「勧める」はⅠペトロ 5：1 の他，パウロ書簡に頻出する語句（ローマ 12：1, 15：30, 16：17, Ⅰコリント 1：10, 4：16, 16：15, Ⅱコリント 2：8, 10：1, フィリピ 4：2）．

舞うのが正しいかを教えている。この箇所から同書簡の対象と考えられる読者は、異教徒出身であり（1：14, 18, 4：3）、社会的身分が高くない奴隷（2：18－20）、また、未信者の夫をもつ妻たちを想定していることがわかる（3：1－7）。当時、「自権者」（ガーイウス『法学提要』第1巻48）ではない奴隷や妻たちは、もし従順でない場合、懲罰が加えられる。彼、彼女たちの存在をその脅威から守るためにもこのような勧告は有意義である。

読者は周囲の人々から「悪人」というレッテルを貼られる存在である（2：12）。だが、読者は「良い業」によって、「審査の日」（LXX イザヤ 10：3）、すなわち、終末時に栄光に帰することが約言される（2：12, 4：13, 5：10）。それゆえ、肉の欲を避け、異教徒の間で模範となることを示した後（2：11－12）、「良い業」の証左として、人間的な創造物、王（皇帝）や長官たちに服することを勧める言葉が説かれる。以下、2：11－3：7 の構造を記す。

2：11 以下　「私は勧める（παρακαλῶ）」
11　　　　　肉の欲を避け、異教徒の間で模範的に振る舞え
12　　　　　審査の日に栄光を帰するために（ἵνα …）

王への服従：
13　　　　　あらゆる人間的な創造物に従え、王（皇帝）、長官たちに従え（ὑποτάγητε）
15　　　　　神の意思ゆえに（ὅτι οὕτως ἐστὶν τὸ θέλημα τοῦ θεοῦ）

奴隷への勧告：
18－20　　　　　奴隷らよ、主人に従え（ὑποτασσόμενοι）
20　　　　　これこそ神からの恵み（τοῦτο χάρις παρὰ θεῷ）
21　　　　　あなたたちはこのために召された（εἰς τοῦτο γὰρ ἐκλήθητε）
21－25　　　　　キリストが模範を示されたのだから（ὅτι καὶ Χριστὸς …）

妻、夫への勧告：
3：1－4　　　　　妻たちよ、夫に従え（ὑποτασσόμεναι）
1　　　　　（キリストに）獲得されるため（ἵνα …）

第3章　Ⅰペトロ書の社会訓，家庭訓について　93

5－6　　　　　　　あなたたちはサラの子どもたちとなった
7　　　　　夫たちよ，妻とともに生活せよ（συνοικοῦντες κατὰ γνῶσιν）
　　　　　尊びなさい（ἀπονέμοντες τιμὴν）

　下線で記した上記の勧告句の間に，接続詞「ἵνα」「ὅτι」を伴いつつ，その根拠，理由，または目的を示しながら記されている．同種の勧告句を書簡内に含んでいるコロサイ3：18－4：1，およびエフェソ5：21－6：9においても，勧告とその根拠，理由が併記されている[238]．ただし，それぞれの書簡でその根拠，理由は相違しており，Ⅰペトロ書では妻への勧告の際，アブラハムの妻サラを例として挙げられている（Ⅰテモテ2：13－15ではエバが例証に挙げられる）．さらに，他の書簡に見出せる子どもと父親への勧告句は，Ⅰペトロ書には存在しない（コロサイ3：20－21，エフェソ6：1－4参照）．

　ここで伝承について目を向けたい．2：11から勧告句が連続しているが，一つにまとめられた勧告集を受容したのだろうか．奴隷，妻，夫などの対象が異なるので，元来，別々の伝承であったと思われる．地上の権威に随順することを促す言辞は，ローマ13：1－7，Ⅰテモテ2：1－3，テトス3：1－3に記されているが[239]，Ⅰペトロ2：13以下とローマ13：1以下の内容，および用いられている語句からその類似性が目に留まる．すでに論じたように，Ⅰペトロ書がローマ書を参考にした可能性はあるが，完全に依存しているとは言い難く，元々，同じ伝承から派生した可能性も否定できないだろう[240]．

　送り手は，これらの伝承を繋ぎ合わせて書簡を構成している．2：17の「すべての人を敬え，兄弟を愛せ」という文言は，前節までの権力への随順を説いている内容からは，いささか唐突な印象を受ける．13節から16節までは一文であるが，

---

［238］　Woyke, 43-46 参照．
［239］　他にもⅠクレ61：1－3参照．ヴィルケンスはローマ書，Ⅰテモテ書，テトス書，Ⅰペトロ書に記された権威への服従に関する勧告をめぐる相互関係について詳述している．ヴィルケンス，53頁参照．
［240］　ブロックス，151頁，ヴィルケンス，53－54頁，Goppelt, 164; Lohse (1954), 74; Schnelle (2002), 455 参照．Ⅰペトロ3：1以下で語られる家庭訓も，元来，コロサイ書，エフェソ書のそれとは共通伝承であったことが推定される．山内（2014），265頁，註6参照．しかし，各書簡において社会訓，家庭訓の伝承は独自に展開されているため，この共通伝承の原型を導出することはきわめて困難である．

17節は独立した一文であり，17節は16節との連続性はなく，18節以下の家庭訓と接合させるための挿入と思われる[241]．送り手は2：13以下の訓告句を自ら記したのではなく，初期キリスト教内の一部で共有されており，別々に伝承されていた18節以下と一般的な勧告，そして権威への服従の伝承（2：13-17）を一つにまとめてここに記したと考えられる．

政治的な権威との関係から，主人と奴隷の隷属関係を言及し，服従の論理の神学的な動機づけ（模範としてのキリストの受難）を挟みながら，妻と夫という家庭における従属関係に移る．ここで，創世18章に記されたアブラハムとサラの根拠を示しながら念入りに説明を加えている．この文章の流れが，社会単位の大きなもの（国家）から小さなもの（家）へと移行していることに気づく．その両者を橋渡し，根拠づけとして受難のキリストの姿がある．さらにここでは，奴隷とキリスト，妻とサラが並列されて記されている．

一目してわかるように，キリストの受難を模範とする2：21-25は，前後の文書と直接的な関係はない．それゆえ，2：21b以下は受難に関する別の独立伝承を接続した可能性が考えられる．さらには，2：21b-24は初期キリスト教内で共有されていたいわゆる「キリスト讃歌（Christushymnus）」の一つであるという意見もある（フィリピ2：6-11，Ⅰテモテ3：16，コロサイ1：15-20参照）[242]．しかし，キリストの受難の姿を手本とすることを教えるのは，Ⅰペトロ書の特徴であるゆえ（2：21，3：17，18，4：13）[243]，この部分に伝承をそのまま書き記したと考えるよりは，伝承（の用語）を参考に著者が受難のキリストの模範の姿を記したと受け取る方が自然だろう（本註解2：21参照）[244]．

キリストが従順であったように，読者も「従順の子として」（1：14）権力者に従うように勧める．「聴き従うこと（従順）」（1：2）は，書簡の最初にも掲げられた主題である．また，キリストの受難と十字架死についても，書簡における主

---

〔241〕 同様の見解はブロックス，151-152頁参照．ブロックスは13節が直接の命令形であるのに対し，18節は命令の意味の分詞であることに着目し，「著者の文体感覚から考えると，このことは元来独立の定型文がここに取り入れられたという以外には説明できない」とする．
〔242〕 ブルトマン（1967），130-132頁，Windisch, 65参照．およびDeichgräber, 140-143; Lohse (1954), 87-89; Wengt, 83-86参照．
〔243〕 ローゼ（1974），296頁参照．
〔244〕 同様の見解は田川（2015），302頁，註21-25．田川は21-24節がⅠペトロ書特有の関係代名詞でつないでいく一文であることにも注目している．

要なテーマの一つである（1：2, 19, 2：24, 3：18）．

このように，書簡の送り手は伝承として受け取った勧告に独自の神学的な根拠づけを，やや強引にサンドイッチのように挟む形で，社会訓，家庭訓の論述を進めていることがわかる．

5　Ⅰペトロ書の社会訓，家庭訓と終末論

さて，本章の最後に社会訓，家庭訓と終末論との関係について論じたい．

支配体制に対して従属を説くⅠペトロ2：13以下の社会訓は，当時の社会機構の内でキリスト教徒が生き延びるための処世術のような役割を果たしたと先に述べた．無論，このような支配者への迎合，恭順の姿勢に反発する文書，たとえばマルコ福音書，ヨハネ黙示録（とりわけ13章など）も初期キリスト教内に存在していた．それゆえ，このような服従の勧告が，初期キリスト教内において全体的に共有されていたわけでは決してない．迫害下に置かれた社会的身分の低いキリスト教徒たちが，その信仰を個人，そして共同体として保持し，集団として生き延びるために支配体制に抵抗せず，従順であることが肝要であると送り手は説いている．当時，流布していた社会訓，家庭訓の形式を用いつつも，そこにキリスト教的言説を加味している．王も長官たちも神による創造物であり，畏れるべきは神とし（2：13, 17），キリストこそ聖とせよと訴え（3：15），最も貴むべきは神への信仰であると述べている（1：7, 9, 21, 5：9）[245]．支配者への全面的な黙従をギリギリのところで避けつつも，やはり，従順を促す言辞には変わりはない．

なぜ，Ⅰペトロ書は，この世における権威に従えと説くのだろうか．まず，この問いを考える．その際，同書が前提にしている世界（歴史）観を理解しなければならないだろう．

Ⅰペトロ書はキリスト教が多数派ではなく，絶対的な少数派であった時代に記された文書である．社会的軋轢のなかで存続するために，Ⅰペトロ書が採用した方針は次のようなものである．

---

［245］　より詳しい考察は本註解2：13－17を参照．

まず，降りかかる試練として身辺を脅かす迫害を（4：12），まもなく受ける栄光のための試練として喜んで感受すべきであるという理解である（1：4-9，4：12-14，5：8-9）．そして，救いに与るために選ばれた存在であることを確かにさせ（1：1-2，2：4，6，9），本来は天上に属するが，この地上で生きる間は，地上の秩序に従って生きることを強く勧めている．[246]

Ⅰペトロ書は，初期キリスト教内で共有されていた終末思想の上に成立している．終末思想の起源について見解が分かれるが，おそらく南ユダ王国の預言者たちに遡り，知恵文学を経由してユダヤ教の黙示文学において熟成されていったと考えられている．[247]その特徴の一つとして，二元論的世界観がある．終末の到来時に古いアイオーンが破壊され，新しいアイオーンが創造される．[248]この場合，古いアイオーン，つまりこの世とその支配者は否定的に捉えられる．新しく造られた世界には，選ばれた人間（いわゆる義人）のみが入ることが許される．[249]このような時間意識，世界観は前4，3世紀以降のユダヤ教黙示文学の中で展開され，より複雑化されていく．

　　初期キリスト教の終末思想：初期キリスト教徒にとって終末とは「終結」ではなく，新しい世界の「開始」であり，それはつまり「希望」を意味する．神がその全的力によって支配する世界の到来が，終末である．ナザレのイエスは人が人を抑圧し，支配する世界が終わり，唯一絶対なる神が直接支配する「神の支配（国）」とよんだ．ここでは，「神の」という修飾語が重要である．「人の」支配は終焉を迎え，「神の」支配の近接を告げ知らせたのである（マルコ1：15）．世界の大転換を意味するこのイエスの時間意識は，彼の師と考えられるバプテスマのヨハネから影響を受けている．ヨハネは終末時に神の裁きがくだされ，それから逃れるために悔い改めの証としてバプテスマを授けた（ルカ3：7-8）．この審判者としての神のイメージを，イエスも引き受けている（ルカ10：13-15他参照）．審判から逃れ，選ばれた者のみが救いに与る．だが，イエスやバプテスマのヨハネが抱く時間意識，およびその世界観は，当然ながら後1世紀のユダヤ教のそれに属している．

〔246〕　選ばれた存在が地上で正しい行為をすべきであるという訓戒は，コロサイ書においても強調されている（コロサイ3：5-12）．「選び」と「勧告（社会訓，家庭訓）」を接続する思考は，コロサイ書とⅠペトロ書における共通点である．
〔247〕　上村，56，187-188頁参照．
〔248〕　エズラ（ラ）7：50，14：10，シリ・バル31：5参照．バプテスマのヨハネの言動，イエスの「神の国」宣教，パウロの神学的言説も基本的にこの世界観を前提としている．
〔249〕　エチ・エノク39：3-8，エズラ（ラ）7：45-61，シリ・バル48：20，80：5参照．

歴史を遡れば，バプテスマのヨハネやイエスの言動は旧約聖書の預言者運動，とりわけその展開である前4世紀以降に瀰漫した黙示思想の系譜に連なっている（ダニエル書他）．黙示思想家らは，究極的な目的である終末を見据え，それを基として現在を生きることを説いている．古い世界は決定的に破局へと至り，新しい希望の世界が開示される．この新しい世界は，選ばれた者のみが共有できると約束される．後1世紀から2世紀にかけて記された初期キリスト教の文書群は，基本的にこのような時間意識（および世界観）の延長線上に位置している．このように，各文書によって濃淡はあるものの，終末論的志向が初期キリスト教文書の背骨を形作ってことは明らかであり，この特殊な時間意識の把握なくして，先の文書群の理解は不可能であろう．

Ⅰペトロ書の送り手も，この世界観を前提とし，読者たちはこの世界では仮住まいの寄留者であるが，終末時に栄光を受ける選ばれた存在と規定している．彼，彼女は天にある朽ちない遺産を受け継ぐ，称賛と栄光と栄誉へと変えられる身である（1：4，7）．この世界は苦しみに満ちたものであるが（1：6，4：12），キリストの顕れの時に表される恵みに希望を置くことが告げられる（1：13）．その希望について問われたならば，柔和と畏敬をもって弁明できるように準備している（3：15-16）．そのため，読者は身を慎み（1：13，5：8），「従順の子」になることが勧められる（1：14）．2：13から記される服従の勧告は，やがては聖なるものとなるために（1：15）この世界で正しく振る舞うための指南の言葉である．

Ⅰペトロ書はこの世界で読者を支配し，迫害する者たちを復讐するのではなく，彼らを恐れず（3：14），服従し，逆に祝福せよとすら説く（3：9）．いわゆる「終末論的留保」とよばれる，終末の遅滞の状態にⅠペトロ書の読者も置かれており，「いまだ」来ない終末に向けて，当面の「この世」での「ふさわしい」振る舞いを指示する姿勢は，ローマ書13章の意図と類似していると言える．ローマ13：1-7の服従の勧告は，11-14節の終末に関する言及を抜きして読むことはできないだろう．

---

〔250〕 Ⅰペトロ書とおおよそ同時代に成立した考えられるヘブライ書でも，迫害を前提にする中で（10：32-33，13：1-3），十字架のキリストの忍耐に倣いつつ（12：2-3），キリストの来臨を待ち望み（9：28），やがて到来する裁きを訴えている（10：27）．大祭司キリスト論を展開するヘブライ書とⅠペトロ書の内容は大きく異なるが，核とする神学的メッセージは似通っている．

〔251〕 宮田（2010），21頁，Schrage (1971), 54 参照．

終末の遅滞について：唯一絶対なる神は，終わりの時に選ばれた者たちに救済の扉を開く．この使信を独自に展開したのがパウロである．イエスは神の支配(国)運動の果てに十字架上で絶命した．しかし，その後，「起こされた（いわゆる復活した）」イエスが弟子たちの前に顕れる神秘体験とよぶべき出来事（事件）が，彼，彼女たちの間で共有された（Ⅰコリント15：4－5他）．イエスの周囲にいた人々は，死んだイエスがこの世の終末時に到来し，人々を救済するキリストであると告白する．そして，近い将来，キリストが再びこの地上に到来し，世界が新しく創造されると信じた．パウロはこのようなキリストの来臨という終末近接の緊張意識の中に立っている（Ⅰテサロニケ4：13－18）[252]．終わりは突然に訪れるからだ（同5：3）．それゆえ，パウロはその書簡の受け取り手に終末への備えを訴え，彼，彼女たちを励まし（同5：8－11），「マラナ・タ（われらの主よ，来たりませ）」と叫ぶ（Ⅰコリント16：22）．パウロにとって悪が支配する「今の世」は否定的に捉えられているが（ガラテヤ1：4，およびローマ8：18），キリストが来臨する終わりの時にはすべてが一変する（Ⅰコリント15：24）．その日まで忍耐して待ち続け，神に従う生き方を守ることがキリスト者の使命である（フィリピ1：6，Ⅰコリント1：8－9）．なぜなら，最後の日に裁きの座に立たされるからである（ローマ14：10，Ⅱコリント5：10）．このように，パウロ自身もバプテスマのヨハネやイエスと同じように，黙示終末的な時間意識，世界観の只中に生きている．だが，このようなパウロの緊張は，その後，同じ度合いで受け継がれたかと言えばそうではない．パウロの名を借りて記されたと言われる，第二パウロ書簡を紐解いてみると，パウロが抱いていた終末到来の切迫感は急速に薄れていったことに気づく（エフェソ書，コロサイ書他）．「主が来られる日」（Ⅰテサロニケ4：15），「主は近い」（フィリピ4：5）とパウロは述べたが，終末の到来は遅れている．いわゆる終末の遅滞という現実は，時代が下るに従って初期キリスト教徒の間できわめて深刻な問題となった．後2世紀に入り成立した文書になると，その事態を説明することに腐心した事跡をかしこに確認できる（Ⅱペトロ3：9，およびⅠクレ23：3－5，Ⅱクレ11－12参照）．

　終末の遅滞と勧告句との関わりで思い出されるのは，第二パウロ書簡に属するⅡテサロニケ書の内容である[253]．この書簡には社会訓や家庭訓は存在しないが，何らかの迫害の状況に苦悩し[254]，それへの忍耐を重んじるのはⅠペトロ書と通じている（Ⅱテサロニケ1：4－7，3：5，Ⅰペトロ1：6，4：12－13，およびⅠテ

---

[252] パウロはイエスの復活によってすでに到来した第一の終末と，イエスに属する民が復活する第二の終末の間に彼は生きているとライトは主張する．ライト，92頁．
[253] 終末論的言辞と勧告句と合わせて語るⅡテサロニケ書は，生活上の勧告と主の来臨を告げるⅠテサロニケ4：1－5：28の内容を踏まえている．
[254] Ⅰテサロニケ1：6，2：14，3：3参照．

第3章 Iペトロ書の社会訓, 家庭訓について

サロニケ1：3).また,キリストの来臨の際,キリストの福音に聴き従わない者は裁きの座へと引かれることも周知され,敵対的勢力は淘汰される（IIテサロニケ1：8−9, 2：9−10, Iペトロ4：17).読者が神によって選ばれたことを印象づけ（IIテサロニケ2：13, Iペトロ1：2, 9),終末（「かの日」IIテサロニケ1：10) を前にして正しいおこないを命じるのも同じである (IIテサロニケ1：11, 3：13, Iペトロ4：7).動揺する読者が神によって堅く守られていることを教える件も似通っている (IIテサロニケ2：16−17, 3：3, Iペトロ4：19, 5：10).

IIテサロニケ書の内容の中心は, Iテサロニケ4：13以下を踏まえた終末の到来の時期とその内実についてである (IIテサロニケ2：1).この書簡でパウロ（を自称する者）は「主の日がすでに来ている」とふれ回る者を牽制し,その到来がまだ先であることを告げる (IIテサロニケ2：2−3).ただし,このような早急な終末の到来を告げる者たちに関する言及は, Iペトロ書には見出せず,送り手はひたすらその近接のみを説くだけである.

さて,服従の勧告の根拠になるのが,従順の模範として示され,読者の基準となり (Iペトロ1：15),彼,彼女たちを招く (2：4),キリストの受難の姿である (2：21, 3：18, 4：13).イエスが受けた苦しみのように,受忍することが神の意思 (2：15, 3：17, 4：2, 19) である.権力者,主人への従順と夫への従順の勧告文の間に「このためにこそ,あなたがたは召されたのだ」(2：21) という文言が挿入される.そして,キリストが受け取り手たちに「模範」を残し,読者がその足跡に従うことを勧める.送り手は,服従の指示を挟み込むことによって,力ある者に従い,耐えることが無意味ではないことを教えている.

> Iペトロ書とマルコ福音書における受難のイエス：Iペトロ2：22節以降,イザヤ53：9を引用しつつ,受難のキリストを細部に至るまで語りながらも,イエスの十字架のリアリズムはそこには感じられない.この記述は,イエスの死を贖罪死として理解する流れに属している.十字架刑は本来,ローマへの反逆者,つまり支配者に抗した者に課せられた処刑方法であるが, Iペトロ書はパウロ書簡やマルコ福音書のように,十字架のリアリティーに注視することはない.イエスの死は贖罪論の枠内で語られ,イエスは耐え忍ぶ者たちに模範を示すために受難したことだけが延々と語られる.刑死の内実は語られることはない. Iペトロ書以前に記され,受難のリアリズムに迫るマルコ福音書と比較すると,その違いは分明である.マルコ福音書と大きく異なる受難理解を示している.マルコ15：39

において、ローマの百人隊長が十字架上で悶死するイエスに向かって、「真にこの人こそ神の子だった（ἀληθῶς οὗτος ὁ ἄνθρωπος υἱὸς θεοῦ ἦν）」と述べる。その背景には、「神の子」と称するローマ皇帝崇拝への批判が読み取れる。タイセンは、マルコが福音書の書き出しに掲げる「イエス・キリストの福音」（1：1、14）に関して、次のように推測している。「福音（複数）」とはローマ皇帝の誕生、権力の座への登極、戦勝などの告知である。「マルコは彼がおこなっているイエス物語をフラヴィウス家が権力の座に着いたことに対する『抵抗福音（Antievangelium）』と理解したからこそ、その物語の内容を意図的に「福音」と名づけたのではないか。彼の福音書の核心は、キリスト教徒がローマ皇帝の前に跪拝するのではなく、ローマの世界的覇権を体現する百人隊長が十字架に吊るされたイエスの前にそうすべきだということではなかったのか」。マルコ10：42-43「異邦人たちの支配者」「大いなる者たち」などの表現は、明らかにローマ帝国の支配者を批判的に意識したものであり、また13章に残されている小黙示録のなかでも同じである。マルコの読者たちの迫害の予告がなされる際、「長官たち（ἡγεμών）」や「王たち（βασιλεύς）」の前に立たされる（Ⅰペトロ2：13、14と同語だが、ここでは「王」は複数であり、皇帝ではなく諸民族の支配者たちをさすと思われる）、彼らに対して「証（μαρτύριον）」をすることを記している。続いて、「あらゆる民族に福音が宣べ伝えられなければならい」とある。「δεῖ」を用いて断言されるこの言辞から、あらゆる民族を統べる皇帝への「対抗福音」が読み取れるだろう。反逆者への見せしめとしておこなわれる残虐極まりない十字架刑で殺されたイエスこそ、まさに「神の子」であるという逆説である。この逆説を効果的に機能させるために、マルコ福音書はイエスの受難を委細に語る。受難の真のリアリズムに徹底的に即した叙述を残している。マルコのイエスからは強者に迎合する姿勢などはまったく読み取ることはできない。確かに、マルコ福音書においても贖罪論に即したイエスの死の理解を見出せるが（マルコ10：45、14：24）、むしろマルコ福音書で基調となすのは、力強く登場したイエスが物語後編で急転直下し、土壇場で弟子たちに裏切られ、一人で惨めに死んでいく姿である。そして、最も底辺で敵側に「神の子」と告白される逆説である。この逆説の前で贖罪死の理解は、むしろ、後退している。福音書記者のマルコが読者に伝えるのは、このようなイエスの死を模すことである。自らの十字架を背負い、イエスに従うことである（同8：34）。権力者に従うことではない。迫害下に置かれたマルコ福音書の共同体は（同13：8-9）、イエスに倣って殉教の道を示す。同じように迫害に直面しているⅠペトロ書と比べると、イエスの「何を」模倣とするか大きく違っている。しかしながら、マルコ福

---

〔255〕 大貫（1991）、353頁、同（1993）、31-32頁。
〔256〕 タイセン（2002）、152頁。
〔257〕 「マルコは、イエスの死の救済論的意味に関する詳論よりも、イエスの生と死への弟子たちの参与に強い関心を抱いている。（略）マルコは、イエスの受難の道は弟子たちの歩むべき道であることを強調する。（略）イエスが十字架で殺されたように、彼らにも殉教の覚悟がなければならない」。川島（1982）、250頁。

音書の姿勢は初期キリスト教内では受け継がれることはなかった[258]．代わって登場するのは，Ⅰペトロ書の記述のように権力者に無駄に抗わず，世俗社会の中で少数派として，したたかに生き延びるための方策である．信仰を同じくする集団の結束を高め，周囲と穏当につき合い，模範的に振る舞うことで周囲の理解を得る．そこでは，権威主義的な存在に激しく抵抗したイエスの姿を見ることはない．キリストの受難のリアリズムは後景に退き，従順で謙虚な姿勢だけが前景に出されていく．「審査の日」を仰ぎみつつ，迫害に耐え忍び，無駄な抵抗を避けて従順を貫くことで，彼，彼女たちは，互いに励まし合い，集団の存続に繋げていく．

先述したようにこのような服従の勧告句の背後には，切迫する終末待望が存在する．迫り来る終わりの日への危機意識が，この世界での当面の従順な振る舞いを促す動機である．「裁き（κρίμα）」は，今そこに始まろうとしている（4：16－19）．それゆえ，謙虚であれば，終わりの時に高く挙げられると約束される（同5：6）．

このように，Ⅰペトロ書は世俗世界でのキリスト者の理想的な所作を記す指南書という性格のみならず，近接する終末を語る警告の書という，一見して矛盾する二つの性格をもっている[259]．

読者は「しばらくの間」（1：6，5：10）待つ存在である．暫時，地上の現実と向き合い，道徳的訓戒に従いつつ，やがて来る裁きを待ち望むのである．近づきつつある終末の到来を仰ぎつつも，その視線は現実の生活に向けられているのである[260]．いわば，超現実的と現実的な視点の二つが，この書状では交差している．

---

[258] マタイ，ルカ両福音書が，マルコに記された十字架のリアリズムを削ぎ落としているのは明らかだろう．

[259] Balch, 119 の見解も参照．少数者の生存の論理で記されたこの書物が，やがて，キリスト教が多数派に転じ，支配層に加わっていくなかで，この服従の論理は当初の意図とはまったく異なった使われ方をしていく．服従の勧告は，支配者からの絶対的な命令として用いられていったのである．Ⅰペトロ書のこの記述もローマ書13章と同じように，「正典」として伝承され，支配者への絶対服従の聖書的根拠として引用されてしまったのである（本註解補論「Ⅰペトロ2：17の影響史について」参照）．

[260] Ⅰペトロ書の社会訓や家庭訓とは性質が異なるが，たとえば，ヨハネ黙示録でも終末接近の言辞は現実世界でのふさわしい生き方の指示する発言と接続している．「神の完全な支配の実現の時を指す」終末に対して，「現実はそれとは程遠い状況にあるとの認識と表裏一体にある．終末が近いとの指摘は，それゆえ，現実の生を神の支配にふさわしいものとすることの勧告と組をなして行われる」．ヨハネ黙示録において間近い終末期待の例証として挙げた諸発言は，「必ずといっていいほど，現在の正しい生き方を促す言葉に伴って述べられてい

その一方のみを強調することはできず，天上でやがて迎える生き方と地上の今の生き方を読者に説くのはそのためである．

　ただし，Ⅰペトロ書では終末論的文脈にしばしばみられるような，終わりの日の前に地上の権力者が自らを神と宣揚し，それへの批判的な言説は残されていない（エゼキエル28：2，ダニエル11：26，マルコ13：14，Ⅱテサロニケ2：3－4）．むしろ，（神と自称してない）地上的な権威者に対しては従順を説く（Ⅰペトロ2：13）．このような矛盾と思える二つの事柄（地上での秩序ある生活と終末の到来待望）は，前述のようにローマ13：1－14にもすでに見られ，Ⅰペトロ書はローマ書の姿勢をさらに推し進める形である．この二つの事柄を両輪のごとく動かしながら，Ⅰペトロ書の著者は筆を走らせているのである．

　最後にⅠペトロ書全体を視野に入れて3：1からの家庭訓の意味を考えたい．家庭訓と終末論の関係性に関しては，コロサイ書などでも若干ではあるが見出すことができる．それゆえ，この関係性には関しては，Ⅰペトロ書も同様の方向性に位置していると言える．だが，同書簡はコロサイ書やエフェソ書とは異なり，Ⅰペトロ書の終末論的切迫性は先の二つの書簡と比べると緊張感は持続している[261]．くり返しになるが，おそらく，それは迫害が信徒たちの日々の生活に影を落としているからだと思われる（1：6，4：12，5：8他）．

　確かに3：1－7では，終末論的な語句や内容に満ちているわけではない．だが，この箇所の前後には，読者は「召されている（よばれている）」存在であることが力説されている（2：21，3：9）．「召された（よばれた）者」とは，つまり，やがて到来する栄光を受ける者である（1：13, 15）．つまりは，「終わりの日」に受ける救済を約束された者である．3：5では，かつて希望を置いた女たちについて語られ，これに倣うことが促される．3：1以下の言説は，この約束の現実の中で語られたものであり，終末論的な背景を前提にしている．

　このようにⅠペトロ書の家庭訓と終末論の接続は，他の書簡に比べてみると顕著である．

　　る（1：3，22：7, 10, 12）」．佐竹（2007），208頁．
　[261]　Gielen, 544 参照．

第2部 註解

第1章

1章1－2節　挨拶

　¹ペトロ，イエス・キリストの使徒〔から〕，ポントス，ガラテヤ，カッパドキア，アシア，ビティニアに散り（散在し），仮住まいをしている選ばれた〔人々〕[262]，²〔すなわち〕，父なる神の予知に従い，霊による聖化によって，聴き従うこと（従順）とイエス・キリストの血を注ぎかけられるために〔選ばれた人々へ〕．恵みと平和が，あなたがたにますます豊かに与えられるように．

　Ⅰペトロ書は特定の読者を念頭に置いて書かれた手紙ではない．また，個別具体的な案件が綴られた私信の類でもない．一般的な教説と勧告に終始する，広範囲の読者に宛てた回状である．では，送り手はどのような読者をおおよそ想定し，いかなる事柄を伝えるためにこの回状を認めたのか．この問いの答えを手紙の書き出しから探ることができる．
　古代世界において個人から個人へ，または個人から集団などへの情報伝達手段として最も効率的なのは書簡であった．古くは粘土板，蝋板，パピルスや羊皮紙などを用いて記された．ローマ帝国時代には，手紙による交流機会がよりいっそう増加し，速やかにかつ確実に書簡を送り届けるために交通路，海路の整備などを含む郵便配達インフラシステムが整えられた．書簡によるやり取りを頻繁におこなっていたパウロを含む初期キリスト教徒たちが，このインフラ拡充の恩恵を最大限受けていたと言える．
　送り手の趣旨を他者（受け取り手）に効果的に伝えるために形式が重視されるのは，今日でも同じである．それゆえ，古代の手紙は私信，または公的性格ももつ書簡でも決められた基本形式に則って記されるのが常であった．Ⅰペトロ書も

---

〔262〕　亀甲括弧内は翻訳上の補い，丸括弧内は別訳を提示する．本註解の以下の翻訳も同様である．

このような古代書簡の習いに従って，まずは挨拶の言葉から筆を起こしている[263]．差出人名，宛先，挨拶がごく簡潔に記されている．挨拶（1：2）と結語（5：14）はパウロ書簡のそれとの類似性も見出されるが[264]，それをもって著者がパウロ書簡を基に（または真似て）挨拶句を書き始めたと受け取るのは早計である．パウロと同様，Ⅰペトロ書も古代書簡の形式に副って書状を書き始めたにすぎない．

共同訳，新共同訳では読みやすいように1節と2節を区切って訳しているが，原文では連続した一文である．本註解では1－2節を繋げて訳したが，原文では「選ばれた」は1節に一度だけ使用されている．2節文頭の「すなわち」と後半の「選ばれた人々へ」は，翻訳上の補いである[265]．

ここで用いられている語句，「選び」（2：4，9），「仮住まい」（2：11），「聴き従うこと（従順）」（1：14，22他），「キリストの血」（1：19）は，書簡内で反復して語られるテーマに連なっている．つまり，この冒頭句はある意味，書簡の主題を凝縮しているとも受け取れる[266]．読者は何者なのか（になったのか），そして，救いを受ける者（1：5，9）としていかなる存在であるのか（となったのか）を説き明かしている．ここに収斂された内容は，書簡全体の方向をさし示している．

読者は「神の予知」「霊による聖化」「聴き従うこと（従順）とキリストの血」によって「選ばれた者」とされている[267]．小アジア各地に散っている彼，彼女たちは天

---

[263] ロウラーは，パウロ書簡の書き出しと後書きの挨拶句と古代書簡の形式とを照合させ，パウロが形式に即して記していることを丁寧に論証している．Roller, 34-91. Ⅰペトロ書の挨拶句も，古代書簡の次の三つの要素を含んでいる．差出人（Superscriptio）：使徒ペトロ，宛先（Adscriptio）：……選ばれた人々，挨拶（Salutatio）：恵みと平和が……．ブロックス，61頁，パーキンス，29－34頁，Klauck (1998), 36f. を参照．

[264] 主たる類似点としては以下，送り手の名前：「Πέτρος ἀπόστολος Ἰησοῦ Χριστοῦ」（Ⅰペトロ1：1），「Παῦλος δοῦλος Χριστοῦ Ἰησοῦ」（ローマ1：1），「Παῦλος κλητὸς ἀπόστολος Χριστοῦ Ἰησοῦ」（Ⅰコリント1：1），恵みと平和：Ⅰテサロニケ1：1，Ⅰコリント1：3，Ⅱコリント1：2，ガラテヤ1：3，ローマ1：7，フィリピ1：2，フィレモン3．Schnider, 14, 33 参照．

[265] 文語訳『新約全書』（1880年）から口語訳までは1節と2節の間に「すなわち」と補って訳しているが（他にもフランシスコ会訳，新改訳，田川訳，岩波訳では「つまり」），共同，新共同訳では1節と2節を区切って訳しているため，この接続語を採用しなくなった．協会共同訳では再び「すなわち」が登場する．分けた方が確かに日本語としての流れは良いが，無理に節を区切らずに，接続詞で補っても不自然ではない．

[266] 同様の見解は Elliott (2000), 321f..

[267] 「神の予知」「霊による聖化」「聴き従うこと（従順）とキリストの血」の

に属し，選ばれていることを印象づけているのは理由がある．読者は取るにたりない有象無象の輩ではもはやない（1：13，4：3参照）．神の確かな選びの中に置かれ，新たな存在様式が与えられている．初めに選ばれた者であることを明らかにし，これから後に詳論される迫害下に置かれた読者への勧告を根拠づけている．

　ここで，ポントス，ガラテヤ，カッパドキア，アシア，ビティニアの属州名をあえて選んだ何らかの理由が送り手にはあったと思われるが（本註解第1部第1章2.4.1参照），かなり広範な地域を宛先に挙げており，この手紙が広く読まれることを望んでいることがここからわかる．3節以降を読み進めると，地上で寄寓する場所は各自異なるが，終末時には天上で一つの場に集うことが明らかにされていく．各地に散在している読者だが，互いの物理的な距離は離れているものの，一つの共同体（家）に属しており（2：5，4：17），むしろ同信者としてその心理的距離は近い．

　本註解の訳文について：翻訳とは，広い意味では異なる二つの言語を「変換」することである．そこでは起点言語（Source language, SL）と目標言語（Target language, TL）との間の「等価性」が問われる．[268]言語構造がまったく異なるギリシア語から日本語に変換する日本語訳聖書翻訳の場合，各言語同士の意味の等価はことさら問題となる．日本人にとって古代ギリシア語は，まさに避遠の言葉である．本註解は起点テキスト（Source text, ST）であるコイネーギリシア語原文に可能な限り忠実に翻訳することを試みるが，目標テキスト（Target Text, TT）である日本語との言語，文化上の差異を埋めるために訳文の補いや別訳を示すことで，日本語文として結束性があり，かつ理解可能な訳文に仕上がるように工夫した．1970年代末以降，翻訳学で盛んに

　　前置詞句が，文法的にどこに係るか議論されている．本註解では多くの邦訳（共同訳，新共同訳，岩波訳，新改訳他）と同様に「選ばれた」にかけて訳す．田川訳では，1節「選ばれた」と2節の前置詞「κατά」までの間には八つの単語が入り込んでいる点などから，この訳は採用されていない．三つの前置詞句は1節の句全体に係るとみなしている（文法上は可能）．田川（2015），255頁，註2．だが，手紙全体は読者の「選び」を前提に論を進めていることを顧慮すれば，冒頭に「選び」の理由を提示する方が自然である．

〔268〕　近年の翻訳研究では「等価（equivalence）」という概念それ自体が問われている．1970年代以降の翻訳研究では，等価性やSTへの忠実性を重んじるより，むしろ翻訳の目的，その機能，そして目標文化における位置づけを問う研究にシフトしている．なお，等価性に関する問題は，河原清志『翻訳等価再考　翻訳の言語・社会・思想』，2017年に詳しい．

論じられている。ライスとフェアメーアによって理論化された機能主義的翻訳理論（いわゆる「スコポス理論」）を用いた分析方法で言えば，聖書翻訳においては，本註解と同様にSTへの忠実性をより重んじる翻訳（岩隈訳，岩波訳，田川訳など），TTの拘束性を重視する翻訳（協会共同訳などの日本聖書協会による翻訳や新改訳など）に大まかに二分されるだろう。前者は主に聖書テキストの学問的考究を旨とする翻訳なので，自ずと原文志向が高まる。そこでは可能な限りSTの言語構造に密着した訳文になるように試みられるため，自然と直訳調になり，異質性が際立つ異化（異質化）翻訳になる傾向が強い。対して後者は，キリスト教宣教，つまり広い意味での効果的な情報伝達を目的とした翻訳を主眼としており，STの言語的束縛から離れ，日本語文としての拘束性を重んじる訳文志向が高まる。そのため，よりTTの言語らしさが冴える同化（受容化）翻訳が重んじられる。ただし，後者の場合でも聖書本文の普遍性を鑑み，SLの原意から可能な限り離れないように努力されている。TLと同時にSLへの忠実性もやはり重んじられるため，翻訳に際してバランス感覚がいっそう問われることになる。

1節 巻頭にはペトロの名前が記されている。まず，ペトロについての考察から始めることにする。

ペトロは初期キリスト教徒の間では，最も主要な人物であることは言を俟たない。マルコ3：16によれば，ペトロはイエスがシモンに与えた添え名のギリシア語（アラム語「כיפא」）である。イエスが特定の弟子らを選別し，彼らに権能を与えた際の名前であるため（同3：13－15），この名は使徒的権威を表すものとして受け取られている。Ⅰペトロ1：1でも「使徒ペトロ」というタイトルを添えて記されているのはそのためである。この添え名はイエスに遡らず，初代教会

---

〔269〕 K. ライス，H. J. フェアメーア『スコポス理論とテクストタイプ別翻訳理論――一般翻訳理論の基礎』，2019 年参照．
〔270〕 機能主義的翻訳理論に関する日本語での解説は藤濤，17－44 頁を参照．
〔271〕 ヘンゲルによれば，紀元前後の数百年でシモン（シメオン）という名は最も広まった固有名詞であり，添え名を付けること自体に大きな意味はない．ヘンゲル（1973），115 頁，同（2007），28 頁．イランによれば，新約聖書，ヨセフスの著作，出土した文書や共同埋葬出土の刻銘，ラビ文書を対象にし，前 330 年から後 200 年のパレスティナにおける人名を調査した結果，「シモン（Simon）」が最も用いられている名である．Ilan, 56. ボウカムも同様の結論に至っている．ボウカム，73－75 頁．ちなみに初代教会では使徒ペトロにあやかってか，信者の子にペトロという名が付けられていたと報告されており（エウセビオス『教会史』Ⅶ：25：14），彼への崇敬の念の強さがここからもうかがえる．

の創作であると疑う研究者もいる。だが、名前が付与された記事は四福音書において一致している上、パウロ書簡の一部分でもペトロとよばれているところから（ガラテヤ2：7,8）、イエスが命名した可能性は高いと考える。[272]

　福音書の個々の記事からも、ペトロはイエスの弟子たちの間で首班であったことが読み取れる。[273] たとえば、マタイ福音書においては、十二使徒の「最初に、第一に」とあえて前置きしてペトロの名が筆頭に挙げられている（10：2）。イエスを「メシア、生ける神の子」と告白するペトロは、イエスから天上の鍵を託される（16：18以下）。また、イエスの言動に終始、無理解であり、土壇場になってイエスを裏切るペトロを描くマルコ福音書においても、イエスの復活の予告をペトロに告げて福音書を閉じている（16：7）。その他、使徒言行録においてもペトロは、イエス亡き後の教会の指導者として役割を担う姿が記されている。イエスのように熱弁をふるい（4：8以下）、奇跡をおこない（3：6以下、5：15他）、死者をも復活させる（9：38以下）。

　一方、パウロ書簡においてペトロは、ガラテヤ2：7,8以外では「ケファ（Κηφᾶς）」とよばれている。[274] ガラテヤ書では、ペトロは「柱」とされるエルサレム教会の代表的存在として認識されている（ガラテヤ1：18, 2：9）。[275] Ⅰコリント書を読むと、

---

〔272〕 川島（2009），75頁参照．マルコ福音書において3：16以降，14：37を除いてペトロという名でよばれている．マタイ書ではマルコ書に近く，17：25の神殿税に関するイエスからの問いかけ以外ではペトロ（16：16ではシモン・ペトロ）．それに対して，ルカではペトロという名に交じって，時にシモンとよばれている（5：3以下，7：40以下，22：31以下，24：34参照）．ヨハネ福音書ではペトロと同じように，シモン・ペトロとよばれている（6：8，13：6他）．使徒教父文書でもペトロである（Ⅰクレ5：4，イグ・ローマ4：3，イグ・スミ3：2参照）．

〔273〕 クルマン，25頁参照．

〔274〕 Ⅰコリント1：12，3：22，9：5，15：5，ガラテヤ1：18，2：9，11−14．これ以外にヨハネ1：43で例外的にケファと記されている．初期キリスト教会において，ギリシア語名のペトロとアラム語のケファは両方用いられていた．先のパウロ書簡の当該箇所を読むと，当初，ギリシア語を主とする教会でもケファという名でよばれていたようである．ではなぜ，その後，ペトロのみが用いられるようなったのか．アラム語のケファというよび名が次第に淘汰され，ペトロのみが用いられるようになったと推測できる．普段，ケファを用いるパウロがなぜ，ガラテヤ2：7,8のみペトロの名を用いたのか疑問が残るが，おそらく，パウロにおいてこの二つはそれほど大きな違いはないと思われる．浅野（2017），175頁参照．

〔275〕 ガラテヤ2：9の「ヤコブとケファとヨハネ」の名前の順列が，そのままエルサレム教会での序列を示唆するのか定かではない（「ペトロとヤコブ」とい

パウロが創設したコリント教会に対してペトロはある程度の影響力をもっていたことが推測される（1：12, 3：22）．さらに，ペトロが妻を伴って巡回伝道をおこなっていたことも記されている（同 9：5）．イエスの復活伝承においても，ケファ（ペトロ）の名が筆頭に掲げられているように（Ⅰコリント 15：5），ペトロは使徒の間で重鎮であったことをパウロも承認している．

次にペトロのタイトルである「使徒（ἀπόστολος）」について考えたい．これは古典ギリシア語においては，「遠征隊」「艦隊」「使者」「派遣された人」を意味する単語である[276]．「ἀπόστολος」とは，然るべき人物から何らかの職権を委ねられた存在である．すなわち，ペトロは「イエス・キリストから」派遣された者としての「使徒」（マルコ 6：7－13）という意味である．それゆえ，Ⅰペトロ書の書き出しで「イエス・キリストの使徒ペトロ」と記されているのは，この点から理解できる（Ⅱペトロ 1：1 も参照）．遣わす者である「イエス・キリストの」という権威の所以を示している修飾部分が，ここでは肝要である（ヨハネ 13：16 参照）．パウロが自ら記しているように，初代教会において使徒は，人からではなく神とキリストから（その職権を委ねられて）遣わされた身であり（ガラテヤ 1：1 参照），それはまた，職務としても受け取られていた（使徒 1：25－26 参照）[277]．使徒は復活のキリストの証言者であると同時に（Ⅰコリント 15：8－9），「死に定められた者のように（ὡς ἐπιθανατίους）」苦しみを受ける身である（同 4：9－13）．使徒は多くの奇跡としるしをおこなう存在であることが記されているが（Ⅱコリント 12：12, 使徒 2：43, 4：33, 5：12），遅い年代に成立したと推定される新約文書では，使徒は教会の土台として定位され，その権威がよりいっそう高められている（たとえばエフェソ 2：20 参照）．

Ⅰペトロ書の著者が，「使徒ペトロ」の名を用いて書状を書き送るのは，パウロがその書簡で自らを「使徒」と名乗って始めるのと同じ意図がある（ローマ 1：1, Ⅰコリント 1：1, Ⅱコリント 1：1 他）．これにより，使徒職にある者が送り手であることを印象づけ，教会の権威ある指導的立場からの勧告であることが強

う順の異読も存在する）．エルサレム教会において，主の兄弟ヤコブの地位はペトロより相対的に高かったとしても，共同体を支える「柱」としてペトロの重要性を疑う余地はない．

[276] Rengstorf, ThWNT I, 406-407 参照．動詞「ἀποστέλλω」は LXX でも多用されている．
[277] 浅野（2017），74 頁．Schnider, 10 参照．

調されている.

　上記のように，福音書，およびパウロ書簡から，ペトロは初期キリスト教会においてきわめて知名度が高く，かつ権威的な人物であったことがわかる．だがここで，一つの疑問が生まれる．はたして宛先に挙げられている小アジア地域において彼の名は知られていたのか．

　当該地域は生前のペトロの伝道場所でもなく，彼とほとんどゆかりのない地域であるから尚更である．しかし，ガラテヤ書（2：7, 8）ではペトロの名が言及されているので，少なくともガラテヤではペトロの存在は知られていた．Ⅰコリント 15：3 以下に残されている最古のケリュグマに復活の証人としてペトロ（ケファ）の名が筆頭に記されているゆえ，たとえ当人と関わりない地域であっても初期キリスト教徒は彼の名を知っていたと考えられる．また，後 2 世紀以降に記された『ペトロ福音書』『ペトロ行伝』『ペトロの黙示録』などの彼の名を冠したいくつかの文書から，その名が広く知られていたことがわかる．これらの文書から，ペトロの名は彼が伝道した場所以外でも広く認知されていたと想定できる．

　Ⅰペトロ書が偽名書簡であることはすでに確認したが（本註解第 1 部第 1 章 2.1 参照），著者とペトロとは何らかの関係があったのだろうか．Ⅰペトロ書はペトロが殺害されたと考えられるローマで成立した可能性を先に指摘した（本註解第 1 部第 1 章 2.3 参照）．殉教者ペトロの姿を模倣し，迫害下でも堅忍することを強く訴えるなど，ペトロと間接的に結びつける箇所が散見できるものの（5：1 参照），生前の彼と直接的な関わりを示す箇所は見出せない．かつ，実際の送り手（偽名書簡の著者）と生前のペトロとの直接的な関係を示唆する箇所もない．ではなぜ，ペトロの名を用いたのか．

　まず，送り手は広範囲の読者に受け入れやすいように使徒的権威のあるペトロ

〔278〕　エウレルは，後 3 世紀までのキリスト教文書を網羅的に分析し，初代教会におけるペトロの影響とその役割に関する包括的な見取り図を提供している．イエスと近しい関係にあったペトロは，その初期の段階から使徒的権威を有していることがわかる．Eurell, 260-262.

〔279〕　使徒 2：1 以降，五旬祭の聖霊降臨の際，小アジア地域（ポントス，カッパドキア，アシア）からの人々もその場にいたことが記されているが，それをもってペトロと同地域との繋がりを証明することはできない．

〔280〕　Achtemeier, 81; Goppelt, 76 参照．

〔281〕　Ⅰペトロ 5：13 の「バビロン」は「ローマ」を示す暗号と考える（本註解第 1 部第 1 章 2.3 参照）．

第 1 章　*III*

の名を用いた，というのが第一の理由であろう．つまり，初代教会の誰もが知っているビッグネームを選んだということである．これは権威的存在であるパウロやヤコブの名を語った第二パウロ書簡やヤコブ書と同じような事情である．また，イエスの受難を目撃し，かつ自らも苦しみを受けた（とされる）ペトロの人物像は，迫害下を耐え忍ぶために記されたⅠペトロ書の主旨と合致することも理由の一つとして考えられる．受苦のペトロ像は，書簡の差出人としてまさにふさわしいのである．

　ペトロ（Πέτρος）の意味について：ペトロの意味は従来「岩」として理解されてきたが，最近ではこれを「石」と捉える意見が出されている．そもそも「Πέτρος」は「石」を意味する普通名詞である．それに対して「πέτρα」は「岩」「岩盤」「どっしりとした岩」の意味である．ランペが論じているように，アラム語のケファに関して，二つの単語の言葉遊びに注目すべきである．マタイ 16：18 の文脈では「πέτρα」に引きずられて「Πέτρος」も「岩」と受け取られているが，「Πέτρος」を第一義的な意味である「石」と理解しても問題はない．ここでは「石」に込められた意味を考えるべきである．たとえば，川島は「石」という添え名はペトロの「個性」を表すものではなく，他の弟子たちの間での彼の「立場」を示していると考える．「ケファには貴い石（宝石）も含まれる．そしてユダヤ的伝統の中で，貴い石はしばしば重要な人物をさすメタファー（隠喩）として使われた」と川島は説明している．なお，「Πέτρος」＝「石」と受け取る考えに対して，従来の立場から批判的意見もある．博引傍証して自説を展開するヘンゲルは，クムランから出土したヨブ記タルグムにはアラム語の「kêph（ケーフ）」が「岩」の意味で使用されていることを指摘し，さらにギリシア語では通常，「石」

〔282〕　Ⅰペトロ書の執筆時，はっきりとしたものではないが，教会内ですでにある程度の職制が存在していたと考えられる．5：1 において，送り手（ペトロ）は自らを「長老」の一人と自称している．つまり，使徒と長老の一人ということになるだろう．教会の職制と長老については，本註解補論「新約文書における長老の役割について」を参照．
〔283〕　Liddell & Scott, 1397f. 参照．
〔284〕　Lampe (1978/79), 227-245.
〔285〕　川島（2009），76 頁．同様の見解を小河も記している．ペトロの名は「単なる『小石』ではなくて，『宝石』あるいは建築の『礎石』の意味を込めて呼ばれていたように思われる．（略）したがって，教会の土台という意味が当初からその名前に込められていたわけではないとしても，『宝石』あるいは『礎石』なるペトロとして当初から弟子仲間における彼の位置と重要性が認められており，そこから『岩』なるペトロへとその意味を展開させていったことは自然であったように思われる」．小河（2005），27-28 頁．

を意味するのは「λίθος」を用いると反論している. しかし, ユダヤ教文献を渉猟した先のランペの考察の方がより説得的である.

続いて, 読者を「散り, 仮住まいをしている選ばれた〔人々〕」と規定している. この三つの単語に注目し, 受け取り手の自己理解について詳しく論じたい.

「**散っている〔人々〕**」: まず, 小アジアの各地に「散っている〔人々〕」という語句を取り挙げる. この文脈では, 「散っている状態にある」「散っている」という性質の属格として捉えるのがふさわしいだろう. 「散っている〔人々〕」という語句は, LXX においては異教徒の間に離散しているユダヤの民をさす文脈で用いられており, 新約ではヤコブ書の冒頭にも記されている (ヤコブ1:1, およびヨハネ7:35参照). だが, Ⅰペトロ書においては, ユダヤ人のように (またはユダヤ人として) ディアスポラの状況 (つまりはイスラエル以外の地に住んでいるという状況) に置かれているという意図でこの語句を用いていると考えるべきではない.

確かに, 「διασπορά」は先の LXX などからの影響が考えられるが, その意味内容はユダヤ人のディアスポラの状況とは異なり, 転義的に用いられている. 同

---

〔286〕　ヘンゲル (2007), 28－31頁.

〔287〕　ポントス, ガラテヤ, カッパドキア, アシア, ビテニアの地域名については本註解第1部第1章2.4.1参照.

〔288〕　この場合,「散在する〔人々〕」という訳語の方が適切であろう (前田, 田川訳参照). この単語はユダヤ人のディアスポラ状況を意図する用語と考え, 多くの場合, 「離散」と訳されている. しかし, 離散と訳すとすぐさま先のディアスポラ状況を思い浮かべるので, 本註解ではこの訳語を採用せず, 「〔各地に〕散らされている」という意味で, 単に「散っている」とする. 新改訳は「散って寄留している選ばれた人々」と訳している. 塚本訳では「離散民」と記し,「ディアスポラ」とふりがなを振っているがいささか訳しすぎである.

〔289〕　Goppelt, 77 Anm. 15; 岩隈, 58頁, 註1参照.

〔290〕　申命30:4, ネヘミヤ1:9, LXX 詩146:2, イザヤ49:6, ユディト5:19, Ⅱマカバイ1:27 (また, ソロ詩8:28, 9:2). ただし, 「διασπορά」に対するヘブライ語の決まった同義語はない. この語句から, Ⅰペトロ書の読者は, 「ディアスポラのユダヤ人キリスト者」であると捉えることはできない. 書簡の内容から判断すれば, 送り手は主に異邦人キリスト者に向けて記していることがわかる (1:14, 18, 2:10, 4:3 参照). Schelkle, 19; Windisch, 50, 岩隈, 58頁, 註1参照.

〔291〕　直前の「παρεπιδήμοις」と結合させ, 「散りて宿れる」(文語訳),「ちりてやどれる　ものに」(N. ブラウン訳) とするのが, 日本語として簡潔明瞭かつ美しい.

書簡において，この語句を次に続く「仮住まいしている」と結び合わせて理解する必要がある．キリスト者は地上ではそれぞれ別な場所に散在しているが，その住まいは天上にあり，地上では仮住まいの身として生きていることを教えている．つまり，本来の所在地は天にあるが，いまは仮の身としてこの地上のさまざまな場所にいることをここでは言い表しているにすぎない．それゆえ，この語句をもって，Ⅰペトロ書がいわゆる（キリスト教）ディアスポラ書簡に属するとは言えない．

重ねて述べるが，Ⅰペトロ書は，コリント書などのように特定の教会の成員のみに書き送った書簡ではない．送り手と読者との間に，何らかの関わりがすでに存在している目に見える読者ではなく，おそらく双方向の実質的な交わりが多くの場合ない（まったくないとまでは言えない）読者である．「散在している〔人々〕」という語句を記した送り手は，各地に点在している複数の読者に向けて，地上での住まいはそれぞれ異なるけれども，本来の住処である天では一つの場に住まうことを確認させている（1：3以下）．

---

〔292〕 同種の見解であるゼンガーは，次のように述べている．「διασπορά」は「ここで語られている者たちの具体的な歴史状況を超越し，現世界におけるキリスト教の共同体の本質についての一般的な発言となる．『διασπορά』は，地上ではなくて天上の世界がキリスト者の故郷であるということの表現である」．Sänger「釈義事典Ⅰ」，360頁（訳文を一部変更）．

〔293〕 辻（2002），23頁は「Ⅰペトロ書における『ディアスポラ』とは，この世においては常に異国人であり，終わりの時に天から啓示される救いを待ち望んでいるキリスト教徒の存在そのものを形容する表現」と説明する．しかし，これはむしろ「ディアスポラ」ではなく，次の「仮住まいしている」という用語への説明として正しい．辻らが想定する「キリスト教ディアスポラ書簡」というカテゴリーは，元々ターツが概念化した「ユダヤ教ディアスポラ書簡」からあまりにも大きく（やや無理やりに）拡大されており，もはや何をもって「キリスト教的ディアスポラ書簡」と定義され，類型化されるのかわからなくなっているように思える．ユダ書，およびⅡペトロ書もこれに含まれると想定しているようだが，「権威ある人物から全キリスト教徒に発せられた回状」であれば「『キリスト教ディアスポラ書簡』の伝統を受け継ぐものである」（前掲書）と判断するのはあまりにも大雑把すぎるように思えてならない．

〔294〕「ディアスポラ書簡」とⅠペトロ書については，本註解第1部第2章1.3を参照．

〔295〕 小アジアの大部分の地域（1：1）のキリスト者全員とペトロ（を称する人物）とが面識があるというは実質的に不可能である．

〔296〕 ディダケー9：4の聖餐式の式文には，散らされている教会が一つに集められるようにという祈りの言葉が残されている．

Ⅰペトロ書では地上での現在の苦しみと対比して,「キリストの顕れの時」(1：7),「万物の終わり」の時 (4：7) に約束された「喜び」と「栄光」について,最初 (1：8) からその終盤 (4：13, 5：4) に至るまで何度も記されている. さらに, 読者は小アジア各地に散っているが, 彼, 彼女たちは「キリストにあって」(3：16, 5：14),「選ばれている」(1：1, 2：4, 6, 9),「世にある兄弟」(5：9) であることを訴えている.

「仮住まいしている〔人々〕」:「仮住まいしている」とは何を意味するのか. 「παρεπίδημος」は「寄留者」「(市民権を持たず) 他国に一時的に滞在している人」「仮住まいしている人」を意味する言葉として聖書外資料で用いられている. Ⅰペトロ書ではこの箇所と 2：11 で登場する. 2：11 の「πάροικος」も「自分の国 (故郷) でない地に一時的に身を寄せている人」「寄留者」を意味する. Ⅰペトロ書において, 二つの語句は同義で用いられている.

「仮住まいしている〔人々〕」とは, 天を故郷とし, 地上に暫時, 滞在しているキリスト者の意味であり, LXX において創世 23：4, 詩 38：13, 新約ではヘブライ 11：13 のみに用いられている. 創世 23：4 ではアブラハムが自らの境遇を述べる際に記され,「תּוֹשָׁב」の訳語である. ヘブライ書 11 章でも, 創世 23：4 の内容を踏まえてアブラハムの境遇を語る際, この語句が使用されているため, LXX の影響が考えられる. Ⅰペトロ 2：11 でも創世 23：4 からの引用と思われるが, アブラハムに関する言及はない.

---

〔297〕 Feldmeier (1992), 20-21 参照. フェルドマイヤーは同書において, Ⅰペトロ書に用いられた「παρεπίδημος」, および「πάροικος」(2：11) について, ギリシア・ローマ世界の文献と比較しつつ, 網羅的な研究をおこなっている. この語句の意味内容を徹底的に考究し, 裨益するところがきわめて大きい研究書である.「παρεπίδημος」に対して, 同様の意味の「πάροικος」は LXX で 33 回使用されている. 新約では 3 回 (使徒 7：6, 29, エフェソ 2：19).

〔298〕 他にはディオ手紙 5：5.「異郷はすべて彼らの故郷であり, 故郷はすべて異郷である (πᾶσα ξένη πατρίς ἐστιν αὐτῶν καὶ πᾶσα πατρὶς ξένη)」(ディオ手紙 5：5) とあるよう, この世に属しているようで属していないキリスト者のあり方を肯定的に弁明している (同 6：3 も参照). 同様の傾向は, Ⅱクレ 5－6, ヘル牧 1 のたとえにもみられる (同 1 のたとえ：1「神の僕として異なる都に住んでいる」). キリスト者は本来的にその国籍は天にある (フィリピ 3：20) 存在であり, 移ろいゆくこの世に事柄に拘泥せず, むしろ地上的繁栄から距離を取るように訴えている.

〔299〕 出エジプト 12：45, レビ 22：10, 25：6, 23, 35, 40, 45, 47, 民数 35：15, 列王上 17：1, 歴代上 29：15, 詩 39：13 参照.

これと関連して,「παρεπίδημος」と類似した意味をもつ「寄留する（παροικέω）」についてさらに検討したい．この言葉は「ローマに寄留する神の教会から,コリントに寄留する神の教会へ」（Ⅰクレ 1：1）,「天上における朽ちないものを待ちわびつつ,朽ちるもののなかに寄留する」（ディオ手紙 6：8）といったように,初期キリスト教文書において,しばしば書簡の冒頭などに記されている．この語句は,（すべてではないが多くの）初期キリスト教徒たちが互いに自らの実存を確認し合う記号として受け取られていたと考えられる．迫害という地上での過酷な運命が待ち受けているが,この地上では仮住まいの身,寄留者にすぎない．やがては天に蓄えられている遺産（Ⅰペトロ 1：4）を受け継げる．だが,仮住まいの者が地上でどのように振る舞うべきかという問いが生まれる．それは,2：11 以降において具体的に展開される．

新共同訳（および共同訳）では「παρεπίδημος」は「仮住まいしている人々」,「πάροικος」は「旅人」と訳し分けている．しかし,放浪の存在を意識させる「旅人」という訳語はふさわしくない．先に論じたように,Ⅰペトロ書でこの語句を用いるのは,天上か地上かという帰属性が問題となっているからだ．「πάροικος」を比喩的表現として受け取る一般的な見解に対して,社会学的視点からⅠペトロ書を考察するエリオットは異なる解釈を提示している．この語句は「受け取り手の社会的状況」を表すものと捉え,同書の読者は政治的,法的,社会的制約のある市民権のない人々とする．彼,彼女たちは「家（οἶκος）」という社会的共同体の基本から逸脱した身であるが,「神の家」に属する存在である．「信仰の共同体においては,よそ者（stranger）はもはや孤立した部外者（alien）ではなく,兄弟か姉妹である．社会の中の寄留者にとって,家なき者の家である神の家においては生活と交わりの可能性が存在する」．しかし,エリオットのこの創見に対し

〔300〕 他にもポリ手紙 1：1,ポリ殉 1：1,ディオ手紙 5：5.
〔301〕 「仮住まいの身であることは,社会においてキリスト者の記号（Signum）である．それは,彼,彼女たちの実存の終末論的特性を表すものである」とゴッペルトは論じる．Goppelt, 155. 同様の見解は Michaels (1988), 8.
〔302〕 速水,413 頁参照．協会共同訳では「滞在している人々」「寄留者」に変えている．
〔303〕 漢訳に影響を受けている文語訳（明治元訳）から「旅人」を訳語に選んでいる．
〔304〕 Elliott (1990), 288. 同様の見解は笠原．笠原はエリオットの名を挙げてはいないが,彼の論旨と同じく,「πάροικος」と「οἶκος」との相互関係を指摘しつつ,

て，批判的意見も数多く提出されている．たとえば，フェルドマイヤーはエリオットが重視する「πάροικος」と「οἶκος」との相互関係は，Ｉペトロ書において見出すことができないと批判する．フェルドマイヤーの反論は正しく，同書において「πάροικος」よりも開始部分に記される「παρεπίδημος」の方が重要であり，かつ「οἶκος」は当時の社会的共同体というニュアンスでは用いられていない．

「選ばれた〔人々〕」：この三つめの語句は，Ｉペトロ書では頻出語であり（1：1，2：4，6，9），かつ鍵となる語句でもある．新約では主に，黙示文学的な文脈において用いられており，終わりの日には選ばれた者が天使に招集される（マルコ 13：20－27，マタイ並行 24：22－31）[306]．終末論的背景を帯びるこの語句は，終わりの日に救われることが約束されていたことを示唆しており，Ｉペトロ書においても同様の意味として記されている．すなわち，同書簡の読者は，「審査の日」（2：12）に向けて神の救いに与る選ばれた存在である[307]．

神による「選び」：神による民の「選び」（申命 4：37，7：6－7，14：2，詩 105：6，43，イザヤ 43：20，アモス 3：1 他）は，旧約聖書の基本モチーフである．神はイスラエルの民を選び，エジプトから約束の地へと導き出した（出エジプト 20：2，申命 5：6）．神に選ばれた者たちは，それゆえに，神への応答ということもまた課せられる．神の教えに従順に聞き従う者であることが求められる（申命 5：1）．クムラン宗団においても，神による選びが重視されている（1QS VIII：6，XI：16，1QpHab X：13，CD III：21－IV：6 参照）．ゴッペルトは，Ｉペトロ書の「選び」「仮住まい（寄留）」「散在（離散）」の起源をクムラン宗団に見出しているが[308]，アクティマイアーが正しく指

次のように結論づける．Ｉペトロ書の「著者は明らかに，『パロイコス』と『オイコス・テウー』（神の家）とを対置している．地域社会においては疎外され，迫害されている彼ら，しかし，『神の家』であるキリスト教共同体には，彼らが真に安住できる場所が確保されている」．笠原（1996），8 頁．同（2013），169 頁参照．

〔305〕　Feldmeier (1992), 203-210.
〔306〕　ルカ 18：7 の「やもめと裁判官」のたとえでも，終末時に顕現する人の子の到来に際して救われる「選ばれた人々」について語られている．
〔307〕　書簡の読者へのよびかけにおいて「選び」と「聖化（聖なる者となる）」を言及する点は，コロサイ 3：12 を思い出させる．また，「選び」ゆえに苦難の受忍を訴えるのは，Ⅱテモテ 2：10 と類似している．ユダヤ教の伝統から引き継がれたこのような自己認識は，初期キリスト教において広く受け止められていたように思われる．
〔308〕　Goppelt, 82.

摘するように，これらのタームはすでに旧約聖書において十分に見出しうるものである[309]．クムラン宗団の共同体形成において，「選び」の思想は核たるものであり，それは終末論的色彩を多分に帯びている．ユダヤ教黙示文学ではそれにさらに拍車がかかり，終わりの時に選ばれた者とそうでない者の行末は甚だ懸隔している（エチ・エノ1：1−9他参照）．Ⅰペトロ書における「選び」はこのような終末論的背景だけではなく，旧約で語られているように，神に一方的に選ばれたイスラエルの民と読者を重ねつつ，その特殊性を強調する役割もはたしている（Ⅰペトロ2：9，および出エジプト19：6）．「選び」は，この書簡において重層的な意味で展開されていることがわかる．

読者は何ゆえに選ばれたのか．その理由は1：2「神の予知に従い」以下に記されている．神が「選び」の主体であることは，パウロ書簡と同様の主張である[310]．選び出された人々とは，バプテスマを受けてキリスト教徒になった人々を意味しているだろう．

書簡の挨拶に続き，バプテスマを受けた信者は「希望」へと生まれ変わることが宣言される（1：3）．この世界でキリスト者として生きることに多くの障害があったとしても（5：8以下参照），この神による「選び」がいかに重要であるか，読者に訴えている．送り手もまた，この「選び」に連なる存在である[311]．送り手と受け取り手は，この「選び」において一つであることを書簡の結びでも確認できる（5：13「共に選ばれている」）．

以上，確認したように，「……散り，仮住まいをしている選ばれた〔人々〕」と受け取り手を規定しているこれらの三つの語句は，Ⅰペトロ書において中心的なテーマであり，書簡全体を通して展開されていく[312]．

2節 1節で述べられた「選び」の理由として，次の事柄を挙げている．まず，2節では根拠，依拠（本註解では「に従い」と訳す）を表す前置詞「κατά」の後に「神の予知（πρόγνωσις）」とある．2節では三つの前置詞がそれぞれの語句の前に記されている．新約文書ではあまり馴染みのないこの語句は，「（神が）予め

---

[309] Achtemeier, 81 Anm. 30.
[310] ローマ8：33，Ⅰテサロニケ1：4参照．
[311] Feldmeier (2005), 35 参照．シュネレは「苦難の中で神によって選ばれたことがⅠペトロ書の中心に位置する神学テーマである」と論断する．Schnelle (2014), 566.
[312] Feldmeier (2005), 34; Vahrenhorst (2016), 65 参照．

（前もって）知っていること」「予知」と訳すことができる[313]．1：20 の「予め知っている（προγινώσκω）」とも関係している（使徒2：23，ローマ8：29，11：2参照）[314]．キリストが世界創造前から知られていたように，読者の「選び」（1：1）は，神によって予め決定された事柄であると述べている．神の被造物にすぎず，有限なる人が介在する事柄ではない．それゆえ，この予知と先の「選び」は密接に関係している[315]．神がイスラエルの民を選んだように，「選び」は人の業ではなく，神の主導によって一方的になされる業である．なお「父なる神」とあるが，神を父とよぶのは，この箇所と 1：17 のみである（本註解 1：17 参照）．

続いて，「霊による聖化によって」とある．2 節における二つめの前置詞「ἐν」は，ここでは手段を表す「～で，によって」と訳すべきだろう[316]．この箇所は原文に従えば，「霊による聖化によって〔選ばれた人々〕」と訳せる[317]．「霊による聖化」と訳した部分は，ほとんどの訳では単に「霊の聖化」としており，直訳はこれである．この「πνεύματος」という属格の付加語が実際に何を意味しているのか正確に捉えるのは困難であるが，霊の「働き」を通して聖化される[318]，すなわち，

[313] 共同訳「父である神があらかじめお立てになった計画」や新共同訳「父である神があらかじめ立てられた御計画」は，TT の拘束性に配慮していると思われるが，これでは ST からの過度な逸脱は否めない．口語訳「予知されたところ」，協会共同訳「予知されたこと」，川村，田川訳，岩波訳「予知」．塚本訳の「予定」，前田訳の「先見」も意味内容は同じかもしれないが，少し SL のニュアンス（前もって「知っている」）からずれているように思える．ただし，ここで述べる「予知」とは，近未来（の出来事など）を「予知する」ということではなく，事柄のすべてを見極める神の「全知（全能）」という意味である．同様の見解は Schelkle, 20．

[314] 新約以外ではユディト 11：19．ユディト 9：6 において，全能なる神の裁きが予め定められていることを告げる脈絡でこの語句が記されている．

[315] Schröger, 15 参照．

[316] たとえば使徒 3：6「イエス・キリストの名によって（ἐν τῷ ὀνόματι Ἰησοῦ Χριστοῦ τοῦ Ναζωραίου）」参照．

[317] 「聖化（ἁγιασμός）」はパウロ書簡（および第二パウロ書簡）で頻出語（ローマ 6：19, 22，Ⅰコリント 1：30，Ⅰテサロニケ 4：3, 7，Ⅱテサロニケ 2：13，Ⅰテモテ 2：15 参照）．およびヘブライ 12：14 にも見出せる．多くの場合，前置詞（εἰς, ἐν）とともに用いられている．Ⅰペトロ 1：2 は神による「選び」の根拠として「霊による聖化」を挙げている点で，Ⅱテサロニケ 2：13「ἐν ἁγιασμῷ πνεύματος」と共通し，また異邦人が霊によって聖なるものとされる点では，ローマ 15：16 と類似している．霊の働きによって異邦人が聖なる者とされる認識は，主にパウロ書簡で展開される．

[318] この点（genitivus auctoris）を重視して訳しているのは，たとえばフェルドマイヤーの「in der Heiligung durch den Geist」．Feldmeier (2005), 37．エリオットの

聖なる者になると本註解では捉えたい．それゆえ，上記のように訳した．⁽³¹⁹⁾

「聖とされた」ことは終わりではなく，それはまた生き方が厳しく問われることへの始まりでもある．この世界の中で聖とされた者としてどのように生きるべきかが問われる（Ⅱコリント 7：1，エフェソ 4：17 以下，ヤコブ 1：27 参照）．それゆえ，日々の生活において絶えず生き方を改めないといけない．Ⅰペトロ 1：15 以下ではレビ 11：44 を引用しつつ，神によって召され，招かれた聖なる者になることを読者に勧めているのはそのためである．無知であったかつての生活から離脱し，「従順の子」である聖なる者として生きることが，Ⅰペトロ書の主題の一つである．この言葉は，服従の勧告句が記される 2：11 以下の内容を先取りしている．書簡の冒頭で，選びの根拠として二つの語句，「従順」と「聖化」を示すことで，書簡の内容を予め伝えているように読める．旧約聖書に従いつつ（出エジプト 19：6，申命 7：6），選ばれた存在である読者は，「聖なる祭司団」（2：5），「聖なる民族」（2：9），つまりは神に属する者となる．

「霊」は，旧約聖書において終末時に神から与えられる賜物と理解されている（ヨエル 3：1 他参照，および使徒 2：16 以下参照）．パウロ書簡もこの理解の延長にあり，霊の「初穂」（ローマ 8：23）や「手付金」（Ⅱコリント 1：22，5：5）と記されている．Ⅰペトロ書において基本的には終末論的背景をもちつつ，この語句はさまざまな文脈で用いられている．1：11 では，キリストが生まれる前に生きた預言者たちの内にある「キリストの霊」について語られる．また，この世での「肉（σάρξ）」と対峙して用いられている（「霊において生きる」Ⅰペトロ 3：18，4：6 参照）．

ここでは二つの可能性が考えられる．地上の「肉」ではなく，地上には属さない「霊」によって聖とされることを意味するのか，または 1：11 にあるような先在の「キリストの霊」による聖化が念頭にあるのか．聖化，つまり聖なる者とさ

訳文は，さらにはっきりとこの理解を打ち出している．「through the sanctifying action of the Spirit」．Elliott (2000), 318f. NIV も「through the sanctifying work of the Spirit」と類似した訳を提示している．同様の解釈は Knoch (1990), 39; Schelkle, 22 Anm. 1; Schweizer (1972), 15，および Goppelt, 86 Anm. 47 も参照．岩波訳では「霊によって聖化されており」，協会共同訳「霊により聖なる者とされ」としている（他にも新改訳，共同訳，新共同訳，フランシスコ会訳，宮平訳も参照）．

〔319〕 ただし，この語句が「信仰とバプテスマの働きを示唆している」（ブロックス）か定かではない．ブロックス，65 頁．

れるのは神による選びの事実に基づくものであり，キリストの霊による聖化というのはいささか不自然である．したがって，本註解では前者の可能性を取りたい．

　三つ目の前置詞「εἰς」は，目的の意味と理解する[320]．すなわち，「聴き従うこと（従順）とイエス・キリストの血を注ぎかけられるために」と訳すことができる．「（地位の低い人が上の者に）聴き従うこと（ὑπό［下にいて］＋ἀκούω［聴く］）」，または「従順」を意味する「ὑπακοή」は，パウロ書簡でしばしば用いられる単語であり，Ⅰペトロ書ではこの箇所以外では二回用いられている（Ⅰペトロ1：14，22）[321]．「聴き従い（ὑπακοήν［…］Ἰησοῦ Χριστοῦ）」と訳した部分は，多くの訳では「イエス・キリストに聴き従う」と「イエス・キリスト」を「ὑπακοήν」にかけて理解しているが，本註解ではそれを採用しない[322]．

　1：14ではバプテスマを受ける前の無知であった頃とは違い，バプテスマを受けて「従順の子」になったと記している．「聴き従うこと（従順）」になることは，「選び」に繋がると訴えている．では，「従順」とはいったい何を意味するのか．

[320] アグニュー，エリオットやワトソンは前置詞「εἰς」を目的（purpose）と取らずに原因，根拠（cause）と理解している．「εἰς」を「because of」と訳し，（イエス・キリストの）従順と血の注ぎかけのゆえに選ばれるとする．Agnew, 68-73; Elliott (2000), 319f.; Watson, 22. しかしながら，本書簡では読者が従順になるための勧告について語られるので（2：11以降より具体的に），ここは目的と受け取る方が正確だろう．同種の批判はダーヴィス．彼はこの文脈では「εἰς」の理解が不自然であるとし，「because of」とするならば「διά」が記されると批判する．Davis, 49 Anm. 10.

[321] ローマ1：5，5：19，6：16，15：18，16：19，26，Ⅱコリント7：15，10：5，6，フィレモン1：21．他にもヘブライ5：8．「『従順』は初期キリスト教の伝道用語の術語（terminus technicus）で，回心を福音（ローマ10：16，15：18．6：16，Ⅱテサロニケ1：8，Ⅰペトロ1：22を参照）ないしは主なるキリスト（Ⅱコリント10：5，Ⅰペトロ1：2，14，ヘブライ5：9）への服従として言い表す」とヴィルケンスは論じる．ヴィルケンス，89頁．パウロ書簡ではキリストの十字架死を通して示した従順についても語られているが（ローマ5：19），Ⅰペトロ書では「キリストの従順」ではなく，主に受け取り手の従順である．

[322] 欧文の訳ではあまりないが，邦訳（口語訳，共同訳，新共同訳，協会共同訳，フランシスコ会訳，岩隈訳，岩波訳など）では多い．「ὑπακοή」は1：14においては単独で用いられている．「イエス・キリスト」を「ὑπακοήν」と結合させる場合，目的語的属格「イエス・キリストに従順」になるが，「αἵματος」との結合では所有の属格「イエス・キリストの血」の意味になる．同じ文章に二つの機能をもつのは奇妙に感じる．同様の見解はAchtemeier, 87. その他，Schelkle, 22 Anm. 2; Goppelt, 86 Anm. 51;岩隈，59頁参照．田川訳では「イエス・キリストの従順」とし，前半を主格的な属格として理解している（文法からは可能）．本註解ではこの従順を「イエス・キリストの従順」とは取らない．

この答えは 2：11 からの具体的な勧告句の中で語られる．「従順」は，キリスト者になることの条件のように受け取られている．

そして，「イエス・キリストの血を注ぎかけられる」とある．血を注ぎかけられるのは，出エジプト 24：8 に記された契約締結の儀式との関係か（ヘブライ 9：19－21 参照），または異教の宗教儀礼（清めの儀式）の影響を感じさせる．ここでは前者を意味すると思われる．[323] 出エジプト 24：3，7 において，契約が締結される際に民が「主から語られたことをおこない，守る」と宣言する，従順なる姿勢がくり返し記されている点は，「従順」と「血を注ぎかける」（契約の締結）を合わせて記すⅠペトロ書の記述と重なる．

1：17 以降，この地上で仮住まいの身である間に，畏敬をもって振る舞えと教示する際，読者たちが以前の振る舞いから贖われたのは傷や染みのない小羊たるキリストの血ゆえであることが説き明かされる（本註解 1：19 参照）．Ⅰペトロ書において，イエスの十字架上での死，その血による贖いは書簡を通して何度も語りかけられる（1：19，2：24，3：18）．キリストの血が罪の贖いの証となることは，パウロ書簡（ローマ 3：25，5：9 参照）においても強調されている．さらに，Ⅰペトロ 1：19 のようにイエスと小羊を重ねて贖罪死を語る箇所もパウロ以外の文書でも見出せる（Ⅰコリント 5：7，ヨハネ 1：29，19：36，黙示 5：6 参照）．

ゴッペルトは 1：2 の伝承の「生活の座（Sitz im Leben）」を初代キリスト教会におけるバプテスマ典礼文に求める見解を示している．[324] だが，私見では 1：2 にはバプテスマを示唆する内容を読み取ることはできない．[325] この記述は，1：17 以降を先取りする形で読者たちに「選び」の根拠を強調しているにすぎず，バプテスマと関係づけて考えるのは困難だと思われる．

　　三位一体論について：1：2 は三位一体の聖書的根拠と考えられるだろうか．[326] 確かにこの箇所に記されている「父・霊・子（イエス・キリスト）」という定式は，後世

---

〔323〕類似の表現「注ぎかけられる血」はヘブライ 12：24 に見られ，ここでもイエスから流される血である．
〔324〕Goppelt, 83-88. ゴッペルトはさらに，この伝承の起源をエッセネ派にまで遡らせている．この箇所だけではなく，ゴッペルトは往々にしてⅠペトロ書の伝承をクムラン宗団と関連づけて理解する傾向が強い．
〔325〕同様の見解は田川（2015），255 頁以下，註 2．
〔326〕たとえば宮平訳，126 頁では，「この 2 節では，『父なる神』，聖『霊』なる神，神の御子『イエス』による三位一体の神の働きが示されている」．

に展開された教義と似通っている．しかし，ブロックスが正しく指摘するように，ここでは神の一者性が前提されており，明らかに1：1の選びの根拠として三つの理由を示しているにすぎない．ただし，ブロックスは「三位一体論への関心が働いていないとしても，この定式は三位一体論的（trinitarisch）とよべるものである」と付言している．だが，後のキリスト教の三位一体論的思考をⅠペトロ書が想定して記しているわけではなく，それとはまったく無関係であると断言すべきである．[327]

続いて，古代の書簡の形式に従って挨拶が送られ，「恵みと平和」と記されている．書簡の終結部（5：14）でも同種の挨拶が送られており，この書簡は平和の挨拶で囲い込まれている．前述したように，パウロ書簡にも似たような言葉を見出すことができるが[328]，ここでは「ますます豊かに」という言葉が加えられている．[329]

1章3-12節　救済の意義　希望への新生

³神であり，私たちの主イエス・キリストの父がほめたたえられるように．その方（神）は，その豊かな憐れみに基づき，死者の中からのイエス・キリストの復活を通して（によって），私たちを生き生きとした希望へと新たに生まれさせた．⁴〔それは〕あなたがたへの天に蓄えられている，朽ちず，汚れず，しぼまない遺産を受け継がせるためである（遺産のために）．⁵あなたがたは，終わりの（最後の）時に顕されるように備えられている救いを受けるように（救いに向けて），信仰を通して，神の力によって（の中に）守られている．⁶それゆえ，あなたがたは〔今〕心から喜ぶのだ．今しばらくの時，幾多の試練に

---

〔327〕　ブロックス，65頁（訳文を一部変更）．同様の見解はSelwyn, 247-250; Schelkle, 24. セルウィンは三位一体を想起させる他の新約聖書箇所（マタイ28：19，Ⅱコリント13：13，Ⅱテサロニケ2：13-14）と比較検討しているが，後世のキリスト教教義の視点から新約文書を読み込みすぎているように思えてならない．

〔328〕　ローマ1：7，Ⅰコリント1：3，Ⅱコリント1：2，フィリピ1：2，フィレモン3参照．

〔329〕　LXXダニエル4：37c，Ⅱペトロ1：2，ユダ2，Ⅰクレ1：1，ポリ手紙，およびポリ殉冒頭挨拶参照．

おいて悲嘆に暮れなければならないとしても．⁷火によって試された，滅び去ってしまう金よりも，はるかに尊い〔試練を経て認められた〕あなたがたの信仰の純正が，イエス・キリストが顕れるときに，称賛と光栄と誉れへと変わるためである．⁸あなたがたは，彼（キリスト）をまったく見たことがないのに愛し，今，見ていなくても信じており，言葉では言い尽くせない輝かしい（栄光に満ちた）喜びに満ちあふれている（喜びを伴って歓喜している）．⁹〔あなたがたは〕あなたがたの信仰の目的であるいのちの救いを手にしているからだ．¹⁰この救いについては，あなたがたへの恵みについて預言した預言者たちが探求し，丹念に探し求めた．¹¹彼ら（預言者たち）は，自分たちの内にあるキリストの霊が，キリストが受けるべき（キリストに対する）苦難とそれに続く栄光について予め証しした際，それがいつ，あるいは，どの時（それが誰を，あるいは，どの時）をさすのか調べたのだ．¹²彼ら（預言者たち）は，それらのことが，自らのためではなく，あなたがたのために奉仕することであると啓示された．それらのことは，今や，天から遣わされた聖霊においてあなたがたに福音を告げた者たちによって，あなたがたに告げ知らせており，天使たちも垣間見たい（覗き見たい）と望んでいることである．

　形式的な挨拶に続いて神への讃美の言葉（Eulogie）が配置されているのも，当時の書簡の習慣に従っている[330]．この讃美の後，書簡の導入部分となる3節から12節までは分詞構文，関係代名詞などで文を次々と繋げる長文である[331]．Ⅰペトロ書は技巧的な修辞文を駆使して記されており，書簡の筆者は高度なギリシア語の能力を有していることがわかる．同じような長文は本書間でしばしばみられる．

　この独特の筆法について，「悪趣味に溺れている[332]」悪文（田川）と受け取るか，または「荘重な語り口はリズムを帯びて流れ，簡潔で密度の濃い陳述はいやが上にも印象的にしている[333]」美文（ブロックス）と読むか意見が分かれるところである．本註解では3－12節の全文を繋げて訳さず，読みやすさを考慮し，部分[334]

---

〔330〕ブロックス，67頁以下，Goppelt, 90; Schelkle, 27 も参照．
〔331〕この種の長文の傾向は，第二パウロ書簡にもしばしばみられる（コロサイ1：3－8，エフェソ2：1－5 他参照）．
〔332〕田川訳，256頁，註3－12．
〔333〕ブロックス，68頁．
〔334〕STとの結束性をより重視している田川訳では，この部分を原文に即して

的に区切って日本語に置き換えた．3－4節は口語訳，共同訳，新共同訳では連続しているが，3節で区切るのがふさわしいだろう．

　開始部分において，神が人を希望へと新たに生まれさせたことを言明している．このような宣揚から始められている意義は大きい（ローマ6：4，Ⅱコリント5：17参照）．バプテスマを通して新しい存在へと生まれ変わった読者たちの現在のありようが，まず説き明かされるからだ．刷新された自己への認識を促すだけではなく，キリストの来臨の待望に生きる者であることをも伝えている．希望への新生とは，キリストの来臨時に与えられる救済の約束にほかならない．なお，3－12節までの文は，初代教会のバプテスマの際の典礼文と考える研究者たちがいるが，それを確かめる術はない．ただし，バプテスマに関する伝承をもとに記した可能性は考えられる（本註解第1部第2章1.1参照）[335]．

　希望の言葉をもって始められ，続いて天にある遺産を受け継ぎ，神の力によって守られていると励まされる．5節からは終わり時の「救い」について語られ，6節では降りかかる数多の試練のなかでも，喜べという激励が続けられる．このように，著者が困難な状況においても喜ぶことを勧めるのは，「いのちの救い」を手にしているという救済の確信が読者たちにあるからである．「いのちの救い」とは存在全体の救いであり，本書簡はこの事実を一貫して読者に語りかける姿勢を崩さない．8節も6節の内容を受けて，喜びの現実が語られる．9節において，与えられる救いが，読者たちの信仰の目的であることが告げられる．この9節は3－12節の内容上の頂点にあたるだろう．そして，10節からは新たな視点に切り替え，預言者たちがこの救いについて探し求めていたことが示される．将来の救済について歴史全体から理解しようと試みられ，過去，現在，未来の時間軸から救いの内実を説き明かす．終末時の救済は歴史の完成であり，約束の成就ということになる．

　このように，3－12節は書簡の重要な要素が濃縮された内容であり，この手紙がいかなる目的で書かれ，かつ何を伝えようとしているのかをここから把握することができる．

　　一文にして訳出する思い切った異化（異質化）翻訳を試みている．
　〔335〕　同様の見解はブロックス，68頁．

3節　冒頭句,「Εὐλογητὸς」は本註解では「ほめたたえられるように」としたが,「ほめたたえられる（べき）」「讃美されるべき」などとも訳せるだろう．LXXでは「בָּרוּךְ」の訳語として詩編の讃歌を始めとし（創世 9：26, 14：20, LXX 詩 27：6, 30：22 他参照），広範囲に使用されている語句である．新約においては,たとえばルカ 1：68 からのザカリア讃歌に見出されるように,主として神に対して用いられている言葉である（ローマ 1：25, 9：5 も参照）．[336]

新共同訳,協会共同訳などは「父なる神」と一つにまとめて訳しているが,正確には「神にして父」である．この讃美の言葉（Εὐλογητὸς ὁ θεὸς καὶ πατὴρ τοῦ κυρίου ἡμῶν Ἰησοῦ Χριστοῦ）は，ⅡコリントI 1：3, エフェソ 1：3 の始まりと同じである．

これらは初期キリスト教会において用いられていた定型の讃美の言葉なのか,または,エフェソ書とⅠペトロ書の送り手らが,第二コリント書を模して記したのか判断しがたいが,前者の可能性が高いと考える[337]．Ⅰペトロ書が初期キリスト教会で用いられていたさまざまな伝承を用いて記されていることは,書簡の全体から看取できるからである[338]．

讃美の言葉に続いて,読者は神の「豊かな憐れみに基づき」希望へと生まれ変わったと告げられる．ここでは,前置詞「κατά」を根拠の意と解して,「に基づき」と訳した．希望への新生は,神の先導に基づいて生じる．神からの「憐れみ」は,続く 2：10 においても,旧約の引用文（ホセア 2：25）を通して,再度,言及されている（テトス 3：5 も参照）．キリスト者はいまや神の豊かな（多くの）憐れみを受ける存在となる．[339]

〔336〕ユダヤ教の祈りの言葉を,初期キリスト教が採用した可能性が考えられるだろう．Beyer, ThWNT II, 761f. 参照．
〔337〕Ⅰペトロ 1：3-5 とエフェソ 1：3-14 の言語上の比較検討は Deichgräber, 77 を参照．また，Ⅱコリント 11：31 においても類似した表現として「ὁ θεὸς καὶ πατὴρ τοῦ κυρίου Ἰησοῦ」と記されている．
〔338〕同様の見解は Herzer, 49-54; Vahrenhorst (2016), 70 参照．Berger, 303 は「私たちの」という複数形に注目している．個人ではなく,共同体全体で神に対して讃美の言葉を述べている．
〔339〕1：18-21, 2：22-25, 3：18-22 のキリスト讃歌,および 2：13-17 の王への服従，2：18-20 の奴隷への勧告句，3：1-9 の家庭訓，5：1-5a の長老と若者への勧告，さらに 4：7-11, 12-19, 5：8-11 の終末への警句などは,元来,独立して伝承されていた可能性が考えられる（本註解第 1 部第 2 章 1.1 参照）．Horrell (2013), 29-42; ders. (2008), 31-42 参照．

「ἀναγεννήσας」は，新約ではこの箇所と 1：23 のみに使用されている．「再び生む」「新たに生む」「新生，再生させる」の意味の「ἀναγεννάω」のアオリスト形分詞である．希望への新生は何度も起こり得るものではなく，一度きりの業である．

「εἰς ἐλπίδα ζῶσαν」の「εἰς」は，ここでは目的または結果を表し，「生き生きとした希望へと生まれ変わる」と解する．

確かに，希望への新生は神の主体的な業であるが，その契機はイエス・キリストの復活の出来事である．くり返しになるが，この文言は初代教会のバプテスマを示唆していると推測されているものの，それを裏づける確証はない．ただし，ローマ 6：4 に「バプテスマによってキリストとともに葬られた」とあるように，初代教会で執行されていたバプテスマは，それを受ける前と後では質的に変化すると考えられていた．バプテスマはキリスト教徒にとってキリストとともに葬られ，死に与ることを意味している（コロサイ 2：12 他）．このようなイエスの死

---

〔340〕 新約以外の文献使用例として，ヨセフス『戦記』IV：484 参照．Büchsel, ThWNT I, 671-674 参照．

〔341〕 キリスト者が象徴的に「新たに生まれる」ことを伝える記述は，他にもヨハネ 3：5, 7，ヤコブ 1：18，テトス 3：5 などにも見出せ，バルナバ 6：11, 13, 16：8 では新しい創造について語られる．テトス 3：5 では「再生（παλιγγενεσία）」（マタイ 19：28 参照）の洗いと聖霊による「刷新（ἀνακαίνωσις）」（ローマ 12：2 参照），つまりはバプテスマの際の新生を伝えている．初代教父の文書，たとえばユスティノス『第一弁明』61：3－4，66：1 でもそれを確認できる．ヘレニズム・ユダヤ教文献であるヨセ・アセ 15：4（および 8：11）にも新生に関する言及があり，ユダヤ教に改宗したアセナテに「あなたは一新され，造り変えられ，蘇生させられた（ἀνακαινισθήσῃ καὶ ἀναπλασθήσῃ καὶ ἀναζωοποιηθήσῃ）」とよびかける．類似例の指摘は Feldmeier (2005), 85.『ヨセフとアセナテ』は，ユダヤ教内において改宗した者をいかに位置づけるか，というテーマをギリシア文学の要素を加味して物語風に伝えるものだが，改宗者を「新生」者と捉えているのは，異教からキリスト教徒に改宗した者と同じで興味深い．「παλιγγενεσία」は，世界が更新されることを意味するストア派の文献などに並行例が見出せる．Bauer, ThWNT I, 685-688. Bauer,1226f. さらに，ヘレニズム世界の密儀宗教の入会儀礼との関連性を示唆する意見も提出されているが定かではない．これと同様に「ἀναγεννήσας」もヘレニズム世界の密儀宗教に由来するという見解がある．Goppelt, 93 Anm. 16; Schrage (1973), 69 参照．しかし，それを裏づける確たる証拠はない．ブロックス，70 頁，Vahrenhorst (2016), 72 Anm. 67 参照．いずれの語句もユダヤ・キリスト教的文脈に置き換えられ，バプテスマを通した新しい生の実態を意図して用いられている（ローマ 6：4 参照）．

〔342〕 Feldmeier (2005), 43; Vahrenhorst (2016), 72 参照．

〔343〕 岩波訳「私たちを希望へと再生させた」，塚本訳「私達を活ける希望に新しく生み」，前田訳「われらを生ける望みへと新たにお生みでした」，田川訳「我らを生ける希望へと再生せしめ給うた」も同様に訳している．

との同一化のモチーフは，初代教会が担うバプテスマの意味内容においてきわめて重要な要素である．さらに，バプテスマを通して新しい命を得ることが約束されている．バプテスマを受け，イエスと共に死んだ者は，「キリストの復活の力」（フィリピ 3：10）によって，新しい命を受け継ぐのである（ローマ 6：4，Ⅱコリント 5：17）．キリストの出現によって，人は新たに創造された存在である（Ⅱコリント 5：17）．それゆえ，この書簡の最初に読み手として想定されている入信したばかりの信者たちに対して，送り手はバプテスマを経て「希望へと生まれ変わった」ことを強く訴えているのである．

希望の内実については続く 5 節で語られ，それは終わりの時に与えられる救済への希望であることがわかる（Ⅰペトロ 1：13 も参照）[344]．この希望は読者の実存，つまりはその生き方と深く関わってくる．書状を読み進めると，希望についておそらく批判的な未信者に対して，臆することなく雄弁に語ることが勧められるのはそのためである（本註解 3：15 参照）．だが，希望へと生まれ変わったからといってそこで終わりではない．希望へと新生した者は，終わりの日まで常にその生き方が問われる身でもある[345]．それゆえ，この書簡はその生き方を正し，ふさわしい振る舞いについて念入りに指導する．

「εἰς ἐλπίδα ζῶσαν」の解釈をめぐって，研究者の間で意見が分かれている．「ἀναστάσεως」と関係させずに，単に「希望を持たせ（与えさせ）」と解すことも可能であるが[346]，本註解ではこの見解を支持しない．既述のように，希望への新生を強く訴える意図があると考えるからである．「生き生きとした希望」とは，直後の「死者の中から」という言葉と対比させると，希望は死んだものではなく，生きた希望であることがわかるだろう．「生きた」という言葉は，本書間でたび

---

〔344〕 キリストの来臨への希望については，Ⅰテサロニケ 1：3，10 参照．パウロはこのキリストを通した救いを獲得するために，希望の兜を着けることについても語っている（Ⅰテサロニケ 5：8-9）．Ⅰペトロ書の送り手はこのようなパウロ書簡の理解を前提としている．

〔345〕 ブルトマンもこの点を強調している．「（略）一方でキリスト教的現存在が聖化され，清められた者という平叙法で述べられたとしても，なお彼がこの世にあって活動しているかぎり，やはり彼は命令法の下にあるのである．一方でキリスト教的現存在は，その過去と環境世界とから断絶してしまっているとしても，なおやはりこの断絶はたえず新しく実現されなければならないのである」．ブルトマン神学 I, 128 頁．

〔346〕 共同訳，新共同訳，協会共同訳，フランシスコ会訳参照．

たび用いられており，救済がいま現在の読者に深く関わる事柄であることを強く訴えている[347]。

4節以降は第二人称複数「あなたがた」に変化するが，3節では，第一人称複数である「私たち」，つまりは送り手であるペトロ（と想定されている人物）も希望へと生まれ変わったことを示唆しており，すべてのキリスト者は，希望へと新生したことが高らかに告げ知らされている．なお，Ⅰペトロ書では多くの場合，二人称複数形で語りかける内容ではあるが，しばしば「私たち」と述べている．イエス・キリストの贖罪死について説き明かす際，「私たちの罪」と述べ（2：24)，神の裁きが「私たちから」（4：17) 始まると警告している[348]。

ではなぜ，送り手は，新しく生まれることをかくも高らかに訴えるのだろうか．その答えは，手紙を読み進めるとすぐさま理解できる．読者の多くは異邦人キリスト者，つまりは，かつて「先祖伝来の空しい生活」（1：18) をし，「神の民」（2：10) ではなかった者たちである．彼，彼女たちがバプテスマを通して入信することは，人生の大きな転換，文字通り新しく生まれ変わることにほかならない[349]。神の導きによって，これまでとは異なる人生の歩みを始め，新生したことを手紙の冒頭で知らしめている．それゆえ，冒頭で父なる神を高らかに讃美することから始められているのである．

3節は全体的にローマ6：4と似ているゆえ[350]，Ⅰペトロ書はパウロ書簡を意識してこの箇所を記したと考える釈義家もいるが，むしろ，Ⅰペトロ書の送り手はパウロも用いた伝承を受け取ったという可能性も考えられる．いずれにせよ，この一文から書状を始めることにより，読者たちがいま，何者であるかを明らかに

---

[347] 1：23「神の生ける言葉」，2：4「生きた石」，4：6「霊において生きる」参照．
[348] ただし，著者が意図的に「私たち」を強調したというわけではないだろう．むしろ，1：3と2：24は伝承の言葉をそのまま引き受けた可能性が考えられる．とりわけ，2：21後半から25節は1：18-21，3：18-22とともに，イエスの受難を語るキリスト讃歌として独立した伝承であったと思われる．伝承をそのまま引用したのではなく，内容を独自にアレンジしているだろう．
[349] 「洗礼は異邦人キリスト教ではユダヤ人キリスト教の場合に比べて，より根本的な転回を象徴した．それゆえ，そこでの洗礼は新しい意味を帯びることになった．それはもはや罪の赦しによって従来の古い生活を再興するだけのものではなくて，新しい創造によって，新しい生活の開始を実現するものとなった．洗礼においては新しい被造物がそれまでの前歴を断ち切る形で創造されたのである．洗礼は再生の象徴となった」．タイセン（2007)，506頁．
[350] 他にも類似した内容はローマ4：17，Ⅱコリント5：17，ガラテヤ6：15.

し，この手紙が読み手に何を伝え，教えようとしているかを示している．手紙の使信がこの一文に圧縮されていると言っても過言ではない．

4節 4節は原文では単に「遺産のために」だが，本註解の訳文では「遺産を受け継がせるためである」と補って訳した．この「εἰς κληρονομίαν」の「εἰς」も，ここでは目的の意味「～のために」と解す．天にある「相続財産」は5節を読むと「救い」であることがわかる．

「救い」は「遺産」として受け継がれると理解されている（ヘブライ1：14「救いを受け継ぐ」，同9：15「永遠の財産を受け継ぐ」参照）．「遺産」とは，旧約聖書では「相続（נַחֲלָה）」を意味している（申命12：9他多数）[351]．相続とはイスラエルの民が神から与えられ，代々受け継がれるべき相続財産，とりわけ土地である（出エジプト32：13，申命4：38，26：1他）．さらに，イスラエルの民は「相続の民」と比喩的によばれている（申命4：20，詩28：9）．新約においては遺産とは具体的な土地という意味ではなく，比喩的表現として用いられている．たとえば，パウロは「神の相続人」としてキリスト者は神からの救いを相続遺産として受け継ぐことができると述べている（ガラテヤ4：1，7，ローマ8：17）．

同様に，Ⅰペトロ書でも比喩的表現として遺産について語っている．しかし，それは単なる遺産ではないことが，この語句を修飾する複数の形容詞によって明らかになる．それは，天にあり，永遠に消えることのなく，わずかな瑕瑾もない遺産である．ここでは，「朽ちず，汚れず，しぼまない（ἄφθαρτον καὶ ἀμίαντον καὶ ἀμάραντον）」[352]と語頭に否定の接頭辞を重ね，韻を踏む文を構成している．

「朽ちない」という言葉はⅠペトロ書でたびたび，用いられる（1：23「朽ちない種」，3：4「朽ちないもの」参照）．汚れず，しぼまないとは，約束された遺産は瑕疵がないことを意味し，その完全性を説いている．神から授けられる遺産は，儚く朽ち果てるもの，または枯れて萎え，凋落する類のものではない．この遺産

---

［351］ 協会共同訳は従来の「嗣業」という訳語を捨て，「相続」と改めた．本註解でもこの訳語を採用する．

［352］ 「朽ちない」（ローマ1：23，Ⅰコリント9：25，15：52他），「汚れのない」（ヘブライ7：26，13：4，ヤコブ1：27）という言葉は他の新約の箇所でも用いられているが，「しぼばない」はここのみ．「朽ちない」「不滅の」神に関する記述は，フィロンの著作にも見出せる．『律法書の寓意的解釈』Ⅲ：31：36，『アベルとカイン』63，95，『神の不動性』26，『神のものの相続人』118他参照．Feldmeier (2005), 49 参照．

は地上的なものではなく天上にあり[353]、永遠に存在するもののみに関心をもつべきである、とこの語句は示している。読者たちは世俗的な事柄に汚染された身ではなく、天の遺産を継ぐ者として邁進している。このような終末論的背景をもった「遺産」という表現は、ヘブライ書でも同様である。

「蓄えられている」は、「見張りをする」「守る」という意味でもあるゆえ、神の身許である天において今も守られていることを意味している。受けるべき遺産は将来に約束されたものであることが主張されている[354]。読者の置かれた「現在」は苦難に満ちたものであり、試練の時であることが後の6節で語られる。それゆえ、現在の危難と将来に与るべき栄光とがここでも明瞭に対比されている（1：11、4：13、5：1、10参照）。4、5節の約束の言葉は、6節以降の苦難の言説を準備していることがわかる。

前述したように、3節は「私たち」であったのに対し、4節の終わりに「あなたがたへの」と変更して記されている（1：10参照）。この天に蓄えられている遺産は、まさに受け取り手である「あなたがた」に備えられていることを強調している[355]。このような読者へのよびかけは、これ以後もくり返される。この書状は回状という性格を有しているが、不特定多数の読者への語りかけを意識していることがここからも了解できるだろう。

5節 5節も直訳は「救いに向けて」だが、本註解では「救いを受けるように」と補う。「神の力によって」か「神の力の中に」か、どちらともとれる。4節と同様に5節も将来、読者たちが受けることが許される救いの約束に関する言辞である。「守られている」（「監視する」「見張る」を意味する「φρουρέω」の受動態現在分詞）は、神の力によって（または神の力の中で）、「いまも」守られていることを意味しているのだろう[356]。「信仰を通して」は、パウロ書簡で特に見出せる表現だが（ローマ3：22、Ⅱコリント5：7、ガラテヤ2：16、フィリピ3：9）、

---

[353] 新約文書において「天」は死後に赴く場所というよりは、地上的な事柄との対比で用いられている。キリスト者は天に富を積むことが勧められ（マタイ6：20）、報いが天において多い（マタイ5：12）。キリスト者は天を待ち望む存在である（ヘブライ11：16）。

[354] Vahrenhorst (2016), 74 参照。

[355] Feldmeier (2005), 42 参照。

[356] 軍事的な情報を伝える文脈でこの語句が用いられている（ユディト3：6、エズラ（ギ）4：56、ソロ知17：15）。パウロ書簡でも見出せる語句（Ⅱコリント11：32、ガラテヤ3：23、フィリピ4：7）。

Ⅱコリント 5：7 以外は「キリストの信（仰）」について語る箇所である．Ⅰペトロ書では，受け取り手の信仰について語っている．救いを受ける条件として「信仰」が語られるのは，読者たちの信仰の真贋が何度も確かめられるからである（1：7, 9, 21, 5：9）．救いは終わりの際に「備えられている」とある．天に蓄えられている遺産のように，救いはすでに準備されている．「ἀποκαλυφθῆναι」は，「覆いを取る」の意味であるが，ここでは終わりの時に救いが今まさに現れようとしている．5 節のこの内容は，後の 7 節の内容と響き合う．キリストの顕現の時には「信仰の純正」が栄光へと変わることを示唆する．このことは，手紙の最後でも再び語られる（5：10）

「時の終わり」（または「最後の時」）とは，キリストが来臨する時である（1：20 参照）．新約文書において，「ἔσχατος」は終末論的文脈においてしばしば用いられている．たとえば，ペトロの説教で語られるヨエル書の引用の際，「終わりの日々に（ἐν ταῖς ἐσχάταις ἡμέραις）」（使徒 2：17）という言葉が登場する．また，ヤコブ 5：3，ヘブライ 1：2，Ⅱテモテ 3：1，Ⅱペトロ 3：3 にも同様の表現がみられる（いずれも「日」は複数形）．上記の箇所も広い意味では到来する終末の時をさしているが，ただし，各書簡によって，その受け取り方は異なっている．Ⅰペトロ書において「時（καιρός）」は常に終末の時に関する脈絡で用いられており（1：11, 4：17, 5：6），「終わりの時」とは，それまでとは決定的に異なる最終的な時である．この 5 節は，この「時」に向かって生きている読者たちの緊迫感が伝わる一文である．

6 節　6 節冒頭の「ἐν ᾧ」が何をさすのかについて議論が交わされている．主に次のような可能性が考えられるだろう．

①「前述の事柄（3－5 節までの内容）」をさすので，ここでは前文を受けて「そ

---

〔357〕 ユダ 18 の「終わりの時」は「χρόνος」，Ⅰヨハネ 2：18 の「終わりの時」は「ὥρα」．
〔358〕 Ⅰ，Ⅱテモテ書において，パウロが抱いていた終末論的緊張感は明らかに減速している．土屋，116 頁参照．
〔359〕 終末の「時（καιρός）」という語句の用い方は，パウロ書簡からの影響が考えられる（Ⅰテサロニケ 5：1，ガラテヤ 6：9，Ⅰコリント 4：5, 7：29，Ⅱコリント 6：2 他参照）．
〔360〕 Forbes (2014), 23; 岩隈，61 頁，註 6 を参照．

れゆえ」などとする.
② 「父なる神」，または「イエス・キリスト」と解し，「彼にあって」とする．
③ 直前の「最後の時に」をさしている[362].

邦訳のほとんどの聖書が①と受け取っているが，本註解でも内容から判断し，①と理解し「それゆえ」と訳した[363]．神，ないしイエス・キリストにあって喜ぶというのは文脈からやや不自然である．確かに，文法からは前文の「最後の時に」と解することも可能であるが，その場合，終末はまだ到来していないので (4：7)，「喜ぶ」を未来の意味として「喜ぶだろう」と解さなければならない[364]．しかし，歓喜するのは終末の時ではなく，苦難に面したこの現在の只中である．希望へと新生し，天にある遺産を継承することが約束され，守られている今のこの時である．後述するように，この逆説的意味が重要な使信である（3：14，4：13 も参照）[365].

さらに，この「喜ぶのだ（ἀγαλλιᾶσθε）」を直説法，または命令法のどちらに取るかについても議論されている．本註解では前者と解したい．ここでは，試練のなかで「喜べ」と命令しているのではなく[366]，たとえ試練の只中にあっても「あなたがたは〔今〕心から喜ぶのだ」と読者を鼓吹していると考える．本註解で[367]

---

[361] 文語訳「この故に」，口語訳は「そのことを思って」と補って訳す．共同訳「それで」，前田訳，新共同訳，協会共同訳「それゆえ」，フランシスコ会訳「ですから」，岩波訳「そういうわけで」，田川訳「そのことにおいて」，新改訳「そういうわけで」．また，Ⅰペトロ 3：19，4：4 の「ἐν ᾧ」も同様に前文までの内容を受ける関係代名詞として理解できる．

[362] 岩隈訳，塚本訳「その時」．Goppelt, 99; Michaels (1988), 27; Windisch, 53 参照．

[363] 同様の見解は田中 (1938)，40 頁，速水，415 頁．

[364] Martin (1992a), 310f. 参照．

[365] 確かにゴッペルトが論じるように 4：13 においては終末時，つまり未来における喜悦について語るものではあるが，1：6 の前後関係を含めて考えれば，現在の辛苦の中で喜ぶことを勧めている内容である．Goppelt, 99. また，Ⅰペトロ書全体を鑑みれば，読者が直面する苦難の現実における実践的な勧告と信仰への励ましがその中心にあることを忘れてはならない．フェルデマイヤーの見解を参考にすれば，1：4 と 1：8 のこの現在（の喜悦）が，1：10−12 に示される預言の成就として受け取ることを促しているとも理解できる．Feldmeier (2005), 53. ブロックス，380 頁，註 210．Achtemeier, 100f.; Elliott (2000), 339; Fink, 35 も参照．

[366] たとえば，石田，23 頁はこの箇所を命令法と取る．

[367] ブロックス，74 頁，カルヴァン，29 頁，Achtemeier, 100 参照．神からアブ

は今この時の喜悦を強調するために，少しくどいが「今」と補足して訳した．このような逆説的な発言は，福音書のイエスの言葉と類似している（マタイ5：11－12，ルカ6：22－23参照）[368]．直面する試練の中で，憂悶するのではなく，むしろ歓喜の声を上げよと促している[369]．試練の中での歓喜は，直後の1：8でもくり返されている（4：13も参照）．書状の冒頭部分から苦難の中でも喜びを確かめさせることを送り手は伝えている．苦難から栄光へと導かれることは，何よりイエス自身が示したことである（ヘブライ2：9－10）．

「少ない」「小さい」「短い」の意味の「ὀλίγος」は，ここでは「多い，少ない」という量的ではなく時間的に「短い間」「しばらくの間」と理解し，直前の5節の内容を受けて，終わりの時が近接していることを意味している．Ⅰペトロ書では読者の現在であるこの「今」の時をしばしば訴える[370]．続いて「幾多の試練」とある．迫害などの具体的な内容を語ってはいないが，キリスト者として生きるゆえへの何らかの迫害，または生活上の困難を意味するのであろう[371]．「悲しませる，悲嘆に暮れさせる（λυπηθέντας）」は，最初の「喜ぶのだ」と対照的な語句である[372]．ここでは譲歩を表す「～だけれども」「～としても」と解す．「悲嘆に暮れなければならないとしても」と訳す．「εἰ δέον ἐστίν」とあるように，その悲しみは必然であることを示している[373]．試練の最中で悲嘆にくれる現実があるこ[374]

ラハムが試練を受けたように（創22：1），試練は信仰を鍛える機会と受け取られている（ミシュ・アヴォ5：3「10の試練をもってわたしたちの祖父アブラハムを試された」参照）．Vahrenhorst (2016), 78 参照．

[368] 他にも使徒5：41，Ⅰテサロニケ1：6，ヘブライ10：32－36，ヤコブ1：2，12他参照．

[369] この「喜ぶのだ」を現在と取らず，4：13と関係づけ，未来の意味として理解する案は次の註解者が提示している．Goppelt, 89f.; Dubis (2010), 9; Michaels (1988), 27f.; Windisch, 53.

[370] 「今」を意味する単語である「ἄρτι」はⅠペトロ書では2回（1：6, 8）と「νῦν」は5回（1：12, 2：10, 2：25, 3：21）使用されているが，両者の間の使い分けはみられない．新約文書では圧倒的に後者が使用されている．

[371] この箇所と類似する表現としてヤコブ1：2が挙げられる．後述するように，続くヤコブ1：3とⅠペトロ1：7にも似通った表現が見出される．

[372] NA第28版では第27版までの「λυπηθέντες」（主格）ではなく，「λυπηθέντας」（対格）の読みを採用している．意味に変わりはない．Williams/ Horrell (vol.1), 375 では重要写本を鑑みて，第27版までの読みを支持している．

[373] 悲嘆にくれるのは未来の出来事ではなく，現在である．送り手は現在，読者が置かれている状況に向けて語りかけている．速水，415頁参照．

[374] デュビスは「δεῖ」の用法に注目しつつ（マタイ24：6他参照），Ⅰペトロ

とを送り手は理解しつつ、この言葉を記している。6節はその内容から、4：12以降の迫害の現実を先取りするような言葉である（本註解4：12参照）。

　7節　「ἵνα」で始められる7節は、前文に記された「幾多の試練において悲嘆にくれなければならない」理由が述べられている。「純正」と訳した単語「δοκίμιον」は、「試験する（される）こと」「（試験などによって明らかにされ）本物であること」「純正であること」を意味する（ヤコブ1：3参照）。

　幾多の試練は、信仰の純正、いわば、本物であるかどうかを試すものであると捉えている。新共同訳は「火で精錬される」と意訳しているが、直訳では「火によって試された」である。この部分、本註解では「火で試された、滅び去ってしまう金」と直訳的に訳し、日本語として意味がわかりにくい異化（異質化）翻訳になってしまうが、要は火によって検証された金であったとしても、最終的には果敢なく消え去ってしまうことを意味していると思われる。

　おそらく、ここでは「火」というのは、前文の試練のことを比喩的に表現している（Ⅰペトロ4：12参照）。旧約聖書における火の象徴はさまざまあるが、精錬する者の火は終末時の清めと純化をもたらす点（ゼカリヤ13：9、マラキ3：2以下）、また、終末時の前兆としての火（ヨエル3：3）がこの箇所と響き合うだろう。新約聖書においてはしばしば終末時の裁きと火とが関連して語られる。バプテスマのヨハネは悔い改めない者は「火に投げ込まれる」（ルカ3：9）と語り、パウロは「かの日」に火によって各人の業が試されると忠告している（Ⅰコリント13：3）。

　試練たる火は、己の信仰を本物であることを承認するものである。金は最も重宝され、なおかつその性質上、耐久性の高いものではあるが、終わりの時にはその金ですら朽ちてしまう。しかし、迫害の最中にある読者の信仰は、やがては消え去り、滅びてしまう金よりもはるかに貴重なものであることを訴える。読者がもつべき信仰の純正さを比喩的に言い表している。聖書において、（信仰の）試

　　　書における終末論的背景と苦難の必然性を読み解いている。Dubis (2002), 68-67.
〔375〕　ヤコブ1：2も同様に試練の只中で喜ぶことを促している。
〔376〕　「純正さ（δοκίμιον）」は、後述される「精錬する（試す）（δοκιμάζω）」と同じ内容、かつ同じようなギリシア語の響きの言葉を重ねている。「δοκιμάζω」はパウロ書簡に頻出する語句で、普通、「吟味する」と訳される（ガラテヤ6：4他参照）。
〔377〕　Lang, 468; 吉田（2012）、102－103頁参照。

練が金や銀などの貴金属の比喩で語られることは多い[378]．また，ここで述べられている内容は，ヤコブ1:2－4の内容と用語上においても類似している点も興味深い．Ⅰペトロとヤコブ書がお互いの文書を知っていたからではなく，おそらく，辻が推測するように同じような伝承も用いたと考えるのが至当である[379]．

この「信仰の純正」は，最終的にイエス・キリストの来臨の際，「称賛と光栄と誉れ」へと変えられる[380]．

8節 8節では6節に続き，再度，読者の喜びについて語る．冒頭の「彼」は前節の「イエス・キリスト」をさしている．前節で語られた来臨のキリストは現在，見ることができないが，終わりの時に必ず見ることが約言されている．たとえ，今はイエスが見えなくても，現在，愛し，信じている読者を励ましている．「あなたがたはキリストをまったく見たことがない」と断言する裏側には，送り手（ペトロを自称する人物）は，実際，キリストを見たことがあると示唆しているとヴィンディッシュは指摘している．しかし，8節は来臨時に相見えるキリストに関する文脈であり，先のような示唆とは思えない[381]．

見えないものを見ることの大切さはパウロ書簡でも語られ（Ⅱコリント4：16－18），見ないで信じることはヨハネ文書において重要なテーマである（ヨハネ20：29）[382]．「非常に喜ぶ」は，「χαρά」（「喜びをもって」「喜びを伴って」）と結びつき喜びの度合いや原因を言い表している．この語句はⅠペトロ書では頻出語である（1：6，4：13参照）．「喜びで歓喜する」「嬉しくて狂喜する」と訳せ，読者を取り巻く深い喜びの状況が語られている．「ἀνεκλάλητος」は「言葉では言い尽くせない」と訳したが，この語句は新約聖書においてこの箇所のみに登場する，いわゆるハパクス・レゴメノンである．救済を約束された者たちの喜びは並大抵のものではないことを強調しているのであろう．6節では「試練」を語り，その

---

[378] 詩66：10，箴17：3，27：21，ゼカリヤ13：9，マラキ3：3，ユディト8：25－27，シラ2：5，知恵3：4－6，黙示3：18参照．
[379] 辻（2002），54頁．
[380] キリストの来臨に関する言及はⅠペトロ1：5，13，4：13他を参照．「称賛，栄光，誉れ」はパウロ，第二パウロ書簡によく見出される（ローマ2：7，エフェソ1：12，14他参照）．「顕すこと（ἀποκάλυψις）」もパウロ書簡における頻出単語（ローマ2：5，Ⅰコリント1：7他）．Ⅰペトロ書では1：7，13，4：13で用いられ，いずれもキリストの顕現を意味する．
[381] Windisch, 53; 岩隈，63頁，註8参照．
[382] 大貫（1984），122頁参照．

後，7節では「変えられる」ことが伝えられ，8節で「喜び」が記される．6節と8節が対照化されており，メリハリのある文の後に9節でさらなる使信が告知される．

9節　8節の喜悦の理由を9節で記している．「いのちの救いを手にしている」とある．動詞「κομίζω」は，ヘブライ書において「（神に）約束されたものを受け取る」という文脈で3回用いられているように（ヘブライ10：36，11：19，39），[383] 終末時に受ける報いについて語る際に用いられる（IIコリント5：10，エフェソ6：8）．Iペトロ書では5：4「栄光を受け取る」で再度，用いられる．この動詞を未来の意味「受け取るだろう」と解することもできるが，ここでは現在として理解したい．[384] いのちの救いは苦難の中でもすでにいまここで手にしていることを意図している．このように，救いの確信の現在性を何度も強調する．

希望への新生とは，この救済の現実の只中に生きることにほかならない．それゆえ，心から喜ぶのである（1：6参照）．新共同訳，フランシスコ会訳は「信仰の実り」と意訳しているが，[385] 直訳は「信仰の目的」である．「τέλος」は「終わり，終着点」も意味するが，ここでは「目的，目標」（Iテモテ1：5参照）と捉えるべきであろう．直訳では「あなたがたの信仰の目的」であり，読者はこの目的に向かって進んでいることを訴えている．

多くの邦訳では「σωτηρίαν ψυχῶν」を「魂の救い」と訳している．[386] 「ψυχή」を

---

[383]　信仰者が現在の苦難に耐えることによって，終末時に救いが得られることを告げるヘブライ書の使信は（ヘブライ10：36-39参照），Iペトロ書と響き合う．その際，忍耐の模範を示したのはキリストである（ヘブライ12：1-11）．おそらく同時代に成立したIペトロ書とヘブライ書は，部分的に語句の上でも内容的にも類似する点が多々あるのは興味深い．同種の伝承を受けたのだろうか．Williams/ Horrell (vol.1), 81-85では，二つの書簡の類似点を列挙している．ヘブライ12：24（Iペトロ1：2），ヘブライ9：26（Iペトロ1：20），ヘブライ11：13（Iペトロ2：11, 1：1），ヘブライ10：23（Iペトロ2：12），ヘブライ12：17（Iペトロ3：9），ヘブライ9：28（Iペトロ3：18），ヘブライ13：20（Iペトロ5：4, 2：25）．

[384]　岩波訳は「単に将来のことではなく，すでに受け取りつつある過程にある」と解している．岩波，817頁，註11．Feldmeier (2005), 58, ブロックス，77頁，岩隈，64頁，註9参照．

[385]　田川訳「信仰の究極目的」，岩波訳「信仰の目的」，口語訳，新改訳は「信仰の結果」，協会共同訳は「信仰の目標」．

[386]　口語訳，前田訳，岩隈訳，新共同訳，フランシスコ会訳，新改訳，協会共同訳はいずれも「魂の救い」．一方，塚本訳では「霊魂の救い」，共同訳は「自分自身の救い」と大胆な同化（受容化）翻訳を提示している．岩波訳も「魂の

「魂」と訳すと，肉体との対比としての「魂」に受け取られる可能性があるので，本註解では人間存在の全体を意味するものとして「いのち」と訳したい（マルコ 8：35，ヨハネ 10：11, 15, 17，ローマ 11：3 他）。

LXX では主に「ψυχή」は「שׁפנ」の訳語に当てられている。救いとは存在全体の救いを意味しており，いわゆる肉体から切り離された魂「だけの」救済というのはありえない。さらに，Ⅰペトロ書において見出される「ψυχή」は，他の箇所においても上記の人間存在全体を示唆する「いのち」として用いられている（1：22, 2：11, 25, 3：20, 4：19）。この「いのちの救い」は「τὸ τέλος τῆς πίστεως」の同格的説明であり，「信仰の目的，すなわち，いのちの救済」という意になる。この「救い」については次の 10 節以降で詳細に語られていく。

上記のように，「ψυχή」はⅠペトロ書では随所に用いられていることから，著者はこの語句に込めた思いは強いのではないかと考えられる。くり返しになるが，狭義の「魂」や「生命」といった意味ではないだろう。人間存在のより深い次元，つまり神との関わりを通して与えられているものと言える。しかし，この「いのち」は清めねばならず（1：22），神に委ねるべきであり（4：19），人間自身の働きかけもまた重視されている。

10 節 続く 10 節では 9 節で語られた「救い」の内実に関して，それはかつての預言者たちも探し求める，調べていたことが綴られている。送り手は，将来に

救い」と本文で訳しているが，註釈にこの場合の魂は「後のキリスト教のような身体なしの霊魂ではなく，人間全体」と補っている。岩波訳，817 頁，註 10．
〔387〕吉田（2018），99 頁参照．本註解に近い田川訳では「生命の救い」としている．田川はこの「生命」について「むろん普通の『生命』ではなく，キリスト信者が得ている，ないし得るべき永遠の生命」と説明している．田川訳，287 頁，註 11．多くの場合，LU をはじめとするドイツ語訳でもこの箇所は，「Seelen Seligkeit」「Seelenheil」などと訳されているが，おそらく，このような理解は Vulg の訳文「reportantes finem fidei vestrae, salutem animarum」から始まるとダウツェンベルグは指摘している．Dautzenberg, 272. むしろ，この箇所は人間の「生（Leben）」（または「存在（Existenz）」，「個（Person）」）の救いと訳す方が適切であると彼は論じている．Ders., 275. 同様にブロックスもこの箇所を「あなたがたの生命の救い（das Heil eures Lebens）」と訳し，以下のように説明している．「人間自身のことであり，人間全体としてのその生（Leben），その存在（Existenz）を意味する」．ブロックス，78 頁（訳文を一部変更）．同じ見解をエリオットも取り，彼は「salvation of your lives」と訳している．Elliott (2000), 344. さらに，「Rettung eures Lebens」と訳すヴァーレンホルストも同様の理解である．Vahrenhorst (2016), 81.
〔388〕この語句を詳細に考察した Feldmeier (2004), 294 参照．

約束された救いだけではなく，それがかつての預言者たちが探し求めたものであることを示すことによって，救済の真意を歴史的脈絡において説明する[389]．このような歴史を俯瞰しつつ救済の意義を語るのは他の新約文書と同様である[390]．「ἐξηραύνησαν」は「徹底的に探究する」「丹念に調べる」という意味ではあるが，新約ではこの箇所のみに使用されている語句である．原文では「εξεζήτησαν καὶ ἐξηραύνησαν」と同義語を反復して用いて，修辞的技巧を凝らしているので，「探求し，丹念に探し求めた」と本註解では訳した．

預言者たちは読者に与えられた恵みについてすでに預言していた存在である．この箇所の預言者は，初代キリスト教会において預言活動をおこなっていた（Ⅰコリント14:26以下，Ⅰテサロニケ5:20他参照），預言者をさしているのか（使徒11：27，13：1，Ⅰコリント12：28，エフェソ2：20他参照），または旧約の預言者なのか．おそらく後者であろう[391]．先述したように，送り手はイエス・キリストによってもたらされた救いを歴史の中で位置づけようとしているからである．読者への「恵み」については，この書状において何度も言及される．この恵みの内容に関して，続く13節で「キリストが顕れる時にもたらされる恵み」とあるので，キリストの来臨時に与えられるものであることがわかる．さらに，恵みは神から読者たちに与えられることが約束されており，この恵みに留まることを書簡の最後で命じられている（5：5，10，12参照）．

11節　10節で語られた預言者たちは，キリストの受難と栄光について前もって証言していたことを告げる．原文に沿って訳すと「キリストに対する」（田川訳），また「キリストに向けられた」（岩波訳）受難ではあるが，本註解では「キリストが受けるべき」と補って訳した．

預言者たちの中に，キリストが顕れる前の「キリストの霊」があったことが記されている．キリストはこの世界の基礎が築かれる前から，つまりは天地創造の前から知られていたとこの後で語られているように（1：20），著者はキリストの先住を前提としている（ヨハネ1：1－3参照）．この「キリストの霊」はパウロ

---

[389]　ダニエル9：2, 23－27，エズラ（ラ）4：33，エチ・エノク2：1，1QpHab VII:1－5参照．

[390]　とりわけ，ルカ文書において顕著である（ルカ1：70，18：31，24：25－27，44，使徒3：18，21参照）．ヤコブ5：10では旧約の預言者を信仰や苦難に耐える生き方の模範とせよと命じられている．

[391]　Selwyn, 259-268ではこの見解を支持する．

書簡においても見出す表現である（ローマ8：9, フィリピ1：19, およびガラテヤ4：6「御子の霊」）. キリストの霊が預言者を通して示す, 苦難と栄光の運命については, 書状で何度も伝えられる話題である（2：21-25, 3：18, 4：13-14, 5：1）.「苦難」と「栄光」は原文ではいずれも複数形で記されているので, キリストが受けるさまざまな苦しみとその後の復活（1：3, 21, 3：21）と高挙（3：22）などの栄光の数々の出来事, 別言すれば苦難から栄光への一連のプロセスを意味していると思われる. キリストの受難と読者（奴隷）が受ける苦しみは後に重ねられるため（2：21以下）, 書簡の冒頭部分でキリストの受難を読者に意識づけているとも言えるだろう.

「τίνα ἢ ποῖον καιρὸν」の解釈に関して, 多様な受け取り方がある. ここでは「τίνα」を「ποῖον」と同じように「καιρὸν」を修飾するものと受け取るならば,「それはいつ（どの時）, あるいはいかなる時期（時）」と訳せるだろう. だが,「τίνα」を次の「καιρὸν」と関係しないと受け取れば,「誰に関して（誰を）」と解せる（共同訳, 新共同訳, 宮平訳参照）. 文法からは両方とも可能ではあるものの, 本註解では前者の可能性を取りたい. 終末の時という問題が主として語られており（4：7）, 預言者たちが「いつ, あるいは, どの時」にキリストが到来するかを調べたと受け取る方が, 書状全体のテーマを鑑みれば, 自然である.

12節 預言者に関して, 12節まで説明されている. 預言者たちの啓示は自身のためではく, 読者たちへの奉仕であるという驚くべき事実が伝えられる.「奉仕する」はこの箇所以外では共同体内での奉仕を業に関する文脈である4：10, 11で使用されている.「あなたがたに福音を告げた者たち」は, ルカ文書とパウロ書簡に頻出する語であり, Ｉペトロ書でも1：25, 4：6において言及されている. おそらく, 著者と想定されているペトロを含む初代教会の使徒らを示唆しているのだろうか. 使徒や預言者に続いて, 教会内の何らかの働き手を意味する「福音宣教者」（エフェソ4：11）をさしているのだろうか. しかし, 具体的に誰をさしているのかはここからは明確な答えを見出すのは難しいが, いずれにせよ,

---

〔392〕 同様の指摘は, 宮平, 134頁参照.
〔393〕 グルーデムなどもこの説を採用する. グルーデム, 78-80頁. 他にもDubis (2010), 19; Elliott (2000), 345-346 参照.
〔394〕 協会共同訳など多くの翻訳もこのように訳している. 他にもパーキンス, 72頁, Achtemeier, 109; Michaels (1988), 41 参照.
〔395〕 吉田 (2018), 98-99頁を参照.

Ⅰペトロ書の宛先にある共同体への福音宣教に携わった存在であろう．

「παρακύπτω」は，「のぞきみる」「見ようとして身をかがめる」「覗き込む」「一心に見つめる」の意味である．力と能力が勝る天使たち（Ⅱペトロ 2：11）も全面的に見ることができなかった，または見ることが許されなかった預言者たちの啓示は，読者たちの前にははっきりと示されている．天使については，キリストの力に服していることが後に語られる（3：22）．

以上のように救済の意義に関する 1：3－12 は，文の流れが明確に読み取れる．
　「希望」（1：3）
　　「救い」（1：5）
　　　「喜び」と「試練」（1：6－8）
　　いのちの「救い」（1：9－12）
神への讃美を述べた後，まず読者は「希望」へと新たに生まれたことを明らかにする．さらに，「救い」が確かに与えられることを告げ知らせる．1：6ではそれまでの高揚を打ち破るかのように「試練」が語られる．しかし，すぐさま「称賛と光栄と誉れ」へと変えられることが宣言され，「喜び」が告げられる．9節で再び「救い」へと話題が戻り，「いのちの救い」を手にしていることが認められる．この救いの知らせを歴史的文脈から語り直し，読者の現実へと意味づけられる．

1章13－25節　キリスト者への一般的な勧告　聖なるものとなれ

[13]それゆえ，あなたがたはあなたがたの思惟の腰の帯をしっかりと締め，しらふでおり，イエス・キリストの顕れのとき（イエス・キリストが顕れるとき）にもたらされる（運ばれる）恵みに徹底的に希望を置きなさい．[14]従順の子らとして，かつて無知であったときの欲望に身を合わせず，[15]むしろ，あなたがたを召された聖なる方に倣い，あなたがた自身もすべての振る舞いにおいて聖なる者となりなさい．[16]「聖なる者となりなさい，私が聖なる者であるゆえに」と書いてあるからだ．[17]また，あなたがたは，それぞれの業に応じて偏り見ることなく裁かれる方を父とよびかけるのであれば，〔この世に〕寄留する間，〔神への〕畏れのう

ちに生活しなさい．¹⁸ あなたがたは知っているのだ，あなたがたが先祖伝来の空しい生活から贖われたのは，朽ち果てるもの，〔つまりは〕銀や金によらず，¹⁹ むしろ，傷も染みもない小羊のようなキリストの尊い血によるのだということを．²⁰〔キリストは〕世界の基礎を据える前から予め知られていたが，時の終わりに，あなたがたのために顕れた．²¹ あなたがたは，彼〔キリスト〕を死者の中から起こし，栄光を与えた神を彼〔キリスト〕によって信じるものである．したがって，あなたがたの信仰と希望は神に対するものである．

²² あなたがたは真理〔へ〕の従順において，偽りのない兄弟〔姉妹〕愛へと至る，あなたがたのいのちを清めたのだから，互いに〔清い〕心から絶えず愛し合いなさい．[397]

²³ あなたがたは朽ちる種からではなく，朽ちない種から，〔つまり〕〔いつまでも〕留まり続ける神の生ける言葉によって，新たに生まれたのだから．

²⁴ つまり，「人（肉）はみな，草のよう，

　　その栄華はみな，草の花のようだ．

　　草は枯れ，花は散る．

²⁵ しかし，主の言葉は永遠に留まる」．

これが，あなたがたに福音として告げ知らされた言葉である．

─────────────

〔396〕男性だけではなく，女性も含むと考えられるので「姉妹」と補う（本註解 2：17 参照）．近年刊行されたドイツ語の註解書の訳では，「Bruderliebe（兄弟愛）」（フェルドマイヤー）ではなく，「Geschwisterliebe（兄弟姉妹愛）」（ヴァーレンホルスト，ヘッケル），または「Freundschaft（友情）」（ワーグナー／ヴォウガ）という訳語をあてている．Feldmeier, 80; Vahrenhorst (2016), 94; Heckel, 96; Wagner/ Vouga, 56. および Williams/ Horrell (vol.1), 545 Anm. 364 参照．アクティマイアーやリチャードなどの英語の註解書でも「brotherhood」ではなく「mutual love」としている．Achtemeier, 135; Richard, 70. エリオットは「brotherly [and sisterly] love」と補っている．Elliott (2000), 381.

〔397〕NA 第 27 版までは本文において「清い」を括弧に入れていたが，第 28 版からはそれを除き本文に採用している．共同訳，新共同訳，協会共同訳では本文に「清い心」と訳している．註解書などでは，エリオットやダヴィッド，およびプラサードも同様に訳文に入れている．Elliott (2000), 387; David, 77 Anm. 6; Prasad, 327, 351; Williams/ Horrell (vol.1), 537f. この読みを支持するテキストは $\mathfrak{P}^{72}$ ℵ* C 81. 614 である．Metzger, 168 参照．しかし，A や B, 1852（およびラテン語訳）は「εκ καρδιας」のみであるため，本註解は第 28 版の読みを取らず，第 27 版までのように判断を保留し「清い」を括弧に入れて訳す．田川 (2015), 275 頁以下，註 22 も参照．ケリーは「清い」は I テモテ 1：5 を受けての挿入と推測している．Kelly, 80.

挨拶に続き，3節から12節までは救済の意義に関する内容が主であったが，「それゆえ」から始められている13節以後は前節までの救済の確信を受けて，キリスト者としての生活上の勧告へと移る．読者は何をなすべきであり，また，何をなすべきではないのか．

13，15，17節において命令形がくり返し見出されるように，具体的な訓戒が長く語られる．まず，13－16節では，恵みに希望を置き，聖なるものとなるように勧められる．17節において，畏れのうちに生活せよと命じた後，18節からは生活上の振る舞いへの動機づけとしてキリストによる贖いについて説かれる．17節から21節まで再び長い一文が続く．18節から21節までを独立したキリスト讃歌，ないしは信条定式と受け取る見解が提示されている（2：21，3：18以下も同様）．それゆえ，NA第26版以降では改行し，字下げして詩文とわかるように扱っている．しかし，元来，この部分は詩文であったかどうかの判断は研究者の間でも分かれており，20節以外は必ずしも明確な詩的形態を有しているとは思われない．それゆえ，本註解は詩文として訳さない．

いずれにせよ，元々は独立した伝承であった可能性は高く，22節からは13－16節の勧告の内容を踏まえて，さらなる勧告が綴られている．互いに絶えず愛し合うことが命じられ，神の言葉の永遠性について説かれ，福音が告知される．このような勧告に挟まれる形で先住のキリストによる贖いと神への信仰が伝えられている．

　　13－16節　キリスト者への一般的な勧告
　　　17－21節　先住のキリストによる贖いと神への信仰
　　22－25節　愛の実践の勧めと福音の告知

――――――――――
〔398〕　van Rensburg, 294 参照．
〔399〕　本註解2：21参照．
〔400〕　18－19，21節は散文様式で，20節のみ詩文を見出せるというのがブルトマンらの見解である．ブルトマン（1967），126－127頁, Deichgräber, 169; Prasad, 217-229 参照．確かに20節は対句が用いられており，元来は詩文テキストの可能性が高いだろう（本註解2：20参照）．
〔401〕　同様に田川もこの見解に異を唱える．田川（2015），268頁以下，註17－21参照．他にもブロックス，96頁参照．

第1章　143

13節　前節までの内容を踏まえて，いよいよ読者への勧告が開始される．Ⅰペトロ書の大半は勧告の言葉で占められているが，それはこの13節から始められ，その中心は「恵みに希望を置け」である．恵みに関する告知は，書簡の冒頭と結尾において言及されているように（1：3，5：12），読者に伝えられる最も重要な使信である．

　最初に「あなたがたの思惟の腰の帯をしっかりと締め」なさいという不思議な比喩表現に出合う．一読しただけではわかりにくいこの命令句は，いかなる意味なのか．たとえば，この部分を，新共同訳などはTLである日本語としてわかりやすいように「心を引き締め」と意訳しており，各翻訳において種々の工夫がみられる．[402]

　命令の意味での分詞：Ⅰペトロ書において，命令の意味で分詞を用いると考えられる箇所は複数ある（1：14, 22, 2：12, 18, 3：1, 7-9, 4：8, 5：9以下，Ⅰペトロ書以外にもローマ12：9-19，ユダ20[403]）．しかし，研究者の中にはこの見解に疑義を抱く者も少なからずいる．セルウィンの註解書の補論において，ドーブはユダヤ教文献の用例を基にしてこの問題について精細な論述を残している（D. Daube, Participle and Imperative in I Peter）[404]．彼は上に示した箇所のすべてを命令の意味として受けることに反対しており，1：14, 2：18, 3：1, 7-9のみを命令の意味と解釈している．[405]他にもヴァーレンホルスト（およびヘッケル）は13節を命令と解さず，アオリスト形分詞をそのまま文字通り訳している．「Darum, nachdem ihr die Hüften eures

---

〔402〕 文語訳「心の腰に帯し」を口語体にした口語訳では「心の腰に帯を締め」だったが，共同訳から「いつでも行動に移れるように心の準備をし」と大胆な敷衍訳が試みられ，新共同訳「心を引き締め」にはその名残がある．協会共同訳は新共同訳を踏襲しつつも（新改訳も同様），脚註に直訳「心の腰に帯を締め」と示している．岩隈訳「君たちの心の腰に帯をして」，前田訳「あなた方の感覚の腰に帯して」，フランシスコ会訳「心を引き締め」，岩波訳「自分の想いに腰帯を締め」，田川訳「あなた方の思索の腰に帯をしめ」，宮平訳「あなた方の考えを腰帯で引き締め」，敷衍訳を旨とする川村訳では「そでをまくり，すそを帯にはさんで姿勢を整えるように心の姿勢を整え」といったように日本の和服を思い起こさせるような同化（受容化）翻訳を試みている．このように，訳者によって違いが現れる箇所の一つである．
〔403〕 ポーター，170-171頁，BDR, 468. 2b; Moulton I, 180-183, 223-225 参照．
〔404〕 Selwyn, 467-488.
〔405〕 Achtemeier, 117; Münch, 131 参照．ドーブの論述についてのさらなる批判的検討は，Williams, 59-78, および Williams/ Horrell (vol.1), 460-465 を参照．

Verstandes gegürtet habt...」確かにこの方が文法的には正しく，意味も通じる．しかし，命令と受け取らない場合，終末への備えを説くこの文脈においては不自然に感じられる．

「帯をしっかりと締める」(箴 31：17, ポリ手紙 2：1, 他にもエフェソ 6：14 参照) とは, 居住まいを正し, 準備をすることを意味していると受け取れるものの, 「思惟の腰の帯」をどのように理解すべきであろうか．

本註解で「思惟」と訳したのは, 原文では「διάνοια」である. この語句は古典ギリシア語文献には頻繁に登場し, かつ LXX においては, 主に「לֵב」や「לֵבָב」の訳語として多用されている. それにも拘らず, 新約での使用例は僅か 12 回と少ない. その用いられ方も文脈によって異なっている. 通常「想い」「思い」「心」「知性」などと訳されている. 日本語の「心」に対応する, 人間の精神的な活動の座を意味するギリシア語は複数あるが, 「διάνοια」は感情の主体たる心というよりは, むしろ思索や理解といった側面を意味していると考えられる. それゆえ, 本註解では「思惟の腰の帯」と訳した. 日本語として多少ぎこちなく聞こえるかもしれないが, 要は自身の考えや思いを来臨するキリストの方に向けるために緊張感を絶やさぬということであろう. それは, 次の「しらふでおり」という命

---

〔406〕 Vahrenhorst (2016), 84f.; Heckel, 91-93 参照.
〔407〕 出エジプト 12：11, エレミヤ 1：17, ヨブ 38：3, 40：7, ルカ 12：35, ヨハネ 21：18 他参照. ヨブの遺言 46-50 では不思議な業を起こす帯が登場するが, むしろ, ここではそのような宗教的な意味ではなく, 当時の服装の習慣を知る必要があるだろう. カルヴァン, 41 頁は「『帯をする』とは, 仕事をする時や旅行に行くときに, 帯をして長い上衣（ガウンやマントのようなもの）の裾をからげてそれにはさむことである」と解説している. 岩隈, 66 頁, 註 13.
〔408〕 Behm, ThWNT IV, 961-963 参照.
〔409〕 たとえば, 最も重要な教えを問われ, 申命 6：4-5 を引用して応じる際のイエスの発言, 「あなたの心（καρδία）を尽くし, あなたの命を尽くし, あなたの想い（διάνοια）を尽くし, あなたの力を尽くして愛せよ」が挙げられる（マルコ 12：30, マタイ 22：37／ルカ 10：27 並行）．
〔410〕 ヘブライ 8：10, および 10：16（LXX エレミヤ 38：33）では, 人間の感情の座としての「καρδία」に対して, 悟性として「διάνοια」を用いて, 「人間の内面的存在が明らかにされている」. 川村（2004）, 214 頁. その一方, Ⅰペトロ 3：4, 15 における「καρδία」は, 主に人間の内面世界を現す語句として用いられている.
〔411〕 同様の見解はブロックス. 「目覚めた状態で, 用意万端整えて, 全力投球を要求する状況に飛び込んで行く人間の張りつめた気配りを描き出している」. ブロックス, 89 頁. ただし, ブロックスはキリストの来臨ではなく, 迫害への

令と通じている.

　ここでは，酩酊状態ではなく醒めていること，つまりしらふでいることを命じているが，文字通りに受け取らず，むしろ「自制しなさい」「冷静でいなさい」といったような比喩的意味と理解すべきである(412). 先に読者たちに命じたことと同様に，終わりの日へと方向づけられた姿勢を説いている. 後に詳説されることになるが，この書状を受け取る者は以前の生活態度を省み，それを捨て（1：14, 18, 4：3参照），新しい生へと歩み出さなければならない.

　「しらふでおり」は，Ⅰペトロ書においてこの箇所以外にもたびたび用いられている（4：7, 5：8）. いずれも終末を眼前にし「節度をもちなさい」，または迫害の現実に面して「目を覚ましていなさい」といった命令句と並んでいる. 新約ではあまり登場しないが，Ⅰテサロニケ 5：6, 8 において「主の日」の到来を前にした心構えを語る際に用いられる他，Ⅱテモテ 4：5 でも生活態度を戒める言葉として登場している(413). 主にパウロの影響圏で見出される語句である(414).

　そして，書簡の冒頭（1：3）で語られた「希望」という言葉がここで再び登場する. 何に「希望を置く」（直訳では「希望する」）のかといえば，読者にもたらされる（別訳では「運ばれる」）「恵み」である. ここで見慣れない副詞「τελείως」と出合う(415). 本註解では「徹底的に」と少し大袈裟な訳語をあえて選んだが，単に「完全に」「まったく」などでもよいかもしれない. 微温的な態度ではなく，全人格を賭した覚悟があるか問われている. 全身全霊で恵みを希求するのである(416).

　この恵みは先の 1：10 で預言者たちが求めた「恵み」であることが思い出される. 1：7（および後の 4：13）でも言及されているキリストの顕れの時にもたら

　　緊迫性を意識したものと受け取っており，この点では本註解と見解を異にする.
〔412〕　Bauernfeind, ThWNT IV, 935-938 参照.
〔413〕　形容詞形ではⅠテモテ 3：2, 11, テトス 2：2 に見られ，共同体の指導者や年配の人物に対して，模範的な品位ある人格について説き明かす際に用いられている.
〔414〕　他にもディダケー 16：1 参照.
〔415〕　「ἐλπίζω」はパウロ書簡における頻出語（15 回）.
〔416〕　「τελείως」を「ἐλπίσατε」ではなく，「νήφοντες」と結合する解釈もある. Beare, 70; Hort, 65; Michaels (1988), 55; Windisch, 55, 岩隈, 66 頁, 註 13 参照. だが，多くの釈義家と同様に本註解ではそのように取らない. 記述の通り，13 節の中心は「希望を置きなさい」という句であり，その徹底した態度を命じているからである.

される恵みは，読者にとって誠に生きる目的であり，生活のすべてである．送り手は救いについて説き明かす前節までの叙述に，13節から始められる勧奨の言葉を接続させている．救いの現実を知った者たちは，希望に自身の身を委ねる生き方へと変えられるのである．

14節 著者は読者にさまざまなよび方を用いて語りかけるが，ここでは「従順の子ら」という表現と出合う．従順の子「のように」という訳も可能であるが，本註解では特質を示す意味の「として」と訳した．「従順(ὑπακοή)」はⅠペトロ1：2，22でも用いられており，かつパウロ書簡でもしばしば見出される（本註解1：2参照）．しかし，「従順の子」という表現は稀であり，この箇所にしか見られない．多くの邦訳がTLである日本語としてわかりやすいように，「従順な」といったように形容詞として訳す同化（受容化）翻訳を試みている（例外は塚本訳，前田訳，田川訳）．このように訳すと，「従順であり，純粋無垢な子どもたち」と受け取られかねない．事実，そのように理解する説教者もいる．直訳は「従順の子たち」であり，神（の教え）に従って生きている者（息子）たち，神への従順を性質として備えている者（息子）たちといった意味である．パウロ書簡ではしばしば，受け取り手に対して「子」とよびかけているが，Ⅰペトロ書ではこの箇所だけである．

読者はバプテスマを通して，新しく生まれた（1：3）．「無知であったとき」というのは信仰をもつ前，つまりはバプテスマを受ける以前の状態のことを意味し

---

〔417〕　本註解ではTLである日本語としてわかりやすいように，「イエス・キリストが顕れるとき」という別訳も提示した．
〔418〕　同様の用い方はⅠペトロ2：5，11，13，14，16，3：7，4：10，15，16参照．Dubis (2010), 24; Forbes (2014), 38参照．塚本訳「従順の子らしく」，新改訳「従順な子どもとなり」．口語訳では「従順な子どもとして，無知であった時代の欲情に従わず」であったが，新共同訳は「無知であったころの欲望に引きずられることなく，従順な子となり」と意訳し（フランシスコ会訳も同じような訳），協会共同訳では「従順な子として，かつて無知であった頃のさまざまな欲望に従わず」と口語訳に戻している．
〔419〕　たとえば竹森，120－122頁．同様の指摘は田川訳，267頁，註14参照．
〔420〕　性質を表すセム語的表現（LXXホセ10：9，Ⅰマカバイ2：47，ルカ18：6，Ⅰテサロニケ5：5，エフェソ2：2，5：6，コロサイ3：6参照）．Achtemeier, 119; Dubis (2010), 25; Elliott (2000), 357; Forbes (2014), 38; Goppelt, 117 Anm. 30; Heckel, 93参照．岩隈訳，67頁，註14，田川訳，267頁，註14参照．
〔421〕　Ⅰコリント4：14，Ⅱコリント6：13，ガラテヤ4：19，その他にもエフェソ5：1，8など．

ているのであろう．「無知（ἄγνοια）」は先の「従順」の対として，読者たちの以前と以後の状態を対比させている[422]．一般的に「無知」とは，神を知らない（ガラテヤ4：8参照），神を認めない状態，つまりは罪の状態である[423]．主として異邦人に向けられた言葉であり，エフェソ4：18はその典型である（使徒17：30参照）．読者は無知で欲望への従順の子ではもはやなく，いまや神への従順の子である．

「身を合わせる」は，この箇所とローマ12：2のみに使われており，ローマ書では「この世と同じ形にしてはならない」と命じられている．このように「同じ形にする」というのがより正確な訳であろうが，本註解では先のように訳した．欲望と自分を同じ姿にしてしまう，欲望と一体化，同化してしまうという意味であろう（宮平訳では「同化する」と訳す）[424]．「欲望」はⅠペトロ書ではしばしば話題に上がる[425]．

1：14「欲望に身を合わせない」	「無知であったとき」
2：11「欲望を避ける」	「異教徒らの間で」（2：12）
4：2「人の欲望によってではなく」	「悪徳表」（4：3）

このように欲望は忌避することは，Ⅰペトロ書ではかつての異教徒的生活と関連づけて語られる傾向にある．それゆえ，欲望はバプテスマ以前の読者たちの生活の中心にあったものとして位置づけられ，否定的なものとしてキリスト者たちが闘うべき対象である[426]．まさに欲望は「この世のしるし（Kennzeichen der Welt）」（ブ

---

[422] 「無知」は2：15でも登場するが，この箇所では単に愚かさ，無理解などを意味しているだろう．𝔓72 では「αγνοιαν」が記されている．
[423] シラ23：3，知恵14：22，使徒3：17，17：30，およびペテ宣2A，ユスティノス『第一弁明』12：11 参照．Bultmann, ThWNT I, 120 参照．
[424] Goppelt, 117; Guttenberger (2010), 30; Vahrenhorst (2016), 87 参照．
[425] Ⅱペトロでも同様，1：4，2：10，18，3：3，他にもテトス2：12，3：3，Ⅱクレ17：3．
[426] LXX 出エジプト20：17，申命5：21「οὐκ ἐπιθυμήσεις」参照．フィロン『十戒総論』142, 150, 172-173，『十戒各論』IV：82-84，Ⅳマカバイ2：6 参照．Büchsel, ThWNT III, 168-173 参照．プラトンやアリストテレスはしばしば欲望の問題を議論の俎上に載せている．たとえば『国家』559A において「必要な欲望」と「不必要な欲望」を区別し，後者は身体，魂にとって思慮と節制のために有害であるとする．アリストテレスは激情と欲望を比較し，「激情は或る意味

ルトマン）だからである.[427]

　欲望との格闘は初期キリスト教徒にとって喫緊の課題の一つであった. 異教徒的生活の根源には欲望が在しており，それと意識的に距離を取ることがキリスト者であるという自覚を促すと理解をしている. それゆえ，悪しき，肉の欲望は徹底的に否定されるべきものである. ディダケー1：3では欲望から遠ざかることが「生命の道」に繋がると教える (同 5：1 も参照). ヘル牧 12 の戒めではさらに「悪しき欲望」は人間を死へと明け渡すものという認識へと展開される.

　ローマ書では欲望が人を穢し，辱め (1：24)，欲望と罪の問題が主題とされる (6：12, 7：7-8). かつヤコブ書でも「試み」の根源には欲望があり，罪を生むものと論じている (1：14-15). しかし，Ⅰペトロ書では，罪の問題と欲望の関連を論じるのではなく，4：2 以下で取り挙げられているように，欲望をバプテスマ以前の生活における凡百の悪徳の根源と見なすに止めている (コロサイ 3：5 も参照). Ⅰペトロ書は往々にして委曲を尽くした神学的議論に踏み込むことはなく，主として倫理的問題に関心をもち，読者たちはもはや貪婪な欲に身を任せるべきではないとだけ高調している.

15-16 節　読者はかつての生活ではなく，今は「召された（アオリスト形）」存在であることが明らかにされ（本註解 2：21 参照），聖なる者になることを命じられる. 無知でかつ我執，我欲に支配された者，いわゆる「俗なる者」に対して，「聖なる者」を対照させる. 読者が召された者であることは頻繁に語られる (2：9, 21, 3：9, 5：10).[428] 「聖なる者になれ」という命令の根拠として，16 節では「聖なる者となりなさい，私が聖なる者であるゆえに」(レビ 11：44-45, 19：2, 20：7, 26) が引用される.[429] Ⅰペトロ書ではこれ以後も勧告の理由として旧約聖

では分別 (λόγος) に従うが，欲望は分別に従わないので，欲望のほうがいっそう醜い」と論じる (『ニコマコス倫理学』1149b1).
［427］ブルトマン神学Ⅰ (1953), 132 頁.
［428］パウロは，共同体構成員に対して「召された者」とよびかける (Ⅰコリント 1：2).
［429］LXX レビ 11：44, 45「ἅγιοι ἔσεσθε ὅτι ἅγιός εἰμι ἐγώ」とは「ἐγώ」の語順が異なる. 最も近いのは，語順からすると，LXX レビ 19：2「ἅγιοι ἔσεσθε ὅτι ἐγὼ ἅγιος」になるだろうか. しかし，ℵ A* B 1735 などのテキストを採用した NA 第 28 版の本文には，引用文の最後に「ειμι」を入れていないが，第 27 版までは括弧に入れていた ($\mathfrak{P}^{72}$ A^c C Ψ など). 本文批判上，「ειμι」をテキストに採用するか否かの判断は困難であるので，レビ記のどの箇所からの引用かを正確に決めることはできない. 同様の検討は Dubis (2010), 28f.; Schutter, 36; Prasad,

書がたびたび引き合いに出される〔430〕.

　読者には人生の基準とすべき存在，聖なる方がいる．この聖なる方とは神である（イザヤ5：16，6：3他参照）．ここでは前置詞「κατά」を「に倣い」と訳したように（ローマ15：5参照）〔431〕，読み手が倣うべきは神そのものである．欲望に従うのではなく，神に倣うものとなる．「聖なる者」になるとは，神の選びの中にあり，その属性として生きることにほかならない（本註解1：2参照）．パウロ書簡の冒頭でも，読者への挨拶として，「聖なる者」と語りかけるのが常である〔432〕．このようなよびかけは，キリストによって召された（よび出された）者同士の連帯意識を高めることに寄与している．各々の生活の場で一人のキリスト者として生きるのではなく，キリストにある共同体の一構成員として連帯している〔433〕（Ⅰペトロ5：9参照）．

　「すべての振る舞いにおいて」とある．「ἀναστροφή」は「振る舞い」「おこない」「生活」「生き方」「行状」とも訳せ，読者の生活全般を意味している．新約の各文書にはそれぞれ一回ほどしか用いられていないが，Ⅰペトロ書においては多用されており，特徴的な語句の一つである（1：18，2：12，3：2，16参照）〔434〕．この手紙では，地上での読者の生き方（振る舞い）を指示する勧告句をその中心に置いている．「すべての振る舞い」とあえて強調されるように，バプテスマを受けて召された者たちの人生のすべてにおいて，聖なる者として振る舞わなければならない．その一挙手一投足に至るまでである．「すべての振る舞いにおいて聖なる者となれ」とは，かつての生活を断ち切るためにふさわしい命令であろう．

　この点に関して，原野は次のように述べている．「試練と誘惑とに襲われつつ

　　192を参照．ちなみにNA第28版は，第27版まで引用句の最初に括弧にあった「οτι」（B Ψ 1735など）も本文から削除している．
〔430〕　Ⅰペトロ1：24，2：6でも「διότι」から引用を始める．
〔431〕　口語訳，新共同訳，協会共同訳他多数の翻訳も同様に訳す．Achtemeier, 121; Dubis（2010），26f. 参照．
〔432〕　ローマ1：7，Ⅰコリント1：2，Ⅱコリント1：1，フィリピ1：1，その他Ⅰコリント6：11参照．
〔433〕　聖なるものへの属性と共同体意識に関しては，クムラン宗団でも同様にみられる（1QS Ⅷ：5，20，1QM Ⅵ：6，Ⅻ：7参照）．エチ・エノク48：1にも「聖なる者」と「選ばれた者」という語句が併記されている．
〔434〕　ガラテヤ1：13，エフェソ4：22，Ⅰテモテ4：12，ヘブライ13：7，ヤコブ3：13，Ⅱペトロ2：17，3：11参照．

ある人々の心を引き締めるのに，之れ程力強い言葉が他にあろうか[435]。Ⅰペトロ書の目的の一つは，読み手に新たな自己理解を与えることにある。聖なる者としての自覚は，その者の生き方，すなわち倫理的問題へと繋がっていく。続く2：9では「王の祭司団，聖なる民族，〔神が〕所有する民」ともよびかけられているように，聖なる者になることとは，それ以前の生活との完全なる分離，古い生き方からの離脱を意味する。読者はいま，何者であり，もはや何者ではないのか。このような神による二者択一の選別を著者は重ねて訴える。

17節 18節以降，キリストの贖いについての教説が語られる直前の勧告は，「畏れのうちに生活せよ」という命令である。何を畏れるのかは明白であろう。神の他に畏れる存在はいない[436]。この後，地上の権力者への服従を説く箇所では，王には「敬え（τιμᾶτε）」，神には「畏れよ（φοβεῖσθε）」と使い分けている（本註解2：17参照）。

まず，読者たちは終わりの時を待ち望む身である（1：5，13，2：12，4：7参照）。日々，その生き方を神から問われている。神を父とよぶことは旧約聖書，初期ユダヤ教文書だけではなく（詩89：27，エレミヤ3：19，シラ23：1他参照），イエスの神へのよびかけにみられるように（マタイ6：9，11：25，マルコ14：36他多数参照），新約聖書にも広く見出される（ローマ8：15，ガラテヤ4：6参照）[437]。しかし，この書状では，冒頭の挨拶とこの箇所のみである。ここでは，慈愛に満ちた神ではなく，峻厳なる裁きを下す父である。イエスも裁き主として父なる神についてたびたび言及している[438]。神に対して父と積極的によびかけることは，神との関係を確立するための一歩と言えるが，それは同時に裁き主の前[439]

---

〔435〕原野，102頁以下（引用では旧字体を改める）。
〔436〕神を畏れることを説くのは律法（トーラー）だけでなく（申命4：10，6：2，8：6），主（神）を畏れることが知恵の始まりであるとする知恵文学にも通底する教えである（ヨブ28：28，詩111：10，箴1：7，9：10，シラ1：11－20，2：7－18参照）。とりわけ，シラ書の冒頭1－2章ではそのことがくり返し語られる。創造譚において，エデンの園にある木の果実を口にした人間の神への最初の反応は，神への畏れであった（創世3：10）。
〔437〕シュトラック / ビラベックによれば，ラビ文献では神を父とよびかける例は後1世紀以降に頻繁に登場する。Strack/ Billerbeck I, 393.
〔438〕マタイ7：21－23，15：13，18：23－35参照。
〔439〕アクティマイアーは単に「call」ではなく，「invoke」という訳語を意図的に選んでいる。Achtemeier, 124 Anm. 13; Kelly, 71参照。$\mathfrak{P}^{72}$では「καλειτε」となっている。

に立つことを意味している．神を知らない，神と関わりのない生活を送っていた読者たちは，真なる父によびかけ，関係を結び，畏れを抱きつつ，終わりの日へと向かう日々を過ごす．[440]

そして，キリスト者は裁きを待つ身である．[441] 神は，「偏り見ることなく」裁きを下す方である．[442] 本註解でこのように訳した副詞「ἀπροσωπολήμπτως」は，新約ではＩペトロ書のみに登場する語句である．[443]「顔を取る」という意味をもつ「προσωπολήμπτης」に否定の「ἀ」をつけた形であるが，「依怙贔屓せず」（塚本訳）さらには「公平に」（口語訳，新共同訳，協会共同訳他）とも訳せるだろう．何に基づいてこの裁きがなされるのかといえば，寓居たるこの世におけるそれぞれの業である．パウロ書簡では「業（ἔργον）」は頻繁に使用されているが，神の審判との結びつきではローマ2：6，Ⅱコリント11：15にみられる．[444] パウロ書簡と比較して，Ⅰペトロ書における使用箇所は極少なく，この箇所と2：12のみに見出せる．2：12でも同じように終末の訪れの文脈で用いられている．「業」「裁き」「偏り見ない神」という共通するモチーフからうかがえるように，Ⅰペトロ1：17はローマ2：5－11からの影響が考えられる．しかし，裁きと業をめぐる精細な議論は，Ⅰペトロ書では展開されない．1：17，2：12における「業」は，パウロ書簡における鍵語の一つである，信仰と対比させる「律法の業」を示唆するものではない（ローマ3：28参照）．人の善き，および悪き行為，おこない全般を意味する（LXX 詩27：4他参照）．[445]

読者はこの世界に寄留している身である．「παροικία」は新約では使徒13：17とこの箇所のみに使用されている．使徒13：17では，「（イスラエルの民が）エジプトに寄留している間」という文脈に用いられているが，同じような使用例は

---

〔440〕将来の裁きではなく，現在分詞に注目し，日々の裁きと受け取る釈義家もいる．原野，103頁，田中（1938），55頁．
〔441〕ローマ14：10，Ⅰコリント3：12－15他参照．
〔442〕申命10：17，使徒10：34，ローマ2：11，その他エフェソ6：9，コロサイ3：25，ポリ手紙6：1参照．
〔443〕その他，ヨブ遺4：8，Ⅰクレ1：3，バルナバ4：12（Ⅰペトロ1：17の引用）．
〔444〕シラ16：12－14，エチ・エノ63：8－9参照．
〔445〕1：17の「業」は単数形であることに注目し，ゴッペルトは「生活態度全般，素行」を意味していると論じている（LXX イザヤ40：10，62：11，Ⅰコリント3：13以下，ガラテヤ6：4，黙示22：12参照）．Goppelt, 120. Feldmeier, 72 Anm. 196; 佐竹（1974），564頁，浅野（2017），447頁参照．

LXX においてもみられる（知恵 19：10，他にもエズラ（ギ）5：7，ユディト 5：9 他）．いずれも，エジプトや捕囚の地での一時的な滞在，寄留という意味で使われている．[446]

Ⅰペトロ書では 1：1 の「παρεπίδημος」，2：11 の「πάροικος」と同じように，読者の在り方を規定する重要句である（本註解 1：1，および 2：11 参照）．寄留者としての自覚，終末の訪れの告知，裁きの基準としての業というモチーフは，2：11－12 にも見出され，1：17 の内容をそこで再び思い起こさせる．「ἀναστρέφω」はここでは「生活する」と訳した．

なお 17 節は「裁かれる方」という語句にあるように，終末論的意識を先鋭化させつつ，「畏れのうちに生活せよ」と勧告を繋げている．これは 13 節で「イエス・キリストの顕れのとき」を踏まえて，希望を置き，欲望に身を合わせず，聖なる者になれ，という勧告と繋がっているのと同じ構造をもっている．

18－19 節　18 節から 21 節まではおそらく独立した伝承であったと考えられる（本註解第 1 部第 2 章 1.1 参照）．18 節からは前節までの勧告の言葉への説明を加える形で，「あなたがたは知っているのだ（εἰδότες）」と始められている．これはパウロ書簡でたびたび用いられている語句であり，[447] 重要な伝承句や定型句を引用する際に使われる．それゆえ，「ὅτι」からの文言はすでに初代教会において共有され，定式化されていたキリスト論的告白とも考えられる．[448]

まず，読者のかつての状態は「空しい生活」であったと断言される．「むなしい（μάταιος）」は LXX において多用されているが，新約文書での使用例はごくわずかである．[449] 旧約（LXX）では預言者たちが異教の神々や偶像に向けて放つ批判的な言辞に使われている（ホセア 5：11，イザヤ 2：20，エレミヤ 2：5，列王上 16：13, 歴代下 11：15 他多数）．実存的な虚しさや儚さではなく，価値のない，上辺だけの愚かな行状を意味しているのだろう．使徒 14：15 では，ゼウスやヘ

---

〔446〕　Ⅰペトロ 1：17 と類似の使用例としては，Ⅱクレ 5：1，およびポリ殉 1：1. 同語句の使用例に関する子細な検討は Elliott (2000), 366-368, 474-483 を参照．
〔447〕　ローマ 5：3，Ⅰコリント 15：58，Ⅱコリント 1：7，ガラテヤ 2：16 他参照．
〔448〕　たとえば，シェルクレは 1：19－21 をキリスト告白（Christusbekenntnis）だと推定する．Schelkle, 51.
〔449〕　使徒 14：15，Ⅰコリント 3：20，15：17，テトス 3：9，ヤコブ 1：26 参照．Ⅰクレ 7：2 では「むなしい思い煩い」を捨てるように教え，Ⅱクレ 19：2「むなしい欲望」によって心が暗くされることを警告している．

ルメスといったギリシアの神々は「空しいもの」であると否定されるのに対して，「生ける神」の存在が伝えられる．「先祖伝来（πατροπαράδοτος）」は新約文書ではこの箇所のみに使用されている[450]．先の 14 節に続いて読者がバプテスマを受ける前の状態をさしていると考えられる．前節の天上の真の「父」なる神とこの世界の父（とその祖先ら）との対比を意識させるために，「父祖伝来」と訳すのもよいかもしれない（宮平訳参照）．「ἀναστροφή」はすでに言及したようにこの手紙の頻出語であり，「生活」「振る舞い」「生き方」「おこない」などと訳せる．

　読者はこの状態から「贖われた」と宣言される．LXX で頻繁に登場する「贖う（λυτρόω）」[451]は，新約文書では僅かにルカ 24：21，テトス 2：14 のみに見出せる．原意は「（奴隷や捕虜などを）身代金を受け取って解放する」という意味である[452]（この理解から岩隈訳では「解放された」と訳す）．テトス 2：14 ではこの箇所と同じような使われ方をしている[453]．ただし，ここでパウロ書簡にみられるような贖いの供え物としてキリスト論は展開されてはいない（ローマ 3：25 他参照）[454]．キリストの血によって古い生き方から贖われた（解放された）と簡潔明瞭に伝えられるだけである．

　続いて，金と銀の具体例が出される．銀はこの箇所だけだが，金に関してはすでに I ペトロ 1：7 においても言及されており（本註解 1：7 参照），ここでも朽ち果てるものの例として出されている[455]．通常，耐久性があり，高価な金や銀は朽ちないものと受け取られるが，それすらもキリストの血と比すれば，消え去るものであり，無価値である．ここでは，金銀（消え去るもの）とキリストの血（不

---

[450] LXX にも登場しないハパクス・レゴメノン．聖書外資料におけるこの語句の使用例を細かに踏査したファン・ウニクによれば，この語句が最初に使用されるのは前 135-134 年に書かれ，アッタロス 2 世がペルガモンの人々に宛てた書簡である．van Unnik (1969), 132. ファン・ウニクは「父祖らから受け継がれた」，つまりは「伝統的」「尊ぶべき，敬うべき」といった訳を提案している．Ebd., 140.

[451] 神によるイスラエルの民の贖い（出エジプト 6：6，15：13，申命 7：8，イザヤ 44：22-23），子羊の贖い（出エジプト 34：20）など．

[452] 名詞「λύτρον」はマタイ 20：28，マルコ 10：45「多くの人々のための身代金」．

[453] 他にもバルナバ 14：5-8 参照．

[454] コロサイ書，エフェソ書も同様に展開されてはいない（コロサイ 1：14，エフェソ 1：7 参照）．

[455] この部分，「銀を払わずに買い戻される（οὐ μετὰ ἀργυρίου λυτρωθήσεσθε）」という LXX イザヤ 52：3 からの引用の可能性が指摘されている．

変なるもの)の対比を際立たせている[456]．地上にあるものはいつか必ずや雲散霧消する．キリスト者は刹那的なものではなく，真に朽ちないもの，永遠を求めて生きる身である(「朽ちない冠を受ける」Ⅰコリント9：25参照)．読者が贖い出された(解放された，買い戻された)のは，消失する金や銀(といった貨幣)によるのではなく，まさにキリストの血である[457]．このような，地上的なものはすべて朝露のごとく消え去ることの宣言は，続く1：23においても「朽ちない種」に対比させた「朽ちる種」の箇所でも語られる．永遠なるものへの眼差しは，Ⅰペトロ書に通底している．

　書簡の冒頭でも，読者はキリストの血を注ぎかけられた存在であることが示され(本註解1：2参照)，神との契約を締結した身であることが明記されている．このキリストは「非の打ちどころがなく，汚点もない小羊のような」という例を用いて説明されている．つまりは，完全な小羊ということになるだろう[458]．「非の打ちどころがない，傷のない，非難すべきところがない(ἄμωμος)」と「汚点がない，染みもない(ἄσπιλος)」と同義語を並べて修辞的に言い表している．この二つの語句ともパウロ書簡の影響を受けた新約文書において主に用いられている[459]．ここで使われている小羊は「ἀμνός」であり(ヨハネ1：29, 36，使徒8：32〔LXXイザヤ58：7〕参照)[460]，この言葉は旧約聖書(LXX)においては全焼の献げものとして一歳ぐらいまでの子羊をさす際に使われている(出エジプト29：38，レビ9：3, 12：6, 14：10他)．それゆえ，この小羊は一般的におこなわれている全焼の[461]

---

[456] 「朽つる金銀と，最高価値を有する完全にして不滅なるキリストの生命との間に非情な対照があるのである」．原野，106頁(引用では旧字体を改める)．
[457] キリストの血(と贖い)に関する言及は，使徒20：28，ローマ3：24-25，エフェソ1：7，ヘブライ9：12，などにもみられる．
[458] 通常，何らかの欠陥のある動物は全焼の献げものとすることができない．その条件について，レビ22：17-30では厳しく定められている．
[459] エフェソ1：4, 5：27，フィリピ2：15，コロサイ1：22，ヘブライ9：14，ユダ1：24，黙示14：5，およびⅠテモテ6：14，ヤコブ1：27，Ⅱペトロ3：14．
[460] 旧約聖書において，全焼の献げものとしてだけではなく(レビ9：3他参照)，従順さや弱さ，忍耐などを表象する小羊の表象は数しれない(イザヤ11：6, 53：7，エレミヤ11：19，シラ13：17他参照)．ヨハネ黙示録においてキリストのメタファーとして頻繁に語られる小羊は「ἀρνίον」である．
[461] この小羊が「過越の小羊」をさすと考える釈義家が多くいる．カルヴァン，47頁，シュナイダー，134頁，田中(1938), 59頁，速水，418頁，マーティン，111頁，van Unnik (1980), 19他多数参照．Ⅰコリント5：7にあるように過越の

供儀を意味しているのだろう（民数28－29参照）[462]．

20節 詩文形式で記されたこの箇所では，先在のキリストについて語られる[463]．「予め知る（προγινώσκω）」[464]は，文字通り「前以て（πρό）」「知る（γινώσκω）」ことであるが，Ｉペトロ書では1：2「予知」と同じ意味で用いられている（本註解1：2参照）．

世界が創造される前からキリストはすでに周知された存在である[465]．岩隈訳，塚本訳では意味を取って「前もって選ばれている」と訳しているように[466]，神はキリストを特別に選んだ．キリストは，世界の始まりから終わりまで時を貫いて存在している．多くの場合，「πρὸ καταβοῆς κόσμου」は意味を取って「天地創造の前から」（フランシスコ会訳，共同訳，新共同訳，協会共同訳など）と訳されているが，直訳では「世界の基礎を据える前」[467]である．新約文書においては比較的に使用例が多くあり，世界の創造の事柄を言い表す時の定型表現と受け取れる[468]．多くの場合，「終わりの時」と訳されている箇所は，正確に訳せば「時の終わり」である（「時」は複数形）[469]．つまりはキリストの到来した時，終末の時を

犠牲の小羊とキリストをはっきりと同定しているのであれば，この推測は確かだが，この短い箇所から過越の祭儀の暗示を読み取るのは困難であろう．アクティマイアーが指摘するように，LXX 出エジプト 12：5 には，過越の祭儀で用いられるのは，「欠陥のない一匹の雄の羊（πρόβατον τέλειον ἄρσεν ἐνιαύσιον）」とあり，Ｉペトロ 1：19 に記されているような「小羊の血」ではない．Achtemeier, 128f. 参照．

[462] 同様の見解は Achtemeier, 129.
[463] 詩文形式に関する細かな考察は，Prasad, 228f., 304f. を参照．
[464] ヨハネ 1：1，フィリピ 2：6－11，コロサイ 1：18，ヘブライ 1：2－3 参照．エチ・エノク 48：3，6－7，62：7 では先在の「人の子」について，モーセ遺 1：12－14 では，世界の開始から準備されたモーセについて記されている．
[465] ローマ 16：25，コロサイ 1：26，エフェソ 3：5，9，Ⅱテモテ 1：9，テトス 1：2，イグ・マグ 6：1，Ⅱクレ 14：2，ソロ頌 41：15 参照．およびエチ・エノ 48：6，62：7 も参照．
[466] ワトソンも同様．Watson, 36. NIV や TEV などの英訳も同じように「chosen」と訳す．
[467] Hauck, ThWNT III, 623 参照．岩波訳「世界の礎が置かれる前」，新改訳「世界の基が据えられる前」，宮平訳「この世の基の前」．
[468] マタイ 13：35，25：34，ルカ 11：50，ヨハネ 17：24，エフェソ 1：4，ヘブライ 4：3，9：26
[469] ただし，א* Ψ は単数形「του χρονου」，ユダ 18 参照．ヘブライ 1：2 では「この時代の終わりには（ἐπ᾽ ἐσχάτου τῶν ἡμερῶν τούων）」．岩隈訳，共同訳「終わりの時代」，前田訳，岩波訳，田川訳，宮平訳「時の終わり」．

意味している．キリストが到来したことにより，すでに終わりの時は始まっている．読者たちはキリストの来臨を待ち望んでいる（Ⅰペトロ 1：4，7，5：4参照）．

　この箇所は対比を表す用法「μὲν...δὲ」で記されているように[470]，創造以前に定められたキリストの出現はいまや現実のものとなったのである．「あなたがたのゆえに（δι ὑμᾶς）」（前田訳，田川訳）と訳すこともできるだろうが，本註解では「あなたがのために」とした[471]．キリストが顕われたのはまさに読者のためであり，普遍なる存在と分かちがたく結ばれていることを伝えている．

　20節の先在のモチーフは次の21節との連続は自然である．しかし，ブロックスが指摘しているように，18-19節のキリストの血による贖いに関する言及の後に語られるのは順序からみていささか奇妙である[472]．Ⅰペトロ書の著者がなぜこの順番で記したのかは明らかではない．17-21節は元来，連続した伝承であったのか，それともそれぞれ，個々に独立した文言を著者が接続したのか．前後関係の不自然な繋がりを鑑みれば，後者の可能性が高いだろう．

　21節　先在のキリストを語った後は，神への信仰を確かめる．キリストの死からのよみがえりと栄光の授与については，この書状でたびたび言及されている（1：3, 11, 4：13, 5：10）[473]．18節以降の信仰告白文とも受け取れるいわゆるキリスト讃歌は，神への信仰によって結ばれる．しかし，その神への信仰もまた「キリストによる」ものである．この書簡では，神は裁き主であり（1：17），畏れをいだきつつも（2：17），また全幅の信頼を置くべき方である（5：7）．神への揺るぎない信仰が求められている（ヘル牧1の戒め参照）．この節の後半では信仰と希望は神に対するものであることが説かれる．すべてを統べ治める神がその中心に在することは書簡の冒頭（1：3）から終わり（5：12）まで一貫している．信仰（1：5, 7, 9, 5：9）と希望（1：3, 3：15）も頻出語である．

　「ὥστε」以下の後半部分をどのように理解するかについて，研究者の間で意見

---

[470] この用法は他にもⅠペトロ 2：4, 3：18, 4：6で使われている．
[471] ブルトマンが推測するように，元来の伝承では「私たちのゆえに」であったとも考えられる．ブルトマン（1967），127頁．
[472] ブロックス，102頁．
[473] キリストの復活については，他の新約文書でも同様の形式を見出せる（ローマ 8：11, Ⅱコリント 4：14, ガラテヤ 1：1他）．ローマ 10：9にあるように，イエスの復活を告白する者のみが救済の業に与れる．

が分かれており，大別して次の二案が挙げられる．まず，本註解のように信仰と希望を並列して訳す案であり，多くの翻訳はこれを採用している．もう一つは希望を述語と理解し，信仰が希望にもなるという案である．両方とも文法的に可能である．さらに，「εἶναι εἰς θεόν」の理解も意見が分かれている．直訳すると「神へと〔向かう〕のである」となるだろうが，「εἰς」を「の中」と受け取り，「神〔の中〕にある」とする訳案も出されている．

信仰が神への希望にもなる後者の案は，確かにⅠペトロ書全体の神学的理解とも一致する．だが，ここではかつて空しい生活を送り，偽りの神を崇めていた読者たちが真なる神と出会い（1：17-18），いまやその信仰と希望を神へと向けることを教えていると考えられるので，本註解は前者の訳案を採用する．

22節 13-17節までの勧告の動機づけとして語られた先住のキリストによる贖いと神への信仰の意義は，21節で閉じられ，22節から再び訓戒に戻る．17節までの内容に接続させる形で，「従順の子」「聖なる者」である読者は，「互いに愛し合うこと」が求められる．キリストへの愛ではなく（1：8），キリスト者同士の愛の実践である．終わりの日に向けた生活の中において，愛し合うことが肝要であることは再度説かれる（4：8参照）．このような愛の実践を心に留めるように促す理由は，迫害の現実の中で生きる者たちの間では相互に励まし，慰め合い，団結することこそが求められているからであろう．

---

〔474〕 ブルトマンはこの二案を提示している．Bultmann, ThWNT II, 528 Anm. 105; ders., ThWNT VI, 208, 211 Anm. 269.
〔475〕 邦訳では文語訳，口語訳，共同訳，新共同訳，協会共同訳，フランシスコ会訳，新改訳，前田訳，宮平訳がこの案を採用している．
〔476〕 邦訳では岩隈訳「君たちの信仰は（同時に）神に対する希望でもある」，塚本訳「君達の信仰はまた神に対する希望となった」，田川訳「あなた方の信仰はまた神へと向かう希望にもなるのである」．Elliott (2000), 379f.; Knopf, 78f.; Moffatt, 103, 108; Schrage (1973), 72, 78 参照．
〔477〕 前者の文法的な問題として，田川は信仰にある定冠詞が希望には付いてないことを指摘している．田川訳，273頁，註21．後者の問題として，グルーデムによる統計的な調査によれば，このような用例は他にはない．グルーデム，94頁，註1．
〔478〕 フランシスコ会訳「神にあるのです」，岩波訳「神のうちにある」，田中 (1938), 62頁参照．Achtemeier, 133f.; Michaels (1988), 70 参照．聖書協会の翻訳では，共同訳だけが意訳して「神に依存している」としているが，口語訳，新共同訳，協会共同訳では「神にかかっている」と訳し，文語訳「神に由れり」の影響を受けている．新改訳も同様に訳す．
〔479〕 ブロックス，107頁，Elliott (2000), 384f.; Michaels (1988), 75; Selwyn, 150; 原

「従順」が頻出語であることはすでに確認した（本註解1：2, 14参照）．ここではこの語句に「τῆς ἀληθείας」と続いている．本註解はこれを目的語的属格と理解し「真理への従順」と訳す．では，この「真理」とは何を意味するのだろうか．

Ⅰペトロ書では「真理」という単語はこの箇所のみに登場する．おそらく，その内容は23節以降に示された「福音として告げ知らされた言葉」，つまりは救済の告知を意味していると思われる（1：12参照）．キリストと出会い，朽ちない種子（1：23）により新たに生まれた読者は「いのちの救い」を得ているのである（1：9）．

すでに説明したように，「ψυχή」をここでも「いのち」と訳した（本註解1：9参照）．この「いのち」は，人間存在そのものを意味している．「いのちを清める」という表現は，新約文書では他には見られないが，ヤコブ4：8には「心を清くせよ（ἁγνίσατε καρδίας）」と命じられている．

Ⅰペトロ書，およびヤコブ書が用いている「清め（ἁγνίζω）」という用語には，祭儀的な意味が込められているのは明らかである．いまや，読者の存在全体を「清めた」のである（完了形）．そのような存在であるからこそ，次に告げられる愛の命令を重く受け止める必要がある．

「兄弟〔姉妹〕愛（φιλαδελφία）」の必要を説くのは，ローマ12：10, Ⅰテサロニケ4：9, ヘブライ13：1, およびⅡペトロ1：7と新約では比較的少ない（他にもⅠクレ47：5, 48：1）．ここでの「兄弟〔姉妹〕愛」は，たとえばプルタルコスが説く実際の兄弟愛を意味するのではなく，神におけるキリスト者の共同体内の相互愛である（Ⅰテサロニケ4：9参照）．単なる愛ではなく，「偽りのない」

野, 111頁参照．
〔480〕 Achtemeier, 137参照．
〔481〕 ブロックス, 106頁, 原野, 109頁以下, 黒崎（1931）, 10頁, 速水, 418頁参照．キリスト者は真理を知り（Ⅰテモテ2：4, ヘブライ10：26），真理を明らかにする身である（Ⅱコリント4：2）．そして，「真理の言葉」によって生かされる（Ⅱコリント6：7, エフェソ1：13, コロサイ1：5）．
〔482〕 多くの翻訳が「魂（soul, Seele）」とするが，田川訳は「生命」, アクティマイアーは「your lives」, エリオットは「yourselves」としている．田川訳, 275頁, 註22, Achtemeier, 136; Elliott (2000), 383参照．
〔483〕 民数8：21, 11：18, 19：12, ヨシュア3：5他多数．新約ではヨハネ11：55（出エジプト19：10），使徒21：24, 26, 24：18参照．Hauck, ThWNT I, 123f.参照．
〔484〕 プルタルコス「兄弟愛について」（L98, P13, S31）参照．
〔485〕 von Soden, ThWNT I, 146参照．Ⅳマカバイ13：23, 26, 14：1では，殉教

と強調している．ローマ12：9，Ⅱコリント6：6でも「偽りのない愛」が説かれるが，この二箇所では「兄弟〔姉妹〕愛」ではなく「愛（ἀγάπη）」である（Ⅰテモテ1：5，Ⅱテモテ1：5では「偽りのない信仰」）．Ⅰペトロ1：22の愛の教説は内容的にはこのローマ12：9－10に近い．欺瞞な嘘，見せかけの愛ではない．キリストを信じ，救済への道が開かれた読者たちは真正の愛に至ったのである．新共同訳，協会共同訳では「兄弟愛を抱くようになった」と補って訳しているが，ここでは「兄弟〔姉妹〕愛へと至る」とする．

キリスト者は単に愛し合うのではない．「絶えず（ἐκτενῶς）」という副詞を伴っているように，その持続性が求められている．Ⅰペトロ4：8でも同じような文脈で形容詞「ἐκτενής」が使われている．この語句は各翻訳では「熱心に」（岩隈訳，宮平訳），「強烈に」（川村訳），「熱く」（文語訳，新改訳），「全力で」（岩波訳），「深く」（塚本訳，新共同訳，協会共同訳）といった語句を選んでいるが，いかに深く，または熱烈に愛するのではなく，どれほど長く愛するかであろう．問題はその継続性である．それゆえ，田川訳のみ原意を重んじて「持続的」としており[486]，これが最もふさわしい訳語であろうが，本註解ではやや崩して「絶えず」と訳した[487]．終わりの日まで（4：7）愛の実践を絶やしてはいけないという意味である[488]．気まぐれで間歇的な愛は，愛ではない．キリスト者は真の相愛をめざさなくてはならない．

23節 23節は分詞構文で22節と繋がっている．前節「清めた」と同様に，いまや「新たに生まれた」（完了形）読者の状態を伝えている．「互いに愛し合う」ことを命じられた理由は，読者たちがこれまでとは違う次元に生きる存在になったゆえである．

1：3ですでに語られているように（本註解1：3参照），「新たに生まれる」はキリスト者となった読み手のアイデンティティーを意識させる鍵語の一つである．これは原文では受動態であるので，自分の力で生まれたのではなく，神によって生まれたことを意味している．ここでは「神の言葉」は「種」として説明

した七人のユダヤ人兄弟の相互愛を語る文脈で用いられている．
[486] 「伸ばす，張る（ἐκτείνω）」（マタイ8：3，ルカ22：53参照）という動詞からの副詞．
[487] 同様にミヒャエルス，プラサードは「unremittingly」エリオットは「constantly」と訳す．Elliott (2000), 387; Michaels (1988), 76; Prasad, 350f.
[488] Evang, 122参照．

されている。この「神の言葉」は人々を活かし,育てていく（本註解 4:11 参照）。新約でしばしば用いられる「σπόρος」（マルコ 4：26, ルカ 8：5, Ⅱコリント 9：10 他）ではなく,「σπορά」が使われている（新約ではこの箇所のみ）[489]。「朽ちる」（1：18 参照）は限界を表す際,「朽ちない」（1：4, 3：4 参照）は永遠や不滅を表す際にたびたび用いられる。朽ち果てる種との対比を通して朽ちない種は,絶えることがない実りをもたらすイメージを喚起する（イザヤ 55：10－11 参照）。ここでは消え去ることのない神の言葉を印象づけている。「〔いつまでも〕留まり続ける」は,25 節以降のイザヤ書の引用と関連づけている。旧,新約文書では神は生きた存在であると告知されているため,[490]「生ける」を「言葉」ではなく,「神」に修飾させる訳もある[491]。文法的にはこれも可能である。しかし,25 節のイザヤ書の引用と関係づけられていることは明白であり,ここでは「言葉」にかかっていると受け取る方が賢明である[492]。

24－25 節　23 節の神の言葉の永続性を説明する形で,LXX イザヤ 40：6－8 が引用される。「διότι」で引用文を始めるのは,1：16, 2：6 も同様である。24 節からの引用文に「ὡς」が挿入され[493],25 節「ῥῆμα τοῦ θεοῦ」が「ῥῆμα κυρίου」に変更されている以外は,LXX イザヤ書と同じである[494]。24 節の「肉」は人を意味していると思われるので,訳文には「人」とした。前述したように,25 節の「留まる」は 23 節と関連づけられている。「慰めよ」（イザヤ 40：1）という語りか

〔489〕「σπορά」は「播種」の意であるから,ここでは「すでに蒔かれた種」を示唆しているのかもしれない。LaVerdiere, 92; Liddell & Scott, 1628; Michaels (1988), 76; Schreiner, 95; Selwyn, 150 参照。
〔490〕　詩 42：3, イザヤ 37：4, ダニエル 6：21, LXX ダニエル 6：27（θεὸς μένων καὶ ζῶν）,使徒 14：15, Ⅰテサロニケ 1：9, ヘブライ 9：14 参照。
〔491〕　Vulg では「per verbum Dei vivi et permanentis」,ミヒャエルスは「the word of the living and enduring God」とし,「ζῶντος」「μένοντος」の両方を神にかけている。Michaels (1988), 76f. 田川訳は「生ける神の恒久的な言葉によって」とする。
〔492〕　この問題に関して上記のラヴァーディーアが犀利な分析を手がけている。LaVerdiere, 89-94. 他にもブロックス, 108 頁, グルーデム, 98 頁, 註 2, Achtemeier, 140; Feldmeier (2005), 82 Anm. 244 参照。ベンゲルがすでにこのことを指摘しているが（Bengel, 902）,この手紙では「生ける希望」（1：3）,「生ける石」（2：4, 5）といったような表現もみられる。
〔493〕　Ⅰペトロ書では「ὡς」は多用されており,この挿入はⅠペトロ書の著者による可能性が高い。Ådna, 234; Heckel, 98; Jobes (2006), 317; Wagner/ Vouga, 59 参照。
〔494〕　Ⅰペトロ書がここで引用した LXX のテキストは,MT 本文より短い。クムラン出土のイザヤ書写本（1QIsaᵃ）は LXX のテキストに近いことを土岐は指摘している。土岐（2015）,151－152 頁。

けで始められるこのイザヤ書の引用は，元来，バビロン捕囚における解放の音信を告げ知らせる言葉である．送り手はこの文脈から離れている[495]．

　23 節で対照された「朽ちるもの」と「朽ちないもの」と同様に，人の限界性と神の恒久性を対比させている．終わりが定められ，やがては枯死するのみの草や花と同じような人の存在と比較して，無窮なる主の言葉が照らし出されている．この主の言葉こそ読者にとっては救いであり，依って立つものである．25 節の「主」が「神」をさしているか，それとも「イエス・キリスト」をさしているかの判断は難しい．前後の流れと書簡全体を視野に入れて考えなくてはならない．21 節から神への信仰をテーマとし，さらに 23 節で「神の言葉」とあるので，前文までの流れを重んじれば，ここだけ唐突にキリストを意味するのはやや不自然である．しかし，後続する 2：3 の詩 34：9 の引用にある「主」は，キリストをさしており，1：3，3：15 とも「主」キリストと表記しているので，この箇所もキリストを意味していると本註解は捉えたい[496]．キリストの言葉こそ，あらゆるものを超えて永遠に残る．

　LXX イザヤ 40：9 に「よい知らせを告げる者」とあるため，25 節は引用文ではないものの「福音として告げ知らされた言葉」は，この言葉を念頭に置いているだろう．23 節では「言葉」に「λόγος」が用いられていたが，25 節では引用に合わせて「ῥῆμα」である[497]．

---

[495] ヤコブ 1：10-11 で同箇所の引用を下敷きにしている．ここでも元来の文脈から離れ，富を持つ者の儚さを語る文脈でこの引用が用いられている．辻 (2002)，65-66 頁参照．
[496] マルコ 13：31 参照．Elliott (2000), 391; Forbes (2014), 51; Heckel, 98; Schelkle, 54; Richard, 74 参照．Ⅰペトロ書の著者が LXX イザヤ 40：8 の「ῥῆμα τοῦ θεοῦ」をわざわざ「ῥῆμα κυρίου」に変更したのは，キリストの言葉であると伝えたいためだろう．Jobes (2006), 318; Müller (2020), 73f., 83 参照．
[497] ローマ 10：8 も引用句（LXX 申命 30：14）を受けて「ῥῆμα」にしており，この箇所と似ている．

第2章

2章1−10節　生ける石として

　^{1}そこで，あらゆる悪意，一切の欺瞞，偽善，嫉妬，すべての誹謗を脱ぎ捨て，^{3}「主が慈愛深い方だということを味わった」のならば，[498] ^{2}生まれたばかりの乳飲み子のように，理に適った，欺瞞のない（純粋な）乳を強く求めなさい，これによって成長し，救われるようになるためである。

　^{4}その方（主）のもとに来なさい。[499]〔その方は〕人々からは「捨てられた」が，神のもとでは「選ばれた」「尊い」生ける「石」である。^{5}あなたがた自身も生ける石として，霊の家に建てられるようにしなさい。聖なる祭司団となり，イエス・キリストを通して神に喜んで受け入れられる霊のいけにえを献げる

---

〔498〕 本註解では3節を1節と2節の間に挿入した（本註解2：3参照）．

〔499〕 4節は直前の3節「主（κύριος）」を関係代名詞で受けている文である．それゆえ，田川やワーグナー / ヴォウガが指摘するように，NA第27, 28版にある3節と4節の間はコンマではなく，ピリオドであるのは確かに奇妙に感じられる．田川（2015），279頁，註3. Wagner/ Vouga, 62. 田川が挙げているように，1519年のエラスムスの校訂版ではコンマである．しかし，シスネロス（Francisco Jiménez de Cisneros）によるいわゆるポリグロット聖書（Complutensian Polyglot）の新約聖書部分（1514年）では，ピリオドが打たれている．その後，エティエンヌ（Robert Estienne）の校訂本（1550年）ではコロンに変わり，ベーズ（Théodore de Bèze）の校訂本（1588年）ではコンマもコロンもない．さらに，後世のベンゲルの校訂版（1734年）ではピリオドが打たれている．近代に入り，本文批評の成果を最大限に生かしたウェストコット・ホート（Brooke Foss Westcott, Fenton John Anthony Hort）の The New Testament in the Original Greek（1881年）でもピリオドだが，その一方でフォン・ゾーデン（Hermann Freiherr von Soden）の Die Schriften des Neuen Testaments in ihrer ältesten erreichbaren Textgestalt hergestellt auf Grund ihrer Textgeschichte（1913年）ではコンマであり，本文研究者の間でも錯綜している．どの段階で，何を理由にコンマがピリオドに変わったのかはわからない．ピリオドを打ったのは5節まで続く長文をいったん区切るための工夫だろうか．関係代名詞で受ける5節までの従属文を区切るのは不自然である，という田川らの指摘も肯首できるが，4節以降は新たな話題へと切り替えているとも受け取れるので，本註解では3, 4節を区切って訳すことにする（田川訳, ワーグナー / ヴォウガでも一文として連続して訳している）．

ために. ⁶ なぜなら, 聖書にこのようにあるからだ.
「見よ, 私は選ばれた尊い隅の親石を
シオンに置く.
これを信じる者は, 決して恥を受けることはない」.
⁷ それゆえ, この石は, あなたがた信じる者には名誉なものだが, 信じない者にとっては,
「家を建てる者の捨てた石
これが隅の親石となった」のであり,
⁸ そして
「躓きの石
妨げの岩」なのだ. 彼らが躓くのは, 言葉に従わないからであって, そうなるように定められていたのである.
⁹ しかしながら, あなたがたは選ばれた一族,「王の祭司団」「聖なる民族」,〔神が〕所有する民であり, それは, あなたがたを暗闇の中から驚くべき光の中へとよび出した方の「卓絶〔した威力〕」を, あなたがたが広く告げ知らせるためである. ¹⁰ あなたがたは, かつては〔神の〕「民ではない」者が今は神の民であり「憐れみを受けない」者が今は憐れみを受けた者である.

Ⅰペトロ2：1－10は, 1：13から続く読者への一般的な勧告に含まれる. 希望を置き（1：13）, 畏れをもって生活し（1：17）, 互いに愛し合い（1：22）, 悪から遠ざかり, 霊の乳を求めよ（2：2）という勧告句に続いて, 主のもとに来て, 生ける石として霊の家として建てられよ（2：5）と教示している. イザヤ書, 詩編などの旧約聖書の引用を巧みに織り交ぜながら, 勧告への聖書的根拠も明示する. そもそも, Ⅰペトロ書は旧約の引用句が多いが, 2：1－10では集中的に用いられている.

2章の冒頭で悪徳を遠ざける生き方を勧めることにより, 後に続く受け取り手の新しい自己理解がいっそう強調される. かつての悪癖を矯正し, キリスト者としてのあるべき姿を明示する. 読者たちがかつての悪癖を「脱ぎ捨て」（2：1）, 新たな存在へといかに変容したかを訴えている. 主のもとに来た彼, 彼女たちはいまや,「生ける石」（2：5）, そして,「聖なる祭司団」（2：5, 9）である.「石と祭司（団）」（2：5－6）は続く2：7－10でもくり返されており, この二つの

箇所は並行構造にあるとも見て取れよう。2：7-10 が 5-6 の内容を，聖書の章句を用いてよく詳しく説明するという形式である。[500]

　Ⅰペトロ書は全体的に共同体論（教会論）に重心が置かれていると考えられるが（本註解第 1 部第 2 章 2 参照），とりわけ 2：4-10 はその中心的部分といえる。当該箇所では，教会論的な言辞が集中している。また，乳飲み子，乳，石，家，隅の親石，祭司など，さまざまなメタファーを用いて語り，読者の想像力を喚起させている。2：1-2 は読者たちがかつての生活から新生し，救済の確証を得ていることを訴え，4-5 は石，家，祭司といった共同体論にシフトし，6-8 は旧約章句を踏まえた説明である。その橋渡しをしているのが，4 節の「その方（主）のもとに来なさい」というよびかけである。

　1-2 節　「そこで（οὖν）」とあるように（4：1 参照），前節までの内容を受け，再び勧告に戻り，新たな話題へと移る。1 節ではパウロ書簡などに記されているいわゆる悪徳一覧が登場し，種々の悪行を「脱ぎ捨てる」ことが教示される。コロサイ 3：8 などにおいても，同じように諸種の悪徳を（衣服のように）「脱ぎ捨てる」（使徒 17：58，ポリ殉 13：2 参照）ことが勧められているゆえ，この表現は初代教会で共有されていた術語であろう。ただし，コロサイ 3：9-10 では「古い人」を脱ぎ捨て，「新しい人」を着るとあるように，脱いだ後の姿が続けて語られるが，Ⅰペトロ 2：1 ではただ単に「脱ぎ捨てる」だけであり，コロサイ書の同箇所（およびその基になっているローマ 13：12-14）とは異なった文の運びである。脱ぎ捨てたままの状態（いわば裸の状態）というのはやや不自然に聞こえるが，2：2 では「生まれたばかりの乳飲み子」について語っているので，それが新生の状態，つまり新しい人を意味していると思われる。[501]

　次に悪徳のリストには「悪意（κακία）」（ローマ 1：29，エフェソ 4：31，コロサイ 3：8），「欺瞞（δόλος）」（ローマ 1：29），「嫉妬（φθόνος）」（ローマ 1：

---

〔500〕 Gäckle, 400-402 頁参照。

〔501〕 同様に他の新約文書でも「闇の業」（ローマ 13：12），「古い人」（エフェソ 4：22），「嘘偽り」（同 4：25），「あらゆる汚れと溢れ出る悪意」（ヤコブ 1：21）を「脱ぎ捨てる」ことが勧められている（Ⅰクレ 13：1, 57：2 も参照）。そして，ローマ 13：12 では続けて「光の武具」，そして，同 13：14 では「キリスト」（ガラテヤ 3：27 参照），エフェソ 4：24 でも「新しい人」を身に着けるとある。なお，ローマ 6：6 では，「古い人」は十字架に架けられたと述べられている。

29，ガラテヤ5：21，Ｉテモテ6：4）と「誹謗（καταλαλιά）」（Ⅱコリント12：20，およびⅠクレ30：1，3，35：5，バルナバ20：2，ポリ手紙2：2，4：3）とある．他の新約文書で記されている悪徳一覧は，ここにおいても列挙されている．とりわけ，ローマ1：29との類似点が目立つため，この箇所からの影響がうかがえる．ただし，Ⅰペトロ2：1-2の内容はローマ13：12-14と似通っているので，そこからの影響も考えられるだろう．[502]

先の悪徳はいずれも人間関係を悪化させ，最悪の場合，それを破綻させる結果も惹き起こしかねないものだ．「死の道」（ディダケー1：1，5：1）へと通じる共同体形成を阻害させる忌むべき悪習である．1：22（および4：8）で提示された「兄弟〔姉妹〕愛」の対極にあるゆえ，厳に慎むべきことである．[503]

愛の実践に生きる者にとって，何よりもまず回避しなければならない習慣であろう．この書状を受け取る共同体には，いまだこのような悪習から脱することができない構成員が多くいたのだろうか．終末論的意識をもつ者はかつての悪風に染まった身から完全に脱することが要求される．キリスト者としての新しい美風を守る者になる．

2節の「胎児」（ルカ1：41，44，およびシラ19：11参照）という意味をももつ「乳飲み子（βρέφος）」は，「生まれたばかり」という形容詞を伴っているように，まさに生後わずかの嬰児のことをさしている．この語句がバプテスマを受けて間もない状態を示唆しているのか断定はできない．だが，書簡の送り手は，ここで新たに生まれた読者たちを比喩的に説明しているのは明らかであろう（Ⅰペトロ1：3，23参照）．生れたばかりの赤子は，生存するために母親からの母乳を必要とする．彼，彼女たちが求めるべきは，「理に適った（λογικὸν）」「欺瞞のない（ἄδολον）」乳である．

術語「脱ぎ捨てる」とバプテスマについて：速水はこの箇所はバプテスマについて語っていると受け取っている．[504] さらに，ケリーはこの「脱ぎ捨てる」という行為と

---

[502] コロサイ3：5-11（およびエフェソ4：17-25）は内容からも語彙からもローマ13：12-14の影響下にあると言えるだろう．シュヴァイツァー（1976），165頁参照．
[503] Ⅰクレ35：5でも種々の悪徳は，神から遠ざかる要因であることが警告されている．
[504] 速水，419頁．

初代教会における洗礼式，つまりはバプテスマの儀式の際，着物を「脱ぐ」という行為との関連を指摘する[505]．しかし，グルーデムが正しく論じるように，洗礼式において脱衣する言及は，後 3 世紀以降（ヒッポリュトス『使徒伝承』21，エルサレムのキュリロス『洗礼志願者のための秘義教話』II：2 参照）であり，I ペトロ書の執筆当時にそのような行為があったかは定かではない[506]．比較的初期の洗礼式について語るディダケー 7：1−4 においても記述はない．さらに，ここで「脱ぎ捨てろ」と命じられるのは，日々の生活で常に対峙しなければならない悪徳であり，一回切りで捨て去るものではないだろう（バプテスマではその一回性が何より重視される）．それゆえ，この箇所とバプテスマを積極的に関連づけるのはやはり困難である．

ここで，釈義上の問題にぶつかる．「λογικός」をどのように解するかである[507]．ローマ 12：1 においても用いられているが（新約ではこの二箇所のみ），ローマ書でもこの訳語の選定が問題となっている．

I ペトロ書においては，①「霊的な」という訳語をあてる案，② 1：22−25 の記述などを踏まえて，「言葉の」と訳す案が提出されている．しかし，本註解では「理に適った」という訳語を選んだ[508]．「欺瞞のない（ἄδολον）」は，否定の接頭辞「ἀ」を付けた「欺瞞（δόλος）」であるから，1 節と合わせて「欺瞞のない」と直訳で訳した．

欺瞞のない乳という日本語は意味がややわかりにくいので，「純粋な」（または「混じりけのない」）という意訳も記した．確かに「λογικός」を「霊的」と受け取ることも可能ではある[509]．しかし，なぜ，送り手はその後に「ἄδολον」を付加したのか理解に苦しむ．むしろ，前述したようにこの箇所は 2：1 の悪徳の対極

---

[505] Kelly, 84.
[506] グルーデム，102 頁，註 1 参照．
[507] 各邦訳聖書においても，さまざまな訳語をあてている．共同訳，岩波訳「精神的な」，岩隈訳「霊的」，文語訳，塚本訳，前田訳，口語訳，新共同訳，新改訳「霊の」，協会共同訳「理に適った」（訳註で「霊的な」「御言葉の」と補う），フランシスコ会訳「み言葉である」，田川訳「理にかなった」，宮平訳「言葉という」．
[508] Vulg では「rationale」，ティンデル訳では「reasonable」，LU でも従来から「vernünftig」と訳しており，最新の 2017 年校訂版においても同様である．この語句に関して，ホルトはその註解書において詳しい解説を施している．「spiritual」はこの語句の一つの意味であり，一つの訳語に定めがたいとしながらも，「reasonable」や「rational」を提案している．ただし，前者は曖昧で，後者は文献学的には正しいけれども誤った連想を想起させるとする．Hort, 102.
[509] Kittel, ThWNT IV, 145-147 参照．

にあるものとして理性的で,かつ偽り,欺瞞のない「乳」,それによって生かされ,生育される真なる養分の重要さを強調しているのではなかろうか.また,1：23－25を踏まえて「み言葉の乳」を受け取る案に対しては,確かに2：1以下はその前の論述を踏まえているとはいえ,言葉の問題が中心には置かれていない.もし,そうであれば言葉を求めるとはっきり記すはずであろう.むしろ,ここでは新しい話題である生活態度の改めが中心にある.新たに生まれた人が,神を軸とした生活を送れるために必要であり,不可欠な養分を求めよという命令である.

また,「乳」を飲むのという比喩は,読者たちが信仰において未発達で幼い段階,つまりは入信後間もない状態であることを意味しているとも理解できる[510].この場合の「乳」とは,入信者への教育のための「教え」と受け取れる.だが,ここで強調したいのは,入信者への教育ではなく,読者に与えられている乳,つまりは恵みへの喜びであろう（2：3参照）.

乳飲み子が生きるために母乳を求めると同じように,入信後の読者だけではなく,すべてのキリスト者は,生存のために恵みとしての乳（養分）を求めなければない.しかし,それをただ単に求めるのではなく,「強く求める」ことが促されている[511].その必死さが肝要である.

続く「これによって（ἐν αὐτῷ）」は「乳」をさしており,信仰者として養われ,成長するためには必要である[512].その心構えは究極的には救済へと繋がっていく

---

[510] Ⅰコリント3：1－2,ヘブライ5：12－13においては,「乳飲み子」や「乳」は信仰的な未成熟さを意味している（他にもバルナバ6：17,またイザヤ28：9も参照）.フィロンの著作には乳の比喩が多く見れる（たとえば『農耕』9参照）.さらに,おそらくキリスト教による二次的挿入の可能性が高いソロ頌19：1－5には,御子の受肉を伝える文脈の前に,聖霊が父（神）の乳房から乳を搾るという言及がある.ただし,この箇所とⅠペトロ書の当該箇所と内容的な類似性は皆無であろう.なお,エピクテトス『語録』Ⅱ：16：39,同Ⅲ：24：9にも成熟していないことに対する（やや侮蔑的な）比喩として「乳離れしていない」と語っている.引用箇所の指摘はSchmidt (2003), 221 Anm. 173を参照.Ⅰペトロ2：2においてはこのような否定的な意味はなく,新生児というその「新しさ」を強調していると考えられる.

[511] 「切に求める（ἐπιποθέω）」という語句について,宮本は「むしゃぶりついて飲む出す強さが含まれている語」と解説している.宮本,740頁.敷衍訳を旨とする川村訳では「新しく生まれたばかりの赤ん坊が無性に乳を求めるように」としていて興味深い.

[512] 「成長する（αὐξάνω）」は信仰者として成長とするという術語として用いられている（Ⅱコリント10：15,エフェソ4：15,コロサイ1：10,Ⅱペトロ3：18参照）.Delling, ThWNT VIII, 520参照.

(1：5, 9-10 参照).

　3節　「εἰ」以下を条件文として理解すべきであり，協会共同訳（口語訳も同様）のように「あなたがたは，主が恵み深い方だということを味わったはずです」，と訳すと条件文としてわかりにくい．本註解では日本語としてわかりやすいように，3節を1節と2節の間に挿入した．

　この節では，LXX 詩 33：9 を部分的に引用している．同じ詩編箇所を 3：10-12 でも引用している（本註解 3：10-12 参照）．先の 1：24-25 は明確に引用である一方，ここでは引用というよりは詩編を文章に組み込んでいるという方が正しいだろう．

　詩編の原文（LXX）では「味わいなさい（γεύσασθε）」という命令であるが，Ⅰペトロ書は「味わった（ἐγεύσασθε）」に書き換えている．この「慈愛深い方（χρηστός）」は「キリスト（χριστός）」と音が似ているので，「χριστός」と記すテキストも存在する．この箇所の「主」は詩編では神をさしているが，1：25 と同様にこの文脈でもキリストである．次の 2：4 の「その方」もキリストをさしている．なぜ，送り手がこの部分に詩編の章句を引用したのか（組み込んだのか）．先の「乳を強く求める」と「味わう」を関連づけようとしたからか．ここでの「味わう」は，文字通りに受け取るのではなく，ヘブライ 6：4, 5（およびマルコ 9：1）と同様に「経験する」という意味であろう．「味わった」（アオリスト形）というのは，2：21「召された」と同様に，読者たちの状態，つまりはバプテスマを受け，入信した現在の状態を想定していると考えられる（本註解 2：21 参照）．上述したように，続くⅠペトロ 3：10-12 でもこの詩編を引用しているので，送り手（ないしは初代教会）が愛読する詩編だとも考えられる．

〔513〕ゴッペルトやエリオットは条件文として受け取らない．Goppelt, 137 Anm. 50; Elliott (2000), 402. しかしながら，送り手は読者たちが主の慈悲深い方であることをすでに味わった（経験した）こと，つまりは入信した状態であることを念頭に置いて書いているので，条件文の方がふさわしいと思われる．

〔514〕「η」を「ι」で発音するイオタ読み（Itazismus）．BDR, 22, 24. 2 参照．

〔515〕異読として，𝔓⁷² K L 33 などでは「χριστος」としている．クボはイオタ読みかまたはケアレスミスによる書き損じであると推測する．Kubo, 65, 他にも田川（2015），279頁, 註3, Williams/ Horrell (vol.1), 568f. 参照．なお「主は（イエス・）キリスト」であるという告白はパウロ書簡などで度々語られる．ローマ 10：9，Ⅱコリント 4：5，フィリピ 2：11 参照．

〔516〕Behm, ThWNT I, 674-676 参照．

〔517〕初代教会で詩編 34 編が聖餐式の際に朗読されていた事実から（たとえば

4節 4節では石と家にまつわるメタファーを用いて新たな話題が提供される[518]。キリストは人々から見捨てられたが，神のもとでは選ばれており，価値のある生きた石であることが明示される．「その方のもとに来なさい（πρὸς ὃν προσερχόμενοι）」とは，明らかに前節のキリスト（主）のことをさしている．ここで「来なさい」が，祭司などが聖なる存在に近づくこと（レビ9：7以下，21：17以下，22：3，ヘブライ4：16他）を暗示しているかどうかは定かではないが[519]，キリストのもとに来ることはすべての信者によびかけられている．むしろ，キリストのもとに来ることしか彼，彼女たちに救いの道はない．

4節も3節と同様にLXX詩33：6（προσέλθατε πρὸς αὐτὸν）からの引用の可能性も考えられる．ただし，3節と同じように文章に巧みに組み込まれているので，やはりここでも判断が難しい．分詞「προσερχόμενοι」は，5節の「建てられるようにしなさい（οἰκοδομεῖσθε）」に係ると捉え，命令として訳す[520]．

「その方（主キリスト）」は「捨てられた石」であると説かれている．「捨てられた」という否定的な言葉は，イエスの受難を示していると考えられる（Ⅰペトロ2：22-24参照）．

「捨てる」「破棄する」「排斥する」を意味する「ἀποδοκιμάζω」は，後の7節のLXX詩編117篇の引用章句でも再び登場する（マルコ12：10並行参照）．この4節は7節の引用へと誘導しているようにも読める．または，ここも先と同様に詩編の言葉を意図的に文章に組み込んでいるのかもしれない[521]．「捨てられた」

エルサレムのキュリロス『洗礼志願者のための秘義教話』Ⅴ：20他），この箇所と聖餐を結びつける推測がある（Kelly, 87; 速水，419頁）．しかし，朗読されていた事実を確認できるのは後4世紀以降であるので，後1世紀末にそれを想定するのは控えるべきである．

[518] Ⅰペトロ書は新たなアイデンティティーを読者たちが意識化するために，メタファーを効果的に用いている．Marcar, 254-263では用いられているメタファーをグルーピングし（家族，石／建物，司祭，民族性など），一覧としてまとめている．家（族）を意識させるメタファーが多いことに気づく．

[519] グルーデム，106-107頁，Gäckle, 406参照．

[520] 命令として訳すのは塚本訳，岩隈訳，前田訳，共同訳，新共同訳，協会共同訳，岩波訳，宮平訳，新改訳．田川訳では命令として訳されていない．註解者の間でも意見が分かれており，直説法として理解する見解も多い．グルーデム，107頁，Achtemeier, 153; Beare, 93; Elliott (2000), 409; Michaels (1988), 97; Wagner/ Vouga, 63参照．ここで問題になるのは，次節の「οἰκοδομεῖσθε」を直説法ではなく，命令法と受け取るか否かである．これに関しては本註解2：5参照．

[521] そのため，本註解では引用章句と思われる部分を括弧に入れた．

は，福音書においてイエスの受難の運命を現す時にも用いられている（マルコ 8：31，ルカ 17：25 参照）．「人々」に対して「神」が対照化されているように，「捨てられた石」と対照をなす形で，「選ばれた尊い生ける石」であることが強調される．人間的な価値を遥かに超えた神の目から見た場合，捨てられた石が尊い石に見えるのである．価値観の完全なる逆転を読者に迫っている．

　神への信仰をもつ者は，この世の基準にはもはや囚われない．ここで読者は，この捨てられた石に自らを同一化するように促されていると考えられる．それは，後の 2：21 から語られる模範としての苦難のキリストに読者の意識を集中させるのと同じである[522]．キリストを受け入れ，そこに身を寄せる者は，キリストを遣わした方を受け入れることにほかならない（マルコ 9：37 参照）．

　この「選ばれた尊い（ἐκλεκτὸν ἔντιμον）」という形容も，後の 6 節の引用句（イザヤ 28：16）と同じである．先と同様，引用章句を準備している．語句をくり返し用いて，論述の引証として旧約聖書の章句が挙げるのは，この書状の特徴の一つである（Ⅰペトロ 1：24-25，3：10-12 も同様の手法）．

　「生ける石」という語句は，聖書においてこの箇所だけに登場する．これは石のメタファーにまつわる初代教会の伝承において用いられていたのか，それとも著者による創作なのか．本註解は後者の可能性を考える．「生ける」という語句はたびたび登場しているからである[523]．無機物の塊にすぎない石に対して「生ける」という表現は，実に意外であり，驚嘆である．石は生きてはいない．なぜ，このような驚きを含む言葉を記したのか．イエス・キリストは死者の中から起こされ，死んだ者ではなく，生ける存在であり（1：3，21，3：18，21 参照），この事実をさしていると考えられる[524]．キリストは死んだ身ではなく，今まさに生きている方である．しかし，この驚くべき事実は，信じない者にとっては嘲りの対象で

---

[522] それゆえ，次のブロックスの見解は首肯できる．「キリストが人から捨てられるということは，キリスト信徒をキリストと並行化（Parallelisierung）して捉える上で一つの役割を果たして」いる．「人から捨てられたが，神に選ばれ，尊貴なものとされたキリストのうちにこそ，人に排斥され迫害されている読者は自らの姿を再発見し，そこに慰めを見出すべきである」．ブロックス，123 頁．

[523] 「生ける希望」（1：3），「生ける神の言葉」（1：23）など．マーティンは「生ける石」は神殿の祭壇に用いる自然の石のことを意味していると推測しているが，確たる証拠はない．Martin (1992b), 175 Anm. 132. パーキンス，83 頁も参照．

[524] 同様の見解は Achtemeier, 154; Goppelt, 141; Elliott (2000), 410; Vahrenhorst (2016), 101f. 参照．

第 2 章　171

あり（3：16，4：14 参照），まさに「躓きの石」にすぎない（2：8）．

　聖書における石の意義と役割について：人と石との関わりは長く，深い．古代から現代に至るまで，石が聖性を有していると信じる聖石崇拝は，世界各地で育まれてきた．岩石砂漠や山岳地帯が広がる聖書の大地において，石は生活環境に身近に存在している．それゆえ，聖書では数々の場面で石が登場する[525]．そこでは，神への信仰と石とを結びつける記述が見出される．ベエル・シェバでヤコブは石を枕にして夢を見，神の言葉を聞く．その記念として石柱を建てる（創世 28：18，22）．さらに，彼は契約締結の証としても石柱を据え，石塚を設ける（創世 31：45-53）．その一方，古代オリエント宗教に広くみられる，祭儀用具に関連づけられた石柱は，激しい攻撃の対象となる（出エジプト 23：24，申命 16：22，レビ 26：1，列王上 14：23，列王下 3：2，10：26-27，ホセア 3：4，ミカ 5：12）．生ける神の前では，木や石で造られた異教の神は排され（申命 28：36，64，イザヤ 37：19，エゼキエル 20：32，ダニエル 5：23），石像などの偶像崇拝は厭われる．だが，不可思議な力を宿す石についての説話も伝えられている．ヨシュア記には神に由来する力をもつ石についての記述が残されている（ヨシュア 4：4-9，24：25-28）．このように，石に対する肯定的，または否定的な捉え方が聖書には混在している．また，モーセは神から「神の指で記された石の板」として十戒を授かる（出エジプト 31：18, 申命 9：10）．契約の箱にはこの「石の板」が収められていた（列王上 8：9）．預言者は石にまつわる発言を数多く残しており（エレミヤ 2：27，エゼキエル 20：32，ゼカリヤ 7：12 他），知恵文学には石の性質を用いた格言も伝えられている（箴 27：3，ヨブ 6：12，シラ 22：1 他）．新約聖書に目を転じてみれば，バプテスマのヨハネは「神は石ころからでもアブラハムの子を起こすことができる」（マタイ 3：9）と述べ，神の力の偉大さを訴えている．エルサレム入城の際，「石が叫びだす」（ルカ 19：40）と言ったイエスは，他にもさまざまな場面で石を用いたたとえを口にしている（マタイ 4：3，6，7：9，マルコ 13：1-2，ルカ 22：41）．とりわけ注目すべきは，メシアの到来を示唆し，その性質を告げる文脈で石にまつわる旧約聖書の章句を用いて語られていることである．イエスは，詩 118：22 を引用してそれを告げている（マルコ 12：10 並行）．また，パウロは石と信仰の在り方とを結びつけている．ローマ書ではイザヤ 28：16 を引用しつつ，不信仰者と「躓きの石」を関連させる（ローマ 9：32-33）．このパウロ書簡の影響下にあると考えられる I ペトロ 2：4 以下では，先のイエスの発言で引用された詩 118：22，パウロが用いたイザヤ 28：16，および同 8：14 の言葉を引いている．とりわけ，

---

［525］　聖書における石（岩）のメタファーの伝承史研究については，Gäckle, 408-412 参照．

この箇所で目を惹くのは，先の引用句を交えて，「生ける石」とキリストを結合させていることである．さらに，先の詩編の引用は，使徒4：11，エフェソ2：20（およびバルナバ6：2以下）においても見出せる．このように，石とキリストを結合させる試みは，新約文書に広く見出せる．

5節 この「生ける石」というメタファーに関する詳しい説明がないまま，加えて別のメタファーをもち出される．「石」は「家」のメタファーへと接続されていく．

この文脈から判断すると，「家（οἶκος）」は神殿をさしているだろう[526]．ここで，読者たちは神殿を構成する一つひとつの石材となり（列王上5：31，6：7，およびマルコ13：1参照）[527]，さらには祭司団でもあることが伝えられる．神殿とそこで働く祭司の両方というのは，実に奇妙な言い方である．要するに，霊的な家（神殿）に関わるすべてのものになるということをさしている．このように，読者たちが何者であるかを複数の言葉で畳みかけるように説き明かすのは，後の2：9でもくり返される．読み手に新たなアイデンティティーを与える著者の手法である．

希望へと再生された読者もまた（1：3），キリストと同じように「生ける石」として「霊の家」へと建てられる身である．先述したように，本註解書では直説法ではなく「建てられるようにしなさい（οἰκοδομεῖσθε）」と命令法として訳した．この文脈では，「生ける石」として読者たちが一つに集い，キリストを基礎として据えられた家へと建てられるように促している[528]．一つひとつの石材は不一致

---

[526] 歴代下36：23，詩69：10（LXX詩68：10），イザヤ56：7，マタイ12：4，ヨハネ2：16，使徒7：47−50参照．エリオットは当該箇所における「家」=「神殿」という捉え方にきわめて否定的である．この箇所は文字通り「家（house）」（ないしは「家族（household）」）と受け取る．Elliott (1966), 157-159; ders. (1990), 200; ders. (2000), 412-418. だが，ゴッペルトが的確に反駁するように，次節に引用されるイザヤ28：16，および祭司という語句から神殿を意図していると理解するのが妥当である．Goppelt, 147. および Achtemeier, 158f.; Schröger, 66-70 参照．また，イグ・エフェソ9：1には読者を「あなたがたは父の宮の石（λίθοι ναοῦ πατρός），父なる神の建築のために備えられたもの」とよびかけており，神殿の石材（構成物）と信徒を同一視する記述が確かめられるのもこの推測の根拠となるだろう．

[527] Ⅰコリント3：16−17，6：19，エフェソ2：20−22においても，共同体の構成員を神殿と見立てる．

[528] 神殿に関する文脈での「οἰκοδομέω」の使用箇所は，サムエル下7：5−6，列王上8：27，イザヤ66：1．この用語はパウロが共同体形成を語る文脈で好ん

第 2 章　173

に並べられるのではなく，基礎を支えるキリストへと収斂されていく．
　この部分を直説法として取るグルーデムは「建てられつつある」という事実の言明であると述べる[529]．しかし，4節冒頭も命令として受け取ることにより，礎石たるキリストへと集合されるイメージが鮮明に映し出されるだろう．「キリストのもとに来なさい」．ペトロがキリストから声をかけられたように，この手紙を受け取る一人ひとりは，キリストの傍らに来るようにとよびかけられる選ばれた身であるからだ（マルコ1：17参照）．
　さらに書状を読み進めると，キリストが隅の親石であることがよりはっきりとわかり（Ⅰペトロ2：6，7），読者たちはキリストを要とする霊的な家の構成物であることが告げられる．Ⅰペトロ書は，受け取り手である共同体を「家」と想定しているが（4：17），既述の通り，この家とは神殿をイメージしている．
　しかし，「霊の家」の「霊的な（πνευματικός）」とは何を意味しているのであろうか．実際の目に見える神殿と対照化させているのか．確かに，目には見えないものを信じることを先に示唆している（1：8）．霊という語句は書状においてたびたび登場しており，その文脈によって意味内容は異なる[530]．ここでは，極言すれば「神に属する」といった意味とも受け取れるが（バルナバ16：1－10参照）[531]，この世に属さない，天上に在する真なる家（神殿）という意味内容であろう[532]．読者たちはキリストのもとに集まり（2：4），神が所有する（2：9）人々によって構成される共同体の一員である．このような霊が充溢した家の雰囲気を伝

　　で用いる語句である．とりわけ，Ⅰコリント書では6回用いられている（8：1，10，10：23，14：3－17，その他にもローマ15：20，ガラテヤ2：18，Ⅰテサロニケ5：11）．パウロはこの語句を用いて具体的な建築物ではなく，共同体を形成する人を造るという抽象的な意味として使用していると考えられる．共同体は具体的な建物であるより，イエス・キリストが土台として基礎づけられ（Ⅰコリント3：9），霊の賜物をもち寄りつつ，互いに造り上げ，建て合うイメージをパウロは訴えている．Ⅰコリント書におけるこの語句の用法に関する考察は，吉田（2015），55－59頁を参照．
〔529〕　グルーデム，110頁．
〔530〕　1：2，11，12，2：5，3：4，18，19，4：6，14参照．
〔531〕　Elliott (1966), 154-156, Goppelt, 144参照．
〔532〕　パウロが霊と肉とを対峙させ，霊によって歩み，肉の欲望を回避するように勧めているように（ガラテヤ5：16－26，他にもⅠコリント2：13，15），Ⅰペトロ書においては，地上的な肉の欲を忌諱し（2：11），霊と肉との対比（4：6）が語られている．

えているとも捉えられる。「終末論的共同体（die eschatologische Gemeinde）」は「世界から断絶（die Ausgegrenztheit aus der Welt）」（ブルトマン）していることを特性としており[534]、「霊の家」も地上の家とは隔絶した場である。いずれにせよ、この「霊の家」という表現はこの箇所しか用いられてないので、正確に理解するのは困難である。

受け取り手は神殿を構成する石であると同定されるばかりか、その祭儀を司る「祭司団」でもあり[535]、さらには「霊のいけにえ」を献げる身である[536]。供儀の奉献は、祭司の大切な職務の一つである（レビ1：2以下、申命33：10他参照）。祭司はごく限られた一部だけの特権的地位であった。だが、Ⅰペトロ書の送り手は、2：9にも引用されている出エジプト19：5-6の理解に基づいて、受け取り手全員がこの地位を有していると宣明する（黙示1：6、5：10、20：6も参照）。

ここで、祭司たる読者たちが献げるのは全焼の供物ではない。「霊のいけにえ」である。これは何をさしているのか。「霊の家」と同じように、この文脈から正確に読み取るのは難しいが、ローマ12：1で言及されているような自己奉献に近い事柄を意味していると思われる。単に地上的、物質的ないけにえではなく、真に神に喜ばれるいけにえが求められる。読者たちが「聖なる者」（Ⅰペトロ1：

---

〔533〕　Schröger, 68 参照.
〔534〕　ブルトマン神学Ⅰ (1953), 126-127頁（訳文を一部変更）.
〔535〕　「祭司団（ἱεράτευμα）」という語句は聖書外のギリシア語文献では見出せず、聖書でもきわめて登場回数は少ない（LXX 出エジプト19：6、23：22、Ⅱマカバイ2：17、Ⅰペトロ2：9参照）。おそらく、出エジプト19：6からの影響が考えられる。「祭司集団」でもよいのかもしれないが、本註解では「祭司団」という訳語を選んだが（岩隈訳、岩波訳、田川訳、N. ブラウン訳「さいしの なかま」参照）、独語「Priesterschaft」などの訳語があてられている。この語句は祭司職にある人々の集団、または共同体と受け取れる。Müller (2020), 44 参照。この語句に関する詳しい考察は、Elliott (1966), 64-69; Gäckle, 420-422 参照.
　　　同様の見解はブロックス、126頁。
〔536〕　「献げる（ἀναφέρω）」は、2：24でも用いられるが、この箇所では祭儀的用語として使われている（レビ14：20、16：25、17：5、Ⅱマカバイ1：18、ヘブライ7：27、ヤコブ2：21他を参照）。Gäckle, 425 Anm. 167 参照.
〔537〕　「祭司」のメタファーはⅠペトロ書のみならず、たとえばキリストを大祭司とするヘブライ4：4以下、またキリスト者に対して黙示1：6、5：10（出エジプト19：6を参照）、20：6などに見出せる。他にも犠牲の供え物などを引き合いに出すのは、ローマ12：1、フィリピ2：17、4：18、ヘブライ13：15以下、Ⅱテモテ4：6参照。

15）としての生き方を送ること，それこそが「霊のいけにえ」である．しかし，このいけにえは「イエス・キリストを通して」献げられる．このいけにえは「神に喜んで受け入れられる」ものになる．送り手は種々のメタファーを巧みに用いて，独自のイメージ世界へと読者を誘う．

6－8節　5節の命令を補完する形で，「なぜなら，聖書にこのようにあるからだ」という導入句に導かれて（1：16，24参照），6節からイザヤ28：16の自由な引用が記される．前半部分はLXXとは異なるが，後半の引用はほぼ正確である（表2参照）．前半はローマ9：33と共通しているものの，パウロのようにイザヤ8：14の引用をここに挿入していない．

表2

Ⅰペトロ2：6	イザヤ28：16
διότι περιέχει ἐν γραφῇ, ἰδοὺ τίθημι ἐν Σιὼν λίθον ἀκρογωνιαῖον ἐκλεκτὸν ἔντιμον, καὶ ὁ πιστεύων ἐπ' αὐτῷ οὐ μὴ καταισχυνθῇ.	διὰ τοῦτο οὕτως λέγει κύριος ἰδοὺ ἐγὼ ἐμβάλω εἰς τὰ θεμέλια Σιων λίθον πολυτελῆ ἐκλεκτὸν ἀκρογωνιαῖον ἔντιμον εἰς τὰ θεμέλια αὐτῆς καὶ ὁ πιστεύων ἐπ' αὐτῷ οὐ μὴ καταισχυνθῇ.

ローマ9：30－33におけるイザヤ28：16，同8：14の引用について：ローマ9：33の前半部分の引用は，LXXイザヤ28：16，後半部分は同8：14の一部を部分的に用いている．厳密な引用ではなく，むしろ二つの箇所の合成引用であるとも言える．イザヤ28：16からは「見よ，私はシオンに置く」「これを信じる者は，決して恥を受けることはない」，同8：14からは「躓きの石，妨げの岩を置く」を引用しているが「σκάνδαλον」という語句を用いている（Ⅰペトロ2：8も同様）．引用元のイザヤ28：16において，シオンに置かれるのは「礎の石」であり，「尊い隅石」である．救いの確信たる石を意味している．それゆえ，それを信じるものは恥を受けない（MT本文では「信じる者は慌てることはない」）．しかし，パウロはそこにまったく文脈の異なる断片章句「躓きの石，妨げの岩」を挿入させている．このイザヤ8：14の

---

〔538〕同様の見解はブロックス，126頁．
〔539〕パウロ書簡で度々出合う語句（ローマ15：16，31，Ⅱコリント6：2，8：12）．パウロ書簡（とりわけローマ15：16）からの影響がうかがえる．

「躓きの石，妨げの岩」とは，神のことをさしている．この箇所では神を聖とし，恐れ，戦けば聖所となるが，アッシリアになびく「イスラエルの二つの家」には「躓きの石，妨げの岩」になると告げられている．パウロはローマ9：32までの論述内容に合わせる形で，イザヤ書の元来の文脈を無視し，自由に引用している印象を受ける．パウロの引用では「ἐγὼ ἐμβαλῶ」を「τίθημι」に，「εἰς τὰ θεμέλια Σιων λίθον」を「ἐν Σιὼν λίθον」に改変している．これはパウロの手による改変なのか，それともパウロが用いたギリシア語訳がすでにそのようになっていたのか定かではない．Ⅰペトロ2：6でもパウロと同様の改変がされているので，後者の可能性を考えるべきかもしれない．32節からの「躓きの石，妨げの岩」は同義反復であり，二つに大きな違いはない，いずれもイエス・キリストのことをさしている．パウロはイザヤ28：16をメシア到来の預言として受け取り（1QS VIII:7-8参照），この理解の上にイエス・キリストを石と見立て，信によらないイスラエルは，この石に躓くと主張している．石のメタファーの使用例は，パウロ書簡ではこの箇所だけである．パウロ独自の発想の可能性も想定できるが，後述するマルコ12：10における詩編の引用と同じように，おそらくキリスト論的意味をもたせた石にまつわる旧約聖書の章句集，いわゆる証詞集（testimonia）とよばれるものが初代教会の中で広がっていたと推測できる（後述参照）．それをパウロが用いた可能性も考えられる．ただし，Ⅰペトロ2：4－8において，二つの箇所が別々に引用されているため，自身の論述に合わせる形で，この二つを混

---

〔540〕「εἰς τὰ θεμέλια αὐτῆς」はLXXによる加筆の可能性をコッホは論じている．Koch (2010a), 225.
〔541〕バルナバ6：2での引用はこの改変はなく，LXXに準じている．
〔542〕ケーゼマン，521頁．Koch (1980), 180f.; ders. (1986), 69参照．ローマ書，およびⅠペトロ書の引用の前半部分はMT本文に近い．興味深いことにアクィラ，シュンマコス，テオドティオン訳ではパウロの引用と同じく「λίθον προσκόμματος」と訳されている．さらにアクィラ訳では「σκανδάλου」が用いられている．ここから，「σκανδάλου」はパウロによる改変ではなく，パウロ以前の伝承においてすでにこのように訳されていた可能性も完全には否定できないだろう．Koch (1986), 59f. 参照．パウロは旧約聖書を引用する際，語順や人称，数の変更，削除や付加，テキストの混合を頻繁におこなっている．ローマ9：33と同様にテキストを混合させているのはローマ9：27（イザヤ10：22とホセ2：1），ローマ14：11（イザヤ45：23と49：18）．Koch (1986), 102f. 参照．
〔543〕エレミアスは初期（エレミアスの記述では後期）ユダヤ教において，すでに石にまつわる旧約聖書の記述とメシア到来との関係づけがおこなわれていたことを指摘している．Jeremias, ThWNT IV, 276f. ケーゼマン，521頁参照．
〔544〕同様の見解はケーゼマン，521頁参照．
〔545〕モール，116－117頁，Dodd (1952), 35f.; Ellis, 98-107; Harris (1916), 26f. 参照．
〔546〕ヴィルケンス，300頁，ケーゼマン，521－522頁，松木（1966），376頁参照．

合わせて引用したのはパウロの手によるものだと思われる[547]．マルコ福音書，ローマ書における石のメタファーはイエス・キリスト（の性質）をさし示し，いずれも旧約聖書からの引用句であることが共通している．なおかつ二箇所とも，逆説的意味がそこで語られている．このローマ書においても，「躓きの石，妨げの岩」こそが救いの根拠であることが強調されている．

ここでの「尊い隅の親石」はキリストをさしている．続いて 7 節では，この隅石は信仰をもつ読者たちには名誉なものではあるが，信じない者には「家を建てる者の捨てた石，隅の親石」であるという詩 118：22 が引用される．この部分は，マルコ 12：10 と同様に LXX の正確な引用である．

詩編 118 篇（LXX 詩編 117 篇）は感謝の詩編として，19 節から「門を開き」，「門に入る」といった実際の祭儀上の行為を暗示していると考えられる．22 節の「家を建てる者の捨てた石」とは，イスラエルの共同体を意味しているだろう[548]．続く「隅の親石」の直訳は「隅の頭」だが，何を意味しているのか．建物の基礎となり，支える「基石」なのか[549]，それともアーチの頂上部分などにある「要石」を意味するのか研究者の間で意見が分かれるが，前者の可能性が高いと考えられる[550]．いずれにせよ，基石，要石とも建物を構築する上で重要な役割を果たすものである．詩編の文脈では，顧みられず，打ち捨てられた石（イスラエルの民）が，実は最も大切な役を担う存在であったという驚嘆がこの言葉の中心にある．それゆえ，このような計らいこそが「主の業」であり，まさに「私たちの目には不思

---

［547］ 以下の研究者も同様に推測している．ヴィルケンス，300 頁，Koch (1980)，180．
［548］ Dahood, 159 参照．
［549］ ヨブ 38：6，イザヤ 28：16，エレミヤ 51：26 では基石を意味している．Gäckle, 432 Anm. 193 参照．
［550］ Dahood, 159 参照．「隅の石」は「一番外側の（最前部）の角（隅）に置かれた基石」を意味しており，「建築工事はこの石を然るべき石に，然るべき方向に向けておくことから始めるのである．これは形を整えられた切り石として特別の性質を有するもので，現代の建築法とは異なり極くわずかしか埋め込めないで，外側からも見ることはできる」．Krämer「釈義事典 I」，314 頁．エフェソ 2：20 における「隅の親石」は「基石（θεμέλιος）」である．シュナッケンブルク，142－144 頁，McKelvey, 352-359 参照．I コリント 3：10 以下のパウロの論述でも，キリストが土台，基石であることを強調している．I ペトロ 2：7 においては，8 節の「躓きの石」と同一視されており，アーチの要石ではありえない．

議なこと」（23節）である．

　Ⅰペトロ書ではマルコ福音書における引用のされ方とは異なる．マルコ福音書では，捨てられた石こそが，最も重要な石であったというイエス・キリストの逆転の運命を意味していた（後述参照）．Ⅰペトロ書では不信仰の者にとっては，「捨てられた石」にすぎず，信じる者には大切な隅石であるという意味内容である．ここで問題とされているのは信仰である．この隅石はマルコ福音書における引用と同じように，建物の基礎となる基石を意味しているのだろう[551]．先の6節の引用句と次の8節の引用句からもそれがうかがえる．

　マルコ12：1－11における詩118篇の引用について：マルコ福音書では「悪しきぶどう園の農夫」のたとえの最後にこの詩編が引用されている．人々にないがしろにされた石こそが，実は最も貴重であったという詩編の章句の逆説は，このたとえ話でも別な意味で活かされる．ぶどう園＝主人，奴隷＝預言者，主人の息子＝キリストの寓喩として解釈した初代教会において，伝承が継承される間にこの詩編からの引証が付加され，たとえ話の寓喩的理解を補ったと考えられる．おそらく，初代教会において，その早い段階で詩118：22－23へのキリスト論解釈，つまり，隅の親石のメタファーを用いてキリストを説明することが定着していたのだろう．マルコ福音書においては，明らかに上に示した意味でこのたとえ話が組み込まれている．マルコ福音書では，イエスは「私の愛する子」（1：11，9：7）であり，苦しみを受けるが（8：31，9：12，10：33－34，15：16－20），最後には殺される（15：21－37）．だが，「神の子であった」と敵対者に告げられた後に（15：39），復活が宣言される（16：6）．ないがしろにされ，捨てられた石こそが，最も重要な石であったというのは，マルコ福音書においてまさにイエス・キリストの逆転の運命そのものである．マルコの物語上は，たとえ話の「農夫たち」とイエスの殺害を企てる「祭司長，律法学者，長老たち」（8：31，10：33，11：18，27，14：1，43，55，15：1）とを同一視するように促される．このように，詩118：22－23が有していた逆説的な意味内容は，マルコ以前の伝承者の手によって，このたとえ話に付加されたと思われる．それによって，キリスト論的モチーフがさらに強調されている．マルコ福音書はこのモチーフを継承し，福音書の終盤，イエスがいよいよ死へと向かうエルサレム入城後にこのたとえ話を配置したのだろう．このように，石のメタファーとキリスト論との深い結びつきは，マルコが用いた伝承，およびマルコ福音書において確認できる．そこでは，捨てた石のメタファーを用いて，イエス・キリストの受難をイメージさせる．かつ捨てた石から隅の親石への驚くべき変

[551]　ブロックス，127頁参照．

容は，受難から復活という逆転の運命をさし示す．

　8節ではイザヤ8：14の「躓きの石，妨げの岩（λίθος προσκόμματος καὶ πέτρα σκανδάλου）」が引用されるが，上記のように，パウロの引用と同様に「πτώματι」ではなく「σκανδάλου」である．
　ここでは，① Ⅰペトロ書の著者はローマ書を引用したのか，または，② パウロが用いていた（LXXとは異なる）ギリシア語訳，それとも，③ 初代教会に広まっていた証詞集（testimonia）を用いたのか議論されている．Ⅰペトロ書はローマ書を含むパウロ書簡からの影響が確かにうかがえる（本註解第1部第2章4参照）．だが，当該箇所がローマ書に完全に依存しているとは考えにくい．本註解は③の可能性を第一に考えるが，Ⅰペトロ書の著者はローマ書やLXX（またはLXXとは異なるギリシア語聖書）も傍らに置き，書状を記していたことも否定はできない．

　石にまつわる証詞集（testimonia）について：石にまつわる証詞集に関しては，複数の研究者が取り挙げている．だが，初代教会においてⅠペトロ2：6-8に記されているような，石にまつわる章句を集約させた（本のような形の）証詞集が確実に存在していたと確言することはできない．現に三つの聖書箇所の引用はⅠペトロ書にしか存在しない．ただし，詩編やイザヤ書を用いて，石のメタファーとキリスト論を結びつける傾向が初代教会において広まっていた蓋然性は高いと思われる．おそらく，それが伝承として伝えられていったと思われる．主にそれはパウロの伝道圏ないしは，マルコ福音書やⅠペトロ書のようにパウロ書簡の影響を部分的に受けていると考える圏内で共有されていたと推測される．

　「躓く」（ローマ9：32参照）理由は「言葉」に従わないからであると説明される．この言葉とは「福音として告げ知らされた言葉」（Ⅰペトロ1：25）であることは明確であろう．「従わない」とは不信仰の者をさしており，不信仰な者が

---

〔552〕 Koch (1980), 180 参照．Ⅰペトロ2：6の引用は，LXXとパウロ書簡の両方を用いた可能性をコッホは論じている．Koch (2010a), 232.
〔553〕 Schelkle, 62 参照．
〔554〕 証詞集（testimonia）の存在に疑問を呈する研究者もまた少なくない．Achtemeier, 151; Shum, 212-219; Snodgrass, 105f. 参照．

「躓きの石，妨げの岩」に躓くという表現は，先のローマ 9：33 と同じである．しかし，ローマ書の論述のように異邦人に対するユダヤ人といったような二項対立を問題としているのではなく，信じない者にはユダヤ人も異邦人も含まれるだろう．ここではイザヤ書やローマ書のように，イスラエル（やユダヤ人）に対する弾劾の意味はない．信じるか否かである．

加えて先ほどの 4 節と同様に否定的なものと対比されて語られている．「生ける石」に対して「躓きの石」を比べている．この書簡において，イエスを信じる者とそうではない者を明瞭に区別している．「彼らが躓くのは，言葉に従わないからであって，そうなるように定められていたのである」と断じているように，主のもとに来るか否かという二者択一を迫る（2：4）．送り手の言葉を用いれば，「選ばれた」人々とそうでない人々である（1：1, 2：9 参照）．前者にとっては「選ばれた尊い生ける石」であるが，後者にとっては単なる「捨てられた石」にすぎず，「躓きの石，妨げの岩」である．「言葉に従わない」の「従わない」はⅠペトロ書では読者と対立する存在に対してたびたび用いられている常套句である（3：1, 20, 4：17）．

このように，Ⅰペトロ書の当該箇所の石にまつわる引用章句は，「捨てられた石」「隅の親石」を通して，イエスの受難の運命とその逆転を伝え，「躓きの石，妨げの岩」を用いることによる，信じない者にとって，キリストがつまずきとなることを警告する．いずれも詩編やイザヤ書の元来の文脈からかなり離れ，キリスト論的な解釈を基に引用されている．これらの章句は，おそらく上記のように，初代教会において共有されていた証詞集（testimonia）のようなものを用いた可能性が考えられる．著者はそれを基に「生ける石」という独自の隠喩をつけ加えることにより，聖書における石のメタファーの世界にさらなる奥行きを与えている．

9 節 6−8 節までは石のメタファーの記述が続けられたが，9 節以降はまた新たな内容に切り替わる．5 節ですでに述べられた「祭司」がここで再びくり返される．

---

〔555〕 ブロックス，122 頁参照．
〔556〕 パウロ書簡（ローマ書）においても，敵対的な存在に対して用いられている語句である（ローマ 2：8, 10：21〔LXX イザヤ 65：2〕, 11：30, 31, 15：31）．「ἀπείθεια」はローマ 11：30, 32.

第 2 章　*181*

　神に従わない者たちの否定的なありようを告げる前節とは対照的に[557]，9 節では「選ばれた一族」「王の祭司団」「聖なる民族」「〔神が〕所有する民」と四つの表現を用いて，救いに与る者たちは確乎不動の地位を与えられ，特権を享有し，誉れ高い人物であることが高らかに説かれる[558]．いずれも旧約聖書からの直接的，または間接的引用と考えられる．送り手は，イスラエルの民に対して用いられた概念をそのまま読者に適用しており（ガラテヤ 6：16 参照），この箇所も彼，彼女たちに新しい自己理解を促し，共同体意識を強化させるのが主眼であろう．

　まず，「選ばれた一族」とある．彼，彼女たちが選ばれた存在であることは書簡の初めから明記されている（1：1）．γένος は同じ先祖から生まれた子孫といったように血縁関係も意味しているため（フィリピ 3：5 参照）[559]，本註解では「一族」と訳した．各地に散在しているが（Ⅰペトロ 1：1 参照），受け取り手たちは互いに結ばれていることを印象づけている．

　LXX イザヤ 43：20「わたしの一族，わたしの選んだ者（τὸ γένος μου τὸ ἐκλεκτόν）」に類似した表現があるので，この箇所からの間接的な引用とも考えられる．次に 5 節で語られた「聖なる祭司団」は，9 節では「王の祭司団」と変わっている．この箇所も LXX 出エジプト 19：6「βασίλειον ἱεράτευμα καὶ ἔθνος ἅγιον」，および同 23：22 からの引用であろう．シナイ山において，神がモーセに命じる件である．続く「聖なる民族」も出エジプト記の当該箇所と同じである．MT 本文では LXX とは異なり「祭司の王国」である．口語訳聖書では MT 本文と同様に「祭司の国」と解しているが，2：5 の「ἱεράτευμα ἅγιον」と同様に，[560]

〔557〕　接続辞「δέ」を用いて前節の内容と対照させている．Schreiner, 114; Thurén, 127f. 参照．
〔558〕　Ⅰペトロ 2：5 と同様に，この 9 節が後世に与えた影響でいえば，初期マルティン・ルターの言説が思い出される．いわゆる「ローマの三つの城壁」の一つである霊的権力（教皇権）が俗権に優越することへの批判の論拠として用いられたことは有名である（他にもⅠコリント 12：12－13，黙示 5：9－10 参照）．WA. Bd. 6, 407-408（『キリスト教界の改善に関してドイツのキリスト者貴族に与える書』）参照．さらに，『キリスト者の自由』第 15（WA. Bd. 7, 20）では，祭司職への批判の言葉に続き，Ⅰペトロ 2：9 が引用されている．Gäckle, 606-608 参照．
〔559〕　Goppelt, 152，原野，124 頁参照．
〔560〕　形容詞「βασίλειον」を名詞と捉え「王国」ないし「王宮」と捉える解釈者もいる．Elliott (1966), 149-154; ders. (2000), 435-437; Hort, 124-126; Kelly, 96f.; Selwyn, 165f. 参照．この見解に対する反駁は Achtemeier, 164f.; Goppelt, 152 Anm. 65 参照．ゴッペルトは名詞，および形容詞でも意味内容に差異はないと考える．

「βασίλειον」を形容詞と取り「王の祭司団」と訳すのが妥当である。[561] MT本文とLXXの相違はさまざまな箇所で指摘されていることである。「王の」または「王的な」とは「王に属する祭司団」「王に奉仕する祭司団」と受け取ることもできるが、[562]「王である祭司」（岩隈訳、新改訳）、「王なる祭司」（文語訳、前田訳、塚本訳）、「王の系統の祭司」（フランシスコ会訳）、「王の〔家系の〕祭司団」（岩波訳）といったように、[563] 王と祭司団を同一視する解釈も否定できない。むしろ、この箇所では祭司が王として支配する国を意図しているのだと考えられる（黙示1：6、5：10参照）。そうすると、MTの「祭司の王国」と意味内容は同じになる。[564] 一群の集団を意味する「ἔθνος」は「民族」という訳語を選んだ。「国民」と訳す翻訳も多く存在するが、[565]（近代的な）国家の構成員を意味するこの単語がこの箇所に適しているとは思わない。単純に「民」でもよいが、本註解では「民族」とする。[566]

最後の「λαὸς εἰς περιποίησιν」は、翻訳するのが困難な箇所の一つである。本註解では、「神が」と補い、意味をとって「〔神が〕所有する民」としたが、直訳は「所有、確保、獲得へと至る民」である（田川訳「確保へといたる民」参照）。新約文書では使用例は僅かだが、他にもIテサロニケ5：9「救いの獲得へと〔至る〕」、IIテサロニケ2：14「主イエス・キリストの栄光の獲得へと〔至る〕」、ヘブライ10：39「命の確保へと〔至る〕」といったような使われた方をしている。当該箇所では、神が獲得、確保することを約束された民というニュアンスであろう（LXXマラキ3：17、およびLXXイザヤ43：21参照）。[567] なお「γένος」と先の「ἔθνος」

---

〔561〕 同様の見解は田川（2015）、284頁、註9参照。
〔562〕 田川（2015）、284頁、註9、原野125頁参照。
〔563〕 他にも速水、421頁参照。
〔564〕 同様の指摘はグルーデム、122頁、註1参照。
〔565〕 前田訳、岩隈訳、フランシスコ会訳、口語訳、共同訳、新共同訳、協会共同訳、新改訳参照。
〔566〕 LXX出エジプト19：6「ἔθνος」は明らかにイスラエルをさしている（申命4：6-8他参照）。この語句は新約ではIペトロ2：12、4：3にもあるように主に「異邦人」の意味で用いられている（マルコ13：10、ローマ3：29、ガラテヤ2：15、Iテサロニケ4：5、コロサイ1：27、Iテモテ2：7他参照）。単数形ではユダヤの民をさすこともある（ルカ7：5、ヨハネ11：48-52、使徒10：22他）。Gäckle, 447 Anm. 253 参照。
〔567〕 他にもテトス2：14「（神による）特選の民（λαὸν περιούσιον）」、Iクレ64「選ばれた民（λαὸν περιούσιον）」、バルナバ14：4「相続の民（λαὸν κληρονομίας）」といった類似表現が見出せる。

と区別できるように,「λαός」は「民」と訳した。

なぜ,かくなる「選び」がなされたのか。その答えは後続する文において明示される。神の「卓絶〔した威力〕」を広く告げ知らせるためである。読者はかつて暗闇の中に在していたが,神によって光へと導き出された存在である。この場合,暗闇とは救いに与る前の無知であり,欲望に身を任せたかつての生活（1：14）をさす。原初史（創世1：2－5,ヨハネ1：1－3）の闇と光のコントラストを思い起こさせる。そして,驚くべき光は救済の陽光に鮮やかに照らし出された今の生活であろう。「よび出す」というのはキリスト者の召命で使われる術語であり（Ⅰペトロ2：21,3：9,5：10参照）,読者は神によびかけられた存在であることを訴えている。

「ἀρετή」を「栄誉,栄光〔の業〕」（LXX イザヤ42：8,12,43：21,63：7参照）か,または「徳」（Ⅱマカバイ6：31,Ⅳマカバイ1：2,知恵4：1,フィリピ4：8,Ⅱペトロ1：5他参照）と受け取るべきか意見が分かれている。本註解では神の偉大さを語る文脈であると理解するので,前者の可能性を取り,神の「卓絶〔した威力〕」と訳す（Ⅱペトロ1：3参照）。これを「広く告げ知らせる」とあるが,ここでは宣教命令が読者に課せられていると受け取るよりも,詩編の讃歌のように神の偉大な業への讃美と感謝を意味していると考えられる。

10節 10節では旧約の引用句を用いて,これまでの内容が要約される。北イ

---

〔568〕 新約ではルカ文書で頻出する語句である。「異邦人（ἔθνος）」と対比して用いられている（ルカ2：32,使徒15：14,26：17,23）。ブルトマン神学Ⅰ（1953）,123頁参照。
〔569〕 ローマ13：12「光の武具を身につけよ」参照。コロサイ1：12－13では,光（信仰の世界）と暗闇（非信仰の世界）の二項対立を際立たせる（他にもヨハネ3：19－20参照）。クムラン文書も同様の言説,「光の子」「闇の子」などを確かめられる（1QM Ⅰ：1,6－11,1QS Ⅰ：9参照）。また,信仰をもった人間が闇の世界から光の世界へと入る言表は,使徒26：18,Ⅰテサロニケ5：4－6,Ⅱコリント4：6（創世1：3）,エフェソ5：8－14,Ⅰクレ59：2,バルナバ14：5－7においても見出せる（その他ヨセ・アセ8：10,15：13）。
〔570〕 Bauer, 212f.; Liddell & Scott, 238 参照。
〔571〕 田川は神の偉大さを語る文脈ではないとするが,「驚くべき光」という表現はそれにあたるのではなかろうか。田川（2015）,286頁,註9。
〔572〕 Achtemeier, 166; Elliott (1966), 42f.; Goppelt, 153 Anm. 66 参照。
〔573〕 LXXでは使用例が見出されるが（LXX 詩9：15,70：15,72：28,78：13,106：22参照）,新約文書ではこの箇所のみに登場する。
〔574〕 Elliott (1966), 41f.; Lampe/ Luz, 153 参照。
〔575〕 Balch, 133; Michaels (1988), 110 参照。

スラエルの背信について隠喩を用いて語るLXXホセア1：6，9，2：25に，この節と類似した表現（「民ではなかった」「憐れみを受けなかった」）があるゆえ，上記の箇所からの部分的な引用と思われる．ホセア書は，神とイスラエルとの破綻した関係を象徴的に告げる文脈であるが，Ⅰペトロ書はホセア書とはまったく異なる文脈である．神の「民ではなかった」読者の入信前と（1：14，4：3），神に選ばれ（1：1），憐れみを受け（1：3），今や栄光ある「神の民」となった状態を対照して説明している．なお，異邦人の召命を語るローマ9：25－26においても，先のホセア書の箇所が引用されており，Ⅰペトロ書での引用のされかたに近い．

2章11－12節　愛する人たちよ，私は勧める

¹¹愛する人たちよ，私は〔あなたがたに〕勧める．あなたがたは寄留者であり，仮住まいの者として，いのちに対して戦いを挑む肉の欲を避け，[576] ¹²異教徒らの間であなたがたの振る舞いをよく保ちなさい．それは，彼，彼女たちがあなたがたを悪人として悪口を言っても，あなたがたの良い業を観察し，審査の日に神に栄光を帰するようになるためである．

2：11からは，1：13から2：10まで続くキリスト者への一般的な勧告から，社会訓や家庭訓を含む具体的かつ実践的勧告へと移る．「愛する人たちよ」というよびかけにより，読者に新しい話題に入ることを促している．[577] 読者たちが「寄留者」「仮住まいの者」という自己理解を念頭に置きつつ，異教徒の間でいかに「振る舞い」，彼，彼女たちに「良い業」を示すかについては，2：13から詳細に指示されていく．11－12節は13節以降の導入的役割をはたしているといえよう．

11節　「愛する人たちよ」というよびかけは4：12でも用いられているが，パウロ書簡においては読者へのよびかけの際に多用されている（ローマ12：19，

---

[576]　NA第27，28版では本文に不定法「ἀπέχεσθαι」を採用しているが（ℵ B Ψ 他），命令法「απεχεσθε」の異読もある（𝔓⁷² A C L P 他）．ミヒャエルスは後者を本文に採用している．Michaels (1988), 114, および Williams/ Horrell (vol.1), 691f. も参照．

[577]　パーキンス，87頁参照．それゆえ，2：11－4：11をひとつの単元として捉えることは可能であろう．Giesen, 113; Michaels (1988), 115; Watson, 55f. 参照．

Ⅰコリント 10：14，15：58，Ⅱコリント 12：19，フィリピ 2：12，4：1 参照）．1：22，2：17，4：8 では互いに愛し合うことが命じられており，この書状が送られる共同体では互いに「愛する人」とよび合う関係が求められている．

「私は勧める」もⅠペトロ書では 5：1 に再び登場する．これもパウロ書簡ではたびたび見出される言い回しであるので，パウロ書簡からの影響がうかがえる．「私（ペトロを想定する人物）は勧める」と送り手は自身の意志を強く押し出している．5：1 ではよびかけの対象は「あなたがたの中の長老たち」と限定されているが，2：11 では読者全体である．ここで勧めているのは，11 節の内容のみではなく，11 節以降に語られるすべての内容であろう．そして，よびかけに続いて，「として（ὡς）」を用いて読者を規定する二つの言葉が続けられる（「ὡς」の用例に関しては本註解 1：14 参照）．「寄留者（πάροικος）」と，1：1（および 1：17）でも登場する「仮住まいをしている人々（παρεπίδημος）」である（本註解 1：1 参照）．ここで読者に要求されるのは，肉の欲を避けることである．この欲望は「いのちに対して戦いを挑む」と説明される．

ここでも「ψυχή」は「いのち」と訳した．この「いのち」とは人間存在全体を意味している（本註解 1：9 参照）．「戦いを挑む」という軍隊用語を比喩的に用いて（Ⅰペトロ 4：1 も参照），欲望との熾烈な戦闘を物語っている（ヤコブ 4：

---

〔578〕　その他の書簡ではヤコブ 1：16，19，ユダ 1：17，20，Ⅱペトロ 3：1，8，14，17 他．Ⅰヨハネでは愛に関する文脈で集中的に使われている（2：7，3：2，21，4：1，7，11）．三浦，150 頁参照．

〔579〕　「愛する人たち」というのは，送り手（ペトロを想定する人物），共同体構成員同士，そして神が愛する人という趣旨だろう．それゆえ，「愛されている人たちよ」と訳すべきかもしれない．Goppelt, 157，および Wagner/ Vouga, 78 参照．シュラーゲなどは神に愛される人（ローマ 1：7 参照）と捉えるが，先の三者を想定すべきである．Schrage (1973), 85. 同様に Michaels (1988), 115 も参照．

〔580〕　ローマ 12：1，15：30，16：17，Ⅰコリント 1：10，4：16，16：15，Ⅱコリント 2：8，10：1，フィリピ 4：2 参照．田川はパウロ書簡ではこの語句を「呼びかける」という趣旨で用いているとし，Ⅰペトロ書でもこのように訳す．田川 (2007)，100 頁，註 3，同 (2015)，287 頁，註 11 参照．さまざまな場面でのよびかけを想定し，文脈で訳語を選ぶ必要があるだろう．佐竹はパウロでは「勧告する」またはそれに近い意味で使われていることが多いと指摘しているが，Ⅰペトロ書も同じように読者に適切な振る舞いなどを要求する文脈で用いられているので，ここでは「勧める」と訳す．佐竹 (2019)，22 頁，註 1 参照．

〔581〕　同様の見解は Goppelt, 157 Anm. 5.

〔582〕　多くの翻訳は「魂（soul, Seele）」と訳しているが，田川訳は「生命に逆らって」，エリオットは「against life」とする．Elliott (2000), 465.

1 参照).Ⅰペトロ書において,欲望は打ち勝つべき悪しき敵である(本註解 1:14 参照).バプテスマを受ける以前の生活は放縦に身を任し,欲に溺れていたことを受け取り手に思い出させる.欲望は「いのち」に反するものであると言い放つ[583].「肉の欲」を否定的に捉え,それを「避ける」という表現は,使徒 15:20,29,Ⅰテサロニケ 4:3,5:22 においても不品行や悪を避けることを教示する文脈でみられるが,ここでも同じ使い方である(ディダケー 1:4,およびⅣマカバイ 1:31-35 も参照[584]).2:1 の「脱ぎ捨てよ」と同様の趣旨の命令であり,放逸な生活から自己を抑制する行動様式への転換を指示している.この「肉の欲」を遠ざけることは,新約文書ではしばしば話題に上がるが(ガラテヤ 5:16,エフェソ 2:3 参照),具体的に何を意味するのかは後の 4:2-3 で説明される.いずれも入信以前に親しんでいた地上的な快楽,生活を害する悪風の類である[585].この「肉の欲」は,次の 12 節で語られる「良い業」と対照をなすものである.

12 節 「ἔθνος」は直訳して「諸民族」(田川訳)とする方が正しいだろう(本註解 2:9 では「民族」と訳す).しかし,おそらくこの語句はここではキリスト者(読者)以外の存在をさしているものと考えられるので,「異教徒ら」とした[586](4:3 参照).「異教徒らの間で」とあるように,読者たちはキリスト教徒以外の人々に囲まれて生活していることを想定している.具体的な勧告の箇所で取り挙げられる 2:18 以下の奴隷,3:1 以下の女性たちがそれに当たるだろう.「振る舞い」は日々のおこない,行状をさしているが,送り手はそれが周囲の人々に見られ[587]

---

〔583〕 「κατὰ τῆς ψυχῆς」を「いのちに対して」としたが,「(いのちに)反対して」(岩隈訳),上記のように田川訳のように「逆らって」と訳すのがよりふさわしいかもしれない.

〔584〕 プラトン『パイドン』82,83 では,真の哲学者は欲望を避けると語っている.「(略)本当の哲学者の魂は,このような解放に反対すべきではないと思って,まさにそのゆえに,さまざまな快楽や欲望,苦痛,恐怖からできるかぎり遠ざかり(ἀπέχεται τῶν ἡδονῶν τε καὶ ἐπιθυμιῶν καὶ λυπῶν καὶ φόβων),次のような考えをめぐらすのだ(略)」(83B).

〔585〕 Ⅰペトロ書において肉を劣ったもの捉え,罪と関係づける理解はあるものの(4:1,2,6 参照),パウロ書簡にあるように肉と罪の問題を積極的に論じることはない(ローマ 7:7 以下参照).

〔586〕 新約文書ではユダヤ人以外の異教徒をさす際に用いられている(マタイ 10:18,使徒 14:5,21:21,ローマ 3:29,9:24,15:10〔LXX 申命 32:43〕参照).LXX でもイスラエルの民以外の民に使われている(出エジプト 1:9 他参照).

〔587〕 Ⅰペトロ 1:15,18,3:1,2,16 参照.

ていることを意識せよとくり返している（3：2，16 参照）．

　「振る舞いをよく保ちなさい」とやや直訳調の訳文であるが，「振る舞いをよいものとして保ちなさい，保持しなさい」としてもよい．さらに TL である日本語としてわかりやすく「立派に生活しなさい」（新共同訳），「立派に振る舞いなさい」（協会共同訳）などと思い切った同化（受容化）翻訳を試みるのも一案である．キリスト教徒であるだけで周囲は訝るかもしれない．しかし，そのような敵意に満ちた眼差しのなかでも自身の言行を通して，理解を得るように誠実に努力せよということである．2：13 以下で語られる順良な市民の生活態度を全うせよとの勧めである．事実，書状の受け取り手たちは「悪人」「犯罪者」として周囲からは誹謗中傷がぶつけられるような日常であった（4：4 参照）．異教の礼拝や習慣をいまや完全に等閑に付する生活を送っていたため，その不可解な行動への反発や反感が沸き起こったことは容易に想像できる．異質な「寄留者」「仮住まいの者」としてこの世界では疎外され，無理解の只中で生きている．キリスト者の現実はかくも過酷である．だが，周囲はその「良い業」をつぶさに観察しているのもまた事実である．この語句は 3：2 でも非キリスト教徒の夫が妻の所作を観察すると記されているように（本註解 3：2 参照），ただ見るのではなく注意深く見られていることが強調されている．今は悪態をつく彼，彼女たちもやがては神への讃美の言葉を口にすると予告される．神に栄光を帰すことは，人々に求められている心構えである（4：11，16 参照）．

　さて，12 節最後に記されている「ἐν ἡμέρᾳ ἐπισκοπῆς」をどのように理解し，訳すべきか迷うところである．本註解は「審査の日」とした．この「審査の日」は，LXX イザヤ 10：3 で用いられている表現であるが，新約ではルカ 19：44 でも見

---

〔588〕　現在分詞「ἔχοντες」だが，文脈から命令文として訳す．命令文と受け取らない釈義家もいる．Achtemeier, 177 参照．
〔589〕　日高はⅠペトロ書の註解書出版当時（1927 年）の日本の状況とこの箇所を重ね合わせながら，次のよう吐露している．「今日日本の基督者も亦往々非国民，国賊，売国奴などの誹りを受け，教会が不道徳な男女の集会所のように言い回る連中がある．仏教者，愛国狂者，神官の類には此の時代にも斯くの如き頑迷者流がある．更には一方には資本家の犬，前衛などの罵詈をも聞く」．日高，213 頁（引用では旧字体を改める）．
〔590〕　「良い業」の実行は牧会書簡では頻繁に推奨される（Ⅰテモテ 2：10，5：10，25，6：18，Ⅱテモテ 2：21，テトス 2：7，14，3：8，14 他多数参照）．信仰と「良い業」を関係づけているが（テトス 1：13－16），Ⅰペトロ書ではその傾向はない．

出せる．Ⅰペトロ書もイザヤの表現の影響を受けていると考えるが，完全に一致するわけではないので，引用とは言えないだろう．LXX イザヤ 10：3 において，「ἐπισκοπή」は「פְּקֻדָּה」の訳語であるが，この言葉は他の箇所でも刑罰，天罰と理解されている[591]．イザヤではアッシリアによる侵攻，また，ルカではエルサレムの崩壊をさしており（事後預言），いずれも歴史的出来事である．それゆえ，Ⅰペトロ書でも何らかの歴史的事実を意図しているのか，それともいわゆる神による審判の時を示唆しているのだろうか（知恵 3：7，およびシラ 18：20 参照）．この文脈から後者の可能性が考えられる．

英訳では多くの場合「day of visitation」，独訳では「Tag der Heimsuchung」としているが，文語訳では「眷顧(かへりみ)の日」と訳し（N. ブラウン訳は「かみのかへりみたまふのひ」），その後の翻訳でもこの影響を受けて「顧みの日」（岩隈訳，前田訳）としている．口語訳から「おとずれの日」になり，共同訳「キリストがおいでになる日」ではさらに意訳されつつも，新共同訳（フランシスコ会訳，協会共同訳）では「訪れの日」に戻る．これは究極的な到来の時，すなわち最後の審判の時なのか（4：7 参照）[592]．しかし，ここでは，最後の審判の時をさしているのではない．神が到来し，人々を調べた上で恵みを与えるか罰を下すかを判断する時を意味していると考えられる[593]．神が人々を見極めるというニュアンスを生かすために，本註解では「審査の日」とした[594]．確かに神は「訪れる」のだが，田川が正しく指摘するように，単に「訪れの日」と訳すとこの意味合いがだいぶ薄れてしまうだろう[595]．到来する神が「何をするか」が肝要なのである．「審査の日」にはかつて口汚く罵っていた異教徒らも「良い業」を観察して，信仰を得ることができると告げている[596]．つまり，ここでは異教徒らに懲罰が与えられるのではなく，む

[591] エレミヤ 8：12, 10：15, 11：23, 23：12, 46：21, 48：44, 50：27, 51：18, ホセ 9：7, ミカ 7：4 参照．Horst, 289; Schottroff, THAT II, 466-486 参照．秦は LXX イザヤ 10：3 を「天罰の日」と訳す．
[592] このように受け取るのはブロックス，148 頁．その他，岩波訳，821 頁，註 16．Goppelt, 161. 川村訳では「神が審判をされる終末の日」．だが，終末の審判を意味しているのであれば，4：7 の「τέλος」，4：17 のように「κρίμα」を用いると考えられる．
[593] Beyer, ThWNT II, 602-604 参照．
[594] 田川訳では「査察の日」とする．ヘッケルは「Tag der Aufsicht」，ワーグナー／ヴォウガは「Tag des Hinschauens」とする．Heckel, 104; Wagner/ Vouga, 80.
[595] 田川（2015），289 頁，註 12 参照．
[596] 田川はこの箇所に関して，きわめてユニークな解釈を試みている．田川

第 2 章　*189*

しろ恩寵が注がれる．彼，彼女たちが「審査の日」に回心することが期待されているのだ[597]．

　後の 3：1 以下においても，キリスト者である妻の模範的な行状が夫へと波及し，神への信仰の獲得に繋がることが告げられるが，2：12 はいわばその内容を先取りし，印象づけている．キリスト者の生き方そのものが，すなわち伝道ということになる（マタイ 5：14－16 参照）．

　Ⅰペトロ書とマタイ福音書について：メッスナーはマタイ 5：16 とⅠペトロ 2：12 の構造，語彙，文脈上の類似性から，この二箇所は伝承史的影響関係があるとし，Ⅰペトロ書がマタイの影響下にあると論証している[599]．二つの文書が深い関連性をもつというのは，いささか踏み込みすぎた憶説だと思われるが，Ⅰペトロ書の著者もマタイ福音書が用いた伝承を受けていた可能性は十分に考えられる．他にもⅠペトロ書にはマタイ福音書の記事を想起させる箇所が複数指摘されている：Ⅰペトロ 2：7（マタイ 21：42），2：12（マタイ 5：16），3：8－9（マタイ 5：39），3：14（マタイ 5：10），4：13（マタイ 5：11－12）．このような関連からⅠペトロ書はマタイを前提と

(2015)，290－293 頁，註 12．二つの動詞を非人称的用法と解し，「査察の日には，（あなた方の）良い行為が監察されて，神に栄光が帰されるためである」と訳す．つまり，良い行為を監察し，栄光を帰すのは異教徒（田川訳では「諸民族」）ではないという説である．田川がこの箇所の意味内容を問題とし，査察の日に異教徒が監察するのは不自然であると述べている．だが，文法に純粋に従えば本註解（および他の大多数の翻訳）のような訳文になると考えられるし（田川もこの可能性を完全否定はしていない），3：2 の妻の振る舞いを観察し，信仰を獲得する夫の文脈で同じ動詞が用いられていることが何より問題である．田川は 2：12 と 3：2 の文脈は異なり，後者は「査察の日」うんぬんという話題ではないとも主張している．しかしながら，2：11－12 は 14 以降の具体的な実践勧告の序文的役割をはたしており，なおかつ二つの箇所がこれほど近いにも拘らず，まったく異なる文脈で，違う意味内容をもっているとは思えない．しかも，「ἐποπτεύω」という動詞は新約ではⅠペトロ書のこの二箇所にしか使われていない．この二箇所が同様の文脈，同様の意味内容，つまりは異教徒の回心の可能性を示唆していると受け取る方が自然であると本註解は捉える．

[597]　グルーデム，129 頁，Giesen, 129f; Spicq, 99; Wagner/ Vouga, 80 参照．しかし，この見解の反証もある．エチ・エノク 62，および遺ユダ 25：5 では，終わりの日にはすべての者が永遠に讃えるとあるので，主を讃えることがすなわち不信仰者に恵みが与えられることを意味するわけではない．van Unnik (1980), 99 参照．だが，くり返すように，2：12 と 3：2 は異教徒らの回心という意味内容であると受け取るべきである．
[598]　Metzner, 47-59, Konradt, 211 でも若干，この点を指摘している．および Williams/ Horrell (vol.1), 56f. も参照．
[599]　Metzner, 283-295.

しているとルツも論じている．Ⅰペトロ 2：7 はパウロ書簡または証詞集を用いた可能性が高く（本註解 2：7 参照），かつ 2：12, 3：8－9, 3：14 はマタイ福音書というよりむしろ Q 資料に遡る可能性もあるのではなかろうか．このような僅かな類似箇所からマタイ福音書との影響関係を判断するのは早計のように思える．

2章13－17節　王への服従

　　¹³あらゆる人間的な被造物に，主のゆえ（主のために）従え．主権者としての王（皇帝）であろうと，¹⁴悪人を罰し，善人を讃えるために彼（王）が派遣した長官たちであろうと〔その者に従え〕．¹⁵なぜなら，善をおこなうことにより，愚かな者たちの無知を黙らせることが，神の意思だからである．¹⁶自由人として〔そのように振る舞え〕．だが，その自由を，悪をおこなう口実とせず，神の奴隷として〔そのように振る舞え〕．¹⁷すべての人を敬い，兄弟〔姉妹〕たちを愛し，神を畏れ，王（皇帝）を敬え．

　2：13－17 は支配者への従属を勧めることから始められている．新約文書には，ローマ 13：1－7 に代表されるような為政者との関係にまつわる文言が複数残されている．2：13－17 もその一つであるが，ローマ 13：1 の「権威に服従せよ」と同じように，ここでもまずは「王に従え」と記されている．
　随順を強いる言辞はいかなる成立背景をもち，また，どのような意味を有していたのか．そして，その後の世界にどれほどの影響を与えたのか．
　ローマ書 13 章の影響史＝解釈史を精細に討究した宮田が論じるように，この種のテキストは「歴史的制約性から切り離して《聖書的カノン》のように伝承されるとき，しばしば，危険な誘惑にさらさざるをえなかった」．それゆえ，その「誘惑」を断ち切るためには，テキストの歴史的な場に戻り，それを批判的に検討す

---

〔600〕　ルツ，97 頁．
〔601〕　同種の指摘は Eurell, 133 Anm. 66.
〔602〕　メッツナーが論じるⅠペトロ書のペトロ像とマタイ福音書のペトロ像との影響関係に関する批判的考察は，Schmidt (2003), 177-180 に詳しい．
〔603〕　宮田（2010），28 頁．

る必要がある．

　王への服従を勧告する 2：13-17 の伝承は元来，2：18 以下の奴隷への勧告句，そして 3：1 からの家庭訓とは異なり，それ自体独立した伝承であった可能が高い（本註解第 1 部第 2 章 1.1 参照）．これらの伝承を接続させたのは，書簡の送り手と考えられる．受難のキリストがその従順の姿を示し，模範を残したように，受け取り手も「従順の子」（1：14）として従うべきであることを教えている．神学的根拠を織り交ぜつつ，送り手はキリスト者としての正しい振る舞いを読み手に教導する．

　「王に従え」と記されているが，テキストを丁寧に読むと単に隷属を命じているわけではないことがわかる．王や派遣された長官も，神の創造物であることが 13 節から読み取れ，また，17 節には神には「畏れ」，王（皇帝）には「敬え」と異なる動詞で勧告している．ここに，絶対的な存在は神のみであるという視点を読み取ることができるだろう．

　　Ⅰペトロ 2：13 以下とローマ 13：1 以下の相違：ローマ書とⅠペトロ書の共通点，相違点を以下，簡単に列挙する．まず，使用されている語句として文頭「ὑποτάσσω」（ローマ 13：1，Ⅰペトロ 2：13），「ὑπερέχω」（ローマ 13：1，Ⅰペトロ 2：13）が同じである．他にも結語の「φόβος」（ローマ 13：7，Ⅰペトロ 2：17「φοβέω」），「τιμάω」（ローマ 13：7「τιμή」，Ⅰペトロ 2：17）も共通している．上に立つ者が悪人を罰するという内容も二つの書簡に共通している（Ⅰペトロ 2：15-16，ローマ 13：4）．なお，終末への待望がこのテキストの後景に控えていることも（ローマ 13：11-14，Ⅰペトロ 2：12），忘れてはならない重要な共通点として挙げられる．一方，ローマ書では「権威」（13：1）に対してだが，Ⅰペトロ書では「あらゆる人間的な被造物」（2：13）と従うべき対象が異なる．さらに，「王」と「長官」（Ⅰペトロ 2：13-14）といった行政機構の具体的名称はローマ書にはない．Ⅰペトロ書には，ローマ書 13 章のように服従の論理を説く際に語られる権威に関する詳細な言及はない（ローマ 13：2）．ローマ書は従うべき権威が神によるものであり（ローマ 13：1），それが何かをかなり丁寧に解き明かしているが，Ⅰペトロ書はそれがまったく語られていないのは大きな違いである．また，ローマ 13：2 以下の抵抗の禁止，6 節以下に語られる税金に関する議論も存在しない．Ⅰペトロ 2：13-17 は，ローマ 13：1-7 をより簡潔にまとめた内容という印象を受ける．一方，下記に詳述するように為政者を神による創造物

---

〔604〕　両書の詳細な比較は Achtemeier, 180-182; Aland, 206f.; Tsuji (2019), 216f. 参照．

に留めておく視点，および「畏れ」と「敬い」の峻別などローマ書と異なる視座を提供している．ローマ書の記述は，ローマ教会が置かれていた社会的状況と密接に関わり合っているだろう．ローマ13：1以下の内容も，(おそらく属州の小アジアに比べて)政治体制との接触機会が多いと考えられるローマの教会の地理的事情，かつその体制と対立しかねない同教会に在する霊的熱狂主義者たちの行動を抑制する意図で書かれていたことを鑑みれば(605)，より具体的，実践的な問題に対処するための勧告（たとえば，13：6にある市民的義務として納税について）であったことがわかる．そのため，具体性に乏しく，より普遍的，一般的に妥当な勧告を記そうとする「回状」としてのⅠペトロ書と，執筆意図と背景がそもそも異なる．政治権力との関わりに関する言及も，ローマ書に比してよりやや大まかな内容に留めておくという著者の姿勢が同書からは感じられる．

13−15節 まず，2：13で「あらゆる人間的な被造物（πάση ἀνθρωπίνη κτίσει）」に服従することが説かれる．「従え（ὑποτάγητε）」という語句は，新約において従属的な関係を示す際に主として使われ(606)，同書簡でもたびたび，用いられている術語である（2：18，3：1，5，22，5：5）．

この13節には，解釈の上で問題となる箇所が二つある．まず，一つめは「κτίσις」をどのように理解するかである．

この語は「創設」「機関」「機構」といった意味を有するが，聖書では主に「創造」「造られたこと」「被造物」といった意味として用いられている(607)．この13節を字句通り理解し，「あらゆる人間的な被造物」と訳した場合，王（皇帝）や長官について語る後続文との関係がわかりにくい．したがって，「人間の制度」と訳す

---

〔605〕青野，270頁参照．

〔606〕新約では38回見出す．この箇所同様，支配者への服従を主張するローマ13：1，5，テトス3：1でも，同じ動詞が用いられている．また，夫と妻（エフェソ5：24，コロサイ3：18，テトス2：5，Ⅰペトロ3：1，5），主人と奴隷（テトス2：9，Ⅰペトロ2：18），年少者と年配者，いわゆる長老（Ⅰペトロ5：5）との従属的な関係を示す際にも同語が用いられている．他にもディダケー4：11，バルナバ19：7，Ⅰクレ1：3，ポリ手紙5：3他．Kamlah, 237-243参照．

〔607〕トビト8：5，ユディト9：12，16：14，知恵16：24，マルコ13：19，ローマ1：20，25，8：19−22，39，Ⅱコリント5：17，ヘブライ9：11，他にもディダケー16：5「ἡ κτίσις τῶν ἀνθρώπων」．さらに，Ⅰペトロ4：19「κτίστης」は「創造主」の意味として記されている．Foerster, ThWNT III, 1024-1027; Liddell & Scott, 1003参照．

方がふさわしいと考える訳者が多い.〔608〕だが,王(皇帝)や長官たちも神による「被造物」と捉えることは可能である.13 節以降の内容は,「制度」そのものについて語っているのではなく,王(皇帝)や長官などの人物についてである.〔609〕むしろ,政治的権力の象徴的な存在である王(皇帝)や長官も,神によって造られた存在にすぎないという認識から,それらを相対化する視点を読み取ることもできるのではなかろうか.〔610〕

この視点は,後続の 17 節の「神を畏れ,王(皇帝)を敬え」においても見出せる.ここで,王(皇帝)に対して「畏れる(φοβέω)」という動詞が使用されていないことを看過してはならない.〔611〕送り手は,ローマの支配者に対して無自覚な従

───────

〔608〕 欧米の主要な翻訳,また大多数の邦訳も「人間の制度」と訳している.N.ブラウン訳「ひとの　たてたる　けんゐ」,文語訳「人の立てたる制度」,口語訳「人の立てた制度」,共同訳「人間の立てた政治的権威」,新共同訳,フランシスコ会訳,協会共同訳では「人間の立てた制度」,新改訳「人が立てたすべての制度」と補って訳されている.それ以外は,前田訳「人的秩序」,塚本訳「人間の凡ての制度」,岩波訳「人間的な制度」,田川訳「人間的機構」と本註解に近い解釈である.2：13 の訳語に関する詳論は,吉田(2019),65－77 頁を参照.

〔609〕 Vulg でもこの箇所を同様に解釈する(subiecti estote omni humanae creaturae).このような見解を示しているのは,他にも以下を参照.Achtemeier, 182f.; Davids, 98f.; Dubis (2010), 65; Elliott (2000), 489; Giesen, 135; Goppelt, 182f.; Kamlah, 237 Anm. 1; Kelly, 108; Michaels (1988), 123f.; Müller (2022), 234f.; Schelkle, 73; Schrage (1971), 66 Anm. 145; ders. (1973), 88; Schweizer (1972), 57; Wagner/ Vouga, 82; 宮平,160－161 頁.松木(1991a),290 頁.「『創造物』は,人が人ではなく神に基づいていることを述べているだけではなく,人が歴史的な道筋に定められていることを述べている.それゆえ,その従属は『あらゆる人間的な創造物』,つまり,歴史の父なる創造者が与えた定めにある人間にも当てはまる.それはまず,『主権者としての皇帝』に当てはまる」とゴッペルトは論断する.Goppelt, 183. 本註解の基本的な理解はゴッペルトのそれと同じだが,ここではさらに踏み込んで,政治的権威者を単なる被造物の地位に留めておくという視点を読み取るべきであろう.これらの見解に背馳するのはブロックス,155－156 頁,シュナイダー,155－156 頁,Herzer, 229-231; Prostmeier, 144 Anm. 12 参照.

〔610〕 同様の意見は Achtemeier, 187; Giesen, 134f., 144, 148 参照.

〔611〕 このような理解はローマ 13：1 との類似性が見出せる.「上にある権威」も「神によらない権威」はなく,それは神によって定められているとパウロは捉える.この点に関して,ヴィルケンスは次のように指摘している.パウロは「その服従への一般的な勧告を,その権力自身に内在する〈本質〉より生じるような何らかの権威によって,根拠づけたりはしない.そうではなくて,国家権力が,どこにまたどのような仕方で,存在しようとも,それらは全く神によって立てられたものである,ということによって根拠づける」.ヴィルケンス,55 頁.それゆえ,「神によって立てられたものであれば,『神』ではありえない消息がそこに含まれているのである.こうして緊張意識──抵抗感覚とはいわぬまでも

属関係をただ一方的に強いているのではないだろう.

　為政者に対する初代教会の見解：初代教会の文書では，為政者に対してどのような発言を残しているのか確認したい．まず，Ⅰペトロ書より後の時代になるが，アンティオケイアの司教テオフィロス（在位 169－181/188）の『アウトリュコスに送る』第1巻11では，皇帝が神によって造られたものであり，彼を敬うが，礼拝するのは真実の神のみであると弁明している．これは，Ⅰペトロ 2：13 以下の理解に近い[612]．皇帝崇拝に関するキリスト教徒の立場を明確に打ち出すテルトゥリアヌスは，『護教論』において，皇帝を「主が選び給うた者として尊敬しなければならない」としつつも，次のように述べている（『護教論』33：1－3）．「皇帝は神にのみ従属すると考えるから，皇帝の権威を神の権威の下におき，その上で全面的に皇帝を神に委ねるのである．皇帝を神の下におくのは，皇帝は神に等しいと思わないからである．なんとなれば，私は皇帝を神とみなさない」．「皇帝を神と呼ぶのは大変な間違いで，恥知らずの悪意のあるごますりでも，それを信じまい．（略）人間を神と称するようなでたらめのごますりをやって，赤い顔一つしないのなら，少なくともそのことによってひどい目を見るかもしれぬことを恐れるがいい」（『護教論』34：3－4）．さらに，逮捕されたポリュカルポスは総督から「皇帝の守護神にかけて誓え」と命じられ，それを拒否するが，総督から群衆を説得してみろとさらに詰め寄られると次のように答える（ポリ殉 10：2）．「（此の世の国家）権力，権威として神様によって定められた方々（ἐξουσίαις ὑπὸ τοῦ θεοῦ）には，我々（の信仰の）妨げとならない限りは，しかるべき尊敬をはらうのが正しい，と我々は教えられてきている」．唯一信仰の立場から神的存在として皇帝（王）は徹底的に拒絶される一方で，神が定めた（創造した）権力機構には，それ相応の敬意を払うという認識である．神と皇帝（王）の順序は揺るぎないものがあり，ここにⅠペトロ 2：17 の残響を聞き取ることができる．

次に問題となるのは「διὰ τὸν κύριον」の前置詞「διά」である．この前置詞は「主

　　　――に注意すべきであろう」という宮田の受け取り方も首肯できる．宮田（2003），15頁，同（2010），22頁．
[612]　木寺は殉教者行伝においてもⅠペトロ 2：17 の影響を認めている．『聖なるスキッリウムの殉教』2, 9「私は，皇帝には皇帝にふさわしい栄誉を捧げておりますが，私が恐れているのは神のみです（Honorem Caesari quasi Caesari, timorem autem Deo）」『聖にしていとも尊き使徒アポッロス，別名サッキアスの殉教』37．木寺，138頁，註 69．

第2章 *195*

のために」、または「主のゆえに」という二通りの訳の可能性が考えられる。この「主（κύριος）」は「神」ではなく、「キリスト」をさしていると思われる。「キリストのため」か、「キリストのゆえに」か、前置詞「διά」をどのように取るかによって、ここでの意味内容が大きく変わってくる。以下、二つの可能性を詳しく検討したい。

まず、①「διά」を目的と取った場合には、服従の目的を「主のために」と理解し得る。しかし、②この前置詞を根拠、理由と取り「主のゆえに」と訳すならば、人間的な創造物に服従するその根拠を主キリストに求める。ここでは後続の15節に「神の意思」を理由として挙げているので、②の理由、根拠と受け取るべきであろう。この箇所は、ローマ13：5の「怒りゆえではなく、意識ゆえに（διὰ τὴν ὀργὴν ἀλλὰ καὶ διὰ τὴν συνείδησιν）」に服従する必要があるという箇所と響き合う。また、後続するⅠペトロ2：19「神の意識ゆえに（διὰ συνείδησιν θεοῦ）」も同様に理由、根拠の意味に解することができる。さらに、服従の根拠を主キリストに求めるのは、コロサイ3：18以下に記された家庭訓においても確認できる。服従の勧告の際、主の名をもち出し、説明するのは初期キリスト教内で共有されていた傾向なのだろう。王や長官への服従は、「範を示した主キリストゆえに」と読者を説得している。

13節と14節では離接接続詞「εἴτε…εἴτε」によって、「王（皇帝）」と「長官たち」が関係づけられる。ここで注意深く考えたいのは、王（皇帝）、長官などは神で

〔613〕 この訳文は邦訳では文語訳、口語訳、新共同訳、および岩隈訳、前田訳、フランシスコ会訳。N. ブラウン訳は「きみの　ために」、共同訳では「主のためと思って」、宮平訳「主によって」。
〔614〕 この訳文を採用するのは塚本訳、川村訳、岩波訳、田川訳、新改訳、協会共同訳。
〔615〕 2：13は創造にまつわる文脈であるので、ここでは神を意図している可能性も考えられる。Elliott (2000), 489f. 参照。だが、1：3では「私たちの主キリスト」とあり、1：25、2：4でも主はキリストをさしており（本註解1：25、2：4参照）、2：3以下の主もキリストをさしていると受け取れる。また、3：15では「心の中で『主』キリスト『を聖としなさい』」とある。さらに2：21では、「キリストもまた、あなたがたのために苦しみを受け、（略）模範を残された」とあるゆえ、人間的な創造物に従うのは、模範を示された「主キリストのゆえに」と理解できるだろう。
〔616〕 同様の指摘は速水、422頁。
〔617〕 Dubis (2010), 65 参照。
〔618〕 コロサイ3：18、20、22－24参照。

はないという点である．つまり，王（皇帝）や長官などは崇拝の対象ではない．しかしながら，自己神格化を強いる皇帝が登場し，皇帝崇拝が属州各地で見られた当時のローマ帝国において，この点は緊張を孕むものであったであろう．

13節の「主権者」は，「優越する，主権をもつ（ὑπερέχω）」の現在分詞である．ローマ13：1にも用いられている語句である．主権者である「王」は，ここでは「ローマ皇帝」をさす．14節ではこの王（皇帝）だけではなく，彼が派遣し，悪人を罰し，善人を讃える「長官」にも従えと続ける．この為政者理解は，ローマ13：3－4にある悪しき業をおこなう者にとって，支配者は恐れとなるという箇所を思い起こさせる．

本註解では「ἡγεμών」を「長官」と訳した．「統治者」「支配者」という意味であるが，ローマの政治的役職者である属州の「総督」「知事」と訳される「proconsul」か，その下位にある官僚「procurator」または「praefectus」のどちらをさしているかははっきりとしない．それゆえ，それらを包括する意味として「長官」とした．ただし，属州民である書簡の読者（おそらく著者も）は，このギリシア語がローマ帝国のどの具体的な官職名と対応するかに関してさして関心はないだろう．「権力者一般」といった意味合いとして受け取ったと思われる．

そして，理由の接続詞「ὅτι」に導かれ，15節以下にその根拠が示される．先の長官らは善をおこない，愚か者たちの無知を黙らせるのは「神の意思」だとする．著者は，為政者は善を為す者であると信じてやまないのだろうか．その経綸

---

〔619〕 Iテモテ2：2では「ἐν ὑπεροχῇ」．
〔620〕 ヨハネ19：15，使徒17：7，黙示17：9，12，ヨセフス『戦記』V：563参照．Iテモテ2：2では「王たち」と複数形で記されているが，ここでは単数の「王」である．辻（2023），150頁参照．「王」（皇帝）がどの人物を示しているのか定かではない．おそらく，「王」（皇帝）一般をさしていると思われる．
〔621〕 使徒13：7のセルギウス・パウルス，同18：12のガリオン．ただし，二つの箇所では「ἀνθύπατος」．
〔622〕 使徒23：26のフェリクス，同24：27のフェストゥス．
〔623〕 「総督」と訳しているのは共同訳，新共同訳，協会共同訳，塚本訳，新改訳，前田訳，フランシスコ会訳，岩波訳．N．ブラウン訳「つかさども」，文語訳では「司」，口語訳では「長官」，岩隈訳では「（地方の）代官」，田川訳では「地方長官」．田川（2015），296頁以下，註14参照．英訳の多くが「governor」，独訳では「Statthalter」．「ἡγεμών」はヨセフス『古代誌』XVIII：55，マタイ27－28，ルカ20（ピラト），使徒23－24（フェリクス），26章（フェストゥス）をさしている．使徒13：7，18：12，19：38では「proconsul」に対して，「ἀνθύπατος」という別の語を用いている．

に誤りがないと認識していたのだろうか．むしろ，ここでは為政者は「悪人を罰し，善人を讃える」存在であることが期待されているとも考えられる．[624]支配者による権力の執行は，上記の目的を達することのみ有効であり，それこそ神が望む事柄なのである．逆に言えば，「悪人を罰し，善人を讃える」ことをしない権力者の存在は認められないとも読めるのではなかろうか．

16節 この箇所は動詞を補って訳す必要がある．[625]ここでは，前節の「善をおこなうことにより，愚かな者たちの無知を黙らせること」に関連づけて理解し，「そのように振る舞え」と補った．接続詞「ὡς」がくり返されて，強調されている．まず，「自由人」としてそのように振る舞うことが勧められている．この「善をおこなう」は，Ⅰペトロ書の勧告文内でたびたびくり返される語句である（2：15, 20, 3：6, 17）．権威に服従し，善をおこなうことこそが，異教徒から悪人よばわりされずに済み，模範的に生きることにほかならない．その姿を示したのが受難のキリストであるという論理である．

「自由人」「自由」という言葉は，Ⅰペトロ書ではこの箇所だけ用いられている．パウロ書簡のように，「自由人」や「自由」について詳細に論じることはないので（ガラテヤ4：21-5：13参照），ここで送り手が自由をどのように理解しているのか正確に捉えるのは難しい．おそらく，抑制的な自由について語りたいのではなかろうか．悪をおこなう口実とせずに，善をおこなうことを勧めている．そして，二つめの「ὡς」に続く「神の奴隷（僕）」として振る舞うようにと畳みかけられ，[626]反意接続詞「ἀλλά」を伴いつつ，この語句が強調されている．「自由人として」という言葉を打ち消すかのように，「神の奴隷として」振る舞えと命じられる．神の所有である奴隷として，絶対的な低みに置かれた自由人は，抑制的

---

[624] 悪を遠ざけることはⅠペトロ3：9, 10, 17でもくり返される．

[625] 口語訳「行動しなさい」，共同訳「生活しなさい」，新共同訳，協会共同訳「行動しなさい」，フランシスコ会訳では「生活しなさい」，新改訳「（神のしもべとして）従いなさい」と補っている．

[626] 「神の僕」は旧約聖書において，度々，見出す術語である．モーセなどの指導者としての預言者をさす際に使われている（ネヘミヤ10：30, エレミヤ7：25, ダニエル9：11 他）．Jeremias, ThWNT V, 678 参照．テトス1：1, ヤコブ1：1においては，送り手が「神の僕（神と主イエス・キリストの僕）」と自称しているのは，旧約聖書の影響が考えられる．だが，Ⅰペトロ2：16ではこのような宗教的意味としてではなく，「自由人」と対比させた社会的身分として「奴隷」の意味で用いられていると考える．

な自由を享受する存在である[627]。

17節 ここでは四つの動詞の命令形が記されている．「すべての人を敬い，兄弟〔姉妹〕を愛し，神を畏れ，王（皇帝）を敬え」．後半の語句はLXX箴24:21「わが子よ，主と王を畏れよ」（φοβοῦ τὸν θεόν υἱέ καὶ βασιλέα）と類似しているが，Ⅰペトロ書では「主」と「王（皇帝）」を分けている．前述したように，「神」には「畏れ」，「王（皇帝）」には「敬い」と異なる動詞で記している．この微妙な弁別，差異に注意を払わなければならない．王（皇帝）は敬うべき存在ではあるが，畏れるのは神のみである．「王は神ではなく，神的ものでもない」というメッセージをここから読み取ることができるのではなかろうか[628]．王と神を厳格に区別している点を見逃してはならない（使徒5:29も参照）．

「すべての人（πᾶς）」は，あらゆる人物をさすのではなく，この文脈ではおそらく前出する王（皇帝），長官，そして，18節以降に記されている主人，夫などをさしているのだろう．彼らは，たとえキリスト者ではなくとも敬えということを教示している．13節の「あらゆる人間的な被造物」と対応する表現である[629]．最初の動詞「敬え」はアオリスト命令形だが，最後の動詞「敬え」は現在命令形で記されている[631]．この相違に何らかの意味が含まれているのではなく，修辞的

---

〔627〕 社会的な身分である自由人と奴隷を対比させる内容は，「自由人として召された者も，キリストの奴隷」（Ⅰコリント7:22）というパウロの言辞と近い．パウロはまた，自らを「キリストの奴隷」と自称している（ローマ1:1，ガラテヤ1:10，フィリピ1:1参照）．「キリストの僕」という術語はパウロ独自のものではなく，初期キリスト教徒が自らをよぶ際にしばしば用いられていたと思われる（ヤコブ1:1，Ⅱペトロ1:1，ユダ1:1参照）．佐竹（1970），12頁，註1．

〔628〕 シュナイダーもこの「微妙な区別」に注視しており，田中も同じである．シュナイダー，160頁，田中（1938），83-84頁．蓮見，142頁も参照．「第一に人間同志を尊重することが，『すべての人』と『兄弟』（キリスト者同志）という順になる．次に，『神をおそれる』が先で，『王をうやまう』と対比される．王について特別な尊敬が要求させているわけではない」．他にもMüller (2022), 240; Schmidt (2003), 240，最近では石田，92頁参照．既述のように，ローマ13:7にも同じように「畏れ」と「敬い」が用いられているが，Ⅰペトロ2:17のような神と王との真剣な峻別は読み取れない．

〔629〕 Schrage (1971), 68 参照．

〔630〕 Achtemeier, 187; Giesen, 144 参照．

〔631〕 岩波訳ではこの違いを意識したのか，最後だけ「敬っていなさい」と訳し分けているがその必要はないだろう．

な理由と受け取るべきである[632].

「兄弟〔姉妹〕たち」と訳した語句は，抽象名詞「ἀδελφότης」である．新約ではこの箇所とⅠペトロ5：9のみ使用されている（Ⅰクレ2：4も参照）[633]．「兄弟（ἀδελφός）」の集合的な意味として理解し（英語「brotherhood」独「Bruderschaft」），男性だけではなく女性も含まれている可能性が考えられるので，「姉妹」と補って訳した[634]．「兄弟〔姉妹〕たち」は共同体の構成員のことをさしており，常に愛することが命じられている（1：22，3：8，4：8，5：14）．

補論：皇帝崇拝について

Ⅰペトロ2：13-17の言辞を巨視的に見るために，ここで，当時の皇帝崇拝について考えてみたい．

皇帝崇拝に関しては，複数の歴史書において報告されている（たとえばフィロン『ガイウス』352-369，ヨセフス『戦記』Ⅰ：401-416，同Ⅱ：192-194，タキトゥス『年代記』Ⅳ：15，37，55-56，ディオ『ローマ史』LI：7-8など）．また，皇帝崇拝にまつわる神殿や祭壇などの遺構，記念碑や奉献碑などの碑文，さらには貨幣の図柄や銘からもその様相を確認できる（写真②参照）[635]．しかし，具体的にどのようなものであったのかを正確に把握するのは困難を極める．そのため，歴史家の間でその実態に関してたびたび議論されている．

---

［632］ブロックス，401頁，註405参照．同様の見解は，Davids, 103 Anm. 14; Schelkle, 77 Anm. 1参照．辻は17節の四つの命令形が交差配列である点に注目しているが，同じ動詞であっても時制が異なるので厳密な意味で対応関係と言えるのか疑問である．辻（2000），691頁．同種の疑問はGiesen, 145も参照．
［633］Ⅰマカバイ12：10, 17，Ⅳマカバイ9：23, 10：3, 15, 13：27では，男性集団をさしている．
［634］岩隈訳「兄弟姉妹」，塚本虎二訳「教友」（「男女を問わず不信者の仲間」と説明），岩波訳「兄弟である人々」，田川訳「兄弟団」．フェルデマイヤーは男女を含めた「兄弟姉妹（Geschwister）」としている．Feldmeier (2005), 105, 106 Anm. 345. Elliott (2000), 499; Dubis (2010), 59参照．
［635］ローマの皇帝神化を表現した貨幣（神化記念貨幣）やレリーフについては以下に詳しい．阪本（1983），161-168頁．Schulten, 11-43．ツァンカーは建築物，彫像，貨幣などの膨大な視覚資料を用いて，アウグストゥスがその権勢をいかに可視化していたかを論究している．アウグストゥスの貨幣の図柄を変遷についてはZanker, 42-61を参照．

古代ローマ史家の弓削は「ローマ帝国支配下の地中海世界の各地の日常生活の一端をうかがわせる碑文やパピルスなどの史料には，日常の生活の何気ない局面に皇帝の名が顔を現し，民衆は皇帝礼拝的要素を含む皇帝の名にかこまれて生活していたことが示されている」と皇帝崇拝（弓削は「礼拝」と記す）が帝国内の人々の日常生活に入り込んでいたことを指摘している[636]．

　一言に皇帝崇拝（礼拝）といっても，時代，場所，その内容によって相当な広がりが生まれているのは事実であり[637]，それを全体的に論じることはここでは不可能である．それゆえ，本補論ではⅠペトロ書が読まれていたとされる後1世紀後半の小アジアに在する属州において（Ⅰペトロ1：1の地域），主に邦語による先行研究を参考にしつつ，どのような性質の皇帝崇拝が浸透していたのかを素描するに留めたい．

　Ⅰペトロ書の成立時代と近いドミティアヌス帝の治世下において，彼は自ら「われらの主にして王（dominus et deus noster）」と称して，皇帝像への拝跪の礼を要求し，神格化を高圧的に強めたことがローマの歴史家スエトニウスやディオの記述に残されている（『ローマ皇帝伝』Ⅷ：ⅩⅢ，ディオ『ローマ史』LXVII：4：7）．しかし，このようなドミティアヌス帝の自己神格化は，支配者崇拝を厭うローマの伝統には馴染まず，例外的である[638]．

〔636〕弓削（1984），265 頁．
〔637〕ローマ帝国において（一般的にしばしばもたれがちなイメージである）統一的，かつ普遍的な皇帝崇拝というのは存在しない．それゆえ，多義的な皇帝崇拝（または礼拝）という概念は，ミスリードを招きかねないので，慎重に用いる必要がある．Wlosok, 1, 弓削（1990），209 頁，大河，123 頁，および最近では Kolb/ Vitale, 4 を参照．「皇帝礼拝の概念が包摂する多様性，領域の広大さ」について，保坂は次のように意見している．「民間の各種社会団体が独自に行う祭儀，都市が行う祭儀，それにコイノンが行う祭儀，すなわち礼拝者＝服属民側が自主的に企画，主催した祭儀，一方法廷告発された被告に対し時として強要された皇帝への（あるいは「のための」）供儀および皇帝の守護霊にかけての誓いという，総督＝支配差者側が『主催』し強制した儀礼行為，さらには首都で元老院が主導したカエサル神化儀礼への参加要請，こういった具合に，担い手を基準に分類すれば以上のように多岐に亘り，担い手が変われば礼拝行為の社会的機能も変わるからである」．保坂，309 頁．
〔638〕皇帝が生前に神と類似する地位に挙げられること（Vergöttlichung）はあったとしても，神化すること（Vergottung）はその死後である．両概念の相違は Gesche, 9-11 を参照．存命中に帝国各地で神として礼拝の対象となっていたにも拘らず（タキトゥス『年代記』Ⅳ：37，5参照），アウグストゥスが元老院の決議により「Divus Augustus」として神化されたのは，その死後である．ティベ

第 2 章　201

　それゆえ，皇帝崇拝は帝国全域の住民に対して一方的に強要されていたという見方を取るべきではないだろう．事態はむしろ逆であった．皇帝崇拝は，アシア州に端を発する属州会議からの要請で自発的に発生したと考えられている．それは，「全ての皇帝が崇拝の対象となるのではなく，善き皇帝，恩恵者(エウエルゲテース)，救済者(ソーテール)に対する感謝の表明として崇拝」であった．新田は属州単位で皇帝崇拝の様相が異なっていたことを詳細に論じている．それは，前述したように，東方の都市上層民らを主とする属州会議による「下」からの自然発生型のものと，西方の属州にみられるような，皇帝が祭壇を築いて礼拝をおこなわせる「上」からの形態との違いである．先のタキトゥスやディオの記述，および最近の考古学上の成果によれば，東方属州のアシア州やビティニア州において，帝政期の早い頃から属州民の要請によって，皇帝崇拝を導入していたことがわかっている．新田は皇帝崇拝が制度化されており，また属州民の忠誠の保持とローマ化をめざしてそれが導入されていた点，そして宗教的性格をもっていたことも合わせて指摘してい

リウスも存命中，属州ヒスパニアで彼と彼の母のための神殿の建立を拒否している．タキトゥス『年代記』IV：37．属州での皇帝の神格化と，ローマ市民共同体の皇帝に対する認識には差異があることに注意しなければならない．新田 (1977)，42 頁，阪本 (1981)，16 頁参照．
〔639〕新田 (1994)，22 頁．ヘレニズム世界において，卓越した支配者の神性をその生前において強弁する君主崇拝の伝統が存在していた．東方属州におけるローマの皇帝崇拝はこの伝統に依存しているだろう．ヘレニズム世界の君主崇拝については，井上，61-92 頁，大牟田，373-390 頁参照．
〔640〕新田 (1984)，206-217 頁．
〔641〕新田は皇帝のための神殿の献堂年代を一覧にまとめている．東方属州であるアシア州ではペルガモン（前 29 年），スミルナ（後 26 年），エフェソ（後 69 年から 79 年），ビティニア州ではニコメディア（前 29 年），ガラテヤではアンカラ（前 29 年頃）．アシア州は別として属州神殿は一属州一神殿の形式を採用している．崇拝の対象はいずれも「Roma et Augustus」などとなっており，皇帝はローマ帝国の主神である女神と並列され，それより下位に置かれている．新田 (1995)，121 頁，註 40．アシア州の議会がアウグストゥスの生誕日を新年の開始とすることを伝えるプリエネ碑文には，アウグストゥスを「救い主（σωτήρ）」と記し，神化する文言が残されている．OGIS II 458, 37-41. 蛭沼他，37 頁．属州アシアでは，「名誉心の強い現地市民の自発的な皇帝祭儀が国家行事さながら盛んに行われていたものの，皇帝はもちろん現地政府からの参加強制および不参加への弾圧についても証言はなく，あるのは首都での『些細な事柄』ゆえの『ユダヤ人』，『不敬（尊厳毀損）』を理由とした処刑や流刑，属州でのユダヤ人共同体内部での軋轢抗争，異教民衆との小競り合い（行伝 19.21-40）〔エフェソス〕である」．保坂，330 頁．

る。皇帝崇拝は当初、皇帝への感謝を表明する、「下」から自然発生的に沸き起こったものではあるが、時代が下るにつれて、属州民の忠誠を確かにするために、「上」からの強制の色合いが強まってくる。自己神格化を強いたドミティアヌス帝の頃にこの傾向が強まっていき、西方属州にみられる皇帝崇拝はまさに上からものである（アシア州エフェソの神殿建立もこの時期）。

このように、Ⅰペトロ書と関係が深い属州において、皇帝崇拝が存在していたことは確かなようである。しかし、都市上層民は別として、Ⅰペトロ書の読者のような（おそらく中下層）市民全般に皇帝崇拝が広く、かつ深く浸透していたのかについては疑問が残る。

紀元前後、東方属州における皇帝崇拝の様相に関しては、以下の藤井の論考においても論じられている。藤井は帝政期のローマ帝国内において、「国家宗教」としての同質の皇帝崇拝が守られていたわけではなく、その多様な形態を指摘している。「五〇〇万平方キロメートルにおよぶローマ帝国には多数の属州が存在したが、これらの属州では、死去して首都ローマで神格化された皇帝だけではなく、まさに統治中の生きている皇帝が神として崇拝されたことが、豊富な資料によって明らかにされている。属州では、帝国中央の神格化と基本的に異なったシステムのなかで、属州レベル、都市レベル、個人レベルのさまざまな形態の崇拝儀礼が、統治中の皇帝にたいしておこなわれた。この意味で、皇帝崇拝は国家宗教ではなかった」。

このように統一され、組織化された皇帝崇拝の形式ではなく、各地で多様な崇拝の形が存在していたことがわかる。続けて藤井は属州内の既存の宗教と皇帝崇拝が集合し、同じ立場で崇拝儀礼を受けていたわけではないことにも注目している。「大半の場合、皇帝の宗教的地位は聖域の主神の宗教的地位より下位に置かれた。たとえば、各地の聖域に建立された皇帝像は、その多くが、人間としての

---

〔642〕 新田（1984），217 頁。これに対して、ギリシアのギテイオン市民たちがティベリウス帝に祭儀創設を求めたことを記すギテイオン碑文を委細に検討した阪本は、皇帝の神格化と礼拝、祭儀は、支配の承認、忠誠表明の手段だけではなく、「皇帝と皇族＝『王朝』のための共同体祭儀」であり、それは「共同体にとり不可欠であった。その紐帯としての伝統的祭儀の上に重ねられている」ことを主張している。皇帝崇拝は自然発生的に生まれ、それを育む「土壌」がこれらの地域にすでに存在し、共同体組織の中に組み込まれていたと理解できるだろう。阪本，148 頁。

〔643〕 藤井，221－222 頁。

皇帝の名誉を称えるために聖域の主神に奉献された像だったと考えられている。また、神々に対するもっとも重要な儀礼行為である犠牲についても、皇帝もしくは皇帝家の人々が生ける神として正式の犠牲を捧げられたことが確認できる事例は非常に少なく、皇帝にたいする直接の犠牲を避けて皇帝の健康や皇帝家の安寧のための犠牲がおこなわれたり、皇帝にたいして犠牲が捧げられた場合でも、神にたいする犠牲とは区別をつけられたりした」。[644]

写真② アウグストゥス帝（前7年）ローマ出土

　既存の宗教との皇帝崇拝が対立や、（日本の神仏習合のように）習合していたわけではなく、棲み分け、つまりは地域の主神が主座を占め、皇帝がその下位に置かれていたという藤井の所論は興味深い。[645]しばしば、ローマ帝国全体に皇帝を全き神的存在としていただく皇帝崇拝が普及していたかのようなイメージを抱きがちだが、それは事実と反している。[646]

　いずれにせよ、小アジアの属州に在する住民の生活の一部に、（程度の度合や形式はその地域によって異なるだろうが）皇帝崇拝が入り込んでいた時代状況の中で、Ⅰペトロ書は読まれていたようである。Ⅰペトロ2：13-17は支配者としての王（皇帝）に従い、かつ尊敬の念を表明するように促している。皇帝を絶対的な神として祭り上げるものではないが、宗教的存在として神殿にその像が他

---

〔644〕　同書、225頁。
〔645〕　ギリシア人が共同体外部からの支配者（たとえばローマからの侵入者）に対して、どのように受け取ったかについて弓削（1990）は次のように説明している。「ギリシア人が共同体の都市国家の外からやってきた支配者に対して、その支配者を支配者として受け入れるひとつの形式、それがギリシア人の支配者神化である。それは、必ずしも生きている支配者をそのまま神様にするというのとは違うのである。それから彼らギリシア人は、それらの支配者神を他の神々と全く同等に扱うということもしない。（略）皇帝礼拝はむしろ東の方では、皇帝の安全・健康・繁栄を神々に祈る、という祭儀であった」。
〔646〕　クラウスは皇帝礼拝に関する通史的研究である大著『皇帝と神（Kaiser und Gott）』で、当初から皇帝は「神（Gottheit）」であったとし、それはユダヤ・キリスト教的な神の信仰形態とは異なるものであり、祭儀（Kult）をおこなっているのあれば、それは「神（Gottheit）」であると論じている。Clauss, 17-26. ただし、大半の研究者はクラウスの見解に反して、それが祭儀であったとしても、皇帝への崇拝はあくまで人間（的存在）への崇拝（Verehrung）にすぎないとする。

の神々の横に並置されていた時代に、王も神の一創造物であり、畏れるべきは神のみであるというⅠペトロ書の言説は、やはりそれなりの緊張をもたらすものであったと想像される。[647]

補論：Ⅰペトロ2：17の影響史について

　Ⅰペトロ2：13－17は、ローマ13：1－7とともに後世の世界に少なからぬ影響を与えた箇所の一つである。[648] 時の王権、為政者の権威を是認し、キリスト者がそれらとの積極的な結びつきを語る際、上記の文言がしばしば引用されてきた。本補論では後19世紀以降の日本とドイツのキリスト教に焦点を当て、その影響史の一端を瞥見する。
　近代日本のキリスト者は、上記の聖書の引用章句を統治構造の頂点に君臨する天皇に対して、自身（や集団）の態度を内外に知らしめ、天皇制を擁護し、または天皇個人への崇敬の念を示す文脈で用いてきた。キリスト者として、天皇制の正当性の根拠、および天皇個人への忠誠意識を顕示するために、この箇所を引いたのである。
　近代日本のキリスト教諸派の間で、とりわけ皇室との関わりが深かった救世軍の山室軍平が、その機関紙『ときのこゑ』で昭和天皇践祚にあたって発せられた勅語に言及する際、ローマ13：1とともにⅠペトロ2：17を引用しているのはその典型であろう。[649]
　「使徒パウロは『凡ての人上にある権威に服ふべし』といひ、使徒ペテロは又『神を畏れ、王を尊べ』と教へて居る。私共救世軍人は善良なる生活を営み、忠実に己が職分を尽し、殊に自分よりも不幸な同胞の為に、心身両方面から及ぶ限りの

---

〔647〕Ⅰペトロ書より後に書かれたとされる小プリニウスの書簡（第10巻96）では、神々の像とともに法廷に運び込まれた皇帝の像の前で香と葡萄酒をもって祈願し、またキリストへの呪いの言葉を述べた者が、キリスト教徒でないと判断されたと伝えている。この識別方法を小プリニウス自身（やその周辺）が導入したのかわからないが、ここでは神々とともに皇帝に向けて祈願することが課せられている。祈願しなければ、キリスト教徒と見なされる。
〔648〕ローマ書13章の影響史＝解釈史に関する通史的研究は、宮田（2010）を参照。
〔649〕引用箇所の指摘は田中（1996）、193頁を参照した。

奉仕を試むることによりて，真の忠君愛国を行はんことを心がくる者である」[650]。
　キリスト教徒として奉仕は，忠君愛国の行為と重ねられており，それを連結するのが先の聖書引用である。救世軍や山室と皇室の結びつきを分析した田中は，次のような言葉でそれを総括している。「総じて近代日本のキリスト教は，少数派であり，日本社会での異端であったがゆえに，日本の支配思想，天皇制イデオロギーからはみ出した，さまざまな思想を生み出しえた。まったく同じ理由から，より強く権力と権威にすり寄り，その公認をうけることによって，安定した地歩を確保せんとする指向も強かった」[651]。
　周囲とは異質で，奇異の目に晒されがちな存在がその社会的地位を獲得し，それを保全するために為政者たちと妥協することは，しばしば確かめられる現象である。だが，多くの場合，山室をはじめとする近代日本のキリスト者たちは，天皇（制）に積極的に接近していった。唯一絶対神への信仰を持ちつつ，統治者（天皇）への忠誠も忘れない。とりわけ，天皇や皇室に対して，ほとんど留保のない敬愛の念を示して止まなかった。異教的信仰を徹底的に排し，聖書が証しする絶対神へと意識を集中させるキリスト教は，その信仰形態ゆえに自ずと日本的感性から距離を取らざるをえないはずである。だが，とりわけ日本の支配階級（旧士族階級）に深く根づいていた忠孝の念を巧みに取り込み，構築された近代天皇制の磁場に，日本のキリスト教徒の多勢は自覚的に，または無自覚に組み込まれていたとみるべきであろう。天皇への忠孝の念は，容易に消すことのできない身体的な記憶として彼，彼女たちに残っていたのである[652]。
　さて，Ⅰペトロ書の註解書（1937年刊）を著した原野は，Ⅰペトロ2：17について次のように解説している。

---

〔650〕『ときのこゑ』「勅語を拝誦して」739, 27・1・5（引用では旧字体を改める）．
〔651〕田中（1996），194頁．
〔652〕　この点に関して，天皇制に対する日本人キリスト者の意識を調査した武田の研究が示唆に富む．キリスト教信仰と忠孝愛国心の関係について，1887年以前に生まれた回答者の8割近くが「調和する」と答えている（「矛盾する」という回答は僅か7％にすぎない）．この割合は出生年が現代に近づくほど減少し，戦後生まれに至っては0％になり，むしろ「矛盾する」と答える割合は6割以上になる．明治期，およびそれ以前に生まれた日本人において，たとえキリスト教信仰をもったとしても，学校教育などを通して天皇への忠孝の念は深く根づいていることがここからわかる．1872年生まれである上記の山室もこの世代に属する．武田，358-359頁参照．

「此の節は基督者としての宗教的責務と国家社会に対する公人の責務との両立調和を述べた部分の結句として誠に適切である．私の少年時代に静岡県の相良町で牧師をしていた父は，名刺に此の節を印刷して訪問伝道に用いていた」[653]．

度合いは異なるにせよ，天皇（制）に対する忠誠心は，やはり先の山室と同じ心性から発しているだろう．一連の皇室祭祀を見れば一目瞭然であるが，戦前の天皇は単なる政治権力の中心ではなく，国家神道と結合した宗教的存在であったことは疑う余地がない事実である[654]．それゆえ，キリスト者たちの天皇に対する「忠孝の念」が宗教的意味合いをまったく帯びていなかったと断言できるのだろうか．原野が述べる「宗教的責務（神を畏れること）」と「国家社会に対する公人の責務（王を敬うこと）」を区別し，どのような意味で「両立調和」していたのかここでは問わなくてはならない．

天皇（制）に対するアンビエントな認識を有している内村鑑三の発言も，やはり同じ問題を孕んでいた．内村は天皇という存在の絶対化，その超権力性に鋭利な批判を向けていた一方，天皇個人に対してはその存在を肯定し，敬愛の念を隠すことはなかった．それゆえ，内村は「天皇制と対決したのであって，天皇そのものと対決したのではなかった」[655]のである．天皇制と天皇個人は当然ながら区別することはできないように思えるが，内村においてそれははっきりと棲み分けられていた．1891 年に起きたいわゆる不敬事件にみられるように，キリスト者

---

〔653〕　原野，137 頁（引用では旧字体を改める）．
〔654〕　明治政府によって形成され，その神的聖性を統治のために利用した近代天皇制国家について，土肥は下記の通り説明している．「政府は古来伝統的権威を保有してきた天皇を利用した．天皇は皇祖神の子孫であり，万世一系の家系にある神種的存在であり，その統合は神聖であることが，唱えられた．（略）天皇の神権性を確立するうえで，神社神道の祭祀は有効であったので，政府はこれを国家神道として育成した．神道は皇室祭祀を中心として再編され，天皇制イデオロギーを普及する機能を担っていた」．土肥，15－16 頁．この天皇制イデオロギーは単に宗教性に支えられた政治的支配形態だけではない．「天皇への忠を絶対的基盤として，親への孝，長幼の厳重な序列，上級者への服従など，儒教的封建思想を総動員して形成された倫理体系でもあり，忠君愛国思想の名のもとに，その目的にかなった人間像の鋳型をもって組織的に上から国民を教化したところの絶対主義的国家主義思想」であった．それゆえに，「日本におけるキリスト者の意識を規定し，性格づけることによって，本質的にその信仰の質をも歴史的に規定して来たものの一つとして考えられるのは，天皇制の問題」であった．武田，322 頁．
〔655〕　岡本，269 頁．

として天皇制と対峙する姿勢は揺るぎないものであった内村は，天皇個人を含む天皇制に対してどのような認識を抱いていたのだろうか．

では，内村の手によるⅠペトロ書の解釈を読んでみよう．彼はⅠペトロ書について次のように語り，今日のキリスト者が学ぶべきテキストとして，その有用性を主張する（『聖書之研究』1918 年 3 月「キリスト信者とその希望」）．

「今やキリスト教といえば，いずれがその純粋なるものであるか分からない．この時にあたり，原始にこれを説きし人の教えを学ぶはきわめて必要である．しかしその目的のために最も適当なるはペテロ前書である」[656]．

これ以前に書かれた『聖書之研究』1916 年 2 月「ペテロ前書に現われたる教会観」において，Ⅰペトロ 2：17 を以下の通り説き明かしている．

「これは四つの戒めより成る．すなわち第一条 衆人を敬うべし／第二条 兄弟を愛すべし／第三条 神を畏るべし／第四条 王を尊ぶべし／これたぶんペテロが常に人に伝えたる教訓の大綱であったのであろう．まことに簡単な教えであるが，しかし，よく初代のキリスト教の精神をいい表している」[657]．そして，「特に注意すべきは，第四の『王を尊ぶべし』である．『王』とは，imperator（皇帝）のことであるが，ユダヤ人の間には皇帝なることばはなかったから，basileus（王）というているのである．すなわち今日の語にて皇帝を尊ぶべしというのが正当の訳語である．この一語をもって見るも，クリスチャンが社会制度を重んじ，いわゆる国憲を重んじたことは明らかである」[658]．

この内村の発言について，岡本は原文では第四条の部分が太文字で強調されていることに注目し，ここで述べている王，すなわち皇帝のなかに天皇を含めようと努力していると分析する[659]．先のⅠペトロ書より 3 年後に公にされた内村の十戒第五戒の解説を併せて読む時，「王（天皇）を尊ぶ」ことが彼の本心からの言葉であることが理解できる（『聖書之研究』1919 年 11 月「十誡第五条」）．

「なんじ『父母』を敬えという．聖書において，『父母』とは包括的の意義を有する語である．子を産みたる父と母とはもちろん父母である．しかし単にそれのみではない．すべて始祖を称して父といい母という」と前置きし，次のように語る．

---

[656] 内村（聖書注解第 14 巻），153 頁．
[657] 同書，183 頁．
[658] 同書，184 頁．
[659] 岡本，267 頁．

「(略)『父母を敬うべし』との一語の中に唯に生みの父母に対する敬愛のみならず、我等を支配する主権者並びに我等の霊魂を導く詩伝に対する畏敬の義務をも包含するのである」。「誠に忠孝の精神は東洋国民の特性として神の賦与し給いし恩恵である」。加えて、このように言い切る。「けだし上者に対する尊敬服従の中に万物調和の精神がある。ゆえに統治者に信頼して国家社会または家を思うの念篤きものの胸中に深き平安がやどれるのである」。[660]

　無論、内村は聖書が証しする唯一なる神の信仰に立ち、神以外の存在を絶対者と捉えることを頑なに拒否する[661]。しかし、日本人として統治者である天皇に畏敬の念を抱くのは当然であるとする。東洋の美徳たる「忠孝の精神」が神的存在たる天皇の支配構造に巧妙に搦め捕られていることに、内村は気づけなかったのだろうか。内村自身、時に自分を「矛盾した人間」と言っているように[662]、彼は二つの相反する事柄を内に抱え込む。このように、両極に激しくぶれる内村の思想の幅広さは、彼の魅力と捉えることもできる。しかし、内村が抱えた矛盾が、その後の日本のキリスト者に与えた甚大な影響を知るとき、それを単に魅力と片づけてよいのか疑問が残る。

　無教会の第二世代について：内村が抱えたこの矛盾と内村の弟子たち、つまり無教会の第二世代はどのように対峙したのだろうか。無教会のメンバーの中には、矢内原忠雄や浅見仙作のように戦時中も軍部を批判し、非戦論的立場を守り続けた者がいた。浅見に至っては治安維持法にふれて検挙される[663]。その一方で、塚本虎二らは戦

---

〔660〕　内村(聖書注解第2巻)、135－137頁。
〔661〕　現に十戒第一条に関して、このように断言している。「われらを支配する神は唯一なりという。これ思想の根本的統一である。思想分裂して人に活動あるなし。われらの内心があるいは利欲、あるいは名誉、あるいは恐怖などのために分裂せしめられ、わずかにその一部を神にゆだねるにすぎざる時、いずれかに服従すべきかを知らずしていたずらに躊躇逡巡せざるを得ない。しかるに真の神は唯一にして彼のみがわれらの全心を支配し、すべてのもの彼によりて統一せらるるを信ずるに及び、初めて真個の活動が始まるのである」。同書、118－119頁。内村の唯一神信仰と王権把握については岡本、258－262頁を参照。
〔662〕　内村は1904年2月11日、山県五十雄に送った手紙(英文)において、日露戦争で非戦論を唱えながら、旅順港で日本海軍が大勝利を収めた際、近隣の住民に聞こえるほど「帝国万歳」と三唱したと告白している。その後、内村は「矛盾した人間だ、私は（An inconsistent man, I am）！」と反省の言葉も記している。内村全集37、10－11頁。鈴木(1984)、138頁。
〔663〕　その他にも内村の弟子ではないが、非戦や平和主義を提唱したキリスト者

争肯定に転じた．二つに分極化した無教会の第二世代の実態を追った千葉は，天皇制との関わりに関して次のように結論づけている．「無教会の第二世代の人々は，天皇制ファシズムに対する抵抗を十分に展開することはなく，神学的にもその危機を『第一戒』の偶像崇拝の問題として深く捉えることができなかった」．千葉はその理由をこのように説明する．「真の愛国主義を掲げて日本の侵略戦争を一貫して批判し続けた無教会の第二世代の非戦論者の多くも，矢内原忠雄の場合ですら，その精神と身体の質と化した忠君愛国主義それ自体は，徹底的な自己批判の対象とされなかった．(略)天皇制的精神構造とその基盤とする天皇制的コスモロジーこそが，当時の日本人一般の心象世界を形成していったのであり，その世界観，歴史観，人生観を背後にあって規定し，呪縛していたのである[664]」．むしろ，この「呪縛」はすでに内村から始まっており，無教会の第二世代は一部を除いて内村と同じように天皇制コスモロジーの外部に出るという発想すらなかったのであろう．十戒の第一戒は，古代オリエント世界の既成の神概念の外部に「神」を据える類まれな発想である[665]．内村らも含めて，天皇制的精神構造に座を置く日本のキリスト者は，この点で（いまもなお）本当の意味で唯一神が何かを正確に捉えていなかった（いない）のではないか，という深刻な問いが突きつけられている．

　Ⅰペトロ 2：17 の解釈に関して言えば，内村は「（聖書の）神への畏れ」と「王（天皇）への敬い」を同列に置いているとも受け取れる．本註解で確認したような，原文から読み取れる「神」と「王」との間の緊張関係，その峻厳なる区別（順序）[666]，そして，前者の視点から後者を相対化する視点は皆無と言ってよいのではないか．内村を含む近代日本のキリスト者の多くは，忠孝の念を向けるべき天皇が単に尊敬すべき君主だけではなく，（とりわけ 1930 年代以降は過度に）神的存在として絶対的に君臨していたことに対して[667]，この聖書の言葉をもって批判す

　　として柏木義円，軍国主義批判をした柏井園などもあげられる．
〔664〕千葉，481 頁．
〔665〕太陽や月などを神格化していた古代オリエント世界において，既存の神概念を破棄し，天や地上にあるものはすべて神によって「創造された」という宣言から創世記が始められている（創世 1：1）．
〔666〕田中の註解書（1938 年）では，この区別までは言及しているが，その先は語っていない．田中，89 頁（引用では旧字体を改める）．「ペテロが『神を畏れ』『王を尊べ』と明確に区別して，基督教の神に対し，王に対してもつべき態度を示し，両者が矛盾せざること，しかも区別さるべきことを教へたことは，注意すべき事である」．
〔667〕1937 年に文部省教学局が発行した『国体の本義』に，「現御神」たる天皇に関する記述が見出せる．「かくて天皇は，皇祖皇宗の御心のまにまに我が国を

る視点はなかったのである．

　批判するどころか，その後，1940年10月に皇紀二千六百年奉祝全国基督教信徒大会が青山学院で盛大に開催され，1941年6月，宗教統制によって日本のプロテスタント諸派が日本基督教団に統合される．キリスト教会は，宮城遥拝の実施，伊勢神宮の参拝へと一気に突き進んでいく．

　ダイナミックな土着化の試みとも受け取れる「日本基督教」を唱道した教会史家の魚木忠一は，日本海軍が真珠湾攻撃へと向かった1941年12月に『日本基督教の精神的伝統』を発表する．そこで中江藤樹の『翁問答』を引きつつ，「君に対する忠，父母に対する孝，上帝に対する信は別々ものではなく所詮一途である」と指摘し，キリスト教においては「十戒中の第五戒『父母を敬へ』が，古来，父母君上に孝敬することと解さるると同一徹である」とし，先の内村と同様に第五戒を「包括的」に捉え，君主への忠孝と読み替えている．「忠孝は一本であり，宗教的根底に立つ絶対的なものだと理解したのが基督者である」とまで断言する．そして，「萬世一系の天皇を仰ぎ奉るわが国に於てこそ，基督教が理想とする忠孝信一如が最も完全に体得されるのであつて，之が日本類型の他に比すべきものなき特質である」[668]と言い切る．ここにおいて，キリスト教信仰の天皇制的コスモロジーへの統合が極まるといえる．

統治し給ふ現御神であらせられる．この現御神（明神）或は現人神と申し奉るのは，所謂絶対神とか，全知全能の神とかいふが如き意味の神とは異なり，皇祖皇宗がその神裔であらせられる天皇に現れまし，天皇は皇祖皇宗と御一体であらせられ，永久に臣民・国土の生成発展の本源にましまし，限りなく尊く畏き御方であることを示すのである」．同，23－24頁（引用では旧字体を改める）．上記の理解に基づいて，「キリスト者」である加藤一夫は天皇をはっきりと神であると規定している．「日本国体の中心は，天皇さまであるが，その天皇さまは西洋の王や大統領のように，人民の利益のために，人民がつくり上げたものではなく，神様にまし，神の権威をもつて臨み給ふ方だと云ふことである．このことが大切である．このことがわからなければ，日本の国体がわからぬばかりではなく，第一，そんな人間は日本臣民とは云はれないのである」．加藤（1943），41頁（引用では旧字体を改める）．加藤は1948年に『日本的基督教』（富岳本社）を公にしており，天皇に関する記述は同書にあまりないものの，「キリスト教の神と日本の神は同じである」とあるように，その見解は戦後も基本的に変化はない．加藤の過度な天皇崇拝は単に当時の時流を沿った表白でなく，彼の本音であることがここからわかる．加藤（1948），8頁．
〔668〕魚木，164－165頁（引用では旧字体を改める）．

「天皇」と「キリスト」の位置づけについて：天皇をキリスト教信仰の枠内でどのように位置づけるかという問題は，日本人キリスト者にとってきわめて大きな問題であったのは既述の通りである．1930年代以降，ナショナリズムの勃興を背景として起こった，いわゆる「日本的キリスト教」[669]の一連の著作のなかで先の問題は積極的に取り挙げられている．笠原は日本的キリスト教の諸説をその内容から「混淆論」「両立論」「触発論」の三つに分類している．両立論の一つとしてあげている武本喜代蔵『日本的基督教の眞髄』（日英堂書店 1936年）では，政治的な王としての天皇と霊的な王としてのキリストを両立させている．「キリストは霊界の主であり，王である．其国は過去，現在，未来に亘れる霊界であり，宇宙的，人類的であるけれども，日本国民が天皇を神とし，至聖として尊崇し奉るのは純然たる政治的，現世的意義である．（略）主が『カイザルの物はカイザルに，神の物は神に』と謂われた事は万世不易の大真理であらねばならぬ」[670]．このような両者の両立は武本ばかりではなく，当時のキリスト者の多くが選び取っていたと笠原は推測する．「武本の両立論は日本的キリスト教の諸説のなかでは，比較的にみて，当時のキリスト者一般の気持や考えを論理化しているところがあったのではないだろうか．（略）『カイザルのものはカイザルに，神のものは神に』といった聖句を二元両立的に解釈することよって，なんとか自らを納得させていたであろうことは想像に難くない」[671]．皇帝への税金を巡る問答のなかで交わされるマルコ12：17のイエス真意は，皇帝崇拝に批判的な態度を示すものであったと考えられる．戦時下のキリスト者たちは武本のように自らの信条に則り，または時世に沿った生き方をするためにこの句を「両立」として理解（曲解）していたことは，Ⅰペトロ2：17の解釈と同じである．

このように，近代日本のキリスト者において，Ⅰペトロ2：17を神への信仰を保持しつつ，天皇（制）への敬いの念を同時にもつための聖書的裏づけとして（恣意的に）読まれていた歴史があった．

キリスト者たちの抵抗：キリスト教徒の大半が天皇を中心とする国家体制に組み込まれていった中でも，少数の団体（たとえば灯台社）や個人による抵抗があったこともまた事実である．忘れてはいけない歴史の一断面である．ここでは，その一部を取り挙げる．戦後，公になった内務省警保局編『社会運動の状況』には，時代の流れに

---

[669] 「日本的キリスト教」は「日本の伝統的な精神・思想・宗教とキリスト教との接続をはかる思想の総称」とする．笠原（1974），115頁．
[670] 引用箇所の指摘は笠原（1974），128頁を参照した．
[671] 笠原（1974），127-128頁．

抗ったキリスト者たちの声が残されている。[672] 先述の通り、戦時下のキリスト者は「キリストと天皇、どちらが偉いか」という問いを突きつけられ、踏み絵のごとく国家への忠誠心が試された。たとえば、1940（昭和15）年5月17日、東北学院配属将校は、先の質問を同学院高等学部文科三年生のキリスト者にぶつける。その時の様子を当局は次のように記録している。「右質問を受けたる学生等は『斯る質問を発して吾々を試さんとするは軽率且非常識なり。』とて著しく反感を抱きたるもののごとく、反撥的に欧州の戦局及時局問題に関して別記の如き質問を発し、又それに対する配属将校の答をも、『何等明答を与へ得ず。』との揶揄的態度を示せる模様にして、その為双方昂奮して不快なる授業に終えり」。[673] 記録を読むかぎりでは、突発的な出来事のように思えるが、同年4月に宗教団体法施行され、宗教界への統制が一段と厳しくなった時代、志操堅固な若き学徒が国家権力の末端である一将校に果敢に反抗したこの出来事は、記憶に留めておくべきである。同年10月には日本基督教団が成立し、キリスト教界の翼賛体制が頂点を極める大局の中で、その姿はいっそう際立つ。戦時下で激しく抵抗したキリスト教団体、プリマス・ブレザレンに属する北本豊三郎が、集会でなした説教（当局はこれを「不穏説教」と記録している）も、実質的に信教の自由や言論の自由が統制された治安維持法下においては命がけの発言である。[674]「神に仕えへる我々にとつては、此の世の人がやつてゐる事は馬鹿げた小さい事ばかりです」と言い切る北本は、天皇についても次のように発言している。「天皇陛下と云つてもあれは日本の現在の形式的な主権者にすぎないではないか、また皇太神宮と云つても、あれは日本人が勝手に造つた偶像にすぎない、それから戦死者を英霊と云ふがあれは罪人の骨ではないか、何のためにそんなものに敬礼しなければならないのだ、実に以ての外です、私は政府がどんな弾圧を下してもちやんと覚悟が出来てゐる。否、我々の

〔672〕 特高警察が残した取り調べ資料などは、当時の様子を知る上では第一級の歴史資料であることは言を俟たない。しかし、あくまで特高側による一方的な記述であり、どこまで正確に歴史的事実を書き留めているのかについて注意深く見極める必要がある。特高側が有罪を無理やりにでも立証するために、その「違法行為」を大げさに記していた可能性も十分に考えられるからだ。資料の取り扱いは慎重でなければならず、治安維持法下で検挙されたキリスト者が実態については、取り調べ資料のみならず、より客観的な裁判資料、何より当事者の証言などのオーラル・ヒストリーを加えて総合的に判断すべきである。
〔673〕 戦時下1、278－279頁。別記には「政府で謂ふ新東亜の建設と云ふ意味に於ては、大体抽象的な言葉では知つて居るが、未だ判然とは解せないから具体的に説明を乞ふ」といった質問に対し、配属将校は「神ながらの道で進んで行くべきであつて、勿論小亜細亜全部が含まれると思ふ」という答えで返すのみ。これ以外にも学生などは、時局の本質的な問題を突くような問いを投げかけ、それに対し答えに窮する将校の様子が記録から読み取れる。
〔674〕 北村をはじめとする戦時下のプリマス・ブレザレンの抵抗運動に関しては、石浜、497－515頁、および笠原（1969）、87頁を参照。

グループは皆其の覚悟が出来てゐる」[675]。1941（昭和16年）年，治安維持法違反で検挙される北村は，懲役3年の判決を受け，獄中でも転向せず，戦後，1945年10月に釈放される．文字通り，その覚悟を最後まで貫いた．終末論的背景から北村はこの世界の政治権力など，この世的なものを一切相対化する．千年王国などの彼岸性に強い関心を寄せ，この世界の有限性（不完全性）を痛論して止まない北村は，現実に勃発している戦争に関して，次のような発言を残している．「戦争に負けて他国植民地となるとも永遠の希望（千年王国や新天地の出現）が失われない限り幸福であります．現に私の国籍は天にあつて日本には唯肉体的に籍があるだけであります．国籍が天にあると申しますことはキリストの名に加へられて其の名を神に知られ『命ノ書』に書き録されて神の手元にあることであります，謂はば私達は異邦人の中にある旅人であります」[676]．フィリピ3：20の引用とともに，最後の言葉は，Ⅰペトロ2：11を意識しているのは明らかであり，迫害下で終末を待ち望むⅠペトロ書の読者と北村は共鳴している．

さて，時代や場所は異なるが，同箇所が時の権力者との関わりの中で批判的に用いられた歴史もまたある．次に述べるドイツ教会闘争の時代である．

ナチス・ドイツ時代，告白教会の神学的メルクマールとなった「ドイツ福音主義教会の今日の状況に対する神学的宣言（以下，バルメン神学宣言）」（1934年）の第5項，国家との関係を論じた項目は，Ⅰペトロ2：17後半の引用から開始されている．第5項の編首にこの引用章句を据えた意義はきわめて大きい[677]．

第5項 「神を畏れ，王を敬え」（Ⅰペトロ2：17）

国家は，教会もその中にあるいまだ救われないこの世にあって，人間的な洞察と人間的な能力の規準に従って，権力の威嚇と行使をなしつつ，正義と平和のた

---

〔675〕 戦時下2，101頁．
〔676〕 同，231頁．
〔677〕 バルト自身が後に語っているように，第5項は彼の手によるところが大きい（バルト，309頁）．バルトは草稿の段階からⅠペトロ2：17のみを引用章句に用いている．その一方，宣言の作成に関わった他のメンバー，たとえばアスムッセンとザッセによる草稿ではテトス1：15，ブライトの草稿ではⅠペトロ2：17とともにローマ13：1が引かれていた．Nicolaisen, 185-188を参照．バルトは後年，第5項を起草する際，先のブライトのように教会と国家と関係を論じる際にしばしば引用されるローマ書13章を念頭に置いていたと語っているが（バルト，313頁），やはりあえてⅠペトロ2：17を引用句として選んだバルトの意図を注意深く読み取らなくてはならない．

めに配慮するという課題を，神の指示によって（nach göttlicher Anordnung）与えられているということを，聖書はわれわれに語る．教会は，このような神の指示の恩恵を，神に対する感謝と畏敬の中に承認する．教会は，神の国を，また神の戒めと義とを想起せしめ，そのことによって統治者と被治者との責任を想起せしめる．教会は，神がそれによって一切のものを支えたもうみ言葉の力に信頼し，服従する．[678]

　バルメン神学宣言の各項目は聖書の引用章句，命題，拒否の命題の順番で構成されているが，ここでは王と神を厳密に区別するⅠペトロ書の言説を（意識的に）用いて，後続する命題を裏づけている．この第5項はバルメン神学宣言の中で大きな議論をよんだ箇所でもあり[679]，後の告白教会の政治的抵抗（ナチス・ドイツへの物理的抵抗を含む）の拠り所となった歴史ももっている[680]．

　国家には，権力の行使を含む役割と責任が認められているが，それはここでくり返し語られている「神の指示によって（nach göttlicher Anordnung）」と限定されている．国家はあくまで神の命令の枠内に存在するにすぎない．当然ながら，神と国家には歴然とした差（順序）があり，それを弁えず自己絶対化へと奔馬のごとく暴走する国家を強く抑制する．

　「神の指示によって」について：後年（1963年），バルトはバルメン神学宣言に関するインタビューに答えた際，「神の指示によって」という言葉に対する特別なこだわりを語っている．「指示（Anordnung）[681]」という言葉は「深い自覚のもとに選び取ら

---

[678] 訳文は雨宮，20－21頁，および改革派信仰告白集 VI，55頁（訳文を一部変更）．
[679] とりわけ，国家観をめぐる記述である第5項に対するアルトハウスなどのルター派からの批判は手厳しかった．Nicolaisen, 88. テート（1984），245頁，同（2004），167－168頁も参照．
[680] 同書，290頁参照．
[681] 雨宮の翻訳では「Anordnung」は「定め」と訳されているが，おそらくここでは神の主導性が問題とされているので，本註解では「指示」と訳した．「定め」という訳語では，むしろバルトが排した「Ordnung」に近い意味になってしまうのではなかろうか．この「Anordnung」はローマ13：2の「神の指示」（LUでは「Anordnung Gottes」）を意識して用いられているだろう．原語「διαταγή」からも「命令」「指示」という訳語がふさわしいと考える（使徒7：53，および動詞「διατάσσω」使徒7：44，18：2，Ⅰコリント7：17他を参照）．

れたもの」であり、次のように説明する。「これは国家が神の『秩序（Ordnung）』であるということを語っておりません！ なぜなら『秩序』という概念に対しては、当時、激しい議論が巻き起こっており、その概念は『創造の秩序』やそれに類似する概念に近い関係にありました。『指示』とは —— ラテン語で ordinatio であり、ordo とは異なるのです！ —— このように言えるのでしょう。国家は歴史における神のおこないなのです。言うならば、国家は人間的な性質からつくられるものではありません。神のおこないでなければ、教会はもはや必要なくなり、国家もまた必要なくなるのです。ですが、事実上、現実的に、国家が存在するということを神は欲し給うたのです。神は私たちが『国家』と名付けたようなものが存在することを、指示されている（angeordnet）のです」。

そして、次の拒否の命題ではナチス政権やそれに追従するドイツ的キリスト者を念頭に置き、国家の絶対化（神格化）、かつそのような国家に与する教会を牽制する。

　国家がその特別の委託をこえて、人間生活の唯一にして全体的な秩序（Ordnung）となり、したがって教会の使命をも果たすべきであるとか、そのようなことが可能であるとかいうような誤った教えを、われわれは退ける。
　教会がその特別の委託をこえて、国家的性格、国家的課題、国家的価値を獲得し、そのことによってみずから国家の一機関となるべきであるとか、そのようなことが可能であるとかいうような誤った教えを、われわれは退ける。

このような命題を導き、支えるのが、神と王と峻別し、その絶対的差異を明確にしたⅠペトロ 2:17 の言葉である。この第 5 項が、「《神》と《王》について、はっきりとした順序とザッハリヒな評価をしている」とし、2：17 の引用から開始されていることに注目する宮田の分析は正鵠を射ている。同様に佐藤も神的権威

---

〔682〕 事実、バルトによる初稿の段階（フランクフルト・アム・マイン 1934 年 5 月 15 日）では、「神の指示によって（nach göttlicher Anordnung）」であったが、ライプツィヒ草稿（ライプツィヒ 同年同月 22 日）、バルトとアスムッセンによるボン草稿（同年同月 26 日）では「神の秩序によって（nach göttlicher Ordnung）」に変更されるものの、最終稿では再び「神の指示によって（nach göttlicher Anordnung）」に戻った変遷がある。Nicolaisen, 185-188 を参照。
〔683〕 バルト、310 頁（ただし、雨宮による訳文をもとにして、新たに訳し直した）。
〔684〕 宮田（2000）、158 頁。

と政治的権威との厳格な分離を訴えるⅠペトロ書の認識が、バルメン神学宣言にも見て取れると指摘をし[685]、また、ユンゲルも引用章句が示す、畏れるべきは神であるのに対し、王は「単に」敬えである点に着目している[686]。

Ⅰペトロ2：17は近代日本のキリスト者たちが受け取ったように、神への信仰と為政者への敬愛を並列して命じるものではない。為政者はあくまで神の配下にあり、その絶対化を抑制することをめざして語られている。バルメン神学宣言第5項はそれをより深い次元で読み取っていると考えられる。

近代日本の天皇による支配体制とナチス・ドイツによるそれ、そしてそのなかで活動した日本とドイツの両国の教会（およびキリスト者）は、大きく相違することは疑いようもない。安易な類比は学問的正確さを欠くという誹りを受けるだろう。

しかしながら、上記で確かめたようにⅠペトロ2：17の解釈が二つの場で大きく異なるのを知る時、聖書箇所を解釈者が自らの歴史的文脈のなかで読み取ることの難しさを教えているように思える。解釈者はその状況の中でどのようにテキストを読み解き、その意義を探るべきか、神学的実存が常に問われている。

2章18－25節　奴隷への勧告

¹⁸ 奴隷らよ、あらゆる畏れをもって（畏れのうちに）主人に従いなさい。善良で寛大な主人にだけでなく、意地の悪い主人にも〔従いなさい〕。¹⁹ 不当な苦しみを受けても、神の意識（神を意識すること）ゆえに苦痛に耐えるならば、それは恵みだからである。²⁰ 罪を犯して打ちたたかれ、それを耐え忍んだとしても、何の誉れになろうか。しかし、善をおこなって苦しみを受け、それを耐え忍ぶならば、これこそ神からの恵みである。²¹ このために、あなたがたは召された（よばれた）からである[687]。キリスト

---

[685]　佐藤（2002）、77－78頁。最近では朝岡、128－130頁も同様の意見。
[686]　Jüngel, 37 参照。Hüffmeier, 51 も同様。
[687]　フランシスコ会訳はこの部分を節の後半に置いているが、そのように訳す必然性はない。「τοῦτο」は20節までの内容をさしているので、節の前半に置いて訳すべきだろう。Achtemeier, 198; Dubis (2010), 76; Goppelt, 199; Michaels (1988), 142; Schreiner, 141 参照。

もまた，あなたがたのために苦しみを受け，彼（キリスト）の足跡に踏み従うよう模範を残されたからだ。²² 彼（キリスト）は罪を犯さず，その口に偽りはなかった。²³ 彼（キリスト）は罵られても罵り返さず，苦しめられても脅さず，正しく裁かれる方に委ねていた。²⁴ 彼（キリスト）は私たちの罪を自らの身をもって，木の上に運び上げた。私たちが罪に死に，義に生きるためである。その傷によってあなたがたは癒やされた。²⁵ なぜならば，あなたがたは羊のようにさまよったが，今や，あなたがたのいのちの牧者であり監督者のもとへ帰って来たのである。

初期キリスト教文書において奴隷の扱いをめぐる見解は，さまざまな箇所で言及されているが，いずれも当時の奴隷制度を根本から否定するものはない。奴隷と所有者との間のふさわしい関係を教え，諭すのがその主たる内容である[692]。

パウロはガラテヤ 3：26－28 において，キリストを信じてバプテスマを受け，キリストを着た者は皆，奴隷も自由人もないと宣言している。だが，その一方で，パウロは奴隷制度そのものを否定してはおらず，奴隷の解放を推進してはいない。むしろ，奴隷解放に慎重な態度をも示している（Ⅰコリント 7：20－21 参照）[693]。

---

[688]「私たちのために（ὑπὲρ ἡμῶν）」と記す異読もあるが，本註解でも採用した有力な読みは「あなたがたのために（ὑπὲρ ὑμῶν）」である。

[689]「彼（キリスト）は死なれた（ἀπέθανεν）」という異読（𝔓⁸¹ ℵ Ψ 5. 307 syᵖ）も存在する。元来の伝承はこの語句であった可能性は考えられるが，本文に採用されている「ἔπαθεν」の方が有力だと思われる（本註解 2：21 参照）。

[690] 岩波訳は「足跡に従う」を前半の「苦しまれた」に関連づけて訳しているが，「ἵνα」節は直前の「模範を残す」に繋げて訳す方が自然である。

[691]「あなたがた（υμων）」と記す異読も存在する（𝔓⁷² B 1319）。確かに文脈上はこちらの方が自然ではあるが，ここはイザヤ書からの引用をそのまま記したと思われる（本註解 2：24 参照）。

[692] キリスト教内における奴隷（および主人）への勧告句（新約文書と教父文書を含めて）は，奴隷を保護や配慮を受けるべく客体として扱っておらず，むしろ（道徳的・神学的）権利と義務を伴う独自の主体として奴隷を考えている。主人と奴隷のあるべき関係を説いているにすぎないとクノッホは指摘している。Knoch (2013), 199.

[693] Ⅰコリント 7：21 が奴隷解放を勧めているのか，またはそれを否定しているのか議論されている。だが，当該箇所の文脈からは奴隷解放の推進を読み取るのは無理がある。島 (2001), 133－137 頁，同 (2011), 28－40 頁参照。さらに，イグ・ポリ 4：3 では奴隷はその地位に留まるべきと教え，初代教会は往々にして奴隷の解放には消極的である。

後述するように，当時の奴隷は主人の所有物にすぎない．そこから脱するのは奴隷解放の恩顧を受けるか，または主人の元から逃亡するかのいずれかである[694]．奴隷が主人にその有能さを認められ，解放される機会を得ることは少なくないが，劣悪な労働状況ゆえに脱走を試みる奴隷たちもまた存在していた[695]．
　獄中にいるパウロが記したとされる，フィレモン書には，逃亡した奴隷と思われるオネシモスをその主人であるフィレモンのもとに返すことを促している．逃げた奴隷を諫め，主人に送り返すパウロは，奴隷制度そのものを否定する態度ではない．むしろ，それを擁護している．

　　奴隷（οἰκέτης）への勧告について：奴隷への勧告は，ヘレニズム・ユダヤ教のテキストにも存在している（シラ 33：25－33，フィロン『十戒各論』II：67 参照）．Ⅰペトロ書にはエフェソ 6：9，コロサイ 4：1，またディダケー 4：10，バルナバ 19：7（およびフィロン『十戒各論』II：90 以下）にあるような主人への訓戒は記されていない．上記の箇所では，キリスト教徒と思われる奴隷の所有者である主人に対して，奴隷を公正に扱えと教えている．奴隷は「物」にすぎないという古代世界の社会通念からは，奴隷を「人」として扱うことを前提にしている勧告はやはり珍しい．教会という信仰共同体内では，少なくとも奴隷を世間とは異なる接し方をしていたのではないか．松本はこの点を次のように論じている．「キリスト教会における奴隷の位置をことさらに評価するには慎重でなくてはならないが，信仰という面でのある程度の平等視があったこと，その度合いは教会の外の社会の常識をやや踏みだすくらいのものであったことは否定できないだろう[697]」．奴隷制度そのものを覆すようなことはなかったが，教会内は先述したように少なくとも奴隷を「人」として平等視する了解があったのかもしれない．先のパウロの「キリストを着る」という発言（ガラテヤ 3：27），また，奴隷であるオネシモを「愛する兄弟（ἀδελφός）」とよぶことも（フェレモン 16），共

---

[694] 島（1988），390 頁参照．
[695] たとえ，逃亡したとしても奴隷には苛酷な運命が待ち受けていたことは想像に難くない．自身も奴隷であったエピクテトス『語録』I：9：8－9，IV：1：34－37 の発言を参照．
[696] 松本（2017），154－155 頁参照．
[697] 同書，162 頁．
[698] キリスト教共同体内では主人と奴隷も共に兄弟であることが前提にされているが，Ⅰテモテ 6：2 では奴隷に対して兄弟だからとって主人を軽んじてはならないと忠告している．なお，人間はすべて自然本性的には同じであるというストア派の理解に立つ（かつて奴隷であった）エピクテトス『語録』I：13：1－5 においても，奴隷を兄弟とよんでいる．Gayer, 237 を参照．

同体内では社会的階層差を溶解させるようなインパクトがあったのと思われる．

　このようなパウロの態度は，先の奴隷への勧告句を収める文書にも通じている．奴隷に対しては，多くの場合，「（主人に）従い，畏れよ」と命じている．この種の勧告はエフェソ 6：5，コロサイ 3：22，テトス 2：9 に記されており，Ⅰ ペトロ 2：18 以下もこの種の勧告句と共通している．新約文書，およびその後の教会教父文書を含めキリスト教内における奴隷の扱いや主人と奴隷のあるべき関係，理想的な主人像などを示すテキストは，基本的に古代世界の奴隷に対する認識の延長線上にある．（アメリカ大陸における奴隷制のように）近代のキリスト教世界においてもなお奴隷（制度）が存続したのはその証左である．〔699〕もし，人道的な見地から奴隷への配慮を極端に考慮し，さらには奴隷制そのものの廃絶へと動いていたとしたら，その後の奴隷の歴史も変わっていたはずである．ただし，奴隷をめぐるキリスト教テキストと非キリスト教テキストには相違も多くある．たとえば，主人と奴隷の間に神が介在し，また奴隷への配慮も社会的義務感から発されるものではなく，絶対的な裁き主である神の命としておこなうという点が挙げられる．〔700〕

---

〔699〕　アメリカの黒人奴隷への宗教指導に際し，エフェソ 6：5－9 などにある奴隷への勧告句を用いて，彼，彼女たちを管理する方策が取られた．黒崎（2015），58－59 頁．コープランドは，アメリカの南部バプテストが奴隷制を熱心に普及させた歴史的背景をさまざまな資料を用いて考察している．たとえば，サウスカロライナ州のバプテスト連盟の長であり，指導者であったリチャード・ファーマンは，同州の知事に対する提言のなかで，「奴隷保持の権利は聖書において，教訓と実例とをもって明らかに確立されている」と述べている．このように，聖書箇所も論拠にした奴隷制擁護の言説は後 19 世紀まで続いていたのである．コープランド，30 頁．他にも同箇所とアメリカの奴隷制への影響史（受容史）を考究した Skaggs, 69-72 を参照．近時，アメリカでは奴隷制という負の歴史と批判的に向き合う運動が展開されている．これまで「建国の祖」として崇敬されていたトマス・ジェファーソンなどの白人指導者たちに対して，奴隷制との関わりが指摘され，銅像が公的な場から撤去される事態に発展している．しかし，その一方でいわゆる「キャンセルカルチャー（cancel culture）」と称される動きに対する（原理的キリスト教徒らを多く含む）保守層の反動も過激化している．そのなかで奴隷制は必要悪であったとあからさまに擁護する発言すら飛び出している．右派と左派の分断が修復できないほど広がっている現代アメリカの現状については，前嶋和弘『キャンセルカルチャー アメリカ，貶めあう社会』，2022 年に詳しい．

〔700〕　奴隷への配慮に関するキリスト教とそれ以前のテキストの相違に関しては，Knoch (2013), 206-209 を参照．

くり返しになるが，Ｉペトロ書などにみられる奴隷への勧告は，奴隷の逃亡を暗に禁ずるものであり，奴隷制の破棄ではない．これらの奴隷への勧告は，同一の伝承を基にしていると想定できるが，各書簡で内容は相違しており，元来の伝承を導き出すのはほぼ不可能である．初期キリスト教内で比較的後期に成立した書簡のなかで，奴隷への勧告が広範囲に受け取られている点を鑑みれば，この時期には教会内で一定数のキリスト者の奴隷が存在していたと考えられる．Ｉペトロ書も同様に，奴隷の身分である読者を想定している．

奴隷とキリスト教徒について：ローマ帝政初期における帝国全域の奴隷数は，総人口（5000万から6000万人）の内13％から18％（800万から1000万人）であると木村は見積もっている[701]．それゆえ，キリスト教共同体内にも一定数の奴隷が存在していたと仮定できる．後2世紀前半の小プリニウスの『書簡集』第10巻96に収められているキリスト教徒の裁判記録には，おそらく信者と思われる女奴隷について言及されている．松本は具体的な歴史資料を提示してはいないが，奴隷の信者は少なく，中下層民がその中核であったと推測する．「初期キリスト教徒たちの出身階層は，最上層が極端に少なく，最下層つまりは奴隷も少なく，あとはだいたい一般社会の階層の数に比例して中下層民が多数をしめただろうと推測する」．さらに「奴隷には自由に教会に出入りするのに障害が多く，社会における実数に比して信者内にしめる割合は小さかっただろう」[702]．松本がここで述べる「初期キリスト教徒」がいつの時代をさしているのか定かではないが，Ｉペトロ書を含む後1世紀後半に成立した新約文書には奴隷への勧告句が多数含まれていることを踏まえれば，やはり，一定程度の奴隷の信者を想定すべきである．奴隷が少なければ勧告を述べる必要はない．Ｉペトロ2：18以下の奴隷への勧告は，単に奴隷のみを対象としたものではなく，危機的状況下に置かれている「すべてのキリスト者」に向けたものだとブロックスは主張する[703]．確かに，Ｉペトロ書全体の視点から見れば，そのように読むことは可能であるが，ここではパウロ書簡に登場するような「キリストの奴隷（δοῦλος）」ではなく，「家庭内奴隷，召使（οἰκέτης）」へのよびかけであり，より具体的な人物への訓戒であることに注目したい．

模範としてのキリストの受難のペリコーペは，主人への従属（18－20節）と夫への従順（3：1－6）の間に挟まれている．内容はキリストの受難とその意義

---

〔701〕　木村（1993），149頁．
〔702〕　松本（2017），131頁．
〔703〕　ブロックス，168－169頁参照．

であるが，不当な苦しみを受けても，苦難を受忍することが神の恵みであり，そのために奴隷である彼，彼女たちは召されたと送り手は強調している．

イザヤ書53章の引用句を交えて展開される2：21－24は，元来，独立した伝承であり，新約聖書内でたびたびみられるキリスト讃歌（Christushymnus）の一つであると考えられている（フィリピ2：6－11，Iテモテ3：16，コロサイ1：15－20参照）．研究者の多くが，この箇所はIペトロ書において1：18－21と3：18－22とともに，キリスト讃歌の伝承の痕跡を認めている．NAのテキスト（第26版以降）ではこれらの部分は詩文のように整えられ，改行し，字下げして，前後の文章と区別している．しかしながら，本註解ではこの部分を詩文とは受け取らない．〔705〕

2：13からの地上の権威への服従，18節からの奴隷への勧告内容と21節からの内容は文脈上，直接に結びつかない．21節後半から24節（または25節）まで，完結した伝承と理解することも可能であろう．だが，「苦しみを受ける（πάσχω）」という語句が前後に続いて用いられており（2：19，20，21，23），受難のキリストを模範とするというモチーフは，書簡でたびたびみられる〔706〕．そのため，この部分は伝承をそのまま受け入れたというより，それを参考にしつつ，著者が（かなりの程度）書き直したと考える方が自然と思われる〔707〕．おそらく送り手は，なぜ従わなくてはいけないのか，という服従の命令の根拠を示すために伝承を用い

---

〔704〕 ヴィンディッシュが指摘し，ブルトマンは彼の仮説をさらに展開している．Windisch, 65. ブルトマン（1967），130－132頁．Deichgräber, 140-143; Lohse (1954), 87-89; Schweizer (1972), 63. Wengst, 83-86; 辻（2000），691－692頁，速水，423頁参照．ブルトマンの考察を基に各釈義家は自説を展開するが，ヴェングトのそれは特徴的であり，21節は元来，異読に記された「彼は死なれた（ἀπέθανεν）」であると推測するが，その根拠は確かではなく臆説にすぎないだろう．21節以下はキリストの死そのものよりは，その受難を語る内容である．ブロックスらも同様の見解である．ブロックス，178頁，Elliott (2000), 524f.; Goppelt, 200, およびWilliams/ Horrell (vol.1), 775f. も参照参照．

〔705〕 同様の見解は田川（2015），302頁，註21－25.

〔706〕 「苦しみを受ける（πάσχω）」は新約文書のなかでは42回使用されているが，主として福音書や使徒言行録に見出せる．福音書ではマタイ16：21にあるようにイエスが受ける苦難を語るときに用いられる．Iペトロ書では12回使用されており，他の文書に比べて圧倒的に多い．書簡の主題を理解する重要な術語の一つである．吉田（2020），207－213頁参照．

〔707〕 田川はこの部分は伝承ではなく，Iペトロ書の著者の手によるものだと考える．田川（2015），302頁，註21－25.

つつ，21節以降の受難のキリストの姿を記し，その姿を模範とすべきと説いたと思われる．主人への従順の根拠として，受難に耐えたキリストの姿を語るのは，3：5から夫への従順の根拠としてサラの従順を説明する件と似ている．また，召命の理由としてキリストの苦難とその死を説く内容は，3：18でもくり返されている．ただし，3：18では奴隷のみを対象とせず，すべての人に向けられた内容に変わっている（3：8から対象を全体に広げている）．

　Ⅰペトロ2：18－25の前半部分は奴隷への勧告，後半はキリストの受難の意義を語っている．それぞれ別の伝承であると考えられ，二つを組み合わせたのは著者であろう．内容としては，不当な苦しみを受ける奴隷に対し，キリストが苦しみを耐えたように彼，彼女たちも忍耐することが神からの恵みであると説くものである．

　この主張は，Ⅰペトロ書全体の使信と通じている．読者を襲うさまざまな試練には理由がある．それは，かつて「キリストもまた苦しんだ」（2：21, 3：18）からである．同じような意味内容の文をくり返しながら，読者たちの苦しみとキリストの受難を重ねて，読者にキリストと同一化するように促している．そして，「キリストの苦しみを共にする（分かち合う）ことに従って，喜びなさい」（4：13）と教えている．漆黒の世界の先には歓喜の光が射していることを伝える．

18節　18節からの勧告句で対象とされる奴隷は，主人がキリスト者ではない奴隷たちなのか，それとも主人もキリスト者なのか，本文では明瞭に記されてはいない[708]．文面からは前者の可能性が高い．しかし，当時の奴隷は主人の信仰とは異なるそれをもつことがどの程度可能であったかという疑問が生まれる．おそらく，奴隷はその置かれている境遇によって相違が生まれていたと考えられるので，すべての奴隷が信仰をもてたわけではないが，そのなかには信仰をもつことが許された奴隷もいただろう[709]．

---

[708]　コロサイ4：1，エフェソ6：9からは奴隷の主人もキリスト者の可能性が考えられる．奴隷オネシモの主人のフィレモンはキリスト者である（フィレモン1参照）．後2世紀のアテナゴラス『キリスト教徒のための嘆願書』35：3には複数の奴隷を抱えるキリスト者たちが報告されている．この箇所では，ここでは奴隷による密告を問題としている（ユスティノス『第二弁明』12：4も参照）．

[709]　同様の指摘は松本（2006），29頁．奴隷が「主人のキリスト教入信にともなって信仰を得ること，あるいは自らの判断でそうすることは十分にありえただろう」．初期キリスト教と比較検討されるコレギア（collegia）には，主人の許可を得れば奴隷も加入が可能とされた（Dig. XLVII, 22,3）．佐野，488頁を参照．なお，

Ⅰペトロ書の成立からかなり後になり，後3世紀前半の文書ではあるが，ヒッポリュトス『使徒伝承』15には奴隷が信仰共同体を訪れた際の確認事項について書かれている．キリスト教の共同体を初めて訪れた人で，「その人がある信者の奴隷の場合，主人の許しがあれば，神のことばを聞くことできる」と記されている．さらに，「その人の主人が異教徒の場合は，中傷されることのないように，その人は主人の意にかなうように指導される」とある．後3世紀の状況を後1世紀後半に反映させるのは厳に慎むべきではあるが，Ⅰペトロ書の勧告の対象となっている奴隷らの主人がキリスト者ではない場合，もしかしたら主人の許可を得ているのかもしれない．

前述の通り，Ⅰペトロ書のこの箇所に記された語句は，一般的な奴隷を意味する「δοῦλος」ではなく「οἰκέτης」である．家庭内の家事などに使える「家内奴隷」や「召使」を意味するが（ルカ16：13，使徒10：7，ローマ14：4参照）[711]，本註解では「奴隷」と訳す．この「οἰκέτης」[712]は「主人」を意味する「δεσπότης」に対応している[713]．

ローマ近郊のラヌウィウムで出土した葬儀組合の規約が刻まれた大理石版（後136年）によれば，奴隷も組合員に登録されている（CIL 14. 2112=ILS 7221）．ローマで出土したシルウァヌス神への奉納碑文には奴隷の名が刻まれている（CIL 6. 623=ILS 3521）．テキストの指摘はEck/ Heinrichs, 167を参照．時代と場所は異なるが，プトレマイオス朝時代のテキストには，奴隷もその名前とともに宗教儀礼に参加していた痕跡が残されている（右のテキストは紀元前3世紀からプトレマイオス朝後期に亘る）．Scholl, Corpus, Nr. 91-91; 103; 119; 208. テキストの指摘はKnoch (2013), 186を参照．奴隷と宗教儀礼に関してSchumacher, 254-265に詳しい．

[710] Ⅰペトロ2：16では「神の奴隷（δοῦλος）」と記されているので，この箇所と使い分けているとも考えられる．Goppelt, 192; Vahrenhorst (2016), 121参照．
[711] 「農業における奴隷労働は，ほとんどはイタリアとシチリア島にある比較的少ない大所領にかなり集中しており，加えて大都市部においては奴隷の占める割合が平均より高い．（略）〔奴隷を所有しているのは〕そのほとんどがエリート層の所有で，かつ農業や商業ではなく家内労働に従事していた」．クナップ，185頁のこの見解は，後1世紀末のローマ帝国全体の状況に当てはまるか定かではない．しかし，Ⅰペトロ書が小アジアの大都市部の読者を念頭に置いているとすれば，やはり家内奴隷を想定しているだろう．そのため，ミューラーは「Haussklave」という訳語をあてている．Müller (2022), 246f.
[712] 各邦訳では訳語に相違が生まれている．文語訳，口語訳「僕たる者」，共同訳，新共同訳，協会共同訳「召し使いたち」，新改訳「しもべたち」，岩波訳「下僕たち」，田川訳「召使」．
[713] Ⅰテモテ6:1以下，Ⅱテモテ2:21，テトス2:9参照．牧会書簡では「δεσπότης」は家の主人として用いられている．辻(2023)，353頁参照．

「ὑποτασσόμενοι」はⅠペトロ2：13，3：1，5，22，5：5にあるように，同書の頻出語である「従わせる（ὑποτάσσω）」の受動態現在分詞であるが，ここでは命令の意味に解する．「ἐν παντὶ φόβῳ」は直訳では「あらゆる畏れのうちに」ではあるが，「あらゆる畏れをもって」と訳す．新改訳「敬意を込めて」，フランシスコ会訳「心からの敬い」は意訳しすぎだろう．「尊敬の心」という意味を原文から導くのは不可能であり，この「畏れ（φόβος）」は主人に対するものではなく，神に対するものと理解する．確かに当時の奴隷にとって，主人は決して寛大ではなく，生殺与奪の権を握っている絶対的な存在であり，ここでは主人への畏れと理解することも可能である（エフェソ6：5参照）．しかしながら，Ⅰペトロ書において，畏れと神とは結びついて語られていることに注目すべきである（1：17，3：2参照）．とりわけ2：17では，畏れるべきは人間である王ではなく，神であると断言している．さらに，19節に「神の意識ゆえに（神を意識することゆえに）」とあり，これらと関連づけて理解する必要もある．ここでは畏れは神のみに抱くものであり，神への畏れのうちに，地上での主人に従えと説いていると考える．奴隷たちが畏れ，その存在を意識するのは人間ではなく神のみである．

奴隷の所有者である主人にはさまざまな種類がいることが示唆されている．「善良で寛大な主人」と「意地の悪い主人」である．本註解では「ἐπιεικής」は「寛大な」と訳した．主人や権力者の寛大さを意味する箇所は，新約ではこの箇所と使徒24：4でのフェリクスへの告発のみに登場する（名詞「ἐπιείκεια」）．「σκολιός」は「曲がった」を意味するが，本註解では「意地の悪い」と訳す．「意地の悪い主人」と書き記すのは，多くの場合，奴隷にとって主人はそのように見えるからだろうか．

古代地中海世界の奴隷と主人の関係について：奴隷は人か物（道具）かという議論は，古くはアリストテレスの『ニコマコス倫理学』に見出される．愛（φιλία）をめ

---

〔714〕 BDR, 468.2 参照．その他 Achtemeier, 194; Elliott (2000), 516; Michaels (1988), 137f.; Selwyn, 175; Schreiner, 137 参照．
〔715〕 ブロックス，172－173 頁参照．
〔716〕 塚本訳「奴隷達よ，神に対するあらん限りの畏れをもって主人に服従せよ」，岩隈，79－80 頁参照．パーキンス，97 頁，Achtemeier, 195f.; Davis, 106; Dubis (2010), 71f.; Elliott (2000), 517; Feldmeier (2005), 113f.; Forbes (2014), 86; Goppelt, 193; Guttenberger (2010), 44; Kelly, 116; Schweizer (1972), 61; Vahrenhorst (2016), 121f.; Watson, 67f. 参照．

ぐる子細な論述において，奴隷は道具（「生命のある道具」）と同じように見なしている（同 1161b1 以下）．奴隷に対してその人が奴隷であるかぎりにおいて愛はないと断じる．「（略）奴隷は『生命のある道具』であって，道具は『生命のない奴隷』だからである．それゆえ，人が奴隷であるかぎり，その人に対する愛はない」．ただし，次のように前言と矛盾するような見解も付け加えている．「けれども，その人が人間であるかぎり，相手に対する愛はあるのである．なぜなら，いかなる人間にも，法と決まりに与りうるすべての人間に対する正義というものが，存在するように思えるからである」．ローマ帝政期の法学者ガーイウスによる『法学提要』第 1 巻 9－12 では，人間を自由人か奴隷であるかに区分し，他人の権力に服する者として奴隷を挙げ，以下の通りに規定する（同 52）．「（略）奴隷は主人の権力のもとにある．だが，この権力は万民法上のものである．なぜなら，主人が奴隷に対する生殺の権をもっていることを，われわれはまさにあらゆる民族において観察することができるからである」．そのため，自由が許されていない奴隷にとって，その主人との関係が最も重要な問題となる．「私シモンはここに眠る．死以外の何も私の苦労を終わらせることはなかった」（CIL 6. 6049=ILLRP 932）．ローマで出土された奴隷の墓碑に，クナップは当時の奴隷の苦悩を読み取っている[717]．その一方，有能さを認められ，「極めて優れたしつけの良さで働いた」や「主人に愛されていた」といったように墓碑に賛辞が刻まれる奴隷もいた（CIL 10.26=ILS 8438, CIL 9.1880=ILS 5170）．島は古代ローマのプラウトゥス（前 254－184）の喜劇『カルタゴ人』を引用しつつ，「主人と奴隷の間には，奴隷への報酬――特に奴隷解放と，奴隷に対する懲罰が，同時に並存していた」ことを指摘する[718]．島はブラッドリーの考察を紹介し，ローマ世界の奴隷制には「報酬と懲罰」という二面性が存在していたことに着目する[719]．奴隷の所有権は法的にはその主人にあり，奴隷は主人に隷属する．奴隷には自身の身体に対しても，自由というものを持たない[720]．市民社会に認められた権利を有する存在ではなく，「奴隷は法的には『モ

---

[717] クナップ，211－212 頁．
[718] 島（2001），144 頁．同（1991），18－20 頁，同（1993），113－114 頁参照．
[719] Bradley, 1987.
[720] 「古代ローマの奴隷は，自らの意思で自分の身体を自由にする権利をもたない．奴隷の身体は，主人のものである．奴隷の身体は，主人の代わりに懲罰を受け，主人に名誉と利益を還元する．奴隷とは，主人の影武者のような存在であり，自分の意思の自由を持たない身体にすぎないと考えられた」．福嶋，120 頁．奴隷は元来，真理に背を背け，かつ恐怖と傲慢さに支配されていると，テルトゥリアヌスはその著で奴隷に対して否定的な言辞を重ねているが，当時の一般的な見方であったのであろう（『護教論』7：3, 27：5, 7）．きわめて稀なケースであるが，タキトゥスは奴隷によって殺された首都長官ペダニウス・セクンドゥスのことを報告しており（『年代記』VIX：42 以下），また小プリニウスはアキリウス宛の書簡で，奴隷らに暴行を受けた法務官級の人ラルキウス・

ノ』であり，経済的には金銭で取り引きされる財」にすぎないゆえ，奴隷の身体は，すなわち主人の所有物である．Ⅰペトロ書では意地の悪い主人に対しても反抗せずに従属せよと教える．（現代の感覚からすれば到底受け入れ難いが）これは当時の世界ではきわめて「常識的な」見解である．奴隷を生かすも殺すも主人の権限に属するものであり，奴隷らは恐れをもって主人に仕えるだけではなく，主人は奴隷にも報いを与えた．奴隷を解放することは最大の報奨であるゆえに，意地の悪い主人に対しても誠実に仕えることによって，解放が約束されるかもしれないからである．このような主人と奴隷との関係は，「人道的な信頼関係ではなく，むしろ両者の本質的相互不信の関係を示すと言えるが，このような二面的な関係は，ローマのみならず，古代地中海世界一般の主人と奴隷の関係にも広く見られた」．ピロストラトス『ティアナのアポロニオアス伝』でアポロニオアスは，神と人間との関係を主人と奴隷に見立てて説明している．このたとえは，当時の奴隷の実態を言い表していると思われる．「主人は，自分の奴隷を蔑ろにしても，非難されることはない．主人は彼らを熱心でないという理由で蔑ろにするかもしれないが，自分の主人に誠意をもって使えない家僕は，呪われたもの，または神々に憎まれた者として主人に滅ぼされる」（同 4：40）と伝えている．主人の力は奴隷にとって絶大であり，奴隷は主人のためにあらゆることを誠実に，かつ熱心におこなわなければならない．ところで，奴隷への私的，または公的な配慮という視点は，ローマ帝国時において存在しなったのだろうか．クノッホは前1世紀から後3世紀までのテキストを徹底的に分析し，この問いへの回答の糸口を導き出した．クノッホによれば，確かに衣服や食料，または医療などの生活上の公的，および配慮はおこなわれていたが，その際，奴隷の蜂起を防ぐためなどの政治的意図が背後にはあった．いわゆる人道的な理由からというわけではない．一方で，奴隷と主人との関係について，ローマ帝政期のギリシアの弁論家であるディオン・クリュ

マケドについて伝えている（第 3 巻 14）．

〔721〕　坂口，310 頁．
〔722〕　島（2001），151 頁．セネカは『道徳書簡集』XLVII, 10 において，奴隷に対する人道的な扱いを訴える．「どうか考えていただきたい —— 君が自分の奴隷とよぶ者は，種族としてわれわれと同じ源から由来し，同じ天を頂き，同じように呼吸し，同じように生き，同じように死ぬ，ということを」．しかし，セネカ自身が記すように，通常，ローマ人は奴隷に対して酷薄であり，非人道的に扱っていたようである．同 XLVII, 11「われわれローマ人は奴隷に対してきわめて横柄な，きわめて残酷な，きわめて軽蔑的な態度をとっているのですが．しかし，僕の忠告の要点はこうです．目下の者と暮らすには，自分が目上の者と暮らすとき，してもらいたいようにしなさい，ということです」．なお，アレクサンドリアのクレメンスの『パイダゴーゴス』III：12：93：1 では，キリスト者は間違いを犯した奴隷に対して，安易に懲罰を加えるべきではないと戒めている．
〔723〕　Knoch (2017), 123-174

ストモスは興味深い発言を残している．犬儒派のディオゲネスを主人公とする短編『ディオゲネス——財産および神託について』（弁論集 10）で，ディオゲネスはコリントからアテナイに向かう途中に，奴隷に逃亡された知人と出会う．奴隷が悪い人間だったと息巻く知人に対して，悪い主人であったから奴隷が害を受けまいと逃げたのではないかと窘める．そして，「ちょうど靴なしで行く者が，悪い靴をはいている者よりも，容易に進んでいけることがあるように，多くの人間は，召使いなしでいるほうが，たくさん召使いをもっている者よりも，容易に，悩みなしに，生きていけるものなのだ」（同 10:8）と奴隷制度への批判とも受け取れる言葉を発している．さらに，次のように知人を諭している．「自然は，一人ひとりの人間に，自分の世話をするために充分な身体を与えているということを君は知らないのか？　それは，走るために足を，仕事をしたり身体の他の部分に心を配るためには手を，見るためには目を，聴くためには耳を，われわれに与えている」（同 10:10）．このようなディオン・クリュストモスの認識は，当時ではかなり例外的であっただろう．[724]

Ⅰペトロ書は奴隷の解放をめざす内容ではない．島は「奴隷の奉仕に対する報酬は念頭に置かれて」おらず，「奴隷の奉仕と自由のつながりは，ここでは全く見られない」と指摘している．[725] 同書簡はひたすら奴隷の従順を説く内容である．しかしながら，同書の主旨に沿って考えるならば，終わりの日に栄光に満たされるために（1:4，13，4:13，5:6，10），「意地の悪い主人」にも仕えるのは，この世の「寄留者」である奴隷の読者に対してのある種の処世術とも受け取れるだろう．[726] それゆえに，このような受け入れがたい従属を強いるのは，イエス・キリストも同じように従属していたゆえであることを 21 節以降に説明しているのである．

19 節　19 節，共同訳，新共同訳，協会共同訳（ただし訳註に「喜ばれる事柄です」）

---

〔724〕　なお，フィロンの著作には，エッセネ派やテラペウタイにおいて，奴隷制を否定的に捉える言説が残されている（『自由論』79，『観想』70「彼らは，召使い（θεράπων）を所有することは全く自然に反するものと考えているので，奴隷（ἀνδράποδον）にかしずかれることはない」参照）．テラペウタイにおいて奴隷制度を否定する見解も示されており（『観想』71），その共同体の饗宴では奴隷（δοῦλος）は奉仕しないとも記している．エッセネ派やテラペウタイのように，世俗的生活から距離を取り，禁欲を重んじた隠遁生活を送る閉鎖的共同体の価値観は，世俗世界のそれと異なるのは当然であるが，奴隷制度に否定的な考えの持ち主が少数派だが当時存在していたことを裏づける貴重な記録である．
〔725〕　島（1993），116 頁．
〔726〕　後 2 世紀後半のキリスト者の状況を報告するテルトゥリアヌスの『護教論』3:4 では，キリスト教徒になった奴隷を主人が遠ざけるとある．

では「それは御心に適うことなのです」と意訳している.「それは恵みだからである（τοῦτο γὰρ χάρις）」というのが ST に沿った直訳である（2:20, 5:12 参照）. その内容は「εἰ」以下をさしている.「διὰ συνείδησιν θεοῦ」は「神の意識ゆえに」と直訳的に訳した. ここでは, 属格「神の（θεοῦ）」は「神を意識すること」と解するのが正しいだろう（本註解補論「『意識（συνείδησις）について」参照）[729].

「苦痛に耐える」は, 新約ではこの箇所とⅠコリント 10:13, Ⅱテモテ 3:11 のみに記されている. ここでは,「意地の悪い主人」からの仕打ちに耐えることを意味している[730]. そのことは恵みであると説き, この恵みは神からの恵みであることが20節で説明される（5:10, 12 も参照）. 試練の中で喜ぶことはこの書簡で一貫して語られる内容であり（1:6, 4:12-13 他）, また, 送り手は読者にキリストが顕れる時に与えられる恵みを約束している（1:10, 13）. 奴隷らが苦しみを受忍することも, この恵みに与る前提となる. 書簡を読み進めると, 不当な苦しみに耐えるのは奴隷だけではなく, 迫害下のすべてのキリスト者に与えられた命であることがわかる（3:13-17）. なお,「不当な苦しみを受ける」の「不当な」は, 新約ではこの箇所のみに使用されている. 苦しみは後の栄光に繋がる恵みではあるものの, 苦しみそのものは不条理なものと理解しているのであろう.

[727] Achtemeier, 196; Michaels (1988), 139, 岩隈, 80 頁参照.

[728] この部分, 各邦訳はさまざまな意訳を試みている. 文語訳「神を認むるに因りて」, N. ブラウン訳「ほんしんに よつて かみに したがふ」, 口語訳「神を仰いで」, 共同訳, 新共同訳「神がそうお望みだとわきまえて」, 前田訳「神を思って」, フランシスコ会訳「神のことを考えて」, 新改訳「神の御前における良心のゆえに」.

[729] 岩隈訳「人が神を意識しているがゆえに」, 塚本訳「神であることを意識して」と動詞を補って訳している. 宮平訳「神への良心によって」, 岩波訳「神の意識ゆえに」と田川訳「神の意識の故に」は直訳. ヴィンディッシュは「um seines Gottesbewußtseins willen」と訳しつつも, ここは「Bewußtsein um Gott」の意味だと理解する. Windisch, 64. および Eckstein, 310; Schrage (1973), 90 „wegen des Bewußtseins um Gott" 参照. エリオットは「mindful of God's will」と訳す. Elliott (2000), 519. および Best, 118 参照.

[730] 主人からの折檻だけではなく, 奴隷の日常生活は一貫して苦痛に満ちたものである. 折檻に用いる鞭（flagrum）の先端には金属球などが付けられており, 奴隷の身体の肉を割き, 骨を砕く. そのことは, 後2世紀の北アフリカに生きたアプレイウスの『黄金の驢馬』における, 次のような奴隷の描写からも想像できる.「ここの奴隷たちは誰もかれも, みんな一人のこらず何とも哀れな姿でいることでしょう. 肌一面に鉛色のみみず腫れが縞模様を描き, 彼らのまとうつぎはぎだらけの襤褸着は, 鞭打たれて出来た背中のあざを隠しているというよりも, むしろそれをいっそう陰鬱に見せていました」.（同9:12）.

20節 「何の誉れになるか」という修辞的疑問から始まる．「誉れ（κλέος）」は新約ではこの箇所のみ．[731] 奴隷は懲罰のために打ち叩かれることは常であったが，それが善いことをおこない，苦しみを受け，それを耐え忍ぶならば恵みであると読者に教える．「善いこと」は「ἀγαθοποιέω」の現在分詞であるが，Ⅰペトロ書2：15, 3：6, 17でくり返し用いられる語句である（この語句の名詞は4：19，形容詞は2：14で使用）．[732] この世で善いことをおこなうことこそ，やがて受ける栄光に与る条件である．

19節に続き，再び堅忍持久の精神が説かれ，恵みを強調する．20節は19節の内容を補いつつ，「神からの」と付け加えながら，恵みの所以と根拠を訴える．「τοῦτο χάρις παρὰ θεῷ」を共同訳，新共同訳「これこそ神の御心に適うことです」（フランシスコ会訳も同様），新改訳「神に喜ばれることです」と意味を汲んで訳しているが，直訳は「これこそ神からの恵みである」である．岩波訳は「神のもとでの恵みだからである」と訳すが，「παρὰ θεῷ」は「神から」とした方が自然である．[733] 恵みは人間（主人）からのものではなく，神から来ることを訴えており，[734] Ⅰペトロ書における神中心主義がこの箇所からも確認できるだろう（本註解第1部第2章2参照）．

21節 21節から24節まで関係代名詞で繋げながら文を進める．Ⅰペトロ書の特徴的な文体をここでも見出す．20節までの内容を受け，接続詞「γάρ」に導かれた21節は，前節までに語られた苦難の受忍理由を説明する．その理由は，あなたがたは「召された」，または「よばれた」からだと説く．

「召す（καλέω）」は新約聖書ではすべての文書に用いられている頻出語であるが（LXXでも同様），Ⅰペトロ書でも書簡の冒頭の1：15から読者の神による「召し」がたびたび語られる（2：9, 3：9, 5：10, Ⅱペトロ1：10も参照）．パウロ書簡と同様，神（およびキリスト）によって召し出されることこそが，救いの確

---

[731] 使徒教父文書ではⅠクレ5：6, 54：3を参照．
[732] この語句の反対語として「悪をなす（κακοποιέω）」がⅠペトロ書では3：17，その形容詞が2：12, 14, 4：15で用いられている．
[733] 塚本訳は「神の前に喜ばれることである」とする．前田訳「神にあって恩恵です」，岩隈訳「それは神の目に（神の）愛顧をもたらすものである」は少し訳しすぎだろう．
[734] Forbes (2014), 89 参照．

信へと至る道であると説かれる。聖なる方に召された者は「聖なる者」であり、「選ばれた一族、王の祭司団、聖なる民族、神の所有となる民」という特権的な地位を約束されているゆえに（1：15－16，2：9）、この世で苦しみを享受することは召された者の責務となる。

「召し出された者」という語句は、何度も語られる「選ばれた〔人々〕」（1：1，2：4，6，9）という語句と同じように、読者は「救い至る（者）」（1：5）としての認識を強める役割をこの書状でははたしている。著者は読者が何者であるかと説くことにひたすら集中している。おそらくそれは、入信して間もない読者を想定しているからだと思われる（本註解第 1 部第 1 章 2.4.2 参照）。ゴッペルトが指摘するように、読者たちはすでに「召された」（アオリスト形）状態にあり、バプテスマを受けて希望へと変えられ（1：3）、やがて到来する栄光が顕れる際に喜悦の声を上げる存在である（1：13）。

読者たちは従前の習俗から距離を取り（1：14，18，4：4）、これまでの社会的帰属性をもはや持たない存在である。それゆえ、送り手は「聖なる者」「神の民」といった新しい自己理解を与え、励ましているのである。

さて、接続詞「ὅτι」に続き、その根拠、理由が語られる。「キリストもまた（ὅτι καὶ Χριστὸς）」と添加の意味の副詞として「καί」が用いられ、キリストも同様に苦しまれたことが力説されている。「キリストはあなたがたのために苦しまれた（Χριστὸς ἔπαθεν ὑπὲρ ὑμῶν）」は、新約テキストにしばしばみられる定型句である。18－25 節のセンテンスの中心軸がこの箇所にある。

---

〔735〕 パウロ書簡において、神の絶対的主導による「召し」がしばしば語られる。この語句はパウロの召命理解と救済理解の鍵である（ローマ 1：1，ガラテヤ 1：15－16 他）。パウロは使徒職への召命として自らへの「召し」を強く訴える一方、一般信徒が信仰へと召されることを説明する際にこの語を使用する。佐竹（1977），140－143 頁参照。ローマ 8：28－30 では、「召し出された者」は、神が「予め知っていた（προγινώσκω）者」であることが力説されている。神の予知によって選ばれた者（Ⅰペトロ 1：2）という理解と類似している。また、「私たち」は召された（ローマ 9：24，Ⅰテサロニケ 4：7）に対して、ガラテヤ 1：6，Ⅰコリント 7：15，Ⅰテサロニケ 2：12，5：24「あなたがた」が召されたことを強調しておりⅠペトロ書と共通する。

〔736〕 Goppelt, 199.

〔737〕 マーティン，114 頁参照。

〔738〕 「ὅτι καὶ Χριστὸς」を伴って受難のキリストを語るのはⅠペトロ 3：18 も同様（本註解第 1 部第 1 章 1.1 参照）。

「あなたがたのために」という語句から，キリストの死の贖罪論的な理解を受け取ることができる[739]。このように理解する傾向は，ローマ5：8「Χριστὸς ὑπὲρ ἡμῶν ἀπέθανεν」，Ⅰテサロニケ5：10「ἀποθανόντος ὑπὲρ ἡμῶν」においても確かめられるが，ここでは「あなたがたのために（ὑπὲρ ὑμῶν）」と記されている．おそらくは，元来の伝承では「私たちのために（ὑπὲρ ἡμῶν）」であったが，Ⅰペトロ書はこの句の前に記された奴隷たちへのよびかけを意識して，書き換えた可能性が考えられる[740]．また，前述したように，元来の伝承では「死なれた」であったが，ここで著者は文脈に即して「苦しまれた」と変更したと思われる[741]．後の24節では「彼（キリスト）は私たちの罪を自ら身をもって，木の上に運び上げた」とあり，「私たちの罪」が強調されている．

1：18では，イエス・キリストの血によって「あなたがたは贖われた（ἐλυτρώθητε）」と断言している（マルコ10：45，テトス2：14参照）．しかし，この文脈において，イエスの贖罪死理解について展開するよりは，死を前にしたイエスの従順な姿を範とすることを前面に打ち出しているように思われる．

次に「模範を残された」とある．「模範，手本（ὑπογραμμός）」という語句は，新約ではこの箇所のみに用いられている[742]．使徒教父文書では，キリストの堅忍不抜の姿を語る文脈で，Ⅰペトロ書と同様の用いられ方をしている（Ⅰクレ16：17，ポリ手紙8：2，Ⅰクレ5：7ではパウロが主語）．「後に残す（ὑπολιμπάνω）」もまた，新約ではこの箇所のみである．

「足跡（ἴχνος）」は，パウロ書簡（ローマ4：12，Ⅱコリント12：18）でも見

---

[739] ヘンゲル（1981），102頁参照．
[740] ブロックス，178頁参照．
[741] ヘンゲル（1981），165－167頁，註6参照．
[742] Schrenk, ThWNT I, 772f. 参照．元来の動詞「ὑπογράφω」は「下に書く」であるが，「手本として書く」ことを意味する．速水，423頁，Goppelt, 201参照．新約では通常，良い意味でも悪い意味でも「模範を示す（与える）」際に，「模範（ὑπόδειγμα）」が用いられる（ヨハネ13：15，ヤコブ5：10，ヘブライ4：11，Ⅱペトロ2：6）．LXXでも殉教者の生き方や信仰者の模範を示す際，同語句が用いられる（Ⅱマカバイ6：28，31，Ⅳマカバイ17：23，シラ44：16）．著者がなぜ，この語句を使用しなかったのかは不明である．Ⅰペトロ5：3では「τύπος」である（Ⅱテサロニケ3：9参照）．パウロ書簡では書簡の読者に宛てて，模範（神，キリストやパウロ）に「倣う者（μιμητής）」になることが度々勧められる（Ⅰコリント4：16，11：1，Ⅰテサロニケ1：6，2：14，他にもエフェソ5：1，ヘブライ6：12）．

出す語句である（その他，フィロン『徳論』64）．マカバイ記一，マカバイ記二などに残されたユダヤ教の殉教文学において，後世の人々の模範となる殉教者（証人〔μάρτυς〕）の姿が記されているように（Ⅰペトロ5：1「受難の証人〔μάρτυς〕」参照），ここでも不当な苦しみを受けている読者（奴隷）らに，その後に踏み従いつつ，須臾（しゅゆ）の間は忍耐することを訴える．

「踏み従う（ἐπακολουθέω）」も新約では稀な語句である（マルコ16：20，Ⅰテモテ5：10，24[743]）．キリストは読者たちの先駆者として，その足跡に従うように先の勧告を根拠づける[744]．この足跡の具体性は，22節から詳細に語られていく．21節は，キリストの受難の姿を模範とすべきであるというⅠペトロ書全体を視野に含みつつ，キリスト論を中心とした勧告句であると理解できる[745]．

22節 22節以降はイザヤ書53節に記される，いわゆる「主の僕」とキリストの受難を合わせながら，同箇所の語句を部分々々に引用しつつ展開する．22節から24節まで繋いでいく関係代名詞「ὅς」は，前節のキリストをさしている．イエスの受難の模様とその悲劇的な最期を詩編に記される「苦難の義人」（詩22，41，69章他）の姿に重ねて理解するのは，初期キリスト教の文書，とりわけ最初期に成立したと考えられている受難伝承（マルコ15章）においてすでにみられる．

22節はLXXイザヤ53：9bの引用句である．冒頭の語句は別の語句に置き換えられているが，LXXのテキストと一致している（表3参照）．LXXでは「ὅτι ἀνομίαν」だが，ここでは「ὃς ἁμαρτίαν」である．「不法，不義（ἀνομία）」ではなく，「罪（ἁμαρτία）」に変更したのは，24節以降の文脈に合わせるためだと思われる[746]．また，罪なきキリストの姿は，1：19の文言「傷も染みもない子羊のような尊きキ

---

[743] LXXではレビ19：4では，偶像に従うこと，ヨシュア14：8，9，イザヤ55：3は神に従うことを示す．

[744] ヘブライ12：2，イグ・エフェソ10：3でもキリストの苦難に倣うことを教えている．

[745] Breytenbach, 446参照．

[746] 同様の見解は，Achtemeier, 200; Goppelt, 207; Michaels (1988), 145．Ⅰクレ16：10では変更せず，イザヤ書をそのまま引用している．Ⅰペトロ書の同箇所を引用したと考えられるポリ手紙8：1では「ὃς ἁμαρτίαν」．ヴァーレンホルストは，20節と関連づけ，22節の「ἁμαρτία」を「過ち（Fehler）」と訳す．つまり，Ⅰペトロ書の著者は，過ちを犯さない奴隷とキリストを対応させていると考えるからである．しかし，この文脈は20節より24節との関係を重視すべきである．Vahrenhorst (2013), 266f.; ders. (2016), 126．

リストの血(τιμίῳ αἵματι ὡς ἀμνοῦ ἀμώμου καὶ ἀσπίλου Χριστοῦ)」とも一致する(ヨハネ 8：46，Ⅱコリント 5：21，ヘブライ 4：15，7：26，Ⅰヨハネ 3：5).

表3 [747]

Ⅰペトロ 2：21－25	イザヤ 53
²¹ εἰς τοῦτο γὰρ ἐκλήθητε, ὅτι καὶ Χριστὸς ἔπαθεν ὑπὲρ ὑμῶν ὑμῖν ὑπολιμπάνων ὑπογραμμόν, ἵνα ἐπακολουθήσητε τοῖς ἴχνεσιν αὐτοῦ,	
²² ὃς ἁμαρτίαν <u>οὐκ ἐποίησεν οὐδὲ εὑρέθη δόλος ἐν τῷ στόματι αὐτοῦ</u>,	⁹ ὅτι ἀνομίαν <u>οὐκ ἐποίησεν οὐδὲ εὑρέθη δόλος ἐν τῷ στόματι αὐτοῦ</u>
²³ ὃς λοιδορούμενος οὐκ ἀντελοιδόρει, πάσχων οὐκ ἠπείλει, <u>παρεδίδου</u> δὲ τῷ κρίνοντι δικαίως	¹² τῶν ἰσχυρῶν μεριεῖ σκῦλα ἀνθ' ὧν <u>παρεδόθη</u> εἰς θάνατον
²⁴ ὃς <u>τὰς ἁμαρτίας ἡμῶν αὐτὸς ἀνήνεγκεν</u> ἐν τῷ σώματι αὐτοῦ ἐπὶ τὸ ξύλον, ἵνα ταῖς ἁμαρτίαις ἀπογενόμενοι τῇ δικαιοσύνῃ ζήσωμεν, οὗ τῷ <u>μώλωπι ἰάθητε</u>.	⁴ οὗτος <u>τὰς ἁμαρτίας ἡμῶν</u> φέρει ¹¹ καὶ <u>τὰς ἁμαρτίας αὐτῶν αὐτὸς ἀνοίσει</u> ¹² καὶ <u>αὐτὸς ἁμαρτίας</u> πολλῶν <u>ἀνήνεγκεν</u> ⁵ ἐπ' αὐτόν τῷ <u>μώλωπι</u> αὐτοῦ ἡμεῖς <u>ἰάθημεν</u>
²⁵ ἦτε γὰρ <u>ὡς πρόβατα πλανώμενοι</u>, ἀλλ' ἐπεστράφητε νῦν ἐπὶ τὸν ποιμένα καὶ ἐπίσκοπον τῶν ψυχῶν ὑμῶν.	⁶ πάντες <u>ὡς πρόβατα ἐπλανήθημεν</u>

イザヤ書 53 章「主の僕」の引用について：通称「主の僕」「苦難の僕」と称されるイザヤ書 53 章のテキストは，初期キリスト教の文書においてしばしば引用されている[748]．各福音書においては，イエスの運命について詩編からの引用と並び，イザヤ書 53 章の預言から理解するよう促している[749]．使徒言行録では，エチオピアの高官がエルサレム

---

[747] Elliott (2000), 547; Horrell (2013), 69f. 参照．
[748] 当該問題について，やや古いがヴォルフによる包括的な研究書がある．H. W. Wolf, 1952³．また，中沢が新約聖書における引用箇所を概観している（中沢，45－60 頁）．
[749] マタイ 8：17（イザヤ 53：4），ルカ 22：37（イザヤ 53：12），ヨハネ 12：38（イザヤ 53：1）．マルコにはイザヤ 53 章の直接の引用句はない．だが，マ

からの帰途，イザヤ書を読んでいたことが記されている．彼が読んでいた箇所は53：7－8である（使徒8：32－33）．フィリポに語りかけられた高官は，彼からバプテスマを受ける．ただし，この箇所では，イエスの贖罪死に関する直接的な言及はない[750]．Ⅰペトロ書のように，イエスの運命をイザヤ書53章の文脈と合わせつつ，人々の代わりに苦役を負わされる義人＝人々のために受難を受けるキリストと理解させ，その模範に従うように促す箇所は他にはない．ただし，新約聖書以外の初期キリスト教文書であるⅠクレ16章はその傾向が感じられる（バルナバ5：2も参照）．もっとも同書簡16章では，へりくだったキリストについて説明する際，そのほとんどをイザヤ書の引用から論証しており，それに比べるとⅠペトロ書での引用は控えめである．

23節　23節にはイザヤ書の引用はないが，内容からは53：7, 12に近い．「罵られる，侮辱される（λοιδορούμενος）」はパウロが自らの伝道生活の難行苦行を吐露する文脈でも用いられる語句であるが（Ⅰコリント4：12），イエスを主語とするのはこの箇所だけである．この箇所は後の「侮辱をもって侮辱を返さず（ἢ λοιδορίαν ἀντὶ λοιδορίας）」（3：9）を先取りし，読者，ここではとりわけ奴隷たちにキリストがおこなった業と同じような業をおこなうことを奨励する（ポリ手紙2：2参照）．罵られても返さないその姿は，福音書の受難のキリストの姿を思い起こさせるが（マルコ15：16以下参照），「敵を愛し，迫害する者のために祈れ」と言うイエスの言葉とおこないは（マタイ5：43－48，ルカ6：27－36他参照），23節aで示されている姿そのものである（Ⅰペトロ3：9参照）．

キリストは「苦しみを受ける」が，それでも，「脅す」ことはない．キリストは自らの身を正しく裁かれる方に「委ねていた」からである．「委ねていた」と訳した語句「παραδίδωμι」は，イエスの受難の場面などで「引き渡される」と訳される（マルコ14：41, 15：1, ローマ4：25, Ⅰコリント11：23他）．しかし，ここでは「罵る」「脅す」と同様に，反復を意味する未完了過去で記されている．そのため，キリストが何度も「引き渡される」というのは不自然であり，「正し

　　ルコ10：44－45とイザヤ53：10－12の内容は類似している．ローマ4：25とⅠコリント15：3もイザヤ53章で用いられている語句と似ているが，影響を受けているかどうか判断する材料は乏しい．

〔750〕ルカはこの箇所を，キリスト論的に読むように読者に促すために，イザヤ53：8の後半部分をあえて削除していると荒井は指摘する．荒井（2014），81－82頁．

く裁かれる方（神）」（Ⅰペトロ1：17, 4：5）に身を「委ねていた」と理解するのが正しい．ここでは一回きりのイエスの死ではなく，イエスはいつも苦しみを受忍し，復讐せず，神に身を任せていたことを教えているのだろう．

また，目的語がないので，何（誰）を委ねていたのか議論されている．敵対者を委ねるという意見もある．または敵対者への復讐を神に委ねていたのだろうか．既述のように，イエスの受難を念頭に，イエスが自身を神に委ねたと受け取ることはこの文脈からは難しい．「自分の運命を含めてすべてを神に任せたという意味」（速水）に取るのが妥当であろうが，後の3：8にあるように，敵対者への報復の放棄の姿勢を言い表していると考えられる（本註解3：8参照）．いずれにせよ，テキストには何も記されていないので，想像するしかない．

24節 24節では再び，イザヤ書の引用章句を確認できる．ここで唐突にこれまでの「あなたがた」の二人称複数から「私たち」と一人称複数に変化する（τὰς ἁμαρτίας ἡμῶν）．この部分だけLXXを忠実に引用したからだと思われる．もっとも「私たちの罪（複数）」という表現は，初代キリスト教の信仰告白文にも含まれる言表なので（Ⅰコリント15：3参照），著者は文の流れを妨げることにはなるが，容易に変更することはできないと考えたのだろう．

「ἐν τῷ σώματι」の前置詞「ἐν」は二つの意味に解せる．手段「身で」「身をもって」か，場所「身において」と解するか見解が分かれるが，本註解では前者「身をもって」と訳したい．イエスは罪をその「身をもって」担う，という21節の

---

〔751〕「（いつも）委ねておいでであって」（田川訳）と「いつも」を補う訳が正確であろう．田川（2015），304頁，註23．邦訳のほとんどは「委ねた」，ないしは「任せた」．
〔752〕 Michaels (1988), 147. エリオットはこの部分は「(he) committed his cause」と訳し，「cause」はキリストの生涯の働きとその証明であるとする．Elliott (2000), 531; Kelly, 121 参照．
〔753〕 速水，423頁，および Dubis (2010), 78 も参照．なお，新免はこの箇所は報復行為を放棄しているが，終末意識を背景にもち，「神の審判の怒りの余地が残されている限り，報復の思いは消えてない」，ローマ12：19と同じような「構想とメンタリティー」を見出せるとする．しかし，「正しく裁かれる方」とは神のことをさしているが，この文脈ではイエスに代わって報復をおこなう神のことをさしているわけではない．Ⅰペトロ書では神を一般的に裁き主と捉えており，かつその裁きはキリスト者を含めたあらゆる人に及ぶので（4：17），危害を加える者だけに限定していない．新免，40頁．
〔754〕 ブロックス，183頁参照．
〔755〕 岩隈，81頁参照．

贖罪理解がくり返されているからだ．

　この贖罪理解は，次の語句からも受け取れる．イザヤ53：12に記された「運び上げる（ἀναφέρω）」（Ⅰペトロ2：5参照）は，LXXにおいてたびたび，犠牲祭儀にまつわる術語「運ぶ」として用いられていることに注意しなければならない[756]．新約文書においてもヘブライ7：27，ヤコブ2：21において，祭儀にまつわる文脈で用いられている．とりわけヘブライ9：28（13：15参照）は，Ⅰペトロ書と同じようにアオリスト形で記されている（「キリストも一度人々の罪を担うために献げられた」）．ヘブライ書と同様にⅠペトロ書においても，キリストの一度限りの贖いの死がイザヤ書の引用に導かれている（Ⅰペトロ3：18も参照）．また，「αὐτὸς（自ら）」と強調することによって，自らの体を自身で運び上げたという，イエス・キリストの意思を読み取ることができるだろう．「木の上に」の「木（ξύλον）」は，ここでは「十字架」を意味している[757]．

　続いて「ἵνα」に導かれて，イエスの意思の目的が語られる．主語は「彼（キリスト）」から再び「私たち」に変わる．「罪に死ぬ（ταῖς ἁμαρτίαις ἀπογενόμενοι）」の「ἀπογίνομαι」は，LXX，および新約でもこの箇所のみに用いられているが，この語句も釈義家の間で解釈が分かれている．この動詞は「離れる」と解すか，それとも「死ぬ」と解すべきか．ここでは与格に続いているので，「罪に（対して）死ぬ」と受け取りたい[758]．「罪に（対して）死に」，「義に（対して）生きる」と対になっていると受け取れるからだ[759]．「義」は，Ⅰペトロ書においてこの箇所と3：14のみに記されている[760]．パウロ書簡のようにこの語句に関

---

〔756〕　たとえば出エジプト30：9，20，レビ23：11，民数23：30他．Muraoka, 47; Kremer「釈義事典Ⅰ」，128頁参照．ただし，エリオットが正しく指摘するように，木（十字架）を祭壇（Altar）に見立てキリストが自ら犠牲としてそこに差し出すと受け取るシェルクレの理解はいきすぎだと思われる．Elliott (2000), 531; Schelkle, 85.

〔757〕　申命21：22，23，ガラテヤ3：13，使徒5：30，10：39，13：29，およびバルナバ5：13，8：5，12：1，ポリ手紙8：1を参照．

〔758〕　「離れる」と理解するのは以下．Elliott (2000), 535; Kelly, 123; Michaels (1988), 148f.; Selwyn, 181; Vahrenhorst (2016), 128f. 邦訳では新改訳「罪を離れ」，岩波訳「それらの罪から離れて」，田川訳「罪を離れて」．Elliott (2000), 532; Schelkle, 85 も参照．

〔759〕　ローマ6：11にこれと類似した文言があるが，そこでは，罪は複数ではなく単数である．

〔760〕　Davids, 113; Goppelt, 210; Osborne, 401 参照．

して明確な説明はなされていないが，それまでの異教徒としての生活ではなく，バプテスマを受け，希望として新生させられた生き方をさしているのではなかろうか（1：3参照）．「悪から離れ，善をおこない，平和を求める」（3：11）ことこそ，「義人」（3：12, 18, 4：18）の生き方であることが後に詩編の引用章句によって示される．

次の「その傷によってあなたがたは癒やされた」もイザヤ53：5の引用を意識して記されていると考える．だが，ここでも主語が「私たち」から「あなたがた」に変更されている（LXXでは「私たち」）．主語の交代は25節にも引き継がれている．「傷」はここでは，キリストの受難を意味していると思われる．

25節　続いて25節は，「γὰρ」を伴い，前節の癒された理由が語られる．この箇所は「羊のようにさまよった」という，これまでと同じようにイザヤ53：6aからの引用があるが（LXXでは「ἐπλανήθημεν」），24節までのキリストの受難の叙述とは多少異なっていることに気づく．

25節は24節までの受難のキリストの伝承にⅠペトロ書の著者が付加した節だろうか．その明確な根拠を見出すことができないが，いずれにせよ25節は24節までの内容とは相違している．24節まででいちおう，21節からの内容は完結するように思えるが，25節を付け加える形で，読者の現在の姿を確かにしようとしている．

迷った羊は，命の危険があるので連れ戻す必要があり（出エジプト23：4，申命22：1参照），その際，牧者は大切な役割を果たす（エゼキエル34：1－10参

---

〔761〕　アクティマイアーは「義に生きる」とは「神の意思に従った生き方」を意味すると理解している．Achtemeier, 20f.; Schweizer (1972), 65f. 参照．Ⅰペトロ書では，ローマ書6章のように救済論的枠組みの中で罪と義を論じてはいない．ここではむしろ，ふさわしい業に励む道徳的生活態度を示唆する倫理的意味合いが強い．Kertelge「釈義事典Ⅰ」，380頁．速水，424頁参照．

〔762〕　Ⅰペトロ書では通常，二人称複数「あなたがた」とよびかけられており，一人称複数「私たち」は4回しか記されてない（1：3で2回，2：24, 4：17）．Jobes (2005), 198 参照．

〔763〕　キリストの受苦の事実を信仰生活と教会形成の中心に置くこと命じる言辞は，たとえばイグ・トラ11：1－2，イグ・スミ1：1－2, 2：1にもみられる．ただし，これらの箇所はキリストの受難は単なる「見せかけ」であるという異端思想（仮現論）を駁論する文脈で語られるが，Ⅰペトロ書にはそのような異端への排撃は見られない．

〔764〕　どちらかといえば25節はイスラエルの牧者を語るエゼキエル書34章の内容に近い．

照).送り手は入信前の読者を正しい道から外れ,義に沿わない生き方をする迷った羊と捉え,彼,彼女たちは牧者のもとに戻ったことが宣言される.ルカ文書にたびたび登場する「ἐπιστρέφω」は,ここでも立ち帰りを意味している(767).

いのちの「牧者」「監督者」はキリストをさしている(768).「牧者」は主に福音書に記されているが,エフェソ4:11では初代教会の職位の説明で「牧者」とよばれている人がいることを示唆している.また,ヘブライ13:20ではⅠペトロ書と同様に,イエス・キリストをさしている.5:4においては,キリストは牧者を束ねる「大牧者」とよばれている(ヘブライ13:20参照).キリストは読者の全存在を意味する「いのち」(Ⅰペトロ1:9,22,2:11,4:19参照)を司る牧者である.「いのちの牧者」というのはⅠペトロ書独自の表現である.

---

〔765〕 比喩として羊や羊飼いを用いるのは,たとえばプラトンの『国家』などでも見出せる(345C,416A他参照).羊飼いは支配者,羊は被支配者,つまり国民となる.

〔766〕 ローマ1:27,Ⅱペトロ2:18,ヘブライ5:2,テトス3:3参照.

〔767〕 ルカ17:4,使徒3:19,9:35,11:21,14:15,ユディト5:19,Ⅰテサロニケ1:9参照.

〔768〕 オズボーンはキリストではなく,4:19,5:2から神をさしているとするが,新約文書では牧者はキリストと受け取られており(マルコ14:27,ヨハネ10:2,11-12,14,16,ヘブライ13:20,黙示7:17参照),また,5:4からは終末に到来する大牧者は明らかにキリストである(Osborne, 404).Ⅰクレ61:3「大祭司であり魂の警備人であるイエス・キリスト」,ポリ殉19:2「私たちの魂の救い主,私たちの肉体の導き手,全世界の公同なる教会の牧者私たちの主イエス・キリスト」も参照.

第3章

3章1－7節　夫と妻への勧告

　　^{1a}同じように妻たちよ，自分の夫に従いなさい．たとえ，御言葉に従わない夫であっても，^{2}彼（夫）らがあなたがたの〔神への〕畏れの内にある清い振る舞いを観察し，^{1b}言葉を伴わない妻の振る舞いにより，〔彼がキリストに〕獲得されるためである．^{3}あなたがたの装いは，髪を編み，金の飾りを身に着け，あるいは衣服を着飾るような外面的なものであってはならず，^{4}むしろ，柔和で穏やかな霊という不滅なものにおいて，心の内に隠す人でありなさい．これこそが神の前で価値あるものである．^{5}かつて，神に希望を置いた聖なる女たちも，自身の夫に従うことによって自らを装ったからである．^{6}サラがアブラハムを主人とよんで彼に従ったように，あなたがたも善をおこない，いかなる脅しにも恐れないならば，〔あなたがたは〕サラの子どもとなったのである．^{7}同じように夫たちよ，知識に従って，自分よりも弱い器として妻とともに生活し，命の恵みを共に受け継ぐ者（共同相続者）である〔妻を〕尊びなさい．そうすれば，あなたがたの祈りが妨げられることはないだろう．

　近時，聖書を女性の視点から読み直す試みが盛んにおこなわれてきた．多くの場合，そこでは聖書が前提としている家父長的思想，およびその思想を基にした女性への差別と偏見の歴史が明らかにされ，批判されている．

　新約の研究分野において，Ⅰコリント14：33－36に記された教会での女性への沈黙命令と並び，第二パウロ書簡，牧会書簡，公同書簡に含まれる「家庭訓」に対して批判的検討が加えられている．これらの箇所には女性（妻）に男性（夫）への従順を強制し，家庭や社会生活における彼女たちの役割を固定化させる文言が記されている．

　Ⅰペトロ書には地上の権威への服従（2：13－17），奴隷への訓戒（2：18－25）に続いて妻と夫への勧告が記されている．なぜ，従う必要があるのか．奴

隷への訓告では苦難を受けるキリストがその模範を示されたとあるが（2：21－24），この箇所ではそれに続き，創世記におけるサラの振る舞いがその根拠として説明される（3：5－6）。これらの一連の訓戒は，服従の論理を展開しており，現在の読者には到底受け入れられない内容であろう。それゆえ，コーレイによる次の批判に耳を傾けなければならない。

「女性の生活というコンテキストからみると，キリスト教証言集のなかでもⅠペトロのメッセージはもっとも危険なものである。キリスト者の生き方のモデルとして苦難のキリストが描かれていることによって，フェミニストが非常に危惧する類の虐待が生まれるのである。家庭訓の解釈が，父権制的諸構造を強化するばかりでなく，女性と奴隷に向けての訓戒は，真に義しい終わりという希望もないまま，不義な苦しみに耐えつづけよ，と推奨するのである」。[769]

本註解では，Ⅰペトロ書の家庭訓の積極的な意味を見出し，それを擁護することを目的としない。むしろ，その成立事情を探り，書簡全体を見据えてその神学的傾向を踏まえつつ，なぜこのような勧告句を記したのかを明らかにすることをめざしている。とりわけ，Ⅰペトロ書の家庭訓の意義を理解するためには，同書簡全体に充溢している終末論的視座を正確に捉えなければならない（本註解第1部第3章5参照）。地上での振る舞い（生き方）への倫理的指針は，終末時に天から栄光を受ける約束に基づいているからである。同書簡に記されている服従の勧告は，終末論によって動機づけられている点を見逃してはならない。

3：1－7の妻と夫への勧告では，1－6節は妻に向けられ，7節のみが夫に向けられたものであり，全体として妻への勧告がほとんどを占めている。[770] この点は夫への勧告を長く綴るエフェソ書とは異なる。エフェソ書の場合は，夫も妻と同様にキリスト者であることを前提として語っている。内容を細かに読むと，3：1－4は妻への勧告，5－6はその旧約聖書を用いた説明，7は夫への勧告という構

---

〔769〕 コーレイ，276頁。なお，ルターの「小教理問答集」の「家庭訓（Haustafel）」では，夫に対する訓戒に，Ⅰペトロ3：7，妻に対しては同3：6がそれぞれ引用されている。

〔770〕 この点からケリーは，Ⅰペトロ書の読者は女性が多数を占めていたと推測している。初代キリスト教徒の中には相当数（もしかしたら過半数以上）の女性信者がいた可能性は十分に考えられるが，はっきりとした根拠はない。Kelly, 127. そもそも，家庭訓が残されている他の書簡でも女性への勧告は男性に比べて分量的に多い。しかし，だからといってこれらが女性読者を主として想定しているわけではないだろう。グルーデム，150頁も参照。

成になっている．エフェソ書のようにキリストと教会とを関連づけるような神学的な展開はないが（エフェソ 5：22－33），旧約聖書の引用を交えてその神学的根拠づけをおこなうのはエフェソ書と共通している（エフェソ 5：31）．さらに，Ⅰテモテ書でも記されているような妻の「外面的な装い」については（Ⅰテモテ 2：9），Ⅰペトロ書においても言及されている（Ⅰペトロ 3：3）．

　この家庭訓は誰のために，そして何のために記されたのだろうか．Ⅰペトロ書は他の書簡が受け取ったものと同種の伝承を用いつつも，自身の編集的意図に沿う形で勧告句を構成したと考えられる．3：1 以下の妻への訓戒は，2：18 の奴隷の訓戒と同様に未信者である夫や主人に対して，信者の妻や奴隷が模範的な振る舞いを示すことにより，彼，彼女たちの信仰とその態度ゆえに起こる周囲との摩擦や衝突を可能な限り回避することにある（3：1）．

　くり返すが，妻への従順を一方的に強いる言説は，まったくもって今日では受け入れ難い．読者たちが置かれた当時の社会的状況を正確に捉えつつ，これらの言辞を批判的に捉え直す必要がある．[771]

1 節　ここでは勧告の対象を妻に向けているが，1 節の文頭は「同じように（ὁμοίως）」から始まり，前節までの奴隷への勧告と関連づけている（3：7 も同様）．また，2：13 以降の勧告句でたびたび使われている「従いなさい（ὑποτασσόμεναι）」という語句は（2：13, 18, 3：5, 22, 5：5 参照），3：1 でもくり返されている．この受動態現在分詞は，2：18 と同様に命令形として理解する．[772] 夫に従う理由は「ἵνα」節で説明され，「たとえ，御言葉に従わない夫であっても」と条件が加えられる．「従わない（ἀπειθέω）」は，同書簡では神に従わない者について語られ

---

[771] 古代ローマ社会において，（父権性を土台とする）社会秩序（国家，家）の保全は最も重要な使命である．その秩序を乱しかねないと疑われ，憎悪と反感を買っているキリスト教徒，さらにそれに加えて奴隷や女性たちは少数者の中のさらなる少数者である．このような少数者を対象として当該テキストが書かれているという視点を拾い出すことは，このテキストの（同意や賛同ではない）正確な「理解」に寄与すると思われる．この点に関して，次のブロックスの意見も同様である．「ペトロの第一の手紙にとっては常に所与の強いられた秩序に身を委ねることが問題であり，このことは社会的に無力で敵意に取り囲まれていた社会的少数者としてのキリスト信徒の歴史的状況からやはりここでも理解さるべきことである」．ブロックス，192 頁．

[772] ブロックス，189 頁，Dubis (2010), 85; Elliott (2000), 554; Forbes (2014), 6, 98; Goppelt, 214; Michaels (1988), 157; Schreiner, 148 参照．

る文脈で用いられているので（2：8，3：20，4：17 参照），この箇所に言及されている夫は，おそらくバプテスマを受けていない未信者であろう[773]．

　言葉によるものではなく，「言葉を伴わない（ἄνευ λόγου）」振る舞いによって夫は感化されると説いている．家庭内で家父長（pater familias）が支配権を握っている当時の社会通念の中で[774]，妻だけが別の宗教を奉じるというのは，それだけで周辺との摩擦を惹き起こしかねない．それゆえ，この箇所では，そのような摩擦を起こさせないように細心の注意を喚起している．別の見方をすれば，この訓戒句は妻独自の信仰を認めることを促すものとも言えるだろう．つまり，夫の信仰に従うのではなく，妻は（現実の社会生活は別として少なくとも宗教上は）夫から独立して，信じる対象を固有に有する自由を認める内容である[775]．

　　キリスト教徒の妻と未信者の夫について：古代ローマ社会は家父長（pater familias）を頂点として妻，子，奴隷などの家族の構成員はその配下に置かれる[776]．初代キリスト教の時代には，先に記したように女性の社会進出や家父長権（patria potestas）の弱体化などがみられるものの[777]，妻が自由に宗教を選ぶことははたしてできたのだろう

---

[773]　同様の見解は速水，424 頁．このような勧告の遠景には，初代教会において非キリスト教徒の夫をもつ女性が多数存在していた事実が見えるだろう．Lampe/ Luz, 188 参照．

[774]　ガーイウス『法学提要』第 1 巻 48 には，人間は二つに分類されるとある．「ある人びとは自権者であり，ある人びとは他人の権に服している者（alieni iuris）である」．女性（妻）は後者に属する者であり，その法的能力を認められていない．

[775]　小河も同様の側面を指摘している．「夫が異教徒の場合に，4：18 から明らかなように，妻は自分の信仰を固持するように奨励されている．それは，妻が夫と異なる宗教を持ちうる存在であることを前提とする．それ故，少なくとも宗教の領域において対等の人格性を主張することを意味したのである．そのことによって，妻が夫とは異なる個性を有した存在として振る舞う可能性への道を開く」．小河（2017），266 頁．

[776]　当然ながら，当時は家庭内も社会と同様にピラミッド型の支配構造である．Garnsey/ Saller, 127f. を参照．

[777]　古代ローマ最古の成文法である 12 表法（Lex Duodecim Tabularum）では，子どもに対する家父長の生殺与奪権（ius vitae necisque）を含む絶大な家父長権が認められている．この生殺与奪権が実際にどれほど実行されたか議論はあるが，家父長権の最も中核的なものがこれである．佐藤（1993），66－67 頁参照．後 1 世紀以降は家父長権の弱化が顕在化してくる．小プリニウス『書簡集』9：12 に出てくる子を叱責する父親に対して態度の変化を促す発言に，弓削は家父長制の変化を読み取っている．弓削（1991），149－150 頁．古代ローマ社会は「家父長の絶対的・父系原理」が徹底化されているという認識は，近年，ローマの家族史研究によって修正が加えられている．たとえば，そこでは「大家族」の

か．夫の宗教を妻も信奉するというのが当時の常識であったと考えられる．その中で妻だけがキリスト教に入信するというのは，家庭内の秩序に大きな亀裂を生み出すことは容易に想像できる．この点に関して，シュスラー・フィオレンツァは，次のような意見を述べている．「回心していない家父長の家庭に所属している女性，奴隷，若者が回心することは，それ自体すでに，父権制秩序に対する潜在的な政治的違反になった．これはまた政治的な秩序の侵害とみなされざるを得なかった．古代においては家の父権制秩序が国家の範例とみなされていたからである．父権制的な家庭は国家の核なのであった．熱狂ではなく，家父長の宗教を共有するものとみなされていた家庭の従属メンバーの回心が，革命的な社会転覆の脅威となったのである」[778]．当時の小規模なキリスト教がどの程度（現実的に）「革命的な社会転覆の脅威」になったかは異論があるところだが，家庭内に決して小さくない不和をもたらすというシュスラー・フィオレンツァのこの指摘は，初代教会の護教家たちの発言からも裏づけられる．後2世紀後半のテルトゥリアヌスは，『護教論』3：4においてキリスト教に改宗した妻を離縁する夫のことを批判的に取り上げており，さらに結婚に関する著作の一つ『妻へ』では，未信者の夫に対して信者の妻がどのように振る舞うべきかを教示している．そこでは未信者の夫をもつ妻の悩みが縷々綴られている（同 II：4：1－3）．テルトゥリアヌスのこの記述は，妻が単独でキリスト教に入信することによって，家庭にもたらす複雑な事情を痛々しいほど物語っている．

2節 本註解では，2節を1節の中に挿入した．ここでは，「〔神への〕畏れの内にある（ἐν φόβῳ）」と訳した．同書簡においては多くの場合，畏れは「神への畏れ」を意味しているので，「神への」と補って訳す．2：18の奴隷への勧告でも「あらゆる畏れをもって」は，神への畏れであり，妻もまずは神に対する畏敬の念をもつことが促されている[779]．同書簡でたびたび語られる神への畏れが，この箇所でも確かめられる．真に畏れるべき対象は神のみである（2：17参照）．

頂点に君臨する家父長のイメージが批判的に検討され，むしろ，「ローマの世帯構成は核家族的」であったと説明されている．研究史については伊藤／木村編，184－189頁（樋脇博敏「ローマの家・家族・親族」）を参照．ただし，夫婦とその未婚の子からなるこの核家族的な家族形態という仮説もまた近年，見直されている．むしろ，「混成家族」や，大家族ではなく世帯規模が小さいという意味で「小家族」であるという見解も提出されており，古代ローマの家族形態に関する研究は錯綜状態が続いている印象を受ける．樋脇（1998），290頁参照．
[778] シュスラー・フィオレンツァ，374－375頁．
[779] Goppelt, 215; Feldmeier (2005), 120参照．エフェソ書の家庭訓の導入句では，「キリスト〔へ〕の畏れ（ἐν φόβῳ Χριστοῦ）」（5：21）とある．

妻の振る舞いを「観察する（ἐποπτεύω）」は，2：12でも用いられており，新約文書ではこの二箇所のみに使用されている。単に「見る」のでなく，未信者が信者である者の振る舞いを「注意深く見る」ことを意味している。妻の清い振る舞いをよくよく見ることによって未信者の夫が感化されうるのである。言葉を伴わない妻の振る舞い（おこない）によって「獲得される（κερδηθήσονται）」とは，キリストに夫が獲得されること，つまり信者になることを意味していると考えられる。[780] このように，Ⅰペトロ書の家庭訓は伝道を主眼とする意味も含んでいることがわかる。キリスト者である妻の振る舞い（生き方）が，すなわち未信者（この場合は未信者の夫）に対する伝道に繋がる。単なる生活訓ではなく，宣教も射程に入れた訓戒である。

　この箇所でも「振る舞い」が問題となっている（本註解1：15参照）。先述したように，この世で神の意思に従っていかに生きるべきか（歩むべきか）を説く姿勢は，パウロ書簡においてすでに確認できる（Ⅰテサロニケ4：1－2，ローマ12：2他参照）。むしろ，それこそがパウロ書簡の中心的テーマとも言えよう。Ⅰペトロ書では，苦難のなかにあってもキリスト者として（4：16）この世でのふさわしい振る舞いを指示している。ただし，この世だけに集中しているのではない。この世での振る舞いは，「あなたがたの間にある燃焼」（4：12）を耐え忍ぶことで，やがて到来する栄光を受けるという約束に基づいている（4：13，5：1，10）。地上での生き方（振る舞い）を確かにする者は同時に，天上での約束も確かにされるのである。

　理想的な女性（妻）について：古代地中海世界で「理想的な女性（妻）」とはどのような人物をさすのであろうか。クナップはローマと北アフリカで出土された次の二つの墓碑を取り上げ，当時の理想的（であったと考えられる）女性の一例を見出している。[781]「ティトゥス・フラウィウス・フラウィアヌスがパピニア・フェリキタスのためにこの碑を建てる。（略）いとも高潔にして貞淑な（sanctissimae castissimae），

───────────────
〔780〕　Ⅰコリント9：19－22においてパウロは信者の獲得を語る脈絡でこの語句を用いている。「著者は，キリスト者女性が品よく振る舞うことによってキリスト教共同体に対する悪意のあるうわさをかわし，うまく非キリスト教徒の夫たちをも改宗させることを願ったのであろう。これは，『無言の行い』（3：1－2）によって，つまり妻が説教することなしに夫を獲得することなのである」。コーレイ，274頁。

〔781〕　クナップ，96－97頁。

女たちのなかで並ぶ者のない妻であった」(CIL 6.23773=ILS 8441).「ポストゥミア・マトロニッラは比類なき妻にして，よき母親，献身的な祖母であった．彼女は貞淑にして献身的，働き者で質素，そつがなくて注意深く (pudica religiosa laboriosa frugi efficax vigilans sollicita)，気立てのよい妻であり，ただひとりの男に生涯連れ添った伴侶であり，夫とのみ寝床を共にした，勤勉で誠意に満ちた婦人であった．（略）」(CIL 8.11294=ILS 8444). 最大の敬意をもって愛する女性を送り出す伴侶の気持ちが表れている碑文であるが，礼賛の言葉として「貞淑」や「質素」が挙げられているのがⅠテモテ 2：9, 15 やⅠペトロ 3：3 と共通している．家長を頂点に抱く「家」を堅持することが女性（妻）の最大の勤めである．そのため，女性の役割とは基本的には家の繁栄に資する働きをなすことであり，その働きが家運の隆昌へと繋がるのである．つまり，彼女たちの最大の使命とは子ども，とりわけ男子 (filius familias) の出産であり，その勤めは家事全般とされていた．初代教父のアレクサンドリアのクレメンスが男性と女性に関して，「妊娠し出産するのは女性に固有のこと」であり，「それは人間だからではなく，女性だから為せる業」とし，両者の相違点は「身体上の特性によるものであって，妊娠と家事に関わる事柄」としている（『ストロマテイス』Ⅳ：59：5, Ⅳ：60：1)，まさに女性への期待がそこにあることを示していると考えられる．家を守る女性（妻）というのが，当時の女性の理想的な姿であった．

3 節　3 節ではⅠテモテ 2：9−10 でも記されているような，妻の「外面的な装い」について言及される．身につける装飾品を制限し，禁欲的な生活を送るように促す．これは謙虚さや慎みなどを周囲に向けて意図的にアピールするためではない．このような慎み深い姿勢を神が求めている，という信仰的動機による．

　ところで，古今東西，髪を編むことは女性の日常生活の一部である．女性の髪は身だしなみであり，美しさの証拠であるが，それは同時に男性を誘惑する道具にもなりうる．それゆえ，アレクサンドリアのクレメンスはその著書で，女性

---

[782] 新生児遺棄は古代ローマ社会で少なからずおこなわれていたが，男子に比べ女子の割合が高かったとされる．長谷川／樋脇，250−231 頁参照．次のパピルスに残されている遠方に住む夫から妻に宛てられた手紙は，何よりそれを物語っている．「もし，お前が子を産むことになり，それが男の子であったら，それでよろしい．女の子だったら，捨ててしまいなさい」（オクシリンコス・パピルス 744，訳文は蛭沼他，190 頁).
[783] Ⅰペトロ 3：3 とⅠテモテ 2：9 との内容，語句上の並行関係は明らかであり，同種の伝承を用いた可能性が考えられる．辻 (2023)，178 頁を参照．
[784] 雅 4：1, 6：5, 7：6, ユディト 10：3−4, 16：8, Ⅰコリント 11：5−6, 15 参照．ユディトは男性の目を惹きつけるために装飾品を纏い，自らを美しく

の望ましい髪型についてかなり細かく（かつ執拗に）指導している．[785]

　ポンペイには食堂やパン屋の軒先の様子などを描いた壁画，いわゆる民衆絵画が残されているが，そこには当時の庶民の女性たちの姿も描かれている．彼女たちは目立った装飾品も身に着けず，簡素な服を着ている．豪華な装飾品を身に着けることが許されるのは，社会的階層の高い裕福な女性に限られているため，この勧告は主として，そのような女性たちに向けて発せられたものとも考えられる[786]．ただし，ここでは，「髪を編み，金の飾りを身に着け，あるいは衣服を着飾

　　[785]　「女性に関しては，毛髪をソフトにし，髪の束を，首のあたりで上品に，何か簡素な留め金のようなもので縛るのがふさわしい．楚々とした気遣いで，節度ある毛髪を真正な美しさにまで増し高めるのである．というのも頭髪を遊女のように編んだり，紐で結わえたりする結果髪を傷め，結果的に自らを醜く見せることになるからである．女性たちは手の込んだ髪結いの際に毛髪を抜く，髪がばさばさに乱れるのではないかと恐れて，自分自身の頭に触れることをせず，彼女たちは髪結いをする．だがそればかりか，眠るときに，編んだ髪の髪型を知らずに崩してしまわないかという恐れが彼女たちに生じるのである」（『パイダゴーゴス』III：11：62：2－3）．飾り立てたとある．ルカ7：37－50には罪深い女が自身の髪でイエスの足を拭うという記述がある（ヨハネ12：3ではマリア）．アレクサンドリアのクレメンスの『パイダゴーゴス』II：8：62：2には，この女性のほどかれた髪は，「装飾趣味からの解放」と説明している．ちなみにこれに続く件では，人々を惑わす香油の使用を咎めている（同II：8：65：2）．「われわれの仲間たる男性たちは，香油ではなく善美の香りを漂わせ，一方女性は，パウダーやオイルではなく，王的な油であるキリストの香りをくゆらせるべきである」．キュプリアヌスの『おとめの身だしなみについて』第9章では華美な髪型が男性らを惑わすと警告している．「もしもあなたが頭髪を贅沢に飾り立て，公に目立つかたちで歩行し，青年の目を自分におびき寄せ，うしろ姿をみつめる若者にため息をつかせ，その人を欲望を養い，欲情に火をつけたなら，たとえあなたが破滅しないにせよ，他の人々を破滅させるのだ」．

　　[786]　初代教会の主たる構成員は中下階層だと考えられるが，中には（おそらく少数派であろうが）社会の上層階級も含まれていたと考えられる．使徒17：4, 12などで身分の高い富裕の女性たちについて言及されている．Lampe/ Luz, 187参照．辻（2023），180頁によれば，Iテモテ2：9以下は，同5：10との関連から，比較的裕福な女性たちを想定して語られていると考えられる．ただし，Iテモテ2：9以下は前後の脈絡から判断すると礼拝での女性の装飾に関する勧告であるが，Iペトロ書は日常生活の女性の身なりに関するものである．土屋，47頁参照．3世紀の教父キュプリアヌスの『おとめの身だしなみについて』第8章では，この聖書箇所を引用して裕福な女性たちに注意を促している．救済に繋がる「紀律（disciplina）」を重んじ，禁欲を勧めるキュプリアヌスは，同書において，派手な装飾や化粧を禁じるなど，女性（おとめ）の身だしなみを戒め，忠告を与えている．たとえば，イザヤ3：16－26を引用し，外面的な装飾に執心する者は堕落の始まりであるとまで訴える（同13章）．「絹や紫の衣を着る者は，キ

る」ことは，おそらく外面的な装いの例として挙げている可能性も考えられるので，上層階級の女性「のみ」と断定することはやはり控えるべきであろう。[787]

Ⅰペトロ 3：3 は，後述するローマの風刺作家のように女性の（過度）装いを揶揄し，論う発言ではない。3：1－6 の強調点はそこではなく，むしろ 3：4－6 に語られているように内面性の重視，ふさわしい振る舞いを勧めることである。Ⅰテモテ 2：9－15 のアクセントも 2：9 ではなく，10 節以下の内容であるのと同じである。

さて，ここで少し脱線になるが，当時の女性の髪型に関して考古学資料から考えてみたい。後 3 世紀までの古代ローマの女性たちの髪型について，古典文献のみならず，彫像，貨幣，墓碑などの考古学資料を用いてその変遷や意義について考究したツィーグラーによれば，当時，髪を編み，髪型を整えるのは単に裕福さや美しさを現すものではなく，女性（という存在）のアイデンティティーと深く関わっている。[788]

女性（妻）が女性らしく身なりを整えることは，ひいてはその傍らに立つ男性（夫）の社会的立場を保ち，男性（夫）の価値を高めることに繋がる。[789] これは，古代ローマのような男性優位社会において当然のことである。しかし，上記のように，Ⅰペトロ書では女性の価値は外面的な華美な装飾をまとうのではなく，内面的な価値を磨けと命じる。当時の常識的感覚とはやや離れる命令のように思える。[790]

　リストを着ることができない。金や真珠や首飾りで装うような者は，心と精神の装いをすでに失っている」。このように初代教父の文書では，Ⅰペトロ 3：3－4 などに端を発する外面的装いへの慎みの勧告がさらに先鋭化された形で表れている。装飾品に関する戒めは，他にもアレクサンドリアのクレメンスの『パイダゴーゴス』Ⅱ：12 以下を参照。

〔787〕 ラビ文献でも女性の外面的な装いについて語っている。BT ケトゥ 65a ではホセ 2：7 の引用を踏まえ，次のように記す。「この句は，女が欲しがるものを示唆している。それは化粧道具だ」。他にも同 59b を参照。

〔788〕 Ziegler, 215.

〔789〕 （現代でも同じであるが）外見の装いはその者の社会的立場や他との差別化を図るものでもある。Baertschi/ Fögen, 215 も参照。

〔790〕 このように命じたとしても，未信者の夫をもつキリスト者の妻は，命令を実行に移すための困難さを抱えていたに違いない。家庭内ではやはり夫に染まって，実際，多くの場合，異教徒と同じように振る舞ってしまったのではなかろうか。テルトゥリアヌス『妻へ』Ⅱ：3：4 にある次のような嘆きは，現実を反映していると考えられる。「彼女は異教徒に従うことで，異教風に行動するようになり，容姿も，結い上げた髪も，装身具も，俗っぽく見せびらかし，恥ずべき魅惑的な振る舞いをし，夫婦の忌むべき秘密さえもおおっぴらに誇示するだ

当時の（身分の高い）女性たちの装飾品や髪型は，発掘された彫像などなどからも確かめられる．たとえば，エジプトのファイユームから出土した若い女性のミイラ肖像画では，三つのネックレスとイヤリングが描かれている（写真③参照）．金のネックレスが今日でも鮮やかに光っている．また，アレクサンドリア（エジプト）で出土したと考えられる後2世紀の女性の頭部像の巻き上げられた髪型は（写真④参照），その時代（トラヤヌス帝時代後期，またはハドリアヌス帝時代）の流行を反映していると言われている．

　ローマの宮廷を闊歩した高貴な女性たちの髪型もまた特徴的である．皇帝ア[791]ウグストゥスの妻であり，皇帝ティベリウスの母であるリウィアの髪型を見てみよう（写真⑤⑥参照）．彼女は前髪と後ろ髪をまとめている．これもまた当時，流行した髪型である．この髪型は豪華な装飾品で飾り立てるのが普通であるが，ここでは謙遜さを演出するためか意図的にそれを控えていると考えられている[792]．権勢を誇る為政者の傍らに立つ者は，自身をきらびやかな装飾品に飾り立てることだけではなく，あえてそれを控えることも逆にまた政治的なアピールになるということであろう．リウィアの肖像が刻まれていると考えられる貨幣では，後ろ髪がまとめられているのが見える．時代は下るが，皇帝セプティミウス・セウェルスの妻ユリア・ドムナの髪型もまた，ひと際目を惹く（写真⑦参照）．髪全体がウェーブ状になっており，編み上げられた後頭部は丸く巻かれている．その特徴的な髪形は彼女の肖像を刻んだ複数の貨幣からも確認できる（写真⑧参照）．

　4節　4節「柔和で穏やかな霊という不滅なものにおける（ἐν τῷ ἀφθάρτῳ τοῦ πραέως καὶ ἡσυχίου πνεύματος）」とある．直訳すると「柔和で穏やかな霊の不滅さにおける」となり，「柔和と穏やかさ」を並行させる例は他の訓戒箇所でもみられる（Ⅰクレ13：4，バルナバ19：4）．「柔和な者は幸い」というイエスの言葉にあるように（マタイ5：5），これらは初代教会で重んじられた徳目の一つであろう[793]．敵愾心や闘争心のない状態をさすと考えられる（Ⅰペトロ3：16も参照）．

　　　　ろう」．同Ⅱ：8：2も参照．
〔791〕　ローマの女性たちは服装の自由度が高くないため，（外見を装うために）ヘアスタイルへの関心が高かったと考えられている．Baertschi/ Fögen, 217参照．
〔792〕　同上参照．
〔793〕　「πραΰς」はディダケー3：7（マタイ5：5の引用），15：1，ヘル牧5の戒め2：3，同第11の戒め1：8，イグ・エフェソ10：2，，「ἡσύχιος」はディダケー3：8参照．

第3章 249

写真③　若い女性のミイラ肖像画（後2世紀前半）ファイユーム出土
写真④　女性の頭部像（後2世紀前半）アレクサンドリア出土？
写真⑤　リウィア（前12／10年）出土地不明
写真⑥　リウィアと思われる貨幣（後22-23年）イタリア出土
写真⑦　ユリア・ドムナ（後200／210年）出土地不明
写真⑧　ユリア・ドムナ（後211-217年）カルナック出土

「不滅なもの」という語句は，同書簡でしばしば登場し（1：4，23），限界のない天上的な永遠性を意味している（Ⅰコリント9：25，15：52も参照）．前節にある外的な装いは移ろいゆくものであるが，「柔和で穏やかな霊」はその対極にある．地上での限定された「肉」ではなく，ここでは永遠不滅な「霊」が強調されている（3：18-19，4：6参照）．やがては滅びゆく金銀ではなく（1：7），永遠なるものに目を向けさせようとしているのだろう．

　古代ローマ社会の女性の装い[794]：美容や化粧の起源は古く，すでに古代エジプトの医療行為を記したパピルス文書にはその痕跡が残されている．元来，呪術的な意味合いが強かった美容や化粧は，その後，ギリシアを経由して古代ローマ社会にも広く浸透する[795]．当時，とりわけ上層階級の女性たちは身だしなみに気を配っていた．遺跡からも数々の美容器具，化粧道具が発掘されていることから，当時の女性（および男性）たちがお洒落に熱中していたことがここからうかがえる．ローマの文人たちも外見を意識した発言を残しており[797]，たとえば，『変身物語（Metamorphoses）』で有名な詩人オウィディウスは，教訓詩『恋愛指南（Ars Amatoria）』3：130以下で女性たちの身だしなみについて実に事細かに指示し，いかに外面を装飾することが大切か熱弁している．Ⅰペトロ3：3とは真逆の指導内容である．「学ぶがよい，女たちよ，いかなる手入れが容貌を美しくして，いかにすれば君たちの美貌を保つことができるかを」という言葉をもって始められる彼の『婦人の化粧について（Medicamina Faciei Femineae）』では，美しくなるために数々の美容品を紹介している．その一方で，帝政時代初期，新約文書の成立時期と重なる時代の詩人ユウェナーリスは，華美な装飾に身を包むローマの高位の女性たちを痛烈に風刺する発言をいくつも残している．外見に関して一般的に求められる適度，適切さを逸脱するような場合，すぐさま批判の対象となる[798]．ユウェナーリスの手による『風刺詩集（saturae）』の第6歌は，現代的視点から眺めればば明らかに女性蔑視と受け取れる讒謗が延々と語られている．風刺作家特

[794]　古代ローマの生活文化についてまとめた一般書である樋脇（2015），196-208頁に美容，装飾文化について詳しく紹介されている．
[795]　古代世界における美容，化粧の通史的研究は，M. Saiko, Cura dabit faciem. Kosmetik im Altertum, 2005に詳しい．
[796]　たとえば，ポンペイから種々さまざまな香水瓶（Unguentarium），櫛や細工されたヘアピンなどが出土しているが，当時の調香作業や美容用具についてGiordano/ Casale, 17-77が解説してる．
[797]　古代文献のほとんどは男性の手によって書かれているため，化粧に関しても男性視点のみで語られており，当然ながら，一方的な見解であることは否めない．同様の指摘はBaertschi/ Fögen, 213を参照．
[798]　Baertschi/ Fögen, 224の見解を参照．

有の諧謔に満ちた（偏見や誇張，歪曲のある）毒々しい発言から，当時の女性たちの姿が垣間見える。まず，装飾品についてである。「女は自分に対してどんなことでも許す。鮮緑色の宝石のネックレスを首に巻きつけても，梨ほどに大きい真珠のイヤリングをぶらさげて耳を長く見せても，決して恥ずかしいとは思わないのだから」（第6歌 460）。次に化粧品について，「彼女らが化粧品を次々と取り替え，あくどく塗りたて，温湿布をし，温かく湿った生練りの粉の団子をくっつけたとき，それは顔と言うべきか，それとも潰瘍と言うべきか」（同 471）。高位の女性は自身で髪を編むのではなく，身支度専門の女奴隷（ornatrix）に任せている。「（略）髪結いのプセカスは自分の髪を振り乱し，哀れにも笞刑を覚悟して肩をはだけ，乳房をあらわにして，奥方の髪をきれいに調えている。『どうして，このカールをもっと高く上げてくれないの』。この巻き毛の調髪を咎められ，たちまち皮膚鞭で罰せられる」（同 490–493）。調髪を必死にこなす奴隷とともに，女主人の髪に対する執着が皮肉に語られている。単に髪を編むだけではなく，奇妙な髪形も造形させている。「彼女は自分の頭をたくさんのカールの段で圧迫する。その上に多くの骨組を加え，高層の頭髪を建立する」（同 501）。他にも弁論家ディオン・クリュストモスは忌むべき職業として「染物師や香水作りや，女性相手のまたは男性相手の美容師（略）またほぼすべての装飾関係の仕事，すなわち衣服だけではなく，髪や肌にアルカンナ〔紅の染料〕や白粉などのあらゆる薬剤を用いて，偽りの若さと真実ならぬ幻の外見を作り出そうとする職業」を挙げている（ディオン・クリュストモス『弁論集』7：117）。ここまでの発言を聞くかぎりでは，過剰な装飾を咎めるⅠペトロ書の訓戒は，当時の（上層の）ローマ社会においては素直に受け止められるものではなかったであろう。アルテミドロスの『夢判断の書』でも派手な色の服の夢は，女性にとって吉と判断されているように，女性たちの間で艶やかさを好む傾向がうかがえる。このような世情にあって，キリスト教の立場からアレクサンドリアのクレメンスは『パイダゴーゴス』Ⅲ：1：1以下で真なる

---

〔799〕 他にも古代ローマの詩人マールティアーリスの『エピグランマタ（Epigrammata）』では，鋭利な言葉で女性の容姿を風刺している。たとえば，「クリーム塗って，ポルラよ，君は自分のお腹の皺を隠そうとしているが，君は自分のお腹を糊塗しても，わたしの眼は糊塗できない」（3：42）。指摘箇所は M. Saiko, 255–267 を参照。
〔800〕 以下，アルテミドロス『夢判断の書』第2巻3より，「女にとっては，多彩色の服や派手な色の服は吉。派手な色の服は，遊女には商売のための衣装であるし，金持ちの女にはぜいたくな暮らしの象徴であるから，これらの女にとってはとりわけめでたい夢である」。

美について解き明かし，外面的な装いに執心する女性らを激しく罵倒している[802]。

「心の内に隠す人（ὁ κρυπτὸς τῆς καρδίας ἄνθρωπος）」は，翻訳するのがきわめて困難な箇所の一つである．本註解は文語訳「心のうちの隠れたる人」を参考にしたが，口語訳は「かくれた内なる人」，共同訳，新共同訳では「内面的な人柄」と意訳している[803]．ここでも，前節にある外面的な装飾への戒めを踏まえて，内に秘めた信仰によって内面的に着飾ることを強調しているのではなかろうか．「これこそ神の前で価値あるものである」と神（の意思）を理由に語りかけるのは，同書簡でしばしば登場する（1：25，2：20他）．3：15には信仰を理由とした迫害を受けた時に，LXX イザヤ 8：12－13 の引用章句を交えつつ，「心の内に（ἐν ταῖς καρδίαις）」主キリストを崇めよと勧めている．周辺世界との摩擦を回避しつつ，信仰を守る姿勢を促している．その際，肝要なのは内面である．

5－6節　5節は「かつて，神に希望を置いた聖なる女たち」と「希望」という語句がここで登場する．「希望」は終わりの時に受ける救済の約束である（1：3－4）[804]．かつての女性たちと同様，終末時に受ける栄光を待ちわびつつ，現実の生活において夫に従うことが求められる．終末論的視座に根差しつつ勧告を命じている．家庭訓と終末論との接続がこの箇所に見出される．さらに「自身の夫に従うこと」こそが，自らを装うことになると夫への従順を勧める．口語訳「このように身を飾って，その夫に仕えたのである」，共同訳，新共同訳「このように装っ

---

〔801〕「神を知った人は神に似た者となって，黄金で着飾ったり長衣を身につけたりせずに善を行い，どんな僅かなものにも事欠くことがなくなるであろうから．しかるに神は唯一自足する方であり，われわれが，まず思惟の飾りのゆえに浄らかであって，次に身体の飾りをも併せ，染みのない衣つまり節制をまとうのを見ることを，最も喜びとする方なのである」（『パイダゴーゴス』III：1：1）．

〔802〕たとえば，以下（『パイダゴーゴス』III：2：5：1）．「黄金を身にまとう女性たちは，髪のカールに励み，頬紅とアイシャドワ，髪染めに逸り，それ以外の愚行にも趣味悪く走って，肉の表面を飾り，真にエジプト人風に装ってかの迷信深き物好きたちを身に帯びているように思われる」．同種の発言はたとえば，テルトゥリアヌス『女性の服装について（De cultu feminarum）』1：4：1以下にもみられる．

〔803〕塚本訳「心の中の隠れた人」，前田訳「隠れた心の底の人柄」，岩隈訳「心の中の隠れた人」，岩波訳「心の〔中に〕隠れている〔奥ゆかしい〕人〔柄〕」，新改訳「心の中の隠れた人」，協会共同訳「心の内に秘めた人」，田川訳「隠れた心の人」．

〔804〕「希望」はIペトロ書で度々言及される重要語の一つ（1：3，13，21，3：15）．

て自分の夫に従いました」，フランシスコ会訳，協会共同訳「このように自分を装って，夫に従いました」とするが，これでは意味が異なってしまう．「聖なる女たち」の例として，次節でサラの名が登場する．

6節からは，やや唐突にアブラハムを「主人」とよんだサラの例が挙げられる．創世18：12を意識した内容と思われる．ただし，同箇所において確かにサラはアブラハムに向かって「主人（κύριος）」とよんでいるが，サラは彼に対して従順を誓う内容ではまったくない．

「善をおこなう」は，たびたびⅠペトロ書で用いられる語句である（2：15，20，3：17参照）．妻に対しても同様に善をおこなうことが勧められる．「いかなる脅しにも恐れない（μὴ φοβούμεναι μηδεμίαν πτόησιν）」という文言がLXX箴3：25「οὐ φοβηθήσῃ πτόησιν」からの引用かは定かではない．[805] この「いかなる脅し」が具体的に何を意味しているのかについて，この箇所からは判断できない．女性のキリスト者が生活上，周辺（とりわけ夫）から受ける種々の脅しを意味しているのだろうか．

なお，「ἀγαθοποιοῦσαι」以下の分詞を命令として訳す試みもあるが，[806] 多くの翻訳のように，ここは条件として訳すべきであろう．旧約聖書の引用を交えて従順の根拠を提示するのは，エフェソ書の家庭訓と同じである（エフェソ5：31，6：2，3参照）．とは言え，エフェソ書のように，キリストと教会の関係から夫と妻のふさわしい関係をⅠペトロ書では論じることはない．サラが女性（妻）の模範として挙げられているのは，この箇所の前に語られる奴隷の模範として苦難を受けるキリストを挙げていることと類似している．訓告，そしてその根拠，という形式をここでもくり返している．

なぜ，サラを女性信者の模範として示し，かつ彼女たちは「サラの子ども」になるとまで宣言するのであろうか．確かにサラは始祖アブラハムの妻としてその物語において重要な役割をはたしているものの，エステルやルツ，またはユディトのようにその勇敢な言動が語り伝えられているわけではない．女性キリス

---

〔805〕 ブロックスは引用と考える．ブロックス，195頁．同書簡5：5bのすべての人への訓戒でも箴3：34を引用している．
〔806〕 たとえば，田川訳「あなた方はサラの子どもとなったのであるから，良いことをなし，いかなる嚇しにも恐れないようになさい」．フォーブスがこの説を詳細に論証している．Forbes (2005), 103-107.

写真⑨　夫婦の墓碑の一部（後1世紀半ば）　マインツ出土　女性は首飾り，ブレスレットなどの艶やかな装飾品を身にまとっている

者がめざすべき手本として掲げられるほどの具体的な働きをしているようには思えない．しかし，アブラハムの妻として「諸国民の母」（創世 17：16），「あなたがたを産んだサラ」（イザヤ 51：2），「私たちの母」（ガラテヤ 4：26）とよばれるほど，そのネームバリューは高かったことはよくわかる．それゆえ，（とりわけ女性）キリスト者の間でも尊敬する人物として覚えられていたのだろう．ヘブライ 11：8 以下でも信仰者の範としてアブラハムの名が挙げられ，それに付随する形でサラは言及されている（同 11：11）．サラは高齢で不妊という（当時の家父長制の中では！）きわめて不運な現実にもめげずに，神に望みを置き子どもを得たという彼女の信仰と忍耐力を見習えということであろうか．[807]

7 節　7 節では夫への勧告が綴られる．ここではキリスト者の夫に向けた言葉であり，「命の恵みを共に受け継ぐ者」として妻が言及されているので，夫婦ともに信者を想定している．エフェソ 5：25-33 に比べるとこの夫への勧告句は極端に短い．また，コロサイ書，エフェソ書では，夫の妻への愛が述べられているが（エフェソ書では複数回），Ⅰペトロ書では「尊びなさい」とのみ指示され（3：7），愛に関する言及はない．妻を尊ぶ理由は，自身の祈りが妨げられないためである．コロサイ書，エフェソ書の夫への訓戒は，家父長制を前提にしているとはいえ，キリストを模範とする愛の必要性を訴える点で注目に値する．一方，Ⅰペトロ書ではその傾向が極端に弱められている．[808]

「知識に従って」（新共同訳，協会共同訳は「わきまえて」と意訳）の「知識（γνῶσις）」はⅠペトロ書ではこの箇所のみに使用されており，この書簡において

---

〔807〕　速水，424 頁は「アブラハムがキリスト者の信仰で父であったように」（ローマ 4：11），サラはキリスト者の母であったと説明している（グルーデム，158 頁も同様）．

〔808〕　ブロックス，196 頁参照．

具体的に何を意味しているのかはっきりとしない．2：19にあるように，「神を意識すること」をさしているのだろうか[809]．女性を「器」と言い表すのはパウロ書簡にみられる（Ⅰテサロニケ4：4参照）．

「弱い（ἀσθενής）」とはここでは，精神的，道徳的な弱さではなく（ローマ5：6，Ⅰコリント8：9），むしろ，肉体的な弱さを意味していると思われる（マタイ25：43，使徒4：9，5：15以下）[810]．「命の恵み」を「共に受け継ぐ者（共同相続者）」という語句も，パウロ書簡やパウロの偽名書簡で確認できる（ローマ8：17，エフェソ3：6参照）．

3章8-12節　みな，謙遜な者であれ

^{8} 終わりに，みな同じ思いを持ち，共に苦しみを分かち合い，兄弟〔姉妹〕愛を抱き，憐れみ深く，謙遜な者でありなさい[811]．^{9} 悪に対しては悪，侮辱をもって侮辱を返さずに，むしろ逆に祝福しなさい[812]．なぜなら，あなたがたは祝福を受け継ぐために，〔まさにこのために〕召された（よばれた）のだから．

^{10} というのは，「命を愛し[813]

善い日々を見たいと望む者は，

舌に悪〔口を言うのを〕を止めさせ

唇に欺きの言葉を語らせず，

^{11} 悪から離れ，善をおこない

平和を求め，これを追え」．

^{12} なぜなら，「主の目は義人たちの上にあり，

---

〔809〕　たとえば速水は「神についての知識と感受性に基づく洞察力」としている．速水，425頁．Achtemeier, 218; Goppelt, 221参照．
〔810〕　Schelkle, 92 Anm. 1.
〔811〕　原文では形容詞が並んでいるのみで，動詞は欠けている．そのため，翻訳の際には工夫が必要である．新共同訳，協会共同訳などは「謙虚であれ」と動詞の命令形として訳しているが，本註解では「～者でありなさい」と補って訳す（岩波訳，田川訳も参照）．
〔812〕　9節の二つの分詞（「ἀποδιδόντες」と「εὐλογοῦντες」）も命令形として訳す．
〔813〕　本註解では「ψυχή」は「いのち」という訳語をあてているが（1：9他参照），10節の「ζωή」は「命」と訳した（3：7参照）．

その耳は彼らの願いに傾けられ,
主の顔は悪をおこなう者に向けられる」からだ.

　奴隷（2：18），妻（3：1），夫（3：7）に対象を絞った具体的勧告を述べた後，一般的な勧告に再び戻る．8節に「終わりに」とあるように，3：7までの内容を踏まえて，送り手は新たな話題へと読者を導く．「みな」というのは，先の3：7までの対象ではなく，この書状の受け取り手すべてを意図していると思われる．[815]
　2：12を導入句にして，これまでの勧告は主に信者の対外的な振る舞いを指導するものであったが，3：8では共同体の構成員同士のあるべき姿を指示する．相互に労り，配慮し合いつつ，結束を促す．8－9節は語彙の上でローマ12：10－17（およびⅠコリント4：12，Ⅰテサロニケ5：15）と類似し，またマタイ5：5－7，39などと内容上，共通する点があることを研究者の間で指摘されている．[816]おそらく，初期キリスト教内でこの種の勧告伝承が流布しており，それを書き手が用いたと思われる．
　3：8－12は，10節以下のLXX詩33：13－17の引用を含んだまとまった伝承句であるのか，それとも引用章句は送り手による付加なのか定かではない．ただし，下記に詳しく考察するが，8－9節と10節以下の詩編の内容は連関しているので（たとえば悪の話題など），8－12節まで一つの伝承として受け取った可能性が高い．
　3：13以降の書簡の内容を判断すると，苦難を被った際の心得が続けて語られている．3：8－9はこの心得に移るための橋渡しのような役割をはたしていると言えよう．[817]8節の「共に苦しみを分かち合え」という命は，14節「苦しみを受

〔814〕　バーチは3：8－12以下は，それ以前の家庭訓のまとめであると受け取る．Balch, 88. しかし，ブロックスが述べるように，8－9節は3：7までの家庭訓に接続し，そのまとめ句のような役割は担っていないだろう．ブロックス，203頁参照．7節までと8節からの伝承は，明らかに異なっている．
〔815〕　この箇所と同じく，5：5でも長老と若者への勧告の後に「みな」と対象を広げて語りかけ，さらに旧約の引用章句を続けるスタイルが踏襲されている．Ⅰペトロ書は似たような形式を反復する傾向が強い．
〔816〕　類似箇所の比較に関しては，Goppelt, 223-226; Elliott (2000), 602f.; Michaels (1988), 174f.; Piper, 218f. で詳細に考察している．
〔817〕　原野は3：8以下を「迫害問題の序言」と見ている．原野，165頁．アクティマイアーは，3：8以下を2：13－3：12までのセンテンスの終結部分と受け取る．Achtemeier, 222. 宮本，744頁．Horrell (1998), 63も同様．だが，3：8, 9の内容は,

けても幸いである」と呼応している．迫害の中で何より肝要なのは同信者同士の結びつきであり，励まし合いである．

8節 8節は五つの形容詞が並べられている．「同じ思いを持ち（ὁμόφρονες）」，「共に苦しみを分かち合い（συμπαθεῖς）」，「兄弟〔姉妹〕愛を抱き（φιλάδελφοι）」，「憐れみ深く（εὔσπλαγχνοι）」，「謙遜な（ταπεινόφρονες）」．それぞれ，新約文書では稀な語句である．「ὁμόφρων」は「同じ心，思い，意図をもつ」者を意味する．「συμπαθής」（Ⅳマカバイ 13：23，15：4 参照）は「感情（ないしは経験）を共有する」（田川訳「感情を共にし」）者と訳すのが正確であるが，この書簡では苦難を共有することを訴えていると理解するので，上のように訳出した（岩波訳，宮平訳も参照）．[818]

前述したように，3：8 を 3：13 以下にある迫害下での心得の導入句と捉えるならば，この二つ語句は信者間の結束を堅固にする指顧であろう．この二つは，[819]

これまでの文脈というよりは 3：13 以下の内容の方がより関連が深いのではなかろうか．

〔818〕Ⅰペトロ書ではキリストの苦難に与ることを求めている（2：21 以下，4：13 参照）．ヘブライ書では「憐れみ深い大祭司」（ヘブライ 2：17）キリストは「私たちの弱さを共に苦しむことができる（δυνάμενον συμπαθῆσαι ταῖς ἀσθενείαις ἡμῶν）」方であると伝えている（同 4：15）．また，あなたがた（ヘブライ書の読者）は「獄に入れられた人の苦しみを共にした（τοῖς δεσμίοις συνεπαθήσατε）」とも語られている（同 10：34）．ここで用いられている「共に苦しむ（συμπαθέω）」に関して，川村は「他者の苦しみをただ外側から眺めて同情するのではなく，その苦しみの直中に自ら入り込んで行き，相手の苦しみをそのまま自分の苦しみとして背負う」と解説している．川村（2004），128 頁．Goppelt, 227 Anm. 11; Michaelis, ThWNT V, 935f. も参照．パウロも共同体の構成員に対して喜びと苦しみを共にすることを奨励している（ローマ 12：15，Ⅰコリント 12：26）．

〔819〕パウロも書簡の読者に対して，一つの思い，心をもつことを何度も勧めている（ローマ 12：16，15：5，Ⅰコリント 1：10，Ⅱコリント 13：11，フィリピ 2：2，4：2）．この箇所に関して，原野はいささか勇ましい言葉で次のように説いている．「激しい迫害に対抗する為には全会員の結束が肝要である．一人も漏れることなく，同一の原則に基づき，同一の模範に倣って行動せねばならない．（略）戦線を統一する為に根本的に必要なるものは一つの心である」（引用では旧字体を改める）．原野，165－166 頁．人々が互いに支え合って生きることを説くのはストア派の発言の中にもみられる．たとえばキケローは『義務について』1：7（22）で下記のように述べる．「地上に生じるものはすべて人間の役に立つように生み出され，人も人のために生まれお互い同士助け合うことができる．（略）交代で義務を果たし，もちつもたれつ技術と労力と資力を分け合って，人と人のあいだに社会の絆を結ばねばならない（tum artibus, tum opera, tum facultatibus

次の「φιλάδελφος」（Ⅱマカバイ 15：14，Ⅳマカバイ 13：21，15：10 参照）と広い意味で同じ事柄をさし，構成員たちの連帯意識を強めている[820]。「兄弟〔姉妹〕愛を抱く」のは，非キリスト教徒を含むすべての人間ではなく，共同体内の構成員に限定されていると思われる（Ⅰペトロ 1：22，2：17，4：8，5：14 参照）[821]。2：17 でもすべての人には「敬う」だが，兄弟〔姉妹〕は「愛する」対象である．それに続く「εὔσπλαγχνος」（エフェソ 4：32 参照）[822]，「ταπεινόφρων」（LXX 箴 29：23）は一般的な徳目に属するものである[823]．

　徳としての謙遜：今日の世界では，謙遜は美徳の一つであり，賞賛に値する．だが，ギリシア・ローマ世界ではその逆であり，「謙遜（ταπεινοφροσύνη）」という語句は自己卑下を意味し，徳ではない（たとえば，プルタルコス「アレクサンドロスの運または徳について」第2部4〔336E〕，同「心の平静について」475E，エピクテトス『語録』I：9：10，III：24：56 参照）[824]．それゆえ，コロサイ 2：18，23 の「ταπεινοφροσύνη」は，おそらく否定的な意味に用いている（対して同 3：12 は肯定的な意味）[825]．しかし，自らを低くする（ταπεινόω）生き方の模範を示すキリストに倣う（マタイ 18：4，フィリピ 2：8，Ⅰクレ 16：1 参照），キリスト教徒の間では，謙遜はむしろ積極的に受け止められている（エフェソ 4：2，フィリピ 2：3，コロサイ 3：12，Ⅰペトロ 5：5，バルナバ 19：3，Ⅰクレ 2：1，イグ・エフェソ 10：2，ヘル牧 11 の戒め 8 も参照）[826]．フィ

devincire hominum inter homines societatem)」．なお，最近の心理学では他者を助けるといった利他性に関する研究が進められている．人助けはそれをおこなう側の人間の幸福度を高めること（いわゆるヘルパーズ・ハイ）も解明している．

〔820〕共に食卓を囲み，祈り，労り合うことは，キリスト教共同体の須要である（使徒 2：42－47，テルトゥリアヌス『護教論』39：2 など参照）．
〔821〕「兄弟〔姉妹〕愛（φιλαδελφία）」（ローマ 12：10，Ⅰテサロニケ 4：9，ヘブライ 13：1，Ⅱペトロ 1：7，Ⅰクレ 47：5，48：1）に関しては，本註解 1：22 参照．
〔822〕「σπλάγχνον」は元々，「内蔵」をさす語句だが，新約文書で「心」「同情」の意味で度々用いられている（Ⅱコリント 6：12，7：15，フィリピ 1：8，2：1，コロサイ 3：12，フィレモン 7，12，20）．「σπλαγχνίζομαι」はサマリア人のたとえ，失われた息子のたとえ（ルカ 10：33，15：20）などで，深い憐れみの心を表すときに使われている．
〔823〕9 前半を含め六つの勧奨句の前半三つは共同体対内，後半三つは対外的勧奨という形を取っている．Wagner/ Vouga, 108f. 参照．
〔824〕佐竹（1970），99 頁，註 3，山内（1987），86 頁，Achtemeier, 223 Anm. 42; Grundmann, ThWNT VIII, 5; Feldmeier, 160; Michaels (1988), 177 参照．
〔825〕シュヴァイツァー（1976），137 頁参照．
〔826〕Elliott (2000), 605 参照．

リピ2：1以下では，共同体形成の要として謙遜が訴えられるが，Ⅰペトロ書でも同様である．

9節 9節は対外的な振る舞い，つまり，信者を攻撃する外部の人への対応を命じる内容である．「悪に対しては悪，侮辱をもって侮辱を返さない」は，Ⅰテサロニケ5：15，およびローマ12：17と語彙の上で類似している（以下を参照）．この二つの箇所も，対外的な勧告である．また，マタイ5：5－7，38－39，ルカ6：29，35，ローマ12：14，Ⅰコリント4：12（および箴20：22，24：29）と内容上，共通している点がある．

Ⅰテサロニケ5：15　ὁρᾶτε μή τις κακὸν ἀντὶ κακοῦ τινι ἀποδῷ

ローマ12：17　μηδενὶ κακὸν ἀντὶ κακοῦ ἀποδιδόντες

Ⅰペトロ3：9　μὴ ἀποδιδόντες κακὸν ἀντὶ κακοῦ ἢ λοιδορίαν ἀντὶ λοιδορίας

この種の勧告は伝承として初代教会で広く共有，展開されていたと考えられるため，Ⅰペトロ書もそれを用いたのかもしれない．また，完全に対応しているわけでないが，上記のパウロ書簡からの影響もありえるだろう．いずれも，同害報復を完全に否定し，報復や復讐を放棄するイエスの言動に遡る命令である（マタイ5：44「敵を愛し，迫害する者たちのために祈れ」，ルカ6：28「呪う者たちを祝福せよ」参照）．

---

〔827〕　クムラン宗団でも生活上の義務として謙遜が重んじられる（1QS Ⅴ：3参）．山内（1987），86頁参照．ラビ文献でも謙遜は徳である．「どこまでも謙遜でありなさい」（ミシュ・アヴォ4：4），「誰の前でも謙遜でありなさい」（同4：10），「誰であれ以下の三つのものをもつ者はわたしたちの祖父アブラハムの弟子の一人である．しかし他の三つのもの〔をもつ者〕は悪人バラムの弟子の一人である．良い目，へりくだった心，謙遜な魂．〔これらは〕わたしたちの祖父アブラハムの弟子たち〔のもの〕である．邪悪な目，高慢な心，貪欲な魂．〔これらは〕悪人バラムの弟子たち〔のもの〕である」（同5：19）．

〔828〕　Elliott (2000), 606; Forbes, 108 参照．

〔829〕　ディダケー1：3－4，ポリ手紙12：3参照．なお，Ⅰクレ13：2－3には，「柔和と忍耐」を教えるものとして，イエスの言葉が伝承句として引用されている（ただし，マタイ，マルコ，ルカ各福音書の文言と異なっている）．イエスの言葉は語録集のようなものとしてまとめられ，定型句として整えられ，初代教会で共有されていたと考えられる．Köster, 16 参照．

〔830〕　ただし，不正や不義を働いた者に対しては，最終的には神（ないしキリスト）が報いをおこなうことも告げられている（ローマ12：19，Ⅱテサロニケ1：6－7，

Ⅰペトロ3：9の教訓は，2：23にある模範を示すイエス・キリストの姿勢を思い起こさせる．（神に）敵対する者を，憎悪するのが通常の反応であろう[831]．しかし，憎しみの思いを捨て，反対に祝福を告げるのはきわめて高度な倫理的要求である[832]．いや，むしろ普通の感覚ではありえない．このように常識的に実行不可能な求めではあるが，愛敵の範を示されたイエス・キリストに従うためにはそれが条件となる．まさに信仰のみが為せる業である．

ここで述べられている「悪」が具体的に何をさすのか明らかではない．おそらく，人間の全般的な悪い「おこない」をさしているのだろう[833]．それに対して「侮辱」は，罵詈雑言などの「言葉」による悪である．悪の問題は，これに続く10節からの詩編引用と関連している．さらに，悪や侮辱をそのまま返すのではなく，むしろ祝福で返せというこの命令は，13節以下の迫害下の振る舞いを教授する勧告内容を先取りしている．

9節後半の「εἰς τοῦτο」をどのように解釈するかで釈義家たちの意見が分かれている．

まず，①「τοῦτο」は，直前の内容（祝福すること）をさしているという案が提出されている[834]．2：21にも同様の表現「εἰς τοῦτο γὰρ ἐκλήθητε」が使われているが，ここではそれ以前までの内容をさしており，3：9もこれと同様と考えるのがその理由の一つである（本註解2：20参照）．信者たちは敵を祝福するために神に召された，永遠の命へと至る神の祝福を受け継ぐために，という理解である[835]．

もう一つの案としては，② 後続の内容（祝福を受け継ぐこと）をさしている

  2：7－8，コロサイ3：25，およびⅡコリント5：10）．
〔831〕 マタイ5：43，他にも詩69：20－29，139：19－22，1QS I：4，9－10，Ⅱ：4参照．
〔832〕 「εὐλογέω」はギリシア語文献において「（他者を）ほめる，良いことを述べる」「称賛する」を意味している．古川，468頁，Bauer, 651f.; Liddell & Scott, 720 参照．およびMichaels (1988), 178 参照．
〔833〕 「悪意並びに悪行為」とする原野，167頁も同様の見解．
〔834〕 この解釈を採用するのはカルヴァン，93－94頁，グルーデム，164－165頁，Achtemeier, 224; Elliott (2000), 609; Dubis (2010), 99; Horrell (1998), 62f.; Jobes (2005), 219; Knopf, 134; Michaels (1988), 178; Piper, 224-228. 田川訳も同様の理解に立つ．「あなた方はこのために召されたのであって，そうすればあなた方は祝福を受け継ぐことになろう」．
〔835〕 Schreiner, 165 参照．

と受け取るものである。4：6の「εἰς τοῦτο」は後続の「ἵνα」以下の内容をさしているので、構文上はこれと同様と受け取るならば、3：9も「ἵνα」以下を意味していると考えられる。口語訳をはじめとする多数の邦訳は、後者の理解に立っている。本註解もこの案を採用する。重ねて記するのは日本語として不自然ではあるが、強調の意味を込めて「まさにこのために」と補って訳した。

「召された（よばれた）」は、この書状でしばしばみられる術語であり、読者がキリスト者になったことの意義を伝える文脈で主に使われる（1：15、2：9、21参照）。「祝福する」という語句はⅠペトロ書ではこの箇所のみに登場する。さらに、「祝福を受け継ぐ」という表現もヘブライ12：17にみられるのみで、新約文書ではきわめて稀である。キリスト者は、敵対者に対して神の祝福を祈る。「〔神からの〕祝福を受け継ぐ」とは、終わりの日に救済が約言されていることを意味する（Ⅰペトロ1：3－5、他にもマタイ25：34、Ⅰクレ35：1－3参照）。まさにこのために、読者たちは神に召されたのである。前述の通り、敵対者を祝福するのはある意味、常軌を逸脱する行為である。このような行為ができるのは、救済の真実を体得した者でないと実行不可能であろう。救いへの道に召されたことを心に留める者が、憎しみを愛で返すことができるのである。召されるとは、神からの祝福を得ることであると力説する意味で、先の後者の案がよりふさわしいと思われる。

10－12節 続いて送り手は、LXX詩33：13－17をここに引用する。ただし、1：16（および1：24、2：6）の「διότι γέγραπται」のように導入句を挿入させ、はっきりと引用章句であるという示唆はない。2：3においても、同じ詩編の詩句に手を加えた形で文章に組み込んでいる。10節以下は部分的に改変、付加、また語順を入れ替えているが、大部分はLXXからの引用である。

----

〔836〕 この解釈を採用するのは速水、425頁、Bigg, 156; Davids, 126-127; Goppelt, 228 Anm. 15; Kelly, 137参照。LUをはじめとして、ドイツ語圏では、こちらの案を採用している解釈者たちが多い。ただし、ヴァーレンホルストは解説では判断を一応保留しているが、訳案を読むと前者の意見に与しているように思える。Vahrenhorst (2016), 141-144.

〔837〕 ローマ14：9、Ⅱコリント2：9、Ⅰヨハネ3：8他参照。

〔838〕 ヘブライ12：17は、ヤコブは長子の特権を受け、祝福されるが、兄エサウは拒否される物語（創世25：27－34、27：1－29）が下地にある。

〔839〕 Ⅰクレ22：1以下にも同箇所の引用があるが、Ⅰクレの方はより正確に引用している。Michaels (1988), 179参照。

LXX 詩 33：13 の冒頭部分が削除され，問いかけが分詞による条件になり，10，11 節の二人称が三人称命令形に変えられている（LXX 詩 33：14 の「σου」は削除）．また，10 節では「γὰρ」，11 節でも「δὲ」が付加され，12 節には「ὅτι」が挿入される．[840] LXX 詩 33：17 の後半は引用されていない．いずれの変更箇所は送り手によるのか，または，それ以前の伝承者によるのか断定はできない．[841] だが，前後の文脈に合わせているように読めるので，著者による改変の可能性がより高いだろう．

10 節以下は，前節までの勧奨句の根拠を示す形で詩編が引証される．元来の詩編 34（LXX 詩編 33）は教訓的内容を主としている．その後半部分にあたる 12 節「子らよ，私に聞け」からは，若者への教えが語られており，現世での幸福な人生を送るための処世訓が述べられる．[842] LXX 詩 33:13 では，命を愛し，善い日々を見たいと望む者は誰かという問いに，14 節以下が応答する形式である．Ⅰペトロ書においては，このような処世訓の意味合いは薄められ，終末論的内容に置き換えられている．この引用章句は 8－9 節の内容，および 13 節以下と対応している．口舌を制することにより，[843] 侮辱（の言葉）を侮辱（の言葉）で返すことはなくなる．2：22 以下にある苦難を甘受するキリストの姿がここでも重ねられている．8 節で悪を悪で返さない人は，10 節「命を愛し，善い日々を見たいと望む者」であり，その者たちに対して，さらに「悪から離れ，善をおこない，平

---

〔840〕 本註解では挿入部分は引用章句と分け，11 節「δὲ」は訳出しなかった（岩波訳は「かえって」と訳す）．

〔841〕 さらに，別のギリシア語訳聖書を用いた可能性も指摘されている．Michaels (1988), 180 参照．新約文書の成立時期に，複数のギリシア語聖書のバリエーションがあったことは想像に難くない．秦（2018）196 頁参照．テオドティオン訳がカイゲ校訂版からの影響を受けているように，当時，（複数の）LXX の校訂版や他のギリシア語聖書が存在していたと想定できる．新約文書における引用句が LXX より，テオドティオン訳と類似する例がそのことを示している（Ⅰコリント 15：54 のイザヤ 25：8 の引用など）．土岐（2015），129－132 頁，およびヴュルトヴァイン，86－87 頁参照．

〔842〕 月本，122－123 頁，ブロックス，207 参照．

〔843〕 口舌の悪を慎むべきという勧奨は，箴 18:21，シラ 22:27，ソロ詩 12:2－3，ヤコブ 1：26，3：1 以下にもみられる．ヤコブ 3：1 以下における口舌の制御に関する勧告は，教会内の同信者を念頭に置いているが，Ⅰペトロ 3：10 は教会の内外を問わず一般的な問題として引用している思われる．辻（2002），163 頁参照．

和を求め，これを追え」という命令が発せられる．9 節「祝福を受け継ぐ」約束は 12 節の引用でより確かにされる．主の目は義人たち（つまりは読者たちを想定）の上にあり，その耳は彼らの願いに傾けられる，とあるように，神の恩顧を看取できるのは悪から遠ざかる者のみである（シリ・バル 52：5－6 参照）．その逆に，主の顔，つまりは神の裁きは悪をおこなう者に向けられる（レビ 17：10, 20：3, エレミヤ 21：10, エゼキエル 15：7 参照）．「審査の日」（2：12）の到来は，すでに告げられているものの，17 節後半を削除することによって，ここでは悪人への審判後の行く末は語られない．しかし，その後の記述（4：5, 17－18）でそれが明らかになる．善をおこなう者は続く 13, 16, 17 節でもくり返され，悪をおこなう者は 13, 16 節でも言及される．

補論：報復の放棄について

Ⅰペトロ 3：9「悪に対しては悪，侮辱をもって侮辱を返さずに，むしろ逆に祝福しなさい」は，イエスの愛敵の教え（マタイ 5：38－48，ルカ 6：27－38）と深く結びつく．この教えは同害報復を否定するものであり，新約聖書において特筆すべき教えの一つである．敵味方の境界を放棄させ，通常の社会的規範を超え出るこの命令は，おそらく，イエスの発言の中でも最もインパクトがある．

---

〔844〕 平和を訴求する生き方はローマ 12：18 でも勧められる（マタイ 5：9, ヘブライ 12：14 も参照）．
〔845〕 月本，120 頁参照．
〔846〕 マタイ福音書の註解書において，この箇所の影響史を検討したルツは次のようにまとめている．「愛敵の戒律は最も中心的なキリスト教的テキストの一つである．それは初期キリスト教的訓戒において，それも殆どすべてのキリスト教勢力圏において，非常に頻繁に引用されているだけではなく，異邦人が驚嘆するキリスト教的特質，また新しさ，そのものと見なされている」．ルツ，438 頁．なお，愛敵の教えに類似する言葉は，キリスト教以外の資料にも見出せる．たとえば，かつて奴隷であり，ストア派の伝統に生きたエピクテトス『語録』Ⅲ：22：54，五賢帝の一人，マルクス・アウレーリウス『自省録』2：1 他参照．類似例に関しては，Schottroff, 204-213; Theißen (1983), 160-197 に詳しい．さらに仏典（『ミリンダ王の問い』）の中にも敵に対して慈しみを抱くべきであるといった言葉が残されている．前田，285 頁参照．ただし，類似的発言であるが，イエスの発言のコンテキスト（社会的弱者が抑圧されている状況）とは異なる点も注意しなければならない．

それゆえ，この教えに戸惑いつつも広く初代教会で共有され，パウロやⅠペトロ書の共同体にも影響を及ぼしていることは上記の考察ですでに確認した．

初代教会においてイエスの非暴力，愛敵の教えに感化され，その生き方を大きく変えた人物が報告されている[847]．複数の初代教父たちもこの言葉を引用していることからわかるように，後の世界に与えた影響はきわめて大きい[848]．その余波は今日の世界まで残っている．

一方，敵対者に対して容赦のない攻撃をくり返すパウロの言辞（ガラテヤ3：1他）[849]や，初代教会の信者たちが愛敵の実践に苦慮する言に接する時[850]，この教えの実行の難しさも同時に思い知らされる．

おそらく，愛敵の発言は史的イエスに遡る可能性が高く[851]，かつこの言葉を正面から受容した放浪のカリスマ者（Wanderradikalist）においても，体験的なレベルで生きていたであろう．イエスはこの教えを単に精神主義的，観念的な意味合いとして述べたのではなく，動かしがたい現実を変えることができる，きわめて実践的な教えだったと思われる[852]．

しかしながら，初代教会が伝承を引き受け，また福音記者がこれを受容した段階になるに従い，やがては文芸上の生活の座を獲得するようになる．Ⅱクレ13：4において，この愛敵の教えは「社会的賞賛と結びついていると同時に，この掟がキリスト教内部で実行されていなければ，外部からの厳しい批判にさらされる

---

〔847〕「（略）かつて互いに憎しみ合い，人種の違う人とは一緒に食事をしない習慣の者が，キリストの顕現以後，今や寝食を共にし，敵のために祈り，自分に対し不当な憎しみを抱く者さえ説得して，キリストの正しい勧めに従った生活をさせ，万物の支配者なる神から，私共と同じたまものをいただくことができるように，望みを持たせようと努めるのです」（ユスティノス『第一弁明』14：3）．
〔848〕アテナゴラス『キリスト教徒のための請願書』11：3，テオフィロス『アウトリュコスに送る』第3巻14 参照．
〔849〕イエスの言葉とパウロの非報復論（ローマ12：19-20）の相違については新免，38-42頁で詳しく考究されている．
〔850〕「私たちが憎む者たちを愛さないばかりか，愛してくれる者たちさえ愛さないのを見た時，彼らは私たちを嘲り笑い，そのために御名が汚されることになるのです」（Ⅱクレ13：4）．後2世紀以降の愛敵の教えの展開については辻（2010），136-152頁を参照．
〔851〕Theißen (1983), 191-197 参照．
〔852〕この愛敵の実行は，権力（者）への抵抗の機会を完全に奪われた被抑圧者にとって，残された最後の抵抗行為とも受け取れるし，またはその行為が敵対者にショックを与え，暴力行為の意志を削ぐための自己防衛という側面も考えられる．Ebner, 131 参照．

ことになると警告されている．（略）文芸上の生活の座がこのような護教的機能を果たし，愛敵の教えが反キリスト教的偏見を駁論するために利用されているのである」[853]．この意味では，対外的な振る舞いを指南する文脈の前に添えられたⅠペトロ3：9もまた，同じように護教的機能をはたしていると言えるだろう．

　愛敵論を考察した新免が的確に述べるように，イエスのラディカルな発言と行動は「境界線や制度的制約を超える方向，すなわち，規範的なことを規範通りにおこなうことを要求する現行制度からの自由――『プログラム・フリー』と言い換えることができる――の方向[854]」へと開かれ，解放されていくはずである．しかし，ひとたび観念化され，この教えが共同体における一つの「規範」となった場合は，その真意や目的がまったく異なるものになってしまう．

　くり返すように，同害報復の観念が古代世界だけではなく，現代の世界でも広く人々に膾炙していることを鑑みるならば，このイエスの発言は特異である．にも拘らず，人はなぜ，この教えに惹かれ，それを実行しようと少なからぬ努力を重ねるのであろう．イエスの発言は，観念化の波にさらされつつも，その中にはこの教えを体験的に学ぼうとした人々も少なからずいたのも事実である．この言葉を実践することによって，境界線や制度的制約，そして規範そのものを超えようと努力した人々も確かにいる．

　廣石は「愛敵の教えには，人の心の深いところで訴えかける力」があるとし，「それは，私たちが純粋な愛に対する密かなあこがれをもっているから」だとする．さらに，「無条件の愛へのあこがれは人間論的な事実」であるとする．「すべての人間」にとって「人間論的な事実」かどうかについての判断は留保すべきだと思うが，廣石が重ねて論じている「純粋な愛がもたらす効果」についてはやはり注目すべきであろう．廣石は「純粋な愛を前にするとき，人はもはや，たんに理性的なだけでのふるまいで自己満足することに躊躇を覚える」のではないかと問いかける．「このことは，現実の社会形成という規則化されたプロセスに対しても，最終的には積極的な効果を与えるだろう」と結ぶ[855]．これは新免の次の結語とも響き合う．「愛敵や非暴力はそれ自体，非現実的なこととして実効性を疑問視させよう．しかし，完全無力ではなく，一つの機能である．それによって対峙する

---

［853］　新免，42－43頁．
［854］　同書，44頁．
［855］　廣石，207－208頁．

相手が生かされ，自らも生きるための賢明な知恵ある選択ともなりうる」[856]．

　イエスの言葉は，その内容から人に驚きを与え，戸惑わせる．時に違和感や拒否感を抱かせ，反発や反感もよび起こす．しかし，これを聞いた者は，程度の差はあるものの動揺を隠せず，自分の内側に目を向ける．このように，愛敵の教えは自身の内に潜む何かを揺さぶる．イエスの言葉は敵を愛せるか，愛せないかという二者択一を迫るものではない．イエスの真意はこの教えを通して別な生き方，世界のあり方をさし示すことにある．

　廣石は「積極的な効果」を具体的に紹介はしていないが，たとえば，次のようなことが想起されるだろう．1955年，モントゴメリー・バス・ボイコットに端を発し，全米に広まった公民権運動，それを中心的に担ったマーティン・ルーサー・キング・ジュニアの言動に対する人種を超えた人々の参与である[857]．さらに，2006年，米国ペンシルベニア州の南東部に位置するランカスター郡にあるアーミッシュの小学校で起きた乱射事件のことも思い出される．アーミッシュのコミュニティーが自殺した殺人犯とその家族を赦した，いわゆる「アーミッシュの赦し」がアメリカ社会に与えた影響などが挙げられる[858]．

　非暴力と愛敵の教えを実践するのは相当の覚悟と忍耐が強いられるのは，想像に難くない．まして，主戦，好戦的な世論一色に染まり，他者への積極的な攻撃を是とする時局の中で，この教えを墨守するのは困難である．否，ほとんど不可能に近い．

　日露戦争開戦へと突き進んだ時代，「戦争絶対的廃止論者である」と声高に叫

---

〔856〕 新免，44頁．
〔857〕 キングの運動は単に黒人の人権回復，地位向上を求めただけではなく，広い意味で黒人と白人との「和解」の運動であった．「憎悪は憎悪を生み，暴力は暴力を生み，頑迷はますます大きな頑迷を生み出す．ぼくたちは憎悪の力に対しては愛の力をもって，物質的な力に対しては精神の力をもって応じなければならない．ぼくたちの目的は，決して白人たちをうちまかしたり侮辱したりすることではなく，彼らの友情と理解をかちとることではなくてはならない」．キング，101頁．キング牧師の発言やその行動は，愛敵を実践できるか否かを迫るものではなく，むしろ，「あなたの敵とは誰か」という問いかけである．この問いは翻ってみると，イエスからの問いかけでもある．
〔858〕 この「アーミッシュの赦し」をアメリカ国内で賛否を巻き起こし，「アーミッシュはなぜ現実を無視するのか」という否定的な意見とともに，「アーミッシュは真のキリスト教がどういうものかを示した」という称賛の声も上がった．クレイビル他，94-104頁参照．

んだ内村鑑三は,後に「余が非戦論者となりし由来」(『聖書之研究』1904年9月)という文書のなかで次のように説いている.〔859〕 内村はもともと,日清戦争当時は正戦論を公に唱えていた.植村正久,海老名弾正などのように戦争を肯定する立場であった.その後,自身を非戦論者とならしめた理由として,聖書の教え,過去10年間の世界情勢などと並んで,「私の生涯の実験」と述べている.

「私は三四年前にある人たちの激烈なる攻撃に会いました.その時,ある友人の勧告に従いまして,私は我慢して無抵抗主義を取りました結果,私は大に心に平和を得,私の事業はその人たちの攻撃により,さしたる損害をこうむることなく,それと同時に多くの新しい友人の起こり来たりて,私を助けてくれるのを実験しました.(略) この事はもちろん私事ではありまするが,しかし私はそれによって,すべての争闘の愚にしてかつ醜なることをさとりました.何ひとでも,おのれみずから無抵抗主義の利益を実験したる者は必ず彼の国に向つても同一の主義の実行を勧めるであろうと思ひます」.〔860〕

内村があえて「実験」と記したのは,おそらく無抵抗主義はそれを実践した者でないと体得できない事実があるからだろう.この身を挺する「実験」によって,〔861〕 己とその周囲にどのような変化が起きるのかわからない.それでもこの「実験」によって,何かが変わることを期待するのである.

内村鑑三と良心的兵役拒否:徹底的な非戦論の論陣を張る内村だが,必ずしも良心的兵役拒否には組しない.むしろ,非戦論者が自ら出征し,そこで戦死(殉死)する

---

〔859〕 日露戦争に端を発した内村の非戦論は,世界情勢と彼自身の信仰のあり方が変わるに従い,変化,展開しており,一面的に論じることはできないだろう.第一次世界大戦が勃発し,内村がキリスト再臨信仰への傾斜していく時期に記された論述は,当初の非戦論とは異なり,再臨信仰から眺め直している(『聖書之研究』1917年7月).「戦争は,世界の世論が非戦に傾いた時にやむのではない.また,かかる時は決して来たらないのである.戦争は神の大能の実現によって,やむのである.戦争廃止は,神がご自身の御手に保留したもう事業である.これは,神の定めたまいし,世の審判者なるキリストの再臨をもって実現すべきである」.内村(信仰著作全集21),115頁.山本はこの時期に内村の非戦論は「完成」したとする.山本,69-73頁参照.
〔860〕 内村(信仰著作全集21),90頁.
〔861〕 この「生涯の実験」は女子独立学校の運営をめぐる東京独立雑誌社社員の反乱をさしていると言われている.鈴木(2012),164頁参照.

ことよってこの思想が貫徹されると説く．戦争は「多くの非戦主義者の無残なる戦死をもってのみ，ついに廃止することのできるものである」．「(略) 出陣せる平和主義者は，死せんことを欲して生きんことを願わない．彼は彼の殉死によって彼の国人を諫めんと欲し，また同胞の殺伐に快を取る，罪に沈める人類に悔い改めを促さんとする」(「非戦論者の戦死」，『聖書之研究』1904 年 10 月)[862]．内村はエフェソ 6：14－16 を引用しつつ，出陣し，戦場で潔く散った友人たちを讃え，「非戦論者が最も善き戦士を作るとは，大なる逆説のように聞こゆれども，しかしながらこれは否認しがたき著明なる事実である」[863]と結ぶ．大きな問題をよび起こす内村のこの矛盾について，宮田は次のように説き明かしている．「内村は良心的反戦の思想を徹底化し，純粋化することによって《殉死》の死という観念に到達」する．宮田が危惧するように，「《贖罪》の論理によって非戦主義者の死を正当化することは，非業の死を美化し《英霊》化する国家主義の論理」に通じる危険が潜んでいる[864]．死者の過度な英雄化は，常に権力機構に搦めとられ，利用されてきた歴史がある．「博愛を唱うる平和主義者は，この国か国のためにしなんとはしない」[865]と内村自身が述べているように，確かにここでは狭隘なナショナリズムは感じられないものの，死(者)はいかなる理由であれ，美化されるべきではない．武士の家系に生まれた内村の脳裏から，殉死の美徳の観念が離れることはなかったのであろうか．当然ながら，戦死者(内村の言葉では殉死者)の崇敬は，逆に戦争礼賛への道を開いてしまう可能性がある．むしろ，非戦論を唱えるのであれば，自らの信条・意志に反して強制的に戦地に送り出された非戦論者の無残な死を直視し，その悲惨さと無意味さを徹底的に訴えるべきであろう．それによってこそ，戦争の不条理とその虚無を認識させ，非戦論への確かな道が整えられるのではなかろうか．さらに，内村は非戦論者が戦場で自らの信念とともに，(殉教者のごとく)「殺される」ことのみを強調しているが，「快く戦場に臨んだ」[866]彼らが，聖書の教えに背き(出エジプト 20：13，マタイ 5：21 参照)，間違いなく敵を「殺す」身であることはその視野に入ってない[867]．上掲の内村の発言に「最も善き戦士」とあるかぎりは，戦場で一切の抵抗をせず無抵抗で殺されることを想定はしていない[868]．

─────────

[862] 同，60 頁．
[863] 同，61 頁．
[864] 宮田 (1978)，97－98 頁．
[865] 内村 (信仰著作全集 21)，60 頁．
[866] 同，61 頁．
[867] この点に関して，「内村は戦場で死ぬことの意味を評価しつつも，兵士が戦場で敵兵を殺すという可能性についてはほとんど考慮にいれていないように見え，その点についても批判は避けられないように思われる」という石川の批判は的を射ている．石川 (2013 年)，113 頁．
[868] 内村は米国留学時，アマースト大学の J. H. シーリーとの出会い以来，終生，

内村のこの「実験」に倣い，無抵抗を実行した者が残した声を聴くとき，イエスの教えを体験的レベルで生きることの困難さを痛感させられる．とりわけ，圧倒的な暴力が支配する空気の中で，それに抗う者に襲いかかる暴力の凄まじさは壮絶である．

　太平洋戦争の戦況が混迷を極め，絶望感が漂う1943年8月，招集された無抵抗主義者であったイシガ・オサムは在郷軍人に課される簡閲点呼に行くことを頑なに拒否し，憲兵から袋叩きにされる．[869]

　― 私は点呼に行って武器をとりたくありません．
　― なに？　なぜだ？
　― わたしは無抵抗主義でありますから．わたしはガンディを尊敬しております．
　　憲兵の手があがったと思うと，わたしはほほをはりとばされてよろめいた．
　― インドへ行けっ，インドへ！
　　今度は反対のほほを打たれ，バランスが回復された．憲兵の目が輝いている．
　― ニホン人じゃないって，おまえは！
　　もうひとつほほをなぐられた．ほほがあつくなる．しかし別に痛みは感じない．わたしはできるだけ無抵抗の態度をとろうとした．いくつ打たれるか，いずれにしてもいくじない卑怯な倒れかたはすまいと足をふみしめた．
　　（略）
　― おまえみたいな愛国心のないやつは生きている必要はないんだ．なあ，そこの橋からアサヒ川へとびこめ．どうじゃ，とびこまんか．
　― とびこみません．しかしこのままここで食事をいただかずに死んでも結構であります．

贖罪論への強い関心を抱き続けていた．しかし，内村だけではなく，戦中の日本人キリスト者は戦死者とイエスの贖罪死を重ね合わせて正戦論を説いていた．非戦論を貫いた浅見仙作がその著書でその姿を報告している．浅見と論を交わしたキリスト者が「日本軍が大陸や南方で血を流して戦っているのはキリストの十字架の血と等しく平和のための犠牲の血である」と戦争を肯定したことに対し，「日本軍の流す血は敵を打つための血」であると反論している．浅見，9頁．兵士がイエスのように殺されて血を流すという視座は，兵士が敵を殺し，血を流すという事実を覆い隠す．内村が説く殉教者として非戦論者の（贖罪）死理解はこのような危険性を孕んでいる．

〔869〕　イシガ，168－170頁．

- ここで死なれちゃ困る．アサヒ川へ行け．そうすりゃ点呼に行かずにすむんじゃ，おい，いやか，いのちが惜しいか．
- いのちが惜しいから点呼に行かないのでありません．
- そんなら行け．一日のことじゃないか．
- 主義として反対なのであります．あるいはまちがっているかもしれませんが，わたしは正しいと信じてやっているのであります．

しばしば，自説を弁明する際に言われる「わたしは正しいと信じている」という言葉が，この場面以上に重く響くことがはたしてあるだろうか．1930年代以降，日本人キリスト者たちは地滑りのごとく戦争加担に傾いていった歴史的状況の中での「正しさ」と，イシガが守る「正しさ」の差は際立つ．たとえば，武本喜代蔵『基督教徒の對戰爭觀』（羊門社出版部，1937年）にある次のような発言と比べると，その差はあまりに歴然である．武本は戦時下でのキリスト者の「正しい」振る舞いについて熱を帯びて語っている．「クリスチャンは主義として，理想として平時盛んに非戦論を吐き，平和運動をなさねばならなぬけれども，一朝開戦と成ればその原因が何であれ，剣を執って祖国の為に戦はねばならぬ．其戦争が若し神意でないとしても責任は我らにはない．我らはただ一兵卒として忠実に，勇敢に戦ふや否やによつて主より審かれるのである」[870]．そして，次のような言葉でこの書を結んでいる．「日本が倒れたらアジアは最うアジアはない．（略）死ぬべき時は今だ．今ほど生命の棄て甲斐ある時はないのである」[871]．武本のような言葉に鼓舞されて，戦地に散ったキリスト者が多かったことを覚えると，この発言の責任はきわめて大きいだろう．

もう一人，無抵抗主義者として生きた歴史の証人の言葉を拾ってみたい．1942年，治安維持法で検挙されたプリマス・ブレザレンのメンバーの一人である，当時21歳の山本末雄は次のような言葉を述べ，当局はそれを書き留めている．

「戦争は聖書に堅く禁ぜられて居り神の御心に逆ふのでありますから現在の世界戦争はサタンの働きに依るものである日本では聖戦と呼んで居るが之は間違ひであります．（略）出征は王の命令である限り行かねばなりませんが戦地へ行つ

─────
〔870〕　武本，10頁（引用では旧字体を改める）．
〔871〕　同上，38頁．

第 3 章　271

ても私は絶対発砲突撃せず無抵抗で居ります．銃後では信者は直接殺人行為に用ひられる様な兵器の製造，戦勝祈願，武運長久祈願黙祷は絶対にせないのであります」．[872]

山本はその後，出征し，戦死する[873]．山本は続けて，こう述べている．「私は国民の多数がこんな考へを持つことにより日本が戦争に負けて日本が他国の植民地となつても仕方がないと思つて居ります，私は千年王国や新天地が実現すれば神は私達を祝福して下さることを信じて居ります故に此の肉体がどんなに苦しめられるとも幸福であります」[874]．

「国民の多数がこんな考へを持つこと」になる時代が再び到来するのならば，否，すでに到来しているのならば，山本の全存在を賭けて遺したこの言葉はいっそう深刻に響く．

3章13－17節　迫害下での勧告

>^{13} そして，もし，あなたがたが善いこと〔をおこなうこと〕に熱心な者であるならば，誰があなたがたに危害を加える者になるだろうか．^{14} しかし，あなたがたが義のゆえに苦しみを受けることがあるとしても，あなたがたは幸いである．「彼らの恐れを恐れるな，動揺するな」．^{15} むしろ，あなたがたの心の中で「主」キリスト「を聖としなさい」[875]．あなたがたの内にある希望について説明を求めるすべての人に弁明できるよう，常に準備していなさい．^{16} しかし，柔和と畏れをもって，善い意識（状態）を保ちなさい．そうすれば，あなたがたが悪口を言われる際，キリストにおけるあなたがたの善い振る舞いを罵る者たちは，恥じ入るようになる．^{17} なぜなら，神の意思〔が欲するの〕であれば，善をおこなって苦しむほうが，悪をおこなって苦しむよりもよい．

---

〔872〕　戦時下 2，232 頁．
〔873〕　石浜，514 頁参照．
〔874〕　戦時下 2，232 頁．
〔875〕　「θεον」とする後代の写本もある（P㎥）．それゆえ，いわゆる公認本文（Textus Receptus）に拠る欽定訳では「the Lord God」としているが，古く，かつ有力な写本（𝔓^{72} ℵ A B C Ψ など）は「Χριστόν」である．筆耕の誤りの類とは思えないので，LXX に合わせて写字生が修正したのか，それともⅠペトロ 1：15－16 に合わせたのか（この箇所では聖なる方は神）．

3：10－12 の詩編引用を受けて，新たな話題への展開を促す「καί」を導きとして，3：13 からいよいよ迫害を前提にした勧めの言葉が集中的に重ねられていく．1：6 から折にふれて言及される苦難の現実を前にして，キリスト者はいかなる態度を取るべきか．書簡はいよいよこの問いと向かい合い，中心的な主題へと踏み込んでいく．ここにおいて，Ⅰペトロ書は一つの山場に差し掛かると言えるだろう．

具体的な勧告（2：18－3：7）から一般的な勧告に移り，詩編の引用を橋渡しとして，さらにまた具体的な勧告（3：13－17）へと展開される．苦しみを受けても幸いであるという逆説を語り（3：14），心の中でキリストを聖とせよと確信を持たせる．日常生活でさまざま起こりうる事態に際して，弁面のために準備せよと具体的な指示を送る（3：15）．そして，さらに，柔和と畏れをもって，善い意識を保てと重ねて心構えを告げる（3：16）．周囲との摩擦の中でいかに振る舞うべきかを教える．

以上の勧告を裏づける神学的な根拠として「ὅτι」を伴い，3：18 から教義が語られる．読者たちは不条理な迫害を受けている．彼，彼女たちがそのような苦しみに耐え忍ぶ根拠として，キリストの受苦が伝えられる．キリストもまた苦しみを受けたのである．送り手は伝承を巧妙に操作しながら，次々と話題を切り換えつつ，読者の関心を惹きつけていく．

13 節 善行を奨励するのには理由がある．もし，信徒たちが善を熱心に実行するのであれば，誰が危害を加えようか，と修辞的な文体で問いかけることから始めている（2：20 と同様に修辞的疑問文）．後半の「誰があなたがたに危害を加える者になるだろうか」は，原文では未来形で記されているが，迫害はまだ現実に起きていないと受け取るべきではない．前後の文脈，さらには書簡全体を

---

〔876〕 Goppelt, 233 参照．
〔877〕 ケリーはここから書簡の主要部に入ると述べるが，ゴッペルトはそれ以前の社会訓，家庭訓などとこのセンテンスが対関係にあるとする．Kelly, 139; Goppelt, 231. しかし，迫害下の勧告を 3：13－4：11 までと捉えるならば，社会訓などと比べると分量と内容的厚みが異なるので対関係とは厳密に言えないだろう．
〔878〕 同様の指摘はブロックス，210 頁参照．なお，ブロックスはこの問いかけは LXX イザヤ 50：9 後半の「誰がわたしに悪しきことができるのか（τίς

眺めれば，現実に何らかの害悪に苛まれるということは明白である．辻が説明するように，13節の表現は「次節につなげて盛り上げていく文学的手法」であろう．このような文学的手法を取るのは，奇を衒ったり，読者の関心を惹きたいからではない．この問いへの答えは明らかであり，「誰も危害を加えない」というものである．しかしながら，実際，読者たちには非難や中傷が浴びせかけられ，場合によっては肉体的な苦痛も加えられている．では，なぜこのような問いを投げかけるのだろうか．

著者が伝えたいのはまず，本来，善に勤しむ読者たちは害を受けるはずはない，ということである．しかし，現実に危害を加える者を前にする読み手は，納得するはずはない．送り手は，この問いの真意を後の17節に繋げて説明する．善をおこなって苦しんだとしても，神の意思であれば善いとされる．それゆえ，善をおこなうことがキリスト者の勤めであることを何度も訴える．ただ単に善をおこなうのではなく（2：20，3：6，11，17，4：19参照），何より「熱心な者」であることが要求される．

κακώσει με)」（秦訳）によるとする．他の釈義家も同箇所との関連を指摘する．岩波訳，825頁，註2，原野，172頁，Elliott, 619; Goppelt, 234; Jobes (2005), 226; Wagner/ Vouga, 113. 確かにLXX イザヤ50：9前半では「見よ，主はわたしを助けてくださる」と神への絶対的信頼の上に先の問いがあるので，Iペトロ書と通じるところがある．

〔879〕 Iペトロ1：6, 2：12, 4：12, 5：9参照．使徒言行録においては，「κακόω」は何らかの物理的な害を受ける文脈で用いられる（7：6〔創世15：13〕, 19, 12：1, 14：2, 18：10）．シュライナーはこの「危害を加えられる」とは3：10–12を踏まえて，裁きの日の終末論的な禍害を意味すると解釈する．Schreiner, 169f. しかし，デュビスが正しく反論するように，14節へと繋ぐ文脈では明らかに物理的な危害である．もし，終末論的なそれを意図するならば，たとえば4：7以下のような脈絡に挿入するはずである．また，先の使徒言行録での「κακόω」の使用例もその反証になるだろう．Dubis (2010), 106. Forbes, 113 も同意見．

〔880〕 辻（2000），693頁．岩波訳，825頁，註3も参照．

〔881〕 Davids, 129; Forbes, 113; Schelkle, 100 参照．川村訳では，この答えも訳文に含ませている．「さて，もし君たちが善を行うことに熱心であれば，誰が君たちに危害を加えるでしょうか．そんなことは決してありません」．

〔882〕 ここでは「外面的」ではなく，「内面的」な危害を意味しているとシェルクレらは捉えるが，前後の文脈からは外面的なそれは明らかである．Schelkle, 100. 同様の反論は Davids, 129f. 参照．

〔883〕 善きことを熱心に追及することが勧められる．シラ51：18「私は熱心に善を求めたが（ἐζήλωσα τὸ ἀγαθὸν），それで恥をかくことは決してない」．さらに，Iコリント14：12, ガラテヤ1：14, テトス2：14では「ζηλωτής」は積極的な意味で使用されている．ストア派のセネカも外見だけの善を求めることを退け

善をおこなうのはなぜか．それによって社会的イメージを向上させ，また，自己の栄達のためにするのではない．「キリストにおける」善い振る舞いであり，「神の意思」としての善行である．13節は勧告というよりは，ある意味，激励の言葉である．ローマ8:31にあるように，ここでは，神への絶対的信頼が前提となっている．たとえ，実害を被ったとしても，神を信頼しつつ，何も恐れずに善行に励むこと，それこそが神に喜ばれ，幸いであると告げられる（3:14）．なぜなら，キリストもまた苦しみを受けたからである（2:21, 3:18）．あらゆる場面で，読者たちの面前には受苦のキリストの像が映し出されている．

14節 14節前半は条件文に希求法で書かれているが[885]，この箇所も将来もしかしたら起こりうる迫害を意味しているのではなく，現に被っている苦しみを問題としている（続く17節も同様）[886]．前半はマタイ5:10（およびトマ福58）と類似しているが（Ⅰペトロ4:13, 14参照），語句や語順の差異は大きく，マタイをそのまま引用しているというよりは，送り手がこの種の伝承を前後の文脈に適応させるために整形して取り入れたと考えられる[887]．

「義のために」の「義」とは具体的に何を意味しているのか説明されてはいないが，おそらくこの文脈からは3:11の「悪から離れ，善をおこない，平和を求

る．「そこで我々は，単に外見だけの善ではなく（non in speciem bonum），堅実で不変で，しかも，隠れたほうの部分ほど美しい或る善を求めようではないか」（セネカ『幸福な人生について』3:1）．

[884] Achtemeier, 229; Schelkle, 100; Schweizer (1972), 73; Vahrenhorst (2016), 146; Wagner/ Vouga, 113 参照．

[885] 「Optativus potentialis」BDR, 385. 2 参照．文法では「実現可能性に無頓着な理論上の仮定」（岩波訳，825頁，註3）であり，厳密に訳すと「しかし，義のために苦しむようなことがあると仮定しても，君たちは幸いだ」となるだろう（織田，252－2d）．

[886] 岩波訳，825頁，註3，速水，425頁，ブロックス，212頁，Achtemeier, 231; Kelly, 141; Schreiner, 171 参照．

[887] マカリズムとよばれる幸い章句（宣言）は新・旧約聖書全般にみられるだけではなく，初期ユダヤ教，およびヘレニズム文献にも確かめられる文学様式である．原口（2011），10－48頁参照．Ⅰペトロ3:14の特徴として形容詞「μακάριοι」が文頭ではなく文末にあり，人称は通常用いられる三人称ではなく，二人称複数形で書かれている点である．メツナーが論究しているように（Metzner, 7-33 参照），マタイ5:10とⅠペトロ3:14の明確な依存関係があるとは推定できないが，信仰ゆえに苦しむ者に幸いが宣言されるマタイ5:10と主題的には近い，という原口の所論には同意できる．原口（2011），133頁参照．

める」生き方をさしているのだろう（本註解 2：24 参照）[888]。神に求められるキリスト者としての正しい振る舞いゆえに，苦しみを受けたとしても幸いである．苦難が幸いであるとは大きな矛盾であるが，終末時に救済の確信を得ている読者たちには（1：6 他参照），たとえ困難な状況に陥ろうとも神の意思に沿って生きること，それはすなわち幸いである．なぜなら，キリストの到来時には，歓喜することが約束されているからだ（4：13）．

14 節後半は LXX イザヤ 8：12－13 からの部分的な引用章句である．この引用は 15 節前半も続く．LXX イザヤ 8：14 は Ⅰ ペトロ 1：8 でも引用されている．14 節後半は「彼ら」が誰なのかは明示していないが[889]，12 節の「悪をおこなう者」，16 節の「罵る者」，換言すればキリスト者に敵意を抱く者たち全般をさしている．読者はいつ，どこで，誰から害を被るかわからない．そのことを念頭に置き，書き手は広い意味に取れる一般的な書き方をあえて選んでいる．

「彼らの恐れを恐れるな」は直訳であるが，意味を取って単に「彼らを恐れるな」でもよい[890]．この引用章句は，次節以降に示された読者に要求される泰然自若たる態度へのよびかけと連動していく．心中の憂悶を捨て去れ，と預言者の言葉を取り込みながら，送り手は熱を込めて語り続ける．

15 節 14 節後半に続き，15 節前半は LXX イザヤ 8：13 の引用章句であるが，後半部分は削除され，「主を聖としなさい」に「あなたがたの心の中で」と「キリスト」が加えられている．14 節も同様であるが，アッシリアとそれになびく人々を糾弾するイザヤ書の文脈をほぼ無視して，独自の文脈に置き換えている．恐れることはないと告げた後に，引用句に「むしろ（δέ）」を加えて真に頼るべき方であるキリストに目を向けさせている[891]．この箇所は二通りの訳が提案されている．

① 「κύριον」を述語と理解し，「キリストを主と崇めなさい」（協会共同訳）と

---

[888] 原口（2011），132 頁，Elliott (2000), 622; Goppelt, 234 参照．
[889] LXX イザヤ 8：12 では単数形「αὐτοῦ」だが，Ⅰ ペトロ 3：14 の引用では複数形「αὐτῶν」である．MT では「この民」なので複数形がふさわしいが，Ⅰ ペトロ書の書き手が訂正したのかまたは別のギリシア語訳を用いたのか定かではない．Achtemeier, 232 Anm. 46 もその変更理由を不明とする．3：13 で語られた危害を加える者は複数であると考えていたのだろうか．Jobes (2006), 329 参照．
[890] Ⅰ ペトロ書では多くの場合，「畏れ」は神に抱くものである（2：17，3：2，16 参照）．ここでは人に対してなので「恐れ」いう漢字をあてた．
[891] Wagner/ Vouga, 114 参照．

する案，②「τὸν Χριστὸν」を同格的説明句と解する案がある．LXX イザヤ 8:13「主それ自身（κύριον αὐτὸν）」を置き換えたものなので，本註解では②がふさわしいと考える．

「心の中」という表現は 3:4 の「心の内に隠す人」を思い起こさせる（1:22 も参照）．後半にある「あなたがたの内に」と関連づけられている．「聖としなさい」は，1:15-16 においてもレビ記の引用章句を交えて命じられている勧告と響き合う．逆境の際に模範とすべきキリストを自身の心の内に留めることを勧めている．「説明を求める」は直訳では「言葉（λόγος）を求める」である．「弁明する（ἀπολογία）」は法廷での弁論を意味する術語であるが（使徒 22:1，25:16，Ⅱテモテ 4:16 参照），ここでは「すべての人」「常に」とあるので，日常生活での弁明をさしている．キリスト者は周囲の無理解のゆえに，信仰の内容について問われる立場に立たされる．そのために確かな心構えをもつことを訴えている．書簡の冒頭で希望へと新生したことが告げられており（1:3，および 1:13），それはすでに「あなたがたの内に」ある．読者は救済の真実を臆すること

---

〔892〕 英訳聖書の多く，またその影響を受けていると考えられる文語訳，口語訳，共同訳，新共同訳はこの訳案を採用している．註解書では Achtemeier, 232; Selwyn, 192 他も採用．

〔893〕 LU だけではなく，独語の註解書の多く（たとえば Goppelt, 235 Anm. 20 参照），また邦訳では塚本訳，岩隈訳，前田訳，岩波訳，宮平訳などの個人訳の他，フランシスコ会訳もこの訳案を採用する．英米の註解書では Bigg, 158; Dubis, 110; Michaels (1988), 187; Kelly, 142 も採用．

〔894〕 「ἐν ταῖς καρδίαις」は外側から見えない隠された，秘めたる場所という意味で用いられている（マタイ 24:48，ローマ 10:6，Ⅱコリント 7:3，エフェソ 3:17，ヤコブ 3:14，Ⅱペトロ 1:19，黙示 18:7 他参照）．

〔895〕 通常の裁判ならば，何らかの犯罪行為が糾弾されるが，「希望について弁明する」という答えはそれにそぐわない．ここでは信仰的な問題に対する説明を要求されていると捉えるべきであろう．多くの釈義家も同様の見解である．ブロックス，215-216 頁，Goppelt, 236; Elliott (2000), 627; Kelly, 142f.; Michaels (1988), 188 他参照．

〔896〕 マタイ 10:9，マルコ 13:9，ルカ 12:11，21:14，使徒 16:19-20，17:6-10，19:24-40 参照．ミシュ・アヴォ 2:14 でラビ・エルアザルは「不信心の者になんと答えたらよいか知りなさい」と述べている．

〔897〕 希望は信徒の間で共有されており，互いを結合するものなので，「ἐν ὑμῖν」を「among you」（Achtemeier, 233-4，他にも Michaels (1988), 189「yours」）と捉える訳もある．確かに後続の 4:12，5:1，2 の「ἐν ὑμῖν」は「among you」の意味に取れる．しかし，Ⅰペトロ書の使信は何より，読者そのものが希望へと変えられたことにあるので（1:3），「あなたがたの内に（in you）」とすべきであろう．Forbes, 116 も同意見．それゆえ，「あなたがたの抱いている希望」（協会共

なく説き明かすことが求められる．3：1-2にある妻の振る舞いと同じように，その語りかけにより敵対者たちが信仰へと導かれることも期待されている．

　キリスト教徒の評価について：非キリスト教徒がキリスト教徒について残した文書はあまり多くはない．後2世紀のタキトゥスなどの歴史家による記録がいくつか残されているのみである．タキトゥスによる歴史記述は精確なものとはいえないだろうが，ネロ帝による迫害について報告する際，キリスト教徒を「人類憎悪」の罪と結びつけている（『年代記』XV：44）．また，「悪業」をなすキリスト教に対し，小プリニウスは「節度なき愚鈍な邪教」（書簡集第10巻96，訳文は保坂，365頁）と断じている．後2世紀以降のキリスト教側の弁論の中に，非キリスト教徒による誹謗中傷の声が残されている．ユスティノスやテルトゥリアヌスらは，非キリスト教徒によるキリスト教徒への言われなき悪行の嫌疑（性的淫行，人肉食，嬰児殺し，近親相姦）や流言飛語の類に対して果敢に反駁している[898]．キリスト教徒は「公敵」（テルトゥリアヌス『護教論』35：1）であり，既成の神々を拝んでいないという意味で「無神論者ども」と揶揄されていた（ポリ殉3：2，9：2）[899]．周囲から不敬の輩のように見なされたキリスト教徒への罵詈讒謗は，かなり早い段階から生まれていたと考えられる．キリスト教徒への嫌悪は，通俗的な神々を拝まないといったように当時の社会生活上要求される義務や習慣に従わない，異様な生活スタイルに起因する[900]．ローマ帝国の町々の中心地には種々の神殿が備えられており，各家にはララリウムにみられるように家庭内の祭壇も設けられていた．そもそも，「無神論者」とは「神の存在を否定する者」という現代的な意味ではなく，当時，信仰の対象であった「神々を否定する者」を意味する．社会（家庭）生活で不吉なことや災禍が生じれば，神々を拒む者に非難の矛先が向かうのは当然である．さらに，当時の宗教儀式は，共同体の構成員が参与すること

　　同訳他）という訳文もこのニュアンスを十分に伝えきれていない．
[898] ユスティノス『第一弁明』26：7，29：2，『第二弁明』12：2，4，テルトゥリアヌス『護教論』2：4-5，7：1以下，21，ミヌキウス・フェリクス『オクタヴィウス』9：6-7参照，アテナゴラス『キリスト教徒のための請願書』1：10，35：1-4参照．
[899] 松本（2017），90-98頁参照．この「無神論」という批判は，そもそもユダヤ教徒に向けられていたものである（ディオ『ローマ史』LXVII：14：2，クレメンス夫妻への断罪の箇所参照）．
[900] ローマ社会において宗教祭儀がいかに誇るべきものであったか．キケローと神々をめぐる諸問題について論じるバルブスの次の言葉からもそれが読み取れるだろう．「わが国を諸外国と比べた場合，他の点で肩を並べるか劣っている事柄が認められるとしても，宗教儀式，すなわち神々の礼拝をおこなう点にかけては圧倒的にまさっていると言えるだろう（religione, id est cultu deorum, multo superiores）」．『神々の本質について（De natura deorum）』2：8.

によって，連帯意識を向上させる公共的な側面が強い．そのような儀式に積極的に参加（向社会的行動）しないキリスト教徒は「反社会的」と見なされ，不信感が高まったはずである．しかし，むしろ彼，彼女たちの信仰（の対象）そのものが問題とされたであろう．後2世紀の風刺作家ルキアノスの『ペレグリノスの最期』13にある次のような記述は，文学上の脚色が相当あると思われるが，非キリスト教徒の目にキリスト教徒がどのように映し出されていたのか比較的正確に表現されているのではなかろうか．ここでのソフィストとはイエスのことをさしていると考えられる．「哀れな彼らは，総じて言うと，永遠に自分たちが不死となって生き続けるだろうと信じている．それで死をも軽蔑し，大部分の者が進んでわが身を捧げるのである．それから最初の立法者が，みなお互いに兄弟であると彼らを説得した——きっぱり道に背いてギリシアの神々を否定する一方，磔になった彼らのあのソフィストその人を伏し拝んで，その掟に従いつつ生きるなら，と」．ローマ帝国の反逆者（政治的犯罪者）として十字架刑で処されたイエスを，「神の子」と奉じる信仰は不可解極まりない．十字架は呪いの象徴である．ある意味，迫害は必然である．ローマのパラティーノの丘近くの落書き（アレクサメノスの掻き絵）にあるように嘲笑の的である．キリスト教徒側もこのことに自覚的であり，疎外感を強くもっていたに違いない．「すべての人から迫害されている（ὑπὸ πάντων διώκονται）」（ディオ手紙5：11）という後2世紀

〔901〕「（略）群衆で至る所の道路がいっぱいになっているではありませんか．そしてこれらの人たちはみんな，私一人の喜びとはまったく関係なく，大いに囃し，歓喜しているようで，いいえ，人間ばかりかすべての家畜も家々までも，それに空気さえも晴朗と微笑しているようでした」という描写から始まるアプレイユス『黄金の驢馬』11：6-18では，恍惚感が充溢するイシスの祝祭行列に酔いしれる人々の姿が活写されている．聖なる空間と時間の共有は人々を結びつける紐帯となる．宗教行事のダイナミズムは共同体形成に底知れぬ作用をもたらす．

〔902〕Vittinghoff, 342-343 参照．

〔903〕「十字架に磔にされよ」といったような落書きがポンペイに残されているように（CIL 4. 2082），当時，十字架は呪詛の言葉に用いられていた．テキストの指摘は木村（2010），164頁参照．大プリニウスが『博物誌』の中で神々について次のように述べている．「ひ弱で苦労している人間が，その弱さを自覚し，そういう神々をいくつかの群に分類し，部門々々でめいめいが自分にもっとも必要とする神を崇拝した」．人間は神に強さ，完全さを求める当時の人々の心性を鋭く観察している．弱さの代名詞ともいえる十字架を抱くキリスト教徒はこの点で異質である．

〔904〕この点に関して，松本も次のように述べている．「キリスト教には自分たちが社会内の少数派で，疎外され圧迫されるという意識が当初からあった．それは彼らが神の子と信じるキリストが処刑された犯罪人であった，ということと無関係ではあるまい」．松本（2017），296頁．同様の見解は Schmidt (1963), 86（およびシュミットの意見を紹介する井上，58-59頁，註23）参照．

末の護教家の発言は，決して針小棒大なそれではなかっただろう．敵対者を前にしても笑みを浮かべ（ミヌキウス・フェリクス『オクタヴィウス』37：1），自らの信条を最後まで貫こうとする誉れ高きキリスト者の鉄心石腸の精神が，周囲にはむしろ頑なさ（不気味さ）として否定的に受け止められていたことは，殉教伝のグロテスクな筆致からも読み取れる（ポリ殉9：1以下参照）．

16節 15節に続き弁明の際の心構えを教えている．名詞「柔和（πραΰτης）」は新約文書では書簡に登場する語句である．この語句は徳目表に列挙され，善い振る舞いとしての望ましい態度の一つとして（ガラテヤ5：23，エフェソ4：2，コロサイ3：12，テトス3：2，ヤコブ1：21，3：13，およびIテモテ6：11「πραϋπαθία」），また，敵対的存在に臨む態度（IIテモテ2：25）で用いられている．

柔和とは，3：9のように敵対的ではない態度を意味し，攻撃的に弁明することを勧めていない．ここでも，イエスの愛敵の精神を思い出される．柔和は人間に対する態度として用いらえているが，次の畏れは人間に対してではなく（3：14参照），神に対する畏れである（Iペトロ1：17，2：18，3：2参照）．

「意識」は2：19では「神の意識（神を意識すること）」，3：21ではこの箇所と同じく形容詞「ἀγαθός」と伴った用いられている（Iテモテ1：5，19，4：2も参照）．「συνείδησις」はパウロ書簡に登場するが，本書簡のみならずパウロの影響下にある牧会書簡でも頻繁に用いられる（本註解補論「『意識（συνείδησις）』について」参照）．なぜ，善い意識（状態）を保つ必要があるのか．それは，読者が悪口を言われる時に，敵対する者は恥じ入ることが明白だからである．「善い意識（状態）」は「善い振る舞い」を促す．「キリストにおける（ἐν Χριστῷ）」はIペトロ5：10，14でも用いられているが，パウロ書簡（および第二パウロ書簡）で多用される用語であり（164回），その影響がうかがえる．善い振る舞い

---

〔905〕 形容詞形ではマタイ5：5，11：29，21：5（ゼカリヤ9：9），Iペトロ3：4参照．
〔906〕 他にもイグ・トラ3：2，4：2参照．ヘル牧5の戒め2：6ではIペトロ3：16と同じく「μετὰ」伴う（「μετὰ πραότητος καὶ ἡσυχίας」）．
〔907〕 ガラテヤ6：1では「柔和な霊」をもって過ちを犯した者を正せとある．
〔908〕 「ἐν ᾧ」はIペトロ書で5回使用されているが，ここでは2：12と同じように時間的な接続句として理解する．ブロックス，218頁，Achtemeier 236; Elliott (2000), 467; Dubis, 113; Forbes, 118; Michaels (1988), 117; Reicke, 110f. 他参照．
〔909〕 Oepke, ThWNT II, 537f. 参照．Iコリント4：17では「キリストにおける

の根拠をキリストに置く．つまり，読者の行動はキリストに基礎づけられていることを伝えている．2：12 や 3：1－2 と同様に，敵対する存在や無理解な人々が態度を改めることを期待する内容であり，この箇所も宣教も射程に入れた勧告とも受け取れるだろう．[910]

17 節 「なぜなら（γάρ）[911]」で始まる 17 節を 13－16 節よりは，むしろ 18 節以下の内容と結びつけて考える案も提出されている[912]．これも一案であるが，本註解では 14 節との対応関連を考慮し 13－16 節と関連づけて訳す．17 節では 14 節の「誰があなたがたに危害を加える者になるだろうか」を受けて，送り手は善をおこなって苦しんだとしても，神の意思であればそれは善いとされる．先の 14 節と同様に，ここでは読者たちが現に被っている苦難を問題としている．14 節の意味内容と同じように，理不尽な苦しみに耐える根拠を提示している．

17 節は 2：20，および 4：15 と同じ主旨であろう[913]．読者たちが苦しみに耐えるのは，神がそのように望まれるからであると説明する．次の 18 節でも読者たちの堅忍の理由として，キリスト自身が受けた辛苦が語られる．「神の意思」という表現は，2：15，3：17，4：2，19 でも登場し，パウロ書簡ではローマ 12：2，ガラテヤ 1：4，Ⅰテサロニケ 4：3（およびエフェソ 6：6）に用いられている用語である[914]．主の祈り（マタイ 6：10）やゲツセマネでのイエスの言葉（同 26：42）にみられるように，神の意思に従っていることはキリスト者の生の中心に置かれている．直訳は「神の意思が欲するのであれば」となる．

「善をおこなって苦しむほうが，悪をおこなって苦しむよりもよい」は一種の

道」とあるように，パウロの生き方そのものがキリストによって規定されていることを示している．また，エフェソ 2：10 では善いおこないにおいて歩むため，キリストにおいて創造された者であることが告げられている．

〔910〕 Wagner/ Vouga, 117f. 参照．
〔911〕 口語訳，新共同訳，協会共同訳などはこの接続詞を訳出していない．
〔912〕 Wagner/ Vouga, 119 頁参照．田川訳も同様．
〔913〕 「悪をおこなって苦しむ」という言辞は何を意味するのか正確にはわからない．ただし，これと終末論的審判を関連づけるミヒャエルスの解釈は首肯しかねる．Michaels (1967), 394-401; ders. (1988), 192. および Martin, 223f. 参照．ここでは現在の実際的な苦しみを意味している．
〔914〕 他にもローマ 1：10，2：18，15：32，Ⅰテサロニケ 5：18，コロサイ 1：9，4：12 参照．

格言であるとも推測されている[915]．確かに類似の発言が聖書外文献にもあるが[916]，流布していた格言を採用したとしても，この箇所ではキリスト教的文脈に置き換えられている．比較を用いた言い回し（～よりもよい）はマルコ9：43（マタイ18：8－9），Ⅰコリント7：9，Ⅱペトロ2：21にみられる[917]．

補論：「意識（συνείδησις）」について

この補論では新約文書における「συνείδησις」の用いられた方を概観する．

「συνείδησις」は「共に（σύν）知る（οἶδα）」という意味の「σύνοιδα」（Ⅰコリント4：4参照）から派生しており，この語の語源は，「他と共有する知（識）」[918]にある．ラテン語の「conscientia」はこれに対応する[919]．この語の最も古い用例はデモクリトスの断片に見出されるとするが，その後，メナンドロスやディオゲネス・ラエルティオスの発言に散見されるぐらいで，前5－3世紀までの使用例は少なく，そこでは「知」ないし「共知」の意味で使われている．前1世紀ではフィロデモス，シケリアのディオドロス，ハリカルナッソスのディオニュシオスなどの文献においてこの語の使用例がたびたび見出され，その際，いわゆる「心の疚

---

[915] ブロックス，219頁参照．
[916] たとえば，「不正を行なうのは不正を受けるよりも，醜いことであるだけ，それだけまた悪いことであるということ，あれは実は本当のことだったのだ」（プラトン『ゴルギアス』508B）．
[917] Forbes, 118; Michaels (1988), 191f. Snyder, 117-120参照．
[918] この語意について，Liddell & Scott, 1704では1「knowledge shared with another」，2「communication, information」，3「knowledge」．4「consciousness, awareness」，5「consciousness of right or wrong doing, conscience」と列挙されている．エックシュタインは，「conscientia」「συνείδησις」の意味内容として「Mitwissen」「Bewußtsein」「Moralisches Bewußtsein, Gewissen」「Inneres」を挙げている．Eckstein, 4-11．
[919] 「共に知る」の「共に」は誰なのか．石川は次の三つに分類する．① 世間（の他者）と共に，② 神と共に，③ 自己自身と共に．①，②は他律的，とりわけ②は神律的，③は自律的である．石川（2001年），16－17頁．
[920] 英語「conscience」，独語「Gewissen」などもこれに対応し，それゆえ「ヨーロッパにおいて古代から継承されてきた良心概念を，『共に知る』という意味で辿ると，主要な良心論は根本においておおむねこの意味にしたがっており，この意味を度外視して良心の本質は見えてこないほどである」．石川（2001年），12頁参照．

しさ」「罪悪感」の意味で使われていたとされる[921]。

「συνείδησις」と対応関係にある「conscientia」は、とりわけストア派の文献に頻出する（日本語訳では「良心」と訳されている）．新約聖書の「συνείδησις」との関連が指摘されているので，ここではこの語句に関して少し詳しく考察する．「万人の噂よりも自分の良心の方が重要なのだ」（アッティクス宛書簡 XII, 28, 2）と喝破するキケローは，ローマ共和制末期の政治家クローディウスの殺害事件の被告人であるミローの裁判で，ミローの人格を称え，次のように弁論している（キケロー『ミロー弁護（Pro Milone）』61）．「良心の力は強い（Magna vis est conscientiae），審判人諸君，しかもどちらの側に対しても強いのだ．だから，何の罪を犯さなかった者が怖じ気をふるうこともないし，過ちを犯した者は，刑罰が終始眼の前にちらつくように思うほどなのだ」．キケローにとって「conscientia」は善悪を見定める指針であり[922]，それへの絶大なる信頼を説く彼は，（キケロー自身の言葉かまたはアッティクスのそれか判然としないが）「生きているかぎり，人は誰でも良心という正道〈から〉爪の幅ほども遠く逸れてはならない」と勧告している（『アッティクス宛書簡』XIII, 20, 4）．自己省察の必要性を常に説き続けるセネカも「conscientia」を裁定者と定め[923]，それを神聖視し，次のような言葉を残している．

「何事も，名声を得るためにではなく，良心に照らして行おう（omnia conscientiae faciam）．自分以外知る人のないことをおこなう時は，何事も衆人環境の中でおこなっていると考えよう．（略）自然が生命の息吹を返すよう求めるか，理性がそれを解き放つとき，自分は良心を愛し，善き業を愛し，自分のせいで誰の自由も制約されたことなく，誰かのせいで自分の自由が制約されたことも決して

---

[921]　古典文献における同語句の使用例を渉猟した Eckstein, 50-64, Pierce, 29-39 を参照．
[922]　金子，51－52頁参照．
[923]　セネカは『怒りについて』（第3巻36：2）でセクスティウスが常日頃からおこなっていた自己省察の習慣を紹介している．「一日が終わり，夜の眠りへ退くとき，己の心に向かって尋ねたものである（interrogaret animum suum）．『今日，お前は己のどんな悪を癒したか．どんな過ちに抗ったか．どの点でお前はよりよくなったのか．』」「君自身を査問してみたまえ．最初に告発者，次に判事，最後に赦免嘆願者の役割を演じてみたまえ」（『倫理書簡集』28：10）と法廷の比喩を用いながら，自らのあり方を説き明かす．

ないと神明に誓ったうえで，この世を去ろう」(『幸福な生について』XX, 4-5).

　セネカにおいて，内なる良心は内なる魂と同一視されている．ルーキーリウスに書き送った書簡において「神は君のそばに，君と一緒に，君の中にいる (prope est a te deus, tecum est, intus est)」という言葉に導かれて，「聖なる魂はわれわれの内に座し，われわれの悪しき，また善きおこないを観察し，また監視している (observator et custos) —— と．この魂はわれわれによって取り締まらせていると同時に，それ自体われわれを取り締まっているのです」(『道徳書簡集』XLI, 1-2) と述べている．このように，セネカにおいて「conscientia」は宗教的性格を帯びるようになっている．

　では，次に新約聖書における「συνείδησις」の用例を確かめよう．「συνείδησις」はパウロ書簡（とりわけⅠコリント 8, 10 章）において頻出し (14 回)，その他，使徒言行録に 2 回，牧会書簡においても 6 回登場し，重要な鍵語として用いられている．他にもヘブライ書，Ⅰペトロ書に見出せる．ヘブライ書を除いて，パウロ書簡，およびその影響下にあると思われる書簡に集中して用いられる術語であり，この語はパウロによってキリスト教の中に取り入れられたというブルトマンの推測は，あながち間違いではないだろう．

　まず，Ⅰコリント書の使用例を確かめる．Ⅰコリント 8 章に記された偶像への供え物に関する指示の中で，8：7 において，従来の慣習から偶像に捧げた肉を食べる人々は，「συνείδησις」が弱いので汚されると述べる．知識のある人が神殿で食事をしているのを「弱い人々」が見たならば，その「συνείδησις」が強

---

〔924〕セネカは善きおこないの源泉として「conscientia」をあげている（『倫理書簡集』23：7 参照）．

〔925〕内面の監視者として良心については『倫理書簡集』105：7 にも見出せる．「良心 (conscientia) は別のことに気を紛らわせることを許さず，絶えず良心に応えるように強いる」．

〔926〕金子，54 頁参照．

〔927〕七十人訳ではコヘレト 10：20, LXX 知恵 17：10 のみである．ただし，前者は一般的な「心」の意味で用いている．ルベ遺 4：3 も参照．ユダヤ教文献ではヨセフス『古代誌』XVI：103, 212,『戦記』IV：189, 193 では「罪悪感」などの意味で用いられている．また，フィロン『十戒各論』II：49,『悪は善を襲う』146,『徳論』124,『出エジプト記問答』32 では主に「意識」という意味で使用されている．Eckstein, 121-123, 135 参照．使徒教父文書ではⅠクレ 1：3, 2：4, 34：7, 41：1, 45：7, Ⅱクレ 16：4, バルナバ 19：12, イグ・トラ 7：2, ポリ手紙 5：3, ヘル牧 3 の戒め 4, ディダケー 4：14 参照．

〔928〕ブルトマン神学 II (1953), 45 頁，他にも松木 (1991b), 75 頁．

められて（建てられて）偶像の肉を食べてしまうと皮肉を交えて苦言する（8：10）．それゆえ，弱い「συνείδησις」を傷つけるべきではないと勧告する（8：12）．食事に関する勧奨の言葉は，10：25以下で再び登場する．市場で売られているものは，「συνείδησις」に問わずとも食べてよいが，誰かが神殿に供えられた肉であると述べた場合は，「συνείδησις」のゆえに，食べてはならない．ここで言及する「συνείδησις」とは自身のではなく他者のそれであると述べる．Ⅰコリント8，10章に用いられている「συνείδησις」は，物事の本質を見極める，どのような態度を取るべきかを判断する力と置き換えることができるだろう．感情や心の問題ではなく，むしろ透徹した理性的判断力をさしていると考えられる．そのため，善悪を見極める道徳意識という意味内容を主にもつ「良心」は，パウロが用いる「συνείδησις」を適切に反映させる訳語とは言い難い．

　訳語「良心」について：「思想および良心の自由」「良心的兵役拒否」「良心的な値段」など，現代の日本において膾炙している「良心」という語句は，孟子に遡るとされる．「告子章句」上巻八には次のようにある．「人に在する者といえども，あに仁義の心なからんや．その良心を放つ所以の者はまたなお斧斤の木におけるがごとし．旦旦にしてこれを伐る，もって美となすべけんや」．性善説に立つ孟子は，良心を「仁義の心」と同義で用いており，それは人間に生来備わった本性と見なしている．人にはそもそも「良い心」があるという認識である．この良心概念は，その後，伊藤仁斎や中村正直（敬宇），西周，大西祝などによって批判的に展開されていくが，そこには宗教的意味合いはない[929]．良心に宗教的意味内容，つまり絶対者（神）との関係においてそれを捉えるのは，内村鑑三をはじめとするキリスト者たちであったと考えられる[930]．このような宗教的意味を含む良心理解を促したのは，明治期以降の聖書翻訳である．新約文書，とりわけパウロ書簡に頻繁に登場する「συνείδησις」という語句に対して，「良心」という訳語があてられてきた．ブリッジマン＝カルバートソン訳などの漢訳聖書において，すでにこの語句を用いているので，明らかにその影響がうかがえる．漢語への深い信頼からか，または一度定められた訳語はその後の翻訳において変更するのは容易ではないためか，「συνείδησις」に対しては，明治元訳（それ以前の分冊も含めて）から協会共同訳に至るまで，および種々の個人訳を含めてほぼ「良心」と訳されてきた[931]．

[929]　漢語「良心」の語義的考察に関しては金子，42－50頁参照．
[930]　金子，45頁参照．
[931]　N. ブラウン訳では「ほんしん」という訳語をあてている．『和英語林集成』

Ⅱコリント1：12では，パウロは自らの行動の正当性を主張する文脈で，私たちの誇りであり，「συνείδησις」も証しすると述べる．4：2でも先と同様に，自身の「務め」，いわゆる彼の使徒職の正当さを訴える際，神の前ですべての人の「συνείδησις」に推薦すると述べる．5：11も似たような文脈が続き，自身の存在が神の前では明らかにされているが，書簡の受け取り手の「συνείδησις」にも明らかになることを望んでいる．いずれの箇所もⅠコリント書の使用例と同じように，内在する理性的な判断力とその振る舞いを示していると思われる．パウロはコリントの人々に，自身の使徒職を承認するように彼，彼女たちの「συνείδησις」に働きかける．

ローマ2：12以下では，異邦人と律法との関わりが論じられる際，「συνείδησις」について言及される．律法を持たない異邦人が律法の命じることを自然に行えば，律法がなくとも自身が律法となる．律法の命じるおこないがその心に記されており，「συνείδησις」がこれを証すると述べる．9：1ではイスラエルの選びについて説き明かす際，私の「συνείδησις」も聖霊によって証ししていると記す．ここでは「συνείδησις」が人格化されて用いられている．さらに，13：5では，上に立つ権力に従うのは，怒りではなく「συνείδησις」のゆえに従えと命じる．

このように，パウロはユダヤ人，異邦人に拘らずすべての人の内に「συνείδησις」が在することを前提にしている．ブルトマンによれば「συνείδησις」は，「元来は他の人との共有知（Mitwissen mit einem anderen）をさしていたが，パウロの時代には，すでに長いこと自己自身との共有知（Mitwissen mit sich selbst）という意味を持つようになって」おり，「自分自身の態度についての人間の知識」とする[932]．確かに，Ⅰコリント8，10章の使用例などを読むと，態度決定までを含む判断力を意味しているように考えられる[933]．さらに，ローマ9：1やⅡコリント1：

では「conscience」に「Hon-shin, kokoro」という訳語をあてているので，その影響と思われる．
[932] ブルトマン神学Ⅱ（1953），45－46頁，および Goppelt, 194 Anm. 24 参照．
[933] Lüdemann「釈義事典Ⅲ」，342-344頁，Maurer, ThWNT VII, 900-918 参照．パウロは他にも人間学的用語を度々使用している．たとえば，人間の内部的活動の一つとして「理性」と訳される「νοῦς」（ローマ7：23, 25，Ⅰコリント14：14以下，フィリピ4：7）は，人間の知識や思惟や判断（力）を司るものとして使われている．Ⅰコリント14：14以下では霊と対照化されている．また，「心」と訳される「καρδία」も多く登場し，痛みや憂い（ローマ9：2，Ⅱコリン

12 にみられるように、パウロの用例ではその判断の背後には神の存在が前提とされている。ただし、この判断力もあくまで人間的な限界を有しており、個人によって誤ることもあることをパウロは知っている（Ⅰコリント 8：12）。パウロにとっては、神だけが人を裁く方である（Ⅰコリント 4：4）。

次に、パウロ書簡の影響下にある牧会書簡を検討しよう。牧会書簡ではⅠテモテ 1：5, 19, 3：9, Ⅱテモテ 1：3 において「συνείδησις」を用いているが、その際、「ἀγαθός」「καθαρός」といった形容詞が加えられている。「συνείδησις」を使用するのは、パウロ書簡の影響であると推測できるが、この点ではパウロ書簡とは異なる。新約文書において、「συνείδησις」の使われ方がパウロ以降に変化したと考えられる。牧会書簡において、「良い」や「清い」といった付加語を頻繁に用いているのは、教会共同体内で市民的道徳が要求されていたからである。いわゆる、キリスト教的市民道徳の涵養である。当時の市民倫理を重んじる指示を与えるのは、教会が市民社会の中に浸透することを強く望んでいたからだ。良い「συνείδησις」をもつことによって、当時の世界で推奨される良い振る舞いを示すことができる。

Ⅰテモテ 1：5 では送り手のパウロ（を名乗る人物）は、異なる教えは無意味

ト 1：22）、熱意（Ⅱコリント 8：16）や愛情（フィリピ 1：7）と結びつき、「νοῦς」と比べると人間の感情と関わっている。ブルトマン神学Ⅱ、37－40、51－59 頁、松木（1991b）、74－79 参照。では、このような「νοῦς」「καρδία」と「συνείδησις」とはどのように関係しているのだろうか。パウロ書簡でその関わりについて明確に説明していないが、ローマ 2：15 では人間の中心的部分に位置づけられる「καρδία」に書かれた律法の業を「συνείδησις」が証しするとあるように、「καρδία」と「συνείδησις」は同一視されてはいない。Klauck (1994), 28f. 参照。

〔934〕「パウロにとって良心は人間の内なる神性や神の声ではない。人間の良心は、見えない超越的神の意思または要請そのものと同一ではない。神と人間との区別は良心においても越えられない」。松木（1991b）、76 頁。この点で先のセネカのような理解はパウロにはない。

〔935〕辻（2023）、106－107 頁参照。

〔936〕このような用法は新約文書以外の同時代文献でも見出せる。フィロン『賞罰』84、『十戒各論』Ⅰ：203、ヨセフス『戦記』Ⅱ：582、セネカ『倫理書簡集』23：7（bona conscientia）参照。

〔937〕ディベリウス／コンツェルマン、54－55 頁、ブルトマン神学Ⅲ（1953）、175－177 頁参照。使徒教父文書でも「ἀγαθός」以外にも「ἀγνός」「καθαρός」「πονηρός」などの付加語とともに用いられている（Ⅰクレ 1：3〔妻への訓告〕、41：1、45：7、Ⅱクレ 16：4、ポリ手紙 5：3〔女性への訓告〕、ヘル牧 3 の戒め 4、ディダケー 4：14）。

な詮索を惹き起こし，信仰による神の計画を阻むものであり，それゆえ，清い心と良い「συνείδησις」と偽りのない信仰から出てくる愛を目標とせよと説く．19節では信仰と良い「συνείδησις」をもてとテモテに命じる．3：9では教会の指導的立場である執事に対して，信仰の奥義を清らかな「συνείδησις」において保てと教える．清い「συνείδησις」はⅡテモテ1：3でも登場し，パウロ（を名乗る人物）は清い「συνείδησις」をもって仕える神に感謝すると述べている．文語訳ではⅠテモテ1：5, 19を「善き良心」としたが，口語訳以降は「正しい良心」に変えている．牧会書簡における「συνείδησις」の意味内容は，パウロ書簡におけるそれと異なるように思われる[938]．理性的な判断力というよりは，市民としてのふさわしい行動と結びついた意識（状態）という意味と考えられる．それゆえ，やはりここでも先のように「良心」よりは，単に「意識（状態）」と訳すのがより正確であろう[939]．

　Ⅰテモテ4：2では背教の予告を語る．原文のニュアンスは，偽りを語る者の意識に（捕虜や奴隷に対して焼きつけられる）決定的に消し難い印が与えられていることを意味している（ガラテヤ6：17参照）．岩波訳はSLの意味内容を考慮して「内奥の意識」という訳語を選んでいるが，単に意識だけでもよいだろう．「内奥の」というのは少し訳しすぎであろう（そもそも，意識とは内奥にあるものではないか）．ここでは，偽りを語る者の（内的）意識に植えつけられた誤った判断（結婚を禁じ，食べ物を断つこと）を問題としているので，善悪の価値判断，いわゆる道徳的規範を取り上げているわけではない．テトス1：15では，「汚れた不信仰な者には，何一つ清いものはなく，その知性も良心も汚れています」（協会共同訳）とあるが，この箇所も「良心」ではなく，上記の理由から「意識（状態）」と訳すべきである．

　続いて使徒言行録に目を向けよう．使徒23：1, 24：16では，パウロが最高法院での弁明において，「兄弟たち，私は今日に至るまで，神に対して全き良識をもって生きてきました」と述べる．協会共同訳は，「あくまでも良心に従って」と意訳している[940]．24：16は総督フェリクスに対してパウロが弁明する際，「私自身も

---

[938] パウロ書簡における「συνείδησις」と牧会書簡の使用の相違については，Roloff, 69f.; Marshall, 218-221 に詳しい．
[939] Eckstein, 303-306; Roloff, 68-70; Weiser, 90 参照．
[940] 他にも岩波訳（および塚本訳）では「良心に少しのやましいところなく」，

神に対して，人間に対して責められることのない意識をもつように懸命に努力をしています」と答える。ここでも「ἀπρόσκοπος」（Ⅰコリント10：32，フィリピ1：10参照）という形容詞が付加されている。この箇所もパウロの潔白さを強調するという先の23：1の文脈と類似している。「全き良識」「責められることのない意識」とは，神と人の面前で正しい行為をしている意識（状態）をさしていると考えられる。

　最後にⅠペトロ書とヘブライ書を取り挙げる。Ⅰペトロ3：16，21にも「συνείδησις」は「ἀγαθός」を伴って記されている。その前のⅠペトロ3：15に続き，非キリスト教徒に対する弁明の際の心構えを教えている。その際，「善い意識を保ちなさい（συνείδησιν ἔχοντες ἀγαθήν）」と命じる。つまり，善い振る舞い（行為）を促し，維持させる善い意識（状態）ということである（本註解3：16参照）。このような使い方はヘブライ13：18も同様であり，なおかつ，ヘブライ10：22の「悪しき意識」とはその逆のことを意味しているのだろう（ヘブライ10：2でも「罪の意識」とある）。Ⅰペトロ3：21はバプテスマについての説明文であり，この箇所も3：16と同様に善き意識（状態）と理解すべきである。Ⅰペトロ書の場合，先の牧会書簡のように，単に市民としてのふさわしい行動と結びついた意識（状態）だけというよりは，神の前で生きるために求められる意識（状態）というニュアンスも含まれているように読める。

　ヘブライ9：9，14では，これまでのやや異なる「συνείδησις」の使われ方と出合う。礼拝をおこなう者の「συνείδησις」を完全にすることはできない，および私たちの「συνείδησις」を死んだ業から清めると記されているが，ここでは人間の内面部分をさしているように思われる。日本語に訳す際は，「内面」，または「意識」[941]という語句を選ぶべきであろう。また，Ⅰペトロ2：19には「διὰ συνείδησιν θεοῦ」という語句が登場する。ここでは，属格「神の（θεοῦ）」は「神を意識すること」と解するのが正しいだろう（本註解2：19参照）。

　このように，新約聖書で記されている「συνείδησις」は，パウロ書簡では態度

前田訳「全く良心的に生活してきました」，フランシスコ会訳「全く明らかな良心に従って」とTLである日本語として自然な文章になるように同化翻訳を試みている。

〔941〕それゆえ，エックシュタインは「Inneres」という意味を想定している。Eckstein, 306.

決定までを含む判断力を意味しており,「意識」や「判断力」という訳語がより適している.パウロ書簡以外,とりわけ牧会書簡ではパウロの用い方と異なり,「良い」「清い」という付加語を伴って使われる.ここでは,理性的な判断力というよりは,市民としてのふさわしい行動と結びついた意識(状態)をさしている.

3章18-22節 キリストの受難の意味

¹⁸ なぜならば,キリストもまた,罪のためにただ一度苦しまれた[942].義人が不義の者たちのために〔苦しまれたのである〕[943].あなたがたを神のもとへ連れて行くためである.〔キリストは〕肉では殺されたが,霊では生かされた.¹⁹ その際,〔キリストは〕牢獄にいる霊たちのもとにも赴き,告知した.²⁰ 〔この霊たちは〕かつてノアの時代に箱舟が造られていた間,神が忍耐して待っていた際,不従順であった者たちである.この箱舟の僅かな者たち,すなわち八つのいのちだけが水を通って救われた.²¹ この水に対応した(この水がその予型である)バプテスマは,今やあなたがたをも救うのである.〔バプテスマは〕肉の汚れを取り除くことではなく,むしろ,イエス・キリストの復活を通して[944],神に対する善き意識(状態)の応答である.²² 〔キリストは〕天に昇り神の右におり,天使ら,また諸権威や諸勢力は彼に従った.

〔942〕「死んだ (απεθανεν)」と読む写本があり (𝔓⁷² ℵ* A C² など),文語訳,口語訳,岩隈訳,川村訳,塚本訳,フランシスコ会訳ではこちらを採用している.いずれも有力な写本ではあるものの,Ⅰペトロ書全体の傾向からは本註解のように読むのがふさわしいだろう (2:21, 3:14, 17, 4:1, 13 参照).ブルトマン (1967), 134頁, 註4, ブロックス, 226頁, Achtemeier, 239; Dalton, 131-133; Goppelt, 242 Anm. 11; Metzger, 622f.; Schelkle, 102, Anm. 2; Williams/ Horrell (vol.2), 186f. 他を参照.
〔943〕「私たち (ημας)」と読む写本も存在しており (ℵ²A C K L 33),前田訳はこれを採用している.元来の伝承では「私たち」の可能性が考えられるが,前後の文脈 (3:16, 21) からは不自然である.Achtemeier, 239; Forbes, 122 も参照.
〔944〕文尾の「イエス・キリストの復活を通して (δι' ἀναστάσεως Ἰησοῦ Χριστοῦ)」を文頭の「救われる」に関連づける翻訳が多々ある (文語訳,塚本訳,岩隈訳,新共同訳).Dubis (2010), 127 参照.ここでは後半の文章に関連づけて訳す (前田訳,岩波訳,田川訳,新改訳参照).

3：13－17 の具体的な勧告を踏まえ，18 節からは教義的な内容が語られる．3：18－22 は 1：18－21, 2：22－25 と並び，キリストに関する記述と考えられている(945)．ここでも苦難のキリストが語られているが，これまでと異なる視点も付加されている．3：19, そしてこれに続く 4：5－6 と合わせて，キリストが牢獄にいる霊のもとに赴き，告知し，死者たちに「福音を伝えた」と記されたという記述である．初代教会においてこの箇所の解釈からキリストの陰府降下という神学的言説が生まれ，最も代表的な信条の一つであり，現在でも各教会で重んじられている「使徒信条」に影響を与えた（「……死にて葬られ，陰府にくだり，三日目に死人のうちよりよみがえり……」）．先の 1：18－21, 2：22－25 と同様，3：18－19 も NA 第 28 版においては前後の文と区別して詩文として段落を下げて記している．これは次のような伝承史研究の仮説に基づいた工夫である．

ブルトマンは 3：18－22 の背後には，フィリピ 2：6－11 に見出せるような，いわゆる「キリスト讃歌」の伝承が存在しており，著者はその伝承に註釈を加えて記していると考える(946)．その上，ブルトマンは元来の伝承の再構成を試み，20－21 節は著者の挿入句であると推定する(947)．確かに 18－19 節は詩文の形態を見出しうるが，20 節以降はむしろ散文である．また，20－21 節は 19 節の内容を説明したものであり，20 節は後世の付加という意見も肯首できる．18－19 節は 22 節との接続の方が自然であり，旧約の予型論的説明は，19 節と 22 節の流れにおいては必ずしも必要はない．18－19, および 22 節は伝承から採用したことは同意できるものの(948)，伝承は巧みに書簡の中に組み込まれており，著者による語句などの改変，付加も散見できるので，元来の伝承を精確に抽出するのはきわめて困難である(949)．

〔945〕Goppelt, 239 参照．
〔946〕ブルトマン（1967），116 頁，および Windisch, 70f. 参照．ヴィンディッシュは洗礼讃歌（Taufhymnus）と推測する．同様の再構成をヴェングストや島田もおこなっている．Wengst, 161-165; Shimada, 1-32. セルウィンはこの見解に異を唱えるが，吉良がそれに反論し，キリスト讃歌の伝承が背景にあることを論証している．Selwyn, 195. 吉良，66－69 頁参照．Achtemeier, 240-243; Vogels, 16-23 も参照．
〔947〕ブルトマン（1967）118－122 頁．
〔948〕ただし，この伝承が初代教会における洗礼讃歌として用いられていたという仮説には同意できない．ブルトマンが論じるように，20－21 節が元の伝承に存在しなければ洗礼の要素はない．
〔949〕ブロックス，224 頁以下も参照．

第 3 章　291

　18 節　前節までの勧告の内容を踏まえて,「なぜなら（ὅτι）」とその教義的な説明を開始する. 連続した勧告句の後に, 伝承から受け取ったと考えられる教義的内容を配置するのは 1：18 以下, および 2：21 以下と同様の形態である. 書簡内で似たような形式をくり返し, 書簡の読者（聞き手）にリズムを与える工夫なのかもしれない. Ⅰコリント 15：3－4（およびフィリピ 2：8－11, Ⅰテモテ 3：16）にみられるような信仰告白の定式文を 18－19, 22 において確認できる. キリストの受難の意義, 昇天と栄光を簡潔に要約している. 1：17 以下ではキリストの贖罪死, 先在, 復活と栄光, 2：21 以下は受難の道行きを伝えており, いずれもキリストの死（苦しみ）を想起させるという点では 3：18 と共通している.

　18 節では「死んだ」ではなく,「苦しまれた」（アオリスト形）と記されている. 著者が使用した伝承は元来,（異読が示すように）「死んだ」であったのかしれない. 書簡全体の主題に合わせて「苦しんだ」に変更したとも考えられる.「ただ一度（ἅπαξ）」（ヘブライ 9：26－28 参照）とあるように[951], キリストの受難の決定的な一回性を力説している. 17 節で読者の苦しみを示唆していたが, ここではキリストの苦しみと読者のそれを重ね合わせるように「もまた（καί）」が挿入されている（2：21 他参照）[952].

　キリストの苦しみ（と死）と罪を関連づけるのは 2：24 と同様である（ローマ 5：6－8, Ⅰコリント 15：3 も参照）[953].「義人が不義の者たちのために〔苦しまれたのである〕」とあるが, 義人とは神に従う者をさし, 不義の者とは神に反する者をさしている. ここでの義人とはキリストであり（LXX イザヤ 53：11 参照）, キリストは神に逆らう者たちのために苦しんだことが伝えられるが, 同時にこの義人は書状の受け取り手, 不義の者は迫害する者を重ね合わせていると思われる.

---

〔950〕　2：21 も 3：18 同様「ὅτι καὶ Χριστὸς」で始まる.
〔951〕　類似した箇所として他にもローマ 6：10「（キリストは）罪に対してただ一度死んだ（τῇ ἁμαρτίᾳ ἀπέθανεν ἐφάπαξ）」.
〔952〕　𝔓⁷² ℵ 他の写本はこれを削除している.
〔953〕　Ⅰペトロ 3：18「περὶ ἁμαρτιῶν」であるが（ヘブライ 10：6, 8, 18, 13：11, およびローマ 8：3, Ⅰヨハネ 2：2, 4：10 参照）, Ⅰコリント 15：3（およびガラテヤ 1：4, ヘブライ 5：1, 10：12）「ὑπὲρ τῶν ἁμαρτιῶν」とは前置詞に相違がみられる. しかし, 続いて「ὑπὲρ ἀδίκων」とあるので, Ⅰペトロ書にとって二つの前置詞を同じ意味で用いているように思われる. Achtemeier, 247 Anm. 88 も参照.

それゆえ，不義の者はこの書簡の文脈では3：12の「悪をおこなう者」や3：20の「不従順であった者」とも関係づけられており[954]，さらには4：18で箴11：31を引用しつつその者たちの悲劇的な行く末を示唆している。

「神のもとへ連れて行く」は似たような表現がエフェソ2：18，3：12にもみられるが（ローマ5：2も参照）[955]，キリストが仲介者として人々を救うことを伝えている。続く，「〔キリストは〕肉では殺されたが，霊では生かされた」とあり，原文では以下のように明らかな詩文の形式を確認できる[957]。

θανατωθεὶς μὲν σαρκί,
ζῳοποιηθεὶς δὲ πνεύματι

肉では殺されたは（マタイ26：59，27：1，マルコ14：55参照），十字架によるイエスの死，霊では生かされたとは復活を意味している[958]。肉と霊を対比させて論じるのは他の新約文書にもみられるが[959]，Ⅰペトロ書においても，ローマ8：

---

[954] 義なる者と不義なる者とを対比させる言表は，新約ではマタイ5：45，使徒24：15にも見出せる（他にも箴10：31）。

[955] 「連れて行く（προσάγω）」を犠牲祭儀の用語（出エジプト29：10，レビ1：2，Ⅰクレ31：3）と関連づけるのは（速水，426頁，Schelkle, 103），いささか強引である。ゴッペルト他が述べるように，ここでは新約の他の箇所と同様（ルカ9：41，使徒16：20，27：27），単に「（何某を）連れて行く」である。Goppelt, 244 Anm. 21，他にも Kelly, 149 参照。

[956] 予格「σαρκί」「πνεύματι」をどのように解するか，諸種の意見が提出されているが（議論の委細は Dalton, 135-141 参照），本註解では「肉（霊）では」と訳した。岩波訳「霊〔の次元〕では」と補っているように，肉体的な死や復活という事象が起こる領域（次元）において，という意味であろう。Dalton, 141 ではこの箇所の訳として「with regard to」さらにベターなのは「in the sphere of」であると述べる。

[957] 「μέν」を「δέ」と相関させる用法は，Ⅰペトロ書では他にも1：20，2：4，4：6で使われている。

[958] 霊によって生きることと復活との結合は，パウロ書簡で見出せるだけではなく（ローマ1：3-4，8：4，11），「ζῳοποιέω」は復活に関する文脈でしばしば用いられる（ヨハネ5：21，ローマ4：17，8：11，Ⅰコリント15：22，およびエフェソ2：5も参照）。Achtemeier, 249 Anm. 116を参照。他にも速水，426頁，グルーデム，253頁，Dalton, 137; Dubis (2010), 118, Schelkle, 104 も参照。しかし，吉良，70-71頁はこの認識に否定的であるが，吉良は使徒信条の文言に依って考察しすぎているように思える。

[959] たとえばローマ1：3-4，Ⅰテモテ3：16，イグ・エフェソ7：2，Ⅱクレ9：5。

6−7にあるように「肉」は概して否定的に捉えられている.[960]

　Ⅰペトロ書における「肉（σάρξ）」：1：21ではLXXイザヤ40：6「人（肉）はみな，草のようで」を引用しているが，その前節の朽ちるものとして人（肉）を捉えている（創世2：23，6：3，詩78：39他参照）．このような把握は，基本的には旧約文書の理解の同一線上にあり，かつ新約文書（とりわけパウロ書簡）のそれと軌を一にする．肉と霊を対照化された場合，前者は否定される（ローマ2：28−29，8：4，Ⅰコリント3：1−3「肉の人」，15：50参照）．3：21では肉の汚れを取り除くものとしてバプテスマを意味づけている．4：1では3：18と同様，肉としてキリストが苦しんだことを示し，4：2では肉と欲望が結びつけられている．また，4：6では肉として裁かれる．

19節　19節は新約文書の釈義上，最も困難な箇所の一つとして受け止められている.[961] 既述の通り，この箇所はキリストの陰府降下の教義の基になっており,[962] 信条文（descendit ad inferos）だけではなく，キリスト教美術などにおいてもさまざまな形で影響を与えている.[963] 19節をめぐる問題は，主に次の二つである.[964]

　まず，①「牢獄にいる霊たち」とは何か．

　そして，②キリストはどこに赴き（陰府なのか），何を告知したのか．

　最初に冒頭の「ἐν ᾧ」が何をさしているかを考えたい．18節の「霊において」

---

[960] 霊と肉を対比して，後者を否定的に捉えるのは，他にもマルコ14：38並行，ヨハネ6：63，ローマ2：28−29，7：14，ガラテヤ3：3，コロサイ2：5他多数参照．
[961] 3：19（と関連して4：6）をめぐる解釈史，研究史についてはグルーデム，228−268頁，ブロックス，247−257頁，Dalton, 25-50; Reicke, 7-51; Vogels, 183-246を参照．19節はあまりにも短いテキストゆえに，その意味内容について明確な結論が出せていないというのが現状である．各註解者は推論の上に推論を重ねるような論述にならざるをえない．この点で日高，232頁の次のような（嘆息まじりと思える）意見はもっともである（引用では旧字体を改める）．「此れは種々論争を生ずる句である．然し何れにしても想像の議論であって，説けば説くほど疑義を生ずる．（略）凡ての註解者が各種各様の意見を列べているけれども何れも断念を下してはいない」．
[962] Ⅰペトロ3：19の影響を受けていると考えられるアレクサンドリアのクレメンス『ストロマテイス』Ⅳ：44：5，45：4参照．
[963] Skaggs, 110-131では，同箇所の文学，音楽，美術などへの影響史を概観している．
[964] ここではⅠペトロ書が受けた元来の伝承を考察の対象としない．上記のように，元の伝承の再構成は困難を極める．ブルトマンらが試みているものの，元来の伝承の意味内容を抽出するのはほぼ不可能と思われる．

と解する訳(および註解書)が数多あるが，ここでは他の箇所同様（Ⅰペトロ 1：6，2：12，3：16，4：4 参照），前文全体を受けていると考えるのが至当である（「その際」）。そのゆえ，本註解では「（キリストは）霊において」霊たちのところに赴いたとは捉えない。

①「牢獄にいる霊たち」は何を意味しているのか。創世 6：1－4 を基にしたと考えられるエチ・エノ 6－16 に記された堕落した天使らを断罪するエノクと（創世 5：21－23 参照），この箇所を関係づける見解がある。つまり，この霊たちとは堕落した天使たちのことをさしているという解釈である。黙示文学において「牢獄（φυλακή）」はサタンや汚れた霊，堕落した天使などが捕えられている場所をさしている（黙示 18：2，20：7－10，Ⅱペトロ 2：4 参照）。それらは捕えられているが，終末時に解き放たれ，駆逐される。しかし，次の 20 節ではこの霊たちは，ノアの時代に不従順であった者たちであると説明されている。それゆえ，この霊とは，ノアの時代に神の教えに従わずに滅ぼされた者たちのこと（創世 7：21－23），つまり，Ⅰペトロ書の文脈では信仰を拒否し，信仰者に害を加える者たちを意味していると考えられる（3：12，16，4：17 参照）。

② キリストはどこに赴き（陰府なのか），何を告知したのか。信条文に記され

---

〔965〕 文語訳，岩隈訳，前田訳，フランシスコ会訳，新共同訳，新改訳，他にもグルーデム，175 頁，Dubis (2010), 119，その他多くの註解書もこれを採用。
〔966〕 岩波訳，田川訳「その際」，協会共同訳「こうして」，およびブロックス，230－231 頁，他にも Selwyn, 197f.; Reicke, 103-115; Vogels, 88-97; 134f. 参照。フォーゲルスは前文を受けて「dabei」または「deswegen」と訳すべきとする。
〔967〕 Ⅰペトロ書との並行例の考察においては，エチオピア語よりはむしろ断片的に伝えられているギリシア語エノク書との比較が重要である。Vogels, 74 Anm. 275 を参照。
〔968〕 この見解は Spitta, Christi Predigt an die Geister, 1890 から始まる。Dalton, 165-176; Reicke, 100-103 も参照。ただし，類似するモチーフが見出せるもの，エノクは断罪するが，キリストは告知しているなど，その内容には懸隔がある。速水，426 頁，Heckel, 117; Vogels, 74-86 参照。だが，Ⅱペトロ 2：4, 9，およびユダ 6 では先のエチ・エノの箇所の部分的な影響がうかがえる。
〔969〕 人間の霊を語る箇所としては他にも Ⅰコリント 5：5，7：34，ヘブライ 12：23，ヤコブ 2：26 などを参照。
〔970〕 この「霊」がいわゆる「死者」をさしているとは考えない（原野，182 頁はそのように捉えている）。アクティマイアーが述べるように，新約では「霊」と「死者」を同一視するのではなく，むしろ「超自然的な存在（supernatural beings）」として捉えている（ヘブライ 1：14 参照）。Achtemeier, 255，および Michaels (1988), 207 参照。

ているように，キリストははたして陰府に赴いたのであろうか．しかし，陰府降下は一般的に復活の以前と考えられているが，ここでは18節にも記されているように，復活した後のキリストの姿を前提に語っている[971]．この箇所から読み取れることは，キリストは死に，その復活後，場所は特定できないが，霊たちのもとに赴いたということである[972]．はたしてそこが，いわゆる陰府かどうかは，この箇所からは明確に結論づけられない．陰府で牢に捕らえられている霊なのか，また，この牢がどこにあるのか，なぜ霊たちが捉えられているのかは具体的に説明されてはいない．神に不従順であったので，神から何らかの罰を受けて牢に繋がれていたのであろうか[973]．

では，キリストはこの霊たちに何を告知したのか．新約文書（とりわけ福音書）において頻繁に登場する「κηρύσσω」は，Ⅰペトロ書ではこの箇所のみである．単に「告知する」と訳すべきだと考える（ルカ12：3，ローマ2：21，黙示5：2参照）．ここではいわゆる「宣教」という文脈とは受け取れない．そのため，新共同訳，協会共同訳他「宣教する」は誤解を与えかねない訳文である[974]．しかし，19節では何を告知するかという目的語が示されていないので，ここでは前後の文脈から説き明かすしかない．18節「神のもとに連れて行く」，21節のバプテス

---

[971] ブルトマンは元来の伝承に属する19節は，「グノーシス救済神話に由来する表象が，キリストへと転用されて」おり，陰府への下降ではなく，「復活者の天界旅行」であるとする．さらに，霊たちとは「天と地との中間に住んでいる敵対的な霊的諸力によって天的世界への上昇を妨げられ捕らえられている，死人の霊魂のことである」と推測する．この箇所はキリストの陰府降下ではなく，復活したキリストが昇天する際の出来事を語っていると述べている．しかしながら，この結論もまた，あまりに短いテキストから導き出すのは困難であり，ここから「天界旅行」や「天的世界」を具体的に示唆する表現は見当たらない．ブルトマン（1967），120頁．

[972] それゆえ，以下のブロックスの見解は肯首できる．「まさしくここで言われているのは，キリストが『その際に』（死に渡され，そして生き返った『際に』）『赴いた』ということだけである．これ以上，具体的に叙述することはいずれも現在のテキストの形から無理である」．ブロックス，231頁（訳文を若干変更）．

[973] 牢に関しては，Ⅱクレ6：8，ヘル牧1のまぼろし1：8，同9たとえ28：7，エチ・エノ21：10，22：1—14にもおいても類似した記述が残されている．Heckel, 117を参照．ただし，Ⅰペトロ3：19とエチ・エノ22にあるような霊が捉えられている場（地下牢？）についての記述は内容から隔たりが大きく，その積極的な関連性を見出すのは困難である．

[974] 辻（2000），693頁も同様の指摘．ただし，後に辻はこの意見を修正し，この箇所は「告知する」ではなく，「宣教する」と訳す．辻（2024），36—37頁．

マによる救済の宣言，22 節のキリストの権能に関する文脈から考えれば，19 節の霊（不従順であった霊）たちへのキリストの権能の告知と理解できる．復活したキリストは不従順であった霊たちに，その権能を示し，従わせるのである．

20 節 20－21 節は「不従順であった者」，「いのち」「肉」「意識」など，Ⅰペトロ書特有の語句も多く，おそらく元来の伝承にはなく，著者による挿入であると考えられる．先の伝承は創世 6：1 以下のノアの洪水物語を前提にしているからか（少なくともⅠペトロ書の著者はそのように認識したからか），ここでノアの物語を語り，それとバプテスマの意義を関連させている[975]．大水に飲み込まれずに救われた八つの「いのち（ψυχή）」とは，ノアとその妻，三人の息子たちと妻をさしている（創世 6：10, 7：7, 23, 8：16）[976]．

八人という人数に何らかの意味が込められているというより，数少ない「僅かな者たち」と読者を重ねていると考えられる[977]．救われたノアらと読者を重ねているのに対して，不従順な（聞き従わなかった）者たちとは，読者と敵対する一群を意味しているのだろう（Ⅰペトロ 2：8, 3：1, 4：17 参照）[978]．この者たちに対し，22 節ではキリストはその権威を示すことになる．旧約の人物の名を用いて説明を試みるのは，妻への勧告においてサラを取り挙げた 3：6 でもみられる．

「神が忍耐して待っていた」とある．神に従わず，歯向かう者たちの悔い改めを待ち，裁きを下すのを踏み止まる「神の忍耐」は，ローマ 2：4, 9：22, Ⅱペトロ 3：15 でも述べられている[979]．ノアの時代，罪深い者たちの立ち帰りを待っていた神だが，結局は洪水をひき起こすことになった．このノアの洪水の出来事

---

〔975〕著者がなぜここでノアの名を挙げたのか．Ⅰペトロ 3：18 以下の伝承にノアの物語が前提されているという点もあるが，グルーデムはノアと書簡の受け取り手の状況の並行関係について検討している．グルーデム, 179－180 頁．

〔976〕アンティオケイアのテオフィロス『アウトリュコスに送る』3：19 にも 8 人が救われたという具体的な数の言及がある．

〔977〕たとえば，バルナバ 15：9 では第 8 日の日はキリストが復活し，顕現し，昇天した日として特別視している．速水, 426 頁参照．数字 8 の象徴的な意味解釈については Reicke, 140f. 参照．

〔978〕初代教父らは教会とかつてのノアの箱舟とを重ね合わせている（テルトゥリアヌス『洗礼について』8：4「教会が〔かつての〕箱舟の範型となっている」，キュプリアヌス『カトリック教会の一致について』6 参照）．

〔979〕ミシュ・アヴォ 5：2 では神の忍耐強さを語る文脈において，ノアの名は一つの区切りになっている．10 代の区切りは，エイレナイオス『使徒たちの使信の説明』19 でもみられる．

では，大多数の者が大水に飲まれたが，神に選ばれたごく少数だけが「救われ」（神的受動），生き延びた[980]．それと同じように，書簡の読者は救いの約束に与る数少ない者たちである．「水を通って」とは，地上の者を押し流した大水ではなく，ノアらを乗せた箱舟を救い出した水である．続く21節ではこの水とバプテスマを関連させる．「かつて（ποτέ）[981]」（3:5 も参照）の救済の業が，21節で「いま（νῦν）」とあるように，読者の現在と結びつけられていることに注視しなければならない[982]．

新約におけるノア：ヘレニズム時代のユダヤ教文書では，ノアは「義人（δίκαιος）」であったと捉えられており（シラ44:17-18，知恵10:4参照），この見方を新約文書も共有している．ただし，新約においてノアが取り挙げられているのは，アブラハムやイサクと比較すると圧倒的に少ない．マタイ24:37-38では終末の接近予告の際，ノアの洪水の顛末が言及される[983]．ルカではイエスの系図（3:36），そして先ほどのマタイ24との並行箇所であるルカ17:26-27である（ルカではその後，ロトについても語られる）．ヘブライ11:7ではアベル，エノクに並び義人としてノアが模範として教えられる（エゼキエル14:14, 20，シラ44:17，ヨベル21:10）．ノアとエノクを並列させるのはⅠクレ9:3-4にも見出せる（同7:6）．Ⅱペトロ2:5でも義人（ここでは義の告知者）としてノアが引き合いに出される（創世6:8参照）．ヨベル10:1-14では，悪霊によってもたらされた病気の治療法を伝授されるノアが描かれているが，悪霊祓いのイエスを彷彿させるユニークな記述である．

21節　前節のノアの洪水の出来事とバプテスマとを関連させ，救済の業とし

---

〔980〕ここでの「救う（διασῴζω）」は危機的な状況からの救助というニュアンスが強い（使徒27:43-44, 28:1, 4，およびLXXヨナ1:6参照）．

〔981〕初代教会のバプテスマは流れる水によっておこなわれていた（マルコ1:9-10，ディダケ7:1-3，ヒッポリュトス『使徒伝承』21参照）．「δι' ὕδατος」は21節の「δι' ἀναστάσεως Ἰησοῦ Χριστοῦ」と対応しているとも考えられる．Elliott (2000), 667; Feldmeier (2005), 138; Jobes (2005), 252f. 参照．

〔982〕Michaels (1988), 211 も同様の指摘．「ποτέ」と「νῦν」の組み合わせは2:10にもみられる（1:12, 2:25も参照）．

〔983〕ユスティノス『第二弁明』7:2も参照．終末時に起こる大洪水についてユダヤ教黙示文学でも取り挙げれている（エチ・エノ10:2, 54:7以下, 66, 89:5, 106，ヨベル5:3-5）．Goppelt, 254 Anm. 69 を参照．Ⅰペトロ3:19-20は「牢獄にいる霊」「ノアと洪水」といったよう語句や表象が登場しており，これらは上記のようなユダヤ教黙示文学で好んで用いられていたゆえ，（もしかしたら伝承段階において）それらからの間接的な影響がうかがえる．

てその意義を説く内容であるが、この箇所も解釈が困難な部分が散見され、釈義家たちの頭を悩ませている。ノアの洪水が過去の出来事であるのに対し、バプテスマは「今やあなたがたをも救う」と、救済の現在性を強調している。文頭の「ὅ」は前節の「水（ὕδωρ）」をさしている。「ἀντίτυπος」は本註解では「対応した」と訳したが、各翻訳において諸種の工夫がなされている[984]。ここに、予型論的意味内容が含まれているのは明白であろう[985]。バプテスマでの（流）水は、ノアの洪水の反復として、対応しているという理解である。

しかし、洪水の濁流が救済としてバプテスマの予型というのは、いささかわかりにくい。ここで述べる水とは、人々を飲み込んだ破滅のそれではなく、ノアとその家族を無事に陸へと運び込んだ救いの水である。Ⅰペトロ書は巻頭部分でもバプテスマについて示唆しているが（1：3）、その意義についてはっきりと語るのはこの箇所だけである。

「肉の汚れ」[986]とは、おそらく、続く4：2－3で説明されるようなかつての悪徳に満ちた異教徒としての生き方をさしていると考えられるが[987]、バプテスマの真の目的はそれを取り除くことではない[988]。バプテスマは表面的な浄化をもたらす儀礼ではなく、むしろ、内面が問題にされる。それは、「神に対する善き意識（状態）の応答」であると断じる。「イエス・キリストの復活を通して」は1：3でも同じ表現が用いられており、定型句とも考えられる。救済の根拠がイエス・キリストにあることを示している。キリストと共に死ぬことを意味するバプテスマだ

---

[984] 「前もって表された」（新共同訳）、「象徴するもの」（口語訳、協会共同訳）、「対型において」（岩隈訳）、「対型」（塚本訳）、「典型」（前田訳）、「対になる型」（宮平訳）など。

[985] 予型論的解釈としてはローマ5：14「アダムは来るべき者の型（τύπος）」、Ⅰコリント10：6、11も参照。他にも予型論を集中的に展開しているのはヘブライ書（4：14－5：10、7：1－10：19他）。

[986] 「肉（σάρξ）」については本註解3：18参照。

[987] 「汚れ」が割礼を意味するという見解（コロサイ2：10－11参照）もあるが（速水、427頁、Dalton, 199-206; Kelly, 161-162参照）、Ⅰペトロ書では割礼（を含めたユダヤ教の儀礼）に関する言及は他にはなく、この見解は採用しがたい。同様の指摘はForbes, 129; Michaels (1988), 215参照。

[988] 確かにバプテスマを通して罪から清（聖）められ、悔い改めて、赦しを受けるという要素もあるが（使徒2：38、22：16、Ⅱペトロ1：9、バルナバ11：11、ヘル牧4の戒め3：1、ユスティノス『第一弁明』61：10）、むしろ、その際、バプテスマによって新たな生き方へと向けられていくことが重要である（Ⅰコリント6：11「洗われ、聖められ、義とされる」）。

が，それはまた新生をも意味している．

　初代教会におけるバプテスマの意義：儀礼としてのバプテスマは，バプテスマのヨハネがヨルダン川で執行した浸水行為に端を発する（マルコ1：4）．イエス自身，それをおこなっていないものの，初代教会では入信儀式として早い段階で定着したと考えられる．ヨハネがおこなったバプテスマは，前2世紀以降に広がった，ユダヤ教の習慣的な沐浴行為に宗教的な意味内容を込める沐浴運動の影響下にあるだろう．罪の悔い改めの証として，神の審判から逃れる唯一の行為であるヨハネの浸水礼には，入会儀礼という要素はない．初代教会のバプテスマは，終末論的背景をもつヨハネのそれといくつかの共通点はあるものの，相違点も多くある．キリストと共に葬られることを説くバプテスマは（ローマ6：4），それを通して，人は質的に変容する．キリストと共に死ぬことにより，またキリストの復活の力によって，新たないのちを受けることになる（ローマ6：4，Ⅱコリント5：17，フィリピ3：10，コロサイ2：12参照）．バプテスマはキリストの死と自己同一化し，同時にそれは新生を意味するという理解は（本註解1：3参照），初代教会，とりわけパウロ書簡とその影響下にある書簡において顕著に見出せる特徴である．儀式としてのバプテスマはその後，執行前に断食をし，流水でおこない，三度頭に水をかけるなどの規定が生まれ，形式化されていく（ディダケー7：1-3，ユスティノス『第一弁明』61：3参照）．

「ἐπερώτημα」は新約ではこの箇所のみであり（LXXダニエル4：17，およびシラ33：3「ἐρώτημα」），訳語の選定は至難である．主たる邦訳を以下の一覧にまとめてみる．

フランシスコ会訳：正しい思いを保つ約束を神にすること
岩波訳：善い〔状態にある〕内奥の意識が，イエス・キリストの甦りを介して
　　　〔なす〕神への誓約である
協会共同訳：正しい良心が神に対して行う誓約です

新共同訳：神に正しい良心を願い求めることです

---

〔989〕　詳細は吉田（2012），116-152頁参照．
〔990〕　新約以外ではヘル牧11の戒め2で使用例があるが，ここでの意味は「問い」であり，Ⅰペトロ3：21もこの意味に捉えるならば，バプテスマが神への問いになってしまい文意が通らない．

岩隈訳：神に対して善い良心を求める<u>願い</u>である

田川訳：良き意識の神に対する<u>応答</u>
文語訳：善き良心の神に対する<u>要求</u>

　大別すると，「誓約」や「約束」，または「願い」「求め」を採用している．田川訳では「応答」を選んでいる．これと併せて，問題は「συνειδήσεως ἀγαθῆς」をどのように捉えるかである．対格的な属格として解する翻訳（および註解書）が多数ある一方，田川訳，文語訳のように主格的な属格として受け取る訳もある[993]．本註解では後者を採用する．確かに，前文「οὐ σαρκὸς ἀπόθεσις ῥύπου」の対応関係を鑑みるならば，「ἀλλὰ συνειδήσεως ἀγαθῆς ἐπερώτημα」も対格的な属格と受け取るのは自然であろう[994]．

　しかし，「善き意識（状態）」を願い求めるという理解は，新生を意味するバプテスマの真意から外れているように思える[995]．「正しい良心が神に対しておこなう誓約」という理解も少し訳しすぎているように思える．そもそも，バプテスマは自発的な行為であり，神のよびかけに応じる人の「答え」という意味があるだろ

---

[991] Liddell & Scott, 618 では「answer to inquiry put to higher authority」とともに「pledge」という語意を掲載しているからか，英訳では主に「pledge」，または「appeal」といった訳語を採用している．Forbes, 130 が各翻訳の訳文を一覧にまとめている．Bauer, 578; Greeven, ThWNT II, 685f. および独語の主たる註解書では「Bitte」と解するものが多くある（ゴッペルト他多数）．Goppelt, 258f. この見解に対して，田川（2015），314－316，註21 が批判している．
[992] 田川（2015），314－315頁が列挙しているように，近年の翻訳は先のように「pledge」や「appeal」とする一方で，欽定訳などの以前の翻訳では「the answer of a good conscience toward God」としている．ただし，改訂版（RV）では「the interrogation of a good conscience toward God」に変更されている．この語句を「応答（answer）」と解するのは管見の限りでは田川訳，ディビットの註解書のみである．ディビットは「pledge」の可能性も考慮しつつも，欽定訳とほぼ同じ「the answer of a good conscience to God」を訳文に採用している．David, 144f.
[993] この議論の詳細は，田川（2015），314－316頁参照．ヴァーレンホルストは「Bitte um ein gutes Gewissen」という他の多くのドイツ語の註解の訳文の可能性を指摘しつつも，「Bescheid eines guten Gewissens im Bezug auf Gott」と訳す．Vahrenhorst, 163. また，新改訳2017では「健全な良心が神に対して行う誓約」としているが，それ以前の訳では「正しい良心の神への誓い」と主格的属格として訳している．
[994] Dubis (2010), 126 参照．
[995] 「意識（状態）」に関しては本註解補論「『意識（συνείδησις）』について」参照．

う．神のよび声に対して，自身の善き意識が反応し，バプテスマを受けて，かつての生活を捨て去り，生きた希望として生まれ変わるのである（1：3参照）．このような理解に立つならば，「神に対する善き意識（状態）の応答」がより適していると考える．

22節 既述したように，22節は元来の伝承では18－19節に接続していたと考えられる．この世のあらゆる権威を従わせるキリストの絶対的な力を示すキリスト讃歌でこの文節を閉じている．[996] 19節で霊たちのもとに赴いたキリストは，天へと昇る（19節と同様「πορεύομαι」）．エフェソ1：20－21（コロサイ1：16）に類似した表現があるように，讃歌に特徴的な語句をここにも見出せる．[997] 権能を示す復活のキリストによるバプテスマを通して読者自身も強められていることを訴えているのである．

---

[996] 辻（2000），693頁参照．以下のキリスト讃歌の文脈で同様に「κηρύσσω」が用いられている．コロサイ1：23，Ⅰテモテ3：16．
[997] 「神の右」はLXX詩109：1，マタイ26：64，使徒2：33－34，7：55－56，ローマ8：34，エフェソ1：20，コロサイ3：1，ヘブライ1：3，13他を他参照．神の右側はその保護の内にあることを意味している．ローマ8：34「ἐστιν ἐν δεξιᾷ τοῦ θεοῦ」はⅠペトロ3：22と同じ．「従う」はエフェソ1：22，ヘブライ2：8参照．キリスト讃歌はさまざまな文書で確認できるが，その内容や形式に相違が生まれている．フィリピ2：6－11では十字架，高挙，Ⅰテモテ3：16では受肉，高挙，イグ・トラ9：1以下では十字架，復活，そして信者の復活が語られ，ポリ手紙2：1では復活，神の右に座し，すべての者が従い，生ける者と死する者を裁く．ブルトマン神学Ⅲ，83－84を参照．

第4章

4章1-6節　武装し，慎みをもって生活する

¹さて，キリストは肉において苦しみを受けたので，あなたがたも同じ思いで武装しなさい．肉において苦しみを受けた人は，罪（との関わり）を断ったからである．²〔それは〕肉における残りの時を，もはや人の欲望によってではなく，神の意思によって生きるためである．³〔あなたがたは〕放埓，欲情，泥酔，酒宴，暴飲，禁じられている偶像礼拝に歩み，異邦人の企てによっておこなってきた過ぎた時はもう十分である．⁴そのように，あなたがたがもはや同じ放蕩の奔流に与しないので，人々（彼ら）は驚き怪しみ，悪態をつくのである．⁵彼らは，生ける者と死んだ者に裁きを用意している方に，申

---

〔998〕「σαρκὶ」の前に「υπερ ημων」（ℵ² A P 𝔐），「υπερ υμων」（ℵ*）を挿入している写本もあるが，いずれも後世の付加であろう．

〔999〕「ὅτι」以下を「τὴν αὐτὴν ἔννοιαν」の説明句と解する訳もある．岩波訳，Achtemeier, 278f.; Heckel, 118f.: Kelly, 164; von Soden, 159; Wagner/ Vouga, 130.

〔1000〕分詞「βλασφημοῦντες」を4節に関係づけて訳す釈義家もいる．Achtemeier, 284; Michaels (1988), 234. Wagner/ Vouga, 134f. も参照．確かに4節の裁きの文脈と繋げることも可能であるが，本註解では3節に含んで訳す．また，田川は3節の最後の句点は本来なく，4節は3節にかかる従属文であると受け取る．この方が文法的にもわかりやすい．田川（2015），318頁，註4．エラスムスの校訂本（1516年の初版）においては，3節終わりはピリオドではなくコンマになっている．シスネロスのポリグロット聖書（1514年）ではピリオドが打たれている．だが，エティエンヌの校訂本（1550年）ではコロンに変更され，さらにその後，ベーズの校訂本（1588年）では再びピリオドになっており，各テキストの捉え方は錯綜している．後19世紀以降の校訂本であるウェストコット・ホートの The New Testament in the original Greek（1881年）やネストレ（Novum Testamentum Graece cum apparatu critico ex editionibus et libris manuscriptis collecto）の第1版（1898年）において（NA第28版も同様），およびフォン・ゾーデンの Die Schriften des Neuen Testaments in ihrer ältesten erreichbaren Textgestalt hergestellt auf Grund ihrer Textgeschichte（1913年）でも3節の終わりはピリオドが付けられている．どの段階で何を根拠に3節終わりにピリオドが打たれたのか正確にはわからないが，3節までは信者を対象とした勧告であり，4節は5節へと繋がる非信者への審判告知であるので，3節までで内容は一応区切れる．それゆえ，本註

し開きをしなければならない．⁶ このために，死んだ者たちにも福音が告げ知らされたのである．彼らが，人からすれば，肉においては裁かれても，神からすれば，霊においては生きるためである．

　神学的に高度な教説が語られた後，4：1 からはこれまで以上にボルテージを上げて迫害下に置かれた読者への励ましと勧告が語られていく．前半部分は 3：18 以降の肉の問題を取り上げられ，これを踏まえて欲望への戒めが伝えられる．パウロ書簡をはじめとし，新約文書において折にふれて語られている悪徳一覧をここにも見出す．
　これまでの異邦人の生活習慣を捨て，過去とは決別し，「神の意思」（4：2－3）によって新たに生きることが勧められる．これはⅠペトロ書に通底する勧告である．この勧告内容は 5 節からは終末論的言辞に変わり，7 節以降の終末の到来を目の前にした勧告への橋渡しをしている．6 節には，死者に福音が告げ知らされることが語られている．信仰をもつ者とそうでない者とが対比されるのは，続く 4：17 以下でも同様である．このように，テーマが次々に目まぐるしく変化する部分である．

　1 節　4：1 以降，新たな話題を切り出すが，3：22 と接続させるため，「キリスト」で始められている．「肉」という単語が頻繁に用いられているように，この箇所からは地上的な生に関する勧告をおこなうものであり，内容からは 3：17 までに連絡している．「肉において」とは肉体的な次元をさしていると思われる．[1001]
　Ⅰペトロ書の常套句である「苦しむ（πάσχω）」が二度用いられ，最初はキリスト（παθόντος σαρκὶ），次は読者を想定した者（παθὼν σαρκὶ）に使われており，キリストの苦難と読者のそれを重ね合わせている．[1002] [1003]

　　解ではピリオドがあるものとして訳す．
　〔1001〕　与格「σαρκί」は 3：18，4：6 参照．
　〔1002〕　「ὁ παθὼν」（単数）もその直前と同じくキリストをさしていると解せなくもない．Kelly, 166f.; Michaels (1988), 226-229; Richard, 167f. だが，後続する文では読者を想定している．この単数は「一般的・総称的な意味の単数」（岩隈，94 頁，註 1）と解すべきだろう．Dubis (2010), 130 も参照．
　〔1003〕　「πάσχω」はⅠペトロ 2：19，20，3：14，17，4：15，19，5：10 では読者，2：21，3：18 ではキリストに対して用いられている．4：1 だけではなく，キリストの苦しみと読者のそれとを重ね合わす箇所は多々みられる．

「同じ思い」とはこの文脈では「キリストの思い」と受け取れるが、具体的に何をさしているのかは説明されてない。これまでの書簡の記述から推測するならば、不当な苦難に耐え、それを甘んじて受けるキリストの姿（2：22－24）や不義の者たちのために苦しみを受ける（3：18）キリストの思いであろう。このキリストと「同じ思い」（をもつ）とは、キリストを模範とすること（2：21）、または、「キリストの苦しみを共にする（分かち合う）こと」（4：13）と同様の意味であると受け取れる。別言すれば、キリスト（の苦しみ）と同一化することにほかならないだろう。

　この点において、パウロ書簡における苦難の認知とその克服とⅠペトロ書のそれは重なる部分がある。パウロは自身の受苦体験を内省し（Ⅱコリント1：8、7：5 他）、辛苦を耐え忍ぶことについて教える（ローマ8：18、Ⅱコリント1：6－7 他）。さらには「キリストの苦しみに与る」（フィリピ3：10）と語り、キリストの苦難への積極的な働きかけを奨励している。ただし、Ⅰペトロ書においては、パウロの言説を独自に発展させ、参与するだけではなく、受難のキリストを模範とするように教示される（Ⅰペトロ2：21 参照）。

　「武装する（ὁπλίζομαι）」はⅠペトロ書のみに見出せる語句であるが、ここで軍事用語が登場するのはやや唐突な印象を受ける。しかし、「武器」や「武具」などの武具用語はパウロ書簡などでたびたび使用されており[1004]、信仰上の苛烈な闘いを語る際の比喩的表現として好まれていたようである（Ⅰペトロ5：8－9 での「獅子」との戦いも参照）。キリストと同じ思いをもつだけではなく、それをもって武装せよとはなかなか強い命令であり、読者の覚悟も問われる。

　「罪（との関わり）を断つ」と訳したが、「との関わり」は翻訳上の補いである。「断つ（παύω）」は「止める」「終わらせる」でもよいかもしれない。「罪（との関わり）を断った」と言い切ることにいささかの驚きを覚えるが、無条件に罪が断たれたのではない。肉体的な苦しみを経験すれば、即、罪から解放されると教えるのではない。苦しみを受ける者と限定されているように、キリストと同じ思いをもち、苦難を受ける際、その苦難は罪を終わらせるのである。やはり、ここでは、3：[1005]

〔1004〕ローマ6：13、13：12、Ⅱコリント6：7、エフェソ6：11－17、Ⅰテサロニケ5：8、他にもイザヤ59：17、知恵5：17－23、イグ・ポリ6：3 参照。

〔1005〕「罪」（単数形）の使用、またその内容からローマ6：1－11 との関係が指摘されている。しかし、Ⅰペトロ4：1ではバプテスマに関する言及はない。

14「義のゆえに苦しみを受ける」，3：17「善をおこなって苦しむ」という，これまでの記述を踏まえて理解しなくてはならない．[1006] このように罪を断つ生き方は，4：3で列挙されている人間の欲に起因する悪徳，悪習から遠ざかることをも意味していることがわかる．

2節　続く節は勧告句の説明である．肉における残りの時とは，地上での生を意味していることは明白であるが，読者たちにとってこの世での生（時）は寄留の身として生きることはすでに知らされている（1：17，および1：1，2：11）．「残りの時」と4：7以降の終末論的言説を関連づけている．

終わりの近接に向けて，刻下の急務は「神の意思」に従うことである．[1007] 人の欲望への戒めは，書簡を通して何度も言及されており（1：14，2：11），通俗的な生き方を捨て去ることが勧められている．その具体的な指針は，次の3節の悪徳表によって明らかにされる．読者は何を捨てなければならないのか．

「人の」欲望と「神の」意思が対比されているが，前者は読者たちの入信前（4：3「過去の時」），後者が入信後の生の対比でもある．続く3節の悪徳表にも「欲情（ἐπιθυμία）」がリストに列挙されており，ここは一般的な欲をさしていると考えられる．一方，4：2の「人の欲望」とは，神の意思と対峙されていることからわかるように，人間存在に関わる根源的な欲を意味していると思われる．

3節　ここで列挙されている悪徳は，「放埓」（マルコ7：22，ローマ13：13，Ⅱコリント12：21，ガラテヤ5：19，エフェソ4：19），「酒宴」（ローマ13：13，ガラテヤ5：21），「偶像礼拝」（Ⅰコリント10：14，12：2，ガラテヤ5：20，コロサイ3：5）[1008] といったように，新約（とりわけパウロ書簡）にある他の悪徳表でも登場する．[1009] とりわけ珍しい悪徳ではない．

ガラテヤ5：19－23では信者がなすべきではない事柄を記す悪徳表に続いて，信者がなすべきである徳目一覧を対照化させて併記しているが，Ⅰペトロ書に[1010]

〔1006〕　グルーデム，187頁も同様の指摘．
〔1007〕　「神の意思」は3：17，4：19では迫害を前提にした文脈で用いているため，4：2とも響き合うが，Wagner/ Vouga, 133も述べているように，2：15はこれらとは異なる用い方をしている．
〔1008〕　他にも黙示21：8，22：15，ディダケー3：4，5：1，バルナバ20：1
〔1009〕　Wibbing, 87f. 参照．「ἐπιθυμία」をここでは4：2と区別するため「欲情」と訳したが，「欲望」でもよい．「欲望」への戒めはエピクテトスの『語録』Ⅱ：16：45，Ⅳマカバイ1：22－27にも見出せる．
〔1010〕　他にもコロサイ3：5－15，Ⅰテモテ6：4－11，ヤコブ3：15－18参照．

はそれは確認できない．ただし，悪徳表は単体でも語られており（ローマ13：13，Ⅱコリント12：20参照）[1011]，悪徳の一覧の後に，それらと対照的になすべきおこないを奨励するのは（Ⅰペトロ4：7-8），たとえばエフェソ4：31-32にもみられる．

　ここに挙げられているのは，まず，性的欲求に促された悪徳の類である．そしてアルコールを伴う不逞，そこに偶像礼拝が加えられる．2：1で挙げられた悪徳は，人間関係上の問題を惹き起こすそれであったが，ここではむしろキリスト教徒が避けるべき悪習というべき類である．

　「禁じられている」と訳したは「ἀθέμιτος」は「θέμις（法，慣習）」に否定の「ἀ」を付けた語句であるが，新約では使徒10：28で使用されているのみである（他にはヨセフス『戦記』IV：562，Ⅰクレ63：2，ディダケー16：4）．Ⅱマカバイ6：5，7：1では律法に反することを意味して使われており，Ⅰペトロ書ではキリスト教徒にとって（法，または慣習からは）禁じられている偶像礼拝のことをさしていると考えられる．「すぎた時」とは，かつて異邦人であった入信以前の時期をさしている．「異邦人の企て（βούλημα）」は，前節の「神の意思」と対照化されていると考えられる[1012]．「十分である」と述べることにより，かつての時はもう過去のものとなったことを確認させている．

　　　異教的祭儀と悪徳：古代地中海世界では，酒神バッコス（ディオニュソス）を祀る秘儀（バッカナリア）などにみられるように，宗教的な陶酔状態へと陥っていく祭儀が営まれていた．この種の儀式は野蛮なものと受け止められ，道徳的頽廃を促し，治安の乱れを惹き起こしかねないと危惧されていた（バッカナリア祭の禁止など）．当時，このような性的な乱交，また飲食を伴う宗教的祭儀が往々にして行われていたので（Ⅰコリント10：7，ガラテヤ5：20-21参照），4：3で列挙されている悪徳は，異教の祭儀的な場面をさしているとも考えられる（知恵14：23，26，Ⅱマカバイ6：4参照）[1013]．この点を考慮してか，岩波訳では「οἰνοφλυγία」を「密儀の狂乱」，「κῶμος」を「酒神の祭り」と説明的に訳している．

〔1011〕　単独の徳目表はエフェソ4：2，Ⅱペトロ1：5-7参照．
〔1012〕　Forbes, 138 を参照．
〔1013〕　Vahrenhorst, 168 も同様の指摘．なおアレクサンドリアのクレメンス『プロトレプティコス』2以下では，異教の神話と祭儀を完膚なきまでに論破し，それらに関わる者たちを「無神論者」として唾棄している（同2：23：1）．

4節 冒頭には「ἐν ᾧ」が登場するが（1：6, 2：12, 3：16, 19），ここでも前文と関係づけて訳す．「与しない（μὴ συντρεχόντων）」は，「共に（σύν）走る（τρέχω）」が SL の原意である（宮平訳「共に駆けつけない」）が，意味を取って訳した．「放蕩」は，新約では他に二箇所で用いられている（エフェソ5：18, テトス1：6）．「放蕩の奔流」とは，凡百の不品行，悪徳の所業を意味していると思われるが，その具体的な行為は前節の悪徳一覧にあるようなものであろう．「驚き怪しみ，悪態をつく」とあるように，キリスト者になる前の生活から離れた読者を不審に思う周辺世界の状況を語っているが，これはこの書簡ではくり返される言辞である（3：1, 15-16）．「酒宴」「偶像礼拝」などは多くの人々と共におこなう共同体の行為である．それを拒否することは共同体への参加を拒否することにほかならない．このようなキリスト者の「反社会的」行為に対して，周囲が「驚き怪しみ，悪態をつく」のはある意味で当然の反応と言えよう．しかし，キリスト者はこれらの所業を頑なに拒否しなければならない．なぜなら，終わりが近いからである．送り手は次に終末論的現実に読者を覚醒させる言葉を投げる．

5-6節 これまでキリスト者として生きるための一般的な勧告から，ここから唐突に終末論的言説が入り込む．前節で語られた悪態をつく者たちの行く末が批判的に語られる．かつての習慣に引き戻されそうになっていた読者に冷や水をかけるようにして目覚めさせる．

続く 4：12 以下に迫害下での勧告に続き，17-18 節からは終末論的発言に切り替わり，不信仰者に対する裁きの告知が告げられているが，この箇所と同様の構造を有している．類似した構造の文章をくり返し語ることで，読者の記憶に留まるように工夫されている．

「生ける者と死んだ者」とは主に裁きの対象を語る際，すべての者をさす定型表現である（使徒10：42, ローマ14：9, Ⅱテモテ4：1 参照）．ここでも「裁

〔1014〕「奔流（ἀνάχυσις）」は LXX にも登場しないハパクス・レゴメノンだが，著者がこの語句を用いた意図は不明．放蕩の激しさについて皮肉を交えて言い表したかったのだろうか．ストラボン『世界地誌』（C141）では海水の氾濫，アイリアノス『動物奇譚集』16：15 でも川の氾濫の文脈でこの語句が用いられている．引用箇所の指摘は Williams/ Horrell (vol.2), 331 を参照．

〔1015〕他にもバルナバ7：2, Ⅱクレ1：1, ポリ手紙2：1 も参照．この表現は信条文（vivos et mortuos）へと受け継がれる．ブロックス，267 頁参照．「生者

きを用意している」と記されているに，終末時の神の審判の切迫性が語られる．[1016]人は神の裁きの際に説明が求められる．それは，生きている者や死んだ者を問わずにすべての人に及ぶものであり，圧倒的なスケールをもって裁きの内実が語られる．

5節は主として不信仰者への裁きの警句であるが，6節は信仰者への告知である．[1017]「死んだ者にも福音が告げ知らされる」の「死んだ者」は3：19－20の死者をさしているという見解があり，陰府に下ったキリストによる死者への福音宣教であると解釈している．[1018]だが，先の箇所との関係を重んじない見解もまた存在している．[1019]たとえば速水は，「死んだ者」とは「福音を信じて洗礼を受けたが，いまは死んでしまったキリスト者」と受け取っている．その者たちにはすでに「福音が告げ知らされた」（アオリスト形）のである．[1020]

この箇所は3：18とは文脈が異なり，ここでは続く4：7から始まる終末の告知を準備する内容である（「裁きが神の家から始まる」）．すでに亡くなった信者も終わりの日には，裁きが待ち受けている．それゆえ，3：18と関連づけて，陰府でのキリストによる宣教を意味する内容と受け取ることはできない．

6節の終わりには，3：18，4：1－2でも見られたような肉と霊の対比がもち

と死者を治める」というローマ14：9で語られたものが，次第に定型句として初代教会において形成されていった可能性も考えられるだろう．ブルトマン神学I，100頁参照．

[1016] Iペトロ書では裁き主はキリストではなく（IIクレ1：1，ポリ手紙2：1，バルナバ7：2参照），神であるのが特徴である（Iペトロ1：17，2：23，4：17－19，およびローマ2：6，3：6，14：10参照）．

[1017] 「εἰς τοῦτο」は3：9でも信者の召命について語る文脈で使用されている．

[1018] たとえばシュナイダー，195頁，岩隈，95頁，註6，田川（2015），319頁，註6参照．おそらく，マタイ27：52以下，Iペトロ3：18，4：6の解釈を起点とする，死者への福音宣教という概念は初代教会において広く展開されている（ペト福41－42，ニコ福17：1以下，イグ・マグ9：2，ヘル牧9のたとえ16：5参照）．

[1019] ブロックス，268頁参照．Achtemeier, 290-291も参照．

[1020] 速水，427頁．同じような理解はグルーデム，191頁以下．他にもAchtemeier, 290; Elliott (2000), 733f.; Dubis (2002), 73; Goppelt, 276他を参照．なお，アレクサンドリアのクレメンスの『断片集』（I：断片24）に収められた「アレクサンドリアのクレメンスによる公同書簡への註記」（「アドゥンブラティオネス」）のIペトロ4：6の註解部分では，「死んだ者」は「すなわちわれわれのこと」であり「われわれはかつて，不信心な者として存在していた」と述べている．文字通りの「死者」と受け取ってはいない．

出され，前者が否定的に捉えられている．「κατὰ ἀνθρώπους」と「κατὰ θεὸν」の前置詞「κατά」をどのように理解するか意見が分かれている．ここでは前者を，「人からすれば」裁きを受ける存在と理解して訳す．人間の判断では，つまり「人間の見方からすれば」（共同訳，新共同訳）という意味である．後者は，「神からすれば」と訳したい（エフェソ 4：24 参照）．先の共同訳，新共同訳を参考にすれば「神の見方からすれば」ということになるであろう．有限なる人間と無限なる神の存在を対比させている．

4 章 7－11 節　終わりの時に

⁷ 万物の終わりが迫っている．それゆえ，思慮深くおり，祈りのためにしらふでいなさい．⁸ 何よりもまず，互いに対して絶えず愛を保ちなさい．愛は多くの罪を覆うからだ．⁹ 不平を言わずに，互いにもてなし合いなさい．¹⁰ あな

〔1021〕　各邦訳もさまざまな訳文を提示している．岩隈訳「人間がみな受けるように裁きを受ける」「神のように」，岩波訳「人間の目でみれば」「神の目からみれば」，口語訳「人間として」「神に従って」，共同訳・新共同訳「人間の見方からすれば」「神との関係では」，協会共同訳「人として」「神のように」，新改訳「人間として」「神によって」，田川訳「人間的には」「神的には」，塚本訳「人間的に」「神に倣って」，文語訳「人のごとく」「神のごとく」，フランシスコ会訳「人の目には」「神の目には」，前田訳「人間として」「神に従って」．この箇所について吉田 (2018)，109 頁，註 13 では前者を限界のある「人間として」裁きを受ける存在と理解し，後者を類似の意味で「神のように」と訳すとしたが，「κατὰ ἀνθρώπους」と「κατὰ θεὸν」の対比関係は無視できず，かつ「神のように」という訳文を不適切である．この修正に関しては，2023 年 8 月 30 日に開催された第 4 回日本聖書翻訳研究会での辻学氏の発表「死者への宣教（Ⅰペトロ 3：19；4：6）をめぐって」から示唆を受けた．

〔1022〕　7 節の命令形に続き，8，10 節の分詞は命令として訳す．

〔1023〕　重要写本は本文のように現在形であるが，いくつかの写本は未来形「καλυψει」である（𝔓⁷² ℵ P 049 𝔐）．後述する類似箇所，ヤコブ 5：20 は未来形であり（ただし，Ⅰクレ 49：5，Ⅱクレ 16：4 では現在形），それに合わせたのか，または 4：5，7 からの終末論的文脈に合わせて未来形に書き換えたのかもしれない．同様の見解は Achtemeier, 292; Beare, 159; Dubis (2010), 142．また，Williams/ Horrell (vol.2), 360 が指摘するように，アレクサンドリアのクレメンス『ストロマテイス』Ⅱ：15：65：3 などにおいてこの箇所は現在形で引用されており，ヤコブ 5：20 と Ⅰペトロ 4：7 の元来が共に未来形ならば，先の引用句が現在形になるのは不可解である．

たがたは，多種多様な賜物を受け取ったのだから，神のいろいろな恵みの善い管理人として，それをもって互いに奉仕しなさい．¹¹誰かが語るのであるならば，神の言葉として〔語りなさい〕．誰かが奉仕をするのであれば，神が供給する力から〔奉仕しなさい〕．すべてにおいて，イエス・キリストを通して，神に栄光が帰されるために．栄光と力とが，世々限りなく神に〔ある〕，アーメン．

　書簡の第1部は終末論的言辞をもって結ばれる[1024]．終末を前にし，そのための心構えを記している．4：7−11は5：6−11と類似する構成になっているが，内容は若干，異なる．対外的な問題への対応を示す5：8以下に対し，4：7以下は共同体内で互いに必要とされる振る舞いが勧められる[1025]．これまで何度も言及されてきたように（1：22，3：8「兄弟〔姉妹〕愛」），共同体で求められるのは何よりも愛である（4：8）．その構成員はそれぞれの「賜物（χάρισμα）」を授かっている．各人の役割を担いつつ，互いに尽くすようにという訓告は，パウロ書簡においても確認できる（ローマ12：6−8，Ⅰコリント12：4−11，28−31）[1026]．初代教会に流布していたこの種の勧告句を，著者も利用したのだろう．

　4：7以下は共同体に向けた指導であるが，5：1以下も共同体を治める長老らへの訓告が告げられている．迫害下の勧告がその間に挟まれるが（4：12以下），書簡の終盤において，迫害に対して共同体全体で立ち向かうための指示を与えている．このセンテンスは頌栄で締め括られるが，これも5：11と対応している．

7節　「万物の終わり」とは文字通り終末の到来を意味しているが，その事態

〔1024〕　Ⅰペトロ4：7以下は厳密な意味で書簡の終結部ではないが（書簡全体でいえば，Ⅰペトロ5：6以下がそれに該当する），キリストの来臨告知などの終末論的発言によって書簡を結ぶのは，たとえばⅠテサロニケ5：23以下，Ⅰテモテ6：14，ヤコブ5：7以下にみられる傾向である．

〔1025〕　4：8−11では8，10節では「εἰς ἑαυτοὺς」，9節では「εἰς ἀλλήλους」と相互性を示唆し，11節では奉仕を強調している．Feldmeier, 145も同様の指摘．

〔1026〕　ゴッペルトはローマ12：3以下と当該箇所との内容的類似性を論じている．ゴッペルトの論述を参考にすると，ローマ12：3（Ⅰペトロ4：7b），ローマ12：6（Ⅰペトロ4：10），ローマ12：6−7（Ⅰペトロ4：11），ローマ12：9（Ⅰペトロ4：8）との間に類似点が挙げられる．Goppelt, 279f．ただし，似たような内容を述べているからといって，Ⅰペトロ書の著者がローマ書を参考にこの箇所を記したと判断するのは早計であろう（本註解第2部第2章4参照）．

に際した態度を伝えている．イエスの神の国到来の使信と同様（マルコ 1：15 参照），「迫っている（ἤγγικεν）」と完了形で語られているように，緊迫感が伝わる[1027]．

この終末論的発言は 4：5 で語られる裁きとも関係している．健全な心の状態であることを意味する「思慮深くいる（σωφρονέω）」は，悪霊が憑依した者が正気に戻った状態を表す際にも用いられている（マルコ 5：15，ルカ 8：35）．テトス 2：6 では若者への勧めで命じられている．意図する内容としては，次の「しらふでいなさい」と同じであり，節度を重んじた振る舞いをさしている．後述するようにギリシア哲学において「節制（σωφροσύνη）」は，人が探求すべき徳の一つであるが，Ⅰペトロ書においては，終末論的事態を前にして人に求められる倫理的態度を意味している．

「思慮深くいる」ことについて：テトス 1：8 の徳目表では「思慮深く（σώφρων）」が列挙されている．同様に「思慮分別（σωφροσύνη）」はⅠテモテ 2：9，15 において女性への指示で使用されており（Ⅰクレ 62：2，64：1，イグ・エフェソ 10：3 も参照），この言葉の語群はとりわけ牧会書簡で見出される．「σωφροσύνη」はギリシア哲学でもたびたび論じられるテーマでもある．プラトンは「知恵」「勇気」「節制」「正義」を徳（ἀρετή）として最重要視するが，彼は「自分自身を支配する者」を「自分で自身自身にうち克ち，節制する人のことで（σώφρονα ὄντα καὶ ἐγκρατῆ αὐτὸν ἑαυτοῦ），つまり自分の中にあるもろもろの欲望や，それに伴う快楽を支配する者」と説明している（『ゴルギアス』491D）．さらに「節制（σωφροσύνη）」とは「（略）一種の秩序のことであり，さまざまの快楽や欲望を制御することだろう」と説明している（『国家』430E）．また，「節制」に関する省察は，プラトンの弟子であるアリストテレスにおいてさらに展開され，最も重要な徳の一つと捉える（『ニコマコス倫理学』1117b25 以下参照）[1028]．アリストテレスはここで，「節制」と対立する悪徳であり，欲望が制御

[1027] 他にもローマ 13：12，ヘブライ 10：25，ヤコブ 5：8，他にもバルナバ 21：3，Ⅱクレ 12：16，イグ・エフェソ 11：1 も参照．辻は主の来臨の近接を告げるヤコブ 5：8 に関して，この完了形は「すでに眼前にあるその出来事の中に自分たちが置かれ始めているという実感を表している」と解説しているが，これはⅠペトロ 4：7 にも当てはまるだろう．この完了形を用いた終末到来の伝承は，初代教会で広まっていたのかもしれない．辻（2002），236 頁，および Schröger, 190 参照．終末の到来時に向けた勧告句は黙示 3：2 を参照．

[1028] Keener, 314 Anm. 14; Popp, 365 を参照．

できないことをさす「放埒（ἀκολασία）」とを対比させて論じている。[1029]

「しらふでいる（νήφω）」は 1:13, 5:8 でも用いられており（本註解 1:13 参照），自制的な態度を保つことを命じている。新共同訳，および協会共同訳などは「よく祈りなさい」と独立して命令の意味で訳しているが，本註解では「祈りのために」と目的が示されていると理解する（岩波訳，田川訳他参照）[1030]。祈るためにはまずは正気でいることが必要である。[1031] 4:3 以下のかつての悪徳に囚われた状態と対極の姿勢でいることが肝要である。

8節　ここでは，7節の終末の到来に向けて，「何よりもまず」と読者たちが率先しておこなうべき事柄を訴えている（ヤコブ 5:12，ディダケー 10:4 参照）。愛を命じる言葉はこの書簡ではたびたび，登場している（1:22, 2:17, 3:8）。最後に残るものは愛であり（Ｉコリント 13:13 参照），キリスト教の共同体で必要とされるのは何より互いに愛し合うことである（ローマ 13:8-10，ヘブライ 13:1 参照）[1032]。「絶えず（ἐκτενής）」は 1:22 にも副詞として用いられているが，この箇所も同様に愛を持続的に保つことを命じている（本註解 1:22 参照）。一回的，その場限りの愛ではない。そして，一方的ではなく相互的な愛である。

後半は，前半の愛の命令に関して「ὅτι」を伴い説明を加えている。「愛は多くの罪を覆う（ἀγάπη καλύπτει πλῆθος ἁμαρτιῶν）」は，箴 10:12 にも似たような言葉があり，この箇所からの間接的な引用句とも考えられる。LXX よりもむしろ MT のテキストに近い。一方，ヤコブ 5:20「多くの罪を覆う（καλύψει [1033]

〔1029〕「節制とは，それあるがゆえに，人々が肉体の快楽に対して法が命ずるような態度を守り続ける徳である。だが，放埒は，これと正反対である」（アリストテレス『弁論術』第 1 巻第 9 章 1366b）。

〔1030〕「εἰς προσευχάς」を「σωφρονήσατε」にかけることは可能であるが（岩波訳，新改訳，前田訳参照），本註解では「καί」の後の「νήψατε」のみと捉える。原文の「祈り」は複数形であるが，習慣的な祈りを意味しているのだろうか。

〔1031〕「目を覚まし，祈れ（γρηγορεῖτε καὶ προσεύχεσθε）」という，ゲツセマネにおける弟子たちへのイエスの叱咤を思い起こさせる（マルコ 14:38）。

〔1032〕キリスト教徒が互いに愛し合う姿は，非キリスト教徒からは異様に見えていたことをテルトゥリアヌス『護教論』39:7 で報告している。「こうした愛の業——まさにその業のゆえに，一部の人達からわれわれは刻印を捺されているのである。連中はいう。『見ろ，奴らは互いに愛し合っている』」。

〔1033〕『使徒戒規（Didascalia Apostolorum）』II:3 はこの言葉を主（イエス）の言葉として引用しているが，これは不確かであろう。

πλῆθος ἁμαρτιῶν)」には，ほぼ同じような表現が見出せることから，初代教会で広まっていた（箴 10：12 を基にした？）定型文をⅠペトロ書が利用したとも考えられる．罪を「覆う」とは，罪の「赦し」を意味していると受け取れる（LXX 詩 31：1，84：3 参照）．では，この罪（複数形）は具体的に何をさしているのだろうか．他者の罪なのか，それとも自身の罪なのか．

① 愛は他者の罪過を赦すことを意味すると考えられる．Ⅰコリント 13：4-6 にあるように，他者の罪過，咎に対しても愛は寛容を示す．箴 10：12 の意味するところは，人々を分断する憎しみに対して，それとは対照的に愛はすべての罪を覆い（赦し），人々を結びつけことである．それゆえ，Ⅰペトロ 4：8 の罪が他者のそれを想定しているのならば，この箴 10：12 と内容から一致することになるだろう．しかし，そうであれば，ここでの罪は他者の過誤などの人間関係上の問題にすぎない．マタイ 18：21-22 で述べられているように，同胞への罪を赦すことを意味しているのであれば，この可能性も考えられる．前半の「互いに対して（εἰς ἑαυτοὺς）」という表現からもそれがうかがえる．だが，新約聖書における罪は一般的に神からの離反といった実存的問題である．

② それゆえ，この罪は自身の罪を意味しており，人が人を愛することにより，自身の罪が覆われる（赦される）と受け取る．こちらの可能性は，Ⅰペトロ書の他の箇所とも合致するように思われる（2：1-2，3：8-9，4：1-2）．本註解

〔1034〕 Ⅰクレ 49：5 では，愛を説く文脈に挿入されている．Ⅱクレ 16：4 も参照．ヤコブ書においては「愛は」が除かれ，この定型文を文脈に合わせてアレンジしている．辻（2002），270 頁，他にもブロックス，281 頁を参照．
〔1035〕 たとえば，原野，205 頁，Achtemeier, 296; Schweizer (1972), 89.
〔1036〕 Ⅰクレ 49：1-6 はⅠコリント 13：4 以下を前提にして愛について論じているが，文脈から推察すると，ここで想定されている罪はおそらく他者のそれであろう．
〔1037〕 マルコ 1：4，ローマ 3：9，5：12-14，7：13，Ⅰヨハネ 3：8 参照．Goppelt, 284 を参照．
〔1038〕 同様の見解はブロックス，281 頁．イエスへの塗油をおこなった女性の行為によって，彼女の罪は赦されていると宣言したイエスの言葉を思い起こさせる（ルカ 7：47）．Ⅱクレ 16：4 においては，罪は明らかに自身の罪である．トビ 12：9，シラ 3：30 には，「慈善（ἐλεημοσύνη）」が罪を清め，償うとあるが，ここでも自身の罪を意図している．他にもバルナバ 19：10，アレクサンドリアのクレメンス『救われる富者とは誰であるか』38：4 参照．「もし誰かが愛を霊魂のうちに吹き込んだならば，たとえ過ちのうちに生まれた者であっても，また禁じられた幾多の行為をなした者であっても，愛を成長させて浄らかな回心をなし，躓きに抗して闘いを新たに始めることができる」．さらに，オリゲネス『レ

は①の可能性を第一に考えるが、いずれにしても、この罪が同胞への罪なのか、神への罪なのか明確ではない以上、他者の罪か自身の罪かという二択の選択は難しい。〔1039〕

9節 「もてなし合う（φιλόξενος）」は旅人を客人として世話をすることを意味している。Iテモテ3：2、テトス1：8では長老などへの指導において、同じように命令されている。〔1040〕 Iペトロ書では共同体構成員らが互いにもてなし合うことが命じられ、その際、不平を述べないように注意される（フィリピ2：14、および知恵1：10－11参照）。

客人をもてなすのは、実践すべき美徳の一つである。〔1041〕 愛の勧めの後に客人への厚遇を促すのは、ローマ12：9以下にも見出せる。〔1042〕 パウロは愛の説明の後、「旅人の歓待（φιλοξενία）」に言及している（ヘブライ13：2も参照）。このような命令がなされるのは、初代教会において、同信者が互いの共同体を行き来していたからであろう。〔1043〕

信徒間の交流：イエスはガリラヤのさまざまな地域を移動して教えを宣べ伝え、その弟子たちも各地に派遣した（マルコ3：14他参照）。このような宣教のスタイルは、Q文書を担ったとされる放浪の伝道者たちに受け継がれていく（ルカ10:1以下参照）。また、南船北馬の日々を過ごしたパウロのみならず（IIコリント11：26－27）、ペトロもその妻を伴って各地域の共同体に赴いた（Iコリント9：5）。彼らは旅先の家にしばらく滞在し、互いの絆を強めていった（使徒16：15他参照）。ディダケー11－13では、各共同体に滞在する伝道者たちへの扱いについて子細に指示されているように、初期キリスト教会において、信徒間の人的な交流は頻繁におこなわれていたことがうかがえる（ローマ16：3－5、23、Iコリント16：19、コロサイ4：15、フィレモン2、IIIヨハネ3－8）。東奔西走して、教えを伝えるキリスト者たちの「行動力」

ビ記講話』II：4も参照。
〔1039〕 ゴッペルトはマルコ11：25、マタイ6：14以下、18：35を念頭に置き、ここでは両方の罪と捉える。Goppelt, 284f.
〔1040〕 他にもIIIヨハネ5－8、ディダケー12：1－5、ヘル牧8の戒め10参照。
〔1041〕 エピクテトス『語録』I:28:23参照。ディオン・クリュストモス『弁論集』1：41（および同12：76）では神の性質についての文脈で、「もてなし神」に言及し「よそ人を蔑ろにせず、どの人間も縁のない者とは見なさい」と説き明かしている。Achtemeier, 296 Anm. 64参照。
〔1042〕 他にもマタイ25：35参照。
〔1043〕 ディダケー11：4－6、Iクレ1：2参照。

と「機動性」こそが，三浦が論じるようにキリスト教が地中海地域全般へと伝播する重要な要因であった．ルキアノスの『ペレグリノスの最期』13 には，アジアの町からキリスト教の信徒たちが訪れたとあるように，信徒間の交流は非キリスト教徒らも認めていることである（同 16 も参照）．このような交流を通して信徒間の結束が高まり，小規模でありかつ迫害の危険にさらされ続けた集団であるにも拘らず，キリスト者は生き延びることができたのだろう．

10 節 共同体の教えは互いの役割についての説き明かしへと移る．この節ではパウロ書簡でしばしば用いられている術語と出会う．それぞれの「賜物（χάρισμα）」については，共同体内部の役割分担を説くローマ 12：6-8，Ⅰコリント 12：4-11, 28-30），同 14：1 で見出す（Ⅰテモテ 4：14，Ⅱテモテ 1：6 も参照）．先の箇所で，パウロは具体的な賜物として「預言」や「奉仕」などの多数を挙げているが，Ⅰペトロ 4：10 では，次の 11 節にある「語ること」と「奉仕」である．ここではまず，Ⅰペトロ書の受け取り手は，めいめいが賜物をすでに受け取っていることを前提としている．しかも，賜物には多様性があり（「ἕκαστος」），個性をもっている（Ⅰコリント 12：11 も参照）．その賜物を用いて，互いに奉仕し合うのはキリスト者の勤めである．ここでも 8 節同様に「εἰς ἑαυτοὺς」をくり返し，相互性を強調している．

「神のさまざまな恵みの善い管理人」という比喩的表現は，Ⅰペトロ書にしか登場せず，意味するところは正確には捉え難いが，次のように推定できる．類似した表現として，たとえばパウロは「奥義の管理人」と称し（Ⅰコリント 4：1），テトス 1：7 において，教会を統べる監督を「神の家の管理者」と定めている．これら二つと異なり，Ⅰペトロ 4：10 では信徒すべてが管理人である．

〔1044〕 三浦，444 頁．
〔1045〕 ただし，Ⅰコリント 12：4-11 では賜物は霊を介して与えられるものであるが，Ⅰペトロ書にはそのような理解はない．パウロ書簡との懸隔については Herzer, 160-172 を参照．Ⅰテモテ 4：14，Ⅱテモテ 1：6 では，教会指導者のみに与えられている賜物について言及されているが，Ⅰペトロ書では教会員全員である．Ⅰペトロ書においてはまだ，教会制度内の確固たる職制と「賜物（χάρισμα）」を結びつける段階ではなかったと考えられる．
〔1046〕 Ⅰクレ 38：1 における「賜物」に関する言及でも「ἕκαστος」が用いられている．他にもディダケー 1：5 参照．
〔1047〕 賜物の多様性に注目しているのはブロックス，283 頁，および Hiebert, 250; Schröger, 111.
〔1048〕 イグ・ポリ 6：1 でも信徒たちを「神（の家）の管理人」としている．

管理人とは家政全般を管理する存在であるが（ルカ12：42－48, 16：1以下参照），神の恵みを管理するとは何を意味しているのであろうか．恵みはこの書簡では多様な使われ方をしており，この恵みとは神からのもたらされる恵み，つまり終末時に与えられるそれをさしているのであろうか（Ⅰペトロ1：10, 13）．しかし，この文脈にはこの意味内容はそぐわない．むしろ，神からすでに与えられている恵みの（賜物の）ことであろう．管理人に求められるのは，とりもなおさず忠実さと誠意である．ここでは信徒一人ひとりが単なる管理人ではなく，「善い」管理人として（2：12「καλός」を参照），与えられたそれぞれの恵みを生かし，神の家を維持するために尽くせという命令と受け取れる．[1049]

11節 10節で述べられた賜物として，語ることと奉仕することが挙げられる．「語る人は」「奉仕する人は」（協会共同訳）とわかりやすく訳すのも一案だが，厳密に訳すと本註解のように「もしも誰かが語るのであれば」となる（岩隈訳，塚本訳参照）．同様に「もしも誰かが奉仕するのであれば」となる．11節前半の文章は，それぞれ動詞を補って訳した．語る際には神の言葉を，奉仕する際には神からの力を基づいて奉仕せよとあるように，あらゆることは神を軸としておこなうように勧められている．ここにおいても，この書簡における神中心主義が垣間見られる．

「神の（もろもろの）言葉（λόγιον）」はローマ3：2, ヘブライ5：12にもある．この二つの箇所では，旧約の教え全体や神との契約，神の啓示といった広い範囲の意味内容をさしていると考えられる．[1050] Ⅰペトロ1：23－25では「神の生ける言葉（λόγος）」によって生かされるとあり，読者は「福音として告げ知らされた言葉（ρῆμα）」を聞いている．

その一方,「言葉（λόγος）」に従わない者は躓くとされる．Ⅰペトロ書における「神の言葉」とは救いの使信をさしていると思われる．この言葉を語り，伝え続ける義務が課せられている．語る者とは日常生活上の会話においてではなく，共同体の集会で教えを伝える者をさしている．同様に，奉仕する者も共同体内のそれを

〔1049〕　Ⅰペトロ書は家のメタファーを用いて信徒たちの統一意識を促すが（2：5, 7, 4：17），4：10もその一つであろう．

〔1050〕　松木（1966），134頁，川村（2004），152頁参照．他にも使徒7：38（5：20）も参照．

さしている[1051]．いずれも共同体の維持のために不可欠な業である．本註解では「供給する」（岩波訳も同様）と訳した「χορηγέω」は，単に「与える」でもよいかもしれないが（新共同訳，協会共同訳），力の源泉が神であることをわかるように先のように訳した．

後半の頌栄は5：11でも同じような文言でくり返されている．この頌栄文については，次の二つの問題がある．まず，「ᾧ」が誰をさしているかである．①「神」なのか[1052]，② 直前の「イエス・キリスト」なのか[1053]．確かにこの関係代名詞の直前はイエス・キリストであるものの，前文は神に栄光を帰するとし，5：11の頌栄でも神であるので（2：12も参照），①の可能性を取りたい（黙示1：6も参照）．また，この頌栄を「あるように」と願望として訳す伝統があるようだが[1054]，岩隈や田川が指摘するように，ここは断定として訳すべきであろう．頌栄は「アーメン」によって終わり，これまで論述に区切りがつけられ（ローマ1：25，9：5，11：36，ガラテヤ1：5他多数）[1055]，4：12からの第2部が開始される．

4章12－19節　試練の時にこそ喜べ

¹²愛する人たちよ，あなたがたへの試練として生じる，あなたがたの間にある燃焼を，あなたがたに〔とって〕異様なことが起こっているかのように不審に思わず，¹³むしろ，キリストの苦しみを共にする（分かち合う）ことに従っ

[1051]　奉仕の具体的な活動内容について子細に語られていないが，初代キリスト教会において（生活に困窮する）共同体成員のために組織的に活動（奉仕）する人々について報告されている使徒6：1－6では食事の奉仕に対して，言葉の奉仕，つまりは神の言葉を伝えることを対照させ，後者を優先すべきとしている．なお，Ⅰペトロ書においては，Ⅰテモテ3：8－13で言及されているような，「長老」とは別に，制度化された「執事（διάκονος）」が導入されていたかは不明である（本註解補論「新約文書における長老の役割について」参照）．

[1052]　文語訳，口語訳，共同訳，新共同訳，協会共同訳，フランシスコ会訳，岩隈訳，宮平訳．口語訳，塚本訳，前田訳は「彼」と訳しており，どちらとも取れるが，おそらく神をさしているだろう．カルヴァン，119頁，原野，211頁，Achtemeier, 299も参照

[1053]　川村訳，田川訳，Michaels (1988), 253．Ⅰクレ20：12，50：7参照．

[1054]　前田訳，川村訳，宮平訳，新改訳，口語訳，共同訳，新共同訳，協会共同訳．

[1055]　岩隈，98頁，註11，および田川（2015），322頁，註11．他にも文語訳，N.ブラウン訳，塚本訳，Schrage (1973), 110を参照．

て，喜びなさい．キリストの栄光が顕れるときにも，歓喜に満ちて喜ぶためである．¹⁴ キリストの名のゆえに罵られるのであれば，あなたがたは幸いだ．栄光の，すなわち「神の霊が」，あなたがた「の上に安らっている」からである．¹⁵ すなわち，あなたがたのなかで誰も，人殺し，盗人，悪人，あるいは，他人を監視する者として，苦しむことがあってはならない．¹⁶ しかし，キリスト者として苦しみを受けるのならば，恥じてはならない．むしろ，この名のゆえに，神に栄光を帰しなさい．¹⁷ なぜなら，裁きが神の家から始まる時〔が来た〕からである．初めに私たち〔が裁きを受けるの〕だとすれば，神の福音に従わない者たちの行く末はいったいどうなるのか．¹⁸ また，「義人が辛うじて救われるのならば，不敬虔な者や罪人はどこに現れるのであろうか」．¹⁹ それゆえ，神の意思により苦しみを受ける人は，善〔の業〕をおこないつつ，真なる創造主に自らのいのちを委ねなさい．

4：11で一つの区切りを設けて，「愛する人たちよ」というよびかけで新たな話題を提供する．4：12－19は，冒頭（1：6）から示唆されている迫害下での鼓吹と慰謝の言葉を記している．12－13節では，イエスの言葉にあるように，苦しみの渦中にあっても喜べと命じる．そして，キリストの栄光が顕われる時，つまりは終末の時へと目を向けさせる．14－16節では，キリスト者であるゆえに，さまざまな災禍に見舞われたとしても神の霊がいまこの時に読者の上にあること

〔1056〕　本註解のように冒頭の「γάρ」を「すなわち（nämlich）」と訳出するのは岩隈訳, Goppelt, 307; Knopf, 181 他参照．それ以外は「というのも」（田川訳），「実に」（宮平訳）とするが，協会共同訳他は接続詞を訳していない．
〔1057〕　NA 第28版では「μέρει」（写本ではＫＬＰ）を本文に採用し，新改訳は「このことゆえに」と訳している（Vahrenhorst, 183 では「mit diesem Los」）．だが，重要な写本は「ὀνόματι」である（𝔓⁷² ℵ Ａ Ｂ Ψ 他多数）．前者はいずれも後世の写本であり，第28版がなぜ「μέρει」を採用したのか明確な理由はわからない．ミヒャエルスは14節（ἐν ὀνόματι Χριστου）を考慮すれば，「μέρει」から「ὀνόματι」への変更は容易に考えられるとする．Michaels (1988), 257, 269f. 確かに lectio difficilior の原則に立つならば，この推論も肯首できるが，例外もあるだろう．何より田川やアクティマイアー，およびエリオットらも述べているように，初期の重要写本が圧倒的に支持する読みを覆すのは困難である．田川 (2015), 326 頁, 註 16, Achtemeier, 303f.; Elliott (2000), 769; Forbes, 159f.; Heckel, 124; Horrell (2013), 179-181; Williams/ Horrell (vol.2), 415-417. 後世の写本は，Ⅱコリント 3：10, 9：3 を参照にして「μέρει」へと変更したと見なすこともできるだろう（Wagner/ Vouga, 148 も同意見）．

を思い起こさせ,激励する.キリスト者として苦しみを受けることは恥ではなく,13節の発言と同じように喜ぶべきであると重ねて告げている.

17節からは再び終わりの時へと視座を変え,神の福音に従う者とそうでない者との運命を語り,神への絶対的な信頼をもつことを命じて勧告は閉じられる.

12節 「愛する人たちよ」という読者へのよびかけを用いて新たな話題へと切り替え（2：11参照),冒頭で述べた「試練」（1：6）について再び言及する. 12節は1：6-7と語句,および内容の上でも類似している. 1：7では「火（πῦρ）」であるが,この箇所では「燃焼（πύρωσις）」という語句を用いており,火そのものというよりは実際に燃えている状態を意味している[1058]。

この燃焼は「あなたがたの間に（ἐν ὑμῖν）」あると記されているが,これは内面的な事柄をさしているのではなく,読者たちの「現実の只中」ということを意図していると思われる.それゆえ,「燃焼」は何らかの迫害の状態をさしていると捉えるのが至当であろう[1059]。

確かにこれは,迫害の激しさを暗に示していると考えられるが,それまで（4：11以前）とは様相が異なる,より切迫した状況を意味するものではない[1060]．直面する厳しい現実を試練として受け取るべきであると教示している[1061]．危機的状況を神からの試練として甘受し,自身の信仰が吟味される時であると受け止める姿勢は,たとえば,ゲツセマネのイエスにもみられる（マタイ26：41他参照).神は試練を通して人を判断されるのだ.

「試練」としての苦しみ：かつての苦難の体験は神から与えられた試練であったと認識し,そのことを思い起こす詩編の詩人は,「神よ,あなたは私たちを試み,火で銀を練るように私たちを練った」（詩66：10）と詠っている（イザヤ48：10,ゼカリヤ13：9も参照).精錬作業の比喩を用いて,試練としての苦難は自身が鍛えられる

[1058] 岩隈訳「烈火（のような苦難)」,塚本訳「烈火の苦難」,田川訳「火災」.デュビスは「πύρωσις」の用例を詳論している.Dubis (2002), 76-85.
[1059] 黙示18：9, 18, およびLXX箴27：21, アモス4：9, ディダケー16：5参照.
[1060] ブロックス, 293頁参照. 4：12以下は,迫害が現実のものとなった後の付加であるという仮説の検証は本註解第1部第1章1.3参照.
[1061] 試練と火を象徴的に結びつける表現は,ユダヤ教文書からの影響がうかがえる（詩66：10,シラ2：5,ユディト8：27,知恵3：5-6他参照).吉田（2012), 102頁, Dubis (2002), 86-95; Horrell (1998), 86参照.

ためのある種の通過儀礼として受け止めている．苦しみは人を試し，鍛え上げる．旧約聖書を紐解けば，神は人に（多くの場合，その人物にとって不条理極まりない）試練を与え続けていることに気づかされる．神の教えにひたすら従い続けたにも拘らず，アブラハムには受け入れ難い命令がくだされる（創世22）．愛する独り子のイサクを焼き尽くすいけにえとして捧げよという神命である．息子に手を下す寸前でそれは止められるが，これは神を畏れる者であるかを試すものであったことを後に知る（創世22：12）．義人ヨブが数多の危難に遇い，苦しみが与えられるのは神による教育であるという理解も存在している（ヨブ1参照）．人が神によって判断される際，苦難がその試金石となるという言説は，ヘレニズム時代のユダヤ教文献においても確かめられる（知恵3：5, 遺ヨセ2：5－7）．試練としての苦しみの認識は，地下水脈のごとく旧約やユダヤ教文書の底辺に流れており，その水はパウロ書簡やIペトロ書へと注ぎ込まれている．

この試練を果敢に乗り越えることがキリスト者には求められる．艱難には理由があり，それはキリスト者にとって一つの必然であることをパウロも伝えている（Iテサロニケ3：3, および使徒14：22）．キリスト者の周辺で起こるさまざまな事態を「異様なこと」として受け取らざるをえない人々がいたのだろうか．送り手は動揺するそのような人々に確かな使信を送る．不審に思う必要はなく，むしろ，次節にあるように喜ぶことが命じられる．

13節 12節で語られた試練としての燃焼（迫害）に耐える理由は，書簡でたびたび言及されるキリストの苦しみに倣うためである（2：21－25参照）．キリストの苦難を共にする（分かち合う）ことに従って，喜べという命令は矛盾に

〔1062〕 福音書における迫害の予告も参照（マタイ10：16－25, マルコ13：14－23他）．

〔1063〕 この箇所での苦しみも複数形であり（1：11, 5：1），キリストが受けたさまざまな苦難をさしている（本註解1：11参照）．同様の指摘はHeckel, 123. キリストの苦しみという表現は，IIコリント1：5やフィリピ3：10においてすでに現れるが，ここでも複数形で記されている（他にもIクレ2：1）．

〔1064〕 協会共同訳他は「キリストの苦しみにあずかればあずかるほど」と日本語としてわかりやすい同化（受容化）翻訳を試みているが，この箇所では「κοινωνεῖτε」をよりはっきりと訳すべきである．また，「καθό」を理由の意味として理解する解釈者もいるが（たとえばGoppelt, 298 Anm. 8, Moffatt, 155f. 参照），ここでは程度の意味であり（IIコリント8：12参照），直訳すると「キリストの苦難を共にする（分かち合う）程度に応じて」となる．BDR, 456. 4参照．それゆえ，田川も指摘しているように，先の「あずかればあずかるほど」はやはり，

聞こえる．苦しみは喜びではない．しかし，キリスト者は終わりの日にキリストの来臨を待ち望む身であり（1：7，13，20参照），その時，欣喜雀躍して喜ぶと告げられる．目下の災禍は栄光に満ちた終曲へと進む序曲にすぎない．最後に読者たちは大歓喜を味わうことになる．

ここでは二つの喜びが語られている．現在の喜びと将来の喜びである．苦境の最中で喜べという逆説的な命令は，迫り来る終末時の歓喜と結びつく．苦しみそのものが喜びではなく，読者の苦しみがキリストのそれと重ねられた時に初めてその意味をもつ．キリストとの共苦こそが喜悦の所以である．[1065]

「歓喜に満ちて喜ぶ」という訳は，日本語としてかなり不自然であるが，原文では同じ意味の言葉が重ねられているのでこのように異化（異質化）翻訳を試みた．[1066] 4：13のみならず，1：6，8にあるように危難や悲嘆の只中にあっても喜ぶことを告げ知られるのは，Ⅰペトロ書の特徴のひとつである．だが，マタイ5：11－12（およびルカ6：22－23）のイエスの言葉にも見出せるように，迫害下に生きる初代教会全般に共有された指導であるとも受け取れるだろう．[1067]

> ユダヤ教黙示文学における苦難と栄光：「いまきみたちがなめている苦難に安じるがよい．どうして敵の没落を期待しているのか．きみたちを待ち設けていることに向かって心ぞなえせよ．きみたちのためにそなえてある褒賞をめざして準備せよ」（シリ・バル52：5－7）．このように，辛苦の先に栄光が恵与されるという言辞は，Ⅰペトロ書の成立時期（後1世紀後半）と重なるユダヤ教黙示文学においても顕著にみら

 SLの原意から外れる，やや正確さに欠く訳文である．田川（2015），323頁，註13，他にも Schreiner, 220 Anm. 11 参照．
〔1065〕 キリストの苦しみに自らのそれを同一視する視座はパウロ書簡に見出せるので（ローマ8：17，フィリピ3：10），この箇所にはその影響がうかがえる．
〔1066〕「喜びに満ち溢れる」（協会共同訳他）というのが，意味を取った日本語訳としてはふさわしいだろう．
〔1067〕 他にも使徒5：40－42，ローマ5：3－5，Ⅱコリント6：10，Ⅰテサロニケ1：6，コロサイ1：24，ヤコブ1：2－3，ヘブライ10：32－34も参照．ユダヤ教殉教文学にも同類の発言がみられる（Ⅱマカバイ6：29－31）．ナウクが論証するように，初代キリスト教会（およびそれ以前のユダヤ教）において苦難（迫害）の中で喜べというモチーフを有する共通した伝承が存在していた可能性が考えられる．Nauck (1955), 68-80. ここでもメッスナーはマタイ5：11とⅠペトロ4：13以下の伝承史的依存関係を推定しているが，Ⅰペトロ4：13の中核にあるキリストの苦難への参与というモチーフはマタイ5：11には見出せず，（Ⅰペトロ書が伝承を独自にアレンジした想定しても）二つの箇所を積極的に結びつけるのはやや牽強付会の説と思える．Metzner, 34-48.

れる（同 48：48－50，54：16－18 も参照）[1068]。「いと高き方は一つではなく、二つの世を造られたのだ」（エズラ［ラ］7：50）と天使がエズラに告げるように、この世における義人たちが悪人から被る辛苦は、新しく創造される世界における救済と栄光を授かる確信へと変化する。「いと高き方は、この世を多くの人のために造られた。だが、来るべき世は僅かな人のために造られている」（同 8：1 参照）。この来るべき世界には選ばれた僅かな人々のみが迎えられる。「悲嘆と弱さに満ちた」（同 4：27）世界は徹底して悲観的に捉えられているが（同 7：117－121 も参照）、審判の時には「まだ目覚めていない世は揺り起こされ、朽ちた世は滅びる」、ゲヘナの先には「喜びに満ちた楽園」が待ち受けている（エズラ［ラ］7：31－36）。このような志向はユダヤ教（さらにはキリスト教）殉教文学の言説とも共鳴する。拷問を命じる王に向かって殉教者は「悪人よ、お前は我々を今の生から解き放つが、世界の王は、ご自身の律法のために死ぬ我々を、命の永遠のよみがえりへと復活させてくださる」と叫ぶ（Ⅱマカバイ 7：9）。義人の苦しみの先には天上での安らぎ、または復活の希望がある。「鞭打たれて苛酷な肉体の苦痛に耐えており、そして魂においては、主に対する畏れのゆえに、むしろこれを喜んで受けいれているのだ」（Ⅱマカバイ 6：30）と義人たちの最期の姿を描くユダヤ教殉教文学は、彼、彼女たちの苦難に倣えとも奨める。

14 節 先の 13 節と同様、14 節前半もマタイ 5：11（およびルカ 6：22）のイエスの言葉と語句、内容上も似ており、初代教会で共有していた伝承を用いている可能性が考えられる。また、Ⅰペトロ 3：14 とも内容は類似している。14 節後半は部分的にメシアによる平和の告知の預言である LXX イザヤ 11：2 からの引用と考えられるが、厳密な引用句というより、14 節前後の文脈に合わせて、アレンジして取り込んでいるように思われる。

まず、「キリストの名のゆえに（ἐν ὀνόματι Χριστοῦ）」について考えたい。この「ἐν」をどのように解釈するか、翻訳者によって異なる見解が示されている。邦訳では①「キリストの名のゆえに」、②「～ために」[1069]、③「～において」[1070]といった訳案が出されている[1071]。本註解では読者たちが侮辱される「理由、根拠」が「キリストの名」であるという意味を明確にするために、「～ゆえに」という訳を選

[1068] Nauck (1955), 73-77 参照。
[1069] 協会共同訳、川村訳「キリストを信じることのゆえに」、前田訳。
[1070] 文語訳、口語訳、共同訳、新共同訳、新改訳、N. ブラウン訳、フランシスコ会訳、宮平訳。
[1071] 田川訳、塚本訳。

びたい.[1072] キリストを信じる者，キリストに属する者，つまりは「キリスト者」（4：16）であることゆえに，罵詈雑言[1073]を浴びせかけられるなどの耐え難い責めを受け続ける.[1074] しかし，そのことが逆説的に幸いであると宣言される．

もう一つ，この箇所を理解する上で問題となるのが後半の「τὸ τῆς δόξης καὶ τὸ τοῦ θεοῦ πνεῦμα」である（とりわけ「τὸ τοῦ θεοῦ」の部分）.[1075] 接続詞「καί」を田川訳，塚本訳のように「栄光の霊と神の霊」と並列として受け取ることも可能であろうが，本註解では「すなわち」と説明の意と理解したい（協会共同訳，岩隈訳他参照）.[1076] ここでは前後の文脈に合わせて（4：13，16），「栄光の」という語句を付加したのだろう．フェルデマイヤーが指摘しているように，Ⅰペトロ書において「栄光」は常にキリストの受難や読者たちの苦難を語る文脈と結びついている（1：6，11，4：13，5：1，10 参照）.[1077] また，LXX イザヤ 11：2 では未来形がこの箇所では現在形に変えられている．イザヤ書の文脈では霊が留まるのは「彼（メシア）の上（ἐπ' αὐτὸν）」であるが，ここでは「あなたがた（ἐφ' ὑμᾶς）」である．このように時制を変えることによって，読者たちの上に，いまこの時に神の霊があることを告げている．

14 節前半部分の意図は，キリスト者たちがその信仰のゆえに不当な苦しみを受けているはむしろ幸いであるという激励であり，後半もまた同様である．書簡

[1072] マルコ 9：41，使徒 3：6 参照．Hartman「釈義事典 II」，590.
[1073] ここでの「ὄνομα」を肩書やカテゴリーと理解することも可能であろう．Bauer, 1162; Goppelt, 305 参照．マルコ 9：37, 39, 41「あなたがたがキリストに属する者である名（肩書）のゆえに（ἐν ὀνόματι ὅτι Χριστοῦ ἐστε）」参照．
[1074] 「ὀνειδίζω」は福音書ではキリスト者に対して（マタイ 5：11，ルカ 6：22），または受難のイエスに対して向けられる語句である（マタイ 27：44，マルコ 15：32）．
[1075] 重要な写本はこの読みを支持しているが，「δόξης」と「καί」の間に「καὶ δυναμεως」を記す写本も存在し（ℵ* A P 33. 81. 1241. 1739 他），訳文に採用する解釈者もいる（Beare, 166）．だが，上記を含む長い読みを採用するための積極的根拠は乏しく，頌栄を意識して後世に挿入した可能性も考えられるため（ディダケー 8：2, 9：4, 10：5, および黙示 15：8 参照），本註解ではこの読みを採用しない．詳論は Davids, 168 Anm. 10; Michaels (1988), 156 を参照．ヴィンディッシュはこの文章の不自然さゆえに，「καὶ τὸ τοῦ θεοῦ」または「καὶ τὸ」が挿入されたと推測するが（Windisch, 77），アクテマイアーも批判するように写本からはそれを支持できない（Achtemeier, 303）．
[1076] Dubis (2010), 150; Kelly, 187; Vahrenhorst, 179 も参照．他にもエリオットは二詞一意に取り「the divine Spirit of glory」と訳している．Elliott (2000), 782f.
[1077] Feldmeier, 150 Anm. 559.

の受け取り手の上に神の霊が安らっており，その守りのうちにあることが強調されている[1078]。

「栄光の霊」という表現は，神の臨在（Shekinah）を意味しているとセルウィンは推論し，他の解釈者たちもそれに賛同している[1079]。神の臨在を印象づける出エジプト24：15-18（他にもⅡマカバイ2：7-8）などと似ていなくもないが，この箇所が神の臨在を意味すると決定づけることはできない。神が臨在しているならば，もっとはっきりとした表現を用いるのではなかろうか。いずれにせよ，神は迫害を受け続ける読者たちを見守っていることを印象づけ，彼，彼女たちを鼓吹している。さらに終末時に確実に受ける栄光の先取りを示しているとも考えられるだろう（1：7，4：13）[1080]。

15節 15節は16節と関連づけて理解する必要がある[1081]。「キリスト者として（ὡς χριστιανός）」苦しむことは是認されるが，「人殺しとして（ὡς φονεὺς）」などで苦しむことは許されない。犯罪行為は決してキリストの苦しみを共にすることにならず，讃美の対象にもならない（4：13）。

　キリスト教徒と犯罪行為：後2世紀前半の小プリニウスの『書簡集』第10巻96には，キリスト教徒が夜明け前に催される集会（おそらく礼拝）で犯罪的な行為を犯さないことを誓うと報告されている[1082]。「彼らは常日頃から，規定の日の夜明け前に一同集まり，キリストに対し神として交互に合唱し，誓約によって相互に義務を負わせているということですが，しかし何らかの犯罪を実行する義務ではなく，窃盗，強盗，姦淫に決して手を染めず（sed ne furta ne latrocinia ne adulteria committerent），信義を破らず，預かり物の変換を要求された時要求を拒絶しない，こうした種々の義務なのです」。Ⅰペトロ書の成立時代，各共同体でこのような誓約の言葉が会衆の前で交わされていたか定かではない。だが，上述のような，非キリスト教文書であるローマ帝

[1078] デュビスは旧約文書においてモーセなどの特別な存在の上に神（主）の霊が注がれる箇所との関連を論じている（民数11：17，25-26，士師3：10，11：29，サムエル上10：6，列王下2：9他多数）。Dubis (2002), 118f.
[1079] Selwyn, 223. たとえば，速水，428頁，マーティン，154頁やDubis (2002), 126-129など。
[1080] Achtemeier, 309; Davis, 168らの見解。
[1081] 15-16節は「μὴ…δὲ」を用いて，前半には否定的存在（犯罪行為者），後半には肯定的存在（キリスト者）とを対比させ，かつ「ὡς」を反復させて印象づけている。Dubis (2010), 151の分析を参照。
[1082] 訳文は保坂，365頁。

国の公文書でも記されているということは，後2世紀前後のキリスト教徒の間で犯罪行為を強く咎め，潔癖な生活を送ることを誓約させていたのは事実と受け止めるべきであろう．

15節では「キリスト者」と対比させる四つの犯罪行為者が列挙されている．まずは「人殺し」，そして「盗人」，三つ目は「悪人」である．先の二つと異なり，「悪人（κακοποιός）」は本書簡の他の箇所でも用いられており（2：12，14)，おそらく犯罪全般をおこなう者をさしているのだろう．四つ目の前に「ἢ ὡς」と記されており，これまでの三つとは異なり，強調して「他人を監視する者（ἀλλοτριεπίσκοπος）」が挙げられている．この語句は聖書のみならず，他のギリシア語文献を含めてIペトロ書だけに登場する．著者による造語であると考えられている．「他人の（ἀλλότριος）」と「監督者，監視者，見張り人（ἐπίσκοπος）」の合成語であるが，上記のように他に用例がなく正確な語意は不明である．「他人を監視する者」（田川訳）というのが直訳であるが，本註解でもこれを採用する．ただし，「何のために」他人の「何を」監視（監督）することなのか．「他人に干渉する者」（協会共同訳他）や「（他人の事の）おせっかい屋」（岩隈訳）と意味を汲んで訳すのも一案であるが，SLの語義がはっきりとはわからない単語はそ

─────────
〔1083〕 Bechtler, 92 参照．テルトゥリアヌスなどのラテン語の訳語から（同『蠍の毒の解毒剤（Scorpiace）』12の「maleficus」)，「κακοποιός」を「魔術師」（タキトゥス『年代記』II：69 参照）と解釈する見解も示されているが（Knopf, 181; Selwyn, 225; Windisch, 77)，ブロックスが正しく批判するように，この語句はIペトロ書では「善い業」（3：17, 他にも 2：12-15, 20）と対照的に用いられている．ブロックス，436頁，註688, 他にも Schelkle, 124 参照．それゆえ，この箇所だけ「悪い業」以外の意味として受け取るのは不自然である．
〔1084〕 𝔓⁷² では「κλέπτης」と「κακοποιὸς」の前にも「η ως」を記している．
〔1085〕 𝔓⁷² では「αλλοτριοις」と「επεισκοπος」の二単語に分けている．合成語では意味が不明だったので二語に分けたのか．A Y 69 も「αλλοτριος επισκοπος」．テルトゥリアヌス『蠍の毒の解毒剤（Scorpiace）』12でも「alieni speculator」．また後世の写本である1739他では「αλλοτριοεπισκοπος」という綴りにし，修正を加えている．Williams/ Horrell (vol.2), 415 で述べているように，この合成語の理解に苦慮した形跡が後世の解釈者たちにみられる．
〔1086〕 Beyer, ThWNT II, 617-619 参照．
〔1087〕 類似したものとして，エピクテトス『語録』III：29：97におけるキュニコス派の行状を弁護する文脈の発言が挙げられている．「人間のすることを監視するときは，他人のことでおせっかいをするのではなく，むしろ自分のことをするものだからだ（οὐ γὰρ τὰ ἀλλότρια πολυπραγμονεῖ, ὅταν τὰ ἀνθρώπινα ἐπισκοπῇ, ἀλλὰ τὰ ἴδια)」．だが，Iペトロ書の当該箇所とキュニコス派を関連づけるのは困難である．

のまま訳す方がよいだろう.

　他人を監視することは, 殺人, 盗みなどの明白な犯罪行為に続いて書かれているため, これもその一つと考えられているのだろうか. それとも, 前の三つとは別な意味として記しているのか. おそらく, 最初の三つはキリスト者が避けるべき一般的な悪徳表として記しており, それとは別に四つ目は, 本書簡を受け取る共同体の特殊な問題を取り上げているとも考えられる. いずれにせよ, 「他人を監視すること」もここでは犯罪行為の一環として捉えられていると想定できる. 当然ながらキリスト者は善に勤しみ, 悪事から身を遠ざけるべきである. 4：15は内容からは2：20（奴隷への勧告）, 3：17と似ており, 悪事によって苦しむのは実に愚かなことであると教える. 異教徒の間でキリスト者が模範的なおこないを示すことは(3:16), 社会の中で不信感をよび起こさないための方策である.

　16節　15節を受けて16節ではキリスト者として受ける苦しみが全面的に肯定される. 「恥じてはならない (μὴ αἰσχυνέσθω)」は, 次の「栄光を帰しなさい (δοξαζέτω)」と対比して使われている. 前出の犯罪行為者は罪過ゆえに苦しみ, 自らを恥じることは必然である. だが, キリスト者がキリスト者であるがゆえに苦しむのではあれば, 恥と受け取るべきではない. 苦しみが与えられているのは, 神から見捨てられ, 裁きを受けることでは決してない. むしろ, 神に栄光を帰すべきなのである. この表現は2：12でも登場するが, 4：16ではキリスト者

〔1088〕　Iテモテ5：13では寡婦に対して饒舌やお節介が咎められているが, 犯罪行為とまでは断じてない.
〔1089〕　Wibbing, 87f. 参照.
〔1090〕　パーキンス, 125頁も同様の考えである.
〔1091〕　アクテマイアーが推論するように, 他人の物を奪い, 騙し取る（横領する）ために監視するとも想定できるだろう. なお, アクテマイアーはこの語句の釈義に関する詳細な論述を残しているものの, 語義の断定までには至らない. Achtemeier, 311-313.
〔1092〕　「キリスト者」については, 本註解補論「Iペトロ書における『キリスト者（Χριστιανός）』」についてを参照.
〔1093〕　「αἰσχύνω」はLXXでは頻出後だが, 新約では五箇所のみ（ルカ16：3, IIコリント10：8, フィリピ1：20, Iヨハネ2：28）. 「恥を受ける」は旧約（LXX詩24：3, 68：7, 118：80参照）では神からの裁きをさしているが（Bultmann, ThWNT I, 188参照）, フィリピ1：20のように「神のように『恥を受ける』ことと「栄光を受ける」こととが対比されるのも, やはり旧約に確認できる（LXX詩34：26－27, 39：15－17参照）. 山内（1987）, 242－243頁, 註59, および70を参照.
〔1094〕　マルコ8：38, ルカ9：26, ローマ1：16, IIテモテ1：8, 12も参照.

自身が神を讃美することを命じられる．ここでも 12 節から続く，通常の常識的な認識を打ち崩す逆説的な言明がくり返されている．「この名において」の「この」とは，その前のキリスト者をさしていると受け取れる．また，前置詞「ἐν」は 4：14 と同じく，「理由，根拠」として「この名のゆえに」と解する．

「Χριστιανός」の訳語について：「Χριστιανός」に対して本註解では「キリスト者」という訳語を採用した[1095]．日本聖書協会の聖書翻訳において，口語訳までは「クリスチャン」としている（田川訳も参照）．これは文語訳，古くはその分冊から「キリステアン」と英語を音写した訳語を使用していた伝統に則っている（N. ブラウン訳も「きりすちゃん」[1096]）．「キリスト者」という訳語は漢訳聖書の代表訳（1852 年）においても使われており，内村鑑三も 1906 年頃からこの表現を用いていたと指摘されている[1097]．「クリスチャン」，ないし「キリスト教徒」は自称として使うこともあるものの，一般的にキリスト教徒ではない者がキリスト教徒をさす際にも用いられている．それに対して「キリスト者」は，主に自称として使われているように見受けられる．この語句は，後述する自覚的信仰者というニュアンスを生かせる訳語であり，Ⅰペトロ書の文脈にはこちらの方が適していると思われる．

17 節　17 節前半の「が来た」は翻訳上の補い．12 節以降，試練としての苦しみの渦中でも「キリスト者」として喜びをもってそれを受け止めることを勧告してきたが，その理由が「ὅτι」に導かれて 17 節で説き明かされる[1098]．「裁き」が目前に迫っていると告げられる[1099]．4：7 の審判の告知をここで再びくり返して念を

[1095]　共同訳から「キリスト者」の使用を開始し，その後，新共同訳，協会共同訳もこれに続く．その他，岩波訳，岩隈訳，川村訳，フランシスコ会訳，新改訳，宮平訳もこの訳語を用いている．
[1096]　なお，ベッテルハイム訳（1855 年）では，使徒 11：26 において「クレストモガラ」と訳しており，ブリッジマン・カルバートソン訳（1863 年）では「基督之徒」．
[1097]　鈴木（2006），167 頁参照．
[1098]　ただし，Elliott (2000), 797 は 17 節の「ὅτι」は 12 節以降全体を受けているとする．原野，224 は 14 節，Achtemeier, 315 は 16 節とする．むしろ，12 節からというよりは，15－16 節の内容を受けていると思われる（Dubis (2010), 153f.; Michaels (1988), 270; Wagner/ Vouga, 148 も参照）．
[1099]　パウロ書簡で頻出する終末論的術語である「κρίμα」は，Ⅰペトロ書ではこの箇所のみ．パウロ書簡では，一般的な裁きだけではなく，神の裁きも意味している（ローマ 2：2－3，11：33，13：2 参照）．

押している．裁きが始まる「時（καιρός）」が来ると，その切迫性を訴える．この裁きとは，おそらく文脈から判断すれば，最後の審判を意味している．その裁きは神の家から開始されると宣言される．「神の家(宮)」は旧約文書では主に「神殿」をさしているが，次の「初めに私たち」とあるように，ここではこの書状の受け取り手たち（の共同体）をさしている．そのことを，18節では箴11：31を引用してさらに強めている．共同体(の構成員たち)を「家」と言い表すのは，2：5「霊の家」でも使われていた（Ⅰテモテ3：15，ヘブライ3：6も参照）．ここで送り手は，読者たちを脅迫しているのではなく，それぞれのおこないが裁きの時に明らかにされることを思い出させている（Ⅰペトロ4：7－11，およびマタイ16：27，ローマ2：6，Ⅰコリント3：12－15も参照）．「神の福音」に従う生き方をしていたか否かが問われるのだ．Ⅰペトロ書において「福音」とは，終末時に信仰者に恵与される「いのちの救い」（1：9, 12）を意味している．「神の福音」という用語は，パウロ書簡でたびたび用いられており，その影響がうかがえる．福音は神から到来することを意味しているが，ここでは，神の家に属する者たち，つまり，読者は神の福音に従う者たちであり（1：2），神の福音に従わない者たちとが対比されている（Ⅰペトロ2：8，3：1, 20，およびⅡテサロニケ1：4－10，黙示6：15－17も参照）．この者たちの行く末はどうなるかと修辞疑問文で語りかける．

18節 冒頭に記された「καί」によって17節と繋げつつ，この箇所では前節

〔1100〕終わりの「時（καιρός）」についてはⅠペトロ1：5，5：6を参照．
〔1101〕Ⅰペトロ書では，イエス・キリストの顕れのときについても示唆されている（1：7, 13, 4：13）．
〔1102〕1：17，2：23，4：5にある裁き主に関する記述を参照．Achtemeier, 315; Dubis (2002), 142f.; Goppelt, 311 Anm. 50; Michaels (1988), 270 も同様の見解．
〔1103〕士師17：5，18：31，Ⅱサムエル12：20，LXX 詩41：5他多数，また，マルコ11：17〔LXX イザヤ56：7〕ヨハネ2：16．Michel, ThWNT V, 123f. 参照．
〔1104〕まず，「神の民」から裁きが始められることはエゼキエル9：6（LXX ἀπὸ τῶν ἁγίων μου ἄρξασθε），エレミヤ25：29〔LXX エレミヤ32：29〕，マラキ3：1－6でも語られており，これらの箇所との関係が指摘されている．Achtemeier, 316; Dubis (2002), 148-154; Johnson (1986), 291-294; Michaels (1988), 271; Schreiner, 226f. 参照．神の審判には例外はなく，すべての人間に及ぶことがイエスの言葉でも示唆されている（マルコ13：5－13，および遺ベニ10：8－11参照）．
〔1105〕Ⅰペトロ書における福音理解については吉田（2018），93－114頁参照．
〔1106〕ローマ1：1，15：16，Ⅱコリント11：7，Ⅰテサロニケ2：2, 8, 9，その他にもマルコ1：14．

第 4 章 329

の内容を箴 11：31 の引証句によって再び確認させている．LXX のテキストをほぼそのまま引用している形だが，17 節後半の内容を反復しているようにも読める．17 節「神の家」「私たち」は 18 節「義人」，17 節「神の福音に従わない者たち」は 18 節「不敬虔な者」「罪人」にそれぞれ対応し，「εἰ」を伴う条件文，さらには修辞疑問文で問いかける形式も同じである．後半「τοῦ φανεῖται」の直訳は「どこに現れるのであろうか（見られるのであろうか）」（マタイ 9：33 参照）だが，これではわかりにくいため，協会共同訳は「どうなるのか」と意訳している．近い将来，どこに現れるのかという問いに対して，どこにも現れない，いわば不敬虔な者や罪人の行く末は破滅しかないと暗に語る．

2：12，3：1－2，16 では，未信者への宣教を視野に入れた訓告を述べていたが，ここでは神に従わない人ははっきりと断罪される．だが，この警告は非キリスト教徒（迫害者）に向けられたものよりは，むしろ，共同体の内部，つまり，その構成員を警醒する言葉であろう．書簡の始めから，読者たちには救済の約束が告げ知らされている（1：5，2：2，3：21 参照）．それゆえ，「救われる（σῴζεται）」（神的受動態）のは当然のこととして受け取れる．しかしながら，義人には救済への扉が開かれているものの，そこまでたどり着くのは容易ではない．「辛うじて」という言葉にあるように，難儀しつつ救いの道をひたすらに歩むのである．

19 節　「ὥστε καὶ」で始まる 19 節は，12 節から 17 節までの迫害下での慰藉と激励の言葉で締め括る．「神の意思」という表現は，2：15，3：17，4：2，19 でも用いられている常套句であるが，読者たちが耐え忍ぶ理不尽な苦しみも神の計

〔1107〕 LXX は MT 本文と部分的に異なり，その違いに関しては Dubis (2002), 161-167 に詳しい．LXX では「ὁ」と「δίκαιος」の間の「μὲν」があるが，ここでは削除されている（𝔓⁷² はそれを含んでいる）．Ⅰペトロ書において，箴言からの引証句と考えられるのは他にも 3：6（箴 3：25），4：8（同 10：12），5：5（同 3：34）．Dubis (2002), 166f. を参照．
〔1108〕 N. ブラウン「いづくに あらはれんや」，岩隈訳「どこに見られるであろうか」参照．
〔1109〕 類似した内容としてエチ・エノ 38：2「罪人たちの住処はどこになるだろう，また霊魂の主を否定した者たちの安住の地はどこになるのだろう」．
〔1110〕 速水，429 頁，Goppelt, 315 も同様に指摘する．マルコ 13：14－27 の終末時の光景を思い起こさせる．
〔1111〕 Achtemeier, 317; Michaels (1988), 272f.; Schreiner, 229 Anm. 49 を参照．ゴッペルトとケリーは「καὶ」を次の「οἱ πάσχοντες」と関連づけて解釈している．Goppelt, 315 Anm. 59; Kelly, 194．田川訳「だから神の意志に応じて受難する者もまた」もそのような理解．Bigg, 181 は「παρατιθέσθωσαν」と関係づける．

画の内にあることを告げ，励ましている．

「善〔の業〕をおこなうこと（ἀγαθοποιΐα）」はＩペトロ書のみに使われる言葉だが，この書簡において善〔の業〕をおこなうことは何度も勧められており（2：14, 20, 3：11, 13），ここで再びくり返すことによって，読者がなすべき善き業を訴求する．

本註解では「ψυχή」を「いのち」（1：9, 22, 2：11, 25, 3：20 参照）と訳してきたが（本註解 1：9 参照），19 節の「自らのいのち」とは，換言すれば「存在そのもの」を意味しているだろう．存在のすべてを神に委ねることを命じている．「委ねる」とは全幅の信頼を寄せる神に自分を任せることである（ルカ 23：46〔LXX 詩 30：6〕参照）．「創造主（κτίστης）」は新約文書ではこの箇所のみに使われている．「πιστῷ」をここでは「真なる」としたが，もう少しはっきりと訳すと「信頼に耐える」「信じるに値する」となるだろう．読者のすべてを委ねることができる方は他におらず，誠に真なる神のみである．Ｉペトロ書では冒頭からその結尾まで神中心主義が貫かれていることがここからもわかる（本註解第 1 部第 2 章 2 参照）．書簡のさまざまな教説と訓戒は，この神への絶対的な信仰に裏づけられている．そのすべてを神に委ねる以外に他に選択肢はないのである．だが，田川が指摘するように，19 節で神に対して「創造主」とよびかけるのはいささか唐突に感じる．これまでの文脈（またこれ以後の文脈）では創造の業については一度も言及していない．おそらく，「創造主」という表現によって，神の偉大さ，その広大無辺さを伝えたいのだろう．5：7「あなたがたのすべての思

〔1112〕 ヘブライ 13：16 には「善行（εὐποιΐα）」がある．

〔1113〕 Ｉペトロ 2：23「正しく裁かれる方に委ねていた（παρεδίδου）」にある受苦のイエスの姿を思い起こさせる．Dubis (2002), 178-182; Feldmeier (2005), 153; Wagner/ Vouga, 153 参照．

〔1114〕 新約以外では LXX サムエル下 22：32, ユディト 9：12, Ⅱマカバイ 1：24, 7：23, 13：14, Ⅳマカバイ 5：25, 11：5, シラ 24：8, アリステアス 17, および Ｉクレ 19：2, 59：3, 62：2, ユスティノス『第二弁明』6：2, フィロン『十戒各論』1：30 にもみられるので，ユダヤ教，および初期キリスト教において神をさす言葉の一つとしてしばしば使われていたと考えられる．分詞を名詞化した形である「κτίσας」は，マタイ 19：4, ローマ 1：25, エフェソ 3：9, コロサイ 3：10.

〔1115〕 「真実であられる」（協会共同訳），他にも「誠実な（る）」（塚本訳，共同訳，岩波訳），「信実な」（田川訳），「忠実な」（岩隈訳）．

〔1116〕 田川 (2015), 327 頁, 註 19.

い煩いを神に投げなさい」という言葉と同じように，自身のすべてを託すという神への絶対的信頼をここでは訴えている．

　創造主について：「初めに神は天と地を創造された」（創世1：1）とあるように，聖書はこの世界が神によって造られたことを前提としている．人間も神が造られたこの世界に属するものであり，神への信仰の始まりは，自分が造られた存在であること（創世1：26，2：7）を知ることにほかならない．それゆえ，詩編の詩人は神の創造の業の偉大さを高らかに謳い（詩19：2－7他参照），信仰者はその業を讃えることから言葉を始める（使徒4：24，出エジプト20：11，イザヤ37：16，詩146：6）[1117]．イエスはこの世のあらゆる生き物が神の手の内にあることを教え（マタイ10：29－30），パウロもこの前提に立ち（ローマ1：21），あらゆるものが神から出て，神へと帰る（ローマ11：36，およびⅠコリント8：6）ことを伝える．また，神の創造への讃美は，同時に真の創造主に帰依することを訴え，異教の神と対峙する際にも使われる（Ⅰクレ20，ペテ宣2A）．

補論：Ⅰペトロ書における「キリスト者（Χριστιανός）」について

　呼称「キリスト者」は，後2世紀以降の使徒教父文書では頻出するが[1118]，新約文書での使用回数は僅か三箇所に留まる（使徒11：26，26：28，Ⅰペトロ4：16）．

　「キリスト者」をめぐり，研究史上，長く議論されているが[1119]，その問題の一つは，この呼称がキリスト教以外の資料（主にローマ帝国の資料）に多く見出されることである[1120]．それゆえ，この語句のギリシア語の語尾が本来はラテン語の語

[1117]　他にも黙示10：6，14：7，ヘル牧1のまほろし3：4参照．
[1118]　イグ・エフェソ11：2，イグ・マグ4，イグ・ローマ3：2，イグ・ポリ7：3，ディダケー12：4，ポリ殉10：1，12：1，その他，ユスティノス『第一弁明』4：5，6（および4：1），アレクサンドリアのクレメンス『ストロマテイス』Ⅵ：5：41：6，『パウロ行伝』14，16．後2世紀末から3世紀初頭の成立とされるディオ手紙では頻出する（1：1，2：6，10，4：6，6：1－9）．
[1119]　研究史を含めた当該問題について委曲を尽くした考察は保坂，184－223頁，Horrell (2013), 164-210 を参照．
[1120]　皇帝ネロに関する記述を残すタキトゥス『年代記』ⅩⅤ：44，スエトニウス『ローマ皇帝伝』Ⅵ：16，キリスト者の裁判記録である小プリニウス『書簡集』

尾(-ianus)であるという推論も相まって，キリスト教側による「自称」ではなく，キリスト教以外の「他称」を起源とする仮説がほぼ定説のように受け止められてきた．たとえば，保坂はこの呼称に関する厚みのある考察の後，命名者はローマ当局者であると推定し，次のように暫定的に結論づけている．「『キリスト教徒』の呼称は使徒行伝の描く通り 40 年代（蓋然性は低いと思われるが可能性はある），あるいは 60 年代後半にアンティオキアのヘレニスト・キリスト教ユダヤ人およびキリスト教異邦人勢力がある程度増大した状況において，何らかの事情から現地ユダヤ人指導部が異邦人信徒，あるいはステファノの流れ（行伝 11.19）を汲むヘレニスト・キリスト教ユダヤ人をも含む『ナザレ人』をローマ当局に訴え出て，そこから情報提供を受けた当局者がこの集団に与えた名称と考えられる」(1121)．

保坂を含む研究者の多くは使徒 11：26, 26：28 が他称であると解するが，最近，田川は 11：26 が自称であると論証し，その起源に関してもアンティオキア教会で始まったとする(1122)．これまでの通説を覆し，11：26 の動詞「χρηματίζω」を受身ではなく自動詞とし，「（自らを）称した」と解する．使徒 11：26 の通り，アンティオキア（の周辺）を発生地とすることは，（アンティオキアの司教イグナティオスの書簡で多用されていることからも）可能性としては十分に考えるだろう．だが，その（自称としての）使用時期を早い年代に定めることはいささか躊躇する(1123)．早期に想定するならば，後 50〜60 年代に執筆されたと考えられ，かつアンティオキア教会と関係が深いパウロ書簡に，この呼称がまったく用いられていないのは奇妙である(1124)．

この呼称の起源やその使用開始時期についての明確な回答を得るのは，やはり困難と思われる．いずれにせよ，ルカ文書，I ペトロ書の成立時期，つまり後 80〜90 年代には，キリスト教共同体内でこの呼称を自称として用いたことは蓋

10：96，パレスティナやポントスのキリスト教徒について描いたルキアノス『ペレグリノスの最期』11－13, 16, 同『偽預言者アレクサンドロス』25 が挙げられている．主に後 2 世紀以降のテキストである．

〔1121〕 保坂，222 頁．荒井も詳しい理由は示していないが，この保坂の説に同意している．荒井（2014）181 頁，註 15．

〔1122〕 田川（2011），285－307 頁．

〔1123〕 Trebilco, 282 ではこの呼称は他称であり，50 年代半ば頃にアンティオキアを起源とすると推定している．

〔1124〕 他の福音書や第二パウロ書簡においても皆無である．

然性が高いと考えられる．Ⅰペトロ書において，「キリスト者」という名称を何の説明もなく，自明のこととして使用しているように読める．Ⅰペトロ書より後に成立したイグナティオスの書簡も同様である．この点から，この二つの書簡の宛先地である小アジアの広範囲の地域，およびローマでは，この名称はすでに教会内で認知されていたと想定することができるのではなかろうか．[1126]

　Ⅰペトロ書における使用例を確かめる前に，歴史的順序は逆になるが，まず，アンティオキアのイグナティオスの書簡の使用箇所について検討したい．

　アンティオキアの司教であったイグナティオスは処刑地となるローマへの道行き，小アジアの各教会に書状を送る．まず，イグ・エフェソ11：4では，「いまは終わりのときである」（11：1）と終末の到来を告げる文脈に続き，真の生に至るため「イエス・キリストにおいて」あることが説かれる．そして，「エフェソのキリスト者の一人に数えられるため」とあるように，エフェソ教会の構成員を「キリスト者」とよび，かつイグナティオス自身もそれに属することを示唆している．信仰共同体に帰属する存在であることがこの名称に含意されている．次にイグ・マグ3：1以下では，若い監督（ἐπίσκοπος）にも従うようにと指導した後，監督を蔑ろにする共同体の構成員を念頭に置きつつ，「単にキリスト者と称せられるだけではなく（μὴ μόνον καλεῖσθαι Χριστιανούς），実際にそうあるべき」（イグ・マグ4：1）と説かれる．つまり，名ばかりのキリスト者にならないようにと警告する．教会共同体に属する者は自動的に「キリスト者」とよばれるという認識があったということであろうか．

　イグナティオスはこのような事態に際して，キリスト者は教会の「戒め」に逆らう者（この場合，監督を無視する者）はキリスト者ではないと断じる．キリス

[1125] キリスト教の共同体の構成員のことを，たとえば「弟子」（使徒6：1，9：19），「聖なる者」（ローマ1：1，7，Ⅰコリント1：2，Ⅱコリント1：1，エフェソ1：4，4：12，5：3，フィリピ1：1，Ⅰペトロ1：15－16他），「兄弟姉妹」（ローマ1：13，Ⅰコリント1：26他），「愛する人々」（ローマ12：19，Ⅰコリント10：14，Ⅰペトロ2：11，4：12，Ⅰヨハネ2：7他）などとよび合う習慣があったことを多くの箇所で見出すが（Achtemeier, 313 参照），「キリスト者」は他の呼称に比べて頻度は極端に低い．元来は非キリスト教徒による否定的意味合いが込められた他称であったゆえ，教会内で積極的に用いるのに躊躇いがあったのだろうか．エウセビオス『教会史』Ⅰ：4：4の記述を参考にすれば，「キリスト者」は自他ともに認められる呼称となったのは後3世紀以降であろうか．

[1126] ただし，同じく小アジアで成立したと考えられるヨハネ黙示録にはこの呼称は用いられていない．

ト者は教会の規定に服する者に与えられた名であると強調する．

イグ・マグ 10：1-3 では「キリスト教的」，および「キリスト教 (Χριστιανισμός)」（イグ・ローマ 3：3，イグ・フィラ 6：1，およびポリ殉 10：1 参照）という概念が登場する．イグナティオスはイエスに従い，彼の弟子になり，「キリスト教的生き方を学ぼうではないか (μάθωμεν κατὰ Χριστιανισμὸν ζῆν)」と述べ，この名（おそらくキリスト者であること）以外は神のものではないと主張する．キリスト者とはすなわち，キリスト教的に生きる人という理解である．

さらに「古く酸っぱくなった悪いパン種」（ユダヤ教）ではなく，「新しいパン種」としての「キリスト者」という新しい生き方を強調している（イグ・マグ 10：2）．この箇所では「キリスト者」という呼称は，ユダヤ主義者（ユダヤ人キリスト者か？）への対立概念という意味合いも含まれているだろう．先の「キリスト教的に生きる」は「ユダヤ教の教えに従って生きる」（イグ・マグ 10：3）と対比されている．後者は誤った生き方である．

ローマでの殉教への熱き思いが行間からもほとばしるイグ・ローマでは，神と人々から「キリスト者」と認められるために殉教を遂げる意志が示される（3：1-2）．刑場へと勇んで赴くことと「キリスト者」であることが結びつけられている（ポリ殉 10：1，12：1 も参照）．殉教によってキリストの弟子になり，かつキリストに到達すると高揚して語っている（5：3）．

また，イグ・ポリ 7：2 では，イグナティオスはスミルナの信徒に対して，「キリスト者は自らに権能をもたず，神のために専念するもの（または「従事するもの」）」と説き明かす．この発言はその直前に「苦難を通して神の御許に到達したい」（イグ・ポリ 7：1）とあるように，自身の殉教を暗示していると思われる[1127]．

以上の行論を踏まえ，イグナティオスが「キリスト者」をどのように使用していたのかまとめる．

① 教会の構成員として：「キリスト者」という呼称は各教会で広く使用されていた名称（自称）であり，共同体の構成員全般をさしていた[1128]．イグナティオス

[1127] レベル，247 頁も同じ意見．

[1128] イグナティオスは神，またはキリストを紐帯とした教会員らの「一致 (ὁμόνοια)」を盛んに訴える（イグ・マグ 6：1，7：1，15：1，イグ・フィラ挨拶，5：2，8：1，9：1，イグ・スミ 12：2，イグ・ポリ 8：3）．Löhr, 118 を参照．後

第4章　335

はこれを前提としている．

　② 自覚的信仰者として：この呼称をイグナティオスが用いた際，「そこには名誉と誇りをこめた信仰自覚がうかがえる」[1129]と評価するのはいささか言いすぎだが，単なる共同体の帰属者を意味する名称だけではなく，自覚的な信仰者をさしている．

　③ イエスに従う者，殉教者として：教会の定めに従い，（異端思想やユダヤ主義に傾倒する）間違った生き方をせず，イエス・キリストに服する者である．名目上のキリスト者ではなく，真の意味でのキリスト者になることが訴えられているように，キリスト者は単なる呼称（自称）ではなく，めざすべきひとつの「生き方」である．その究極的な目標としてイエス・キリストの受難に倣うこと，つまり殉教死がある．「キリスト教が世に憎まれるとき，なすべき業は説得ではなく，偉大さを示すことなのです」（イグ・ローマ3：3）．「偉大さ（μέγεθος）」とはいわば信仰を示すために自ら進んで獣に身を任せること，「神のために死ぬこと」（イグ・ローマ4：1）にほかならない．事実，イグナティオスはこのように生き方を貫徹した（ポリ手紙9：1，エウセビオス『教会史』III：22, 36：2-15）．

　イグナティオスの書簡においては，「キリスト者」は単なる呼称（名）というより，自身の行動（実）によって示されるべき名称と言える．確かにイグナティオスは「キリスト者」を，ユダヤ主義者との対立概念として，また殉教死を見据えた受苦者の意で用いている箇所はあるものの，全般的にはむしろ「信仰共同体の自覚的信仰者」という理解を全面に打ち出している．

　さて，次にＩペトロ書に目を向けたい．本書簡ではこの呼称は苦しみを受忍する文脈で用いており，この書状の中心的なテーマである「苦難の神学」と強く関係づけられている．このような用法は，上記のイグナティオスの手紙と類似している[1130]．

　Ｉペトロ書が後1世紀後半に成立したと想定するならば，ローマ帝国が主導す

のテルトゥリアヌスも教会員の一致（concordia）を強調する（同『殉教者たちへ』1：5）．「キリスト者」というよび名も，各教会の構成員らの一致へのよびかけの一つとも考えられる．
〔1129〕　佐藤（2004），277頁．
〔1130〕　保坂，195頁の指摘を参照．

る組織的迫害ではなく，民衆の間で生じた単発的なそれであったことはすでに述べた（本註解第1部第1章2参照）．4：16「キリスト者として苦しむ」の言表と小プリニウスの書簡（第10巻96）に記されたキリスト教徒への裁判で語られる，いわゆる「名のみ処罰」(nomen ipsum punitur) とを積極的に結びつけることはできるのだろうか．しかし，Ⅰペトロ書の成立時期は小プリニウスの裁判以前であるので，小プリニウスが語る小アジアのキリスト教徒の状況とⅠペトロ書のそれを同一視することはできない．

　Ⅰペトロ書においては，イグナティオスの書簡のように，キリスト者を信仰共同体の帰属者という用い方は見られない．おそらく，Ⅰペトロ書の成立時期はイグナティオスの時代のように，堅固な教会組織はまだ定まっておらず，組織に帰属する者（つまり教会の教えと監督に服従する者）という意味でこの呼称を使用していない．別言すれば，共同体の構成員としての「キリスト者」のよび名は，後2世紀初頭まで待たなくてはならない．Ⅰペトロ書においては，この書簡独自の「苦難の神学」とよぶべき，イエスの受難への自己同一化の視点から，この呼称の意味を読み取らなくてはならない．4：16a の「キリスト者として」（および4：16b の「キリスト者の名」）は，意味の上では4：14 の「キリストの名のゆえに」と結合する．「キリストの名のゆえに」というのは，「ὄνομα」を肩書やカテゴリーと理解するならば，キリストに属する者と受け取れる（本註解4：14 参照）．「キリスト者」もこの意味として用いている．

　Ⅰペトロ書では，くり返し受苦のキリスト像を活写し続け，それを読者の目に焼きつけようとする（1：11，2：21-25，3：18，4：1 参照）．パウロの言説である「キリストの苦しみに与る」（フィリピ3：10）をさらに展開させて，受難のキリストの姿に倣うことを教える（Ⅰペトロ2：21）．「キリスト者」，キリストに属する者とは，すなわち，このキリストの受苦を模範として生きる者にほかならない．先のイグナティオスの書簡での使用例でいえば，②および③の意味で用いている．ただし，受難のキリストの叙述は，イグナティオスの書簡のように，自らも殉教への道へと突き進むための誘導灯ではなく，むしろ，苦しみを受忍するための道標である．Ⅰペトロ書には殉教を誘う言説はない．

〔1131〕　Beare, 12-14 参照．
〔1132〕　ブロックス，303 頁，Wagner/ Vouga, 148 も参照．
〔1133〕　同様の指摘は Wagner/ Vouga, 147．

「キリスト者」という自称は，否定的な負の烙印，いわゆるセルフスティグマではなく，むしろその逆であり，栄光が与えられる証しである（4：16）．「キリスト者」という呼称は，おそらく元々は非キリスト教徒から向けられた侮蔑的意味あいを込めた他称として用いられていたと考えられるが，著者はその意味を逆手に取り，共同体内で積極的な意味をそこに込めて用いているという意見は確かにその通りである[1134]．4：13－16では「キリスト者」に付き纏う否定的なイメージを払拭することに腐心しているように読める．キリスト者，つまりキリストに属し，キリストの苦難に倣う者として苦しむのならば，恥ではない．なぜなら，終わり時に真なる栄光が与えられるからだ．続く4：17に「裁きが始まる」とあるように，書簡でくり返される終末論的視座がここで再び与えられている．

著者は「キリスト者」を特別な名称として他とは区別しているのかといえばそうではない．この書簡では読者に新たなアイデンティティーを植えつけようとする箇所をたびたび見出す[1135]．冒頭の1：1「仮住まいをしている選ばれた〔人々〕」に始まり，「従順の子」（1：14），「聖なる者」（1：15），「生まれたばかりの乳飲み子」（2：2），「王の祭司団，聖なる民族，〔神が〕所有する民」（2：9），「寄留者，仮住まいの者」（2：11）と多様な比喩も用いて説き明かしている．4：16は，1：14，2：2，11と同様に「ὡς」を伴っているように，「キリスト者」という名称も，これらの用語と同列で用いられている．

Ⅰペトロ書において，「キリスト者」という名称は，自覚的な信仰者をさす言葉として用いられている．おそらく，既述のように外部からの他称を起源とする「キリスト者」という呼称を，Ⅰペトロ書では取り入れ，そこに積極的な意味を新しく付与し，信仰者としての自らのアイデンティティーを形成するために用いた．「キリスト者」＝「キリストに属する者」とは，キリストの受難を倣う者であり，Ⅰペトロ書の神学的な傾向である苦難を耐え忍ぶ信仰者像に合致する名称である．「キリスト者」という呼称は，Ⅰペトロ書の送信者（および受信者）の周辺ではすでに用いられていたものであるが，それに神学的な意味づけを明確におこなったのは，初期キリスト教のなかではこの手紙が初めてではなかろうか．

[1134] Horrell (2013), 197-202．他にも Trebilco, 283-285, 296 を参照．
[1135] Ⅰペトロ書は旧約聖書の章句を用いて（Ⅰペトロ1:16, 26），アイデンティティーの定着を強固にしていることも注視すべき点である．Guttenberger (2015), 125 参照．

いずれにせよ，Ⅰペトロ書とイグナティオスの手紙との比較で明らかなように，呼称「キリスト者」はキリスト教共同体内部で歴史的に変化し，段階的にその意味内容が拡充されていったことがわかる．おそらく，当初はキリストに属する者，キリストの受苦を模範とする者という意味であったが，それが自覚的な信仰者をさす言葉になり，やがては共同体構成員全般に向けて用いるようになったと推測できる．[1136]

[1136] 使徒 11：26，26：28 も文脈上，他称ではあるが，自覚的信仰者をさす呼称として使用しているようにも読める．ただし，使徒言行録において，Ⅰペトロ書のようにこの名称がどのような神学的な意味内容をもっているかは説明されてはいない．

第5章

5章1-5節　長老と若者たち，すべての人への勧告

¹ したがって[1137]，あなたがたの中の長老たちに，同じく長老であり，また，キリストの受難の証言者[1138]，将来に顕される栄光を共に与る者である私は勧める． ² あなたがたの中にいる神の〔羊の〕群れを牧しなさい[1139]．強いられてではなく，神〔の意思〕に従い[1140]自発的に見守りなさい[1141]．恥ずべき利得を得るためではなく，喜んで〔しなさい〕． ³ 割り当てられている人たちを力で治めようとせず，むしろ，群れの〔羊たちの〕模範となりなさい[1142]． ⁴ そうすれば，大牧者が顕れるとき，あなたがたは消えることのない栄光の冠を受けることになる． ⁵ª 同じように，若者（一般信徒）たちよ，長老たちに従いなさい．

[1137]　NA第27版までは，「ἐν ὑμῖν」の前に「οὖν」が本文に採用されていた（写本では𝔓⁷²ＡＢ他）．𝔓⁷²を含め，比較的重要な写本を重んじたからだろうか．しかし，第28版からはそれが削除され，定冠詞「τοὺς」が挿入されている（写本ではℵΨ他）．こちらの方が文法としては正しい．しかし，正しいからといって本文に採用すべきか判断に迷うところである．重要な写本群を鑑みた場合，旧来の読みの方がオリジナルに近いと思われるので，本註解は「οὖν」を本文に入れて翻訳する．次のような釈義家たちもこの読みを採用する．Achtemeier, 320; Michaels (1988), 276; Williams/ Horrell (vol.2), 496, 501 参照．田川は lectio difficilior の原則からも冠詞を挿入すべきではないと意見する．田川（2015），328頁，註1．

[1138]　𝔓⁷²では「Χριστοῦ」の代わりに「θεου」と記している．単なる書き損じなのか，または𝔓⁷²は後3世紀に記されたと考えられるので，その時代の神学的理解を反映しているのだろうか．つまりは，キリストの「神性」といったようなものを強調しているのであろうか．Williams/ Horrell (vol.2), 497 の見解を参照．

[1139]　口語訳，新共同訳，協会共同訳，フランシスコ会訳は「あなたがたに委ねられている」とするがいささか意訳しすぎである．

[1140]　NA第28版のように複数の写本には「κατὰ θεόν」を記されているが（𝔓⁷² ℵ² ＡＰΨ他），これを挿入しない写本も存在する（Ｂ他）．意図的に削除したのだろうか．Kubo, 43; Williams/ Horrell (vol.2), 498 参照．確かにこれが無くても文章としては問題ないが，この語句に著者の意図が込められていると考えられるので，本註解ではこの読みを採用する（本註解5：2参照）．

[1141]　「ἐπισκοποῦντες」を削る写本も存在する（ℵ* Ｂ 323）．

[1142]　写本Ｂは3節全体を削除している．脱落したのだろうか．

5b みな互いに謙遜を身に着けなさい.
「神は, 傲慢な者たちに対立し, 謙遜な者たちには恵みを与える」からだ.

　先述したように, 4：7で終末の近接が語られるが, 話題はすぐさま受け取り手たちの共同体のあり方に移る. 4：8で最も大切なこととして互いに愛し合うことが勧められる（Ⅰペトロ1：22, およびⅠコリント13：13参照）. そして, 語る者は語り, 奉仕する者は奉仕せよと命じる. 12節から耐えることが訴えられ, その苦難の中でも喜ぶことも勧められる（4：13）. 終末時に恵与される祝福の約束である. そして, 17節からは再び, 裁きは「神の家」から始められるという警告が発せられている.
　5：1からやや唐突に長老たちへの勧告を記したのは, この「神の家」, つまりは書簡の宛先である各共同体への審判と関連づけて理解することができるだろう[1143]. 書簡の最後に, 試練の只中にある各共同体を指導する長老に対して忠告されるのは, この書簡が共同体論（教会論）に重心を置いて記しているからだと思われる.
　送り手は常に, 読み手の自己理解を深化させ, 本来的に属する共同体（神の家）とは何かを教示する. 読者は書簡の最初から「仮住まいの者」と規定され（1：1, 2：11）, この地上には属しておらず, やがて受ける栄光を待つ存在であることが明確にされる（1：4, 11, 17, 2：11）. 読者たちが何者であるかを折にふれて説き明かし（1：1, 17, 2：11）, 地上ではなく, 天に帰属していることを意識させている[1144]. そして,「霊の家」（2：5）,「神の民」（2：10, ホセア2：25）, または大牧者が牧する群れに属する羊であるとも教えている（2：25, 5：4）. つまり, 送り手は, この箇所においても寄るべき真の共同体を伝えることによって, 受け取り手たちがこの世で生きるための拠り所を与えている.
　読者たちは天上において栄光を受けるために, この地上で善き業を遂行する必要がある（3：17, 4：19）. 裁きは目前に迫りつつある. それは, 自らが地上で属している共同体,「神の家」から開始される. それに備えるため, 共同体を統括する長老も正しいおこないをしなければならない. そして, 共同体の成員は彼

────────
〔1143〕　パーキンス, 130頁参照.
〔1144〕　ガラテヤ4：26, フィリピ3：20, エフェソ2：12, 19, ヘブライ12：22参照.

に従わなくてならない．書簡の終結部分に長老たちへの勧告を配置したのは，以上のような理由からであろう．

次にこのセンテンスの構造について考えたい．5：1-4は長老たち，5a節は若者たちへの勧告である．NA第28版では（それ以前の版を含めて），6節から段落を落とし，新しい単元として始めている．6節以降は終末論的言説が語られているゆえ，文脈上は5節までがひとつの単元として捉えている．しかし，5節b以後からは勧告の対象が「みな（πᾶς）」となっており，5節前半とは別個に捉えるべきであろう[1145]．5bの対象は，これまでの長老たちと若者たちを含む共同体の成員全体を意味していると考えられる（長老-若者-みな）．個々のグループへの勧告句の後に，対象をすべてに向けるのは，すでに3：8-12にもみられる語り方である（奴隷-妻-夫-みな）．書簡の送り手は，3章と同じ言い回しをくり返している．また，旧約聖書の引用（LXX詩33：13-17，LXX箴3：34）を用いて説明する方法も同箇所と類似している．

5：1-4	長老たち	2：18-25 奴隷たち
5：5a	若者たち	3：1-7 妻と夫たち
5b-11	みな	3：8-12 みな
（LXX箴3：34引用）		（LXX詩33：13-17引用）

2節と3節は，否定と反意を三回くり返して論じる構造になっている[1146]．

  2 ποιμάνατε τὸ ἐν ὑμῖν ποίμνιον τοῦ θεοῦ
ἐπισκοποῦντες
    μὴ ἀναγκαστῶς
      ἀλλ᾽ ἑκουσίως κατὰ θεόν,
    μηδὲ αἰσχροκερδῶς
      ἀλλὰ προθύμως,
3 μηδ᾽ ὡς κατακυριεύοντες τῶν κλήρων

[1145] 同様の見解はグルーデム，217頁，田川（2015），332頁，註5, Elliott (2000), 809f.; Feldmeier, 154; Windisch, 78を参照．
[1146] Forbes (2014), 165; Nauck, 200もこの構造に注目する．

ἀλλὰ τύποι γινόμενοι τοῦ ποιμνίου.

　使徒ペトロを自称する送り手は，ここで改めて自らを紹介し，「同じく長老」「キリストの受難の証言者」「将来に顕される栄光を共に与る者」と読者との連帯意識を高める語句を選んでいる．

　長老たちへの勧告は，牧会書簡において監督や執事に向けて発せられた言葉に比べると，倫理的な資質を問う内容ではなく，信仰上の問題を述べている．長老は，神が本来的に有する群れを牧する重要な役割を与えられている．Ⅰペトロ書において，長老の役割は共同体の成員たちの信仰の導き手であり，その責務が重く受け止められている．それゆえ，長老職を誤用する者に対しては，厳しい警告を与える．なぜならば，既述の通り，大牧者が顕れた際に栄光を受けるためであり，長老たちへの勧告もまた終末論と接続されているからだ．この点も，終末への緊張感が極度に薄められた牧会書簡とⅠペトロ書は懸隔がある．それゆえ，共同体の成員を意味する「若者たち」は，この長老たちに絶対的に服従し，やがて到来する終末に備える必要がある．

　Ⅰペトロ書における長老は，教会の指導者としての長老というより，教会の制度内の職務としての長老を意味している（本註解補論「新約文書における長老の役割」参照）．おそらく長老は，元来は各共同体の指導者たちをさしていた呼称であるが，次第に教会内でその役割が固定化され，役職としての長老が定められたと考えられる．後2世紀以降になると長老は確固とした教職の役に定められるが，後1世紀後半に成立したⅠペトロ書の長老は，まだそのような厳格な役割ではなく，緩やかな制度として固まりつつある長老を意味していると思われる．[1147]

1節　他の箇所と同様に，5：1から5a節まで長老と若者への勧告としてひとつのまとまりと受け取ることができる．また長老への訓告は，他の新約文書（および使徒教父文書）にも確認できるので，この部分もまた，伝承を用いた可能性が考えられるだろう．ただし，他の箇所と同様にここでもまた，著者は受容した伝承を巧みに書簡に組み込んでいるので，元来の伝承を再抽出するのは不可能である．

〔1147〕　ハーンⅠ下，72頁参照．

長老たちへの言葉は,「(私は)勧める」という動詞によって始められている（本註解 2:11 参照).「あなたがたの中の」とあるように（3:15, 4:12, 5:2 参照）, この書簡が対象とする小アジアに散在する共同体には, それを指導する存在がいたことを示唆している. 送り手は共同体を教導する長老たち（複数形）にそれぞれ任されたグループの統率を求めている.

　冒頭句（1:1）を除いて, 送り手であるペトロ（を称する人物）はこれまで, 自分が何者かを語ることはなかった. しかし, ここにおいて「同じく長老」であり, 「キリストの受難の証言者」「将来に顕される栄光を共に与る者」と三つの肩書を並べている. 自身の存在を明確に提示した上で, 2:11 と同様に「(私は)勧告する」と一人称で読者に語りかけ, 注意を喚起する. ではなぜ, 書簡の終結部分で, 再度, 自分がペトロであることを受け取り手に印象づける文言を挿入したのだろうか. 先の三つの肩書の考察を通して, この問いの答えを見出したい.

　「長老」:「長老（πρεσβύτερος）」という語句は, 新約聖書でたびたび登場する語句の一つであるが, それぞれの文脈で意味内容が異なって使われている. この箇所では職制としての長老である.「同じく長老（συμπρεσβύτερος）」とは,「共に（σύν）」+「長老（πρεσβύτερος）」という合成語である. 送り手であるペトロは, 共同体の職位の一つであり, おそらくその指導的立場に任じられた長老と, 自身が同じであることを示している.

　だが, ここで追考を要する疑問が生じてくる. 手紙の冒頭には「イエス・キリストの使徒ペトロ」とあり, 送り手は「使徒」であることを述べているが, この箇所では自らも長老の一人であると語りかけている. この点に関して辻は,「長老が今や, 使徒がかつて担った務めを果たすべき存在であることが示される」と説明するが[1148], 使徒と長老とは当時の教会の職位理解では異なっていると思われるので（使徒 15:2, 4, 6, 16:4, エフェソ 4:11 参照）, この意見は支持できない. また, グルーデムはペトロ自身が高ぶっているように見えないよう, 謙遜さを示して同じく長老であると告げたと理解している[1149]. 確かに, これ以後, 長老（と若者）の慎み深さが一つの主題となっている（5:3, 5 参照）.

　しかしながら, この箇所であえて謙遜さをアピールする意図が見えない. 5:2

[1148] 辻（2000）, 695 頁.
[1149] グルーデム, 209 頁. 日高, 294 頁も同じ見解.

以下のような勧告を発するのに謙遜さは必要ないだろう．むしろ，この自称の使用は，書簡の受け取り手との「関係性」を重視していると思われる．つまり，読者との一体感を意識して用いられたのだろう．[1150] この肩書は，送り手であるペトロ（を称する人物）と，各共同体を任された長老たちとの結びつきを強める効果を与えているように思える．[1151] 送り手もまた読者たちと同じ視点に立ち，同様の状況に置かれていることを述べているのだろう．

「キリストの受難の証言者」：「同じく長老」に続く「キリストの受難の証言者」という自称も，このような一体感を含意している．苦難の中にある読者と同じように，自身もキリストの苦難の証人であることを印象づけている．書簡の終わりに長老たちに命じる際，書き手はその受け取り手への親密さを示している．そのためにもう一度，自身がペトロであることを読者に意識させ，自分も同じような状況にある者としての連帯感を高めつつ，戒め，かつ鼓舞する．使徒ペトロも読者と同じような立場に「共に（σύν）」あることを訴えている．

では，「キリストの受難の証言者」とは何を意味するのだろうか．ここでは，イエス・キリストの受難を目撃したことを意図しているのか（Ⅱペトロ 1：16 参照）．[1152]「証言者，証人（μάρτυς）」とは，「目撃者」「（見たり，聞いたりしたことについて）証言に立つ者」という意味も含んでおり，この語句を「目撃者」と[1153]

〔1150〕類似する見解はブロックス，314 頁．ただし，ブロックスは戒告を告げる者と受ける者が一体であること（Verbundenheit）をここでは確保しようしていると説明する．だが，「戒告」自体が問題ではなく，読者と「運命」を共にする連帯意識がこの箇所ではより本質的な問題である．

〔1151〕パウロは，自分が「使徒」という特別な存在であると度々主張する（ローマ 1：1，11：3，Ⅰコリント 1：1，9：1，15：9 他）．彼の偽名書簡も同様である（コロサイ 1：1，Ⅰテモテ 1：1，7 他）．しかし，自分やその他のメンバーを教会の働きに加わる「協力者, 同労者（συνεργός）」であるとも述べており（ローマ 16：3，9，21，Ⅰコリント 3：9，Ⅱコリント 1：24，8：23，フィリピ 2：25，4：3，Ⅰテサロニケ 3：2，フィレモン 1，24），連帯感を意識することも忘れてはいない．

〔1152〕Dubis (2002),104-107; ders. (2010), 159; Selwyn, 228 参照．しかし，マルコ 14：50 ではペトロを含め弟子たちの全員が逃げたと伝えられている．また同 66 節からはペトロの裏切りの姿が描かれている．受難物語を読めば，ペトロがイエスの受難を本当に目の当たりにしたのか疑問が生まれるはずである．キリストの受難（の伝承）に関心をもち（Ⅰペトロ 2：21－25 参照），おそらく受難物語伝承も接していたと思われる著者が，ペトロの顛末を知らないとは思えない．

〔1153〕Bauer, 1000-1002. 法廷での事実を証言する者の意味としては，たとえば以下，申命 17：6，19：15，マタイ 18：16，Ⅱコリント 13：1，Ⅰテモテ 5：19 他を参照．とりわけルカ文書では，この語句は重要な働きを担っている．復活

解するならば，イエスの苦しむ姿を実際に目の前にしたと証しするペトロが，手紙を書き記したという書簡の真筆性を高める意図がうかがえる．しかし，Ⅰペトロ書ではたびたび，イエスの受苦の姿を模範として示していることに注目しなければならない（2：21-23, 3：18）．

　ここでペトロの名を借りる送り手は，イエスの受難を目撃したことを主張するのではなく，むしろ送り手自身もイエスと同様の艱難に耐え，それを証ししていることを訴えているのではなかろうか．「証言者」とは，生き方（やその死に様）を通して人々に模範を示す証人（殉教者）という意味であると受け取るべきであろう．ペトロ（を称する送り手）は，イエスの苦しみに倣い同じように受苦する，その生き方を読者たちに訴えている．

　「将来に顕される栄光を共に与る者」：受難の証しのみを力説するのではなく，将来の希望も同時に語りかける．終末時，「将来に顕される栄光」を授かるために，現在の苦難を甘受すべきであると示唆している．近い将来，栄光が確実に顕されることを強調し，その栄光を共に受け，参与すること（κοινωνός）が読者たちには許されている．苦しみへの参与だけではなく，栄光に与ることも同時に明言されている．このような約束は，書簡の冒頭からたびたびくり返されている．「受難」と「栄光」の組み合わせは，1：11 ですでに預言者の証しとして語られているように（4：13, 14 も参照），書状全体を貫く主たる旋律の一つである．

　2 節　続いて 2 節からは，長老への具体的な指示が与えられる．「牧しなさい（ποιμάνατε）」という動詞は，新約聖書ではあまり登場しないが，通常は羊を飼育することを意味する．

　　　後のイエスは，死と復活の証人として弟子たちを宣教へと派遣する（ルカ 24：48）．事実，その後，弟子たちは証人となる（使徒 1：8 他多数）．
〔1154〕　Ⅰクレ 5：4 では殉教者としてのペトロについて，「ペトロは不正な嫉妬のために，一度や二度だけではなく，度々の苦しみを耐え抜き，このような証を立て（μαρτυρήσας），ふさわしい栄光の場へと赴いた」と記している．ペトロを殉教者の一人とする捉え方は後 1 世紀には，とりわけローマではすでに確立していたのだろう．
〔1155〕　苦しみの「参与」に関しては，複数の釈義家も指摘している．「自ら我が身に苦難を経験するという形でのキリストの受難の参与」が問題であるとブロックス，315 頁で述べている．同様に速水，429 頁，Schweizer (1972), 98; Vahrenhorst (2016), 188 も参照．なお，興味深いことにグノーシス文書の「フィリポに送ったペトロの手紙」§14 にもキリストの苦しみに与ることを訴える節がある．
〔1156〕　Ⅰペトロ 1：7, 11, 21, 4：13, 14, 5：4, 10 参照．

ヨハネ福音書では，復活後のイエスはペトロ（シモン・ペトロ）に対して，「私の羊を牧しなさい」と命じている（ヨハネ21：16）．ペトロと同じような長老は，牧者のような存在として，信徒の群れを教導することが訴えられている[1157]．その姿は牧者として羊を養うキリストの比喩を思い出させる（ヨハネ10：7以下）[1158]．「ποίμνιον」は単なる「群れ」であるが，本註解では「羊の」と補って訳した．キリスト教の共同体を群れとよぶのは，ルカ文書で用いられている表現である（ルカ12：32）．パウロは，エフェソにいる長老たちとの別れの際，「群れに気を配れ」と命じている（使徒20：28－29）．

　この群れは単なる烏合の衆ではない．「神の」という属格が示しているように，本来，神が有している群れであり，間違っても「長老たちの」群れではない[1159]．長老にはその群れを神から任され，守り育てる大切な役割が与えられている[1160]．2節では畳みかけるように，その群れを「見守りなさい」と続けられる．「見守る」「配慮する」「世話をする」と訳すことのできる「ἐπισκοπέω」は，新約聖書ではこの箇所とヘブライ12：15のみに用いられている[1161]．ここでは羊の群れを束ね，間違った方向に向かないように導くことを意図し，「見守る」と解した．それを「強いられて」するのではなく「自発的に」おこなうことが促される．

　ここもまた，解釈が困難な箇所の一つである．群れを牧するおこないを，強制的にさせられていた事実を間接的に示しているのだろうか[1162]．共同体の長老職を選ぶ際に，強いられて（嫌々ながら）選出された者がかつていたのだろうか[1163]．しかし，霊的指導者として長老職が嫌々ながらそれを担うというのは想像できない．この言葉は「長老の選出と任命という過程」をさしていると推測されている

〔1157〕Ⅰクレ16：1，44：3，54：2，57：2，ポリ手紙6：1，イグ・ローマ9：1，イグ・フィラ2：1 参照．
〔1158〕旧約聖書において，神とイスラエルは牧者と羊の関係で比喩的に語られる．エレミヤ23：1－4，エゼキエル34，ゼカリヤ11：4－17 他参照．その他，クムラン文書でも確認できる（CD XIII:7-12）．
〔1159〕Williams/ Horrell (vol.2), 519 参照．
〔1160〕エフェソ4：11 には「使徒，預言者，福音宣教者」に続いて「牧者」と「教師」という役職が記されている．
〔1161〕共同訳「面倒をみなさい」，新共同訳，協会共同訳，新改訳「世話をしなさい」．
〔1162〕同様の疑問は田川（2015），329，註2頁でも呈している．
〔1163〕それゆえ，塚本訳はこの語句を「不承不承でなく」と訳している．

が，具体的にどのような過程なのかが問題であろう．

続いて「κατὰ θεόν」とある．本註解では「神〔の意思〕に従い」と補って訳したが，実際，この語句の理解も困難である．「κατὰ θεόν」は，Ⅰペトロ書では4：6にも見出せるが，この箇所では別な意味として用いられている．限界のある「人間として（κατὰ ἀνθρώπους）」裁きを受ける存在と理解し，後者は類似の意味で「神のように」と理解すべきだろう（本註解4：6参照）．

では，5：2はどうだろうか．ここでは，「κατὰ」を根拠の意味に取り「神に従い」と訳せる（ローマ8：27，Ⅱコリント7：9－11参照）．本註解では，「神〔の意思〕に従い」と補って訳した．この手紙ではたびたび，「神の意思」を強調しているからである（2：15, 3：17, 4：2, 19）．人の思いや意思ではなく，神の計画（予知）やその意思を念頭に置き，群れを牧することを訴えていると考えられる．神の群れを見守るのは人間の業では決してなく，本来的に神の業であることを送り手は教えている．少し踏み込んで説明すると，長老職は自らの意思ではなく，神からの霊感を受けて担うべきである．「自発的に」という語句に「神〔の意思〕に従い」と続けたのはそのような意図がある．長老という職務は自ら進んでおこなうべきではあるが，あくまで神の意思を通した（と認識した）者のみが許される．この節の後半部分を読むと，この意図がより明瞭に理解できるだろう．

群れを見守る行為を「恥ずべき利得を得るためではなく，喜んで」おこなうことが奨励される．「恥ずべき利益を得る」とあるが，Ⅰペトロ書が書かれた当時，己の利益のために長老職を担う者が存在していたことを間接的に語っているのだろう．単に私利私欲のために「自発的に」長老をめざす者の出現を警戒している．

〔1164〕辻（2000），696頁．
〔1165〕口語訳，前田訳，共同訳，新共同訳，協会共同訳，岩波訳，新改訳では「神に従い」参照．
〔1166〕たとえば，塚本訳「神のように」，田川訳「神に応じて」，岩隈訳「神の気に入るように」，フランシスコ会訳「神の御旨に従って」と解釈がそれぞれ異なる．他にも，「神が喜んで自分の民の世話をするのと同じように献身的に」という意味であると速水は解説している．速水，429頁．
〔1167〕1：2では「神の予知によって（κατὰ πρόγνωσιν θεοῦ）」とある．本註解のように補って訳す釈義家は複数いる．シュナイダーは「神の意思（Gottes Willen）」と補って訳し（シュナイダー，207頁），ブロックスは「神の委託によって（Gottes Auftrag）」とする（ブロックス，309頁）．他にもシュヴァイツァーは「wie Gott es will」．Schweizer (1972), 97. およびVahrenhorst (2016), 189「so wie es Gott entspricht」参照．

Ⅰテモテ5：17には，立派に指導している長老は，二倍の「報酬（τιμή）」を受けるべきだと教えている．[1168] 当時の長老職には「言葉と教え」に従事し，その働きに応じて，何らかの報酬が払われていたと推測できる．このような報酬をめあてにして，長老職を誤用する者がいたのだろう．この後の3節にも「力で治めようとせず」とあるので，やはり金銭欲に駆られ，己のことだけを第一に考える権威主義的な長老が存在しており，送り手はそのような存在を厳しく咎める必要があったと考えられる．自発的におこなうこと，自ら進んでおこなうこと，[1169] つまり「喜んで」おこなうことをここでは勧めている．

3節 続く3節においても，誤った指導者を強く牽制する．「κλῆρος」の複数形として「割り当てられている人たち」という語句が用いられている（使徒1：17参照）．[1170] 長老にそれぞれ任されている共同体のことをさすのだろう．[1171]

「κλῆρος」の元々の意味は「籤で当たった分け前」であり，担当する共同体は自身の希望ではなく指定されたものであった可能性が考えられる．[1172] それゆえに，仕方なしに担うべきではなく（5：2），命じられたものとして責任をもって担当すべきである．その際，任された群れを「力で治める（κατακυριεύω）」ことは

〔1168〕 辻はⅠテモテ5：3の「τιμάω」との関係から，「報酬」ではなく二倍の「尊敬」と解する．「金銭的報酬に値するほどの大きな尊敬という意味であり，数値上厳密な意味での『2倍の報酬』ということではない」．辻（1997b），15頁，および同（2023），330頁参照．土屋も同様に「尊敬」と理解する．土屋，78頁．しかし，「働き手はその報いを受ける」という18節との繋がりを踏まえれば，やはり報酬でも問題ないだろう．同意見は川島（1991），313頁．ディベリウス／コンツェルマン，185頁，Johnson (2001), 277f.; Roloff, 308f. 参照．

〔1169〕 Ⅰテモテ3：1-7の「監督」に対する訓戒でも，金銭欲に厳しく咎めている．テトス1：5-9，ディダケー15：1参照．長老ではないが，ヘル牧9のたとえ26：1-2では立場を悪用して私腹を肥やす「執事」が批判される．

〔1170〕 Foerster, ThWNT III, 763参照．新共同訳は「ゆだねられている人々」と意訳するが（5：2と合わせるためか），協会共同訳は本註解のように「割り当てられている人々」とする．

〔1171〕 Ⅰペトロ書の理解では，割り当てられた個々の共同体を統括するのは，牧者であり，監督者としてのキリストである（2：25）．

〔1172〕 使徒の選出は籤で決定し（使徒1：26），パウロらは長老たちを任命したとあるが（使徒14：23），この共同体の割り当てをどのように決めたのかはここからは明らかではない．ナウクは「κλῆρος」の語意を詳しく検討しており，それは「位階（Rangplätze）」を意味すると解している．Nauck (1957), 211. しかし，このⅠペトロ5：3の文脈では，いささか不自然のように思える．ここでは地位の問題を論じているのではなく，長老という職務のあり方である．シュヴァイツァー（1959），174頁，註8も参照．

せずに，むしろ，群れの模範となることが勧められる．実際，長老の中には力を用いて組織を統率しようとした者がいたのだろうか．書き手はこのような誤った行為に釘を刺す．この「模範（τύπος）」という語句は，新約聖書の文書において，共同体内の倫理的規範に則る生き方を示す際の術語となっている（フィリピ 3：7，Ⅰテサロニケ 1：7，Ⅱテサロニケ 4：12，Ⅰテモテ 4：12，テトス 2：7 参照）．
上に立つ者の定めは支配することではなく（Ⅱコリント 1：24 参照），成員に対して生き方の手本を示すことであると教えられている．Ⅰペトロ書ではしばしば訓戒を提示する際，模範的な存在を例として挙げている．たとえば，奴隷に対してはキリストの受難（2：21 以下），妻に対してはサラを挙げている（3：6）．この箇所も同様である．

4 節 このような一見して厳しい訓戒を長老らに告げたのは，次にみるようにそれなりの理由があるからだ．長老たちは，大牧者，つまり，キリストの到来時に栄光を受けるためである．「大牧者（ἀρχιποίμην）」は，Ⅰペトロ書のみに存在する語句であり，これも同書簡でたびたび確認できる合成語のひとつである（4：14，5：1）．最も偉大なる牧者が，すなわちキリストであることは，2：25 ですでに読者に伝えられている．

栄光を受けることについても，手紙でしばしば約束されているが，「栄光の冠」という表現はこの箇所のみに登場する．ただし，他の新約文書では，終末時に受ける誇りや朽ちない冠について語られている．然るべき長老たちが受ける栄光の冠は，勝利者の頭上に掲げられた冠のごとく光輝を放つ．「消えることのない」栄光の冠とは（1：4 参照），いささか大げさに思える表現だが，Ⅰペトロ書では

〔1173〕 パウロ書簡においては，パウロ（およびパウロを称する者）自身が模範となる（フィリピ 3：17，Ⅱテサロニケ 3：9）．Ⅰ，Ⅱテモテ書においては「τύπος」のみならず，「手本（ὑποτύπωσις）」という語句も用いつつ，読者に対してパウロに倣う生き方を勧めている（Ⅰテモテ 1：16，Ⅱテモテ 1：13）．
〔1174〕 類似した語句としてヘブライ 13：20.
〔1175〕 Ⅰコリント 9：25，Ⅰテサロニケ 2：19，Ⅱテモテ 4：8，ヤコブ 1：12，黙示 2：10 他参照．他にもユダヤ教黙示文学などに終末時に「冠」を受ける記述がみられる．シリ・バル 15：8，遺レビ 8：2，遺ベニ 4：1，イザヤ昇天 11：40，1QS IV:7，1QH IX:25 参照．キリスト教迫害下において，Ⅰコリント 9：25 を引きつつ，殉教者たちは永遠の冠を獲得されることをテルトゥリアヌスは訴える（同『殉教者たちへ』3：5）．
〔1176〕 口語訳，共同訳，新共同訳，フランシスコ会訳，新改訳他「しぼむことのない」，岩波訳「しおれることのない」と訳すが，この形容詞は「冠」にかかっ

時にこのような形容詞などで修飾して、その偉大さや尊さを際立たせる傾向が散見できる（1：4他参照）。苦しみに耐え抜き、勝利を獲得した競技者と同様、苦難に忍耐した者は勝利の栄冠を受けることができる[1177]。まさにこの冠こそ、選ばれた者のみに与えられる神からの報酬（τιμή）である。

　5a節　そして、この単元の最後、5a節では「若者たちよ」とよびかけ、長老から若者たちへの勧告に移る。「同じように」は、別なグループに対象を向ける際、この手紙で用いられる言い回しである（3：1, 7参照）[1178]。「若者（νέος）」の理解について、研究者の間で意見が交わされている。

① 単に年齢的に「若い人」たち[1179]。
② 入信して間もない信徒[1180]。
③ 教会の指導者である長老に対してそれに従う一般信徒[1181]。
④ 5節a「πρεσβύτερος」だけはこれまでの職位をさす「長老」ではなく、「老人」[1182]。

　まず、他の聖書箇所ではどのように記されているか見てみよう。Iテモテ5：

ている。おそらく当時の競技の勝利者に与えられた冠は植物で編まれていたので、枯れることのない冠という訳が正しいだろう。Grundmann, ThWNT VII, 630参照。凱旋将軍に与えられる凱旋冠（corona triumphalis）は、月桂樹の枝葉で作られている。しかし、ここではSLのニュアンスをそのまま訳し「消えることのない」とした（協会共同訳「消えることのない」も同様の理解）。研究者の間では、「ἀμαράντινος」が植物「アマランサス」の冠をさしているという指摘があるが、その真意は明らかではない。原野, 233頁, 宮平, 214頁, Michaels (1988), 288; Selwyn, 233 を参照。

[1177]　Achtemeier, 330参照。後の殉教者行伝では、殉教者がこの世の悪と戦って、「栄光の冠」を受けると約束される（『テサロニケで殉教した、聖なるアガペ、エイレネ、キオネの殉教』2：4）。
[1178]　イグ・トラ3：1, ポリ手紙5：2, 3も参照。
[1179]　Dubis (2010), 163f.; Forbes (2014), 170; Schelkle, 130 参照。
[1180]　Elliott (2000), 838-840, およびIテモテ5：1との関連から辻 (2023), 284頁「信仰者となって日が浅い人々」参照。
[1181]　たとえば田川訳は「平信徒」。Achtemeier, 331; Feldmeier, 159; Goppelt, 331; Michaels (1988), 289; Vahrenhorst (2016), 192; Williams/ Horrell (vol.2), 543; Windisch, 79 参照。
[1182]　Kelly, 204f.; Selwyn, 233 参照。確かにこのように理解すれば、年齢の重ねた者と若者とが対になる。

1－2では男性の年長者（πρεσβύτερος）の後に年少者（νέος），そして年長女性，年少女性それぞれに対して勧めの言葉が残されている[1183]．ここでは，「πρεσβύτερος」は年長者をさしており，教会の職位を意味する「長老」ではないという意見がある[1184]．教会でのさまざまな年齢層や身分の構成員に対する指示を記している．しかし，辻は前後の文脈から（同4：14，5：17）から，この語句に「『長老』との結びつきを読み取らないわけにはいかないと思う」と論じている[1185]．しかし，この箇所の後半では「年長女性」とあるので，長老の意味と同時に年齢的な意味合いも同時にもっている[1186]．

テトス2：6においても年をとった男性と女性の後（同2：2，3），年齢的に若い男性に対する戒めの言葉を記している．こちらも共同体内の年齢の異なる構成員に向けた勧告である[1187]．Ｉテモテ3：1－13，5：17－20（テトス1：5－9）と類似する形で，ポリュカルポスの手紙5章と6章では執事（διάκονος），若者（νέος），長老（πρεσβύτερος）の順番で同種の訓戒が示されている[1188]．この訓戒も教会内での年若いグループに向けたものと受け取れる[1189]．

では，Ｉペトロ書も同様に年齢的に若い人たちのことをさしているだろうか．教会の指導者層は当時の家父長制の慣習から考えれば年齢的に高い人物が選出さ

〔1183〕 長谷川と樋脇の考察に従えば，ローマ帝国の平均寿命が20歳から25歳と考えられている．当時は0歳児の死亡率がきわめて高かったので（約3割），それが平均寿命を押し下げている．平均年齢は27歳ぐらいであり，20歳未満の男性は全体の約45％，60歳以上の男性は4.8％に満たないので，ローマ帝国は現代に比べるとかなり若い社会と言える．長谷川／樋脇，209－224頁，樋脇（2015），72－80頁参照．当時のローマ帝国内の人口比率は，そのまま初期キリスト教内に当てはめることができると考えられるので，ここで述べる年長者とは現代で言えば40歳ぐらいの壮年ではなかろうか．

〔1184〕 Ｉテモテ5：17でも同じ語句の「πρεσβύτερος」が用いられているが，ここでは教会の長老に関する言及であり，5：1と区別していると土屋，74，78頁で述べている．なお，LXXレビ19：32でも年長者に尊敬の念を示せと教えている文では，単に年長男性の意味である．「ἀπὸ προσώπου πολιοῦ ἐξαναστήσῃ καὶ τιμήσεις πρόσωπον πρεσβυτέρου」．

〔1185〕 辻（2023），283－284頁．

〔1186〕 同上，285頁．

〔1187〕 辻はこの箇所も先と同様に年齢的な若さと信仰歴の若さとの二重の意味として受け取っている．同上，463頁．

〔1188〕 Ｉクレ1：3，21：6参照．

〔1189〕 Ｉクレ3：3には若者（νέος）が年配の者（πρεσβύτερος）に逆らったとある．長老への反発は同47：6．

れたとも想像できるが[1190]，しかし，長老がすなわち年長者であるとはっきりと断定はできない．

Ⅰペトロ5：5aは，先に見たⅠテモテ5：1以下にあるような，共同体の多様な年齢層への訓戒ではない．あくまで長老への訓告に続く文脈であり，長老とそれ以外の人々を意図していると受け取るのが自然である．つまり，「長老」と「若者」と対比している．それゆえ，ここでは，共同体内の若年層だけを意味するのではなく，長老と対比する形で，③信徒全般をさしていると思われる（無論，そこには若者も含まれるだろう）．本註解では「若者（一般信徒）」と訳した．

若者たちへの「従いなさい」という命令形は，Ⅰペトロ2：13においても使われているが，動詞「ὑποτάσσω」は分詞として同2：18，3：1，5，22において使われている（ポリ手紙5：3参照）．奴隷が主人に，妻が夫に従うように，教会の成員全般もその指導者である長老に従属すべきと教える．そして，5b節からは長老と信者一般を含むすべての人に向けた訓告へと続く．

5b節 長老，若者に続き，すべての人への勧告に移る（Ⅰペトロ3：8，5：14参照）．「互いに」はこの書簡でたびたび見出せる用語の一つであるが，愛の命令などの相互性を重んじる際に使われている（1：22，4：9，5：14）．人々が身に着けるべきものは「謙遜」であり，5，6節ではこのことがくり返される[1191]．自己卑下を意味する「謙遜」は，ギリシア・ローマ世界では徳ではないが（本註解3：8参照），キリスト教において逆に重要な美徳であり（使徒20：19，フィリピ2：3，エフェソ4：2，コロサイ3：12参照），Ⅰペトロ書でもすでに勧められている（本註解3：8参照）「身に着ける」は上着などを纏うことをさしているが，ここでは比喩的に用いられ，自らの全身を謙遜で覆うことを意味している[1192]．

[1190]「老人」を意味する「πρεσβύτερος」という語句を教会の職位として導入した背景について考えるべきという意見もある．「（教会の）役職の名称は日常の用語からかけ離れた特殊な言葉でないことを，ここでも想起すべきであろう」．土屋，181頁，註4．

[1191] 5b節の引用では形容詞「ταπεινός」，6節では動詞「ταπεινόω」．

[1192] Ⅰペトロ書にしか見出せないハパクス・レゴメノン．「結び目（κόμβος）」を結びつけて着る意味と考えられている．Bauer, 436; Bigg, 190を参照．複数の釈義家はユリウス・ポルクス（Iulius Pollux）による古代のギリシア語辞典『オノマスティコン（Onomasticon）』IV, 119を引いて，奴隷が前掛けを身に着けるという意味にも解せるとしている．岩隈，104頁，註5，シュナイダー，211頁，Beare, 176; Goppelt, 333 Anm. 42; Knoch (1990), 135; Williams/ Horrell (vol.2), 547などを参照．

後半はLXX箴3:34から引用し，「ὅτι」を伴いこの勧告の理由づけをおこなう（Ⅰペトロ2:21，3:18，4:8参照）．ここでも3:10，4:8と同じように旧約の引証句によって勧奨を論拠づける．LXXでは主語が「神」ではなく「主」である点以外はそのままの引用である．ヤコブ4:6でも引用されており（Ⅰクレ30:2，イグ・エフェソ5:3），こちらも「神」となっているので，伝承の段階でこの改変がなされたと想定できる[1193]．初代教会で好んで用いられた箇所なのだろう．恵みが与えられる謙遜な者たちに対して，傲慢な者たちと神は対立することになる．神は傲慢な者を退ける（ルカ1:51参照）．傲慢は悪徳の一つとして数えられている（ローマ1:30，Ⅱテモテ3:2参照）．

補論：新約文書における長老の役割について

本補論では新約文書で言及されている長老の役割について考えたい[1194]．既述のように，新約文書，および使徒教父文書では，「長老（πρεσβύτερος）」はさまざまな意味で用いられている[1195]．大別して，次の五つに分類できるだろう．

① 「年長者」「父祖」：年齢が上の存在である「年長者」「老人」という意味で用いられる[1196]．または，先代としての「父祖」という意味にも使われる[1197]．
② ユダヤ教の長老：地域共同体の指導的立場の者[1198]，またはシナゴーグの指

[1193] ヤコブ書も改変されたものを受け取ったと考えられる．同様の指摘は辻（2002），194頁，註1．
[1194] 新約聖書では計65回使用されている．長老についての詳細な解説はRohde「釈義事典Ⅲ」，181－183頁，松見，21－36頁，辻（2023），346－352頁，Bauer, 1402f.; Bronkamm, ThWNT VI, 651-683を参照．
[1195] ユダヤ教文献における長老については松見，48－58頁，Bronkamm, ThWNT IV, 655-661; Campbell, 20-66に詳しい．
[1196] ルカ15:25「年上の息子（ὁ υἱὸς αὐτοῦ ὁ πρεσβύτερος）」，使徒2:17（ヨエル3:1の引用），ヨハネ8:9，Ⅰテモテ5:1, 2（πρεσβυτέρας），創世18:11－12，19:4他．
[1197] 「父祖たちの言い伝え」：マタイ15:2，マルコ7:3－5．ヘブライ11:2以降では信仰の証人として，アベル，エノク，ノア，アブラハムなどの名が列挙されている．
[1198] ヨシュア20:4，ルツ4:2，ユディト8:10，10:6，ルカ7:3．

導者やエルサレムの最高法院（サンヘドリン）に属するユダヤ人の長老をさして使われる[1199].

③　教会の指導者としての長老：主に使徒言行録では，エルサレムを中心とした初代教会において指導的存在であった長老について記される[1200].

④　教会の職務としての長老：新約文書の中で比較的後期に成立したと考えられる書簡では，職制としての長老について言及している[1201]．Ｉペトロ 5：1 以下もこの職務のよび名として記している.

⑤　天的存在としての長老：ヨハネ黙示録では天上の礼拝に集い，四頭の生き物とともに玉座を前にする 24 人の長老について語られている[1202].

この五つの内，①，②，⑤はⅠペトロ書には見出せないので，本註解では④「教会の職務としての長老」について考察すべきだが，まず，③「教会の指導者としての長老」について考えてみたい[1203]．使徒言行録では使徒の他に，教会の運営を司る長老の存在が示唆されている．使徒 11：30 ではアンティオキア教会のメンバーが，パウロとバルナバを通してエルサレム教会の長老たちに援助を送ったと記されている．この箇所からは，この長老が具体的に誰をさしているのか明示されていない．続いて使徒 14：23 ではパウロはバルナバとともに，リュストラ，イコニオン，アンティオキアの伝道の際，「教会ごとに長老たちを任命し」，そして，パウロらは「彼らを主に委ねた」とある．使徒言行録に従えば，パウロらが長老を選び，教会の運営を彼らに任せたと考えられる（テトス 1：5 参照）．しかし，ここで問題となるのは，パウロはその書簡で長老について一度も言及していないことである．したがってこの記述は，長老という職務が存在していた当時の

[1199]　マタイ 16：21，マルコ 8：31，ルカ 9：22，22：52，使徒 4：5，23，6：12 他．クムラン宗団にも共同体において指導者的な存在がいた（CD XIII:1-22, XIV:9-11 参照）．

[1200]　使徒 11：30，14：23，15：2，4，6，16：4，20：17 他．Ⅱヨハネ 1：1，Ⅲヨハネ 1：1 に記された書簡の送り手である長老も，職制としてのそれではなく，ヨハネ共同体の指導的立場をさす存在と考えられる．

[1201]　Ⅰテモテ 5：17，テトス 1：5，ヤコブ 5：14，Ⅰクレ 57：1 他．

[1202]　黙示 4：4，10，5：5－14，7：11，13，11：16，14：3，19：4．長老は天使のような天的存在として神を礼拝する．佐竹（2009a），229－233 頁参照．

[1203]　もっとも，歴史的展開からすれば②のユダヤ教の長老が③の教会の指導者としての長老になったと考えられる．

教会制度に沿って，ルカが創作したと捉えるのが妥当であろう（使徒20：17 も同様）[1204]．

さらに，使徒言行録15章に収められているエルサレム使徒会議の報告には，長老たちが再び登場する．パウロとバルナバとその他の者が，エルサレム教会にいる使徒たちと長老たちを訪ねる（15：2，4，6，22，23，16：4）．これらの箇所には「使徒たちと長老たち」という順で記されているので，後者は前者より地位が低い存在であったことがうかがえる．使徒会議においては，使徒であるペトロや主の兄弟ヤコブが主に発言しており，長老は会議の主導権を握ってはいない[1205]．また，使徒20：17 には，エルサレム教会ではなくエフェソ教会における長老について言及される．ここで，パウロは長老たちに別れの辞を述べる．長老たちの責務は，群れに心を砕き，牧者として凶暴な狼が群れに入り込んだとき，それを守ることであると教える．この箇所でパウロは「群れの監督者（ἐπίσκοπος）」を定めたとあるが，後述する教会の職位としての監督ではなく，おそらく長老と同義で用いていると思われる[1206]．さらに，21：18 では再びヤコブとともにエルサレム教会の長老たちが登場する．この箇所ではもはや「使徒たち」について語られない．

以上，みてきたように，使徒言行録では以下に取り上げる牧会書簡にあるような，確固とした職制としての長老について記してはいない．ここでは，エルサレムやエフェソなどの各共同体における指導的存在を長老とよんでいたことが記されているだけである．

次に④「教会の職務としての長老」の考察に移ろう．③「教会の指導者としての長老」と比べると，より発展した教会制度内の長老の立場を確認できる．主に

[1204] 荒井（2014），278 頁参照．一方，辻はこの箇所が「後代の事情を投影している蓋然性が高い」としつつも，「『家の教会』において，集合場所を提供していた家の家父長が管理や指導の立場になることは想像に難くなく，（エフェソのように）複数の家の教会が存在したと思われる地域では，そのような人々が指導者集団を形成することも十分に考えられる」とする．辻（2023），349 頁．当時の教会にこのような指導的立場の一群が存在していたことは想定できるが，後述するように，パウロが彼，彼女らをどのように捉えて（よんで）いたのかは，フィリピ1：1からのみで判断はできないだろう．いずれにしても，パウロの時代に「職制」としての長老はまだ存在していないと思われる．

[1205] 荒井（2014），288－289 頁参照．
[1206] 荒井（2016），106 頁参照．

牧会書簡と公同書簡において用いられる「長老」について，個々の箇所を詳しく検討してみたい．

　牧会書簡は教会制度が次第に確立していった時期に記された文書であり，そこには組織化されつつあった教会への具体的な指示が残されている．牧会書簡は，テモテとテトスという個人に向けた（使徒パウロからの）私信の形を有している．Ⅰペトロ書とおおよそ同時代に成立した文書群であり（ただし，Ⅰペトロ書の方が成立は早いと思われる），同書簡の長老を理解する上で，これらの書における長老に関する記述を確かめるのは有益であろう．

　長老については，Ⅰテモテ書とテトス書で語られている．Ⅰテモテ書では，教会に入り込んだ異端の教説を排斥するようによびかけられ（1：3－20, 4：1－16, 6：3－21），それに挟まれる形で教会制度に関する細かな指示とその成員への教えが示されている（2：1－3：16, 5：1－6：2）．まず，Ⅰテモテ4：14では，複数の長老たちの集まりと思われる「長老団（πρεσβυτέριον）」という集団について示唆されている．テモテへの賜物（χάρισμα）は，この長老団の按手の際，預言の言葉を通して与えられたとする．按手の執行は，長老たちの重要な務めのようであるが（Ⅰテモテ5：22），いわゆるこれが後代にみられる任職の儀式などの按手なのかは定かではない（ヒッポリュトス『使徒伝承』2参照）．いずれにせよ，長老たちにはその地位に伴う役割が期待されていたようである．さらに，長老は指導する立場にあり，その報酬が決められ，長老への訴えは複数の証人を必要とすると述べられている（5：17－19）．ここでは使徒教父文書に記されたような確固としたものかは定かではないが，ある程度の職制としての長老のあり方が伝えられている．

　3：1－7の「監督（ἐπίσκοπος）」，8－13節の「執事（διάκονος）」の説明文には，

〔1207〕共同訳，新共同訳，協会共同訳では「長老たち」．後2世紀に生きたアンティオキアの監督イグナティオスの書簡では，長老団の職権を強調している（イグ・エフェソ2：2, 4：1, 20：2, イグ・マグ2：1, 13：1, イグ・トラ2：2, 7：2, 13：2, イグ・フィラ4：1, 5：1, 7：1, イグ・スミ8：1, 12：2）．ただし，Ⅰテモテ書には，このような制度として確定された長老団があったとは思えない．辻（2004），70－71頁参照．

〔1208〕Ⅰテモテ書の「πρεσβύτερος」のすべては年齢を示す言葉，つまり「老人」であるとエレミアスは捉えている．ただし，これは同書簡の成立年代をパウロ書簡と同列におくことを前提としているので，この所論には首肯しかねる．エレミアス，78頁．

倫理的な資質を問題とする徳目表が残されている．信仰の上の資格や条件を課すのではなく，争いごとを厭い，金銭欲を軽蔑するなどの一般的な倫理観が監督や執事に求められている．Ⅰペトロ書の長老たちへの勧告にあるような，共同体運営の際の舵取りの指針を提示するのではなく，監督や執事個人の人格を問題として取り挙げている．

　Ⅰテモテ書における「監督」「長老」および「執事」との関係がいかなるものであったのか，これらの職務の間に序列は存在していたのか否かは定かではない．また，ここで語られる「監督」と「長老」とは別種の職務であるのか議論になっている．テトス1：5－9を読むと，この二つの職制は，同じ意味で使用されているようにも思われる．

〔1209〕　フィリピ書は監督たちと執事たちに向けて送られている（1：1）．だが，パウロの時代において職位としての監督や執事が存在していたかどうかは，追考を要する問いである．また，長老についてパウロは何も語ってはいない．パウロの時代，監督や執事は用語として用いられていたとしても，いわゆる「職制」ではなく，佐竹の解説にあるように，共同体の運営に携わる者の総称と捉えるのが妥当である．「（監督や執事は）教会の指導者として ―― 使徒や予言者のようないわゆるカリスマ的指導者とはちがって ―― とくに実務的な奉仕と指導に当たった人々をさすと考えるのが，穏当ではなかろうか」．佐竹（1970），15頁．山内（1987），29－30頁も参照．
〔1210〕　教会の指導者に対して，パウロがかつて重視した特殊な賜物（χάρισμα）が第一に求められそうだが（Ⅰコリント 12：1－11），ここでは人格的な資質が主に問われているのはいささか奇妙に思える．確かに長老団は按手の際に賜物を与えるとあるが（Ⅰテモテ 4：14），監督の条件ではこれについて語られない．おそらく，牧会書簡が成立した時代には，霊的な賜物と同時に（またはそれ以上に）市民的道徳観の方が教会内で要求されていったからだと考えられる．教会が当時の市民倫理を重んじる指示を（とりわけその指導者に対して）与えるのは，教会が当時の市民社会の中に浸透することを強く望んでいたからにほかならない．終末接近が焦眉の急ではなくなり，終末待望とそれへの緊張の緩和も後景にある．土屋，59－60頁参照．牧会書簡はまさに「キリスト教的市民性（christliche Bürgerlichkeit）」を最重要視している．ヴェントラント，223頁．
〔1211〕　Ⅰテモテ 3：2，テトス 1：7では「監督」は単数形（フィリピ 1：1，および使徒 20：28では複数形），Ⅰテモテ 5：17，テトス 1：5ではⅠペトロ 5：1，5と同様に「長老」は複数形（同 4：14では「長老団」）．
〔1212〕　長老の役割であるⅠテモテ 5：17「指導する（προΐστημι）」（ローマ 12：8，Ⅰテサロニケ 5：12参照）は，監督と執事への指示内容でも示されている（3：4, 5, 12）．「同じ職制が地方によって監督あるいは長老と呼ばれていたが，（Ⅰテモテ書の）著者はその二つの呼び名を結びつけたといえないであろうか」と川島は推測するが，可能性としてはあり得るだろうが，断定はできない．川島（1981），366頁．

テトス書でも同様に異端に対抗して，健全な教説を説くように勧めている（1：9，2：1）．テトス書とＩテモテ書の構造とその内容は多くの点で類似している．異端から共同体を守るために，クレタ島の町ごとに長老を立てるように指示している（1：5）．同7節からは監督について語られ，その人格や資質を問う内容である．ここでも長老と監督は同義だと思われる．テトス書でもＩテモテ書と同じように，監督として品格が厳しく問われ，管理者（οἰκονόμος）として健全な教説を示す存在である．また，監督の職責を担う者への家庭生活に関する指示もみられる（テトス1：6）．

テトス1：5－7を読むと，上記のように，監督と長老の二つの「職制」の区別はきわめて曖昧であることに気づかされる．まるで，二つの職制を混同しているかのようである．それゆえ，ヤングが述べるように，「監督」と「長老」の職制の相違について，牧会書簡からのみ説明するのは困難を極める[1213]．むしろ，このような記述の曖昧さこそが，牧会書簡の成立時にはまだ二つの職制の相違が（それほど）明確でなかったことの証左と受け止められる．

一方，辻は牧会書簡において各職制に関する記述の偏りに注目し，別な推論を立てている．Ｉテモテ書において，監督や執事に関するものと比較して，長老についてはきわめて短く言及されているにすぎない．辻はこの問題に関して，その理由を「読者の間ですでに良く知られた職だったからに違いない」と説明する[1214]．さらに，地域教会全体の代表としての監督という職制に関する理解はまだ得られておらず，その地位を確立する意図が著者にはあったと推測する[1215]．辻のこの推

[1213] ヤング，131－139頁参照．
[1214] ただし，牧会書簡において，「『長老』は，『監督』・『執事』とは異なり，教会の『役職』というよりも，年長者に対する尊敬を基盤として成立している，教会内の指導的立場という性格を牧会書簡では強く持っているように思われる」と辻は説明する．辻（1997b），16頁，同（2023），349頁も参照．牧会書簡とＩペトロ書との関係をどのように捉えるか議論になるところだが，Ｉペトロ書に残された長老の記述を読むかぎりは，尊敬すべき年長者一般というよりは，やはりそこに何らかの役職としての長老を想定すべきだと考える．尊敬を集めているとはいえ，年長者一般に対して「神の群れを牧しなさい」とは相当重たい命令である．然るべき地位を確保し，（もしかしたら按手を受け）役職者として選ばれた存在に対して発せられた命令と受け取るべきである．
[1215] 辻（2002），253頁，同（2003），337頁．牧会書簡の成立時期に監督という職位が確立しつつあり，それを書簡の著者が反映させたのか，または牧会書簡の著者自身が確立しようとしたのかは不明である．

測が正しければ，長老という存在は歴史的には監督や執事よりも古いことになる．この前提に立ち，辻はヤコブ書における長老の存在に目を向ける．同5：14でも長老に関する記述がある．ここでは唐突に長老が登場し，病人に塗油をし，祈る役割が語られている．長老の役割などを細かく語らないのは，読者がすでに長老という職位を理解しているからだと論じる．そして，監督（および執事）の言及がないのは，ヤコブ書の成立時期には，監督制がまだ確立してないからだとする．

また，辻は，先のテトス1：7における「長老」と「監督」の混合に関して，次のような意見を提出している．ここでは監督は「監督者」としての機能と捉え，「『長老』と『監督（者）』が同一の人々をさして用いられているのは，職名と機能をそれぞれ指すものだと考えれば納得がいく」とする．なお，辻はIテモテ3：1以下の記述を踏まえつつ，監督は単に機能だけをさしているとは言い切れないとも述べている．Iテモテ5：17にある長老たちに監督者の機能をもっている者たちがおり，その代表として監督という地位につく者が選ばれるようになったと推測する．長老たちの中からその一部が監督へと選出された，という歴史的プロセスを想定する辻の仮説は納得がいくものである．

さて，上記の辻の仮説を参考にすれば，Iペトロ書において長老のみに言及され，監督や執事に言及されていないことの説明が得られる．Iペトロ書の成立時期（およびその地域において）この二つの職制はまだはっきりとは存在していなかった．そして，同書簡で長老への具体的な指示が示されたのは，その役割や権限を確かにする必要があったからだと考えられる．つまり，Iペトロ書の時代，長老という職務が教会内に確かに存在していたものの，まだその地位は（使徒教父時代のように）固定化されたものではなく流動的であった．5：1で著者ペトロ（と称する者）が自らを長老と名乗るのは，権威ある使徒ペトロもまた同じ地

〔1216〕 辻は長老職の起源とその後の展開を次のようにまとめている．「長老職は，パウロの生前から教会に存在した指導的役割の人々を基盤として，パウロ以降に確立した職務だが，使徒行伝が書かれた紀元1世紀末の段階ですでに，パウロ系統の諸教会において広く定着していたのだと考えられる」．辻（2023），350頁．

〔1217〕 辻（2002），251頁参照．ヤコブ書では牧会書簡に記されていない長老の職務が伝えられている．病人への癒しである．ヤコブ書において長老は，使徒的な使命を担う存在として受け取られている．長老という存在が自明であるとしても，教会の職制に関する詳細な説明文がないのは，まだ牧会書簡で示されているような職位として長老がはっきりと確立していないからだと思われる．

位であると印象づけるためであろう（本註解5：1参照）．迫害という危機を前にし，共同体を統括する（ことを期待されている）長老の権威とその役割，そしてその具体的な務めを送り手は明示する必要があった．

　Ⅰテモテ書において監督や執事は家庭生活も健全であることが求められている（Ⅰテモテ3：2，4-5，12）[1218]．教会の職務と家庭との接続は，Ⅰペトロ書にはまだ見られない．テモテ書において，監督には厳格な資格が要求され，その務めは「神の家」を管理することである（3：1-7）．また，執事に関しても威厳と気品が前提とされる（3：8-13）．このような教会指導者の人格に関する具体的な言及は，牧会書簡と比較するとⅠペトロ書はほとんどない（強いて言えば5：2のみ）．このことが問題となるのは後代になってからである．むしろ，長老の役割が終末論的な期待と結びつけられていることに注目したい（5：4，6）．長老の務めはあくまで終末の時，大牧者が顕れる時までの過度的なものにすぎない（5：4）．このような職制と終末論の接続は牧会書簡にはなく，Ⅰペトロ書にのみ見られる傾向である．

　さらに，牧会書簡より遅い時代に成立したと想定されるイグナティオスの書簡には，監督や長老，執事に従うことが命じられ（イグ・トラ2：1-3），監督や長老，および執事の役割とその権限がかなり明確にされている[1219]．それゆえ，イグナティオスの書簡は，これらの職制が教会の中で定着し始めた時代の文書であると判断

[1218] これ以外にもⅠテモテ書は家庭生活（とりわけ対象は女性）にまつわる指示が多くみられる（2：9-15，5：3-16参照）．この書簡ではなぜ，女性は批判の対象となっているのか．女性の間でⅠテモテが対峙する異なる教えを信奉していたのがその理由だと辻は推測する．辻（2003），333-334頁．また，辻は牧会書簡で自立的な女性を激しく弾劾し，家父長的な教会の職制の確立を図ろうとした意図には，異端は排除する動機と重なり合うことを指摘する．牧会書簡の著者は「女性の自立によって伝統的家族観を破壊しかねない『異なる教え』の蔓延を防ぐべく，家父長制に立脚した教会職制を確立することで，女性たちの自由な活動を抑え込もうとしたのである」．辻（2003），335頁．

[1219] イグナティオスは，イグ・ローマ9：1において監督がいなくなったシリアの教会を案じ，ローマ教会に配慮を求めている．これは教会指導者が不在になった場合，組織としての存在が危ぶまれることを意味している．換言すれば，教会組織のヒエラルキー的構造が確立していることの証左であろう．Ⅰクレ42：1-5では神からキリスト，使徒，そして監督，執事という系統が明確にされている（44：1-6参照）．イグ・ローマ9：1では監督は教会に一人だけ任命され，イグ・マグ3：1-2，7：1，13：1-2では監督に最大限の敬意をはらうことが命じられている（イグ・トラ2：1-3，7：1-2，13：2）．

できるだろう．教会が異端との闘いの中で強いリーダーシップを求められた時代，監督などの職権を強調し，階層を固定化し，共同体としての教会を安定させ，その基盤を整える必要があった．Ⅰペトロ書（およびおそらく牧会書簡の時代）にはまだ，監督を頂点とする階層制度が定まっていない．だが，監督や長老といった職務に対し，教会の制度を維持し，異端から守る上で重要な役割は期待されている．

5章6-11節　謙遜でありなさい

⁶ それゆえに，神の力強い手のもとで謙遜でありなさい．そうすれば，神はしかるべき時にあなたがたを高くしてくださる．⁷ あなたがたのすべての思い煩いを神に投げなさい．なぜなら，神があなたがたのことを心にかけてくださるからだ．⁸ しらふでおり，目を覚ましていなさい．あなたがたの告訴人である悪魔が，「吠えたける獅子のように」誰かを食い尽くそうとうろつき回っている．⁹ 信仰において堅固に，彼（悪魔）に立ち向かいなさい．この世であなたがたの兄弟〔姉妹〕たちも同じ苦しみが負わされていることを，あなたがたも知っているのだから．¹⁰ しかし，あらゆる恵みの神，あなたがたをキリスト〔・イエス〕においてその永遠の栄光へ招く方ご自身が，しばらくの間，苦しみを受けているあなたがたを整え，堅くし，強め　基礎を定めてくださるであろう．¹¹ 力が世々限りなくこの方（神）に〔ある〕，アーメン

いよいよ，書簡の終結部分に差し掛かる．4：7－11と類似する形式だが，神への信頼を確かめた後（5：6－7），終末論的言辞をここで再びくり返し，比喩的表現を伴って読者が置かれた危機的状況を想起させる（5：8）．本書簡の鍵語の一つである「苦難（πάθημα）」「苦しみを受ける（πάσχω）」という単語が再び

〔1220〕　NA 第27版までは「᾽Ιησοῦ」（𝔓⁷² A Ψ 33. 1739 他）を本文の括弧内に入れていたが，第28版からは採用しなくなった．後世の付加である可能性は高いが，有力なテキストも含むので本註解では第27版までのように括弧内に入れて訳す．Metzger, 627 参照．Ⅰペトロ書では多くの場合，「キリスト」のみ表記されるが（1：8, 11, 19 他多数），「᾽Ιησοῦ Χριστοῦ」は 1：1, 2, 3, 7, 13, 2：5, 3：21, 4：11.

顔を出し，苦しみの中で立ち向かう人々を励ましつつ（5：9, 10），頌栄によって閉じられる（5：11）。

6節 5節の引用章句を受けて，「それゆえに（οὖν）」と勧告を終末論的視点からとらえ直している。「謙遜でありなさい」という命令は，ヤコブ4：10にはLXX箴3：34の引用（同4：6）に続いて同じ形で記されているため，Ⅰペトロ書もこの引用章句と合わせて伝承を用いた可能性が考えられる。原文は受動態であり，神によってあえて貶めれる（低くされる）意味内容を汲んで「卑しめれるがよい」（岩波訳）とする訳もあり，この方がSLの原意を正確に表しているのかもしれない（LXX創世16：9，エレミヤ13：18）。また，後半の「高くされる」と対照化させるために「低くしなさい」（宮平訳）とするのも一案である。本註解では5節と同じ言葉の動詞であることを意識して「謙遜でありなさい」とやや意訳した。低くあることによって高められるというは（マタイ23：12，ルカ14：11参照），常に低く生きたイエス・キリストからの大切な教えである（フィリピ2：8も参照）。

「神の手」という表象は，旧約において頻繁に見出す。神はモーセに対して自らの手でイスラエルの人々を救い出すと告げる（出エジプト3：19-20，13：3, 9, 14, 16他）。人々を支える手である一方（歴代上21：17），災難をもたらす場合もある（サムエル上5：6）。「しかるべき時（καιρός）」はこれまで述べられていた終末をさしており（Ⅰペトロ1：5，4：17），その時，読者には栄光が恵与される（1：7, 13, 4：13）。

7節 「ゆだねなさい」（口語訳），「お任せしなさい」（新共同訳，協会共同訳）

〔1221〕 接続詞「οὖν」はⅠペトロ書では話題を切り換える際に用いられている（2：1, 7, 4：1）。

〔1222〕 同様の見解はAchtemeier, 337; Goppelt, 335f.; Kenner, 379f.; Metzner, 95-99。類似箇所は以下，LXX箴3：34引用（Ⅰペトロ5：5，ヤコブ4：6），謙遜でありなさい（Ⅰペトロ5：6a，ヤコブ4：10a，および4：7「服従しなさい」），高くあげられる（Ⅰペトロ5：6b，ヤコブ4：10b），悪魔に逆らえ（Ⅰペトロ5：8-9，ヤコブ4：7）。両箇所の詳しい考察はMichaels (1988), 293f. 参照。この伝承（とりわけⅠペトロ5：6）がイエスの言葉（マタイ23：12，ルカ14：11）に遡るかどうかは不明。

〔1223〕 岩波訳はヤコブ4:10も「卑しめられよ」とする。辻（2002），183頁は「低くされよ」。

と訳されている命令は，原意に副って訳すと神に「投げなさい」となる（岩隈訳，岩波訳，塚本訳，宮平訳）[1224]．詩編55：23にはこの命令と似たような言葉があり[1225]，詩編の詠み手と同じように，神に全幅の信頼を寄せよというのがこの命令文の主眼であろう．

謙遜でいること，つまりは神によって低くされることは，神への絶対的な信頼なくしては成り立たない．この命令はただ単に悩みを神に任せ，神がそれを解決してくださるという安易なものでは決してない．この命令は，次の終末論的言辞と繋がっていく．

8節 書簡の終結部分では再び，4：7と同じように終わりの時への準備を促す言葉を読者に投げかける．「しらふでいなさい」という命令は，1：13，4：7に続いて3回目である（本註解1：13参照）．さらに，「目を覚ましていなさい」と命令形の動詞が重ねられている．この二つの命令形の連続は「主の日」の到来を語るⅠテサロニケ5：6と同じであり，そこからの影響も考えられるだろう[1226]．また，同じく終末の近接を告げるマルコ13：32−37（マタイ24：36−44，および25：13）においても，覚醒していることを命じる言葉が見出せる．この命令句は初代教会で好んで用いられた術語である．

「あなたがたの告訴人（ἀντίδικος）」と唐突に法律用語が登場する（マタイ5：25，ルカ12：58参照）[1227]．単に「あなたがたの敵」（協会共同訳他）と意味を取って訳すのも一案であるが，ここでは比喩的に用いていると思われるので，先のように直訳的に訳した．

「悪魔」はⅠペトロ書ではこの箇所だけであり，おそらくヤコブ4：7と共通の伝承を利用したと考えられる．この悪魔が具体的に何をさしているのだろうか．おそらく，キリスト教に敵対する悪なる勢力全般を意味しているのだろう[1228]．次

[1224] 多くの釈義家と同様，この箇所も命令の意味での分詞と理解する（Kelly, 208は反対）．ルカ19：35においてエルサレムにイエスが入城する際，子ロバの上に人々の衣服を「投げる」文脈でも使われている．

[1225] LXX詩54：23ではこの箇所と同じ単語「μέριμνα」が用いられている（知恵12：13も参照）．また，マタイ6：25，34（ルカ12：23）のイエスの言葉との近似性に着目する釈義家が多いが，直接的な関係はないと思われる．

[1226] 辻（2023），676頁，註472も同様の見解．他にも書簡の終結部分であるⅠコリント16：13，コロサイ4：2にも記されている（黙示3：2，16：15も参照）．

[1227] 他にもLXXエレミヤ27：34，箴18：17を参照．

[1228] エフェソ4：27，Ⅰテモテ3：6−7，Ⅱテモテ2：26参照．黙示20：1以

節ではそれらに立ち向かえと命じているが，同種の命令は同じくヤコブ4：7にも残されている．

「吠えたける獅子のように」はLXX詩21：14からの引用と想定できる．悪魔が「誰かを食い尽くそうとうろつき回っている」(ヨブ1：7，2：2参照)と，心胆を寒からしめるような表現を用いて読者に注意を促している．獅子は捕らえた獲物を逃さず，食い殺す獰猛さを備えていることを古代の人々はよく知っている．読者たちが置かれて危機的状況を浮かび上がらせる言葉だが，次節ではこれを踏まえて激励を送っている．

　　獅子の表象について：獅子の表象は古代オリエント，地中海世界に頻繁に登場する．たとえば，現在，大英博物館に展示されている，アッシリアのアッシュルバニパル王の獅子狩りのレリーフは有名である．臨場感に満ちた獅子狩りの様相が実に細かに描かれ，猛獣と格闘する王の勇敢さや偉大さが強調されている．また，バビロニアの都バビロンにあったイシュタル門には咆哮し，いまにも襲い掛かってくるような獅子のモザイクがファサードに施されていた（写真⑩参照）．その門をくぐろうとする来訪者を威圧するほどのインパクトがある．古代オリエント世界において，鬼神や悪霊が獅子の姿で描かれてきたことを近年の図像学研究が明らかにしている．獅子はその獰猛さから脅威の象徴であると同時に，悪を遠ざける守護者としての顔も存在する．たとえば，古代ギリシアの個人の墓（または墓地）に守り主として獅子の大理石像が設置されていた（写真⑪）．獅子は日常的に接する動物ではなかったが，さまざ

下では悪なる勢力の広大無辺さと同時に，その徹底的な敗北へと至る顛末を描き出している．イエス・キリストはその活動の端緒から悪魔との闘いに打ち勝っている（マルコ1：12－13参照）．

〔1229〕「ὡς λέων」は詩編では他にもLXX詩7：2，9：30．さらに，LXXエゼキエル22：25「ὡς λέοντες ὠρυόμενοι」参照．

〔1230〕ヨセ・アセ12：9では，ユダヤ教に改宗したアセネテが敵対するエジプトの神々を語る際，獅子（ライオン）に見立てている．「(略)年とった野蛮なライオンがわたしを追いかけています．その子らはエジプトの神々です．(略)彼らの父たる悪魔は，私を飲み込んでしまおう（καταπιεῖν）と試みます」．類似例の指摘はFeldmeier (2005), 166; Watson, 121.

〔1231〕たとえば，ローマ帝政期の著述家であるアイリアノス『動物奇譚集』4：35では，獅子の性質を詳述している．ライオン（獅子）は「貪食で，獲物の四肢を丸ごと貪り噛みこむと言われる一方，それで腹一杯になれば，食った者が熟れて消化されるまで，三日も食わないことが珍しくない」．他にも大プリニウス『博物誌』8：17以下も参照．

〔1232〕ケール，86－87頁参照．

まな日常品にその象徴は好んで用いられていた．壺絵にもネメアーの獅子と闘うヘーラクレースなどの英雄たちの姿が描かれ，貯水タンクの注ぎ口，望まない来客を威嚇するためにドアノッカーにも獅子の頭部が象られていた．後1世紀前後頃のランプにはロバやワニに襲いかかわる獅子が刻まれている（写真⑫）．獅子は聖書においても頻出する動物のひとつである．詩編の詩人は茂みに待ち伏せる獅子の特性やその部位を細かく描写している（詩10：8－10）．ヘブライ語では獅子は，幼獣や成獣などの成長期に合わせて七つの名称を使い分けられている．獰猛かつ攻撃的な生き物の代表的存在として（サムエル上17：34－37），その強さを表現する際に比喩的に用いられる一方（士師14：18，アモス3：8参照），勇敢さを表す際に積極的に用いられることもたびたびある（歴代上12：9，Ⅰマカバイ3：4）．ソロモンの王座の肘掛の脇には二頭の獅子が立っていたと言われており（列王上10：19），聖書の世界においても建築や調度品，彫塑などで獅子が好んで取り上げられていたようである．Ⅰペトロ4：7では敵対的存在の暴力性を表現するためにこの表象が使われているが（Ⅱテモテ4：17も参照），黙示5：5では「ユダ族出身の獅子」（創世49：9）と獅子の強さとキリストとを関連づけている．ユダヤ，キリスト教だけではなく，獅子は仏典でも好んで比喩的に用いられている．獅子が一度咆哮すればあらゆるものが聞き従うことになぞらえ，仏の説法の様相を獅子吼（師子吼）と表現したりする．

写真⑩　イシュタル門の獅子

写真⑪　墓（または墓地）の獅子の像（前320年前後）アテネ出土？

写真⑫　ランプに刻まれた獅子（前27～後96年）　出土地不明

9節 前節の悪魔に対抗することを命じている．この節は意味が取りにくい複雑な一文であり，釈義家たちを常に悩ませてきた．まず前半部分であるが，「保ち」と動詞を補って「信仰をしっかり保ち」（協会共同訳）と崩して訳すのも一案であるが，（神への）信仰「を」保つことではなく，ここでは信仰「において」堅固に立ち向かうことを意味していると考える．書簡の最後にその冒頭で述べた信仰を再度思い起こさせ（1：5，7，9，21），信仰の観点から悪魔（敵対的な勢力全般）と対決することを強調している．ヤコブ4：7ではこの命令句の後，悪魔が逃げ去ることが約束される（ヘル牧12の戒め5：2－3参照）．また，エフェソ6：10以下でも書簡の終結部に「神の武具を身につけよ」と悪魔との闘争準備を勇ましくよびかけているが，Ⅰペトロ書は悪魔との具体的な戦いへの指示はおこなわない．

この命令句の後，すぐに別のテーマに切り替わる．ここでは再び苦しみが話題に上げられる（1：11，4：13，5：1）．あなたがたの「兄弟〔姉妹〕」（本註解2：17参照）とは，Ⅰペトロ書が対象とする信仰共同体の構成員を意図していると考えられるが，この者たちとの信仰を紐帯とした結束を促している．「この世で（ἐν κόσμῳ」の「世」は否定的な世界（ローマ12：2「αἰών」，Ⅰコリント3：19「κόσμος」）を前提としており，散在する読者たちがいる全世界（マルコ14：9，ローマ1：8「ἐν ὅλε τῷ κόσμω」，Ⅰテモテ3：16参照）をさしているのだろう．同じ苦しみが「負わされている」と訳した部分は，諸訳において訳語の選定が異なっている．「完成する，成し遂げる（ἐπιτελέω）」（ローマ15：28他）の受動態であるが，「遭っている」（新共同訳，協会共同訳），「通っている」（新改訳），「耐え抜いている」（フランシスコ会訳），「ふりかかった」（岩波訳）といったような意訳を試みている．この書簡では苦しみは試練を与えられていると理解されており（Ⅰペトロ1：6，および4：12参照），「課せられている」「負わされている」といった訳語がよりふさわしいだろう（岩隈訳，田川訳参照）．

10－11節 書簡の第2部は第1部の終わりと同じように頌栄で閉じられる．神への讃美の言葉で始められる本書簡は（1：3），再び神の栄光を誉め讃えることで終える．神が終末時に読者を栄光へと招くことは，1：7から常に語られ続けられていることである．ここではそれに加えて苦しみの現実を再確認しつつ，その中にあっても神からの揺るぎない支えがあることを伝えている（ローマ16：

20,およびＩコリント 1 : 9 参照）．前節までの重苦しい雰囲気を，接続詞「しかし」で導かれた文章で打ち消している．

「整え，堅くし，強め　基礎を定めてくださる」と，四つの未来形の動詞で鼓舞している．「しばらく間の苦しみ」については，すでに 1 : 6 で述べられており，暫時の苦難にすぎないことを最後にもう一度念を押している．「しばらくの苦しみの後」（協会共同訳）と，苦難の「後に」なされる神の支援の約束であると受け取る解釈もある．しかし，この書簡において苦しみは常に目前の事柄であるので，この現在の只中に神の働きかけがあることを告げていると考える．

神自らおこなうことを強調している．修辞学的技巧が感じられる連続する四つの動詞の最初は「整える（καταρτίζω）」である．「修理する，調整する」（マルコ 1 : 19），「正す」（ガラテヤ 6 : 1），「完全にする」（Ｉテサロニケ 3 : 10）などと訳されている語句であるが，「完全な者とする」（新共同訳），「癒す」（協会共同訳），「回復させる」（岩波訳，新改訳）といった訳案が出されている．本註解では田川訳や宮平訳のように「整える」という訳語を選んだ．整然とした状態にすること，信仰者として本来あるべき状態にすることを意味していると考えられる．続く「堅くする（στηρίζω）」（Ⅱテサロニケ 2 : 17 参照）と「強める（σθενόω）」は意図する内容は同じであり，神からの支えの確かさを伝えている．最後の「基礎を固める（θεμελιόω）」は「土台を置くこと」（マタイ 7 : 25，「土台（θεμέλιος）」ルカ 6 : 48，コロサイ 1 : 23 参照）であるが，先の「整える」と同じように，神がキリスト者としての地歩を固められることを約束しているのだろう．11 節の

〔1233〕　神への嘆願はⅠテサロニケ 3 : 12，Ⅱテサロニケ 3 : 5，Ⅱペトロ 1 : 2，ユダ 2．指摘箇所は Berger, 304 を参照．
〔1234〕　石田は 10 節にある接続詞「しかし」に注目し，苦難に際してもその先を示す著者の意図をこの語句から読み取る．石田，198 頁以下．
〔1235〕　終末時の約束とも受け取れるが，「苦難が終わった後では強められる必要はないのではないか」（岩隈，106 頁，註 11）という疑問が生じる．
〔1236〕　「神ご自身（αὐτός）」の強調はⅠテサロニケ 5 : 23，Ⅱテサロニケ 2 : 16「キリストご自身」参照．
〔1237〕　文脈によって意味するところが異なる語句である．Delling, ThWNT I, 475 参照．LXX ではエズラ記と詩編に集中的に使われている．城壁を「修復する」（エズラ 4 : 12，5 : 3 以下）．
〔1238〕　Ⅱコリント 13 : 11 で書簡の最後に中動態命令形（受動態ととる意見もある）として用いられている．佐竹（2019），577 頁はこの箇所を「あるべき姿になれ」と訳している．Ⅰペトロ 5 : 10 の意味内容はこれに近いと思われる．

頌栄は4：7より短い形式でまとめられている．

5章12－14節　結びの言葉

¹²忠実な兄弟と私がみなしているシルワノによって，あなたがたに短い手紙を書き，勧告し，これこそが神の真なる恵みであることを証しした．あなたがたはこの恵みの内に立ちなさい．¹³バビロンにおり，共に選ばれている人々と，私の子マルコが，あなたがたに挨拶を送る．¹⁴愛の接吻をもって互いに挨拶を交わしなさい．キリストにあるあなたがた一同に，平和があるように．

書簡の最後は古代書簡の形式に則り，結びの言葉が記されている．[1239]ローマ書のように同労者の名前と彼，彼女たちへの労いの言葉が長々と記されてはいないが（ローマ16：1以下，他にもⅠコリント16：15以下参照），ここではシルワノとマルコの名前が挙げられている．この書簡において重要な鍵語の一つである「恵み」をここで再度，確かめつつ，読者に挨拶が送られる．

12節　送り手はペトロとあるが（1：1），ここでシルワノの名前が挙げられている．シルワノ（Σιλουανός）はシラス（Σιλᾶς）のラテン語化した名前（Silvanus）である．使徒言行録では一貫してシラスとよばれている．使徒言行録によると，シラスはユダとともに使徒教令を託され，アンティオキア教会に派遣された指導的人物であったとされる（使徒15：22，27）．おそらく，エルサレム教会の出身者であり，そうであればペトロとも近しい人物であると考えられる．シラスとユダは預言者であり，多くの言葉で兄弟たちに勧め，力づけたと記されている（15：32）．彼らは後にエルサレムに戻る（15：33）．[1240]さらに，パウロはバルナバと別れた後，シラスとともにシリアとキリキアに向かう（15：40－41）．フィリピではパウロとともに投獄されるが（16：19），牢から奇跡的に救出される（16：25

〔1239〕書簡の最後には，形式的な挨拶が送られる（Ⅱマカバイ11：21，33，使徒15：29参照）．
〔1240〕15：40の記述との整合性から「しかし，シラスだけは引き続きそこに留まることにした」（15：34）と記す写本もある．

−34).その後,テサロニケ(17:1),ベレアへと赴くが(17:10),シラスはテモテとそこに留まる(17:14).そして,コリントにいるパウロのもとにテモテとともに下って来る(18:5).シラス(シルワノ)の名はパウロの真筆書簡にも登場し,テモテとともに共同差出人として記されている(Ⅰテサロニケ1:1,およびⅡコリント1:19).第二パウロ書簡であるⅡテサロニケ1:1にも,Ⅰテサロニケの冒頭句を擬して名前が挙げられている.このように,シルワノはパウロとも非常に近しい人物であったことがわかる.

　しかし,なぜペトロの手紙にシルワノ,それも忠実な兄弟という礼賛の言葉とともに言及されているのだろうか.おそらく,ペトロ,そしてパウロの側近でもあり,かつ初代教会で知名度の高かったと考えられるシルワノの名を記すことで広い読者を獲得しようとした著者の意図がそこにあるのだろう(本註解第1部第1章2.1参照).Ⅰペトロ書の著者はシラスではなく,シルワノと記していることから使徒言行録よりパウロ書簡からこの名前を知ったのではないかと推測できる[1241].

　さて,このシルワノ「によって(διά)」とあるが,この手紙がシルワノの手によって運ばれたのか(N. ブラウン訳,岩波訳),それともシルワノが口述筆記をしたと取るか判断しづらい(ローマ16:22[1243]参照)[1242].

　もし,口述筆記したものであるならば,「忠実な兄弟」と自己を礼賛する言葉を自ら書き添えることになるので,やはり前者の可能性を考えるべきであろう.いずれにしても,このシルワノの言及は手紙がペトロの真筆であることを演出するための文学的手法であるので,この問題を追求してもあまり意味はないだろう.

　次にこの手紙を書いた意図が示される.まず,短い手紙を書いたという表現はヘブライ13:22にもみられる(他にもイグ・ローマ8:2,イグ・ポリ7:3).この「短い(ὀλίγος)」という言葉が何を意味するのか議論になっている.実際

[1241] 同様の指摘は田川(2015),335頁,註12.シラスが本名でシルワノが通称だと思われるが,なぜ,パウロが後者を呼称として用いていたのかは不明.

[1242] イグ・ローマ10:1,イグ・フィラ11:2,イグ・スミ12:1,ポリ手紙14:1でも送達者の名前を記しており,かつ送信者を褒める美辞麗句を添加するのもⅠペトロ5:12と同じである.他にも同労者への感謝や麗句はローマ16:1,Ⅰコリント16:17,Ⅱコリント8:16-17,エフェソ6:21,フィリピ2:25,コロサイ4:7を参照.

[1243] この問題に関する考察はAchtemeier, 349f. 参照.

の手紙の量的分量を意味しているのだろうか．確かにローマ書などと比べるとこの手紙ははるかに短い[1244]．または，謙遜なのか．それともヘブライ書にあるように，まだ言い残すことが多くあるという気持ちの表れなのか，実際のところははっきりとはしないが[1245]，この書簡は流布していた伝承を駆使して勧告と教義を簡潔にまとめられている印象を受けるので，単に文章の短さを意味していると受け取るのが妥当である．そして，この書簡の主旨は，「これこそが神の真なる恵み」であることを示すためであると断言される．

この「これこそ」が何をさしているのかを考える必要がある[1246]．「神の恵み」については1：13，5：5，10で言及されているが，恵みは書簡の最初の部分（1：10）から常に語りかけられていることであり，それは苦しみのときがすぎた終末時に与えられる恵み（1：13）を意味していると受け取れる[1247]．しかし，その一方でこの書簡では2：19, 20にあるように，読者が置かれている現実の困難な状況においても「神の真なる恵み」があることを訴える．いわば，苦難こそが恵みであるという認識がそこにあり，むしろ，書簡の最後にこの恵みを確かめることを訴える方が書簡全体の傾向と一致する[1248]．

次にこの「恵みの内」に訳した「εἰς」を，方向を示す前置詞としてそのまま訳す訳文もある（田川訳は「そちらに向かって」とあえて訳す）．しかし，本註解では次の「立ちなさい」という命令形の動詞を鑑み，立つ「場所」，つまり「恵みの内」と訳した．いま現在ある，神の恵みに立つこと（または留まること）が，これまで語られた多くの命令の最後に伝えられる内容である．

13節　送信者であるペトロとともに，共同体の構成員とともにマルコの名が挙げられ，挨拶を送っている．まず，バビロンであるがこれは実際のバビロンではなく，おそらくローマをさす隠語であろう（本註解第1部第1章2.2参照）[1249]．

バビロンについて：カルヴァンは（カトリック教会による「ローマ」におけるペト

[1244] 田川（2015），336頁，註12はそのように捉える．
[1245] 川村（2004），350頁参照．
[1246] 以下の考察はDavids, 200を参考にする．
[1247] Kelly, 216f. 参照．
[1248] ブロック，338頁も同様の見解である．小林（2003），379頁も参照
[1249] 僅かだがローマと記す写本もある（1611Z 1890 2138）．

ロの首位権を批判するためか)バビロンでの執筆を強く支持している[1250]。ユーフラテス河畔に一大勢力を築いたバビロニア帝国の首都であるバビロンは,前18世紀,ハンムラビ王の時期に整備された都市である。その後,前6世紀の新バビロニア帝国の第二代の王であるネブカドネツァル2世によって最盛期を迎えるが,ペルシアのキュロスに攻撃を受けて以降,衰退の一途を辿る。大プリニウスは『博物誌』で「バビロンは長い間,全世界の諸都市の中でとびぬけた名声をもっていた」とその繁栄を称えている(『博物誌』6：121)。旧約聖書において都市としてのバビロンは,不正と荒廃の温床として常に否定的に表現されている(イザヤ14：2,21：9,ゼカリヤ2：11他)。たとえば,バビロニア捕囚時期,シオンへの望郷の念を詠う詩編137篇では,「娘シオン」と対照され,「娘バビロン」と擬人化されている(イザヤ47：1参照)。バビロンは,かつての帝都として政治的な役割を果たさなくなった時代になっても,この都市名はユダヤ教文学の中でたびたび,登場している。

ここで疑問に思うのは,著者がなぜあえてローマをさす「バビロン」という隠語を用いたのかということである。「バビロン」という暗号は,ローマに対して批判的な文脈で用いられるものである。ただし,ヨハネ黙示録と比較すると,Ⅰペトロ書からはローマ(帝国)に対する直接的な批判や反発をほとんど感じない。むしろ王(皇帝)への従属を説くほどである(2：13)。ヨハネ黙示録14－18章でローマに対する批判的な文脈において,集中的に「バビロン(＝ローマ)」が使われているが[1251],Ⅰペトロ書ではこのような意図はおそらくない。当時,キリスト教徒の間で使われていたこの隠語を使用しただけであろう。

「συνεκλεκτός」を本註解では「共に選ばれている人々」としたが,集合体をさすものとして「教会」(N.ブラウン訳,文語訳,岩波訳,新改訳他),「共同体」(フランシスコ訳)とする訳もある。読者たちが神によって選ばれていることは,1：1,2：9ですでに告げていることであるが[1252],送り手も同じ選びの中に共にあるこ

[1250] カルヴァン,20－21,142－143頁.
[1251] ヨハネ黙示録が「ローマをバビロンと呼ぶのは,ローマを話題にしていることを隠すためではなく,ローマの反神的性格を明瞭にするためである」.佐竹(2009b),149頁.
[1252] この語句の前に「εκκλησια」を挿入させる写本もある(a)。また,この語句がペトロの妻(Ⅰコリント9：5)をさすという解釈もあるが(Bigg, 197),その可能性がきわめて低い.

とを確認している（Ⅱヨハネ13も参照）[1253]．

次に「私の子マルコ」とある．私の子とは実際の血縁関係によるものではなく，信仰上の弟子といったように，その強い結びつきを表しているのだろう[1254]．では，マルコとは何者であろうか．

まず，このマルコを福音史家マルコと同一視するのは疑問である．エウセビオスの『教会史』Ⅲ：39：15のなかで，ヒエラポリスの司教パピアスが長老ヨハネの言葉として，福音記者マルコはペトロの通訳であったと記されている．だが，これはⅠペトロ5：13のマルコがペトロと直接関係したことを示す資料ではなく，むしろ，使徒ではなく福音史家マルコを使徒ペトロと関係づけるために，パピアス（または長老ヨハネ）がⅠペトロ書の結語の部分に副って先のことを記したと考える方が自然である[1255]．この意見に異を唱え，パピアスの歴史的信憑性を重んじる一人にヘンゲルがいるが，研究者の間では少数意見である[1256]．

マルコは12節のシルワノと同じように，使徒言行録にたびたび登場する．使徒12：12では，「マルコとよばれるヨハネ」とともにペトロは母マリアの家に行ったとある．マルコはバルナバの従兄弟であり（コロサイ4：10），バルナバとパウロ（サウロ）とともにアンティオキアに下り（使徒12：25），その後，バルナバとパウロ（サウロ）のキュプロス島のサラミスを皮切りに始められる第一回伝道旅行に同伴している（13：5）．しかし，理由は定かではないが，マルコは途中でエルサレムに戻ってしまう（13：13）．次に彼の名前が登場するのはエルサレム使徒会議の後である．バルナバはマルコを連れて伝道旅行に赴こうとするが，パウロにそれを断れてしまい，彼らは袂を分かつ（15：37－39）．この時，パウロが選んだのは先のシルワノである．このようにマルコもエルサレム教会のペトロに近しく，かつパウロとも面識がある人物であり（フィレモン24，およびⅡテモテ4：11参照），シルワノと同じように両者を知る存在ということから，この偽名書簡を書いた人物はここでマルコの名も列挙したのだろう．

14節 最後は愛の接吻を命じることで書簡が閉じられる[1257]．「互い」という（ロー

〔1253〕「共に（σύν）」は3：7，5：1も参照．
〔1254〕Ⅰコリント4：17のテモテ，フィレモン10のオネシモ，Ⅰテモテ1：2，18，Ⅱテモテ1：2，2：1のテモテ，テトス1：4のテトス参照．
〔1255〕Schnelle (2002), 243；川島（2009），192－193頁参照．
〔1256〕ヘンゲル（2007），52頁．
〔1257〕初代教会において信徒間で祈りの後に「平和の接吻」を交わしたとある

マ 16：16，Ⅰコリント 16：20，Ⅱコリント 13：12，Ⅰテサロニケ 5：26 参照）言葉をここで再び用いて（Ⅰペトロ 1：22，4：9，5：5 参照），その相互的関わりを強調している．そして，キリストにおける（Ⅰペトロ 3：16，5：10）平和の挨拶を記し，和睦を求め，筆が置かれている．

（ユスティノス『第一弁明』65：2）．テルトゥリアヌス『妻へ』Ⅱ：4：2 では未信者の夫をもつ信者の妻が，他の男性信徒に接吻によって挨拶をすることを案じる発言が残されている（他にもアテナゴラス『キリスト教徒のための請願書』32：11 参照）．松本は，非キリスト教徒から誤解（性的乱交の嫌疑など）を招くことを憂慮しているこれらの教父らの発言から，信者の間の接吻は唇を合わせるものが普通であったのではないかと推察する．松本（2017），224 頁．

参考文献 〔 〕は略記

〈聖書〉
Nestle-Aland, Novum Testamentum Graece, Stuttgart 1993[27].
Nestle-Aland, Novum Testamentum Graece, Stuttgart 2012[28].
Institut für Neutestamentliche Textforschung (Hg.), Novum Testamentum Graecum. Editio Critica Maior, Band IV, Die katholischen Briefe, Stuttgart 1997-2005.
Institut für Neutestamentliche Textforschung (Hg.), Novum Testamentum Graecum. Editio Critica Maior, Band IV, Die katholischen Briefe, Stuttgart 2013[2].
Comfort, P. W./ D. P. Barrett, The Text of the Earliest New Testament Greek Manuscripts, Volume 1-2, Grand Rapids, Michigan 2019[3].

『舊新約聖書』日本聖書協会，1982 年〔文語訳〕
『聖書 口語訳』日本聖書協会，1955 年〔口語訳〕
『新約聖書 共同訳』日本聖書協会，1978 年〔共同訳〕
『聖書 新共同訳』日本聖書協会，1987 年〔新共同訳〕
『聖書 新改訳 2017』新日本聖書刊行会，2017 年〔新改訳〕
『聖書 聖書協会共同訳』日本聖書協会，2018 年〔協会共同訳〕

岩隈直訳註『希和対訳脚註つき新約聖書 12 公同書簡 上』山本書店，1986 年〔岩隈訳〕
川村輝典「ペテロの手紙（I）」，荒井献，佐竹明，八木誠一，川村輝典『聖書の世界 第六巻 新約 II』所収，講談社，1970 年〔川村訳〕
新約聖書翻訳委員会訳『新約聖書』岩波書店，2004 年〔岩波訳〕
田川建三『新約聖書 訳と註 第三巻 パウロ書簡 その一』作品社，2007 年
同『新約聖書 訳と註 第一巻 マルコ福音書／マタイ福音書』作品社，2008 年
同『新約聖書 訳と註 第二巻下 使徒行伝』作品社，2011 年
同『新約聖書 訳と註 第六巻 公同書簡／ヘブライ書』作品社，2015 年〔田川訳〕
塚本虎二訳新約聖書刊行会『塚本虎二訳新約聖書』新教出版社，2011 年〔塚本訳〕
ネイサン・ブラウン『新約全書 現代仮名字体版「志無也久世無志與」』新教出版社，2011 年〔N. ブラウン訳〕
秦剛平『七十人訳ギリシア語聖書 イザヤ書』青土社，2016 年
フランシスコ会聖書研究所『聖書 原文校訂による口語訳』サンパウロ，2011 年〔フランシスコ会訳〕

前田護郎『新約聖書』中央公論社，1983 年〔前田訳〕
宮平望『ヤコブ・ペトロ・ヨハネ・ユダの手紙 私訳と解説』新教出版社，2015 年〔宮平訳〕

〈一次文献〉
1. ユダヤ教，キリスト教文献

『聖書外典偽典 第1－7巻 別巻 補遺1－2』教文館，1975－1982 年
荒井献編『新約聖書外典』講談社，2004 年
同編『使徒教父文書』講談社，2003 年
荒井献，小林稔，大貫隆，筒井賢治訳『ナグ・ハマディ文書 III 説教・書簡』岩波書店，1998 年
荒井献『トマスによる福音書』講談社，1994 年

日本聖書学研究所編『死海文書 テキストの翻訳と解説』教文館，1994 年[7]
死海文書翻訳委員会編『死海文書』ぷねうま舎，2018 年－

長窪専三訳『ミシュナ〈4別巻〉アヴォート』教文館，2010 年
市川裕翻訳監修，岩下暘示翻訳編集『タルムード2 モエードの巻10 メギラー篇』ライブ，1993 年
三好迪翻訳監修『タルムード3 ナシームの巻2 ケトゥボート篇』三貴，1994 年

フラウィウス・ヨセフス（秦剛平訳）『アピオーンへの反論』山本書店，1977 年
同（同訳）『ユダヤ古代誌1－6』筑摩書房，1999－2000 年
同（新見宏，秦剛平訳）『ユダヤ戦記1－3』山本書店，1975－1982 年
同（土岐健治訳）『ユダヤ戦記 I, II, III』日本基督教団出版局，1982－1985 年
アレクサンドリアのフィロン（土岐健治訳）『観想的生活・自由論』教文館，2004 年

アレクサンドリアのクレメンス（秋山学訳）『パイダゴーゴス（訓導者）他』教文館，2022 年
同（同訳）『ストロマテイス（綴織）I』教文館，2018 年
エイレナイオス（小林稔訳）『異端反駁 III』教文館，1995 年
同（同訳）『異端反駁 IV』教文館，2000 年
エウセビオス（秦剛平訳）『教会史 上 下』講談社，2010 年
オリゲネス（小高毅訳）『ヨハネによる福音注解』教文館，1984 年
同（出村みや子訳）『ケルソス駁論 I』教文館，1987 年，1997 年

同（同訳）『ケルソス駁論 II』教文館，1997 年
加納政弘，井谷嘉男訳『初期護教論集』教文館，2010 年
テルトゥリアヌス（鈴木一郎訳）『護教論（アポロゲティクス）』教文館，1987 年
同（木寺廉太訳）『倫理論文集』教文館，2002 年
土岐正策，土岐健治訳『殉教者行伝』教文館，1990 年
ユスティノス（柴田有，三小田敏雄訳）『第一弁明，第二弁明，ユダヤ人トリュフォンとの対話「序論」』教文館，1992 年

Lucius Caecilius Firmianus Lactantius, De la mort des persécuteurs, Introduction, texte critique et traduction de J. Moreau, 2 v., Paris 1954.
Quinti Septimi Florentis Tertulliani opera. Pars 1, Opera catholica, Turnholti 1954.
Quinti Septimi Florentis Tertulliani opera. Pars 2, Opera montanistica, Turnholti 1954.
Tatiani Oratio ad Graecos. Theophili Antiocheni Ad Autolycum edited by Miroslav Marcovich, Berlin/ New York, 1995.

Botte, B., La Tradition Apostolique de saint Hippolyte. Essai de reconstitution, Münster 1963（B. ボッド〔土屋吉正訳〕『聖ヒッポリュトスの使徒伝承 ── B. ボッドの批判版による初訳』燦葉出版〔SANYO〕，1983 年）．
The Didascalia Apostolorum in English, translated from the Syriac by M. D. Gibson, London 1903.
D. Martin Luthers Werke. Kritische Gesamtausgabe, Weimar 1883-1929（ルター著作集委員会編『ルター著作集　第一集 2』聖文舎，1963 年，マルティン・ルター〔石原謙訳〕『キリスト者の自由 聖書への序言』岩波書店，2005 年）．

上智大学中世思想研究所編訳・監修『中世思想原典集成 1　初期ギリシア教父』平凡社，1995 年
同編訳・監修『中世思想原典集成 2　盛期ギリシア教父』平凡社，1992 年
同編訳・監修『中世思想原典集成 4　初期ラテン教父』平凡社，1999 年

大崎節郎編『改革派教会信仰告白集』（全 6 巻，別巻 1）一麦出版社，2011－2012 年
日本基督教協議会文書事業部『信条集 前篇』新教出版社，1955 年
信条集専門委員会編『ルーテル教会信条集《一致信条書》』聖文舎，1982 年

2. その他の文献

Corpus Inscriptionum Latinarum, Berlin 1863-.

Degrassi, A., Inscriptiones latinae liberae rei publicae, Firenze 1957-1963.

Dessau, H. (Hg.), Inscriptiones Latinae Selectae, 3. vols., Berlin 1957-1963 (repr. Zürich 1997).

Dittenberger, W. (Hg.), Orientis Graeci Inscriptiones Selectae, Band. 1-2, Lipsiae 1903-1905 (repr. New Delhi 2018).

Scholl, R., Corpus der ptolemäischen Sklaventexte, 3 Teile, Stuttgart 1990.

Dio's Roman History, Volume VI, with an English translation by E. Cary on the basis of the version of H. B. Foster, The Loeb Classical Library 83, Cambridge, Mass. 1982^5.

Minucius Felix, with an English translation by Gerald H. Rendall, based on the unfinished version by W. C. A. Kerr, London 1960.

M. Valerii Martialis Epigrammata, post W. Heraeum ed. D. R. Shackleton Bailey, Stutgardiae 1990.

P. Ovidi Nasonis Amores, Medicamina faciei femineae, Ars amatoria, Remedia amoris, edidit breviqve adnotatione critica instruxit E. J. Kenney, Oxonii 1961.

アープレーイユス（呉茂一，国原 吉之助訳）『黄金の驢馬』岩波書店，2013 年

アイリアノス（中務哲郎訳）『動物奇譚集 1，2』京都大学学術出版会，2017 年

アリストテレス（山本光雄，村川堅太郎訳）『アリストテレス全集 15 政治学・経済学』岩波書店，1969 年

同（戸塚七郎訳）『弁論術』岩波書店，1992 年

同（渡辺邦夫，立花幸司訳）『ニコマコス倫理学 上下』光文社，2015－2016 年

アルテミドロス（城江良和訳）『夢判断の書』国文社，1994 年

エピクテトス（國方英二訳）『人生談義 上下』岩波書店，2020－2021 年

オウィディウス（沓掛良彦訳）『恋愛指南——アルス・アマトリア』岩波書店，2008 年

同（木村健治訳）『恋の技術／恋の病の治療／女の化粧法』京都大学学術出版会，2021 年

ガーイウス（早稲田大学ローマ法研究会訳）『法学提要』敬文堂，2002 年

キケロー（谷栄一郎，宮城徳也，小川正広，山沢孝至訳）『キケロー選集 2 法廷・政治弁論 II』岩波書店，2000 年

同（中務哲郎，高橋宏幸訳）『キケロー選集 9 哲学 II 大カトー・老年について ラエリウス・友情について 義務について』岩波書店，1999 年

同（山下太郎，五之治昌比呂訳）『キケロー選集 11 哲学 IV 神々の本性について 運命について』岩波書店，2000 年

同（根本和子，川崎義和訳）『キケロー選集 13 書簡 I』岩波書店，2000 年
同（髙橋英海，大芝芳弘訳）『キケロー選集 14 書簡 II』岩波書店，2001 年
スエトニウス（国原吉之助訳）『ローマ皇帝伝（下）』岩波書店，1986 年
ストラボン（飯尾都人訳）『ギリシア・ローマ世界地誌』龍溪書舎，1994 年
セネカ（茂手木元蔵訳）『人生の短さについて 他二篇』岩波書店，1980 年
同（茂手木元蔵訳）『道徳書簡集（全）倫理の手紙集』東海大学出版会，1992 年
同（兼利琢也，大西英文訳）『セネカ哲学全集 1 倫理論集』岩波書店，2005 年
同（髙橋宏幸訳）『セネカ哲学全集 5 倫理書簡集 I』岩波書店，2005 年
同（大芝芳弘訳）『セネカ哲学全集 6 倫理書簡集 II』岩波書店，2006 年
タキトゥス（国原吉之助訳）『年代記（上）』岩波書店，1981 年
ディオン・クリュソストモス（内田次信訳）『王政論 弁論集 1』京都大学学術出版会，2015 年
同『トロイア陥落せず 弁論集 2』京都大学学術出版会，2012 年
ピロストラトス（秦剛平訳）『テュアナのアポロニオス伝』京都大学学術出版会，2010 年
プラトン（朴一功訳）『饗宴／パイドン』京都大学学術出版会，2007 年
同（加来彰俊訳）『ゴルギアス』岩波書店，1967 年〔2007 年改版発行〕
同（藤沢令夫訳）『国家』岩波書店，1979 年〔2008 年改版発行〕
プリニウス（中野定雄，中野美代，中野里美訳）『プリニウスの博物誌〈縮刷版〉I－VI』雄山閣，2012－2013 年
プリニウス（国原吉之助訳）『プリニウス書簡集 ローマ帝国一貴紳の生活と信条』講談社，1999 年
プルタルコス（瀬口昌久訳）『モラリア 1』京都大学学術出版会，2008 年
同（瀬口昌久訳）『モラリア 2』京都大学学術出版会，2001 年
同（伊藤照夫訳）『モラリア 4』京都大学学術出版会，2018 年
同（戸塚七郎訳）『モラリア 6』京都大学学術出版会，2000 年
ペルシウス，ユウェナーリス（国原吉之助訳）『ローマ諷刺詩集』所収，岩波書店，2012 年
マルクス・アウレーリウス（神谷美恵子訳）『自省録』岩波書店，1956 年
マールクス・ワレリウス・マールティアーリス（藤井昇訳）『マールティアーリスのエピグランマタ』慶応義塾大学言語文化研究所，1973－1978 年
ルキアノス（高津春繁訳）『遊女の対話 他三篇』岩波書店，1961 年
同（内田次信，戸高和弘，渡辺浩司訳）『偽預言者アレクサンドロス 全集 4』京都大学学術出版会，2013 年
同（内田次信，戸高和弘訳）『ペレグリノスの最期 全集 6』京都大学学術出版会，

2023年

『ときのこゑ 復刻版, 第15巻 738－785号（1927年1月－1928年12月）』不二出版, 1987－1989年

〈辞書, 事典, 文法書〉

Bauer, W., Griechisch-deutsches Wörterbuch zu den Schriften des Neuen Testaments und der frühchristlichen Literatur, hg. von K. Aland und B. Aland, Berlin/ New York, 1988^6.〔Bauer〕

Blass, F./ A. Debrunner, Grammatik des neutestamentlichen Griechisch, bearb. von F. Rehkopf, Göttingen 1979^{15}.〔BDR〕

Coenen, K./ K. Haacker (Hg.), Theologisches Begriffslexikon zum Neuen Testament. Ausgabe mit aktualisierten Literaturangaben, 3. Sonderauflage, Witten 2014.

Horst, B./ G. Schneider, Exegetisches Wörterbuch zum Neuen Testament, Stuttgart u.a. 1992^2（荒井献, H. J. マルクス監修『ギリシヤ語 新約聖書釈義事典 縮刷版』教文館, 2015年）.〔EWNT〕〔釈義事典〕

Ilan, T., Lexicon of Jewish Names in Late Antiquity. Part I Palestine 330 Bce - 200 Ce, Tübingen 2002.

Jenii, E. (Hg.), Theologisches Handwörterbuch zum Alten Testament, Bd. 1-2, Gütersloh 1979^2.〔THAT〕

Kittel, G./ G. Friedrich (Hg.), Theologisches Wörterbuch zum Neuen Testament, 1-10 Bde, Stuttgart 1933-1979.〔ThWNT〕

Liddell, H. G./ R. Scott, A Greek-English Lexicon, revised and augmented by H. S. Jones, Oxford 1968 (with a Supplement).〔Liddell & Scott〕

Moulton, K. H./ N. Turner, A Grammar of New Testament Greek, 4 vol., Edinburgh 1906-1976.

Muraoka, T., A Greek-English Lexicon of the Septuagint, Louvain u.a. 2009.〔Muraoka〕

Porter, S. E., Idioms of the Greek New Testament, Sheffield 1995（S. E. ポーター〔丹羽喬監修, 伊藤明生訳〕『ギリシヤ語新約聖書の語法』ナザレ企画, 1998年）.

織田昭『新約聖書のギリシア語文法』教友社, 2003年〔織田〕
長谷川岳男, 樋脇博敏『古代ローマを知る事典』東京堂出版, 2004年
樋口進, 中野実監修『聖書学用語辞典』日本キリスト教団出版局, 2008年
古川晴風『ギリシャ語辞典』大学書林, 1989年〔古川〕

〈Ⅰペトロ書の註解書〉

1. 外国語註解書

Achtemeier, P. J., 1 Peter. A Commentary on First Peter, Minneapolis 1996.

Balz, H./ W. Schrage, Die „Katholischen" Briefe. Die Briefe des Jakobus, Petrus, Johannes und Judas, NTD 10, Göttingen u. a. 1973[11].

Beare, F. W., The First Epistle of Peter. The Greek Text with Introduction and Notes, Oxford 1947.

D. Jo. Alberti Bengelii Gnomon Novi Testamenti, in quo ex nativa verborum vi simplicitas, profunditas, concinnitas, salubritas sensuum coelestium indicator, Londini 1862.

Best, E., 1 Peter, London 1970.

Bigg, C., A Critical and Exegetical Commentary on the Epistles of ST. Peter and ST. Jude, New York 1922.

Bowman, J. K., The letter to the Hebrews. The letter of James. The first and second letters of Peter, Richmond, Va. 1962.

Brox, N., Der erste Petrusbrief, EKK XXI, Zürich u.a. 1979（N. ブロックス〔角田信三郎訳〕『ペテロの第一の手紙』教文館，1995 年）．

Calvin, J., Commentaires de Jehan Calvin sur le Nouveau Testament, tome quatrième, Paris 1855（J. カルヴァン〔乾慶四郎，久米あつみ訳〕『カルヴァン 新約聖書註解 XIV ペテロ・ユダ書 ヨハネ書簡』新教出版社，1963 年）．

Corley, K. E., 1 Peter, in: E. Schüssler Fiorenza (Hg.), Searching the Scriptures. V. 2. A feminist commentary, New York 1994, 346-360（K. E. コーレイ〔秋林こずえ訳〕「ペトロの手紙 1」，E. シュスラー・フィオレンツァ編〔絹川久子，山口里子監訳〕『聖典の探索 フェミニスト聖書注解』所収，日本キリスト教団出版局，2002 年，272－279 頁）．

Davids, P., The First Epistle of Peter, Grand Rapids, Michigan 1990.

Dubis, M., 1 Peter. A Handbook on the Greek Text, Waco, Tex. 2010.

Elliott, J. H., 1 Peter. A New Translation with Introduction and Commentary, The Anchor Bible 37B, New York u. a. 2000.

Feldmeier, R., Der erste Brief des Petrus, ThHK 15/1, Leipzig 2005.

Forbes, G. W., 1 Peter, Nashville, Tennessee 2014.

Goppelt, L., Der Erste Petrusbrief, KEK 12/1, Göttingen 1978[8].

Grudem, W. A., 1 Peter. An Introduction and Commentary, Tyndale New Testament Commentaries V. 17, Nottingham 2009（W. A. グルーデム〔櫛田節夫訳〕『ティンデル聖書注解 ペテロの手紙第 1』いのちのことば社，2007 年）．

Jobes, K. H., 1 Peter, Grand Rapids, Michigan 2005.

Keener, C. S., 1 Peter. A Commentary, Grand Rapids, Michigan 2021.

Kelly, J. N. D., A Commentary on the Epistles of Peter and of Jude, London 1969.

Knoch, O., Der Erste und Zweite Petrusbrief/ Der Judasbrief, RNT, Regensburg 1990.

Knopf, R., Die Briefe Petri und Judä, KEK 12, Göttingen 1912.

Heckel, T. K., Die Briefe des Jakobus, Petrus, Johannes und Judas, NTD 10, Göttingen 2019.

Horrell, D. G., 1 Peter, New York 2008.

Hort, F. J. A., The First Epistle of St. Peter, I. 1-II. 17. The Greek Text with Introductory Lecture, Commentary, and Additional Notes, London 1898 (repr. Eugene, OR 2005).

Leaney, A. R. C., The letters of Peter and Jude. A commentary on the first letter of Peter, a letter of Jude and the second letter of Peter, Cambridge 1967.

Michaels, J. R., 1 Peter, WBC 49, Waco, Tex. 1988.

Moffatt, J., The general Epistles. James, Peter, and Judas, London 1947[6].

Müller, C. G., Der Erste Petrusbrief, EKK/ NF XXI Ostfildern/ Göttingen 2022.

Perkins, P., First and Second Peter, James, and Jude, Louisville 1995（P. パーキンス〔山口雅弘訳〕『現代聖書注解 ペトロの手紙1，2 ヤコブの手紙 ユダの手紙』日本基督教団出版局，1998年）．

Richard, E. J., Reading 1 Peter, Jude, and 2 Peter. A Literary and Theological Commentary, Macon, Ga. 2000.

Selwyn, E. G., The First Epistle of St. Peter. The Greek Text with Introduction, Notes and Essays, London 1981[2].

Schelkle, K. H., Die Petrusbrief, der Judasbrief, HThK XIII/ 2, Freiburg/ Basel/ Wien 1976[4].

Schneider, J., Die Briefe des Jakobus, Petrus, Judas und Johannes. Die katholischen Briefe, NTD 10, Göttingen 1967[2]（J. シュナイダー〔安達忠夫他訳〕『公同書簡 翻訳と註解 NTD 新約聖書註解10』ATD・NTD 聖書註解刊行会，1975年）．

Schreiner, T, R., 1, 2 Peter, Jude, NAC 37, Nashville, Tenn. 2003.

Schweizer, E., Der erste Petrusbrief, Zürich 1972[3].

Spicq, C., Les Épîtres de saint Pierre, Paris 1966.

Vahrenhorst, M., Der erste Brief des Petrus, Stuttgart 2016.

von Soden, H., Hebräerbrief, Briefe des Petrus, Jakobus, Judas, Leipzig 1899.

Windisch, H./ H. Preisker, Die Katholischen Briefe, HNT 15, Tübingen 1951[3].

Wagner, G./ F. Vouga, Der erste Brief des Petrus, HNT 15/ II, Tübingen 2020.

Williams T. B. / David G. Horrell, A critical and exegetical commentary on 1 Peter, Vol. 1, 2, London 2023.

2. 邦語註解書

黒崎幸吉『ヘブル書・ヤコブ書・ペテロ前後書・ユダ書』日英堂書店，1931 年
田中剛二『ペテロ前・後書』長崎書店，1938 年
辻学「ペトロの手紙一」，山内 真監修『新共同訳 新約聖書略解』所収，日本キリスト
　教団出版局，2000 年，686－697 頁
速水敏彦「ペトロの手紙　一」，川島貞雄，橋本滋男，堀田雄康編『新共同訳　新約
聖書注解 II』所収，日本キリスト教団出版局，1991 年，410－431 頁
原野駿雄『ペテロ前後書 ユダ書』現代新約聖書註解全書刊行會，1937 年
日髙善一『ヤコブ書 ペテロ前後書 ヨハネ第一・二・三書 ユダ書』日曜世界社，1931 年
宮本信之助「ペテロの第一の手紙」，山谷省吾，高柳伊三郎，小川治郎編『口語新約
　聖書略解』所収，日本基督教団出版部，1955 年，737－750 頁

〈その他の二次文献〉

1. 外国語文献

Ådna, J., Alttestamentliche Zitate im 1. Petrusbrief, in: M. Karrer (Hg.), Von der Septuaginta zum Neuen Testament. Textgeschichtliche Erörterungen, Berlin u.a. 2010.
Agnew, F. H., 1 Peter 1:2 - An Alternative Translation, CBQ 45 (1983), 68-73.
Aland, K., Das Verhältnis von Kirche und Staat in der Frühzeit, ANRW II/ 23/ 1, Berlin/ New York 1979, 60-246.
Aune, D. E., The New Testament in Its Literary Environment, Philadelphia 1987.
Balch, D. L., Let wives be submissive. The Domestic Code in 1 Peter, Atlanta 1981.
Barth, K., Texte zur Barmer Theologischen Erklärung, mit einer Einleitung von Eberhard Jüngel und einem Editionsbericht herausgegeben von Martin Rohkrämer, Zürich 1984（K. バルト〔後藤哲夫他訳〕『カール・バルト著作集 7 政治・社会問題論文集 下』新教出版社，1975 年）．
Baertschi, A. M./ T. Fögen, Schönheitsbilder und Geschlechterrollen im antiken Rom: Zur Bedeutung von Kosmetik, Frisuren, Kleidung und Schmuck, Forum Classicum, Nr. 3 (2005), 213-226.
Bauckham, R., Jesus and the Eyewitnesses. The Gospels as Eyewitness Testimony, Grand Rapids, Michigan 2006（R. ボウカム〔浅野淳博訳〕『イエスとその目撃者たち 目撃者証言としての福音書』新教出版社，2011 年）．

Bechtler, S. R., Following in His Steps. Suffering, Community, and Christology in 1 Peter, SBL Dissertation Series 162, Atlanta, Ga. 1998.

Berger, K., Formen und Gattungen im Neuen Testament, Tübingen u.a. 2005.

Bird, J. G., Abuse, power and fearful obedience. Reconsidering 1 Peter's commands to wives, London u.a. 2011.

Bradley, K. R., Slaves and Masters in the Roman Empire. A Study in Social Control, New York 1987.

Breytenbach, C., „Christus litt euretwegen". Zur Rezeption von Jesaja 53 LXX und anderen frühjüdischen Traditionen im 1. Petrusbrief, in: J. Frey/ J. Schröter (Hg.), Deutungen des Todes Jesu im Neuen Testament, Tübingen 2005, 437-454.

Brooten, B. J., Women Leaders in the Ancient Synagogue. Inscriptional Evidence and Background Issues, Atlanta 1982.

Brown, R./ K. P. Donfried/ J. Reumann, Peter in the New Testament. A Collaborative Assessment by Protestant and Roman Catholic Scholars, Minneapolis 1973（R. ブラウン，K. P. ドンフリード，J. リューマン編〔間垣洋助訳〕『新約聖書におけるペテロ』聖文舎，1977年）．

Bultmann, R., Bekenntnis- und Liedfragmente im ersten Petrusbrief, in: E. Dinkler (Hg.), Exegetica. Aufsätze zur Erforschung des Neuen Testaments, Tübingen 1967, 285-297（R. ブルトマン〔杉原助訳〕「ペテロ第一の手紙にある告白および讃美の断片」，『ブルトマン著作集 聖書学論文集 II 8』所収，新教出版社，1985年，116－137頁）．

Ders., Theologie des Neuen Testaments, Tübingen 1953（R. ブルトマン〔川端純四郎訳〕『新約聖書神学 I 新約聖書神学の前提と動機』新教出版社，1963年，同『ブルトマン著作集 4 新約聖書神学 II』新教出版社，1980年²，同『ブルトマン著作集 5 新約聖書神学 III』，新教出版社，1980年）．〔ブルトマン神学〕

Campbell, R. A., The Elders. Seniority within Earliest Christianity, Edinburgh 1994.

Chaster, A./ R. P. Martin, The theology of the letters of James, Peter, and Jude, New York 1994（A. チェスター，R. マーティン〔辻学訳〕『公同書簡の神学』新教出版社, 2003年）．

Clauss, M., Kaiser und Gott. Herrscherkult im römischen Reich, Stuttgart/ Leipzig 1999.

Conzelmann, H./ A. Lindemann, Arbeitsbuch zum Neuen Testament, Tübingen 2000[13].

Copeland, E. L., The Southern Baptist Convention and the judgment of history. The Taint of an Original Sin, New York 2002（E. ルーサー・コープランド〔八田正光訳〕『アメリカ南部バプテスト連盟と歴史の審判 ひとつの根源的な罪の痕跡』新教出版社，2003年）．

Crouch, J. E., The Origin and Intention of the Colossian Haustafel, Göttingen 1972.

Cullmann, O., Petrus. Jünger – Apostel – Märtyrer. Das historische und das theologische Petrusproblem, Zürich 1952（O. クルマン〔荒井献訳〕『ペトロ 弟子・使徒・殉教者』

新教出版社，1965 年).

Dahood, M., Psalms III 101 – 150, The Anchor Bible 17A, Garden City, NY 1970.

Dalton, W. J., Christ's Proclamation to the Spirits. A Study of 1 Peter 3:18-4:6, Roma 1989².

Dautzenberg, G., Σωτηρία ψυχῶν (1 Petr 1,9), BZ 8 (1964), 262-276.

Deichgräber, R., Gotteshymnus und Christushymnus in der frühen Christenheit. Untersuchungen zu Form, Sprache und Stil der frühchristlichen Hymnen, Göttingen 1967.

Dibelius, M., An die Kolosser, Epheser, an Philemon, HNT 12, 3. Auflage neubearbeitet von H. Greeven, Tübingen 1953.

Ders., Die Pastoralbriefe, 4., erg. Aufl. von H. Conzelmann, Tübingen 1966（M. ディベリウス，H. コンツェルマン改訂増補〔山口雅弘訳〕『牧会書簡注解 第1・第2テモテ書，テトス書』教文館，2021 年).

Doering, L., First Peter as Early Christian Diaspora Letter, in: K-W. Niebuhr/ R. Wall, (ed.), Catholic Epistles and Apostolic Tradition: A New Perspective on James and the Catholic Letter Collection, Waco, Tex., 2009, 215–236, 441-457.

Ders., Ancient Jewish Letters and the beginnings of Christian Epistolography, Tübingen, 2012.

Ders., Gottes Volk. Die Adressaten als "Israel" im Ersten Petrusbrief, in: Du Toit, D. S. (Hg.), Bedrängnis und Identität. Studien zu Situation, Kommunikation und Theologie des 1. Petrusbriefes, Berlin 2013, 81-113.

Dodd, C. H., According to the Scriptures. The sub-structure of New Testament theology, London 1952.

Dubis, M., Messianic Woes in First Peter. Suffering and Eschatology in 1 Peter 4:12-19, New York 2002.

Durst, M., Babylon gleich Rom in der jüdischen Apokalyptik und im frühen Christentum. Zur Auslegung von 1 Petr 5,13, in: S. Heid (Hg.), Petrus und Paulus in Rom. Eine interdisziplinäre Debatte, Freiburg/ Basel/ Wien 2011, 422-443.

Ebner, M., Feindesliebe – ein Ratschlag zum Überleben? Sozial- und Religionsgeschichtliche Überlegungen zu Mt 5, 38-47 par Lk 6, 27-35, in: J. M. Asgeirsson/ K. de Troyer/ M. W. Meyer (Hg.), From Quest to Q. Festschrift James M. Robinson, Leuven 2000, 119 -142.

Eck, W./ J. Heinrichs (Hg.), Sklaven und Freigelassene in der Gesellschaft der römischen Kaiserzeit, Darmstadt 1993.

Eckstein, H-J., Der Begriff Syneidesis bei Paulus. Eine neutestamentlich - exegetische Untersuchung zum Gewissensbegriff, Tübingen 1983.

Elliott, J. H., The elect and the holy. An exegetical examination of I Peter 2:4-10 and the phrase βασίλειον ἱεράτευμα, Leiden 1966 (repr. Eugene, OR 2005).

Ders., A Home for the Homeless. A Sociological Exegesis of 1 Peter, Its Situation and Strategy, Philadelphia 1990 (repr. Eugene, OR 2005).

Ders., 1 Peter, Its Situation and Strategy: A Discussion with David Balch, in: C. H. Talbert (ed.), Perspectives on First Peter, Macon, Ga. 1986, 61-78.

Ellis, E., Paul's use of the Old Testament, Edinburgh 1957.

Eurell, J.-C., Peter's Legacy in Early Christianity. The Appropriation and Use of Peter's Authority in the First Three Centuries, Tübingen 2021.

Evang, M.,᾽ Ἐκ καρδίας ἀλλήλους ἀγαπήσατε ἐκτενῶς. Zum Verständnis der Aufforderung und ihrer Begründungen in I Petr 1, 22f., ZNW 80 (1989), 111-123.

Feldmeier, R., Die Christen als Fremde. Die Metapher der Fremde in der antiken Welt, im Urchristentum und im 1. Petrusbrief, Tübingen 1992.

Ders., Die Außenseiter als Avantgarde. Gesellschaftliche Ausgrenzung als missionarische Chance nach dem 1. Petrusbrief, in: P. van der Horst u.a. (Hg.), Persuasion and dissuasion in early Christianity, ancient Judaism, and Hellenism, Leuven u.a. 2003, 161-178.

Ders., Seelenheil. Überlegung zur Soteriologie und Anthropologie des 1. Petrusbriefes, in: J. Schlosser (Hg.), The Catholic Epistles and the Tradition, Leuven 2004, 291-306.

Fink, P. R., The Use and Significance of En Hoi in I Peter, Grace Journal 8 (1967), 33-39.

Forbes, G. W., Children of Sarah: Interpreting 1 Peter 3:6b, BBR 15.1 (Spring 2005), 103-107.

Gäckle, V., Allgemeines Priestertum. Zur Metaphorisierung des Priestertitels im Frühjudentum und Neuen Testament, Tübingen 2014.

Gayer, R., Die Stellung des Sklaven in den paulinischen Gemeinden und bei Paulus. Zugleich ein sozialgeschichtlich vergleichender Beitrag zur Wertung des Sklaven in der Antike, Bern u.a. 1976.

Garnsey, P./ R. Saller, The Roman Empire. Economy, Society and Culture, Berkeley 1987.

Gesche, H., Die Vergottung Caesars, Kallmünz 1968.

Gielen, M., Tradition und Theologie neutestamentlicher Haustafelethik. Ein Beitrag zur Frage einer christlichen Auseinandersetzung mit gesellschaftlichen Normen, Frankfurt am Main 1990.

Giesen, H., Lebenszeugnis in der Fremde. Zum Verhalten der Christen in der paganen Gesellschaft (1 Petr 2,11-17), SNTU 23 (1998), 113-152.

Giordano, C./ A. Casale, Perfumes, unguents, and hairstyles in Pompeii. Roma 2007^2.

Guttenberger, G., Passio Christiana. Die alltagsmartyrologische Position des Ersten Petrusbriefes, Stuttgart 2010.

Ders., „Teilhabe am Leiden Christi" Zur Identitätskonstruktion im Ersten Petrusbrief, in: M. Ebner/ G. Häfner/ K. Huber (Hg.), Der erste Petrusbrief. Frühchristliche Identität im Wandel, Freiburg im Breisgau 2015, 100-125.

Hahn, F., Theologie des Neuen Testaments. Bd. 1. Die Vielfalt des Neuen Testaments. Theologiegeschichte des Urchristentums, Tübingen 2002（F. ハーン〔大貫隆，大友陽子，須藤伊知郎訳〕『新約聖書神学Ⅰ上下』日本キリスト教団出版局，2006，2007年）.

Ders., Theologie des Neuen Testaments. Bd. 2. Die Einheit des Neuen Testaments. Thematische Darstellung, Tübingen 2002（F. ハーン〔大貫隆，田中健三訳〕『新約聖書神学Ⅱ上下』日本キリスト教団出版局，2013，2019年）.

Harris, J. R., Testimonies, Bd.1, Cambridge 1916.

Harris, W. V., Ancient literacy, Cambridge, Mass. 1989.

Hemer, C. J., The Address of 1 Peter, ExpTim Vol. 89 (1978), 239–243.

Hengel, M., Judentum und Hellenismus. Studien zu ihrer Begegnung unter besonderer Berücksichtigung Palästinas bis zur Mitte des 2. Jh.s. v. Chr, Tübingen 1973^2（M. ヘンゲル〔長窪専三訳〕『ユダヤ教とヘレニズム』日本基督教団出版局，1983年）.

Ders., The Atonement. A Study of the Origins of the Doctrine in the New Testament, London 1981（M. ヘンゲル〔川島貞雄，早川良躬訳〕『贖罪 新約聖書におけるその教えの起源』教文館，2006年）.

Ders., Der unterschätzte Petrus, Tübingen 2007^2（M. ヘンゲル〔川島貞雄訳〕『ペトロ』教文館，2010年）.

Herzer, J., Petrus oder Paulus? Studien über das Verhältnis des Ersten Petrusbriefes zur paulinischen Tradition, Tübingen 1998.

Hiebert, D. E., Living in the Light of Christ's Return. An Exposition of 1 Peter 4:7-11, BibSac 139 (1982), 243-254.

Horn, F. W., Die Petrus-Schule in Rom. Forschungsgeschichtliche Notizen zur Abfassungssituation des 1. Petrusbriefs, in: D. S. Du Toit (Hg.), Bedrängnis und Identität. Studien zu Situation, Kommunikation und Theologie des 1. Petrusbriefes, Berlin 2013, 3-20.

Ders., Why Peter? Von der Schwierigkeit, die Autorfiktion des Ersten Petrusbriefs zu erfassen, in U. E. Eisen/ H. E. Mader (Hg.), Talking God in Society. Multidisciplinary (Re)constructions of Ancient (Con)texts. Festschrift for Peter Lampe, Vol. 2, Hermeneuein in Global Contexts: Past and Present, Göttingen 2020, 203-218.

Horrell, D. G., Becoming Christian. Essays on 1 Peter and the Making of Christian Identity, London u.a. 2013.

Ders, Ethnicity and inclusion. Religion, race, and whiteness in constructions of Jewish and Christian identities, Grand Rapids, Michigan 2020.

Horst, F., Gottes Recht. Gesammelte Studien zum Recht im Alten Testament. Aus Anlaß der Vollendung seines 65. Lebensjahres herausgegeben von H. W. Wolff, München 1961.

Huebenthal, S., Gedächtnistheorie und Neues Testament. Eine methodisch-hermeneutische

Einführung, Tübingen 2022.

Hübner, H., Biblische Theologie des Neuen Testaments. Die Theologie des Paulus und ihre neutestamentliche Wirkungsgeschichte, Band 2, Göttingen 1993.

Hüffmeier, W. (Hg.), Für Recht und Frieden sorgen. Auftrag der Kirche und Aufgabe des Staates nach Barmen V. Theologisches Votum der Evangelischen Kirche der Union—Bereich Bundesrepublik Deutschland und Berlin-West, Gütersloh 1986.

Jeremias, J./ H. Strathmann, Die Briefe an Timotheus und Titus, Der Brief an die Hebräer, NTD 9, Göttingen 1953⁶ (J. エレミアス, H. シュトラートマン〔泉治典他訳〕『テモテへの手紙 テトスへの手紙 ヘブライ人への手紙 翻訳と註解 NTD 新約聖書註解 9』ATD・NTD 聖書註解刊行会, 1975 年).

Jobes, K. H., The Septuagint Textual Tradition in 1 Peter, in: K. Wolfgang/ W. R. Glenn (ed.), Septuagint Research. Issues Issues and Challenges in the Study of the Greek Jewish, Leiden/ Boston 2006, 311-333.

Johnson, D. E., Fire in God's House. Imagery from Malachi 3 in Peter's Theology of Suffering (1 PET 4:12-19), JETS 29/3 (1986), 290-293.

Johnson, L. T., The first and second letters to Timothy. A new translation with introduction and commentary, Anchor Bible 35A, New York u.a. 2001.

Jüngel, E., Mit Frieden Staat zu machen. Politische Existenz nach Barmen V, München 1984.

Kamlah, E., Ὑποτάσσεθαι in den neutestamentlichen »Haustafeln«, in: O. Böcher/ K. Haacker (Hg.), Verborum Veritas. Festschrift für Gustav Stählin zum 70. Geburtstag, Wuppertal 1970, 237-243.

Käsemann, E., An die Römer, HNT 8a, Tübingen 1980⁴ (E. ケーゼマン〔岩本修一訳〕『ローマ人への手紙』教文館, 1981 年).

Keel, O., Die Welt der altorientalischen Bildsymbolik und das Alte Testament. Am Beispiel der Psalmen, Göttingen 1996⁵ (O. ケール〔山我哲雄訳〕『旧約聖書の象徴世界 古代オリエントの美術と「詩編」』教文館, 2010 年).

Keuls, E. C., The Reign of the Phallus. Sexual Politics in Ancient Athens, New York 1985 (E. C. クールズ〔中務哲郎, 久保田忠利, 下田立行訳〕『ファロスの王国 I, II 古代ギリシアの性の政治学』岩波書店, 1989 年).

King, M. L. Jr., Stride toward Freedom. The Montgomery Story, New York u.a. 1958 (M. L. キング〔雪山慶正訳〕『自由への大いなる歩み 非暴力で闘った黒人たち』岩波書店, 1959 年).

Klauck, H.-J., Hausgemeinde und Hauskirche im frühen Christentum, Stuttgart 1981.

Ders., Alte Welt und neuer Glaube. Beiträge zur Religionsgeschichte, Forschungsgeschichte und Theologie des Neuen Testaments, Göttingen 1994.

Ders., Die antike Briefliteratur und das Neue Testament. Ein Lehr- und Arbeitsbuch, Paderborn/ München/ Wien/ Zürich 1998.

Klein, T., Bewährung in Anfechtung. Der Jakobusbrief und der Erste Petrusbrief als christliche Diaspora-Briefe, Tübingen/ Basel 2011.

Knapp, R. C., Invisible Romans. Prostitutes, outlaws, slaves, gladiators, ordinary men and women... the Romans that history forgot, London 2011（R. クナップ〔西村昌洋監訳，増永理考，山下孝輔訳〕『古代ローマの庶民たち 歴史からこぼれ落ちた人々の生活』白水社，2015 年）.

Knoch, S., Sklavenfürsorge im Römischen Reich. Formen und Motive zwischen humanitas und utilitas, Hildesheim/ Zürich/ New York 2017^2.

Ders., Private Sklavenfürsorge in der griechisch-römischen Antike. Ein Streifzug durch die literarischen Quellen, in: E. Herrmann-Otto (Hg.), Antike Sklaverei, Darmstadt 2013, 174-215.

Koch, D.-A., Beobachtungen zum christologischen Schriftgebrauch in den vorpaulinischen Gemeinden, ZNW 71 (1980), 174-191.

Ders., Die Schrift als Zeuge des Evangeliums. Untersuchungen zur Verwendung und zum Verständnis der Schrift bei Paulus, Tübingen 1986.

Ders., The Quotations of Isaiah 8,14 and 28,16 in Romans 9,33 and 1Peter 2,6.8 as Test Case for Old Testament Quotations in the New Testament, ZNW 101 (2010), 223-240. (2010a)

Ders., Die Entwicklung der Ämter in frühchristlichen Gemeinden Kleinasiens, in: T. Schmeller/ M. Ebner/ R. Hoppe (Hg.), Neutestamentliche Ämtermodelle im Kontext, Freiburg 2010, 166-206. (2010b)

Kolb, A./ M. Vitale (Hg.), Kaiserkult in den Provinzen des Römischen Reiches. Organisation, Kommunikation und Repräsentation, Berlin/ Boston 2016.

Konradt, M., Der Jakobusbrief im frühchristlichen Kontext. Überlegungen zum traditionsgeschichtlichen Verhältnis des Jakobusbriefes zur Jesusüberlieferung, zur paulinischen Tradition und zum 1. Petrusbrief, in: J. Schlosser (Hg.), The Catholic Epistles and the Tradition, Leuven 2004, 171-212.

Köster, H., Synoptische Überlieferung bei den apostolischen Vätern, Berlin 1957.

Kraybill, D. B./ S. M. Nolt/ D. L. Weaver-Zercher, Amish Grace. How Forgiveness Transcended Tragedy, New York 2007（D. B. クレイビル, S. M. ノルト, D. L. ウィーバー－ザーカー〔青木玲訳〕『アーミッシュの赦し なぜ彼らはすぐに犯人とその家族を赦したのか』亜紀書房，2008 年）.

Kubo, S., P72 and the Codex vaticanus, Salt Lake City 1965.

Lampe, P./ U. Luz, Nachpaulinisches Christentum und pagane Gesellschaft, in: J. Becker u.a.,

Die Anfänge des Christentums. Alte Welt und neue Hoffnung, Stuttgart 1987, 185-216．

Lampe, P., Das Spiel mit dem Petrusnamen - Mt 16,18, NTS 25 (1978/79), 227-245.

Ders., Die stadtrömischen Christen in den ersten beiden Jahrhunderten. Untersuchungen zur Sozialgeschichte, Tübingen 1987.

Ders., Überregionale Netzwerke der frühen Christen im Mittelmeerraum, AJBI Volume XLII/XLIII (2016/17), 35-53（P. ランペ〔山吉裕子訳〕「地中海地域における初期キリスト教徒たちの超域的なネットワーク」,「聖書学論集」第49号, 2018年, 105－125頁）．

Lang, E., Erwägungen zur eschatologischen Verkündigung Johannes des Täufers, in: G. Strecker (Hg.), Jesus Christus in Historie und Theologie. Neutestamentliche Festschrift für Hans Conzelmann zum 60. Geburtstag, Tübingen 1975, 459-473.

Lapham, F. P., The Myth, the Man and the Writings. A Study of Early Petrine Text and Tradition, London 2003.

LaVerdiere, E. A., Grammatical Ambiguity in 1 Pet 1:23, CBQ 36 (1974), 89-94.

Lindemann, A., Der erste Clemensbrief, in: W. Pratscher (Hg.), Die Apostolischen Väter. Eine Einleitung, Göttingen 2009, 59-82.

Löhr, H., Die Briefe des Ignatius von Antiochien, in: W. Pratscher, (Hg.), Die Apostolischen Väter. Eine Einleitung, Göttingen 2009, 104-129.

Lohse, E., Paränese und Kerygma im 1. Petrusbrief, ZNW 45 (1954), 68-89.

Ders., Grundriß der neutestamentlichen Theologie, Stuttgart 1974（E. ローゼ〔小河陽訳〕『新約聖書神学概説』日本基督教団出版局, 1982年）．

Lührmann, D., Neutestamentliche Haustafeln und Antike Ökonomie, NTS 27 (1980) 83-97.

Luz, U., Das Evangelium nach Matthäus (Mt 1-7), EKK I/ 1, Zürich u.a. 1985（U. ルツ〔小河陽訳〕『マタイによる福音書（1－7章）』教文館, 1990年）．

Marcar, K., Divine Regeneration and Ethnic Identity in 1 Peter. Mapping Metaphors of Family, Race, and Nation, Cambridge 2022.

Marshall, I. H., A critical and exegetical commentary on the Pastoral Epistles, Edinburgh 1999.

Martin, T. W., The Present Indicative in the Eschatological Statements of 1 Peter 1:6, 8, JBL 111 (1992), 307-312. (1992a)

Ders., Metaphor and composition in I Peter, Atlanta, Ga. 1992. (1992b)

McKelvey, R. J., Christ the Cornerstone, NTS 8 (1962), 352-59.

Meeks, W. A., The First Urban Christians, New Haven 1983（W. A. ミークス〔加山久夫監訳〕『古代都市のキリスト教 パウロ伝道圏の社会学的研究』ヨルダン社, 1989年）．

Ders., The Origins of Christian Morality. The First Two Centuries, New Haven 1993.

Metzger, B. M., A textual commentary on the Greek New Testament. A companion volume to the United Bible Societies' Greek New Testament, Stuttgart 1994².

Metzner, R., Die Rezeption des Matthäusevangeliums im 1. Petrusbrief. Studien zum traditionsgeschichtlichen und theologischen Einfluss des 1. Evangeliums auf den 1. Petrusbrief, Tübingen 1995.

Michaels, J. R., Eschatology in I Peter III. 17, NTS 13 (1967), 394 - 401.

Mitchell, S., Anatolia. Land, Men, and Gods in Asia Minor. Volume I. The Celts in Anatolia and the Impact of Roman Rule, Oxford 1993.

Moule, C. F. D., The Nature and Purpose of 1 Peter, NTS 3 (1956), 1-11.

Ders., The birth of the New Testament, London 1962（C. F. D. モール〔大竹庸悦訳〕『新約聖書の誕生』日本基督教団出版局，1978 年）.

Müller, C. G., »Den Fußspuren Christi folgen« (1 Petr 2,21). Untersuchungen zum ersten Petrusbrief und seinem Umfeld, Stuttgart 2020.

Müller, K., Die Haustafel des Kolosserbriefes und das antike Frauenthema, in: G. Dautzenberg u.a. (Hg.), Die Frau im Urchristentum, Freiburg/ Basel/ Wien 1983, 263-319.

Münch, C., Geschwister in der Fremde. Zur Ethik des Ersten Petrusbriefes, in: T. Söding (Hg.), Hoffnung in Bedrängnis. Studien zum Ersten Petrusbrief, Stuttgart 2009, 130-164.

Nauck, W., Freude im Leiden. Zum Problem einer urchristlichen Verfolgungstradition, ZNW 46 (1955), 68-80.

Ders., Probleme des frühchristlichen Amtsverständnisses (1 Petr 5,2f.), ZNW 48 (1957), 200-220.

Nicolaisen, C., Der Weg nach Barmen. Die Entstehungsgeschichte der Theologischen Erklärung von 1934, Neukirchen-Vluyn 1985.

Osborne, T. P., Guide Lines for Christian Suffering. A Source-Critical and Theological Study of 1 Peter 2,21-25, Bib 64 (1983), 381-408.

Patsch, H., Zum alttestamentlichen Hintergrund von Römer 4:25 und 1 Petrus 2:24, ZNW 60 (1969), 273-279.

Popp, T., Die Kunst der Konvivenz. Theologie der Anerkennung im 1. Petrusbrief, Leipzig 2010.

Rebell, W., Neutestamentliche Apokryphen und apostolische Väter, München 1992（W. レベル〔筒井賢治訳〕『新約外典・使徒教父文書概説』教文館，2001 年）.

Reicke, B., The Disobedient Spirits and Christian Baptism. A Study of 1 Pet. III. 19 and its Context, New York 1984.

Perdelwitz, R., Die Mysterienreligion und das Problem des I. Petrusbriefes. Ein literarischer und religionsgeschichtlicher Versuch, Gießen 1911.

Pierce, C. A., Conscience in the New Testament. A study of Syneidesis in the New Testament, in the light of its sources, and with particular reference to St. Paul, with some observation

regarding its pastoral relevance today, London 1955.
Piper, J., Hope as the Motivation of Love: 1 Peter 3: 9–12, NTS 26 (1980), 212-231.
Prasad, J., Foundations of the Christian way of life according to 1 Peter 1, 13-25. An exegetico-theological study, Roma 2000.
Prostmeier, F-R., Handlungsmodelle im ersten Petrusbrief, Würzburg 1990.
Reiß, K./ H. J. Vermeer, Grundlegung einer allgemeinen Translationstheorie, Tübingen 1984 (K. ライス，H. J. フェアメーア〔藤涛文子監訳，伊原紀子，田辺希久訳〕『スコポス理論とテクストタイプ別翻訳理論 一般翻訳理論の基礎』晃洋書房，2019年）.
Roller, O., Das Formular der paulinischen Briefe. Ein Beitrag zur Lehre vom antiken Briefe, Stuttgart 1933.
Roloff, J., Der erste Brief an Timotheus, EKK XV, Zürich u.a. 1988.
Saiko, M., Cura dabit faciem. Kosmetik im Altertum. Literarische, kulturhistorische und medizinische Aspekte, Trier 2005.
Safrai, S./ M. Stern, The Jewish People in the First Century. Historical Geography, Political History, Social, Cultural and Religious Life and Institutions, V. 1-2, Assen 1974-1976（S. サフライ，M. シュテルン編〔長窪専三，川島貞雄，土戸清，池田裕訳〕『総説・ユダヤ人の歴史 キリスト教成立時代のユダヤ的生活の諸相 上中下』新地書房，1989－1992年）.
Schmidt, E. D. Glauben, wenn es schwierig wird. Beobachtungen zu (k)einem Schlüsselbegriff im 1. Petrusbrief vor dem paulinischen Hintergrund, in: S. Breuer/ C. Paul/ E. D. Schmidt (Hg.), Konflikte und Krisen im Neuen Testament und ihre Bewältigungsstrategien, Tübingen 2023. 229-257.
Schmidt, K. D., Grundriß der Kirchengeschichte, Göttingen 1963^4.
Schmidt, K. M., Mahnung und Erinnerung im Maskenspiel. Epistolographie, Rhetorik und Narrativik der pseudepigraphen Petrusbriefe, Freiburg im Breisgau 2003.
Schnackenburg, R., Der Brief an die Epheser, EKK X, Zürich u.a. 1982（R. シュナッケンブルク〔大友陽子訳〕『エペソ人への手紙』教文館，1998年）.
Schnelle, U., Einleitung in das Neue Testament, Göttingen 2002^4.
Ders., Theologie des Neuen Testaments, Göttingen 2014^2.
Ders., Die ersten 100 Jahre des Christentums 30-130 n. Chr. Die Entstehungsgeschichte einer Weltreligion, Göttingen 2019^3.
Schnider, F./ W. Stenger, Studien zum neutestamentlichen Briefformular, Leiden u.a. 1987.
Schottroff, L., Gewaltverzicht und Feindesliebe in der urchristlichen Jesustradition. Mt 5,38-48; Lk 6, 27-36, in: G. Strecker (Hg.), Jesus Christus in Historie und Theologie Neutestamentliche Festschrift für Hans Conzelmann zum 60. Geburtstag, Tübingen 1975, 197-221.

Schrage, W., Die Christen und der Staat nach dem Neuen Testament, Gütersloh 1971.

Schröger, F., Gemeinde im 1. Petrusbrief. Untersuchungen zum Selbstverständnis einer christlichen Gemeinde an der Wende vom 1. zum 2. Jahrhundert, Passau 1981.

Schulten, P. N., Die Typologie der römischen Konsekrationsprägungen, Frankfurt am Main 1979.

Schumacher, L., Sklaverei in der Antike. Alltag und Schicksal der Unfreien, München 2001.

Schürer, E., The history of the Jewish people in the age of Jesus Christ (175 B.C.-A.D. 135), A new English version, rev. and ed. by Geza Vermes & Fergus Millar, v. 3, pt. 1, Edinburgh 1986（E. シューラー〔木村和良訳〕『イエス・キリスト時代の ユダヤ民族史 イエス・キリスト時代の ユダヤ民族史Ⅴ』教文館，2017 年）．

Schüssler Fiorenza, E., In memory of her. A Feminist Theological Reconstruction of Christian Origins, New York 1989（E. シュスラー・フィオレンツァ〔山口里子訳〕『彼女を記念して フェミニスト神学によるキリスト教起源の再構築』日本基督教団出版局，1990 年）．

Schutter, W. L., Hermeneutic and composition in I Peter, Tübingen 1989.

Schweizer, E., Gemeinde und Gemeindeordnung im Neuen Testament, Zürich 1959（E. シュヴァイツァー〔佐竹明訳〕『新約聖書における教会像』新教出版社，1968 年）．

Ders., Der Brief an die Kolosser, EKK VII, Zürich u.a. 1976（E. シュヴァイツァー〔斎藤忠資訳〕『コロサイ人への手紙』教文館，1983 年）．

Seland, T., Strangers in the Light. Philonic Perspectives on Christian Identity in 1 Peter, Leiden 2005.

Shimada, K., Studies on First Peter, Tokyo 1998.

Shum, S.-L., Paul's use of Isaiah in Romans. A comparative study of Paul's letter to the Romans and the Sibylline and Qumran Sectarian Texts, Tübingen 2002.

Skaggs, R., 1, 2 Peter and Jude through the centuries, Hoboken, New Jersey, 2020.

Smith, S. T. J., Strangers to Family. Diaspora and 1 Peter's invention of God's household, Waco, Texas 2016.

Snodgrass, K. R., 1 Peter II. 1-10. Its Formation and Literary Affinities, NTS 24 (1977-78), 97-106.

Snyder, G .F., The Tobspruch in the New Testament, NTS 23 (1976), 117-120.

Spitta, F., Christi Predigt an die Geister. 1 Petr. 3,19 ff. Ein Beitrag zur neutestamentlichen Theologie, Göttingen 1890.

Steetskamp, J., Autorschaft und Sklavenperspektive im Ersten Petrusbrief, Tübingen 2020.

Strack H. L./ P. Billerbeck, Kommentar zum Neuen Testament aus Talmud und Midrasch. Bd. I Das Evangelium nach Matthäus, München 1922.

Ders., Kommentar zum Neuen Testament aus Talmud und Midrasch. Bd. III Die Briefe des neuen Testaments und die Offenbarung Johannis, München 1926.

Strecker, G., Literaturgeschichte des Neuen Testaments, Göttingen 1992.

Taatz, I., Frühjüdische Briefe. Die paulinischen Briefe im Rahmen der offiziellen religiösen Briefe des Frühjudentums, Göttingen 1991.

Tödt, H. E. (Hg. J. Dinger/ D. Schulz), Komplizen, Opfer und Gegner des Hitlerregimes. Zur » inneren Geschichte « von protestantischer Theologie und Kirche im » Dritten Reich «, Gütersloh 1997（H. E. テート〔宮田光雄，佐藤司郎，山崎和明訳〕『ヒトラー政権の共犯者，犠牲者，反対者《第三帝国》におけるプロテスタント神学と教会の《内面史》のために』創文社，2004年）.

Theißen, G., Studien zur Soziologie des Urchristentums, Tübingen 1983[2].

Ders., Das Neue Testament, München 2002（G. タイセン〔大貫隆訳〕『新約聖書 ── 歴史・文学・宗教』教文館，2003年）.

Ders., Die Jesusbewegung. Sozialgeschichte einer Revolution der Werte, Gütersloh 2004（G. タイセン〔廣石望訳〕『イエス運動 ある価値革命の社会史』新教出版社，2010年）.

Ders., Erleben und Verhalten der ersten Christen. Eine Psychologie des Urchristentums, Gütersloh 2007（G. タイセン〔大貫隆訳〕『原始キリスト教の心理学 初期キリスト教徒の体験と行動』新教出版社，2008年）.

Ders., Die Entstehung des Neuen Testaments als literaturgeschichtliches Problem, Heidelberg 2011[2].

Thurén, L., Argument and theology in 1 Peter. The origins of Christian paraenesis, Sheffield 1995.

Thraede, K., Ärger mit der Freiheit. Die Bedeutung von Frauen in Theorie und Praxis der alten Kirche, in: G. Scharffenorth/ K. Thraede (Hg.), „Freunde in Christus werden …". Die Beziehung von Mann und Frau als Frage an Theologie und Kirche, Gelnhausn/ Berlin/ Stein 1977, 31-182.

Ders., Zum historischen Hintergrund der „Haustafeln" des Neuen Testaments, in: E. Dassmann/ K. S. Frank (Hg.), Pietas, Münster 1980, 359-368.

Trebilco, P. R., Self-designations and group identity in the New Testament, Cambridge 2014.

Tsuji, M., Glaube zwischen Vollkommenheit und Verweltlichung. Eine Untersuchung zur literarischen Gestalt und zur inhaltlichen Kohärenz des Jakobusbriefes, Tübingen 1997.

Ders., 1 Peter as a Pseudonymous Letter. On its Historical Background, in: W. Loader/ B. Repschinski/ E. Wong (ed.), Matthew, Paul, and Others. Asian Perspectives on New Testament Themes, Innsbruck 2019, 207-230.

van Rensburg, J. J. J., The Use of Intersentence Relational Particles and Asyndeton in 1 Peter,

Neot 24 (1990), 283-300.

van Unnik, W. C., The Critique of Paganism in 1 Peter 1:18, in: E. E. Ellis/ M. Wilcox (ed.), Neotestamentica et Semitica. Studies in honour of Matthew Black, Edinburgh 1969.

Ders., Sparsa Collecta. The collected essays of W. C. van Unnik, vol. 2, Leiden 1980.

Vahrenhorst, M., Der Text der Septuaginta in den Zitaten des 1. Petrusbriefs, in: J. de Vries/ M. Karrer (ed.), Textual History and the Reception of Scripture in Early Christianity, Atlanta 2013, 259-275.

Vielhauer, P., Geschichte der urchristlichen Literatur. Einleitung in das Neue Testament, die Apokryphen und die Apostolischen Väter, Berlin 1975.

Vittinghoff, F., „Christianus sum" - Das „Verbrechen" von Außenseitern der römischen Gesellschaft, Historia. Zeitschrift für Alte Geschichte, Bd. 33 (1984), 331-357.

Vogels, H.-J., Christi Abstieg ins Totenreich und das Läuterungsgericht an den Toten. Eine bibeltheologisch-dogmatische Untersuchung zum Glaubensartikel „descendit ad inferos", Freiburg 1976.

von Harnack, A., Die Mission und Ausbreitung des Christentums in den ersten drei Jahrhunderten, Leipzig 1965[4].

Wagener, U., Die Ordnung des »Hauses Gottes«. Der Ort von Frauen in der Ekklesiologie und Ethik der Pastoralbriefe, Tübingen 1994.

Weidinger, K., Die Haustafeln. Ein Stück urchristlicher Paränese, Leipzig 1928.

Weidner, Eric., Strategien zur Leidbewältigung im 2. Korintherbrief, Stuttgart 2017.

Weiser, A., Der zweite Brief an Timotheus, EKK XVI/ 1, Zürich u.a. 2003.

Wendland, H.-D., Ethik des Neuen Testaments. Eine Einführung, Grundrisse zum Neuen Testament Bd. 4, Göttingen 1970（H. D. ヴェントラント〔川島貞雄訳〕『新約聖書の倫理』日本基督教団出版局，1974 年）.

Wengst, K., Christologische Formeln und Lieder des Urchristentums, Gütersloh 1973[2].

Wibbing, S., Die Tugend- und Lasterkataloge im Neuen Testament und ihre Traditionsgeschichte unter besonderer Berücksichtigung der Qumran-Texte, Berlin 1959.

Wilckens, U., Der Brief an die Römer, EKK VI/ 3, Zürich u.a. 1982（U. ヴィルケンス〔岩本修一訳〕『EKK 新約聖書註解 VI/ 3 ローマ人への手紙』教文館，2001 年）.

Wilken, R. L., The Christians as the Romans Saw Them, New Haven 1984（R. L. ウィルケン〔三小田敏雄他訳〕『ローマ人が見たキリスト教』ヨルダン社，1987 年）.

Williams, T. B., Reconsidering the Imperatival Participle in 1 Peter, WTJ 73 (2011), 59-78.

Wlosok, A. (Hg.), Römischer Kaiserkult, Darmstadt 1978.

Wolff, H. W., Jesaja 53 im Urchristentum, Berlin 1952[3].

Woyke, J., Die neutestamentlichen Haustafeln. Ein kritischer und konstruktiver

Forschungsüberblick, Stuttgart 2000.

Würthwein, E., Der Text des Alten Testaments. Eine Einführung in die Biblia Hebraica, Stuttgart 1988⁵(E. ヴュルトヴァイン〔鍋谷堯爾, 本間敏雄訳〕『旧約聖書の本文研究「ビブリア・ヘブライカ」入門』日本基督教団出版局, 1997年).

Wright, N. T., What Saint Paul really said. Was Paul of Tarsus the real founder of Christianity? 1997 Oxford(N. T. ライト〔岩上敬人訳〕『使徒パウロは何を語ったのか』いのちのことば社, 2017年)

Young, F. M., Theology of the Pastoral Letters, Cambridge 1994(F. ヤング〔土屋博, 土屋幸子訳〕『牧会書簡の神学』新教出版社, 2000年).

Zanker, P., Augustus und die Macht der Bilder, München 1997³.

Ziegler, D., Frauenfrisuren der römischen Antike. Abbild und Realität, Berlin 2000.

Zwierlein, O., Petrus und Paulus in Jerusalem und Rom. Vom Neuen Testament zu den apokryphen Apostelakten, Berlin 2013.

2. 邦語文献

朝岡勝『増補改訂「バルメン宣言」を読む 告白に生きる信仰』いのちのことば社, 2018年

青野太潮「ローマの信徒への手紙」, 大貫隆, 山内眞監修『新版 総説新約聖書』所収, 日本キリスト教団出版局, 2003年, 260－278頁

浅野淳博『NTJ新約聖書注解 ガラテヤ書簡』日本キリスト教団出版局, 2017年

同『新約聖書の時代 アイディンティティを模索する共同体』教文館, 2023年

浅見仙作『増補改訂 小十字架 戦時下一キリスト者の証言』待晨堂, 1981年

雨宮栄一『バルメン宣言研究 ドイツ教会闘争史序説』日本基督教団出版局, 1975年

荒井献『新約聖書の女性観』岩波書店, 1988年

同『初期キリスト教の霊性 宣教・女性・異端』岩波書店, 2009年

同『現代新約注解全書 使徒行伝 中巻』新教出版社, 2014年

同『現代新約注解全書 使徒行伝 下巻』新教出版社, 2016年

石川明人『戦場の宗教, 軍人の信仰』八千代出版, 2013年

石川文康『良心論 その哲学的試み』名古屋大学出版会, 2001年

石田学『第一ペトロ書を読む 釈義と説教』新教出版社, 2023年

石浜みかる「「戦時」を通ったキリスト者たち」, 富坂キリスト教センター編『十五年戦争期の天皇制とキリスト教』所収, 新教出版社, 2007年, 490－544頁

伊藤貞夫, 木村凌二編『西洋古代史研究入門』東京大学出版会, 1997年

井上智勇『初期キリスト教とローマ帝国』創文社, 1973年

入順子「初代教会における家父長制の導入」,『女性学評論』第 26 巻, 2012 年, 1 − 21 頁
上村静『終末の起源 二つの系譜 創造論と終末論』ぷねうま舎, 2021 年
魚木忠一『日本基督教の精神的傳統』基督教思想叢書刊行會, 1941 年
内田和彦『地上で神の民として生きる ペテロの手紙第一に聴く』いのちのことば社, 2019 年
内村鑑三（山本泰次郎編）『内村鑑三聖書注解全集第 2 巻 出エジプト記 レビ記 民数記 申命記』, 教文館, 1961 年〔聖書注解第 2 巻〕
同（山本泰次郎編）『内村鑑三聖書注解全集第 14 巻 テモテ書 ピレモン書 ヘブル書 ヤコブ書 ペテロ書 ヨハネ書 黙示録』教文館, 1961 年〔聖書註解第 14 巻〕
同（山本泰次郎編）『内村鑑三信仰著作全集 21』教文館, 1962 年〔信仰著作全集 21〕
同『内村鑑三全集 37 書簡二』岩波書店, 1983 年〔内村全集 37〕
大河歩菜美「帝政期ローマにおける『皇帝礼拝』——『皇帝礼拝』概念の再検討 ——」,『学習院大学人文科学論集』第 29 号, 2020 年, 105 − 130 頁
大貫隆『福音書のイエス・キリスト 4 世の光イエス ヨハネによる福音書』講談社, 1984 年
同『福音書研究と文学社会学』所収, 岩波書店, 1991 年, 323 − 379 頁
同『マルコによる福音書注解 I』日本基督教団・宣教委員会「"現代の宣教"のための聖書注解書」刊行委員会, 日本基督教団, 1993 年
同『終末論の系譜 初期ユダヤ教からグノーシスまで』筑摩書房, 2019 年
大牟田章「君主崇拝」, 浅香正, 加藤一郎編『世界歴史 第二巻 オリエント・地中海世界 I』人文書院, 1966 年, 373 − 390 頁
岡本知之「内村鑑三『聖書之研究』の誌面分析を中心として」, 同志社大学人文科学研究所編, 土肥昭夫, 田中真人編『近代天皇制とキリスト教』所収, 人文書院, 1996 年, 256 − 275 頁
小河陽『パウロとペテロ』講談社, 2005 年
同『新約聖書に見るキリスト教の諸相』関東学院大学出版会, 2017 年
笠原義久「小アジア内陸部のキリスト教運動 ペトロの手紙一と「パロイコス」」,『アレテイア 聖書から説教へ』日本キリスト教団出版局, 1996 年 No.12, 4 − 9 頁
同「ペトロの手紙一 1 章 1 − 12 節」,『アレテイア —— 釈義と黙想 ヤコブの手紙 ペトロの手紙 1, 2 ヨハネの手紙 1, 2, 3 ユダの手紙 ヨハネの黙示録』所収, 2002 年〔POD 版 2017 年〕, 55 − 60 頁
同『新約聖書入門』新教出版社, 2013 年
笠原芳光「個人キリスト者の抵抗」, 同志社大学人文科学研究所編『戦時下抵抗の研究 II キリスト者・自由主義者の場合』所収, みすず書房, 1969 年（新装版 1978 年）, 41 − 99 頁

同「『日本的キリスト教』批判」,『キリスト教社会問題研究』第22号, 1974年, 114 －139頁
加藤一夫『天皇信仰道』竜宿山房, 1943年
同『日本的基督教』富岳本社, 1948年
金子晴勇『恥と良心』教文館, 1985年
川島貞雄「パウロの名による手紙」, 荒井献他『総説新約聖書』所収, 日本基督教団出版局, 1981年, 319－376頁
同「テモテへの手紙 一」, 川島貞雄, 橋本滋男, 堀田雄康編『新共同訳 新約聖書注解II』所収, 日本キリスト教団出版局, 1991年, 296－316頁
同『福音書のイエス・キリスト2 十字架への道イエス マルコによる福音書』講談社, 1982年
同『ペトロ』清水書院, 2009年
河原清志『翻訳等価再考 翻訳の言語・社会・思想』晃洋書房, 2017年
川村輝典「ペテロの第一の手紙」, 荒井献他『総説新約聖書』所収, 日本基督教団出版局, 1981年, 414－420頁
同『聖書註解——ヘブライ人への手紙』一麦出版社, 2004年
木寺廉太『古代キリスト教と平和主義 教父たちの戦争・軍隊・平和観』立教大学出版会, 2004年
木村凌二『薄闇のローマ世界 嬰児遺棄と奴隷制』東京大学出版会, 1993年
同『古代ポンペイの日常生活』講談社, 2010年
吉良顕栄「ペテロ前書3章18節－4章6節とキリストの陰府下降」,『宗教研究』165号（34巻2輯）, 1960年, 62－76頁
黒崎真『アメリカ黒人とキリスト教——葛藤の歴史とスピリチュアリティの諸相』ぺりかん社, 2015年
小林稔「ペトロの手紙一」, 大貫隆, 山内眞監修『新版 総説新約聖書』所収, 日本キリスト教団出版局, 2003年, 377－385頁
同「偽名で書かれた手紙——偽パウロ・公同書簡の意図と戦略」, 新約聖書翻訳委員会編『聖書を読む 新約篇』所収, 岩波書店, 2005年, 103－125頁
三枝礼三「聖書における女性の位置」,『北星学園女子短期大学紀要』第12号, 1966年, 43－66頁
坂口明「支配の果実と代償——ローマ奴隷制社会論」, 樺山紘一他編『岩波講座 世界歴史4 地中海世界と古典文明 前1500－後4世紀』所収, 岩波書店, 1998年, 295－319頁
阪本浩「ローマ元首政とDivi礼拝」,『歴史』第57輯, 1981年, 15－44頁
同「ローマ皇帝の葬儀と神化」,『日本文化研究所研究報告』19号, 1983年3月, 147

－182頁
同「ギテイオン碑文（SEG.11.922-3）をめぐって」，東北大学文学部日本文化研究施設編『日本文化研究所研究報告』21号，1985年3月，139－161頁
桜井万里子『古代ギリシアの女たち アテナイの現実と夢』中央公論社，1992年
同『古代ギリシア社会史研究 宗教・女性・他者』岩波書店，1996年
佐竹明『現代新約注解全書 ピリピ人への手紙』新教出版社，1970年²
同『現代新約注解全書 ガラテヤ人への手紙』新教出版社，1974年
同『新約聖書の諸問題』新教出版社，1977年
同『現代新約注解全書 ヨハネ黙示録 上巻　序説』新教出版社，2007年
同『現代新約注解全書 ヨハネ黙示録 中巻 1－11章』新教出版社，2009年（2009a）
同『現代新約注解全書 ヨハネの黙示録 下巻 12－22章』新教出版社，2009年（2009b）
同『現代新約注解全書 第二コリント書 10－13章』新教出版社，2019年
佐藤篤士『Lex XII tabularum 12表法原文・邦訳および解説』早稲田大学比較法研究所，1993年
佐藤司郎「ペトロの手紙一2章11－17節」，『アレテイア──釈義と黙想 ヤコブの手紙 ペトロの手紙1，2 ヨハネの手紙1，2，3 ユダの手紙 ヨハネの黙示録』所収，2002年〔POD版 2017年〕，73－78頁
佐藤研『聖書時代史 新約篇』岩波書店，2003年
佐藤吉昭『キリスト教における殉教研究』創文社，2004年
佐野光宜「葬送活動からみたコレギア 帝政前半期ローマにおける社会的結合関係の一断面」，『史林』89巻4号，2006年，485－516頁
島創平「ローマの奴隷とアジール」，弓削達，伊藤貞夫編『ギリシアとローマ 古典古代の比較史的考察』所収，河出書房新社，1988年，385－409頁
同「ローマの奴隷制とキリスト教──コロサイ書3章22節－4章1節の歴史的背景」，『東洋英和女学院短期大学研究紀要』第30号，1991年，15－24頁
同「古代地中海世界の『家庭訓』における主人──奴隷関係について──第一ペテロ書2章18節～25節を手がかりとして」，『西洋史研究』第22号，1993年，111－123頁
同『初期キリスト教とローマ帝国』新教出版社，2001年
同「『コリントの信徒への手紙1』7章21節の解釈をめぐって──初期キリスト教と奴隷制の問題」，『キリスト教史学』第65集，2011年，28－40頁
島田和人「第一ペテロはロマ書に依存するのか」，『日本の聖書学』第2号，1996年，103－147頁
新免貢「愛敵論」，『キリスト教文化研究所研究年報』第51号，2018年，1－51頁
鈴木範久『内村鑑三』岩波書店，1984年

同『聖書の日本語』岩波書店，2006 年

同『内村鑑三の人と思想』岩波書店，2012 年

武田清子『改訂版 人間観の相剋 近代日本の思想とキリスト教』弘文堂新社，1967 年

武本喜代蔵『基督教徒の對戰爭觀』羊門社出版部，1937 年

竹森満佐一『講解説教ペテロの第一の手紙』新教出版社，1983 年

田中真人『ときのこゑ』，同志社大学人文科学研究所編，土肥昭夫，田中真人編『近代天皇制とキリスト教』所収，人文書院，1996 年，168－194 頁

千葉眞「十五年戦争期の無教会 ── 非戦論と天皇制問題を中心に ── 」，富坂キリスト教センター編『十五年戦争期の天皇制とキリスト教』所収，新教出版社，2007 年，454－489 頁

辻学「『ディアスポラ書簡』としてのヤコブ書 文学類型・主題・読者との関係をめぐって」，『神学研究』第 44 号，1997 年，57－78 頁（1997a）

同「Ⅰテモテ 5:17－25 の文脈と構成」，『新約学研究』25，1997 年，13－24 頁（1997b）

同『現代新約注解全書 ヤコブの手紙』新教出版社，2002 年

同「パウロの名による手紙 牧会書簡」，大貫隆，山内眞監修『新版 総説新約聖書』所収，日本キリスト教団出版局，2003 年，315－340 頁

同「長老団の按手（Ⅰテモテ 4：14）とパウロの按手（Ⅱテモテ 1:6）」，『神学研究』第 51 号，2004 年，61－73 頁

同『隣人愛のはじまり 聖書学的考察』新教出版社，2010 年

同『偽名書簡の謎を解く パウロなき後のキリスト教』新教出版社，2013 年

同『牧会書簡』新教出版社，2023 年

同「死者への宣教（一ペト 3:19, 4:6）をめぐって」，『New 聖書翻訳』第 9 号，2024 年，31－48 頁

月本昭男『詩篇の思想と信仰 Ⅱ 第 26 篇から第 50 篇まで』新教出版社，2006 年

土戸清『現代新約聖書入門』日本基督教出版局，1979 年

土屋博『牧会書簡 テモテへの第一の手紙 テモテへの第二の手紙 テトスへの手紙』日本基督教団出版局，1990 年

H. E. テート（日本ボンヘッファー研究会編訳）『平和の神学 キリストの現実からの倫理』新教出版社，1984 年

同志社大学人文科学研究所，キリスト教社会問題研究会編『戦時下のキリスト教運動 特高資料による 昭和十一年－昭和十九年』，1（昭和十一年－昭和十五年），2（昭和十六年－昭和十七年），3（昭和十八年－昭和十九年），新教出版社，1972－1973 年〔戦時下〕

土岐健治『七十人訳聖書入門』教文館，2015 年

土岐健治，村岡崇光『イエスは何語を話したのか？ 新約時代の言語状況と聖書翻訳

についての考察』教文館，2016 年
土肥昭夫「総論 近代天皇制とキリスト教」，同志社大学人文科学研究所編，土肥昭夫，田中真人編『近代天皇制とキリスト教』所収，人文書院，1996 年，13－28 頁
中沢洽樹『苦難の僕――イザヤ書 53 章の研究』新教出版社，1964 年
永田竹司「コロサイの信徒への手紙」，山内眞監修『新共同訳 新約聖書略解』所収，日本キリスト教団出版局，2000 年，567－577 頁
中村正雄「良心の規定」，『人文学論集』第 1 巻，1983 年，1－22 頁
新田一郎「皇帝崇拝とキリスト教害」，立正大学文学部西洋史研究室内酒井三郎博士喜寿記念事業会編『世界研究論業 酒井三郎博士喜寿記念』所収，1977 年，39－64 頁
同「ローマの皇帝崇拝に関する一考察――属州の皇帝崇拝を中心にして」，『島根大学法文学部文学科紀要』第 6 巻 1 号，1984 年，203－226 頁
同「ギリシア・ヘブライの理想国家像とローマ帝国――『ローマの平和』に関する一考察」，『金沢大学文学部論集 史学科篇』13／14 号，1994 年，1－58 頁
同「『ローマの平和』に関する考察――一・二世紀のローマの軍隊・皇帝崇拝・キリスト教対策を中心に」，『金沢大学文学部論集 史学科篇』15 号，1995 年，93－129 頁
蓮見和男「天皇制に対する神学的批判」，富坂キリスト教センター編『天皇制の神学的批判』所収，新教出版社，1990 年，115－144 頁
秦剛平『七十人訳ギリシア語聖書入門』講談社，2018 年
原口尚彰「ディアスポラ書簡としての初期キリスト教書簡」，『東北学院大学キリスト教文化研究所紀要』第 31 号，2013 年，1－18 頁（2013a）
同「ディアスポラ書簡としてのローマ書」，『人文学と神学』第 5 号，2013 年，1－15 頁（2013b）
同『幸いなるかな 初期キリスト教のマカリズム（幸いの宣言）』新教出版社，2011 年
蛭沼寿雄他『原典新約時代史 ギリシヤ，ローマ，エジプト，ユダヤの史料による』山本書店，1976 年
廣石望『信仰と経験 イエスの〈神の王国〉の福音』新教出版社，2011 年
樋脇博敏「ローマの家族」，樺山紘一他編『岩波講座 世界歴史 4 地中海世界と古典文明 前 1500－後 4 世紀』所収，岩波書店，1998 年，273－294 頁
同『古代ローマの生活』KADOKAWA，2015 年
福嶋裕子「古代ローマの奴隷制とコリントの信徒への手紙一」，青山学院宗教センター『キリスト教と文化』第 33 号，2017 年，117－130 頁
藤井崇「皇帝崇拝と聖域――ローマ帝国東方属州を中心に」，浦野聡編『古代地中海の聖域と社会』所収，勉誠出版，2017 年，219－251 頁
藤濤文子『翻訳行為と異文化間コミュニケーション――機能主義的翻訳理論の諸相』松籟社，2007 年

保坂高殿『ローマ帝政初期のユダヤ・キリスト教迫害』教文館，2006年[2]
前田專學『ブッダを語る』日本放送出版協会，1996年
松木治三郎『ローマ人への手紙 翻訳と解釈』日本基督教団出版局，1966年
同「新約聖書における宗教と政治」，『松木治三郎著作集 第一巻』所収，新教出版社，1991年（1991a）
松木治三郎，「人間とキリスト」『松木治三郎著作集 第二巻』所収，新教出版社，1991年（1991b）
松見俊「新約聖書時代の社会と教会における『長老たち』（Elders）について —— 教会形成におけるリーダーシップ理解の一助として」，『西南学院大学神学論集』73巻1号，2016年，1－60頁
松本宣郎『キリスト教徒が生きたローマ帝国』日本キリスト教団出版局，2006年
同『ガリラヤからローマへ 地中海世界をかえたキリスト教徒』講談社，2017年
同『初期キリスト教の世界』新教出版社，2022年
前嶋和弘『キャンセルカルチャー アメリカ 貶めあう社会』小学館，2022年
三浦望『第1，第2，第3ヨハネ書簡』日本キリスト教団出版局，2020年
宮田光雄『平和の思想史的研究』創文社，1978年
同『権威と服従――近代日本におけるローマ書十三章』新教出版社，2003年
同『十字架とハーケンクロイツ ――反ナチ教会闘争の思想史的研究』新教出版社，2000年
同『国家と宗教 ―― ローマ書十三章解釈史＝影響史の研究』岩波書店，2010年〔オンデマンド版2015年〕
文部省編『國體の本義』文部省，1937年
山内一郎『新約聖書の教育思想』日本キリスト教団出版局，2014年
山内眞『ピリピ人への手紙』日本基督教団出版局，1987年
同「新約聖書の倫理：家庭訓（コロ3：18－4：1）を中心として」，『紀要』第3号，2000年，67－87頁
山田耕太『NTJ新約聖書注解 エフェソ書簡』日本キリスト教団出版局，2022年
山谷省吾『古代世界とキリスト教』新教出版社，1963年
同『新約聖書神学』教文館，1966年
山本泰次郎『内村鑑三の根本問題』教文館，1968年
弓削達『ローマ皇帝礼拝とキリスト教徒迫害』日本基督教団出版局，1984年
同「一九九〇年大嘗祭を前にして」，富坂キリスト教センター編『天皇制の神学的批判』，新教出版社，1990年，193－243頁
同『生活の世界歴史4 素顔のローマ人』河出書房新社，1991年
吉田聖「ラテン教父の総合研究（7）キュプリアヌス著『おとめの身だしなみについて』

──「翻訳と注解」,『南山神学』第 20 号, 1997 年, 145－181 頁
吉田新『バプテスマのヨハネ』教文館, 2012 年
同「第 9 回　教職（牧師・聖書科教師）研修セミナー報告『教会を造り上げる──
　　Ⅰコリント書 14 章を読む』」,『人文学と神学』第 10 号, 2015 年, 55－59 頁
同「死者への福音？──第一ペトロ書における〈福音〉理解」, 佐藤司郎, 吉田新編『福
　　音とは何か 聖書の福音から福音主義へ』所収, 教文館, 2018 年, 93－114 頁
同「第一ペトロ書 2 章 13 節の翻訳の問題 共同訳聖書翻訳資料調査を踏まえて」,『New
　　聖書翻訳』第 5 号, 2019 年, 65－77 頁
同「模範としてのキリストの苦しみ──第一ペトロ書における苦難の意義」, 野村信,
　　吉田新編『苦難と救済 闇の後に光あり』所収, 教文館, 2020 年, 194－229 頁

3. データベースなど

CIL Open Access　　https://arachne.uni-koeln.de/drupal/?q=en/node/291
New Testament Transcripts Prototype　　http://nttranscripts.uni-muenster.de/
Perseus Digital Library　　http://www.perseus.tufts.edu/hopper/

4. 写真

本註解で用いた写真の所蔵先などの情報は以下の通り.

① 　Münzkabinett der Staatlichen Museen zu Berlin, Photographs by Lutz-Jürgen Lübke (Lübke und Wiedemann). Ident. Nr.: 18200249. Public Domain Mark 1.0
② 　Münzkabinett der Staatlichen Museen zu Berlin, Photographs by Dirk Sonnenwald. Ident. Nr.: 18202497. Public Domain Mark 1.0
③ 　Staatliche Museen zu Berlin, Antikensammlung / Johannes Laurentius. Ident. Nr.: 31161, 27. CC BY-NC-SA 4.0
　　https://creativecommons.org/licenses/by-nc-sa/4.0/
④ 　Römisches Museum Augsburg Slg. Röhrer, Inv. Nr. 192　　著者撮影
⑤ 　Landesmuseum Württemberg, Bildarchiv Arch 65/14
⑥ 　Münzkabinett der Staatlichen Museen zu Berlin, Photographs by Reinhard Saczewski. Ident. Nr.: 18210719. Public Domain Mark 1.0
⑦ 　Landesmuseum Württemberg, Hendrik Zwietasch Arch 67/19
⑧ 　Münzkabinett der Staatlichen Museen zu Berlin, Photographs by Dirk Sonnenwald. Ident. Nr.: 18204667. Public Domain Mark 1.0

⑨ Landesmuseum Mainz Inv. Nr. S 321　著者撮影
⑩ Staatliche Museen zu Berlin, Vorderasiatisches Museum / Olaf M. Teßmer. Ident. Nr.: VA Bab 07658. CC BY-NC-SA 4.0 https://creativecommons.org/licenses/by-nc-sa/4.0/
⑪ Staatliche Museen zu Berlin, Antikensammlung. Ident. Nr. SK 1452. CC BY-NC-SA 4.0 https://creativecommons.org/licenses/by-nc-sa/4.0/
⑫ Staatliche Museen zu Berlin, Antikensammlung. Ident. Nr. FV 462071. CC BY-NC-SA 4.0 https://creativecommons.org/licenses/by-nc-sa/4.0/

あとがき

　本書の一部は，2015年以降に発表した以下の拙論や研究ノートを土台として執筆された．なお，本書に組み込む際，初出の原稿に大幅な加筆，修正を加えている．本文のみならず，註も新たに作成し，補強した．初出一覧は以下の通りである．

第1部第1章：
「『ペトロの第一の手紙』研究（1）―― 構造と内容，成立状況について」，『人文学と神学』第9号，2015年，1－18頁
同第2章1.1：
「第一ペトロ書におけるバプテスマ典礼伝承に関する考察」，『東北学院大学宗教音楽研究所紀要』第22号，2018年3月，1－7頁

第2部第1章1－2節：
「Ⅰペトロ書の主題―― Ⅰペトロ書1章1－2節に関する考察」，『東北学院大学キリスト教文化研究所紀要』第34号，2016年，1－19頁
同第1章3－12節：
「希望への新生―― 第一ペトロ書1章3－12節の考察」，『ヨーロッパ文化史研究』第22号，2020年3月，53－78頁
同第1章13－25節：
「新たな生き方への勧告―― 第一ペトロ書1章13－25節の考察」，『ヨーロッパ文化史研究』第22号，2021年3月，143－162頁
同第2章4－8節：
「新約聖書における石のメタファーとキリスト論　『隅の親石』『躓きの石』『生ける石』をめぐる考察」，『東北学院大学キリスト教文化研究所紀要』第38号，2020年6月，17－33頁
同第2章13－17節：
「『ペトロの第一の手紙』研究（2）―― 王への服従 Ⅰペトロ書2章13－17節に

について」『人文学と神学』第 11 号，2016 年，39－59 頁
同第 2 章 18－25 節：
「『ペトロの第一の手紙』における奴隷への勧告——Ⅰペトロ書 2 章 18－25 節について」，『人文学と神学』第 12 号，2017 年，81－99 頁
同第 3 章 1－7 節：
「第一ペトロ書における家庭訓の意義——Ⅰペトロ書 3 章 1－7 節を中心に」，『ヨーロッパ文化史研究』第 19 号，2018 年 3 月，77－96 頁
同第 5 章 1－5a 節，補論：新約文書における長老の役割について：
「長老たちへの勧告 Ⅰペトロ書 5 章 1－5a 節に関する考察」，『東北学院大学キリスト教文化研究所紀要』第 36 号，2018 年 6 月，21－39 頁
補論：「意識（συνείδησις）」について：
「『συνείδησις』の訳語をめぐる考察」，日本聖書協会『New 聖書翻訳』No. 7，2021 年 10 月，97－111 頁

　Ⅰペトロ書と聞いて，どのようなことを思い浮かべるだろうか．おそらく，私たちにとって，この手紙は福音書やパウロ書簡などと比べると，接する機会があまり多くはない新約文書の一つであろう．長年，聖書に親しんでいる人でもその内容をよく知らない，または読むのを避けている方もいるかもしれない．
　しかし，Ⅰペトロ書は最初期のキリスト教を知る上できわめて重要な文書である．キリスト教はいつキリスト教になったのか．これは，初期キリスト教史研究において，いまだ明確な回答を得られていない問いの一つである．本書ではⅠペトロ書の成立時期を後 80 年代から 90 年代に推定したが，おそらくキリスト教はこの時期に徐々にユダヤ教から分離独立し始めたものと考えられる．それゆえ，Ⅰペトロ書を読み解くことによって，最初期のキリスト教徒らの実態，そして，彼，彼女たちがいかなる問題に取り組んでいたのかを知る手がかりを得ることができる．イエスやパウロの伝承から何を学び，何を受け継ぎ，何を棄てたのか．これらの問いをⅠペトロ書に向けることによって，キリスト教の始原の輪郭がより明確になる．
　この時期，キリスト教はさまざまな問題と直面している．ユダヤ教との軋轢，周囲からの弾圧，迫害，共同体内部での異端との闘い，そして終末の遅滞への対応などである．とりわけ，終末の遅滞をどのように受け止めるかというのは，最

も大きな問題の一つである．イエスやパウロにとって，終末の到来はその宣教活動の核心であった．Ⅰペトロ書に留まらず，後1世紀後半から2世紀前半に成立したキリスト教文書において，終末の遅滞は先の核心を激しく揺り動かす事態であった．そのため，この時期のキリスト教にとって，これへの対応は喫緊の課題である．

さらに，Ⅰペトロ書が後世に与えた影響を知る時，決して等閑視することのできない事柄を含んでいる．それは，本書で詳しく検討したが，政治的権力者への服従，奴隷への勧告，女性の男性への従属などの内容である．今日においてもなお，このテキストがキリスト教徒のみならず，多くの人々に及ぼしている否定的な影響を私たちは無視することはできない．それゆえ，なぜこのような文言が生まれたのか，という問いとともに，テキストの批判的な解読は欠かすことのできない課題である．

釈義とはテキストの歴史的背景を解き明かし，その本来的な意味を探る作業である．本書のような註解書の類は，まず，この作業を極限まで正確に突き詰めることを優先すべきであろう．だが，テキストと向かい合う者は同時に，自らの歴史的状況に立脚し，それをいかに読むべきかという問いへと導かれていく．さらにこの問いかけは，テキストがどのように読まれてきたのかという考察へと促される．そのため，テキストの影響史＝解釈史までも射程を広げて考究しなければならない．本書において，臆面もなく自らの専門分野を踏み出して，わずかな部分だが影響史研究を試みた．

聖書は人々の発展に積極的に寄与した一方で，このテキストが内包する測りしれぬ影響力は，私たちの日々の営みに悲惨な影を落としてきたこともまた事実である．とりわけ，「戦争と戦争の噂を聞く」（マルコ13:7）時代が再び到来した今，過去の解釈者たちの歩みを検証することがよりいっそう求められている．

戦時下では政治的指導者（ほとんどの場合，男性）に絶対的な忠誠を誓わせ，命を捧げさせ，かつ社会的に弱い立場に置かされた人々，たとえば女性，老人，子ども，病人，障がい者，外国籍を有する者，性的少数者などを，さらに追い詰める事態へと向かっていく．かつて，聖書の言葉を用いて，その事態を後押しした人々が日本にも多くいたからである．

自分がいま，どのような時代に生きているかを知り，時代の奔流に流されず，聖書テキストと真摯に向き合う．そして，自分はいかなる生き方を選ぶべきかを

考えなければならない．その時，一つの基準になるのは，「互いに愛を保つ」（Ⅰペトロ4：7）ために何をすべきか，という問いだと思えてならない．

　本書を公にするに際し，多くの方々の支えや励ましをいただいた．ここで一人ひとりのお名前を挙げないが，さまざまな方々のご助言やご指導によって，本書が成立していることに心からの感謝の意を表す．註解書の執筆には一次文献のみならず，数多の二次文献も必要とする．とりわけ，本書に必要な書籍を探してくださった教文館洋書部の方々，また，これらの文献を適時準備し，整えてくださった東北学院大学研究機関事務課図書担当の方々にお礼を申し上げる．本書をまとめる段階になり，ドイツでの在外研究の機会をいただいた．快く送り出してくださった東北学院大学の同僚の先生方，そして受け入れてくださったハイデルベルク大学神学部の先生方に感謝する．本書の原稿を辛抱強く待ち，丁寧に校正してくださった一麦出版社の西村勝佳さんにも心からの謝意を表したい．

　本書の出版は東北学院大学学術振興会出版助成を受けた．

　古典テキストや欧文文献の読解を手伝ってくれたばかりではなく，日々の対話を通して本書に関してさまざまな意見をくれた妻マデリンに，感謝とともに本書を捧げる．

　　2024年11月

吉田　新

5a 同じように、若者（一般信徒）たちよ、長老たちに従いなさい。5b みな互いに謙遜を身に着けなさい。

「神は、傲慢な者たちに対立し、謙遜な者たちには恵みを与える」からだ。

6 それゆえに、神の力強い手のもとで謙遜でありなさい。そうすれば、神はしかるべき時にあなたがたを高くしてくださる。7 あなたがたのすべての思い煩いを神に投げなさい。なぜなら、神があなたがたのことを心にかけていてくださるからだ。8 しらふでおり、目を覚ましていなさい。あなたがたの告訴人である悪魔が、「吠えたける獅子のように」誰かを食い尽くそうとうろつき回っている。9 信仰において堅固に、彼（悪魔）に立ち向かいなさい。この世であなたがたの兄弟（姉妹）たちも同じ苦しみが負わされていることを、あなたがたも知っているのだから。10 しかし、あらゆる恵みの神、あなたがたをキリスト（・イエス）においてその永遠の栄光へ招く方ご自身が、しばらくの間、苦しみを受けているあなたがたを整え、堅くし、強め　基礎を定めてくださるであろう。11 力が世々限りなくこの方（神）に〔ある〕、アーメン

12 忠実な兄弟と私がみなしているシルワノによって、あなたがたに短い手紙を書き、勧告し、これこそが神の真なる恵みであることを証しした。あなたがたはこの恵みの内に立ちなさい。13 バビロンにおり、あなたがたと共に選ばれている人々と、私の子マルコが、あなたがたに挨拶を送る。14 愛の接吻をもって互いに挨拶を交わしなさい。キリストにあるあなたがた一同に、平和があるように。

キリストを通して、神に栄光が帰されるために。栄光と力とが、世々限りなく神に〔ある〕、アーメン 12 愛する人たちよ、あなたがたへの試練として生じる、あなたがたの間にある燃焼を、あなたがたに〔とって〕異様なことが起こっているかのように不審に思わず、13 むしろ、キリストの苦しみを、あなたがたが分かち合う〕ことにしたがって、喜びなさい。キリストの栄光が顕れるときにも、歓喜に満ちて喜ぶためである。14 キリストの名のゆえに罵られるのであれば、あなたがたは幸いだ。栄光の、すなわち「神の霊が」、あなたがたの「の上に安らっている」からである。15 すなわち、あなたがたのなかで誰も、人殺し、盗人、悪人、あるいは、他人を監視する者として、苦しむことがあってはならない。16 しかし、キリスト者として苦しみを受けるのならば、恥じてはならない。むしろ、この名のゆえに、神に栄光を帰しなさい。17 なぜなら、裁きが神の家から始まる時〔が来た〕からである。初めに私たち〔が裁きを受けるの〕だとすれば、神の福音に従わない者たちの行く末はいったいどうなるのか。18 また、「義人が辛うじて救われるのならば、不敬虔な者や罪人はどこに現れるのであろうか」。19 それゆえ、神の意思により苦しみを受ける人は、善〔の業〕を行いつつ、真なる創造主に自らのいのちを委ねなさい。

5

1 したがって、あなたがたの中の長老たちに、同じく長老であり、また、キリストの受難の証言者、将来に顕される栄光を共に与る者である私は勧める。2 あなたがたの中にいる神の〔羊の〕群れを牧しなさい。強いられてではなく、神〔の意思〕に従い自発的に見守りなさい。恥ずべき利得を得るためではなく、喜んで〔しなさい〕。3 割り当てられている人たちを力で治めようとせず、むしろ、群れの〔羊たちの〕模範となりなさい。4 そうすれば、大牧者が顕れるとき、あなたがたは消えることのない栄光

ある。この箱舟の僅かな者たち、すなわち八つのいのちだけが水を通って救われた。21 この水に対応した（この水がその予型である）バプテスマは、今やあなたがたをも救うのである。〔バプテスマは〕肉の汚れを取り除くことではなく、むしろ、イエス・キリストの復活を通して、神に対する善き意識（状態）の応答である。22 〔キリストは〕天に昇り神の右におり、天使ら、また諸権威や諸勢力は彼に従った。

4

1 さて、キリストは肉において苦しみを受けたので、あなたがたも同じ思いで武装しなさい。肉において苦しみを受けた人は、罪（との関わり）を断ったからである。2 〔それは〕肉における残りの時を、もはや人の欲望によってではなく、神の意思によって生きるためである。3 〔あなたがたは〕放埓、欲情、泥酔、酒宴、暴飲、禁じられている偶像礼拝に歩み、異邦人の企てによっておこなってきた過ぎた時はもう十分である。4 そのように、あなたがたがもはや同じ放蕩の奔流に与しないので、人々（彼ら）は驚き怪しみ、悪態をつくのである。5 彼らは、生ける者と死んだ者を裁きを用意している方に、申し開きをしなければならない。6 このために、死んだ者たちにも福音が告げ知らされたのである。彼らが、人からすれば、肉においては裁かれても、神からすれば、霊においては生きるためである。

7 万物の終わりが迫っている。それゆえ、思慮深くおり、祈りのためにしらふでいなさい。8 何よりもまず、互いに対して絶えず愛を保ちなさい。愛は多くの罪を覆うからだ。9 不平を言わずに、互いにもてなし合いなさい。10 あなたがたは、多種多様な賜物を受け取ったのだから、神のいろいろな恵みの善い管理人として、それをもって互いに奉仕しなさい。11 誰かが語るのであるならば、神の言葉として〔語りなさい〕。誰かが奉仕をするのであれば、神が供給する力からすべてにおいて、イエス・

11 悪から離れ、善を行い平和を求め、これを追え」。

12 なぜなら、「主の目は義人たちの上にあり、主の耳は彼らの願いに傾けられ、その顔は悪をおこなう者に向けられる」からだ。

13 そして、もし、あなたがたが善いこと〔をおこなうこと〕に熱心な者であるならば、誰があなたがたに危害を加える者になるだろうか。

14 しかし、あなたがたが義のゆえに苦しみを受けることがあるとしても、あなたがたは幸いである。「彼らの恐れを恐れるな、動揺するな」。

15 むしろ、あなたがたの心の中で〔主〕キリスト〔を聖としなさい〕。あなたがたの内にある希望について説明を求めるすべての人に弁明できるよう、常に準備していなさい。

16 しかし、柔和と畏れをもって、善い意識（状態）を保ちなさい。あなたがたが悪口を言われる際、キリストにおけるあなたがたの善い振る舞いを罵る者たちは、恥じ入るようになる。

17 なぜなら、神の意思〔が欲するの〕であれば、善をおこなって苦しむほうが、悪をおこなって苦しむよりもよい。

18 なぜならば、キリストもまた、罪のためにただ一度苦しまれた。義人が不義の者たちのために〔苦し〕まれたのである。あなたがたを神のもとへ連れて行くためである。〔キリストは〕肉では殺されたが、霊では生かされた。

19 その際、〔キリストは〕牢獄にいる霊たちのもとにも赴き、告知した。

20 〔この霊たちは〕かつてノアの時代に箱舟が造られていた間、神が忍耐して待っていた際、不従順であった者たちで

(9)

たのである。

3 1a 同じように妻たちよ、自分の夫に従いなさい。たとえ、御言葉に従わない夫であっても、2 彼〔夫〕らがあなたがたの〔神への〕畏れの内にある清い振る舞いを観察し、1b 言葉を伴わない妻の振る舞いにより、〔彼がキリストに〕獲得されるためである。3 あなたがたの装いは、髪を編み、金の飾りを身に着け、あるいは衣服を着飾るような外面的なものであってはならず、4 むしろ、柔和で穏やかな霊という不滅なものにおいて、心の内に隠す人でありなさい。これこそが神の前で価値あるものである。5 かつて、神に希望を置いた聖なる女たちも、自身の夫に従うことによって自らを装ったからである。6 サラがアブラハムを主人とよんで彼に従ったように、あなたがたも善を行い、いかなる脅しにも恐れないならば、〔あなたがた〕サラの子どもとなったのである。7 同じように夫たちよ、知識にしたがって、自分よりも弱い器として妻とともに生活し、命の恵みを共に受け継ぐ者(共同相続者)である〔妻を〕尊びなさい。そうすれば、あなたがたの祈りが妨げられることはないだろう。8 終わりに、みな同じ思いを持ち、共に苦しみを分かち合い、兄弟〔姉妹〕愛を抱き、憐れみ深く、謙遜な者でありなさい。9 悪に対しては悪、侮辱をもって侮辱を返さずに、むしろ逆に祝福しなさい。なぜなら、あなたは祝福を受け継ぐために、〔まさにこのために〕召された(よばれた)のだから。10 というのは、〔命を愛し善い日々を見たいと望む者は、舌に悪〔口を言うのを〕を止めさせ

れは、彼、彼女たちがあなたがたを悪人として悪口を言っても、あなたがたの良い業を観察し、審査の日に神に栄光を帰するようになるためである。13 あらゆる人間的な被造物に、主のゆえ（主のために）従え。主権者としての王（皇帝）であろうと、14 悪人を罰し、善人を讃えるために彼（王）が派遣した長官たちであろうと〔その者に従え〕。15 なぜなら、善をおこなうことにより、愚かな者たちの無知を黙らせることが、神の意思だからである。16 自由人として〔そのように振る舞え〕。だが、その自由を、悪をおこなう口実とせず、神の奴隷として〔そのように振る舞え〕。17 すべての人を敬い、兄弟〔姉妹〕たちを愛し、神を畏れ、王（皇帝）を敬え。18 奴隷らよ、あらゆる畏れをもって（畏れのうちに）主人に従いなさい。善良で寛大な主人にだけでなく、意地の悪い主人にも〔従いなさい〕。19 不当な苦しみを受けても、罪を犯して打ちたたかれ、それを耐え忍ぶならば、これこそ神からの恵みである。20 罪を犯して打ちたたかれ、それを耐え忍んだとしても、何の誉れになろうか。しかし、善をおこなって苦しみを受け、それを耐え忍ぶならば、それは恵みだからである。21 このために、あなたがたは召された（よばれた）からである。キリストもまた、あなたがたのために苦しみを受け、彼（キリスト）の足跡に踏み従うよう模範を残されたからだ。22 彼（キリスト）は罪を犯さず、その口に偽りはなかった。23 彼（キリスト）は罵られても罵り返さず、苦しめられても脅さず、正しく裁かれる方に委ねていた。24 彼（キリスト）は私たちの罪を自らの身をもって、木の上に運び上げた。私たちが罪に死に、義に生きるためである。その傷によってあなたがたは癒やされた。25 なぜならば、あなたがたは羊のようにさまよったが、今や、あなたがたのいのちの牧者であり監督者のもとへ帰って来

聖なる祭司団となり、イエス・キリストを通して神に喜んで受け入れられる霊のいけにえを献げるために。

6 なぜなら、聖書にこのようにあるからだ。

「見よ、私は選ばれた尊い隅の親石をシオンに置く。

これを信じる者は、決して恥を受けることはない」。

7 それゆえ、この石は、あなたがた信じる者には名誉なものだが、信じない者にとっては、

「家を建てる者の捨てた石

これが隅の親石となった」のであり、

8 そして

「躓きの石

妨げの岩」なのだ。彼らが躓くのは、言葉に従わないからであって、そうなるように定められていたのである。

9 しかしながら、あなたがたは選ばれた一族、「王の祭司団」「聖なる民族」「神が」所有する民であり、それは、あなたがたを暗闇の中から驚くべき光へとよび出した方の「卓絶〔した威力〕」を、あなたがたが広く告げ知らせるためである。 10 あなたがたは、かつては〔神の〕「民ではない」者が今は神の民であり「憐れみを受けない」者が今は憐れみを受けた者である。

11 愛する人たちよ、私は〔あなたがたに〕勧める。あなたがたは寄留者であり、仮住まいの者として、いのちに対して戦いを挑む肉の欲を避け、 12 異教徒らの間であなたがたの振る舞いをよく保ちなさい。そ

の基礎を据える前から予め知られていたが、時の終わりに、あなたがたのために顕れた。21あなたがたは、彼〔キリスト〕を死者の中から起こし、栄光を与えた神を彼〔キリスト〕によって信じるものである。したがって、あなたがたの信仰と希望は神に対するものである。22あなたがたは真理〔へ〕の従順において、偽りのない兄弟〔姉妹〕愛へと至る、あなたがたのいのちを清めたのだから、互いに〔清い〕心から絶えず愛し合いなさい。23あなたがたは朽ちる種からではなく、朽ちない種から、〔つまり〕〔いつまでも〕留まり続ける神の生ける言葉によって、新たに生まれたのだから。24つまり、「人〔肉〕はみな、草のよう、その栄華はみな、草の花のようだ。草は枯れ、花は散る。25しかし、主の言葉は永遠に留まる」。これが、あなたがたに福音として告げ知らされた言葉である。

2　1そこで、あらゆる悪意、一切の欺瞞、偽善、嫉妬、すべての誹謗を脱ぎ捨て、3「主が慈愛深い方だということを味わった」のならば、2生まれたばかりの乳飲み子のように、理に適った、欺瞞のない（純粋な）乳を強く求めなさい。これによって成長し、救われるようになるためである。4その方〔主〕のもとに来なさい。5あなたがた自身も生ける石として、霊の家に建てられるようにしなさい。人々からは「捨てられた」が、神のもとでは「選ばれた」「尊い」生ける「石」である。

今、見ていなくても信じており、言葉では言い尽くせない輝かしい（栄光に満ちた）喜びに満ちあふれている（喜びを伴って歓喜している）。9〔あなたがたは〕あなたがたへの恵みについて預言した預言者たちが探求し、丹念に探し求めた。11彼ら（預言者たち）は、自分たちの内にあるキリストの霊が、キリストが受けるべき（キリストに対する）苦難とそれに続く栄光について予め証ししした際、それが誰を、あるいは、どの時（をさすのか調べたのだ。12彼ら（預言者たち）は、それらのことが、自らのためではなく、あなたがたのために奉仕することであると啓示された。それらのことは、今や、天から遣わされた聖霊においてあなたがたに福音を告げた者たちによって、あなたがたに告げ知らせており、天使たちも垣間見たい（覗き見たい）と望んでいることである。
13それゆえ、あなたがたはあなたがたの思惟の腰の帯をしっかりと締め、しらふでおり、イエス・キリストの顕れのとき（イエス・キリストが顕れるとき）にもたらされる（運ばれる）恵みに徹底的に希望を置きなさい。14従順の子らとして、かつて無知であったときの欲望に身を合わせず、15むしろ、あなたがたを召された聖なる方に倣い、あなたがた自身もすべての振る舞いにおいて聖なる者となりなさい。16「聖なる者となりなさい、私が聖なる者であるゆえに」と書いてあるからだ。
17また、あなたがたは、それぞれの業に応じて偏り見ることなく裁かれる方を父とよびかけるのであれば、〔この世に〕寄留する間、〔神への〕畏れのうちに生活しなさい。18あなたがたは知っているのだ。あなたがたが先祖伝来の空しい生活から贖われたのは、朽ち果てるもの、〔つまりは〕銀や金によらず、19むしろ、傷も染みもない小羊のようなキリストの尊い血によるのだということを。20〔キリストは〕世界

ペトロの手紙一

1

1 ペトロ、イエス・キリストの使徒〔から〕、ポントス、ガラテヤ、カッパドキア、アシア、ビティニアに散り〔散在し〕、仮住まいをしている選ばれた〔人々〕、2〔すなわち〕、父なる神の予知〔選ばれた人々へ〕。恵みと平和が、あなたがたにますます豊かに与えられるように〔選に従い、霊による聖化によって、聴き従うこと〔従順〕とイエス・キリストの血を注ぎかけられるために〕。3 神であり、私たちの主イエス・キリストの父がほめたたえられるように。その方（神）は、その豊かな憐れみに基づき、死者の中からのイエス・キリストの復活を通して〔によって〕、私たちを生き生きとした希望へと新たに生まれさせた。4〔それは〕あなたがたへの天に蓄えられている、朽ちず、汚れず、しぼまない遺産を受け継がせるためである〔遺産のために〕。5 あなたがたは、終わりの〔最後の〕時に顕されるように備えられている救いを受けるように、信仰を通して、神の力によって〔の中に〕守られている。6 それゆえ、あなたがたは〔今〕心から喜ぶのだ。今しばらくの時、幾多の試練において〔試練を経て認められた〕悲嘆に暮れなければならないとしても。7 火によって試された、滅び去ってしまう金よりも、はるかに尊い〔試練を経て認められた〕あなたがたの信仰の純正が、イエス・キリストが顕れるときに、称賛と光栄と誉れへと変わるためである。8 あなたがたは、彼（キリスト）をまったく見たことがないのに愛し、

ペトロの手紙一

吉田新訳

著者略歴

吉田新（よしだ しん）

1978 年，静岡県生まれ．2005 年立教大学大学院博士前期課程修了．2010 年ハイデルベルク大学にて神学博士号（Dr. theol.）取得．現在，東北学院大学文学部総合人文学科教授，同大学キリスト教文化研究所所長．

【著編書】

『バプテスマのヨハネ』（教文館，2012 年），Trauerarbeit im Urchristentum. Auferstehungsglaube, Heils- und Abendmahlslehre im Kontext urchristlicher Verarbeitung von Schuld und Trauer, Göttingen 2013.『福音とは何か 聖書の福音から福音主義へ』（編著，教文館，2018 年），『苦難と救済 闇の後に光あり』（編著，教文館，2020 年）．

ペトロの手紙一
聖書註解

発行
2024年12月3日　第1刷

定価
〔本体7,800＋消費税〕円

著者
吉田　新

発行者
西村勝佳

発行所
株式会社　一麦出版社
札幌市南区北ノ沢3丁目4-10 〒005-0832
Tel. (011) 578-5888　Fax. (011) 578-4888

印刷
モリモト印刷株式会社

製本
カナメブックス

装釘
須田照生

© 2024, Printed in Japan
ISBN978-4-86325-160-1　C3316　￥7800E
落丁本・乱丁本はお取り替えいたします。

———— 一麦出版社の本 ————

ヘブライ人への手紙　聖書註解
川村輝典

第一人者が最新の研究を踏まえて書き下ろした註解書。小アジアの特定の教会で実際に語った三つの説教を、説教者自身がまとめ、添え書きをつけて、出身教会に送った文書であるという視点に立ってなされたもの。巻末に「私訳」を掲載

A5判　定価［本体7400＋税］円

ヘブライ人への手紙研究
川村輝典

『聖書協会共同訳』新約担当翻訳者・編集委員であった著者が、心血を注いで取り組んだ聖書翻訳の重要な箇所の新しい解釈と翻訳を論じた気鋭の論文・講演集。

A5判　定価［本体4200＋税］円

烈しく攻める者がこれを奪うII
――新約学論文・講演集
住谷眞

迫害の始まった頃に書かれた「ヘブライ人への手紙」。苦難の中にあるキリスト者がどのような姿勢をとるべきか。それは信仰に堅く立つことだ、と手紙の著者は語る。「ディオグネートスの手紙」研究を収録。

A5判　定価［本体3800＋税］円

烈しく攻める者がこれを奪う
――新約学・歴史神学論集
住谷眞

神学と文献学の間を往還しつつ、crux interpretum（解釈者の難所）として古来聖書解釈者たちを悩ませてきた箇所に果敢に取り組んだ著者渾身の論文集。

A5判　定価［本体5400＋税］円

松永希久夫著作集　全3巻
松永希久夫

東京神学大学の学長を長きにわたりつとめ、牧師を育て慕われた聖書学の第一人者による論考。第一巻「史的イエスの考察とキリスト論」、第二巻「ヨハネの世界」、第三巻「教会を生かす力――その他の論文」。

A5判
［本体4400＋税］円
［本体4800＋税］円
［本体4200＋税］円